2008年全国“两会”期间，中共浙江省委书记赵洪祝就浙江的民生建设问题接受中新社记者采访时说：“浙江要着力建立就业再就业、社会保险、社会救助、社会福利、教育卫生等多层次、多方面保障基本民生的制度体系。”

2008年2月，浙江省省长吕祖善在政府工作报告中强调，要加快建设浙江城乡统一的社会保障体系，让城乡居民共同分享改革开放成果。

2008年4月11日，中共浙江省委书记赵洪祝（右）在杭州会见为省委理论学习中心组作“社会保障和民生”报告的中国人民大学教授郑功成（左）。

2008年12月9日，浙江省副省长、省农民工工作联席会议总召集人陈加元出席在杭州召开的全省优秀农民工表彰大会并作重要讲话。

2008年5月12日，人力资源和社会保障部副部长张小建（左二）、浙江省副省长陈加元（右二）、杭州市市长蔡奇（右一）、中国就业促进会会长林用三（左一）等出席在杭州召开的2008年中国促进创业带动就业高层论坛。

2008 年 6 月 17 日，原劳动和社会保障部副部长、中国劳动学会会长华福周（左四）出席在宁波召开的贯彻实施《劳动合同法》研讨会。

2008 年 3 月 20 日，全国人大代表、浙江省劳动和社会保障厅厅长陈小恩（中）出席在北京召开的十一届全国人大一次会议，并就劳动就业、社会保障、收入分配等群众关心的民生问题接受新闻媒体的采访。

2008年4月8日，浙江省劳动和社会保障厅厅长陈小恩（前排左二）带领“建立健全城镇零就业家庭就业援助长效机制”调研组到湖州市等地调研。

2008年10月9日，浙江省劳动和社会保障厅厅长陈小恩（左二）在温岭市开展劳动保障基层平台建设调研工作。

2008年5月16日，浙江省劳动和社会保障厅副厅长王国益（左二）在湖州市调研高技能人才建设工作。

2008年12月18日，浙江省劳动和社会保障厅副厅长朱绍平（中）出席全省劳动争议疑难案件处理工作研讨会并讲话。

2008年6月2日，浙江省劳动和社会保障厅副厅长黄亚萍（右二）在余姚市等地进行基层劳动保障平台建设调研。

2008年11月20日，浙江省劳动和社会保障厅副厅长钟关华（中）出席全省社会保险费缴纳比例调整会议并讲话。

2008年6月17日，浙江省纪委驻省劳动保障厅纪检组长常玉芳（右二）一行在舟山市调研优质窗口服务工作。

2008年1月11日，全省劳动和社会保障工作会议在杭州召开，会议表彰了48个全省劳动保障系统优质服务窗口。

2008年5月28日，省政府在杭州召开全省加快推进城镇居民基本医疗保险工作座谈会，副省长陈加元（中）到会并作重要讲话。

2008年8月5日至6日，浙江省劳动和社会保障厅召开了全省劳动保障系统纪念改革开放30周年领导干部理论读书会。各市及义乌市劳动和社会保障局局长、厅机关各处室和直属各单位的主要负责人参加了理论读书会。陈小恩厅长作了题为《解放思想深化改革，推动我省劳动保障事业可持续发展》的中心发言。

2008 年 9 月 24 日，浙江省劳动和社会保障厅在杭州举行“建立城镇零就业家庭就业帮扶长效机制”的民主听证会。

2008 年 11 月 28 日，浙江省劳动和社会保障厅召开深入学习实践科学发展观活动宣讲座谈会，副省长陈加元（中）出席会议并作宣讲报告。

2008年岁末，浙江省劳动和社会保障厅在杭州召开《风雨过后话彩虹——浙江劳动保障事业改革30年回眸》座谈会。

2008年2月22日，浙江省劳动保障学会、浙商研究会、浙江省人才开发协会等单位在杭州举行浙江省第二届“伯乐奖”“最佳雇主企业”和“双十佳HR经理人”颁奖典礼。

浙江劳动和社会保障
年 鉴

ZHEJIANG LABOUR AND SOCIAL SECURITY YEARBOOK

2009

中国劳动社会保障出版社

图书在版编目(CIP)数据

浙江劳动和社会保障年鉴（2009）/《浙江劳动和社会保障年鉴（2009）》编辑委员会编. —北京：中国劳动社会保障出版社，2009

ISBN 978-7-5045-8082-5

Ⅰ. 浙…　Ⅱ. 浙…　Ⅲ. ①劳动经济-浙江省-2009-年鉴②社会保障-浙江省-2009-年鉴
Ⅳ. F249.275.5-54　D632.1-54

中国版本图书馆 CIP 数据核字(2009)第 190272 号

中国劳动社会保障出版社出版发行

(北京市惠新东街 1 号　邮政编码：100029)

出 版 人：张梦欣

*

北京外文印刷厂印刷装订　新华书店经销

880 毫米×1230 毫米　16 开本　42.75 印张　6 彩插页　1068 千字

2009 年 11 月第 1 版　　2009 年 11 月第 1 次印刷

定价：280.00 元

读者服务部电话：010－64929211

发行部电话：010－64927085

出版社网址：http://www.class.com.cn

《浙江劳动和社会保障年鉴（2009)》编辑委员会成员

《浙江劳动和社会保障年鉴》编辑部成员

编 辑 说 明

一、《浙江劳动和社会保障年鉴（2009）》（以下简称《年鉴》）由浙江省人力资源和社会保障厅《年鉴》编辑委员会组织编纂，具体的征稿、编纂、出版等日常事务由编辑委员会下设在省劳动保障科学研究院的编辑部承办。

二、《年鉴》是一部全面反映浙江省劳动和社会保障事业发展情况的资料性年刊，主要记述2008年浙江省劳动保障工作的发展成就和基本概况，共设正文8篇。

1. 浙江省劳动和社会保障工作概览：概括性描述了2008年浙江省劳动保障工作的主要做法、经验体会、取得的成就和荣誉。

2. 重要文献：收录了省委书记、省长的重要讲话和批示；省、部领导考察浙江省劳动保障工作及其他重要活动的图片资料。

3. 文件和法律法规：收录了2008年国家颁布的有关劳动保障的重要法律和行政法规、规章，以及浙江省委、省人大、省政府、省劳动保障厅出台的重要地方性法规、规章和文件。

4. 劳动和社会保障工作情况及统计资料：反映了2008年省厅各项工作的总体进展情况；提供了浙江省及11个市有关劳动就业、社会保障、收入分配、劳动关系处理和职业培训等方面的统计资料。

5. 各市、县（市、区）劳动和社会保障情况：提供了11个市及20个扩权县（市、区）2008年劳动保障工作的主要做法、经验体会、取得的成就和荣誉。

6. 劳动力市场工资指导价位情况：提供了11个市2008年不同职位

（工种）的劳动力市场工资指导价位。

7. 劳动和社会保障大事记：记录了 2008 年浙江省劳动保障工作中的重要事件和活动。

8. 优秀调研报告：刊载了《2008 浙江就业报告——社会保障问题研究》《解放思想　深化改革　推动我省劳动保障事业持续发展——浙江劳动保障制度改革 30 年回顾与展望》等 10 篇调研和考察报告。

三、《年鉴》收录的资料由浙江省人力资源和社会保障厅和各级劳动保障部门的有关人员撰写并经负责人审核后提供。

四、《年鉴 2009》与《年鉴 2008》在结构、章节上基本保持一致。需要说明的是，《年鉴 2009》“劳动和社会保障工作情况及统计资料”中“国民经济各行业在岗职工年末人数表”“全省在岗职工工资情况表”“国民经济各行业在岗职工工资总额表”和“全社会单位在岗职工分行业平均工资表”代替了《年鉴 2008》“国民经济各行业全部职工年末人数表”“全省职工工资情况表”“国民经济各行业全部职工工资总额表”和“国民经济各行业全部职工平均工资表”；“各市城镇失业人员情况表”代替了“各市城镇登记失业人员情况表”，统计口径一致。

五、《年鉴》的出版得到有关单位和部门的大力支持和协助，在此深表谢意。为进一步提高《年鉴》的编辑水平，对其中的疏漏或不足之处，希望读者提出宝贵意见和建议。

《浙江劳动和社会保障年鉴》编辑部

2009 年 8 月 12 日

目　录

第一篇　浙江省劳动和社会保障工作概览

第二篇　重要文献

一、省领导重要批示

二、省领导重要讲话

三、厅领导重要讲话

第三篇　文件和法律法规

第四篇　劳动和社会保障工作情况及统计资料

一、全省劳动和社会保障工作

第五篇　各市、县（市、区）劳动和社会保障情况

一、各市劳动保障情况

二、各扩权县（市、区）劳动保障情况

第六篇　劳动力市场工资指导价位情况

第七篇　劳动和社会保障大事记

第八篇　优秀调研报告

第一篇
浙江省劳动和社会保障工作概览

浙江省劳动和社会保障工作概览

2008年，面对严峻复杂的经济形势，全省各级劳动保障部门认真贯彻落实党的十七大和省第十二次党代会精神，坚决贯彻中央和省委、省政府的重大决策部署，深入实施创业富民、创新强省总战略，按照中央“出手快，出拳重，措施准，工作实”的方针和省委、省政府“标本兼治、保稳促调”的经济工作总体思路，将劳动保障工作融入经济发展总体布局统筹安排，以学习实践科学发展观活动为动力，围绕重大问题抓调研，围绕经济形势抓应对，围绕重点工作抓推进，牢固树立大局意识、责任意识和服务意识，坚定信心，迎难而上，把帮助企业渡过难关、稳定就业局势作为当前头等大事来抓，不断加大服务经济发展和保障民生的工作力度，全省劳动保障工作继续保持了较好发展态势，圆满完成全年的各项目标任务，把经济形势变化对劳动保障工作的影响降到了最低程度。

——就业再就业工作

在经济形势日趋严峻的情况下，审时度势，积极应对，认真贯彻《就业促进法》，出台了《关于做好就业工作促进社会和谐的实施意见》，进一步加大了政策扶持力度。加强公共就业服务，开展了再就业援助、春风行动、民营企业招聘周等公共就业服务活动，进一步拓宽了就业困难群体、农村进城务工劳动者、大中专技校毕业生、四川地震灾区务工人员等人群的就业渠道。完善就业援助制度，起草并上报了《浙江省人民政府关于建立健全城镇零就业家庭就业援助长效机制的意见（送审稿）》。积极开展职业技能培训，加强高技能人才队伍建设，圆满完成了省委、省政府下达的就业目标任务。就业总量继续增长，就业结构有所改善，就业局势总体保持平稳。2008年全省新增城镇就业人数77.63万人，帮助35.11万名城镇失业人员实现再就业，其中：困难人员实现再就业12万人，消除城镇“零就业家庭”532户，27 375名农村低保家庭劳动力实现了就业，城镇登记失业率为3.49%。

——社会保障体系建设

抓住《劳动合同法》的实施和社会保险“五费合征”制度全面推行的有利时机，大力推进社会保险的扩面征缴。全年全省企业养老保险、城镇职工基本医疗保险、城镇居民基本医疗保险、工伤保险、失业保险和生育保险参保人数分别达到1 293.7万人、1 053.92万人、365万人、1 261.84万人、731.1万人和689.98万人，分别比上年末增加217.76万人、198.95万人、215万人、258.94万人、146.35万人和185.02万人，全部超额完成全年目标任务。被征地农民参保人数达345.13万人，农民工参加医疗保险和工伤保险人数分别达到403.94万人和499.63万人。

在确保社会保险事业可持续发展和职工社保待遇不受影响的前提下，出台了《关于调整用人单位基本养老保险费缴费比例有关工作的通知》，逐步将浙江省用人单位基本养老保险缴费比例统一下调到12%～16%区间内；下发了《关于临时性下浮企业社会保险费缴纳比例的通知》，2008年和2009年每年对企业社会保险费缴纳比例实行临时性适当下浮，采用全省集中减征的方法统一在一个月内操作，仅此一项就为全省企业减轻社会保险费负担70亿元。

不断完善社会保障政策体系。省人大修订了《浙江省职工基本养老保险条例》，省政府出台了《关于建立健全覆盖城乡居民的养老保障制度的意见》，对浙江省当前及今后一个时期养老保障制度建设进行了整体的谋划，提出了建立健全企业职工养老保险制度、事业职工养老保险制度、被征地农民基本生活保障制度、城镇居民养老保障制度、新型农村社会养老保险制度等五个养老保障制度，对不同人群的养老保障作出了制度安排，在制度上实现了浙江省城乡养老保障全覆盖。全省各统筹地区全部出台城镇居民参加基本医疗保险政策文件，城镇居民基本医疗保险制度全面运行。出台了《浙江省工伤保险储备金管理暂行办法》，还解决了中央、省部属企业的老工伤问题。

稳步提高社会保障水平。2008年年初按月人均130元标准，顺利完成全省企业退休人员基本养老金调整工作，企业退休人员月人均养老金已达1 310元，养老金待遇位居各省区第一。同时，相应调整了精减退职职工、计划外长期临时工、国有企业职工遗属等三类人员的生活困难补助费。2008年12月，出台了浙江省2009年企业退休人员基本养老金调整方案，月人均增加135元，月人均养老金达到1 445元，2009年春节前发放到位。

——职业技能培训工作

以提高劳动者的就业能力为目标，切实做好在职培训、再就业培训，提高职业技能鉴定质量，不断加强技能人才队伍建设，为经济社会发展提供了持续的技能人才支持，全年完成再就业培训15万人，职业技能鉴定60万人，高技能人才培养8万人（其中新技师2万人）。外省农村劳动力技能提升30万人。

——发展和谐劳动关系

全力抓好《劳动合同法》的贯彻实施。引导用人单位和劳动者全面准确地执行《劳动合同法》，积极推动劳动合同制度的全面实施，规范劳动用工行为。全省贯彻《劳动合同法》情况总体平稳，劳动合同短期化现象明显改观。2008年全省劳动合同签订率达到95.3%，农民工劳动合同签订率也达到94.2%，分别比2007年年底提高了3.2个百分点和5.5个百分点，劳动合同短期化现象明显改观。

完善职工工资正常增长机制。省两办联合出台了《关于全面推进职工工资集体协商工作的意见》（浙委办［2008］67号），推动了职工工资正常增长机制的完善。2008年9月1日全省最低月工资标准再次调整提高到960元、850元、780元、690元四档，有效保障了低收入劳动者的劳动报酬权益。

大力加强劳动争议处理、劳动保障监察和劳动保障信访维稳力度。开辟劳动争议仲裁绿色通道，取消了劳动争议案件收费。全年全省立案受理劳动争议案件4万件；查处各类劳动保障违法案件4.74万件；省本级办理群众来信1 830件次，接待群众来访1 540人次，其中集体访79批，没有发生涉及劳动保障方面的重大信访突发及群体性事件。

全面构建多层次的工资支付保障机制。工资支付保证金、欠薪应急周转金和农民工记工考勤卡制度覆盖面进一步扩大，目前全省已筹集27亿元工资支付保证金和3亿多元欠薪应急周转金，有效地预防和减少了拖欠工资行为的发生。省政府于 2008 年 11 月 28 日召开了全省防范处置企业拖欠工资工作电视电话会议，部署开展防范和处置企业拖欠工资工作，与各设区市政府签订了目标责任书，采取了五个方面的应对措施，进一步完善了工资支付保障长效机制。

第二篇

重 要 文 献

一、省领导重要批示

中共浙江省委书记赵洪祝在《关于杭州市滨江区实施“就业货币”制度情况的汇报》材料上批示：

劳保厅及时开展调研，提出工作建议，很好。在帮助总结的同时，注意做进一步改进和完善的工作。

赵洪祝
2008年10月2日

浙江省人民政府副省长陈加元在《省属国有企业建立维护职工合法权益长效机制，不断发展和谐劳动关系》材料上批示：

省属国有企业围绕发展和谐劳动关系，着力维护职工民主权益，着力解决职工利益问题，着力保障职工基本生活，值得充分肯定。国有企业不仅要在发展经济、转型升级中发挥导向作用，更要在关注民生、促进和谐中作出示范表率。

陈加元
2008年8月29日

浙江省人民政府副省长陈加元在《宁海县创建“充分转移就业村”取得明显效果》材料上批示：

就业是民生之本。促进农民转移就业是统筹城乡就业的基本要求。宁海县创建“充分转移就业村”的做法富有创新意义。我们不仅要关注城市就业工作，深入开展创建“充分就业社区”活动，消除“零就业家庭”，还要推广宁海经验，积极开展创建“充分转移就业村”活动，消除“零转移家庭”，促进农民转移就业，实现脱贫致富奔小康。

陈加元
2008年9月5日

二、省领导重要讲话

改善民生：让发展成果惠及千家万户

——在接受中新社记者采访时的讲话（摘要）

中共浙江省委书记　赵洪祝

（2008年3月6日）

民生工作的目的：让全省人民享受改革发展的成果，创业就是为了富民

中共十七大报告中重点强调："加快推进以改善民生为重点的社会建设。"在浙江这个沿海发达省份，全省和省级财政增量中用于民生支出的比例分别为77.6%和89.6%。改善民生，浙江正在进行积极的探索。

民生问题，就是人民生活问题。中共十七大报告将"民生"具体概括为使全体人民学有所教、劳有所得、病有所医、老有所养和住有所居。民生问题源于人民群众的日常生活，直接反映群众的生活水准，关系着人民群众长远的利益，并且在一定程度上直接影响群众心理，左右社会情绪。

浙江现在已经进入到全面建设惠及全省人民的小康社会的新阶段，必须用发展变化的眼光来看待民生问题。既要看到生存、生计问题是民生问题的基本内容，也要看到民生问题还包括生活品质、生机活力等问题。发展社会生产力，发展经济是解决民生问题的决定因素，而经济发展的目的是社会发展，社会发展的核心是人的发展，人的发展就直接地体现于民生问题。

党的根基在人民、力量在人民，党的一切奋斗和工作都是为了造福人民。只有解决好民生问题，浙江才能实现全面建设惠及全省人民的小康社会的奋斗目标。浙江要以高度的政治责任感，扎实推进改善民生工作，切实把改善民生贯穿于发展中国特色社会主义事业总体布局的各方面，贯穿于全面建设小康社会全过程。

民生工作的地位：所有工作的落脚点

全面改善民生，是浙江贯彻科学发展观的核心内容和本质要求，也是构建和谐社会的关键环节。民生工作既是浙江全面建设小康社会的题中之意，也是落实中共十七大和中央经济工作会议以及浙江省第十二次党代会精神的具体行动。

民生问题是我党始终关注和着力解决的一个重大课题。中共十七大把改善民生作为落实科学发展观、促进社会和谐的重中之重，强调要在科学发展中重视民生、改善民生，让人民群众更多享有发展的成果，着力从各方面解决人民群众最关心、最直接、最现实的利益问题。

在深刻领会中共十七大和中央经济工作会议精神的基础上，浙江省确立的今后五年工作主线是又好又快发展、全面改善民生。浙江省委十二届二次全会也把改善民生作为实施“创业富民、创新强省”总战略的一项重要内容，作出了总体部署，并将在近期深入研究全面改善民生的有关具体举措。这是浙江省委立足中国特色社会主义事业总体布局，推动科学发展，促进社会和谐，实现全面建设小康社会奋斗目标而作出的重大决策部署，具有十分重要的意义。浙江今后将牢固树立以人为本的发展理念，坚持把解决民生问题摆在突出位置，始终把实现好、维护好、发展好最广大人民的根本利益作为一切工作的出发点和落脚点，切实把改善民生工作抓紧抓好，务必抓出成效。

民生工作的内容：为老百姓解决问题

谈民生，论民生，浙江的民生问题重点就是：在新形势下全面改善民生，必须突出“三真”，切实做到亲民有真感情，爱民有真举措，惠民有真成效。

首先，浙江要着力保障人民群众的衣食住行等基本生活，形成就业再就业、社会保险、社会救助、社会福利、教育卫生等多层次、多方面保障基本民生的制度体系。

其次，浙江要不断改善人民群众的生活品质。浙江正大力发展社会主义文化，不断丰富人们的精神文化生活；大力发展教育、科技、卫生、体育等事业，提高人们的科学文化水平和健康素质；大力倡导文明健康的生活方式，普及科学知识，推进民主政治建设，实行计划生育等基本国策，提高社会文明程度。同时，浙江正在加强生态建设和环境保护，不断改善人居环境。

最后，浙江要切实解决群众关注的热点问题。这几年，省委、省政府围绕建立健全为民办实事长效机制，每年通过浙江省人民代表大会的政府工作报告，研究提出为民办十个方面的实事，每年把全省新增财政的七成以上用于改善民生，解决一些群众关注的热点问题。

民生工作给浙江的老百姓带来了极大的实惠。按国家统计局的中国全面建设小康社会统计监测指标体系测算，浙江省的全面建设小康社会发展指数要比全国高十个百分点以上。这一切，正是浙江不遗余力改善民生的成果。

经济发展与改善民生统一
提高人民收入水平和生活质量

——省十一届人大常委会第五次会议工作报告（摘要）

浙江省省长　吕祖善

（2008 年 7 月 20 日）

省十届人民代表大会第一次会议以来的五年，是浙江人民高举邓小平理论和“三个代表”重要思想伟大旗帜，全面贯彻落实科学发展观的五年；是浙江省改革开放和全面建设小康社会取得重大进展、综合实力大幅提升、人民得到更多实惠的五年。五年来，省政府在党中央、国务院和中共浙江省委的领导下，人民生活明显改善。坚持把经济发展与改善民生统一起来，努力提高城乡居民收入水平和生活质量。城镇居民人均可支配收入由 11 716 元增加到 20 574 元，农村居民人均纯收入由 4 940 元增加到 8 265 元，年均实际增长 9.8%和 7.8%。城乡居民储蓄存款余额由 5 234 亿元增加到 11 161 亿元，人均储蓄存款余额翻一番。建立健全就业、社会保险、社会救助等相衔接的大社保体系，城镇登记失业率连续五年下降，社会保险参保人数持续增加，覆盖城乡居民的医疗保障制度建设加快推进，最低生活保障制度不断完善，在全国率先建立农村五保和城镇三无对象集中供养、被征地农民基本生活保障、困难群众价格上涨补贴、政策性农村住房保险等制度。各级财政社会保障体系建设投入由 110 亿元增加到 301 亿元，增长 1.7 倍。

刚刚过去的 2007 年，我们以科学发展观为统领，积极实施创业富民、创新强省总战略，坚持抓保障促发展、抓调整促转变、抓统筹促和谐、抓改革促活力，努力推动经济社会又好又快发展。城镇居民人均可支配收入实际增长 8.4%，农村居民人均纯收入实际增长 8.2%；居民消费价格总水平上涨 4.2%；新增城镇就业 73.5 万人，人口自然增长率为 4.81‰。除居民消费价格总水平指标外，省十届人大五次会议确定的主要预期目标全面实现，为民办实事的十方面任务如期完成。进一步统筹城乡就业，开展农村低保家庭就业帮扶，基本消除城镇“零就业家庭”。推进社会保险“五费合征”，加强农民工参保工作，加快城镇居民基本医疗保险试点，健全新型社会救助体系。全面落实廉租住房制度，开展农村困难群众危旧房改造。推进农民健康工程，加强新型农村合作医疗制度建设，完善城乡社区卫生服务网络。

今后五年，是浙江全面建设惠及全省人民小康社会的五年。站在新的起点上展望未来，我们面临前所未有的机遇和挑战。经过改革开放的持续发展，浙江省人均生产总值已接近 5 000 美元，正处于全面提升工业化、信息化、城市化、市场化、国际化水平的关键时期。发展中一些长期积累的矛盾与各种新情况、新问题相互交织，人民群众对提高生活质量的愿望更为迫切。按照省第十二次党代会提出的目标要求，围绕构建社会主义和谐社会，在统筹城乡区域发展、全面改善民生上取得重大进展，今后五年要努力使浙江成为经济更加发展、政治更加文明、文化更加繁荣、社会更加和谐、环境更加优美、生活更加宽裕的省份。着眼提高城乡居民尤其是低收入群众收入水平，健全农民增收减负长效机制和职工工资正常增长机制，提高初次分配中劳动报酬比重，完善收入再分配政策，创造条件让更多群众拥有经营性收入和财产性收入，促使国民收入分配结构优化。着眼建设人力资源强省，大力实施素质教育，高标准普及义务教育和高中段教育，提高高等教育、职业教育质量和办学水平，构建终身教育体系和学习型社会。着眼社会就业更加充分，实施积极的就业政策，完善市场主导、政府推动、城乡统筹的就业机制，促使城乡劳动力尤其是困难群众更好地就业。着眼率先建立覆盖城乡居民的社会保障体系，重点完善基本养老、基本医疗、最低生活保障和住房保障制度，形成以社会保险、社会救助、社会福利为基础，以慈善事业、商业保险为补充，与经济社会发展相适应的管理体制和运行机制。着眼提高全民健康水平，率先建立基本医疗卫生制度，建设覆盖城乡居民的公共卫生服务、医疗服务、医疗保障和药品供应保障体系，完善重大疾病防控体系，构建全民健身服务体系。加强人口与计划生育工作，统筹解决人口问题。着眼构建更加健全的社会管理体系，完善基层社会管理体制和群众权益维护机制，加强社会组织建设和管理，切实保障公共安全和社会稳定。经过五年的努力，城乡居民生活显著改善，全社会基本公共服务均等化程度明显提高；城镇居民人均可支配收入超过 27 000 元，农村居民人均纯收入达到 11 000 元；高等教育毛入学率达到 45%以上；新增城镇就业 300 万人，城镇登记失业率控制在 4%以内。

2008 年是全面贯彻党的十七大和浙江省第十二次党代会战略部署的第一年，是改革开放 30 周年和北京奥运会举办之年。做好 2008 年工作，确保经济社会发展的良好势头，具有十分重要的意义。

加强就业和社会保障。贯彻实施《就业促进法》和《劳动合同法》，推进城乡统筹就业，建立城镇零就业家庭动态帮扶长效机制，全面加强农村低保家庭就业援助，开展对大中专毕业生、复退军人的就业服务。研究制定鼓励自主创业的政策措施。加强和改进劳动合同管理，规范企业工资支付。以“五费合征”为抓手，扩大社会保险覆盖面。完善职工基本养老保险制度，夯实缴费基数，规范调整参保政策，逐步做实个人账户。在有条件的地方稳步开展农村养老保险制度试点。全面推进城镇居民基本医疗保险，继续提高新型农村合作医疗保障水平，确保所有市县建立覆盖城乡居民的医疗保障制度。妥善解决城镇部分破产、关闭企业未参保职工的养老、医疗保障问题。完善最低生活保障制度，健全分层分类救助办法。巩固和完善农村五保和城镇三无对象集中供养、被征地农民基本生活保障等制度，研究制定独生子女伤残和死亡家庭扶助政策。健全城镇住房保障体系，合理调整住房供应结构，加大廉租住房保障力度，改进和规范经济适用住房政策，多渠道改善农民工居住条件。

一是在就业方面，帮助 25 万名城镇失业人员实现再就业，确保城镇“零就业家庭”出现一户、帮扶一户、解决一户。二是在基本生活保障方面，新增企业基本养老保险参保人数 60 万人；提高企业退休人员基本养老金、职工最低工资、重点优抚对象抚恤和最低生活保障补助标准；对 4 万名贫困残疾人实施免费助听、助行、助明，对贫困持证重度残疾人给予全额低保补助金。三是在医疗保障方面，新增城镇职工基本医疗保险参保人数 60 万人，新增城镇居民基本医疗保险参保人数 150 万人，新增工伤保险参保人数 200 万人；省财政对新型农村合作医疗的补贴标准提高一倍，对城镇居民基本医疗保险的补贴标准增加 50%，所有市县新型农村合作医疗人均筹资达到 100 元以上；提高参合农民和企业退休人员健康体检标准，对参加城镇居民基本医疗保险的人员实行两年一次的免费健康体检；对农村老党员、老游击队员和老交通员每年补助 500 元医疗费。

全面建设惠及全省人民的小康社会，是 5 000 万浙江人民的殷切期盼，是一项意义深远而又十分艰巨的历史性任务。让我们紧密团结在以胡锦涛同志为总书记的党中央周围，高举中国特色社会主义伟大旗帜，坚持以邓小平理论和“三个代表”重要思想为指导，深入贯彻落实科学发展观，在中共浙江省委的领导下，紧紧依靠全省人民，解放思想，勇于开拓，埋头苦干，坚定不移地走创业富民、创新强省之路，为谱写浙江人民美好生活新篇章而努力奋斗！

以科学发展观为统领
完善社保体系　促进社会和谐

——在省劳动保障厅深入学习实践科学发展观活动宣讲座谈会上的讲话（摘要）

浙江省副省长　陈加元

（2008年11月28日）

贯彻落实科学发展观，是当前和今后一个时期全党的一项重大政治任务。坚持用科学发展观指导推进劳动保障工作，才能使劳动保障各项工作实现又好又快发展。

一、努力推动科学发展观在劳动保障部门的实践

党中央、国务院一直高度重视劳动保障工作。党的十七大报告将“促进社会就业更加充分，基本建立覆盖城乡居民的社会保障体系、人人享有基本生活保障，基本形成合理有序的收入分配格局、提高中等收入者比重，基本消除绝对贫困现象、人人享有基本医疗卫生服务”纳入全面建设小康社会的奋斗目标，并鲜明地提出“加快推进以改善民生为重点的社会建设”，全面部署了今后一个时期的劳动和社会保障工作。省委、省政府也一直高度重视劳动保障工作，并按照“干在实处、走在前列”的要求，积极推动浙江省劳动保障事业加快发展。2007年6月，省第十二次党代会提出了“创业富民、创新强省”的总战略，提出了“全面建设惠及全省人民的小康社会”的宏伟目标，提出了“又好又快发展”“全面改善民生”两条工作主线，并突出强调，推进城乡统筹就业、健全社会保障体系、理顺收入分配关系是全面建设惠及全省人民小康社会的重要基础。2008年4月，省委十二届三次全会又作出了《中共浙江省委关于全面改善民生促进社会和谐的决定》，就劳动保障各项工作作出了更为全面具体的部署。

2008年以来，国际经济形势急转直下，百年一遇的金融危机扑面而来。国际、国内经济形势的变化给劳动保障工作带来了一系列新情况、新问题，我们的工作又面临着新的挑战。面对严峻的经济形势，党中央、国务院果断决策，采取有力的应对措施。2008年11月5日，国务院召开常务会议，研究部署10项扩大内需、促进经济较快增长的措施，决定在2007年、2008年两年中投资4万亿元。其中，有一项措施就是提高城乡居民收入，包括提高企业退休人员基本养老金水平。

在党中央、国务院的正确领导下，省委、省政府见事早、应对早，上半年就提出了经济工作

“标本兼治、保稳促调”的总体思路，要求各级政府和广大企业增强信心、共克时艰、化“危”为“机”、转型升级。中央采取一系列重大措施后，省委、省政府又多次召开省委常委会、省政府常务会议，果断决策，充分调动自身财力，采取有力措施。一是省级财政新增100亿元，用于以铁路现代化为重点的重大项目建设；二是2009年通过企业增值税转型改革，减轻企业税负100亿元；三是在2008年和2009年两年内通过取消和暂停部分行政性收费项目、减免困难企业相关税费等途径，再减轻企业负担100亿元。这第三个100亿元，就包括在2008年和2009年两年对企业社会保险费缴纳比例实行临时性适当下浮。具体幅度相当于企业缴费统筹部分各一个月的额度。采取这项措施，省政府同时也明确：一是确保企业退休人员养老金按时足额拨付，职工社保待遇不受影响；二是由此造成社会保险费当期收支的缺口由各级财政予以弥补；三是对基金支付能力弱的市县，省里给予调剂补助解决。这项工作，省劳动保障厅已经会同省有关部门迅速作出了部署。

这次全党开展学习实践科学发展观活动，一个总体要求就是“党员干部受教育、科学发展上水平、人民群众得实惠”，其中一条重要的原则或者说一个鲜明的特点，就是要“突出实践特色”。我们要贯彻落实近些年来党中央、国务院和省委、省政府对劳动保障工作的一系列重大决策和部署，要服从服务于当前这个大局，要为全面保障民生、促进经济平稳发展、促进社会和谐稳定作出贡献，就必须紧密联系当前的形势特别是经济形势，紧密联系劳动保障部门的实际，坚持在大局下谋划，坚持在大局下行动，真正把劳动保障各项工作做得又好又稳妥。

今后一个时期，浙江省的劳动保障工作总体上要紧紧围绕“创业就业、收入分配、保险保障、维权维稳”这四句话16个字来展开。

（一）创业就业

就业是民生之本，创业是富民之源；创业带动就业，就业支撑创业。以创业带动就业，是国有城镇集体企业改制基本结束、人力人才资源已经基本实现市场化配置的情况下，中央顺应新形势提出的新思路，这条新思路尤其适用于我们浙江。浙江省市场化趋向改革比较早，民营经济发达，中小企业多，机制比较灵活，老百姓创业致富的冲动强，以创业带动就业的倍增效应明显，潜力很大，应当作为新时期扩大就业的主攻方向。尤其是面对当前的经济形势，要保就业，首先就要保企业，这方面劳动保障部门可能手段也不多，但是也要力所能及，充分发挥职能作用，为保企业、稳经济作出应有的贡献。下一步的就业工作，主要就是要认真落实好省政府《关于做好就业工作促进社会和谐的实施意见》（浙政发［2008］59号）。一是要进一步整合面向不同群体的创业就业政策资源，着力健全政策扶持、创业培训、创业服务三位一体的工作机制，简化程序，提高效率，鼓励引导各类有创业愿望的劳动者成为创业者，不断创造更多的就业岗位。二是要进一步完善就业服务体系，进一步强化职业技能培训，提高劳动者的就业能力。三是要围绕经济转型升级，大力发展服务业，充分发挥服务业对就业带动比较明显的作用，使之成为扩大就业的重要增长点。四是要积极做好青年特别是大中专毕业生的就业工作。劳动保障部门要加强与教育、人事等部门的沟通与协调，开展大中专毕业生专项就业服务活动，完善大中专毕业生失业登记制度，对家庭困难和已经登记失业的大中专毕业生开展一对一的就业援助。五是要继续着力解决其他各类就业困难群体的就业问题，进一步做好城镇“零就业家庭”人员、农村低保家庭人员的就业援助工作，做好被征地农民和农村劳动力的转移就业工作。六是要进一步健全失业预警制度，科学设定失业预警指标体系，以控制失业率为目标，加强失业统计分析与监测，及时向党委、政府提出应对之策。

（二）收入分配

收入分配是个大课题，也是一个争论颇多的课题。从某种意义上说，它更是一个国家级的宏观命题。当然，只要深入研究，用足用好现有的政策法规和手段，劳动保障部门应当可以有所作为。党的十七大报告关于收入分配的阐述概括起来说，就是要“建立一个制度、处理好一对关系、提高两个比重、提高两个标准、形成两个机制”。建立一个制度，就是建立中国特色的社会主义分配制度。处理好一对关系，就是强调初次分配和再分配都要处理好效率和公平的关系。提高两个比重，就是提高居民收入在国民收入分配中的比重、提高劳动报酬在初次分配中的比重。提高两个标准，就是要提高农村扶贫标准、提高城乡的低保标准。形成两个机制，就是形成企业职工工资正常增长机制和工资支付保障机制。下一步，各级政府和劳动保障部门要顺应提高劳动报酬在初次分配中的比重的大趋势，按照“市场机制调节、企业自主分配、平等协商共决、政府监控指导”的思路，进一步做好三个方面的工作。一是要通过最低工资标准、企业工资指导线、劳动力市场工资指导价位、国有企业工效挂钩办法以及高技能人才工资收入激励机制等办法，加强和改进对企业工资的宏观调节。二是要通过健全劳动关系三方协调机制，加快推进企业和行业性、区域性工资集体协商，积极推进企业职工民主参与工资分配。三是要通过建立健全企业工资支付保证金制度、农民工记工考勤卡制度、欠薪应急周转金制度，进一步建立健全企业工资支付保障机制。

（三）保险保障

社会保险是社会保障的主体，我们要按照党的十七大报告的要求，以社会保险为基础、为重点，加快推进整个社会保障体系的健全和完善。下一步，主要是要做好下面几件事：

一是要积极推进建立覆盖城乡居民的养老保险制度。城镇养老保险，重点是要落实新修订的《浙江省职工基本养老保险条例》，按照省政府最近下发的《关于调整用人单位基本养老保险费缴费比例有关工作的通知》（浙政发［2008］70号），分类推进调整用人单位基本养老保险费缴费比例，稳步推进做实个人账户试点。与此同时，积极稳妥推进事业单位基本养老保险制度改革试点，积极探索解决城镇老年居民养老保险问题。农村养老保险，要进一步完善被征地农民基本生活保障制度，按照国家的统一部署，加快建立新型农村养老保险制度。国家还将出台《城镇企业职工基本养老保险关系转移接续办法》，以解决跨省的转移问题，也有可能还会出台《农民工养老保险办法》。

二是要加快建立健全覆盖城乡居民的医疗保障体系。城镇职工基本医疗保险要继续扩大覆盖面，稳步提高参保人员的医疗保障水平。并着力规范医疗服务管理，逐步建立与经济发展水平相适应的医疗保险费率调整机制及多渠道资金筹集机制，逐步形成较为系统、科学的费用支出控制机制。城镇居民基本医疗保险制度要加快实现全覆盖，并切实协调解决与新型农村合作医疗之间的有关问题。

三是要继续完善失业、工伤和生育保险制度，持续扩大覆盖面。要加强研究灵活就业人员、被征地农民和农村劳动者的失业保险政策，逐步建立不分户籍、不分经济类型、不分用工形式，凡是有失业风险的城乡所有劳动者，都能享受同等权益的失业保险制度。积极推进行业从业人员参加工伤保险，加快实现全覆盖。深化完善生育保险制度，逐步实现管理社会化，切实保障生育女职工的合法权益。

与此同时，进一步完善社会保险费“五费合征”制度，切实加强社会保险信息化建设，加强社会保险基金管理，进一步落实社会保障资金多渠道筹措机制，建立以养老保险为重点的社会保险风险准备金制度，按照国家的要求，按期实现养老保险省级统筹。

（四）维权维稳

维护劳动者合法权益，是整个社会长治久安的重要基础，保持社会和谐稳定，又是广大劳动者安居乐业的重要条件。各级劳动保障部门要坚持以维权促维稳，为建设“平安浙江”、构建和谐社会作出应有的贡献。维护劳动者合法权益，主要是要做好协调劳动关系、加强劳动争议仲裁、加强劳动保障监察三方面的工作。一是要以贯彻落实《劳动合同法》为契机，加强对企业劳动关系的指导和服务，妥善处理劳动合同履行中出现的各类问题。二是要按照《劳动争议调解仲裁法》的要求，加快建立完善相关制度。坚持重心下移，努力将劳动争议通过调解化解在基层，解决在萌芽状态。对重大劳动争议和集体劳动争议，要快立、快调、快审、快结，及时妥善处置。三是要进一步加强劳动保障监察，畅通投诉举报渠道，及时处理投诉举报案件。四是要进一步加强农民工工作，切实维护广大农民工的合法权益。

我们必须清醒认识到，发展是第一要务，稳定是第一责任。元旦春节前后这段时间，各级劳动保障部门要将此作为压倒一切的任务，切实抓紧抓好，力争少出事，确保不出大事。要加强巡查，密切关注企业特别是劳动密集型企业的用工动态，掌握关闭停产企业劳动关系处理和生产经营困难企业的裁员情况，切实做到第一时间发现、第一时间处理。要完善应急预案，着力加强防范，依法、及时、有序、有力、有效处置相关群体性事件。

二、统筹兼顾　改革创新

在新形势下，做好劳动保障工作非常不容易。因为劳动保障的每一项制度、每一项政策、每一个数据，都意味着利益关系。这种利益关系，有时表现为国家、企业和职工的利益关系，有时表现为不同群体之间的利益关系，有时表现为代际之间的利益关系，有时表现为中央政府与地方政府、省政府与市县政府之间的利益关系。所以，从事劳动保障工作的同志要坚持胸怀全局、把握大局，要有很强的政治敏感性和很强的政策把握能力，要善于统筹兼顾。这又是科学发展观的要求，因为科学发展观，其根本方法就是“统筹兼顾”。特别是面对当前这样的经济形势，如何正确处理好扶持企业、稳定经济与保障职工、稳定社会的关系，十分值得同志们深入研究，在实际工作中好好加以把握。

因此，作为劳动保障部门学习实践科学发展观，还必须按照统筹兼顾的要求，进一步紧密联系实际，进一步深入思考和把握好以下五个方面的重要关系：

一是经济发展与民生保障的关系。经济发展是保障民生的基础、前提和条件，民生问题只能在发展中得以解决；而民生的保障和改善，又有利于调动全体劳动者、全体人民的积极性，有利于促进经济发展。两者的关系正是体现了“发展为了人民、发展依靠人民、发展成果由人民共享”。从扩大内需的角度看，只有有了健全的社会保障体系，老百姓才有底气去扩大消费、去提前消费。因此，处理这两方面的关系，主要是要使它们相互结合、相互促进、相互协调、良性循环。

二是注重公平与提高效率的关系。公平与效率的关系问题是一个老问题，改革开放以来很长一段时间的提法是“效率优先、兼顾公平”，在2006年党的十六届六中全会《中共中央关于构建社会主义和谐社会若干重大问题的决定》中，开始强调“更加注重社会公平”。但是，这样的改动也并不是说不提倡效率。深究起来，劳动保障各项工作都面临着处理好这一对关系的问题。如社会保险，公平是其基本要求，而社会保险制度本身又倡导效率，效率的任何下降，都会造成或加重社会保险的实施困难。而且，如果过分追求公平特别是高保障水平的公平，也会产生负面效应，可能会“养懒汉”，企业和国家财政可能承受不起，社会会出现“高福利病”，甚至会导致资本和技术外流，抑制经济发展。反过来，如果片面追求效率而忽视公平，财富分配的极大不公则可能引发社会动荡，经济也无法发展。因此，两者之间仍然是一个统筹兼顾的问题。

三是满足需要与实际可能的关系。当前，人民群众对社会保障的需求日趋强烈。但是我国仍处于社会主义初级阶段，还将长期面临人民群众日益增长的物质文化需要和相对落后的生产力之间的矛盾。因此，我们在推进劳动保障工作中，要正确处理好需要和可能之间的关系，既要全心全意、尽力而为，又要实事求是、量力而行。这一点在经济形势困难的时候，特别具有现实意义。党中央、国务院和省委、省政府都要求我们要做好过紧日子的准备，2008 年行政事业费用、出国费用、招待费用等支出都要实现“零增长”。在制定社会保障和收入分配等方面的政策时，我们也要按照这个精神，充分考虑财政和企业的承受能力，切不可好高骛远，切不可作出过高的承诺。

四是局部利益与全局利益的关系。改革开放的过程，也是一个利益格局多样化的过程。如何正确处理不同阶层、不同群体、不同区域、不同行业之间的利益关系，以及各个阶层、群体、区域、行业与全局之间的利益关系是一大课题。这在劳动保障工作中表现得很突出。我们既不能过多地考虑局部利益，而影响全局的均衡和稳定，也不能死守一个老棋盘，一个子都不能动。处理好局部和全局的关系，基本的原则还是统筹兼顾、均衡有序。

五是抓好当前与着眼长远的关系。科学发展观是关于发展的世界观和方法论的集中体现，发展就意味着过去、现在和未来。劳动保障工作既事关劳动者的当前利益，也事关劳动者的未来利益，既事关当代人的利益，又事关后代人的利益。因此，从事劳动保障工作的同志，要有长远的历史眼光，要十分注重可持续发展，既不能作“短腿式”的决策，又不能作“一根筋”的决策，更不能作“鸵鸟式”的决策，真正实现抓当前与谋长远的高度统一。

三、以更加良好的精神状态推进劳动保障事业科学发展

事业成败，关键在人。全面落实科学发展观，关键在各级领导干部特别是县处级以上领导干部。这里，我提五点希望，与大家共勉。

（一）创优创先，争创一流

这也是长期以来省委省政府对浙江省各项工作的一贯要求。改革开放以来特别是近些年来，浙江省劳动保障工作在全国率先开展城乡统筹就业试点，率先开展面向城乡全体劳动者的职业技能培训，率先推行社会保险“五费合征”，率先实施城镇职工、城镇居民、新型农村合作医疗和医疗救助“3＋1”的城乡居民医疗保障制度，率先建立被征地农民基本生活保障制度，率先开展创建劳动关系和谐企业活动，率先推行企业和行业性、区域性的工资集体协商，率先推进农民工服务与管理工作，率先建立“四位一体”的劳动保障监察新机制，各项工作取得了明显成效。但是，我们丝毫不能自满，丝毫不能懈怠。对照科学发展观的要求，对照人民群众的需求，对照省委、省政府的要求，差距还不小，问题也不少。为此，我们应进一步振奋精神，激发热情，把工作作为事业干，按照“创业创新”总战略的要求，好中求优，优中争先，不断争优创先，全面推进各项工作走在全国前列。

（二）开拓开创，大胆创新

随着改革开放的不断深入，劳动保障领域的新情况、新问题不断出现，劳动者的利益诉求多样化，相关的各种矛盾纠纷也不断凸显。特别是在我们这样一个民营经济发达、中小企业众多、劳动关系复杂、人力人才资源流动频繁的省份，劳动保障工作更是遇到了前所未有的挑战。面对矛盾和问题，我们不能止步不前，也不能绕道前行。改革发展中出现的问题，也只有在改革发展

中、在不断的开拓创新中才能得到有效解决。因此，我们要进一步解放思想，放开胆子，大胆地去破解前人未破的难题，大胆地去试点、去探索，大胆地推进体制机制和制度政策的创新，大胆地去开拓别的地区没有做或者不敢做的工作，真正闯出一片新天地，为浙江省劳动保障事业打开一个更广阔的局面。

（三）真干实干，务求实效

学习实践科学发展观，学习是先导，关键在实践。科学发展是实实在在干出来的，劳动保障工作做的是“人”的工作，事关广大劳动者的切身利益，更来不得花架子。为此，我们要认真贯彻落实省委、省政府的决策部署，科学谋划，脚踏实地，认真抓好各项工作的督促检查，确保政令畅通。工作中，要摸实情、说实话、办实事、求实效，一手加强调查研究，努力当好省委、省政府的参谋，一手加强基层基础建设，热情指导、帮助、服务市县乃至乡镇的工作，真正做到对上负责和对下负责的高度统一。

（四）合心合力，团结进取

团结出战斗力，出生产力，团结也出干部。这几年来，浙江省劳动保障工作取得明显成效，这与省劳动保障厅领导班子团结、统筹协调能力强分不开。这是省劳动保障厅做好工作的一个好基础，也是一大优势，要继续发扬光大，要像爱护自己的眼睛一样倍加珍惜、倍加维护上下团结的良好氛围，心往一处想，劲往一处使，继往开来，再创劳动保障工作的新局面。

（五）勤政廉政，拒腐防变

科学发展其中有一条是安全发展，所以，一支队伍、一个班子、一个干部要做到“安全发展”，首先就要廉洁自律、拒腐防变。只有做到了“安全发展”，这支队伍、这个班子、这个干部才能可持续发展，才能科学发展。因此，党风廉政建设是一条底线，必须做到，必须做好。近些年来，省劳动保障厅十分重视本单位本系统的党风廉政建设和行风建设，没有出现大的贪污腐败案件。但是，党风廉政建设只能抓紧，不能放松，而且要坚持标本兼治、综合治理、惩防并举、注重预防的方针，坚持不懈、持之以恒地抓，从制度入手、从源头抓起。

下一步，学习科学发展观实践活动将转入第二阶段即分析检查阶段，为此我们要做好以下几方面工作：

一是要始终坚持领导干部带头。这是中央文件的明确要求，也是胡锦涛总书记在省部级主要领导干部深入学习实践科学发展观专题研讨班上的讲话中突出强调的。总书记说了“五个带头”，即带头深入学习、带头调查研究、带头解放思想、带头分析检查、带头整改落实。前一阶段，中央领导和省委、省政府主要领导已经作出了很好的表率示范。从学习调研阶段的情况看，省劳动保障厅领导班子成员已经发挥了很好的带头作用，认真组织参加分管单位的学习实践活动，针对热点、难点、焦点问题开展了深入的调查研究。下一步，要继续以强烈的政治责任感积极投身于学习实践活动，充分发挥好带头作用。要继续带头刻苦钻研、真学真用，不断提高自身的理论素养特别是运用科学发展观指导实践的能力。要继续带头深入基层、深入一线，特别是要深入到问题较多、困难较多、矛盾较多的地方和单位中去，指导帮助基层单位切实解决实际问题。要继续坚持边学边改、边查边改，认真开展批评与自我批评，勇于解剖自身工作和作风存在的问题，切实落实整改措施。

二是要突出实践特色，注重解决实际问题。与以往的“三讲”“三个代表”和先进性学习教育活动相比，这次活动是“学习实践活动”，实践是这一活动最为突出的特点。这次学习实践活动，省委确定的实践载体是“加快转变经济发展方式，推进经济转型升级，再创浙江科学发展新优势”，省劳动保障厅结合自身实际，确定的实践载体是“以科学发展观为统领，完善社保体系，促进社会和谐”。为此，省劳动保障厅党组在下一步的学习实践活动中，要进一步紧扣这两个层面的实践载体，特别是要深入分析当前经济形势对劳动保障工作带来的严峻挑战，按照“标本兼治、保稳促调”的经济工作思路，一手抓服务企业、服务经济，一手抓促进就业、保障民生，为保持全省经济平稳健康发展、促进社会和谐稳定作出应有的贡献。

三是要着力建立健全长效机制。学习实践活动不是一阵风，刮了过去就无影无踪。学习实践活动最终的目的是要出制度成果，从体制机制上解决问题，真正建立健全长效机制。因此，省劳动保障厅党组应进一步深化学习调研成果，并在下一步的分析检查、整改落实阶段中，认真梳理影响和制约本单位本系统科学发展的突出问题，在此基础上，着眼于制度创新、体制机制创新、政策创新，在劳动保障事业发展、劳动保障系统自身建设等各个方面真正出台一些制度，出台一些有力、有效的政策措施，使学习实践活动的成果真正体制化、机制化，真正管用、管长远。

科学发展观博大精深，学习永无止境，实践永无止境，劳动保障事业的发展也永无止境。在省委的正确领导下，在省劳动保障厅党组的精心组织下，在省委指导检查组的精心指导下，省劳动保障厅的学习实践活动一定能够取得丰硕的成果，浙江省的劳动保障事业一定能够继续开创新局面、再上新台阶，为全面建设惠及全省人民的小康社会作出新的更大的贡献！

三、厅领导重要讲话

扎实工作　保障民生
推动我省劳动保障事业再上新台阶

——在全省劳动保障工作会议上的讲话

浙江省劳动和社会保障厅厅长　陈小恩

（2008年1月11日）

新年伊始，我们召开了全省劳动保障工作会议。这次会议的主要任务是，以科学发展观为指导，深入学习贯彻党的十七大和省第十二次党代会精神，总结五年来劳动保障工作，分析当前形势，按照省委十二届二次全会和全省经济工作会议的部署，研究安排2008年的工作任务。

一、2007年的工作情况和过去五年的工作回顾

2007年，是我们党和国家政治生活中十分重要的一年。党的十七大胜利召开，为我国在新的历史条件下继续全面建设小康社会、加快推进社会主义现代化建设描绘了宏伟蓝图。省第十二次党代会召开并提出了实施“创业富民，创新强省”总战略，就建设惠及全省人民的小康社会作出了部署。一年来，全省劳动保障系统认真贯彻落实党的十七大和省第十二次党代会精神，以完成省政府提出的“十件实事”为抓手，以开展“作风建设年”活动为动力，突出重点，开拓创新，狠抓落实，全面超额完成了省委、省政府下达的各项目标任务，继续保持了各项工作的良好发展态势。

一是就业再就业工作取得明显成效。预计到2007年年底，全省新增城镇就业人数65万人，帮助33.31万名城镇下岗失业人员实现再就业；全省已消除“零就业家庭”2.67万户，实现了基本消除“零就业家庭”的目标；高技能人才培养工作继续呈现较快发展势头，全省共培养高技能人才8.1万人。二是社会保险覆盖面不断扩大。预计企业职工养老保险、医疗保险、失业保险、工伤保险、生育保险参保人数分别比上年增加104万人、109万人、65万人、376万人、107万人。城镇居民医疗保险试点工作进展顺利，完成了50％的市、县实施城镇居民基本医疗保险制度的目标。加快了工伤保险扩面步伐，2007年三季度已完成全年工伤保险扩面任务。建立了被征地农民社会保障落实情况的审查制度，被征地农民纳入社会保障范围比上年增加了57万人。三是积极推进劳动合同制度和集体合同制度的实施，全省劳动合同签订率达到92.1％。推动企业职工工资增长，继续提高了最低工资标准。加大劳动争议案件处理力度，制定了《浙江省法律援助与劳动仲裁衔接机制实施办法》。开展矛盾纠纷的排查，及时化解信访问题，七年来省

厅接待处理的来信来访量首次出现回落。四是深入开展劳动保障执法检查活动。全省共追回被拖欠的职工工资达6.1亿元。到2007年11月，全省已经完成解决企业工资历史拖欠工作任务。

2007年的劳动保障工作成绩，是在前几年工作的基础上取得的。过去的五年，是党和政府对劳动保障工作最为重视、社会最为关注、改革力度最大、发展速度最快的五年，是就业再就业工作成效显著的五年，是社会保障体系不断完善的五年，是劳动关系和收入分配日趋规范的五年，是高技能人才队伍建设逐步加强的五年，是劳动保障法制建设日益健全的五年，也是基础建设取得快速发展的五年。我们认真贯彻落实党中央、国务院和省委、省政府关于做好劳动保障工作的方针政策，围绕经济社会发展大局，进行了一系列积极探索和实践，突破了一批重点难点问题，劳动保障各项工作取得重大进展。

（一）就业形势稳中趋好，就业规模不断扩大，失业率逐年下降

1. 就业总量稳步增长

目前全省城乡从业人员达3 172万人。2003—2007年，全省城镇新增就业314万人，帮助169万名下岗失业人员实现再就业，其中就业困难人员实现再就业60万人。城镇登记失业率持续下降，从2003年的4.2%一直降到2007年的3.38%。

2. 浙江特色的就业政策体系基本形成

浙江省出台实施的新一轮促进就业政策，将被征地农民、“零就业家庭”人员和农村低保户劳动力就业纳入政策扶持体系，扩大了政策扶持范围，加大了政策扶持力度。

3. 在全国率先全面推行城乡统筹就业

2006年省政府出台了全面推进城乡统筹就业的指导意见，全省城乡统筹就业在全国率先由试点转向全面铺开，基本消除了地域、户籍、行业等对农村劳动力进城就业的限制性政策，城乡职业介绍服务机构达2 538家。加快了农村劳动力转移步伐，五年来农村劳动力转移就业315万人。

（二）社会保障政策制度逐步完善，覆盖人群不断扩大，保障水平逐年提高

1. 政策制度体系基本形成

围绕加快构建“大社保”体系，我们适时出台了完善企业职工基本养老保险制度、建立城镇居民医疗保障制度、工伤保险全覆盖、失业保险基金扩大支出范围、农民工社会保障等方面的政策制度。率先建立了被征地农民基本生活保障制度，基本养老保险实施范围扩大到各类企业及与其形成劳动关系的职工，医疗保障在制度上已经实现城乡全覆盖，健全了社保基金征缴、支付和监督管理制度，形成了比较完善的社会保障政策体系。

2. 社会保障覆盖面不断扩大

预计全省企业养老、医疗、工伤、失业、生育保险参保人数分别达到1 068万人、840万人、980万人、570万人和490万人，分别比2002年年末增加了433万人、417万人、754万人、180万人和296万人。预计全省城镇居民基本医疗保险参保人数达到150万人。全省有291万名被征地农民参加社会保障，领取基本生活保障金或养老保障金达109万人。企业基本养老保险基金累计结余591亿元，支付能力达28个月，比2002年年末提高17.3个月。

3. 保障水平逐年提高

企业离退休人员养老金继续做到按时足额发放，社会化发放率达到100%。2004年以来连续四年对全省企业退休人员的基本养老金进行了调整，比2002年人均增加378元。目前，我省企业退休人员月人均养老金达到1 180元，养老金待遇位居全国省区第一，逐步缩小了企业与机关事业单位的待遇差。

(三) 劳动关系协调机制逐渐完善，企业职工工资收入水平整体得到提高，劳动关系和分配关系基本保持和谐稳定

1. 努力完善劳动关系协调机制

全面实施劳动合同制度三年行动计划，开展了创建劳动关系和谐企业和工业园区活动，推动非公企业推进集体合同制度。加强劳动关系三方协调机制建设，省、市、县（区）及 70%的乡镇（街道）建立了劳动关系三方协调机构。

2. 逐步提高企业职工工资水平

逐步建立了以工资指导线、劳动力市场工资指导价位为主体的企业工资收入宏观调控体系，企业工资集体协商和集体合同制度得到广泛推行。2003 年以来，全省每年都调整提高了最低工资标准并实行最低小时工资标准，每次提高幅度达 15%左右。

3. 不断强化劳动争议处理工作

五年来，全省共处理劳动争议案件近 9 万件，每年结案率均达到 91%以上。因劳动保障问题而引发的重大群体性事件得到有效预防和控制。

(四) 职业技能培训体系不断完善，高技能人才队伍建设得到加强，技工院校有了新的发展

五年来，农村劳动力转移技能培训近 208 万人，实现转移就业的达到 187 万人；再就业培训 94 万人，培训后再就业率达到 70%以上；全省职业技能鉴定人数达到 296 万人。全省高技能人才达到 76.3 万人，初步缓解了技工短缺的问题。全省 76 所技工学校中，有技师学院 12 所，国家级重点技校 14 所、省级重点技校 17 所，年招生规模 3 万多人，毕业生就业率达到 95%以上。

(五) 劳动保障地方立法稳步推进，监察执法力度不断加大，依法行政水平得到提高

围绕“法治浙江”建设，着力推进全系统的依法行政工作，顺利完成了“四五”普法任务。加强劳动保障地方立法，颁布实施了《浙江省劳动保障监察条例》《浙江省失业保险条例》《浙江省社会保险费征缴办法》，修订了《浙江省女职工劳动保护办法》和《浙江省实施〈禁止使用童工规定〉办法》。认真贯彻实施《行政许可法》，清理行政许可项目。

大力加强劳动保障监察工作，努力构建劳动者维权平台。五年来，全省共处理劳动保障违法案件 17.62 万件，结案率 97.7%；为劳动者追回工资 20.8 亿元，行政处罚 0.63 亿元，历史欠薪问题得到解决，欠薪多发势头得到有效遏制，全省没有发生特别重大的劳动保障违法事件。

(六) 积极解决农民工面临的突出问题，涉及农民工的劳动保障政策得到较好落实，农民外出务工环境和条件逐步改善

一是改善农民工就业环境。破除了农民工进城就业的户籍门槛和限制性政策，取消了涉及农民工的各种行政性收费项目，公共职业介绍机构为农民工提供免费职业介绍。农民工劳动合同签订率达到 88.7%以上。二是初步建立了农民工工资支付保障的长效机制，农民工基本能按时足额兑现工资。开通了覆盖全省所有市、县的“12333”专线举报投诉电话，畅通了农民工的举报投诉渠道。三是逐步解决农民工的社会保障问题。扩大农民工参加养老保险的覆盖面，开展了农民工工伤保险和大病医疗保险专项扩面行动，实行了农民工工伤认定快速通道办法。浙江省农民工社会保险参保率高于全国平均水平。据国家统计局浙江调查总队的统计，参加养老、医疗、失业、工伤保险的农民工分别比全国平均高 16.9、14.4、12.8、13.8 个百分点。

(七) 着力推进全系统机构队伍建设，加大“金保工程”建设力度，劳动保障基础建设上了一个新台阶

劳动保障基层工作平台建设稳步推进，全省 312 个街道、1 010 个乡镇、2 351 个社区都建立了劳动保障所（站），有的地方延伸到村，做到了机构、编制、人员、场地、经费、制度“六到

位”，形成了比较完善的城乡管理服务网络。劳动保障专职监察员从2003年的545人增加到目前的824人，并把原有部分实行差额拨款和自收自支的改为全额拨款，确保了监察工作经费和执法的公正性。全省劳动仲裁院从2002年的1家发展到目前的62家，占全国仲裁院总数的1/4强，杭州、宁波、台州市实现了全覆盖。社保经办机构规范化建设进一步加强，企业退休人员社会化管理服务率达到96.85%，社区管理服务率达到78.16%。省厅先后新组建了劳动仲裁院、劳动能力鉴定中心、电话咨询服务中心等3个正处级事业单位，省社保中心、医保中心的机构性质由纯公益类事业单位改为监督管理类事业单位，省职介中心由自收自支事业单位改为全额拨款事业单位，厅信息中心升格为正处级事业单位，省劳动保障干部学校增挂了省就业和职业技能促进中心牌子。

“金保工程”建设稳步推进，数据中心和网络建设步伐加快，统一应用软件覆盖范围逐步扩大。建立了省、市交换网，并与劳动保障部实现了网络连通和企业养老保险交换数据由市到省、省到部的网上传输，遍及全省、市、县的三级信息网络已基本建立。省厅及杭州市的“12333”电话咨询服务中心已投入运行。

编制了《浙江省劳动和社会保障事业发展第十一个五年规划纲要》，明确了“十一五”劳动保障事业发展的指导思想和目标、主要任务和政策措施。财务管理、社会保险内控机制和统计工作不断完善，劳动保障科学研究和职业技能教学研究取得了一大批研究成果，党风廉政建设、机关党建、政务公开、干部教育培训、宣传信息、调查研究等工作都上了一个新台阶。

五年来，通过全省上下的积极探索、共同努力，劳动保障工作实现了由“单一突破”向“整体推进”转变，由“城镇劳动保障”向“城乡统筹”转变，初步建立了覆盖城乡、功能比较完善、保障形式多样化、资金来源多元化、保障水平多层次、与经济社会发展水平相适应的劳动和社会保障体系。

二、五年来劳动保障工作的基本经验

五年来，劳动保障工作应对挑战，克服困难，开拓创新，努力拼搏，一步步地向前推进，成绩来之不易，经验值得总结。

（一）坚持全面落实科学发展观，切实贯彻省委、省政府重大决策部署，这是推进劳动保障事业发展的根本保证

2003年，省委、省政府提出了建设就业再就业、社会保险、社会救助三位一体的“大社保”体系，作出了率先建立比较完善的城镇社会保险体系，加快建立统筹城乡的就业制度，加快建立覆盖城乡的新型社会救助体系的战略部署。我们认真贯彻落实省委、省政府的重大决策，提出了抓好就业再就业、社会保障、劳动关系协调和收入分配三条主线，做好职业技能培训、劳动保障法制建设两篇文章，强化劳动保障基础建设的“三二一”总体工作思路，一定几年，常抓不懈。几年来的实践证明，这一工作思路符合科学发展观的要求，切合浙江省劳动保障工作实际，体现了以人为本、统筹发展的思想，有力地促进了这几年劳动保障事业的快速发展。

（二）坚持把解决民生问题摆在突出位置，这是做好劳动保障工作的出发点和落脚点

五年来，我们以完成省政府确定的十件实事为主要内容，把构建为民办实事的长效机制、切实为人民群众解决就业和社会保障问题作为重中之重抓紧抓好，有效解决了就业再就业、被征地农民基本生活保障、调整企业离退休人员养老金、调整提高最低工资标准、清欠农民工工资专项整治等一系列事关老百姓的切身利益问题，受到了人民群众的普遍好评。

（三）坚持从浙江省省情出发推进制度创新，这是浙江省劳动保障工作能够走在全国前列的动力源泉

我们按照“干在实处、走在前列”的要求，解放思想，积极探索，把党中央、国务院的决策部署与浙江省实际相结合，创造性地加以贯彻落实，推进劳动保障政策创新和体制机制创新，在全国率先推行了城乡统筹就业、被征地农民基本生活保障、城镇居民医疗保障等工作，实现了制度创新。

（四）坚持党政主导，积极争取社会各界的大力支持，这是顺利推进劳动保障工作的重要条件

各级劳动保障部门牢牢抓住领导重视、社会关注、群众关心的良好发展机遇，积极向党委政府汇报，争取支持。主动与有关部门沟通协调，相互配合、共同推进劳动保障制度改革，形成了全党重视、全社会关心支持劳动保障事业的良好工作态势。

（五）坚持抓好调查研究，理论联系实际，这是推进劳动保障制度改革的重要途径

从2004年开始，省劳动保障厅每年都要举办一期全省劳动保障系统领导干部理论读书会，选择一个与省委、省政府中心工作密切相关、人民群众最关心的热点难点问题，进行集中深入的学习和研究。先后对完善浙江省社会保障体系、创建和谐劳动关系、农民工劳动保障问题、就业困难人员的就业问题等进行了研讨，在调查研究、总结各地实践经验的基础上，提出了解决问题的政策措施。

（六）坚持大力加强干部队伍建设，不断改进工作作风，这是做好各项劳动保障工作的基础

五年来，全系统的同志深入学习邓小平理论、“三个代表”重要思想，全面贯彻落实科学发展观，通过开展机关效能建设、保持共产党员先进性教育活动、作风建设活动年等主题活动，大力加强党风廉政建设，构建惩治和预防腐败体系，狠抓纠风专项治理，干部队伍的精神面貌发生了深刻的变化，在社会上树立了劳动保障部门的良好形象。

以上“六个坚持”，是全省劳动保障系统的宝贵财富，为劳动保障事业可持续发展奠定了扎实的思想和工作基础。我们要倍加珍惜，在今后的工作实践中继续予以坚持并不断发扬光大。

三、2008年劳动保障工作的主要任务

2008年是全面贯彻落实党的十七大精神和省第十二次党代会精神的第一年，也是新一届省政府的开局之年，做好2008年的劳动保障工作十分重要。党的十七大将“社会就业更加充分；覆盖城乡居民的社会保障体系基本建立，人人享有基本生活保障；合理有序的收入分配格局基本形成”纳入全面建设小康社会的五大新目标体系之一，把劳动保障工作摆在了更加突出的位置。省第十二次党代会提出了实施“创业富民，创新强省”总战略，提出了实现经济又好又快发展和保障改善民生两大目标任务，对今后五年的劳动保障工作作了明确的部署。这一系列重大决策部署，都充分体现了劳动保障工作是保障和改善民生的核心，是促进社会公平正义、维护社会稳定的基石，凸现了我们劳动保障部门在改善民生中的“排头兵”作用。我们既要充分看到五年来劳动保障事业所取得的巨大成就，更要清醒地看到前进中还面临不少矛盾和挑战：一是就业总量矛盾和结构性矛盾进一步突出的挑战；二是社会保障体系建设面临着人口老龄化、大规模人口流动和就业方式多样化的挑战；三是收入分配不平衡、工资增长机制不健全的挑战；四是劳动关系多元化、争议处理复杂化的挑战；五是机构队伍建设与新形势、新任务还不相适应的挑战。做好民生这篇大文章，还有很长的路要走，需要我们付出不懈的努力。

根据中央、浙江省经济工作会议和全国劳动保障工作会议的要求和部署，2008年劳动保障

工作的指导思想是：以党的十七大和省第十二次党代会精神为统领，全面落实科学发展观，实施“创业富民，创新强省”战略，坚持以民为本、以民为重、以民为先，把科学发展、和谐发展、率先发展的要求贯穿到劳动保障工作的各个方面，继续坚持“三二一”总体工作思路，进一步解放思想、改革创新、统筹兼顾、加快发展，深化“大社保”体系建设，统筹发展城乡劳动保障工作，努力使浙江省劳动保障工作继续走在全国前列。重点抓好以下七个方面工作。

（一）继续把就业再就业工作放在突出位置抓紧抓好

切实抓好民生之本，贯彻实施《就业促进法》，统筹做好城镇失业人员再就业、高校毕业生就业和农村富余劳动力转移就业工作。2008 年省政府和省厅的考核目标任务是全省新增城镇就业人员 65 万人；引导和帮助 25 万名城镇失业人员实现再就业，其中就业困难人员再就业 6 万名；确保城镇“零就业家庭”基数归零、动态归零；农村低保家庭中有劳动能力和就业愿望的人员实现就业达到 50%以上。城镇登记失业率控制在 4%以内，保持全省就业局势的总体稳定。

（二）加快建立覆盖城乡居民的社会保障体系

养老保险。一是不断扩大养老保险覆盖面，确保全年新增企业参保人数 60 万人目标任务的完成。同时，加快个人账户做实步伐。二是研究解决破产、倒闭的原城镇集体企业未参保职工的养老保险待遇问题。三是积极稳妥地推进事业单位养老保险制度改革，按照国家统一部署，制定全省事业单位养老保险制度改革方案和省属事业单位养老保险实施办法。2008 年要结合《劳动合同法》的实施，将省属事业单位编外人员全部纳入企业养老保险。四是进一步完善养老保险关系转移、衔接的政策措施，妥善解决参保人员流动时养老保险关系的接续问题。五是积极探索城镇居民养老保障制度。六是做好企业退休人员养老金调整工作。

医疗保险。一是着力推进城镇居民基本医疗保险制度建设。年内全省实现制度全覆盖，新增参保人数 150 万人，启动实施两年一次的城镇参保居民健康体检。二是继续扩大基本医疗保险覆盖面，抓好规模以上民营企业和灵活就业人员参保，新增医疗保险参保人数 60 万人。三是完善医疗保险社区服务政策。

失业保险。继续扩大失业保险覆盖面，新增失业保险参保人数 50 万人。研究制定失业保险促进稳定就业的政策措施，改革失业保险待遇计发办法，进一步扩大失业保险基金支出范围。

工伤生育保险。着力巩固并扩大工伤保险扩面成果，完善商贸、住宿、餐饮等行业参加工伤保险办法，工伤保险参保人数新增 200 万人。努力扩大生育保险覆盖范围，参保人数新增 30 万人。

积极探索建立农村养老保险制度，鼓励有条件的地区建立以农民个人缴费为主、政府补贴为辅、村集体经济组织给予补助的农村养老保险制度。深入推进被征地农民基本生活保障制度建设，逐步提高保障水平。

加强社保基金监督管理，切实落实各项社保基金监管制度。加强劳动保障部门内部监督，以制度管人、管事、管钱。继续清理回收违纪违规的社保基金，做好举报案件办理等工作。进一步加强企业年金基金的监管。

（三）逐步规范企业收入分配和劳动关系

一是适时调整提高最低工资标准，推动低收入劳动者工资水平的增长；二是大力推进区域、行业工资集体协商制度，逐步建立由基层工会和企业职工参与的企业工资增长共同决定机制；三是改进完善工资分配调控机制，会同有关部门加强对国有企业收入分配的调控管理；四是指导企业建立健全内部分配的约束机制，保证职工群众享有参与工资增长和分配的权利。

认真贯彻实施《劳动合同法》。加快建立劳动用工备案制度，扩大创建劳动关系和谐企业和工业园区活动覆盖面，加强劳动关系三方会议协商制度。贯彻落实《劳动争议调解仲裁法》，加大案件处理力度，缩短案件处理周期，确保案件结案率，全面推进仲裁机构实体化建设。完善规范信访工作程序，建立健全维稳和应急处置机制。

（四）加大职业技能培训和高技能人才队伍建设力度

按照党的十七大提出的统筹抓好以高层次人才和高技能人才为重点的各类人才队伍建设的要求，贯彻落实省委、省政府《关于进一步加强高技能人才工作的实施意见》，全年培养高技能人才8万人，再就业培训15万人，外来农民工技能培训40万人，职业技能鉴定60万人。

（五）进一步推进劳动保障法制建设

加强劳动保障法律法规宣传贯彻，扎实做好《劳动合同法》《就业促进法》《劳动争议调解仲裁法》的贯彻落实工作，提高用人单位和劳动者的守法意识。积极做好《社会保险法》等法律法规颁布实施前的有关工作。抓好《浙江省职工基本养老保险条例》《浙江省失业保险条例》的修订和《浙江省征地补偿和被征地农民基本生活保障办法》的制定出台工作。进一步规范行政行为，加强行政执法监督。

加大劳动保障监察力度，2008年全省开展3次以上全省性劳动用工专项大检查。认真贯彻落实《浙江省人民政府办公厅关于推进解决工资拖欠问题的通知》精神，对全省各地建立完善工资支付保障机制情况开展督查。积极推进推行劳动保障监察网格化、网络化建设，加快建立劳动保障监察新型执法体制。

（六）完善农民工劳动保障工作机制

贯彻落实省政府《关于解决农民工问题的实施意见》，改进完善农民工工作体制，彻底消除对农民进城务工的歧视性政策规定和体制性障碍，改善他们的就业环境和条件；继续解决好农民工工资偏低和拖欠问题，逐步提高工资水平；加强农民工职业技能培训，为农民工铺设一条从初级工、中级工到高级工，再到技师、高级技师的成长通道；不断扩大农民工参加社会保险覆盖面，形成比较完善的农民工服务管理体系和工作机制。

（七）不断提升公共服务能力

要进一步转变工作作风，着力解决好人民群众的就业和社会保障问题。要继续加强党风廉政建设和基层党组织建设，完善惩防体系制度建设，推进政府信息公开工作，接受人民群众监督。深化优质服务窗口和满意基层站（所）创建活动，为人民群众提供便捷、优质、高效的服务。

进一步加强机构队伍建设。贯彻《干部教育培训工作条例》，继续推进街道（乡镇）、社区平台，基金监督，劳动能力鉴定，劳动争议仲裁，信息化管理等机构队伍建设，切实解决人员、编制和经费问题。

进一步加强劳动保障信息化建设。全面建立省、市、县三级劳动保障主干网络，整合人力资源市场和社会保障信息资源，逐步实现对各项业务工作、服务人群、信息系统和管理服务机构的全覆盖。加快全省“12333”咨询服务系统建设，逐步形成“一地呼入、全省联动响应”的服务模式。

做好新时期劳动保障工作，使命光荣，责任重大。我们要高举中国特色社会主义伟大旗帜，深入学习贯彻党的十七大和省第十二次党代会精神，全面落实科学发展观，以改善民生为着力点，进一步做好劳动保障工作，为推动科学发展，促进社会和谐，全面建设惠及全省人民的小康社会作出新的更大贡献。

深入学习实践科学发展观
确保学习实践活动取得实效

——在深入学习实践科学发展观活动动员大会上的讲话

浙江省劳动和社会保障厅厅长　陈小恩

（2008 年 10 月 16 日）

在全党范围内开展深入学习实践科学发展观活动，是党的十七大作出的重大战略部署。浙江省深入学习实践科学发展观活动已全面启动，9 月 27 日，省委召开深入学习实践科学发展观活动工作会议，进行全面部署。9 月 28 日，劳动保障厅党组在各处室及直属单位主要负责人会议上，传达了省委会议精神，并就我厅如何做好深入学习实践科学发展观活动提出了总体要求。今天，我们召开全厅党员干部大会，主要任务是，深入学习贯彻中央、省委有关会议和文件精神，对开展深入学习实践活动进行动员和部署。省委对我厅的学习实践活动非常重视，专门派出了指导检查组，来我厅指导工作。指导检查组组长是原省委党校常务副校长方根雄同志，副组长是省海洋渔业局副巡视员胡式考同志，还有郑忠耀、张志海两位同志。今天到会进行指导的是方根雄组长和张志海同志，让我们对他们的到来表示热烈欢迎和衷心感谢！

下面，我代表厅党组，就切实贯彻中央和省委要求，深入开展好这次学习实践活动讲五点意见。

一、充分认识学习实践科学发展观活动的重大意义

在全党范围内开展深入学习实践科学发展观活动，是党的十七大作出的一项重大战略决定，是用中国特色社会主义理论体系武装全党的重大举措，是“三个代表”重要思想学习教育活动和保持共产党员先进性教育活动的继续和深化，是深入推进改革开放，推动经济社会又好又快发展，促进社会和谐稳定的迫切需要，是提高党的执政能力，保持和发扬党的先进性的必然要求。根据省委的安排，劳动保障厅属第一批开展学习实践活动单位。开展深入学习实践科学发展观活动，是省委交给我们的一项重大政治任务。各级党组织和广大党员特别是党员领导干部，要充分认识开展学习实践科学发展观活动的重大现实意义和深远历史意义，充分认识学习实践活动对于促进浙江省劳动保障事业发展的重大作用，充分认识作为第一批开展学习实践活动单位肩负的光荣使命和重大责任，切实增强做好学习实践的紧迫感和责任感，把思想和行动统一到中央的重大决策部署上来，统一到省委的具体要求上来，确保取得扎扎实实的效果。

（一）开展深入学习实践科学发展观活动，是用中国特色社会主义理论体系武装全党的重大举措

科学发展观作为中国特色社会主义理论体系的重要组成部分，是我国经济社会发展的重要指导方针，是发展中国特色社会主义必须坚持和贯彻的重大战略思想。党中央深刻把握世情、国情、党情的发展变化，作出了开展学习实践活动的重大决策。这对于用马克思主义中国化的最新成果武装全党、教育人民、统一思想、推动工作，具有深远的历史意义和重大的现实意义；对于全厅广大党员、干部深刻理解和全面把握科学发展观的科学内涵、精神实质和根本要求，进一步增强贯彻落实科学发展观的自觉性和坚定性，也必将起到积极的作用，产生重大的影响。

通过深入学习实践活动，使我厅广大党员干部准确把握科学发展观的重大意义、科学内涵、精神实质和根本要求，进一步增强用科学发展观指导劳动保障工作实践，推动劳动保障事业科学发展的能力和本领，真正把科学发展观贯彻落实到劳动保障工作的各个方面，为全面夺取建设小康社会新胜利提供坚强的思想保证、政治保障、组织保障。

（二）开展深入学习实践科学发展观活动，是浙江省加快转变经济发展方式，推进经济转型升级，全面改善民生，推动劳动保障事业发展的迫切需要

当前，浙江省已进入人均生产总值由 5 000 美元向 8 000 美元到 10 000 美元发展的重要阶段，处于全面提升工业化、信息化、城市化、市场化、国际化水平的重要时期，同时浙江省经济发展中的结构性、素质性、资源环境性矛盾和问题也日益凸显。要破解经济发展中出现的这些问题，根本出路在于按照科学发展观的要求，深入实施“创业富民、创新强省”总战略，加快转变经济发展方式，推进经济转型升级，促进浙江经济社会又好又快发展，这是浙江省在现阶段贯彻落实科学发展观的重大任务和重要方面，也是结合实际开展学习实践活动的主要载体和成果体现。同样，浙江省劳动保障工作正处于改革发展的关键阶段，也面临着诸多矛盾和问题，就业总量矛盾和结构性矛盾进一步突出、社会保障体系建设不够完善、企业收入分配不公问题比较突出、劳动关系日趋复杂化等问题成为阻碍浙江省劳动保障事业科学发展的“瓶颈”。我们一定要紧紧抓住和充分利用好这一难得机遇，进一步解放思想、创新观念、开拓思路，以改革解决发展中的深层次矛盾和问题，着力转变不适应科学发展观的思想观念，努力推动劳动保障事业的科学发展。

（三）开展深入学习实践科学发展观活动，是提高党的执政能力、保持和发展党的先进性的必然要求

近几年来，党中央始终坚持不懈地抓党的建设，使我们党的政治思想优势、组织优势、密切联系群众的优势不断增强，全面推进党的建设伟大工程取得了积极成效。从劳动保障厅的情况看，各级党组织的核心领导作用得到了较好发挥，党员、干部队伍的主流是好的。同时，我们也必须清醒地看到，党的自身建设面临许多新课题新考验，管党治党的任务比过去任何时候都更为繁重，一些领导班子和领导干部还不同程度存在着与党的执政能力、与党的先进性要求、与经济社会发展任务“不完全适应、不完全符合”的问题，在党性、党风、党纪方面也存在着这样那样的问题。开展学习实践活动，正是为了有效解决这些突出问题。要通过开展学习实践科学发展观活动，进一步推动各级领导班子按照科学执政、民主执政、依法执政的要求，提高领导科学发展、促进社会和谐的能力；进一步推动各级党组织和广大党员、干部始终坚持立党为公、执政为民，始终坚持以人为本，始终把人民群众安危冷暖放在心上，真正把科学发展观体现到各级党组织和广大党员、干部的行动中去，始终保持浙江省劳动保障事业发展的良好势头和旺盛活力。

二、准确把握省委对学习实践活动的总体要求

要按照省委学习实践活动领导小组《关于第一批开展深入学习实践科学发展观活动的实施意见》的总体要求，扎实开展劳动保障厅的学习实践活动。根据厅党组确定的活动实施方案，要牢牢把握三个方面。

（一）明确指导思想

开展学习实践活动的指导思想是：全面贯彻党的十七大精神，高举中国特色社会主义伟大旗帜，以邓小平理论和“三个代表”重要思想为指导，围绕加快转变经济发展方式、推进经济转型升级，把“以科学发展观为统领，完善社保体系，促进社会和谐”作为实践载体，以处级以上党员领导干部为重点，紧紧围绕党员干部受教育、科学发展上水平、人民群众得实惠，着力转变不适应、不符合科学发展要求的思想观念，着力解决影响和制约科学发展的突出问题以及党员干部党性、党风、党纪方面群众反映强烈的问题，着力构建有利于科学发展的体制机制，提高领导科学发展、促进社会和谐的能力，推进全省劳动保障事业加快发展，为转变经济发展方式、加快经济转型升级、建设惠及全省人民的小康社会作出新的贡献。

（二）把握目标要求

这次学习实践活动要努力实现四个方面的目标要求。

一是提高思想认识，凝聚转型升级共识。进一步加深广大党员、干部，特别是领导干部对科学发展观的理解，增强贯彻落实科学发展观的自觉性和坚定性，对事关浙江省劳动保障事业发展全局的重大问题进一步形成共识，切合浙江实际的科学发展理念进一步明确，实现思想解放与科学发展的统一。

二是解决突出问题，增强发展活力。着力解决影响和制约科学发展的突出问题，理清科学发展思路，推进经济转型升级，走出一条符合浙江实际的劳动保障事业发展之路。加强各级领导班子的思想政治建设，着力解决工作作风方面的突出问题。

三是创新体制机制，再创特色优势。围绕加快转变经济发展方式、推进经济转型升级，认真研究解决影响和制约浙江省劳动保障事业科学发展的体制机制问题，构建和完善推动科学发展、促进社会和谐的体制机制优势。

四是推进科学发展，继续走在前列。通过学习实践活动，把科学发展观的要求转化为谋划科学发展的正确思路、领导科学发展的实际能力、促进科学发展的政策措施、增强党性修养的自觉行动，保持和发展全省劳动保障事业发展的好势头、好局面、好氛围，努力在推动浙江经济社会又好又快发展方面继续走在前列。

（三）坚持主要原则

在实践活动中，要坚持四条主要原则。

一是坚持解放思想。坚持用科学发展观指导解放思想，用解放思想推动科学发展，以思想大解放和观念大转变推进经济社会和劳动保障事业大发展。

二是突出实践特色。以“加快转变经济发展方式、推进经济转型升级，再创浙江科学发展新优势”实践载体为总抓手，把“以科学发展观为统领，完善社保体系，促进社会和谐”作为具体抓手，总结借鉴“树新形象、创新业绩”主题实践活动的经验，确保取得看得见、摸得着的实际成效。

三是贯彻群众路线。充分发扬民主，吸收群众参与，把相信群众、依靠群众、服务群众贯穿学习实践活动全过程，把群众满意作为衡量学习实践活动成效的重要依据。

四是正面教育为主。着眼于保护和调动广大党员、干部推动科学发展的积极性，坚持高标准、严要求，重在自我提高，重在总结经验，重在明确方向。查找和剖析问题既要严格要求，又不搞人人过关，注意保护党员、干部的发展积极性。

三、全面把握学习实践活动的方法步骤

根据省委的统一部署，学习实践活动从2008年9月开始，到2009年2月底前基本结束。整个学习实践活动分三个阶段，共有11个环节，具体内容在劳动保障厅的实施方案中已经明确，总的来讲既要按规定做好“规定动作”，又要结合劳动保障厅实际做好“自选动作”。这里我再强调一下主要内容。

第一阶段是学习调研。时间3个月（9月至11月底）。主要任务是学好理论，提高认识，统一思想，转变观念。主要抓好4个环节：做好前期准备，搞好学习培训，组织开展专题调研，开展解放思想大讨论。组织开展好“三大行动”，即开展科学发展理论传播行动，开展科学发展理论扎根行动，开展科学发展举措调研行动。

第二阶段是分析评议。时间50天（12月初至2009年1月中旬）。主要任务是征求意见、找准问题、分析原因、明确方向。主要抓好3个环节：召开专题民主生活会和组织生活会；形成厅党组分析检查报告；组织党员干部进行评议，根据评议意见，对分析总结报告作进一步修改完善。

第三阶段是整改落实。时间40天（2009年1月下旬至2月底）。这一阶段的主要任务是明确目标，落实责任，扎实推进，切实取得推动科学发展的实践成果和制度成果。主要抓好4个环节：制定整改落实方案，集中解决突出问题，建立健全体制机制，搞好活动总结和满意度测评。重点是开展“破解体制机制难题”专项行动，制定一批劳动保障政策性文件，着力破解影响和制约科学发展的体制机制问题。要认真做好总结工作，完善整改措施，巩固和扩大学习实践活动成果。

四、确保学习实践活动取得实效

这次学习实践活动与以往的学习教育活动不同，突出强调实践性。省委把“加快转变经济发展方式、推进经济转型升级，再创浙江科学发展新优势”作为实践载体和总抓手。厅党组确定把“以科学发展观为统领，完善社保体系，促进社会和谐”作为实践载体，既是对省委实践载体的具体落实，也是当前和今后一个时期浙江省劳动保障工作实现科学发展的总要求。具体来说就是要“解决五个突出问题，出台六项举措，形成五个方面成果”。

（一）着力解决五个突出问题

一是积极促进就业。要认真落实《就业促进法》，实施积极的就业政策，确保各项政策的落实到位。进一步改善就业环境，加强就业服务和培训，统筹城乡劳动力就业，重点做好城镇“零就业家庭”、农村低保户劳动力和高校毕业生的就业工作，推动以创业带动就业。

二是完善社会保障体系。按照“广覆盖、保基本、多层次、可持续”的要求，建立健全覆盖城乡居民的社会保障体系。重点解决农村养老保险制度的缺失、扩大覆盖范围、稳步提高社会保障待遇水平、解决养老保险关系省内转移接续和历史遗留问题。

三是加强高技能人才队伍建设。实施人才强国战略，在技能人才的技能培养、考核评价、岗位使用、竞赛选拔、技术交流、表彰激励、合理流动、社会保障等环节上下工夫，创新机制，形成有利于高技能人才成长和发挥作用的制度环境。

四是发展和谐劳动关系。全面贯彻实施《劳动合同法》和《劳动争议调解仲裁法》，大力加强劳动保障监察执法和劳动关系调解工作。以贯彻落实国务院《劳动合同法实施条例》为契机，切实规范企业用工行为，推进和谐劳动关系建设。

五是加强机关作风建设。要在工作中着力查找和解决办事拖拉，工作程序繁杂，节奏不快、效率不高的问题；着力查找和解决心态浮躁，对于长远、打基础的工作不重视的问题。着力查找和解决世界观、人生观、价值观、权力观、地位观、利益观等方面存在的问题。要把为人民服务根本的宗旨，把立党为公、执政为民的理念，把艰苦奋斗、勤俭节约的作风，把求真务实、开拓创新的精神落实到我们的实际工作当中去，进一步增强把握大局、服务大局的能力，增强联系群众、服务群众的能力，增强开拓创新、机制创新的能力，切实解决人民群众最关心、最直接、最现实的问题。

（二）适时制定出台六项政策措施

一是制定建立健全城镇“零就业家庭”就业援助长效机制的意见，确保动态归零；二是制定做好促进就业工作的实施意见，推进就业工作进一步发展；三是适当降低基本养老保险缴费比例，为企业减轻负担；四是制定基本养老保险关系省内转移接续办法，畅通养老保险关系转移渠道；五是出台关于贯彻《劳动合同法》及《劳动合同法实施条例》的若干意见，促进劳动关系和谐稳定；六是制定关于建立新型农村养老保险制度的指导意见，健全农村社会保障体系。

（三）取得五个方面成果

一是思想认识要有新提高，形成学习成果。要使广大党员干部特别是领导干部对科学发展观的理解进一步加深，不适应不符合科学发展观的思想观念逐步转变，贯彻落实科学发展观的自觉性和坚定性进一步增强。

二是解决难题要有新突破，形成实践成果。要进一步解放思想，理清工作思路，解决好就业、社会保障、劳动关系等方面影响和制约劳动保障事业发展的突出问题以及工作作风方面的突出问题，有效破除制约劳动保障工作发展的“瓶颈”和难题。

三是体制机制建设要有新进展，形成制度成果。要在进一步把握规律和增强工作预见性、系统性基础上，以改善民生为重点，以加强保障为核心，研究制定重点领域和关键环节改革的政策制度，推进劳动保障体制机制的创新。

四是工作作风要有新转变，形成勤政成果。要用科学发展观的要求自觉检验我们的思想、工作和作风，把学习实践活动特别是党员领导干部讲党性、重品行、作表率结合起来，做到思想讲“纯洁”、工作讲“透明”、作风讲“扎实”、为官讲“为民”。

五是工作能力要有新提高，形成效能成果。要使党员干部创新工作思路和工作方式方法的能力，抓全局、谋长远、议大事的能力切实得到提高，为人民服务的本领不断提升，工作质量和效率不断提高。

五、切实加强组织领导

开展深入学习实践科学发展观活动，是我们党政治生活中的一件大事。各党支部和全厅每一个党员干部都必须以高度的政治责任感和历史使命感，把学习实践活动作为当前一项最重要的政治任务和中心工作，务求取得扎扎实实的成效。

（一）落实工作责任

为加强对学习实践活动的组织领导，省劳动保障厅成立了深入学习实践科学发展观活动工作领导小组。会后，厅直属事业单位也要立即成立相应的工作机构。厅党组对全厅开展深入学习实践科学发展观活动总负责，主要领导为第一责任人，分管厅领导为直接责任人，各党支部书记为本支部具体责任人。各单位领导班子和领导干部一定要发挥表率作用。要注意防止和纠正一些党员干部对学习实践活动的模糊认识，克服厌倦感。党员领导干部要自觉把思想和认识统一到省委的要求上来，切实增强搞好学习实践活动的自觉性、主动性和积极性，高标准、高质量地抓好各项工作，努力把这次学习实践活动抓紧抓实，抓出成效。

（二）搞好舆论宣传与引导

要充分运用电视、广播、网络等宣传媒体，及时报道劳动保障厅开展学习实践活动的情况，反映活动取得的成效，特别是要集中组织宣传科学发展、加快发展的典型做法和新鲜经验，营造良好舆论氛围。厅网站、劳动保障杂志要设立专栏，及时发布有关信息，开展征求意见和评议等活动。要编发《工作简报》，宣传交流开展活动的经验和做法，通报工作进展情况，引导学习实践活动健康发展。

（三）处理好学习实践活动与当前工作的关系

2008 年是全面贯彻落实党的十七大精神的第一年，也是实施“创业富民，创新强省”总战略极为重要的一年，劳动保障工作任务十分繁重。因此，我们在搞好学习实践活动的同时，要做到统筹兼顾，合理安排。既不能脱离劳动保障工作孤立地搞学习实践活动，也不能因工作任务重而使学习实践活动流于形式，走过场。要把学习实践活动的成效体现到解决劳动保障问题、促进工作上，用劳动保障工作的实际效果来衡量和检验学习实践活动的成效，切实做到两不误、两促进，真正使全厅党员在活动中受教育、长才干、提素质、促工作。

同志们，开展深入学习实践科学发展观活动，是用中国特色社会主义理论体系武装全党的重大举措，是深入推进改革开放、推动经济社会又好又快发展、促进社会和谐稳定的迫切需要，是提高党的执政能力、保持和发展党的先进性的必然要求。让我们在省委的领导下，省委指导检查组的帮助指导下，始终以认真负责的态度、改革创新的精神、求真务实的作风，学习好、实践好、落实好科学发展观，圆满完成学习实践活动的各项目标任务，推进劳动保障事业的新发展。

深化认识　创新思路
实现我省职业培训事业的新发展

——在全省职业培训工作座谈会上的讲话

浙江省劳动和社会保障厅副厅长　王国益

（2008 年 4 月 24 日）

近几年，浙江省的职业技能培训鉴定工作在省委、省政府和厅党组的正确领导下，取得了长足的发展。具体来说，一是从无到有，各项政策措施实现突破；二是从少到多，规模范围数量不断提高；三是从冷到热，上下左右积极性已调动。经过几年的努力，浙江省的职业技能培训鉴定工作已驶上发展的快车道。

2007 年，是全省职业技能培训战线的同志们齐心协力、锐意进取、奋发有为的一年，也是全省职业技能培训工作取得新的进展的一年。各地按照年初确定的工作目标，开拓进取，真抓实干，为提高广大劳动者素质，加快高技能人才队伍建设，促进就业和再就业，推动浙江省经济发展作出了积极的贡献。成绩的取得，得益于省委、省政府的高度重视和各级政府的大力支持，也是全省职业技能培训战线广大干部职工不畏艰辛、任劳任怨、无私奉献的结果。

任何事物都是一分为二的，我们的工作也不例外，还存在着一些矛盾和问题。主要有：一是职业技能培训工作发展还不平衡。有的地方的领导没有真正把加强技能人才队伍建设纳入到重要的议事日程，技能人才的政策、投入还没有到位。二是再就业和农村劳动力转移培训中技能培训的比例还不够，一些地方在全面贯彻免费培训政策、落实资金保障措施上还不到位。三是部分地区技工学校发展改革工作有待进一步深化。一些地方，政府举办的技工学校，不能依法享受教育部门所属职业院校的相关政策和待遇，存在不同部门分管待遇不一的现象。四是职业技能鉴定工作有待进一步加强。如培训教材开发滞后、题库建设不够完善配套、鉴定质量需进一步提高。如有些“考试太乱”和“证书太滥”现象，严重干扰了职业资格证书制度建设的正常秩序，干扰了人才队伍的建设和发展。我们必须正视工作中存在的矛盾和问题，站在制高点，面向全社会，以科学发展观和构建和谐社会的理念，努力解决发展过程中出现的新矛盾和新问题。

一、认清形势，深化认识，切实树立技能强省观念

（一）技能人才是实现“两创”的需要

省第十二次党代会指出，要坚持“创业富民、创新强省”，增创新优势，实现新发展，全面

建设惠及全省人民的小康社会。这是省委、省政府站在全局高度作出的重大战略决策。贯彻实施这一决策，核心在于企业，关键在于人才。增强企业创新能力，已经成为浙江省经济增长发展的必然要求。因此，要实行“创业富民、创新强省”，就必须具备一支宏大的人才队伍，包括技能人才队伍。

（二）技能强省是社会发展的需要

当前，浙江省正处于全面建设小康社会的关键时期。省政府提出要推进先进制造业和创新型省份建设，走新型工业化道路。而技能强省是走新型工业化道路的必然，是社会发展的需要，是国家复兴的必由之路。因为没有技能人才打造先进制造业是一句空话，经济也上不去，优质产品也生产不出来，没有技能更谈不上强省强国。

（三）技能强省必须提高职工素质

目前，浙江省共有技能人才530万人，其中高技能人才76万人，中级工177万人，初级工276万人，高技能人才只占技能人才的14%，为发达国家的一半，距离部里提出的技能人员比例还相差甚远。面对这样的形势，必须加快技能人才队伍建设，提高职工素质，为实现技能强省打下坚实的基础。

二、加大力度，奋发进取，全力实施全省技能提升行动

2008年，省委、省政府对职业技能培训工作提出了更高的要求。要完成高技能人才培养8万人；跨省务工农民技能提升培训30万人；再就业培训15万人，培训后再就业率达到70%以上；职业技能鉴定60万人的任务。为了圆满完成上级交给我们的任务，我们必须抓好以下五项工作：

（一）以技能建设为核心，加快建立高技能人才成长新机制

各级劳动保障部门要加快建立高技能人才成长新机制。要深入贯彻省委《关于进一步加强高技能人才工作的实施意见》，完善以政府为主导、企业为主体、院校为基础、校企合作、社会参与的高技能人才培养体系，健全高技能人才评价体系和激励机制，促进高技能人才成长。

1. 推动企业培养高技能人才。要通过完善政策、优化服务，充分发挥企业培养高技能人才的主体作用，鼓励企业推行名师带徒弟和技师研修制度，组织一线职工开展技术攻关、观摩研讨和技术交流，促进高技能人才的成长。要扩大高技能人才企业直接认定工作试点范围，充分发挥行业的技术和管理优势，把直接认定试点范围扩大到行业。

2. 完善高技能人才激励机制。要引导和鼓励用人单位完善培训、考核、使用与待遇相结合的激励机制。一是进一步落实高技能人才特殊奖励政策和激励措施。在企业积极推广在关键职业（工种）、关键岗位、关键工序设立“首席技师”制度，出台“钱江技能大奖”“首席技师”等评选奖励办法。二是要构建完善的服务体系，为高技能人才提供技能训练、技术交流、资格认证、健康检查等服务。三是要提高高技能人才待遇水平。要指导企业逐步建立以岗位工资为主的工资收入分配制度，使在高技能岗位工作的人才获得与其劳动贡献相符的报酬。

3. 继续开展技能竞赛活动。2008年全省将组织开展20个职业的省级技能竞赛活动，并选拔人才参加人力资源和社会保障部组织的全国性职业技能大赛。各地要对接全国和全省的技能大赛活动，认真抓好竞赛的组织工作。建立完善高技能人才政府津贴制度，2008年国家将实行高技能人才政府特殊津贴，营造全社会崇尚技能、尊重技能人才的良好社会氛围。

（二）以增强实效为目标，加强就业培训和农民工技能培训

要围绕增强培训的实效性这一目标，下大力气抓紧抓好，抓出成效。

一是认真抓好任务分解。加强目标管理，层层分解目标任务才能抓好培训工作。要进一步加强组织领导、政策指导、综合管理和督促检查，做到工作责任到位、政策落实到位、资金投入到位、措施保证到位，确保年度目标任务的圆满完成。二是全面落实免费培训政策。各地要结合实际向当地政府或财政部门提出资金保障的建议，研究解决落实免费培训政策中存在的问题，争取财政等有关部门的支持，把免费培训的政策真正落到实处。三是创新培训形式。要根据不同区域、不同行业、不同工种的需求，总结培训经验，创新培训模式，采取灵活多样的培训形式。四是强化培训新效果。要坚持实效、实用原则，按照“有培就要考，考试要达标，发证要及时，就业能力好”的培训思路积极开展培训。使培训与职业资格证书制度相衔接。同时，职业技能培训在再就业培训中的比例要达到50％以上。

（三）以实现就业为导向，大力推进技工学校的改革发展

继续实施省政府职业教育六项行动计划，按照“就业导向、高端带动、能力为本、校企合作”的思路，推动技工院校和各类职业技能培训机构的发展。

1. 加强校企合作。校企合作是近几年来的新做法，具有很强的生命力，下一步要从三个方面完善：一是建立校企合作的人才培养制度，积极探索多元化合作模式。学校要加强与企业的联系，联合制订培养计划、共建实训基地、共享师资资源等，共同培养技能人才。二是发挥劳动保障部门的优势。劳动保障部门要充分发挥自身优势，主动深入大中型国有企业，积极促成校企合作。三是要加强校企合作工作研究，创新合作模式。通过企业、行业和学校共建，使技工院校成为企业继续教育、岗位培训的基地。

2. 深化学校改革。技校要发展，必须从两方面着手：

一方面要合理定位，总体部署。目前，浙江省技工院校可以分为三类：第一类是发展较快、规模较大、效益较好的；第二类是规模虽然不大，但有品牌、做得精、效益好的；第三类是规模较小，效益一般，而且在许多方面都存在着困难的。作为技工院校，要想发展，就要根据自身的实际情况，量身定做。另外，技工院校还有许多体制上的问题和困难，对这些问题，我们也在努力解决。

另一方面要实现教学改革“三个一体化”。即一体化课程开发，将理论教学和实践教学有机融合，让学生尽早进入实践。逐步实现从学习者到工作者的角色转换。一体化教师培养，建立一支既能讲授文化理论课，又能指导实习操作的一体化师资队伍。一体化教室建设，改造现有教学场所，同一教室中既有课桌、黑板，又有实习实训设备，教师可以随时将理论教学与实践操作训练穿插进行，增强学生的直观体验，激发学生的学习兴趣，提高教学质量和效果。

3. 加强民办职业培训机构的管理。要根据《民办教育促进法》的精神，鼓励社会力量特别是利用外资参与职业技能培训工作。要加强管理，搞好服务，进一步推进民办培训机构快速健康发展。

（四）以多元化评价为手段，强化国家职业资格证书制度建设

要大力加强职业技能鉴定工作，积极推行职业资格证书制度，进一步突破年龄、资历、身份和比例限制，建立健全以职业能力为导向、工作业绩为重点，注重职业道德和职业知识水平的技能人才评价体系。

1. 健全技能人才多元化评价体系。创造和拓展高技能人才的评价方式。探索开展政府认定评价方式，要突出培养社会急需的技术技能型、知识技能型、复合技能型人才，带动各类人才培养与使用机制，建立以职业能力为导向，以工作业绩为重点，注重职业道德和职业知识水平的高技能人才评价新体系。对职业能力进行评价。通过重点考核工作业绩和技能水平，认定核发职业

资格证书。针对不同就业群体，分类开展不同方式的技能鉴定服务，形成社会化鉴定、企业技能人才评价、院校职业资格认证、专项职业能力考核相结合的多元化评价体系。

2. 完善职业技能鉴定质量管理。建立健全鉴定质量督导制度，研究制定职业技能鉴定违规查处办法，落实鉴定所（站）“红黑榜”制度。推行鉴定机构质量体系认证，加强鉴定机构能力建设。

3. 加强职业技能鉴定基础工作。技能鉴定基础工作一定要加强。2008 年要完成 20 个职业的题库开发和修订工作，进一步充实、调整、完善各职业题库。健全省市联合开发机制，发挥市地的优势。加强市级题库管理，严格执行题库开发、使用、管理规定。进一步加强专家委员会和考评人员队伍建设，不断提高专家和考评人员的业务水平。

4. 做好职业资格清理规范工作。2007 年年底，国务院办公厅下发了《关于清理规范各类职业资格相关活动的通知》，对清理规范职业资格提出了要求。要按照上级的统一部署，对各类职业资格活动，特别是一些组织和单位违规设置职业资格考试活动认真清理。进一步规范职业资格活动。

（五）以服务质量为宗旨，增强培训工作人员公仆意识

各级劳动保障部门的培训和鉴定机构要以服务质量为宗旨，结合实际，增强公仆意识。重点抓好以下三个方面的工作：

1. 深化理论业务学习。首先，要深化理论和业务学习，不断接受新思想、新观念，滴水穿石，才能够取得实效。其次，要认真学习培训鉴定和劳动保障的新政策、新法规，以及计算机网络知识，不断提高自己的水平。最后，要做到学以致用，用有所成，学习目的要明确。

2. 努力转变工作作风。转变工作作风要从两个方面入手：一方面，要注重调查研究。当前，培训鉴定工作新情况、新问题很多，要深入基层，深入实际，走进困难，走进矛盾，实实在在地帮助基层解决问题。另一方面，要增强工作的预见性。要积极研究技能培训鉴定的重大问题和倾向性问题，着力解决制度性、体制性、机制性矛盾。进一步完善调查研究工作的激励和约束机制，使调查研究形成制度。

3. 加强职业道德建设。要在各级培训鉴定机构中进一步加强职业道德教育建设。要加强思想教育，筑牢抵御腐蚀思想的道德防线。加强制度建设，规范行政许可审批程序，完善技能培训鉴定考核制度，加强监督检查，实行对过程的监控，实现各项制度的科学化、规范化、合理化。

狠抓执法年　实施三转变
努力构建劳动保障监察执法维权新模式

——在全省劳动保障监察工作座谈会上的讲话

朱绍平

（2008年3月5日）

同志们：

春节刚过，我们就在这里召开全省劳动保障监察工作会议。这次会议的主要任务是，贯彻落实全省劳动保障工作会议精神，总结回顾过去一年全省劳动保障监察工作，分析当前形势，研究部署今年工作任务。下面，我讲四个问题：

一、2007年劳动保障监察工作回顾

2007年，在省委、省政府和厅党组的正确领导和有关部门的大力支持下，全省各级劳动保障监察机构团结奋斗，扎实工作，与时俱进抓维权，开拓创新谋发展，全省劳动保障监察各项工作都取得了喜人的成绩。

（一）以专项整治为着力点，全面开展执法维权活动

1. 举报专查和日常巡查扎实开展

2007年，各地进一步加大劳动保障执法力度，全年共主动检查用人单位9.69万家；立案受理劳动者举报投诉案件4.71万件，结案率达98%，完成了省政府下达的考核目标；为23.81万名劳动者追回被拖欠克扣的工资等待遇6.08亿元，其中涉及农民工19.18万人；补签劳动合同67.71万份；清退风险抵押金462.73万元；督促补缴社会保险费2 177.41万元；取缔非法职业中介机构620户。与2006年度相比，无论是检查的用人单位数、劳动者的举报投诉量，还是追回被拖欠的工资等，都有所上升。

2. 规范劳动力市场秩序，工作成效显著

3—4月份，我厅会同省人事厅、公安厅和工商局在全省范围内开展了清理整顿劳动力市场秩序专项检查行动。据统计，全省共检查用人单位和职介机构5 334家次；查处违法案件416件；作出行政处罚41件；取缔无照无证职介组织101户。通过专项行动，有力地维护了求职者特别是农民工的合法权益。

3. 劳动用工专项检查稳步推进

5—6月份，根据劳动保障部和全国总工会的部署，在全省范围内开展了劳动用工情况专项检查活动。检查的重点对象是纺织、餐饮、建筑、服装加工等劳动密集型企业以及大量招用农民工的单位和城乡接合部用工单位，检查的内容主要是劳动合同签订、企业工资支付、工作时间遵守以及社会保险参保等。各地共检查用人单位1.6万家，依法查处用人单位违反工时制度案件518件，违法使用童工案件59件，责令用人单位清退童工65人，责令支付工资1 411.6万元。

4. 清理拖欠工资工作取得新进展

根据劳动保障部等四部门的联合部署，我厅与省建设厅、公安厅、总工会等部门自去年11月20日到今年春节前，进一步开展了农民工工资支付情况专项检查活动。这是浙江省连续六次开展工资支付专项行动。行动期间，全省出动检查人员5 131人次，累计检查用人单位4.18万家，共为5.57万名劳动者追回被拖欠工资7 601.45万元，其中包括为5.05万名农民工追回工资7 200.5万元。与历次工资支付专项检查相比，这次专项检查效果更加明显，全省查处的违法案件数和追回的拖欠工资总额都大幅下降，并连续四年较好地实现了省政府提出的解决拖欠工资问题“三个确保”的工作目标。

5.“四小”企业非法用工专项整治行动迅速

根据国务院办公厅转发劳动保障部等部门开展整治非法用工打击违法犯罪专项行动方案的通知要求和全国专项行动领导小组的部署，为保障广大农民工和未成年人的合法权益，浙江省于7—8月，在全省范围内组织开展了以乡村“小砖窑、小煤窑、小矿山、小作坊”等“四小”为重点对象的整治非法用工打击违法犯罪专项行动。省政府领导对这次专项行动非常重视，专门成立了以陈加元副省长为组长的整治非法用工打击违法犯罪专项行动领导小组，召开了全省开展整治非法用工打击违法犯罪专项行动电视电话会议，对全省专项行动作出专题部署。行动期间，全省各相关部门出动检查25 821人次，检查“四小”及其他用人单位4.9万户，涉及劳动者136万人，查处各类违法案件1.3万件，补发1.8万名劳动者的工资1 902万元，补签劳动合同14.2万份，清退童工196人，行政处罚349件，罚款404.9万元，行政警告72户，取缔非法用工单位28家，查处治安管理和刑事案件6件，印发宣传资料近15.5万份，开展法律咨询261场次。

6. 解决企业工资历史拖欠工作提前完成

为解决浙江省企业工资历史拖欠问题，切实保障劳动者劳有所得，根据《国务院办公厅转发解决企业工资拖欠问题部际联席会议关于推进企业解决工资拖欠问题若干意见的通知》精神，省政府办公厅专门下发了《关于推进企业解决工资拖欠问题的通知》，通知提出了浙江省解决工资拖欠问题的基本原则、目标任务、总体要求和工资拖欠的认定范围，省级和各地都成立了解决工资拖欠问题联席会议，具体负责协调和指导解决工资拖欠工作。经全面摸底排查和认定，截至2006年12月31日，浙江省有470家企业因各种原因共拖欠6 122名劳动者1 478.33万元工资。各地对每一家存在工资历史拖欠的企业都建立了详细的清欠台账，内容包括拖欠工资企业名单、拖欠的数额、拖欠起止时间、拖欠原因、涉及人数、已清欠的数额、计划支付工资的时间等。通过各级政府和劳动保障部门的共同努力，截至2007年11月15日，浙江省已经完成解决企业工资历史拖欠工作，实现年底前解决企业工资历史拖欠的目标任务，切实保障了劳动者的合法权益。

7. 各地结合实际开展专项整治活动形式多样

在完成全省性专项整治活动基础上，各地还结合实际，开展了各具特色的专项整治活动。杭州市自2006年组建建筑企业专项监察组以来，积极探索适合建筑装饰企业特点的监察模式，从源头上遏制建筑装饰企业欠薪和群体性突发事件发生。2007年该市建筑行业举报投诉同比下降

17%，突发事件下降80%；临海市实施船舶修造企业工资保证金后，拖欠工资案件数大幅下降；嘉兴市在租赁场地经营企业建立工资支付保证金制度，专项整治欠薪逃匿行为，取得了很好的效果。

（二）以劳动用工档案库建设为侧重点，全面加强基础建设

1. 书面审查与诚信档案库建设逐步深入

全省书面审查和诚信档案库建设工作取得显著成绩，诚信档案库入库单位数连续3年实现翻番。2007年，全省书面审查用人单位数超过24.8万家，比上年度增长38%。截至2007年年底，入库单位数达到全省法人单位总数的62%，较好地完成了三年全覆盖总体目标的年度任务。通过书面审查和诚信定级建档，不仅规范了企业用工，增强了企业守法自觉性，也有效推动了劳动保障监察方式的转变，提高了执法效能。

2. 劳动保障监察业务系统软件开发着手实施

浙江省劳动保障监察业务系统建设于2007年11月27日正式签约，进入实质性开发实施阶段。我们的目的主要是通过这一软件系统的开发和使用，能够在建立完善劳动保障诚信档案库的基础上，更加及时准确地掌握劳动保障的新情况、新问题，大大提高劳动保障监察办案效率，统一规范执法程序。

3. 网格化管理试点工作初显成效

2007年，全省劳动保障监察网格化试点工作多点开花，逐步深入。杭州、绍兴、温州等地逐步形成成熟的网格化管理机制。以杭州市为例，该市政府办公厅通过转发市劳动保障局、市编办、市财政局等部门《关于进一步加强劳动保障监察体系建设若干意见的通知》，在全市范围内部署开展劳动保障监察网格化管理工作。4月，全市劳动保障监察网格化管理工作会议召开，劳动保障监察网格化管理工作正式启动。截至9月底，该市已在主城区范围内根据各街道、乡镇区域面积、企业分布、职工人数等情况，划分网格191个。萧山、余杭、富阳、临安及桐庐等地也陆续开展劳动保障监察网格化管理工作试点。全省最早开始网格化试点工作的拱墅区不断探索新机制，该区通过打破乡镇、街道劳动保障监察管辖划分，建立网格化应急定位通讯系统，打造3个“10分钟服务圈”，实现异地受理、就近接待、就地解决。即10分钟内到达突发事件事发点；10分钟内短信查询用人单位信息；10分钟内为用人单位提供重要政策上门解答服务。

（三）以工资支付保障为突破口，着力建立层级丰富的长效维权保障机制

1. 欠薪应急周转金制度全面建立

截至2007年年底，除遂昌、景宁两县外，全省109家市、县（市、区）级劳动保障监察机构建立了周转金制度，基本实现了全覆盖。省、市、县三级有关部门共安排周转金5 375万元。宁波、温州、舟山、台州、丽水等地共有10个区、县的周转金规模低于省政府确定的县级不低于30万元的标准。全省351个经济发达、劳动用工较多的乡镇（街道）也相应设置了7 850万元周转金。全省各级周转金总额达13 255万元，较2006年增加43.5%。共有65起拖欠工资案件在处理过程中启用了周转金，动用周转金930.4万元，各地预计无法追回的垫付周转金为84.9万元。

2. 工资支付保证金制度更趋完善

各地积极推广建筑业等特殊行业工资支付保证金制度，据统计，截至2007年年底，全省累计建立各类工资支付保证金总额达184 903.2万元。

建筑企业工资支付保证金制度基本覆盖。全省94个市、县（市、区）建立了建筑企业工资支付保证金制度，其中台州市实现了全覆盖。全省10 562个建筑企业（施工项目）中，建立保

证金制度的企业（施工项目）为8 711个。截至2007年年底，各地存储保证金总额达175 322万元，较2006年增加13%。2007年共有171起拖欠工资案件动用了3 497万元保证金。这项制度对从根本上遏止建筑企业拖欠工资高发势头起了至关重要的作用。

交通水利行业工资支付保证金制度逐步铺开。2007年，省劳动保障、交通等部门发文要求各地建立工资支付保证金制度。全省共28个市、县（市、区）建立了交通、水利行业工资支付保证金制度，实施该项制度的企业达185户，保证金总额为6 412.3万元。丽水市结合境内公路、水利施工项目工资支付的实际，有7个市、县建立了保证金制度，成为全省建立这项制度最多的地区，保证金总额达490.2万元。

租赁场地经营企业工资支付保证金制度试点建立。2007年，嘉兴市要求全市全面建立租赁场地经营企业工资支付保证金制度，做到租赁场地企业工资支付保证金全覆盖。2007年，全省已有17个市、县（市、区）建立了租赁场地经营企业工资支付保证金制度，实施该项制度的企业达464户，保证金总额为1 154.9万元。其中平湖市在200家服装加工企业中实施该项制度，保证金总额达666.1万元，这在一定程度上减少了租赁场地经营企业企业主的欠薪逃匿行为，该市已经在5起案件中启用了24万元保证金。

各地还探索了其他行业工资支付保证金制度。临海、诸暨、椒江等8个县（市、区）建立了船舶修造、渔业等其他行业保证金制度，涉及用人单位295户，保证金总额达2 014万元。

3. 建筑企业农民工记工考勤卡制度扎实推进

截至2007年年底，全省69个市、县（市、区）实施了建筑企业农民工记工考勤卡制度，涉及3 814户建筑施工企业，累计发放记工考勤卡63.5万份，记工考勤卡数量较2006年增长217.5%。绍兴市各级劳动保障部门全部实施了这项制度，其中市本级实现记工考勤卡全覆盖。衢州市区建筑施工企业也已实现了记工考勤卡全覆盖。从统计数据来看，实施考勤卡制度的企业很少发生拖欠工资案件。有13个市、县（市、区）实现了实施该项制度的企业工资零拖欠。

（四）以信息宣传为抓手，努力扩大劳动保障监察影响力

1. 强化信息宣传工作

全省劳动保障监察工作政令畅通，宣传到位。一方面，各级劳动保障监察机构十分注重保持信息畅通，及时报送工作信息，遇及突发事件，能够妥善处置，并将有关情况快速向当地党委政府和省总队报送，从而逐步建立了反应迅速、上下联动信息畅通机制。杭州、温州等多数地方坚持编写工作动态，加强信息交流和沟通。2007年，省总队多篇专题材料报送至省政府，引起省领导对劳动保障监察工作的高度重视；另一方面，各地开展多种形式的宣传活动，让用人单位和劳动者知法懂法，营造社会氛围。新华社、中央电视台、浙江日报等中央和地方重要媒体多次报道浙江省的劳动保障监察工作，社会化宣传效果显著。省总队与浙江电台合作，开辟听众互动专题，在2007年清理拖欠工资专项行动中开展系列报道活动。台州市充分发动群众参与，与台州日报等媒体合作，举办“爱华杯·民工维权”征文比赛，一个月时间内，在有关媒体上连续刊登70多篇征文。省厅对各处室和直属单位2007年度宣传信息工作进行评比，省总队名列前茅。可以说，信息宣传壮大了劳动保障监察队伍的声威，打响了浙江省劳动保障监察的品牌。

2. 敢于曝光违法企业

一方面，各地联合建设等行政主管部门，设立违法企业黑名单，对外公布，一些地方对黑名单中的企业，采取了限制进入的措施；另一方面，一些地方及时曝光违法企业信息，揭露用工陷阱和违法行为，向违法行为“宣战”，向劳动者发出警示。2007年，省总队两次在浙江日报上曝光违法企业，杭州、湖州等地还在新闻媒体上曝光了恶意欠薪企业。同时，加强制度创新，与人

民银行合作，建立了在人民银行的企业征信系统中披露严重违法企业信息制度，以此作为商业银行发放贷款的参考依据，对违法企业进行信贷信用惩戒。

3. 正确处理热点问题

2007年，是劳动保障监察工作经受严峻考验的一年，无论是年初的洋快餐事件，年中的山西黑砖窑事件，还是《劳动合同法》颁布后涌现的辞工潮现象，都使得劳动保障监察工作受到社会各界前所未有的关注。在应对这些社会热点问题中，浙江省反应快速而稳妥，经受住了考验。在应对洋快餐事件中，杭州市行动迅速，在最短时间内就摸清肯德基、麦当劳、必胜客等三大主要洋快餐企业的劳动用工情况，处理方式稳重得体。山西黑砖窑事件后，省厅及时联合八个厅局，在全省范围内开展了“四小”企业劳动用工专项检查。针对《劳动合同法》颁布后出现的劳动关系异动频繁的现象，省总队迅速行动起来，指导各地监察机构应对出现的新矛盾，帮助用人单位进一步按照法律规范劳动用工行为。

4. 社会认可度逐步提高

2007年，省总队、义乌市大队荣获“全国劳动保障系统优质服务窗口”称号。浙江省劳动保障监察工作的负责人，除在劳动保障部召开的全国会议发言外，还应邀与其他系统或机构进行了交流，使得浙江省的劳动保障监察工作有了一定的知名度。6月，省总队、杭州市支队、慈溪市劳动保障局应邀在“浙江大学百年校庆·东方论坛学术研讨会”上作了典型发言。11月，应全国妇联的邀请，沈长仁同志在全国妇联和澳大利亚人权与机会平等委员会联合主办的全国维护妇女劳动保障权益培训研讨班上介绍了浙江省的工作。义乌市规定非公企业主入党必须通过该市劳动保障监察机构对企业劳动用工情况的审核；桐庐县大队被省政府授予省级群众满意基层站所称号；衢州市支队被所在市授予市级群众满意基层站所称号；张灵军、吴根雨等同志荣获市级劳动模范称号。全省劳动保障监察工作的目标是坚持走出去，积极参与多项社会活动，使劳动保障监察工作的知晓率和认可度不断提升。

同志们，一年来，全省各级劳动保障监察机构圆满地完成了各项工作任务，取得了很大成绩，切实维护了广大职工的合法权益，得到了社会的积极认可和上级部门的高度肯定。这些成绩的取得，既是与各级党委、政府的高度重视分不开的，也是与兄弟部门的大力支持分不开的，更是与大家的辛勤工作分不开的。在2007年度全省劳动保障监察工作评价中，47家劳动保障监察机构获得了省厅的通报表扬。在此，我谨代表省劳动保障厅向全省劳动保障监察战线上的同志们表示衷心的感谢和崇高的敬意！

二、增强做好劳动保障监察工作的责任感和紧迫感

党的十七大提出了加快推进以改善民生为重点的社会建设，并指出要“规范和协调劳动关系，完善和落实国家对农民工的政策，依法维护劳动者权益”“着力提高低收入者收入，逐步提高扶贫标准和最低工资标准，建立企业职工工资正常增长机制和支付保障机制。”这一系列重大决策部署，都充分体现了以维护劳动者合法权益为中心的劳动保障监察工作是保障和改善民生核心内容之一，是和谐社会建设的基石。当前，劳动保障监察工作正处在一个十分重要的时期，尤其是2007年《劳动合同法》《就业促进法》《劳动争议调解仲裁法》《职工带薪年休假规定》等一系列劳动保障法律法规的高密度颁布，使得社会各界对劳动保障工作予以高度关注和期待。我们认为，这是劳动保障监察工作机遇与挑战并存，希望与困难同在。对此，我们必须审时度势，迎接挑战，切实增强做好劳动保障监察工作的责任感和紧迫感。

一方面要看到做好今年工作有许多有利条件。《劳动合同法》的颁布实施，给劳动者权益维护带来了三大转折的契机。新法的最大特点就是，侧重保护劳动者的合法权益。其中关于劳动者的合法权益的保护条款远远多于对用人单位权益的保护。在16条的“法律责任”中，有13条半是对用人单位的，法律责任比例也明显利于劳动者。这些操作性极强的条款都为执法活动的开展提供了便利的条件，同时也对执法机构的执法行为作了明确规定，从而实现从被动维权向主动维权转变；对用人单位而言，《劳动合同法》的实施，考验的是企业的人道精神、平等观念及社会责任感。其实，新法的实施，对于企业而言，既是挑战，更是机遇。只要企业严格遵守这部法律，就可以形成稳定诚信的劳资关系，提高员工对企业的忠诚度和归属感，就能激发员工的凝聚力和战斗力。这样的企业才能有强大的品牌创新能力和产品竞争优势，从而实现从缓解劳资对立向引导劳资合作共赢转变；新法作为一部矫正劳资关系、侧重保护劳动者权益的法律，它所承载的是这个社会劳资环境的和谐与公平。一个和谐的企业，必然是劳资关系和谐稳定的企业。劳动关系能否长期和谐稳定，取决于企业能否诚实经营，劳动者尽心尽责。用人单位应主动规范内部规章制度，改变劳动用工管理模式，每个劳动者也应珍惜自己的劳动机会，从而实现从劳动关系的短期协调向劳动关系的长期契约转变。

另一方面，我们还要看到劳动保障监察工作的任务依然十分艰巨。《劳动合同法》颁布以来，值得注意的是，有的企业采取所谓的集体辞职、工资归零、集体裁员、变正式用工为劳务派遣等做法，试图规避法律。2008年，我们将面临新法带来的三大挑战：一是举报投诉案件量攀升与执法力量依旧薄弱的挑战；二是企业规避法律带来的查处违法行为难度加大的挑战；三是新法对企业原有的劳动用工管理机制的冲击与如何做好帮服工作的挑战。

对上述机遇和挑战，我们必须高度重视，居安思危，始终保持清醒的头脑，切实增强劳动保障监察工作的责任感和紧迫感。要充分认识到做好劳动保障监察工作，是实践“三个代表”重要思想、坚持科学发展观、切实维护劳动者合法权益的必然要求，也是构建以民生建设为主要内容的和谐社会的必然要求，更是优化经济发展环境，实现“创业富民、创新强省”总战略的必然要求。我们相信有省委、省政府、厅党组的正确领导，有全省劳动保障监察战线同志们的辛勤奋战，一定能够夺取劳动保障监察工作新的胜利。

三、努力开创2008年劳动保障监察工作的新局面

2008年是《劳动合同法》实施的第一年，也是全面推进劳动保障监察工作关键的一年。2008年，全省劳动保障监察工作的总体思路是：以党的十七大和省第十二次党代会精神为指导，按照全省劳动保障工作会议的要求，坚持“一条主线”（以开展劳动保障监察执法年活动为主线），做到“三个转变”（工作机制上从以专项检查为主转变为以长效机制建设为主、工作方式上从重点监控转变为全面监管、工作力量上从单纯依靠专职劳动保障监察员转变为建立以网格化为主体的多层次全方位的监管体系），实现“三个提高”（努力提高维权能力、努力提高服务能力、努力提高开拓创新能力），维权促民生，服务创和谐，构建浙江省劳动保障监察维权新模式。重点是要抓好以下六个方面的工作：

（一）深入开展劳动保障监察执法年活动

我们收到了劳动保障部《关于加强劳动保障监察工作深入开展劳动保障监察执法年活动的通知》，劳动保障部将2008年定为“劳动保障监察执法年”，制定了活动方案。浙江省将把“劳动保障监察执法年”活动作为贯穿全年工作的主线。各地要紧紧围绕《劳动合同法》《就业促进法》和劳动保障中心工作，认真组织开展执法年活动，狠抓落实，务求实效。要加强对执法年活动的组织领导，结合当地实际，制定工作方案，明确工作任务，落实责任，切实保障各项劳动保障法

律法规的贯彻落实，维护劳动者合法权益和社会稳定。各地要从专项执法检查、日常巡视检查、网格化和网络化建设、诚信制度完善等十三个方面入手，广泛深入地开展“劳动保障监察执法年”活动。

（二）围绕专项检查活动抓执法维权

浙江省已连续六年开展企业劳动用工专项整治活动，成效显著，社会反响较好。2004 年以来，劳动保障部也按照浙江省的工作思路，连续三年在全国范围内开展专项治理活动。2008 年，我们将在汲取六年专项整治成功经验的基础上，结合《劳动合同法》《就业促进法》的贯彻实施，广泛深入地开展执法维权活动。劳动保障部 2008 年专项检查工作要点中部署以三次专项检查活动和农民工工资支付情况专项检查活动为重点，继续强化日常主动监察，加大对投诉举报案件的查处力度，辅之以对重点行业的监控和检查活动，全面维护劳动者的合法权益，积极创建“打工无忧”的劳动用工新环境。重点抓好四次专项检查。

1. 开展规范人力资源市场秩序专项检查

在 2—3 月企业劳动用工高峰期间，联合人事、公安、工商等部门开展这项活动。要严惩非法职业中介行为，会同就业服务机构加强对非法职业中介的打击力度和曝光力度，树立一批合法经营且成绩突出的职业中介机构为典型，确保求职者的权益、依法经营者的利益和劳动力市场的健康发展，为浙江省企业吸引足够的劳动力、避免出现民工荒创造有利条件。

2. 开展《劳动合同法》实施情况专项检查

3—5 月，对各地企业执行《劳动合同法》情况进行大检查，检查的重点是企业针对新法所采取的应对措施，以及劳动关系状况、劳动合同签订、社会保险费缴纳等情况。各地要加大人力、物力投入，确保专项检查取得实效，要正确对待检查中发现的问题，坚决查处各种违背新法精神的违法行为。检查结束后，各地要形成书面总结材料，报送当地政府。

3. 开展“四小”企业用工情况专项检查

8—10 月，结合往年开展企业劳动用工情况大检查活动，开展对农村地区、城乡接合部小企业的专项检查。主要查处非法使用童工、强迫劳动、拖欠工资等违法行为。各地要在巩固 2007 年“四小”企业劳动用工专项检查成果的基础上，继续联合工商、公安等部门，开展综合执法和明察暗访，坚决杜绝违法使用童工、强迫劳动等违法行为。这里我再强调一下，从 2007 年开始，我们把查处违法使用童工的专项检查行动和“四小”企业劳动用工专项检查结合起来，不再单独开展童工专项检查活动。但是，童工问题始终是一条高压线。2007 年，浙江省一些地方违法使用童工现象有所抬头，这就要求我们要始终保持高度警惕。各地要充分发挥“四小”企业专项检查的主要对象是违法使用童工行为高发的企业的特点，重点打击违法使用童工行为。

4. 开展农民工工资支付情况专项检查

11 月底至次年春节前，各地要全力以赴开展工资支付专项检查。要继续巩固省政府提出的解决拖欠工资工作“三个确保”的目标，重点解决农民工工资支付问题。要加大执法力度，及时查处拖欠农民工工资行为，采取多种形式，曝光一批恶意拖欠工资的企业。要在全面监控的基础上，实施重点监控，妥善解决欠薪逃匿事件，坚决杜绝群体性重大、突发欠薪事件发生。

（三）围绕“两金一卡”，抓长效机制建设

2007 年，我们提出了全面建立以农民工工资支付保证金制度、欠薪应急周转金制度和农民工记工考勤卡为主要内容的“两金一卡”长效清欠机制，各地积极实践，基本上完成了年初提出的目标，“两金一卡”也在清理拖欠工资工作中发挥了积极作用。2008 年，我们将继续围绕“两金一卡”，把工资支付长效机制建设引向深入。

1. 继续扩大“两金一卡”的覆盖面

从今年年初的统计数字来看，“两金一卡”均未实现全覆盖，还有50多个地方没有建立三项制度中的一项或两项。今年，各地要继续加大力度，及时争得当地政府和有关部门的支持，健全“两金一卡”制度。

2. 探索建立租赁场地经营企业工资支付保证金制度

建立租赁场地经营企业工资支付保证金制度，能够有效解决这类企业抗经济风险能力弱，欠薪后逃匿事件多发的问题，嘉兴等地的尝试已充分证明了这一点。今年，我们将和有关部门一起，尝试推广租赁场地经营企业工资支付保证金制度。

3. 有条件的地方应尝试全面建立工资支付保证金制度

各地要结合实际，有针对性地探索建立特殊行业工资支付保证金制度。有条件的地方，应积极探索建立覆盖所有行业的工资支付保证金制度，为浙江省的工资支付长效机制建设作出制度贡献。

（四）围绕构建网络化，抓劳动保障诚信建设

1. 尽快实现劳动保障监察网络化

网络化就是通过监察信息系统将各级独立的劳动保障监察机构的信息数据连接起来，形成信息互通、业务协同的网状监察体系。今年，随着劳动保障监察信息系统的正式实施，我们将在全省范围内大力推进劳动保障监察的网络化建设，统一监察业务流程，加强信息沟通，提高工作效率。

2. 继续完善劳动保障诚信建设

劳动保障诚信建设是打造劳动保障“双网化”维权新平台的一项基础性工作。2008年，各地要继续全力推动劳动保障诚信建设，主要做好两个方面的工作：一是要以全省监察信息系统实施为契机，进一步提高工作效率，加快诚信档案库建设，力争完成三年基本全覆盖的总目标；二是要进一步完善劳动保障诚信制度，加大诚信激励和失信惩戒的力度，对恶意欠薪等违法行为坚决予以曝光。

3. 用好与有关部门信息互通机制

今年起，我们与人民银行建立的在人民银行企业征信系统中披露违法企业信息的制度正式启动，我们将建立包括信息收集、动态刷新、信息交流等在内的诚信数据体系，积极与有关部门实现信息互通，全面掌握企业信用状况，及时对信用状况不良企业的劳动用工管理实施重点监控。各地要利用好这项制度，及时将违法企业信息按有关程序进行披露。

4. 建立分类监察和指导制度

实施企业劳动保障诚信档案分类管理，分别归类为守信、基本守信、失信、严重失信四类。各级劳动保障部门应加强对基本守信企业的劳动用工管理指导工作，加大对失信和严重失信企业的监管力度，树立“转化一个失信企业与培养一个诚信企业同样重要”的观念。

（五）围绕试点，抓网格化管理建设

实践劳动保障监察网格化管理，就是要基本实现“五清”（用人单位清，用工人数清，签订合同情况清，参保情况清，工资、工时、休息休假等情况清）、“三到位”（宣传到位、监督到位、监察到位）。当前，在杭州、绍兴等地的带动下，一些地方开始尝试实施劳动保障监察网格化管理。义乌市将在全市范围内建立网格化劳动保障监察制度写入政府工作报告，并作为当地政府2008年十大实事之一。

今年，我们将逐步扩大劳动保障监察网格化管理试点工作，力争每个市都有一个以上的县

（市、区）开展试点，每个县（市、区）都有一个以上的乡镇（街道）开展试点。条件成熟的地方，要尽早谋划全面铺开。在试点工作中，各地可以通过创建劳动用工规范化乡镇、规范化一条街等活动，确保网格化管理落到实处。要做到以下几个方面：积极争取政府支持，运用政府购买公益性岗位配备专职协管员，并以加大资金投入为突破，积极争取财政投入；以合理划分网格为切入，将有用工行为的个体工商户等不属于法人单位的用工组织全部纳入网格；以从优招聘人员为保障，公开招考网格化协管员；以提高服务能力为动力，开展规范化建设活动；以优化流程为核心，通过构建统一的受理渠道，建立统一的资源调度和协调机制，做到及时发现、反应灵敏、处置有方和管理高效；以信息化手段为支撑，建立企业劳动用工管理电子资料库，实现各网格之间信息互通、资源共享。

劳动保障监察网格化管理是一项全新的工作，做好这项工作，还要积极形成两个好的工作机制：

一方面，实施三级监管。结合劳动保障书面审查，建立三级预警监管机制，对用人单位实施分类监控。着力对守法信用差、严重违反劳动保障法律法规，尤其是存在拖欠、克扣工资等违法行为的企业，实行重点监控及惩处。三级预警机制和劳动保障诚信制度结合起来，互为补充。对劳动用工管理规范，没有被举报投诉过的劳动保障A级单位，免于巡查；对劳动保障B级单位，每年巡查1次；对劳动保障C级单位，每季巡查1次；对有过举报投诉记录被查实或存在严重违法行为的失信用人单位，每月巡查1次，并由劳动保障监察机构依法查处。

另一方面，构建四重网络。落实劳动监察工作责任制，把责任层层落实到街道（乡镇）、社区（村），按照分片划区、定岗定人、责任到人、目标管理、动态监控的基本原则，以区域网格化为基础，以网络信息化为依托，构建网格化劳动保障监察四重网络：一是分片包干、责任到人，构建劳动监察区域网；二是分级预警、分类管理，构建劳动关系信息网；三是区、街道（乡镇）、社区（村）三级联动、齐抓共管，构建重大劳资纠纷协防网；四是以人为本、主动服务，构建劳动用工管理服务网。

（六）围绕贯彻执行《劳动合同法》，抓规范和服务工作

贯彻执行《劳动合同法》，要以促进劳动关系和谐稳定，推动劳动合同签订为重点目标。全省各级劳动保障监察机构要将新法的贯彻实施作为监察工作的新起点，争取在机构建设、人员编制、物质保障、执法监察等方面有新气象。同时，还要在执法年活动中，加大规范企业劳动用工行为的工作力度，主动帮助企业贯彻好、执行好新法。要做好以下八个方面的工作：一要大张旗鼓地开展以《劳动合同法》为重点的宣传普法活动。各地要在前期工作的基础上，继续联合相关部门、新闻媒体开展大规模的宣传、咨询、报道活动，扩大宣传内容、增强宣传效果。二要抓好《劳动合同法》的学习培训。今年全省劳动保障监察员的业务培训要围绕新法的学习开展，促使浙江省劳动保障监察各项工作有明显改善。三要对照《劳动合同法》，认真开展自查自纠。各地要对照新法，清理与新法不相符合的政策措施，认真查找自身存在的有法不依、执法不严的问题。四要在执法检查活动中，向企业宣讲《劳动合同法》，坚决用新法来规范企业的劳动用工管理行为。五要以推动劳动合同全覆盖工作为契机，引导企业使用劳动合同示范文本，指导企业与劳动者签订规范的劳动合同。六要为企业劳资干部开展《劳动合同法》专题辅导活动，帮助他们加深对新法的理解。七要审查企业的规章制度，帮助企业依法制定内部规章制度。八要在劳动用工管理混乱的企业建立监察员或协管员联系帮扶制度，定期上门帮助企业改进劳动用工管理。

四、加强效能建设，狠抓各项任务的落实

1. 加强学习，提高劳动保障监察员的素质

《劳动合同法》等劳动保障新法颁布实施一段时间以来，各地都开展了形式多样的学习和贯彻实施活动。当前，针对浙江省私营经济高度发达、劳动用工形式多样化、劳动关系异动频繁的情况，如何发挥劳动保障监察工作在维护劳动者合法权益方面的作用，需要我们进一步加强学习，更新知识，提高素质。要把领会《劳动合同法》等新法的精神实质作为每个劳动保障监察员的必修课，在弄懂弄通上下工夫。要把学习与贯彻实施结合起来，对劳动保障监察条例实施中出现的或可能出现的问题进行重点研究，及时提出可行的对策和措施。

2. 转变作风，增强服务能力

劳动保障监察工作处在实践党的十七大提出的加快推进以改善民生为重点的社会建设的前沿阵地，是贯彻落实党的十七大精神的生动体现。各级劳动保障监察机构一定要牢固树立党的宗旨意识，切实转变工作作风，增强服务能力，与时俱进，坚持把维护群众利益作为工作的出发点和归宿，真心诚意为群众办实事，解疑难，谋利益。劳动保障监察的每项工作都很具体，必须一项一项地做好。一项工作做不好，就可能影响到劳动着的具体利益，甚至会影响到劳动关系的和谐稳定，进而影响到民生福祉，影响到和谐社会的实现程度。

3. 反腐倡廉，树立良好的形象

近年来，浙江省一直把解决拖欠和克扣农民工工资作为党风廉政建设和反腐败工作的重点。有的同志可能会认为，劳动保障监察工作怎能会和贪污腐败联系在一起。大家应该记得，去年震惊全国的山西黑砖窑事件，致使当地 95 名党员干部、公职人员丢了乌纱帽，其中就有收人钱财的专职劳动保障监察员。所以说，反腐倡廉不是一句空话。我希望全体劳动保障监察员要严格遵守国家的法律、法规，正确处理权与法、权与情、权与利的关系；坚决防止和克服以权代法、以言代法、以情代法、有法不依的现象；秉公执法，廉洁奉公，不辜负广大职工群众的重托。

4. 抓好落实，努力实现目标任务

现在，我们的目标任务已经很明确，关键在于抓好落实。在工作方法上，要突出重点，统筹兼顾。我们提出今年的工作要抓好“一条主线、三个转变、三个提高”是就全省总体情形而言的，各地由于情况不同，可以结合自己的实际，抓住主要方面，推动整体工作，以保证全省确定的总体目标的完成；在工作指导上，要明确责任，分工负责。要实行严格的考核制度，对工作有成绩、有魄力、有能力的机构要给予表扬和奖励，对工作平庸、缺乏开创精神、完不成任务的要给予批评。在全省劳动保障监察机构中形成一种奋发向上、任劳任怨、勇于创新、争作贡献的良好风气。

同志们，做好新时期的劳动保障监察工作，使命光荣，责任重大。让我们在省委、省政府和厅党组的领导下，深入学习贯彻党的十七大精神，全面落实科学发展观，以改善民生为着力点，进一步做好劳动保障监察工作，为推动科学发展、促进社会和谐、全面建设惠及全省人民的小康社会作出新的更大的贡献。

乘势而上　扎实工作
实现“金保工程”建设新的发展

——在全省劳动保障信息化工作座谈会上的讲话（摘要）

浙江省劳动和社会保障厅副厅长　黄亚萍

（2008年6月5日）

2007年以来，在各级地方党委政府的正确领导下，全省各级劳动保障部门按照部省“金保工程”建设总体要求，克服困难，开拓进取，迎难而上，“金保工程”建设取得了较大成绩。党的十七大和省委十二次党代会对做好新时期劳动保障工作提出了更高要求，信息化建设作为劳动保障工作的一项基础性工作，建设任务十分繁重，我们一定要按照全省劳动保障工作会议的统一部署，认真研究并完成好2008年及下一步“金保工程”建设任务，努力实现浙江省劳动保障系统信息化工作新的发展。

一、认真总结经验，推进“金保工程”建设迈上新台阶

2007年，全省各级劳动保障部门按照“统一建设、应用为先、体制创新”的原则，统筹规划，上下合力，积极探索，勇于实践，克服资金、技术、人才等方面的困难，创造性地大力推进“金保工程”建设工作，呈现出快速发展的良好势头，取得了阶段性成果。主要体现在：

（一）机构建设得到加强

2007年全省劳动保障信息化工作会议以来，各级劳动保障部门对“金保工程”建设的重要性、紧迫性高度关注，加强领导，增设机构，充实人员，改善环境，各项基础工作得到进一步强化。省、市、县劳动保障部门都成立了以主要领导为组长的信息化工作领导小组，综合协调“金保工程”建设工作，制订工作计划，落实工作措施，调整工作节奏，加快工作进度，初步形成了综合管理、统一调度、稳步推进的工作局面。截至2007年年底，杭州、温州、湖州、嘉兴、衢州、台州等市相继成立了信息中心；宁波、丽水等市也都明确了管理机构和专职人员负责信息化工作，并积极争取成立专门工作机构；统一建设开始步入轨道，推进速度逐步加快；分散建设、多头管理开始集中，逐步向资源整合、统一管理的方向转变。

（二）政策指导逐步到位

为规范全省信息化建设，加快建设进度、提高应用水平，近年来省厅先后制定出台了《浙江省本级“金保工程”建设管理暂行办法》《“十一五”时期浙江省劳动和社会保障信息化建设指导

意见》《浙江省劳动力市场信息系统实施方案》《关于开展劳动保障重要信息系统安全等级保护定级工作的指导意见》和各年度“金保工程”建设工作要点等指导性文件，明确了“十一五”时期我省劳动保障信息化建设的指导思想、建设目标、重点任务和保障措施。同时，根据“金保工程”建设要求，还编印下发了《浙江省劳动和社会保障信息化建设文件资料汇编》和《浙江省劳动和社会保障厅信息中心规章制度汇编》，进一步明确了数据中心建设、网络管理、信息化建设等方面的具体标准，提出了网络系统、数据库、应用系统、网络安全等综合管理的具体要求，这对于加强统一规划、统一建设、统一实施，确保劳动保障信息网络系统的畅通、有效运行具有重要的指导作用。

（三）资金筹措力度加大

“金保工程”建设开始以来，各市、县（市、区）积极协调财政和有关部门，集思广益、各显其能，建设资金筹措和投入总量取得了明显成效。截至 2007 年年底，全省信息化建设共投资 2.4 亿元，设备投入 1.8 亿元，软件投入 0.6 亿元。其中，省本级投入 0.4 亿元，市级总投入 1.1 亿元，县级总投入 0.9 亿元。

（四）数据中心建设进展较大

各地将数据中心建设摆在了重要位置，投入大量人力、财力和物力，通过公开招标、政府采购等形式，陆续建设了数据中心机房，购置了数据中心建设所需的服务器、网络设备、安全系统等硬件设施，并严格按照国家和省有关技术要求规范进行设计和施工。杭州、宁波、温州等市严格按照“金保工程”建设要求，规范数据中心建设，成效明显；湖州市注重资源整合，从数据中心规划起，就将硬件设施全部整合到数据中心；义乌、慈溪、嵊州、德清、东阳等县（市）按集中统一要求，加强规划和建设，也都达到了数据中心的建设要求。

（五）业务应用系统本地化开发速度加快

2007 年，按照全省金保工程（一期）建设目标任务，省厅经过多次调研论证，对全省劳动力市场管理信息系统和全省劳动监察系统进行了本地化开发。在开发过程中，为保证系统的实用性和科学性，省厅多次召集 11 个地市的业务和技术人员进行需求分析，并就系统的流程和功能进行现场演示和专题讨论。目前，两个系统已进入试点城市试运行阶段。同时，省厅加紧进行社会保险管理信息系统建设的调研，下半年将组织开展社会保险管理信息系统建设方案的征集工作，在征集方案的基础上，适时开发全省统一的社会保险管理信息系统。

（六）公共服务系统不断强化

“12333”劳动保障电话咨询服务系统，是“金保工程”公共服务系统的重要组成部分。2006 年以来，省本级及杭州市加快了“12333”劳动保障电话咨询服务系统建设进程。2007 年下半年，省本级“12333”劳动保障电话咨询服务系统正式投入使用，同时，省电话咨询中心每月及时编印咨询动态，为领导提供热点问题、民众建议、典型疑难问题等信息。杭州市着力打造“12333”电话咨询服务系统服务品牌，2007 年全年来电量达 111.83 万个，单日最大服务量达到 12 163 次，目前月均服务量保持在 4.6 万次。电话咨询服务系统已成为广大人民群众和社会各界了解劳动保障政策、办理劳动保障业务、反馈劳动保障信息的重要渠道和窗口。

（七）网络应用逐步拓展

在省市联网的基础上，2007 年又实施了市县联网。同时，省厅还积极拓展网络视频与语音应用。2007 年基本开通了省市县三级视频会议系统，全年召开视频会议 20 多次，各市县积极配合联调，为会议顺利召开提供了技术保障。另外，不少市局积极开展办公自动化建设，实现了包括收发文管理、文稿修改审批、流程查看、档案管理等网上办理和无纸化办公，同时还开通了内部电子邮件系统。

（八）示范城市建设通过验收

浙江省省本级和杭州市纳入全国首批“金保工程”示范城市建设试点单位。按照劳动保障部要求，2007年10月浙江省专门组织有关专家和业务单位对省本级和杭州市“金保工程”示范城市建设，包括组织机构、数据中心、网络、社会保障卡、公共服务、交换库等建设情况进行了核查。在2007年年底召开的全国“金保工程”示范城市建设验收会上，省本级及杭州市被列为全国首批“金保工程”建设示范城市，并予以挂牌表彰。

（九）城域网建设步伐明显加快

截至2007年年底，全省11个市及69个县（市、区）和省数据中心实现专线联网，省级广域网覆盖率已达到100%，城域网覆盖率达到了65.7%。杭州、宁波、湖州、衢州等市已将网络延伸到了街道和社区，初步形成了全市统一的劳动保障信息网络。全省养老保险联网监测数据上传工作取得了较大进展，2008年一季度，全省上传参保职工总人数占全省参保职工总人数的83.39%，上传离退休人数占全省离退休人数的81.09%；上传数据地区中，除杭州、宁波、舟山覆盖率继续保持100%外，温州、湖州、金华、衢州等地的覆盖率也都有了很大的增长，其中温州已从2006年年底的11%提高到了100%，湖州从25%提高到了75%，金华从12.5%提高到了62.5%，衢州从17%提高到了67%。另外，上传的数据质量也有了很大提高。2007年，浙江省在全国养老保险联网数据上报整理工作的考核中得到好评。

（十）门户网站建设稳步推进

浙江省劳动保障门户网站以创新服务为理念，以建设服务型网站为目标，致力于打造网上政务公开、网上公共服务的平台，开通了业务申报、网上查询等公共服务项目，公开了办事指南，组织各类专题报道，推出在线政策咨询等系列网上互动服务。2007年下半年，劳动保障厅门户网站对下属单位二级子网站进行了整合，提高了带宽，并加强了栏目信息的及时发布和更新，提高了页面的访问速度和美观度，增强了可读性和可观性。目前，全省10个市陆续在互联网上建立了劳动保障门户网站，将政策法规、大事要事、重要新闻等及时向社会发布，起到了很好的宣传作用，杭州、宁波等市还实现了网上社保个人账户查询、网上咨询和办事等功能，架起了与广大群众之间沟通的桥梁。

“金保工程”建设和应用涉及面广、服务范围宽，涵盖劳动保障各项业务，服务于社会和公众。回顾2007年的工作，全省劳动保障系统无论行政机构，还是信息化工作机构、经办和服务机构，都把信息化建设工作摆到重要位置，积极组织实施，广泛参与支持，做了大量卓有成效的工作，发挥了重要作用，取得了明显的阶段性成绩，应当予以充分肯定。同时我们必须清醒地认识到，我省劳动保障信息化建设和应用，还有大量的工作需要去做，还存在着许多不足，一些问题亟待解决。主要表现在：统一建设的决心有待进一步增强，省、市两级数据中心的物理环境和数据整合力度小、差距大，数据集中管理和数据库存量严重不足；省与市、市与市之间建设进展不平衡，各项工作推进不均衡，整体上协调性不够，基础工作普遍不够厚实；工作机构不完善，专业人员缺乏，应用推广不够广泛，公共服务能力发挥不足，等等。这些问题，直接影响全省“金保工程”的建设进程。我们一定要增强工作责任感、使命感和紧迫感，勇于正视和解决存在的问题，充分发挥全系统的智慧，同心协力，攻坚克难，全面提升浙江省劳动保障信息化建设和应用水平。

二、明确发展目标，建设适应劳动保障事业发展的信息化工程

劳动保障工作事关人民群众的切身利益，关系千家万户的幸福安康，既是构建和谐社会的重

要内容，又是具体体现贯彻落实科学发展观的重要领域。随着统筹城乡就业和社会保障的推进，劳动保障工作的范围、内容、对象、要求正在发生深刻的变化，支持和提高劳动保障社会管理和公共服务能力的信息技术，也要开阔视野，及时调整思路，顺应劳动保障事业的发展趋势和管理服务需求，努力实现四个“全覆盖”。

（一）实现对各项业务工作的“全覆盖”，以适应劳动保障工作全面协调推进的需要

“十一五”期间，劳动保障事业进入了新一轮的制度创新、加快发展和协调推进的阶段，迫切要求信息化提供全方位的支持，把对就业、社会保障和劳动关系等业务的支持和服务纳入“金保工程”，通过搭建统一的技术支持平台，实现就业管理服务、参保登记、社会保险费征缴、待遇审核支付、基金管理、劳动用工备案、劳动保障监察等各项业务环节之间的信息共享和流程衔接，形成各业务部门紧密配合、分工协作的工作机制，为建立劳动保障工作长效机制奠定基础。

（二）实现对服务人群的“全覆盖”，以适应劳动保障服务对象不断扩大的需要

当前和今后一个时期，劳动保障工作服务对象由主要面向城市向城乡全体劳动者转变，完善覆盖城乡的公共就业服务体系和职业培训体系，加快建立覆盖城乡居民的社会保障体系等，将使劳动保障服务对象不断扩大，覆盖人群不断增加。这就要求我们必须进一步加快省市数据中心建设，完善信息系统功能，提高网络性能和数据库的可靠性，将城乡各类劳动保障服务对象全部纳入信息系统，为保障群众的权益提供技术支持。

（三）实现信息系统功能的“全覆盖”，以适应劳动保障部门社会管理和公共服务能力提升的需要

切实转变政府职能，重点履行好社会管理和公共服务职能，是劳动保障部门的一项紧迫任务。我们必须依法履行劳动力市场监管职能，进一步加强失业调控，建立社会保障基金运行监控体系，完善对企业工资分配的宏观调控；必须进一步改进城乡培训就业的社会管理方式，加强对医疗、工伤社会服务机构的监督管理，规范社会保障基金协同监管机制；必须进一步强化政府促进就业的公共服务职能，规范社会保险经办服务标准，形成覆盖全社会的服务网络；必须进一步推进政务公开，为公众查阅和获取政务信息提供便利条件。履行和转变职能，都要求我们必须加快“金保工程”建设步伐，搭建信息传输的快速通道，提高信息质量，为宏观决策提供服务和支持，为劳动者和用人单位提供及时方便快捷的信息和服务，从而进一步提升劳动保障系统社会管理和公共服务的能力。

（四）实现管理服务机构网络应用的“全覆盖”，以适应劳动保障工作向下延伸的需要

近年来，随着工作领域的不断扩展，服务领域的不断向街道、乡镇和社区延伸，各级各类管理服务机构和窗口还将进一步扩大，网络信息系统还将进一步向基层延伸。我们必须在各级劳动保障部门搭建标准统一、上下贯通的信息网络，使网络覆盖到就业服务、社会保险经办、职业培训和鉴定、劳动保障监察、劳动争议处理等各类机构和窗口，实现劳动保障经办网点和服务网点的网络互联，将劳动保障系统连接成一个统一的整体，全方位为劳动者服务。

三、坚持统一原则，努力实现信息化工作的新跨越

统一建设是“金保工程”的核心内容，是“十一五”基本实现“四个全覆盖”的基础和前提，是提升应用水平的本质要求，也是劳动保障信息化建设的必然趋势和必须长期坚持的一条主线。我们必须正确认识和把握这个原则，不断注入更高的要求和更加丰富的内容，使信息系统真正成为“系统”，使劳动保障工作真正成为“有机整体”，发挥出整体效用。

（一）坚持统一建设，推进管理模式创新

“十一五”期间，劳动保障工作进入以完善制度、创新机制和提升管理能力为主要内容的新阶段，这就要求我们要将体制创新、机制创新和管理服务模式创新作为“金保工程”统一建设的重要内容。要依靠先进的信息技术，搭建统一的技术支持平台，形成适合于“创新”的技术环境；要结合统一软件的本地化实施，梳理和优化业务流程，建立一个既符合劳动保障业务发展要求和方向又适合信息化管理特点的业务模式，形成业务与技术的良性互动。统一建设强调系统的整合、数据的集中、平台的统一，并不是改变业务部门的职责和对数据的管理权限，不仅不会影响业务，反而因为有了统一技术平台的支持，各项业务运转将更加高效和协调。因此，我们在强调技术为业务服务的同时，还要强调业务为技术创造条件，使信息化建设成果对业务的支持和服务更加到位。

（二）坚持统一建设，促进应用水平提升

“金保工程”的建设与应用相互促进、共同发展，没有建设就没有应用，同时应用又会反过来检验建设的成效，为进一步建设和完善指明方向。统一建设的根本目的在于应用。坚持以需求为导向，以应用促发展，边建设边应用，将统一建设的成果及时应用到劳动保障实际工作中，是我们一直强调的一条重要原则，也是一条重要的经验。业务部门要为系统应用打好基础，强调数据的准确性，提高数据质量；信息系统建设要更加适应业务发展需要，随需应变，及时跟进，不断提升应用水平，相辅相成，共同促进提高工作效率和管理服务水平。

（三）坚持统一建设，加快各类资源整合

“金保工程”启动之前，一些地区业务部门已建立了各自的业务系统，这对于推动劳动保障业务信息化，提高工作效率，起到了重要的促进作用。但是，随着劳动保障各项业务之间的联系日益紧密，人员流动日益频繁，系统统一建设的需求日益迫切，前期那些独立建设的系统将越来越难以满足实际工作需求。因此，必须创造条件，按照统一建设的要求，将分散在各部门的硬件资源和数据资源集中起来，将分别搭建的信息网络连接起来，将独立运行的业务系统、独自设立的各种政府网站、监督咨询电话等整合起来，并逐步达到劳动保障系统信息技术人员的统一调配和合理使用，实现各级数据中心、应用系统、公共服务平台、安全支撑体系和社会保障卡应用的统一，实现业务部门之间的信息交换和共享。要通过统一规划部署、统一标准规范、统一联网方案、统一安全支撑平台、统一使用核心业务软件等手段，将信息系统纳入全省统一系统，最终实现全国的网络贯通。

（四）坚持统一建设，实现统一行动

建设全省统一的信息系统，需要省、市、县（市、区）各级劳动保障部门的共同努力，全省一盘棋，上下合力，统一行动，坚持不懈地抓下去。为促进全省系统的统一，劳动保障厅相继下发了一系列数据标准、规范文件，加强宏观管理、分类指导。同时，积极开展省市县联网，统一应用软件开发、资金转移支付等对各地给予支持。“十一五”时期，省里还将进一步加强对各市县的指导，多渠道筹措资金，着力协调推进全省“金保工程”建设。近年来，省和各市逐步整合各项资源，进行了许多有益的尝试，积累了不少好的经验和做法，成效是明显的。我们要坚定信念，加大力度，加快步伐，从根本上扭转统一程度不高的局面，努力实现信息化工作的新跨越。

四、突出工作重点，全面完成信息化建设新任务

按照“金保工程”一期项目建设总体目标，可以说，2008 年及下一步工作任务十分繁重，也非常艰巨。全省各地要统筹兼顾，坚持统一规划、统一标准、统一指导、网络互联、信息共享

的原则，集中力量，加大实施力度，全力完成以下几项重点工作任务。

（一）加强统一数据中心建设，推进数据集中管理

加强统一数据中心建设。各地要按照统一数据中心建设要求，力争地级以上城市在 2009 年年底前，建成符合国家标准的劳动保障数据中心机房，实现设备资源、技术资源和数据资源的统一管理。县级劳动保障部门也要按照资源整合的要求，加快统一数据中心建设，有条件的地区，逐步实现县级信息系统向市级集中，为各项业务协同办理搭建统一平台。省级数据中心要继续完善中心环境，建立内网、外网和专网间的数据交换机制，研究制定运行维护管理规范和系统灾难恢复预案，适时启动省本级容灾应急后备中心建设。

继续做好各项业务数据的整理和整合工作。各地要在实现“五险”基础数据统一管理的基础上，积极探索社会保险和劳动力市场两大系统间基础数据的整合，通过数据整理和整合，建立统一的个人基本信息库和单位基本信息库，努力实现“同人同城同库”。同时，要实现社会保险、劳动力市场、劳动关系等各项劳动保障业务数据由数据中心统一管理。省本级和杭州市要配合劳动保障部异地业务系统的实施，做好劳动保障异地数据交换平台的建设工作。

（二）加快劳动保障业务专网建设，扩大联网应用范围

积极扩大城域网覆盖面。在省、市、县业务专网建设的基础上，各地要利用专线、互联网等多种接入方式，进一步扩大城域网覆盖范围。2008 年全省劳动保障城域网建设覆盖率要达到 80％以上。各市的城域网要覆盖到市本级所有社会保险经办机构和就业服务机构，有条件的市还要将技能培训、劳动监察等机构连接到网络中，并向街道、社区及农村重点乡镇延伸。在网络连接上，要保证专网线路 24 小时畅通，以确保数据上传、视频会议等重要业务应用的正常进行。同时，要进一步加强与财政、税务、金融等业务系统的网络接口建设，以实现与上述各业务系统的网络实时连接。

认真做好联网应用。2008 年，联网应用要实现养老保险监测数据上传量达到 90％以上；下半年将启动失业登记和失业保险监测数据上传项目，力争年底前覆盖到 50％的失业人员。另外，劳动保障部下一步还将开展医疗保险、工伤保险监测数据的上传，各地要积极做好相关数据的准备工作。在抓好数据上传的基础上，各地要加强对劳动者跨地区求职、参保人员跨地区社会保险关系转移、退休人员跨地区社会化管理服务、参保就医人员跨地区就医费用联网结算、工伤人员及遗属跨地区领取待遇和就医等业务系统支持能力的研究，努力实现信息资源的异地共享。

（三）加快统一应用软件建设步伐，不断提高统一软件应用范围

加快统一应用软件建设步伐。全省统一开发的劳动力市场和劳动监察两个应用系统，即将在试点城市投入试运行。试点城市要按照省里试点城市建设要求，制订实施计划和措施，确保 10 月底前完成统一软件试点的任务。全省各级就业服务机构和劳动监察机构要规范业务流程、整理整合业务数据，为统一软件的实施运行创造条件。按照工作安排，2008 年省劳动保障厅还将进行全省养老保险上传数据统计分析、社会保险及就业服务网上服务、“12333”电话咨询服务、社保与地税接口等系统建设。各地要按照全省统一建设的要求，认真做好相关规划，为系统建设和实施创造条件。另外，关于社会保险信息系统建设问题，也是各地所关注的问题。社会保险信息系统是“金保工程”建设最重要的核心业务系统，也是应用系统建设中的难点。2008 年省里将集中力量进行全省统一软件规划方案的调研，并通过多种形式征集系统建设方案。

加大统一应用软件的推广力度。各地要根据省里的统一部署，抓好统一应用软件的实施，新建系统和系统升级时必须使用部省统一应用软件，已建系统中尚未使用统一软件的要制订统一软件升级的计划，做好升级的准备工作，力争“十一五”时期，实现统一软件覆盖全省，促进业务

流程和数据标准在省内的统一和规范，充分发挥系统应有的效益。

（四）强化公共服务系统建设，提升公共服务能力

进一步加快电话咨询服务中心建设步伐。按照劳动保障部的要求，全部地区开通“12333”专用服务号码，地级以上城市要建成劳动保障电话咨询服务中心。2008年省里将制定出台《浙江省“12333”电话咨询服务系统建设指导意见》，并以省本级“12333”劳动保障电话咨询服务系统软件为基础，开发全省“12333”电话咨询服务系统统一软件。各地要根据本地实际，结合本地目标服务人群数量进行认真测算，确定合理的建设规模，在统一应用软件的基础上，梳理、优化和规范业务流程，进行本地化开发和实施。同时，要开展本地政策法规、业务政策问答、办事指南等信息的整理工作，并做好查询数据的比对整理，保证数据的一致性、权威性。已建城市要进一步扩展服务功能、丰富服务内容、提高服务质量和效率，加强宣传，努力提高“12333”短号码的知名度和影响力，逐步实现全省标准统一、服务规范、联动响应的“12333”综合咨询服务体系。

积极开展网上业务经办。网上业务经办是为民办实事的一项重要服务手段，各地要完善门户网站相关功能，实现省市门户网站的互联互通；大力推进基于互联网技术的自助式网上业务办理，继续推动网上职业介绍、网上社会保险经办服务等业务；利用社区服务平台为社会公众提供基于集中式资源数据库的信息服务。省厅将在调研的基础上，开发网上公共服务应用软件，供全省各地使用。

稳妥有序地推进社会保障卡建设。随着一期业务系统的实施和应用，省厅将根据全国统一规范的社会保障卡发卡标准和管理办法，研究制定我省社会保障卡的应用规范，加强社会保障卡的全省统一管理。同时，配合异地业务系统的实施，积极探索社会保障卡的跨地区应用。

（五）构建信息系统安全体系，提高安全防护能力

构建信息系统安全机制。各级劳动保障部门要按照“谁主管、谁负责”和“谁运行、谁负责”的要求，落实信息安全责任，建立健全机房管理、网络管理、数据管理、系统运行管理等方面的规章制度。涉密信息系统要严格按照国家和省有关计算机信息系统安全保护和涉密计算机信息系统保密管理规定做好安全防范工作。积极做好系统安全集中监控和网络整体安全平台建设，加强劳动保障公共服务信息安全保护，健全应急预案，提升对重大紧急事故的应急处理能力。有条件的地市要做好容灾应急后备中心建设。

抓好安全等级保护和系统安全风险评估。各地要按照省里的统一部署，切实抓好安全等级保护和系统安全风险评估的相关工作。要在充分考虑现有安全保护基础和合理利用现有安全设备的基础上，采用合理的安全技术手段，全面提升网络和系统的安全防护能力，有效降低网络脆弱性，增强信息系统灾难恢复、应急处理、防失窃密、抗破坏等安全保障能力，提高信息系统的安全性，确保数据、网络和应用安全。省级数据中心要根据省信息安全等级保护工作协调小组要求，进一步做好安全等级保护备案和测评工作。

（六）加强基础建设，为“金保工程”持续发展提供保障

加强机构队伍建设。各级劳动保障部门要成立信息化综合管理机构，理顺工作机制，完善管理制度，加强对“金保工程”所需各类人才的培养和引进，加强学习交流和专业技术培训，强化队伍的服务能力建设和服务意识培养，提高信息化队伍的整体素质，建立一支满足“金保工程”建设要求、能够为系统稳定运行提供技术支持服务的专业化队伍。

加强标准规范建设。根据国家有关规范要求，重点结合全省统一应用软件的建设实施，进一步修订完善业务指标体系等数据标准和有关业务流程规范，加大已出台标准的执行力度，确保业

务系统中各类业务代码的标准、规范和统一。省本级和杭州市在抓好一期建设的同时，按照“四个全覆盖”的要求，开展“金保工程”二期的规划、论证和立项工作。

加大资金筹措力度。“金保工程”建设必须建立稳定的资金来源渠道，特别是要确保应用软件开发、硬件升级、网络扩面、安全加固以及运行维护等方面的经费投入。各地要积极争取当地政府投资力度，省厅也将根据各地建设情况，对坚持统一建设的困难地区和试点地区给予适当的转移支付资金补助，以确保全省信息化建设的整体推进。

加强监督和廉政建设。要提高廉政意识，进一步建立健全监督机制，严格程序，增加透明度，切实把好资金关和质量关，加强对工程建设重点部位和环节的制度建设和监督制约，实行纪检监察机构全过程监督。

做好新时期劳动保障信息化工作，使命光荣，责任重大。我们既要立足当前，充分认识“金保工程”建设的艰巨性、复杂性，又要放眼长远，将信息化工作作为一项长期性、战略性的工作，扎扎实实地抓下去。我们要深入学习贯彻党的十七大和省第十二次党代会精神，全面落实科学发展观，抓住机遇，以改善民生、服务大众为着力点，进一步做好劳动保障信息化工作，为促进社会和谐、做好民生这篇大文章付出我们不懈的努力，为推动浙江省劳动保障事业新的发展作出更大贡献。

坚持不懈　再接再厉
实现全省工伤保险基本全覆盖

——在全省工伤生育保险工作座谈会上的讲话（摘要）

浙江省劳动和社会保障厅副厅长　钟关华

（2008年4月28日）

一、2007年工作总结

2007年是浙江省贯彻落实省政府《关于全面推进工伤保险的通知》（浙政发［2006］44号）十分关键的一年，也是浙江省工伤保险和生育保险工作成绩十分显著的一年。

（一）参保人数快速增长

截至2007年年底，全省工伤保险、生育保险参保人数分别为1 002.9万人和505.0万人。比2006年年底分别增加了399万人和123万人，分别增长了66%和32%。工伤保险的参保人数首次超过了1 000万人大关。

（二）基金收入规模不断扩大，基金结余有所增加

2007年全省工伤基金收入9.93亿元，支出5.37亿元，支付率为54.1%，当期结余4.56亿元，累计结余17.85亿元；生育保险基金收入5.34亿元，支出4.20亿元，支付率为78.6%，当期结余1.14亿元，累计结余8.09亿元。全省工伤保险人均缴费为99元/年，比2006年的110元/年降低了11元，降幅为10%。

（三）进一步完善了相关政策

一年来，我们先后在扩面征缴、劳动能力鉴定、待遇支付、管理服务等方面出台了一系列政策规定。2007年5月1日，实施了新的劳动能力鉴定标准，实现了新老标准的平稳过渡。各地还因地制宜制定出台了一些有效政策，比如宁波市出台了《关于部分行业实行单独行业费率有关问题的通知》，确定了蔺草制品制造业的行业基准费率和浮动办法，较为合理地化解了该行业的工伤风险。

（四）依法做好工伤认定、劳动能力鉴定和待遇调整支付等工作

2007年，全省各级劳动保障部门共受理工伤认定申请13万件，比2006年增加了近4.3万件，增幅达48.8%。2007年全省共发生工伤认定行政复议和行政诉讼1 099件，比2006年增加190件，其中维持和胜诉的案件为761件。2007年，全省受理劳动能力鉴定2.6万人次，各级社

会保险经办机构为10.9万人次参保职工及其家属支付了5.4亿元待遇。

（五）组织宣传管理服务等工作得到进一步加强

各地在抓好工伤保险扩面工作的同时，组织、宣传和管理服务等工作也得到了进一步的加强。

二、五年来工作回顾

回顾以往五年我省工伤生育保险制度改革历程，既是不断探索、建章立制的五年，也是积极推广、成效显著的五年。

（一）主要政策框架体系基本确立

以《工伤保险条例》和《浙江省生育保险暂行办法》为主体，相关配套法规政策为补充，我省工伤保险、生育保险的主要政策框架已经确立，为我省工伤生育保险制度改革深入发展奠定了基础。

（二）参保范围不断扩大，参保人数成倍增加

浙江省工伤保险和生育保险，实施范围都由原来的企业逐步推广到了事业单位、民间非营利组织等用人单位。工伤保险参保职工人数由2002年年底的226万人增长到了2007年年底的1 003万人，增加了近3.5倍。同期，生育保险参保职工人数也由194万人增长到了505万人，增加了1.6倍。

（三）制度功能逐步得到体现

五年来，全省享受工伤生育保险待遇的职工总数近50万人次，共支付待遇近25亿元。享受待遇人数逐年快速增长，就工伤保险而言，2003年全省仅为1.4万人，2007年则达到了10.9万人。另外，待遇水平也是逐年提高，从全省生育保险人均待遇来看，2003年为4 233元，2007年为6 877元，提高了2 644元，增幅为62.5%。

（四）组织机构逐步建立，工作队伍逐步加强

过去的五年，杭州、宁波、温州等市设立了工伤生育保险处并逐步增加了工作人员，不少县市区也都设立了工伤生育保险科，各地的工伤生育保险业务经办机构也都得到了落实，省本级、温州、衢州等地还成立了劳动能力鉴定机构。《工伤保险条例》所要求的行政管理、劳动能力鉴定、业务经办三套工作机构网络，在我省已经初步形成。

过去五年的工伤生育保险实践探索为我们今后的工作积累了有益的经验。主要做法和经验有三条：

1. 领导重视是关键。《工伤保险条例》颁布实施以后，尤其是省政府出台44号文件，将工伤保险扩面任务下达给各市并将其列入政府工作考核目标以来，工伤保险参保人数出现了“井喷”情形，仅2007年一年就新增近400万人。

2. 制度建设是重点。回顾浙江省工伤生育保险制度改革历程，76号、333号、国务院375号令、省政府44号文件以及省政府就生育保险工作出台的17号文件等，每一项法规或者政策的出台都起到了积极的推动作用。

3. 部门协调是基础。工伤保险工作涉及面广，牵涉的部门多，必须加强与法制、法院、卫生、公安、安监、财政、人事等部门的协调，加强部门内与劳动工资、法规、仲裁、监察等机构的沟通，才能形成共同推进工伤生育保险工作的合力。

三、当前面临的形势和总体工作要求

2006年以来，国务院、省委省政府、劳动保障部都很重视社会保障工作，把工伤保险，尤

其是农民工工伤保险扩面工作提升到了一个前所未有的高度。劳动保障部提出“平安计划”，要求用三年左右时间实现高风险企业农民工工伤保险基本全覆盖的工作目标；省政府进一步提出了到2008年年底，全省工伤保险参保缴费人数力争达到1 200万人，实现全省工伤保险基本全覆盖的目标任务。为此，我们应当认识到建立和完善工伤生育保险是落实科学发展观的根本要求，工伤保险工作事关国家经济发展和社会稳定的大局，全面推进工伤保险是浙江省“大社保”体系建设的重要内容，进一步扩大保险覆盖面具有十分重要的现实意义。同时，我们还应当正视当前工作中面临的一些困难和问题：扩面任务依然十分艰巨，法律法规政策还有待进一步完善，管理服务工作还有待进一步加强。

当前和今后一段时期，浙江省工伤生育保险事业发展的总体要求是：以科学发展观为统领，以构建和谐社会为目标，全面深入贯彻实施国务院《工伤保险条例》和省政府《浙江省生育保险暂行规定》，坚持扩面和完善政策两手抓，加强管理服务，把工伤预防、待遇补偿和工伤康复有机结合起来，积极探索并推广生育保险和医疗保险协同推进管理模式，不断提高干部队伍能力和水平，切实维护广大职工的合法权益。

为此，我们要重点加强以下三方面工作：一是坚持做好参保扩面工作；二是要坚持完善政策标准体系；三是要进一步深化管理服务。

四、2008年的主要工作

2008年各地要按照浙江省工伤生育保险工作总体要求，着重做好以下七项重点工作。

（一）以服务业为重点，全力推进扩面工作

2008年是实现“平安计划”三年目标的最后一年，浙江省要完成新增工伤保险参保人数200万人，达到1 200万人的工伤保险工作目标。因此，进一步扩大覆盖面、增加参保人数依然是首要任务。各地要按照国务院5号文件、省政府44号文件规定，对照省政府下达的指标，加强对辖区内各统筹区扩面工作的督促指导，抓平衡、抓进度，进一步把建筑施工等高风险行业企业农民工参加工伤保险工作落到实处，切实抓住《劳动合同法》实施的良好契机，尽快将有劳动关系的农民工纳入到工伤保险的制度保障当中来，确保完成省政府下达的阶段性扩面任务。

2008年工伤保险扩面工作的重点是要全面推进商贸、餐饮、住宿等服务业企业职工参保。今后，随着产业结构的调整，服务业从业人员占全部从业人员的比例将越来越大，这一行业将是今后一段时间我们扩面的重点领域。2007年，义乌市和绍兴县已经做了很好的探索，也取得了较好的成效，各地可以借鉴它们的成功做法，结合当地实际情况，开发好这个新的增长点，全面推进，力争有大的进展。

（二）以贯彻条例修订案为重点，完善政策标准体系

加快制度建设，完善政策标准体系，始终是工伤保险的一项重要的基础性工作。国家已在研究修订《工伤保险条例》《工伤认定办法》《因工死亡职工供养亲属范围规定》，并正研究制定辅助器具配置、工伤预防费使用管理办法等制度。我们一方面要及时贯彻落实国家修订和新出台的法规政策；另一方面，也要根据实际工作需要，总结分析工作中存在的矛盾和问题，适时研究制定有关办法和规定，推动工伤保险工作深入开展。2008年，省厅将着手《浙江省工伤保险条例》的起草准备工作，加强调研，争取早日立项，拿出草案，征求各地、各部门意见。

（三）以解决老工伤问题为重点，逐步消化历史遗留问题

近两年，省政府和劳动保障部都十分重视解决老工伤问题，提出了具体工作要求。浙江省的老工伤问题虽然不是十分突出，但是问题还是存在的，职工上访也时有发生，有的问题也是我们

必须关注和研究的。2007年省里已经较为妥善地解决了长广集团历史遗留的老工伤问题。杭州等地已经出台了老工伤管理办法，运行情况也十分平稳。但是，个别市地没有出台相关的办法，导致部分转制企业无法计提落实原工伤职工工伤待遇所需资金，使得这部分工伤职工的相关待遇没有得到妥善落实。各地要认真了解掌握当地老工伤问题的实际情况，按照“区别类型、落实资金”的总体要求和思路，积极妥善地解决好老工伤问题。

（四）试点先行，加强工伤预防和工伤康复工作

工伤保险制度具有三大功能，即工伤预防、待遇支付和工伤康复。从工伤保险制度在全世界的发展历程来看，在制度建立初期，保障待遇的功能需求是最为迫切的，目前，我省工伤保险制度重在保障职工工伤待遇的特点还是十分突出。但随着生产力的发展和人民生活水平的逐步提高，工伤预防和工伤康复的重要性将日益明显。宁波市在工伤预防方面，杭州市在工伤康复方面都已经做了一些有益的探索。2008年，我们要抓好工伤康复试点工作。劳动保障部下发了《关于加强工伤康复试点工作的指导意见》，也出台了《工伤诊疗规范》和《工伤康复服务项目》，省里已经确定国家电网公司职业病防治院为我省首家工伤康复试点定点医院。

（五）进一步加强生育保险工作

2008年的生育保险工作既要积极扩面，也要进一步完善制度。要充分利用推行《劳动合同法》的契机，运用“五费合征”等手段，力争到2008年年底全省生育保险参保人数达到550万人。在制度建设方面，各地要积极探索生育保险和医疗保险协同推进办法，逐步实现医疗费用由经办机构和医疗机构直接结算的办法，提高经办业务社会化程度，方便广大参保单位和职工。基金结余相对较多的地方，可以逐步提高待遇水平，也可以探索进一步扩大生育保险享受的对象。

（六）以信息化管理为中心，加强各项基础管理工作

工伤生育保险工作环节多、程序复杂，又直接面对广大职工，如何向广大用人单位和参保职工提供高效、优质、便捷的服务，加强信息化建设是一个重要的基础条件。在当前人手紧张、时效性要求高的情形下，各地要结合“金保工程”的实施，把工伤生育保险工作信息化摆上议事日程，推动工伤生育保险管理服务工作上一个台阶。

（七）以加强作风建设为重点，进一步加强干部队伍建设

事业发展，队伍为本。当前浙江省工伤生育保险事业发展很快，各项工作任务十分繁重，广大职工群众对我们的工作寄予厚望，我们必须进一步加强干部队伍建设，以确保各项任务的完成和事业的发展。一是要切实加强思想建设。深入学习、深刻领会党的十七大精神，深刻认识做好工伤生育保险工作在构建社会主义和谐社会中的重要作用，切实提高贯彻落实科学发展观的自觉性和主动性。二是要切实加强组织建设。进一步健全完善机构，充实行政、经办、鉴定干部队伍，切实加强这三支干部队伍的政策业务培训和劳动能力鉴定专家法规政策培训，不断提高素质，提高为广大职工服务的能力，提高服务的效率和质量。三是要切实加强作风建设。把维护广大职工的根本利益作为我们工作的出发点和落脚点，动之以情，晓之以法，多为职工群众办实事、办好事。四是要切实加强制度建设和反腐倡廉建设。完善各项廉政规章制度，规范各项管理服务行为，管好、用好保险基金，严格制度，严明纪律，真正做到勤政廉政。

着力解决党性党风党纪方面存在的突出问题

——在省劳动保障厅机关党建工作会议上的讲话（摘要）

浙江省纪委驻省劳动和社会保障厅纪检组组长　常玉芳

（2008年4月18日）

开展学习实践科学发展观活动，是全党政治生活中的一件大事。学习实践活动开展以来，省劳动和社会保障厅紧紧围绕“以科学发展观为统领，完善社保体系，促进社会和谐”的实践载体，努力提高对学习实践活动重要性和紧迫性的认识，切实把思想统一到中央和省委的决策部署上来，扎实推进了学习实践活动的顺利开展，取得了初步成效。全厅党员干部积极投身到学习实践活动中去，着力转变不适应、不符合科学发展要求的思想观念，着力解决影响和制约科学发展的突出问题以及党员干部党性党风党纪方面群众反映强烈的突出问题，着力构建有利于科学发展的体制机制，提高领导科学发展、促进社会和谐的能力，努力在活动中增强党性、提升素质，更好地在推动科学发展、促进社会和谐的实践中发挥先锋模范作用。

在学习实践科学发展观活动中解决问题、务求实效，既要解决影响和制约科学发展的突出问题，又要解决党员干部党性党风党纪方面社会议论较多、群众反映强烈的突出问题。省委要求各级党组织要注意倾听民声，了解民意，密切关注党员干部党性党风党纪方面的新动向、新问题，努力在改进党员干部作风上下工夫、见成效、求突破，以作风建设的实际成效取信于民，为实现科学发展提供可靠的政治和组织保障。

因此，我们必须清醒地看到，党员干部是贯彻落实科学发展观的骨干力量，领导班子和领导干部是贯彻落实科学发展观的关键所在。党性党风党纪问题，关系到党的路线方针政策的贯彻落实，关系到党同人民群众的血肉联系，关系到劳动保障工作的科学发展。我们处在一个发生着深刻变革的时代，尤其是2007年以来，全球性的金融危机引发的经济形势剧变，都充分说明了当今社会是一个危机与发展并存的时代。如何在变革的时代实现科学发展，需要我们不断加强党的自身建设。

对照科学发展观的要求，我们在党性党风党纪方面还存在着一些影响和制约劳动保障工作科学发展的问题。与新形势、新任务的要求相比，一些党员、干部的思想观念、能力素质与科学发展观的要求还不完全适应、不完全符合，面对劳动保障工作的新问题，我们发挥主观能动作用不够，破解事关劳动保障工作全局的“瓶颈”能力不强、办法不多。厅机关和直属单位都不同程度存在责任意识和服务意识不够强的问题，服务大局和解决复杂问题的能力有待进一步提高，有的部门、单位和少数工作人员依法行政的意识和水平不够高，工作作风拖拉、疲沓的问题还存在。

在社会主义市场经济体制不断深化改革和劳动保障事业大发展的形势下，如何从体制机制上积极探索构筑拒腐防变的防线，也是一个需要更加重视的问题。因此，在当前和今后一个时期内的劳动保障工作中，亟待进一步增强把握大局、服务大局的能力，开拓创新、解决问题的能力，联系群众、服务群众的能力；亟待解决办事拖拉，工作程序繁杂，节奏不快、效率不高的问题；亟待解决系统内部党性党风党纪方面存在的突出问题，以促进全省劳动保障工作的科学发展。

这次学习实践活动，全厅党员要结合陈小恩同志提出的“解决五个突出问题，出台六项举措，形成五个方面成果”的要求，积极查找自身存在的不足和需要改进的方面。党员干部要进一步提高认识、端正态度、摆正位置，积极投入到查找和解决党性党风党纪方面存在的突出问题中来。党员领导干部尤其要坚持改造主观世界与改造客观世界相统一，在学习实践活动中，紧密联系各自工作实际和思想实际，带头查找党性党风党纪方面特别是理想信念、廉洁从政、求真务实、联系群众等方面存在的问题。要把科学发展观的要求转化为增强党性修养、提高思想觉悟的自觉行动，凡是符合科学发展观要求的就全力以赴去做，凡是不符合科学发展观要求的就毫不含糊去改，努力使自己成为科学发展观的模范实践者，始终在推动科学发展的实践中走在前列、争当先锋。

当前，结合这次学习实践活动，要从以下几个方面入手，着力解决影响和制约浙江省劳动保障工作科学发展的党性党风党纪方面存在的突出问题。

解决党性党风党纪方面存在的问题与人的需求、人的发展相结合，切实增强解决问题的针对性。科学发展观的核心是以人为本，促进人的全面发展。解决党性党风党纪方面存在的问题要围绕科学发展观的基本要求，重视人的主体地位，顺应人的全面发展需求。马克思主义认识论告诉我们，改造主观世界与改造客观世界是有机统一、相互促进的。在改造客观世界的进程中，人的主观世界可以得到磨炼和提高；人的主观世界不断得到改造，就可以更好地推动改造客观世界。人作为自觉能动的实践主体，对于怎样改造客观世界及其成效大小具有决定性意义。在解决党性党风党纪方面存在的突出问题时，要注重强调干部职工的主体性地位，着力从以往立足于“事”的解决问题的模式转变为针对于“人”的解决问题，确立“全面促进思想建设是教育的本质、廉政教育服务于人的健康发展”的教育理念，采取灵活多样的解决问题的方法。以学习实践活动为契机，建立密切党群、干群关系的长效机制，以各种平等交流的形式，党员领导干部主动与干部职工进行谈心沟通，及时引导和解决发现的带有苗头性问题，进一步协调、规范、理顺各类工作关系，促进干部职工主动把思想与劳动保障整体工作结合起来，统一到服务科学发展上，增强组织的凝聚力和感召力，为劳动保障工作的科学发展创造良好的政治环境。

解决党性党风党纪方面存在的问题与促进党员干部讲党性、重品行、作表率相结合，切实增强解决问题的有效性。要切实加强理想信念和从政道德教育、党的优良传统和作风教育、党纪条例和国家法律法规教育，教育引导党员干部特别是领导干部牢固树立马克思主义世界观、人生观、价值观，坚持正确的权力观、地位观、利益观，不断加强党性修养，弘扬新风正气，以优良的党性促政风带民风。坚持边学边查边改，加强干部管理体制机制建设，不断健全完善民主生活会、谈心谈话、述职述廉、个人重大事项报告以及诫勉谈话和函询制度，严格执行干部辞职和问责制度，将党员干部置于有效的监督管理之下。在搞好正面教育的同时，对那些党性不强、作风不正、律己不严、群众不满意的干部要坚决调整下来，对那些以权谋私、违法乱纪的腐败分子要坚决查处、决不姑息。进一步深化干部人事制度改革，坚持德才兼备、以德为先，树立正确的用人导向，促进干部职工健康成长。

解决党性党风党纪方面存在的问题与廉政教育相结合，增强解决问题的预控性。加强操守品质教育，强化立身之本。胡锦涛总书记倡导八个方面的良好风气中“勤奋好学、学以致用”“艰苦奋斗、勤俭节约”“生活正派、情趣健康”等内容，都是有关“为人”的基本原则，对领导干部厉行操守、加强品德修养提出了明确要求。为此，在解决党性党风党纪方面存在的问题时，要突出操守品质教育的主基调，巩固和提高劳动保障系统干部廉洁从政的自觉性。加强贪欲之害教育，多算得失之账。当前，社会利益格局的调整和社会观念的变化对人们普遍产生了重大影响，个别党员干部在变革中迷失了方向，心理表现失衡，直接导致了违纪甚至是腐败行为的发生。究其根底，违纪违法现象的背后是贪婪在起作用，是侥幸心理促使他们走向了犯罪深渊，一失足成千古恨。因此，要引导干部职工算好“四笔账”：政治前途账、经济损失账、家庭情感账和人身自由账。加强警示教育，常怀律己之心。违纪违法行为的表现形式多种多样，实施手段各异，但最终的结果相同，都必然受到严厉的惩处。根据这一特点，要通过深入剖析各类违纪违法行为产生原因和造成的严重后果，教育广大干部职工多方面吸取教训，引以为戒，自觉设立“红线”，自警自律，防微杜渐。

解决党性党风党纪方面存在的问题与政风行风建设相结合，切实增强解决问题的时效性。解决党性党风党纪方面存在问题的目的在于规范权利运行，促进劳动保障事业科学发展，从而更好地服务经济社会发展，促进社会和谐。当务之急是要做好以下两个方面的工作：

一是继续推进思想大解放，提高劳动保障工作服务发展的能力。坚持把解放思想作为实践科学发展观的首要任务，以思想大解放推动我省劳动保障事业新一轮大发展。继续拓展解放思想的广度和深度，更新观念、提高认识，逐步消除和克服不符合、不利于劳动保障工作科学发展的观念、体制、机制。要更加自觉地把劳动保障工作融入经济社会发展大局，提供更加有效的服务和保障。努力使我们的思想观念跟上时代进步新潮流、适应事业发展新要求、符合人民群众新期待。

二是积极应对当前经济形势，确保中央和省委重大决策部署的贯彻实施。应对当前经济形势，党中央、国务院和省委省政府作出了一系列重大决策部署。贯彻落实好中央精神和省委部署，需要我们把稳定就业局势、帮助企业渡过难关作为当前头等大事来抓。要及时、全面、准确分析当前经济形势对就业、社会保障、劳动关系等工作带来的影响，在确保就业形势稳定、社会保障可持续发展、劳动关系和谐稳定、劳动者权益得到维护的前提下，以保企业为重点，积极研究应对措施，切实做到劳动者权益与企业利益“双保护”。要密切关注经济社会发展情况的变化，摸清企业当前用工管理、社会保障、劳动关系方面存在的实际问题，确定需要帮扶的困难企业，落实有针对性的扶持服务措施，为困难企业“降压减负”。

第三篇

文件和法律法规

中华人民共和国国务院令

第 535 号

《中华人民共和国劳动合同法实施条例》已经 2008 年 9 月 3 日国务院第 25 次常务会议通过，现予公布，自公布之日起施行。

总理　温家宝

2008 年 9 月 18 日

中华人民共和国劳动合同法实施条例

第一章　总　　则

第一条　为了贯彻实施《中华人民共和国劳动合同法》（以下简称劳动合同法），制定本条例。

第二条　各级人民政府和县级以上人民政府劳动行政等有关部门以及工会等组织，应当采取措施，推动劳动合同法的贯彻实施，促进劳动关系的和谐。

第三条　依法成立的会计师事务所、律师事务所等合伙组织和基金会，属于劳动合同法规定的用人单位。

第二章　劳动合同的订立

第四条　劳动合同法规定的用人单位设立的分支机构，依法取得营业执照或者登记证书的，可以作为用人单位与劳动者订立劳动合同；未依法取得营业执照或者登记证书的，受用人单位委托可以与劳动者订立劳动合同。

第五条　自用工之日起一个月内，经用人单位书面通知后，劳动者不与用人单位订立书面劳动合同的，用人单位应当书面通知劳动者终止劳动关系，无需向劳动者支付经济补偿，但是应当依法向劳动者支付其实际工作时间的劳动报酬。

第六条　用人单位自用工之日起超过一个月不满一年未与劳动者订立书面劳动合同的，应当依照劳动合同法第八十二条的规定向劳动者每月支付两倍的工资，并与劳动者补订书面劳动合同；劳动者不与用人单位订立书面劳动合同的，用人单位应当书面通知劳动者终止劳动关系，并依照劳动合同法第四十七条的规定支付经济补偿。前款规定的用人单位向劳动者每月支付两倍工资的起算时间为用工之日起满一个月的次日，截止时间为补订书面劳动合同的前一日。

第七条 用人单位自用工之日起满一年未与劳动者订立书面劳动合同的，自用工之日起满一个月的次日至满一年的前一日应当依照劳动合同法第八十二条的规定向劳动者每月支付两倍的工资，并视为自用工之日起满一年的当日已经与劳动者订立无固定期限劳动合同，应当立即与劳动者补订书面劳动合同。

第八条 劳动合同法第七条规定的职工名册，应当包括劳动者姓名、性别、公民身份证号码、户籍地址及现住址、联系方式、用工形式、用工起始时间、劳动合同期限等内容。

第九条 劳动合同法第十四条第二款规定的连续工作满10年的起始时间，应当自用人单位用工之日起计算，包括劳动合同法施行前的工作年限。

第十条 劳动者非因本人原因从原用人单位被安排到新用人单位工作的，劳动者在原用人单位的工作年限合并计算为新用人单位的工作年限。原用人单位已经向劳动者支付经济补偿的，新用人单位在依法解除、终止劳动合同计算支付经济补偿的工作年限时，不再计算劳动者在原用人单位的工作年限。

第十一条 除劳动者与用人单位协商一致的情形外，劳动者依照劳动合同法第十四条第二款的规定，提出订立无固定期限劳动合同的，用人单位应当与其订立无固定期限劳动合同。对劳动合同的内容，双方应当按照合法、公平、平等自愿、协商一致、诚实信用的原则协商确定；对协商不一致的内容，依照劳动合同法第十八条的规定执行。

第十二条 地方各级人民政府及县级以上地方人民政府有关部门为安置就业困难人员提供的给予岗位补贴和社会保险补贴的公益性岗位，其劳动合同不适用劳动合同法有关无固定期限劳动合同的规定以及支付经济补偿的规定。

第十三条 用人单位与劳动者不得在劳动合同法第四十四条规定的劳动合同终止情形之外约定其他的劳动合同终止条件。

第十四条 劳动合同履行地与用人单位注册地不一致的，有关劳动者的最低工资标准、劳动保护、劳动条件、职业危害防护和本地区上年度职工月平均工资标准等事项，按照劳动合同履行地的有关规定执行；用人单位注册地的有关标准高于劳动合同履行地的有关标准，且用人单位与劳动者约定按照用人单位注册地的有关规定执行的，从其约定。

第十五条 劳动者在试用期的工资不得低于本单位相同岗位最低档工资的80%或者不得低于劳动合同约定工资的80%，并不得低于用人单位所在地的最低工资标准。

第十六条 劳动合同法第二十二条第二款规定的培训费用，包括用人单位为了对劳动者进行专业技术培训而支付的有凭证的培训费用、培训期间的差旅费用以及因培训产生的用于该劳动者的其他直接费用。

第十七条 劳动合同期满，但是用人单位与劳动者依照劳动合同法第二十二条的规定约定的服务期尚未到期的，劳动合同应当续延至服务期满；双方另有约定的，从其约定。

第三章　劳动合同的解除和终止

第十八条 有下列情形之一的，依照劳动合同法规定的条件、程序，劳动者可以与用人单位解除固定期限劳动合同、无固定期限劳动合同或者以完成一定工作任务为期限的劳动合同：

（一）劳动者与用人单位协商一致的；

（二）劳动者提前30日以书面形式通知用人单位的；

（三）劳动者在试用期内提前3日通知用人单位的；

（四）用人单位未按照劳动合同约定提供劳动保护或者劳动条件的；

（五）用人单位未及时足额支付劳动报酬的；

（六）用人单位未依法为劳动者缴纳社会保险费的；

（七）用人单位的规章制度违反法律、法规的规定，损害劳动者权益的；

（八）用人单位以欺诈、胁迫的手段或者乘人之危，使劳动者在违背真实意思的情况下订立或者变更劳动合同的；

（九）用人单位在劳动合同中免除自己的法定责任、排除劳动者权利的；

（十）用人单位违反法律、行政法规强制性规定的；

（十一）用人单位以暴力、威胁或者非法限制人身自由的手段强迫劳动者劳动的；

（十二）用人单位违章指挥、强令冒险作业危及劳动者人身安全的；

（十三）法律、行政法规规定劳动者可以解除劳动合同的其他情形。

第十九条　有下列情形之一的，依照劳动合同法规定的条件、程序，用人单位可以与劳动者解除固定期限劳动合同、无固定期限劳动合同或者以完成一定工作任务为期限的劳动合同：

（一）用人单位与劳动者协商一致的；

（二）劳动者在试用期间被证明不符合录用条件的；

（三）劳动者严重违反用人单位的规章制度的；

（四）劳动者严重失职，营私舞弊，给用人单位造成重大损害的；

（五）劳动者同时与其他用人单位建立劳动关系，对完成本单位的工作任务造成严重影响，或者经用人单位提出，拒不改正的；

（六）劳动者以欺诈、胁迫的手段或者乘人之危，使用人单位在违背真实意思的情况下订立或者变更劳动合同的；

（七）劳动者被依法追究刑事责任的；

（八）劳动者患病或者非因工负伤，在规定的医疗期满后不能从事原工作，也不能从事由用人单位另行安排的工作的；

（九）劳动者不能胜任工作，经过培训或者调整工作岗位，仍不能胜任工作的；

（十）劳动合同订立时所依据的客观情况发生重大变化，致使劳动合同无法履行，经用人单位与劳动者协商，未能就变更劳动合同内容达成协议的；

（十一）用人单位依照企业破产法规定进行重整的；

（十二）用人单位生产经营发生严重困难的；

（十三）企业转产、重大技术革新或者经营方式调整，经变更劳动合同后，仍需裁减人员的；

（十四）其他因劳动合同订立时所依据的客观经济情况发生重大变化，致使劳动合同无法履行的。

第二十条　用人单位依照劳动合同法第四十条的规定，选择额外支付劳动者一个月工资解除劳动合同的，其额外支付的工资应当按照该劳动者上一个月的工资标准确定。

第二十一条　劳动者达到法定退休年龄的，劳动合同终止。

第二十二条　以完成一定工作任务为期限的劳动合同因任务完成而终止的，用人单位应当依照劳动合同法第四十七条的规定向劳动者支付经济补偿。

第二十三条 用人单位依法终止工伤职工的劳动合同的，除依照劳动合同法第四十七条的规定支付经济补偿外，还应当依照国家有关工伤保险的规定支付一次性工伤医疗补助金和伤残就业补助金。

第二十四条 用人单位出具的解除、终止劳动合同的证明，应当写明劳动合同期限、解除或者终止劳动合同的日期、工作岗位、在本单位的工作年限。

第二十五条 用人单位违反劳动合同法的规定解除或者终止劳动合同，依照劳动合同法第八十七条的规定支付了赔偿金的，不再支付经济补偿。赔偿金的计算年限自用工之日起计算。

第二十六条 用人单位与劳动者约定了服务期，劳动者依照劳动合同法第三十八条的规定解除劳动合同的，不属于违反服务期的约定，用人单位不得要求劳动者支付违约金。有下列情形之一，用人单位与劳动者解除约定服务期的劳动合同的，劳动者应当按照劳动合同的约定向用人单位支付违约金：

（一）劳动者严重违反用人单位的规章制度的；

（二）劳动者严重失职，营私舞弊，给用人单位造成重大损害的；

（三）劳动者同时与其他用人单位建立劳动关系，对完成本单位的工作任务造成严重影响，或者经用人单位提出，拒不改正的；

（四）劳动者以欺诈、胁迫的手段或者乘人之危，使用人单位在违背真实意思的情况下订立或者变更劳动合同的；

（五）劳动者被依法追究刑事责任的。

第二十七条 劳动合同法第四十七条规定的经济补偿的月工资按照劳动者应得工资计算，包括计时工资或者计件工资以及奖金、津贴和补贴等货币性收入。劳动者在劳动合同解除或者终止前12个月的平均工资低于当地最低工资标准的，按照当地最低工资标准计算。劳动者工作不满12个月的，按照实际工作的月数计算平均工资。

第四章　劳务派遣特别规定

第二十八条 用人单位或者其所属单位出资或者合伙设立的劳务派遣单位，向本单位或者所属单位派遣劳动者的，属于劳动合同法第六十七条规定的不得设立的劳务派遣单位。

第二十九条 用工单位应当履行劳动合同法第六十二条规定的义务，维护被派遣劳动者的合法权益。

第三十条 劳务派遣单位不得以非全日制用工形式招用被派遣劳动者。

第三十一条 劳务派遣单位或者被派遣劳动者依法解除、终止劳动合同的经济补偿，依照劳动合同法第四十六条、第四十七条的规定执行。

第三十二条 劳务派遣单位违法解除或者终止被派遣劳动者的劳动合同的，依照劳动合同法第四十八条的规定执行。

第五章　法 律 责 任

第三十三条 用人单位违反劳动合同法有关建立职工名册规定的，由劳动行政部门责令限期改正；逾期不改正的，由劳动行政部门处2 000元以上2万元以下的罚款。

第三十四条 用人单位依照劳动合同法的规定应当向劳动者每月支付两倍的工资或者应当向劳动者支付赔偿金而未支付的，劳动行政部门应当责令用人单位支付。

第三十五条 用工单位违反劳动合同法和本条例有关劳务派遣规定的，由劳动行政部门和其他有关主管部门责令改正；情节严重的，以每位被派遣劳动者1 000元以上5 000元以下的标准处以罚款；给被派遣劳动者造成损害的，劳务派遣单位和用工单位承担连带赔偿责任。

第六章　附　　则

第三十六条　对违反劳动合同法和本条例的行为的投诉、举报，县级以上地方人民政府劳动行政部门依照《劳动保障监察条例》的规定处理。

第三十七条　劳动者与用人单位因订立、履行、变更、解除或者终止劳动合同发生争议的，依照《中华人民共和国劳动争议调解仲裁法》的规定处理。

第三十八条　本条例自公布之日起施行。

中华人民共和国人力资源和社会保障部令

第1号

《企业职工带薪年休假实施办法》已于2008年7月17日经人力资源和社会保障部第6次部务会议通过，现予公布，自公布之日起施行。

部长　尹蔚民

2008年9月18日

企业职工带薪年休假实施办法

第一条　为了实施《职工带薪年休假条例》（以下简称条例），制定本实施办法。

第二条　中华人民共和国境内的企业、民办非企业单位、有雇工的个体工商户等单位（以下称用人单位）和与其建立劳动关系的职工，适用本办法。

第三条　职工连续工作满12个月以上的，享受带薪年休假（以下简称年休假）。

第四条　年休假天数根据职工累计工作时间确定。职工在同一或者不同用人单位工作期间，以及依照法律、行政法规或者国务院规定视同工作期间，应当计为累计工作时间。

第五条　职工新进用人单位且符合本办法第三条规定的，当年度年休假天数，按照在本单位剩余日历天数折算确定，折算后不足1整天的部分不享受年休假。前款规定的折算方法为：（当年度在本单位剩余日历天数÷365天）×职工本人全年应当享受的年休假天数。

第六条　职工依法享受的探亲假、婚丧假、产假等国家规定的假期以及因工伤停工留薪期间不计入年休假假期。

第七条　职工享受寒暑假天数多于其年休假天数的，不享受当年的年休假。确因工作需要，职工享受的寒暑假天数少于其年休假天数的，用人单位应当安排补足年休假天数。

第八条　职工已享受当年的年休假，年度内又出现条例第四条第（二）、（三）、（四）、（五）项规定情形之一的，不享受下一年度的年休假。

第九条　用人单位根据生产、工作的具体情况，并考虑职工本人意愿，统筹安排年休假。用人单位确因工作需要不能安排职工年休假或者跨1个年度安排年休假的，应征得职工本人同意。

第十条　用人单位经职工同意不安排年休假或者安排职工年休假天数少于应休年休假天数，应当在本年度内对职工应休未休年休假天数，按照其日工资收入的300%支付未休年休假工资报酬，其中包含用人单位支付职工正常工作期间的工资收入。用人单位安排职工休年休假，但是职工因本人原因且书面提出不休年休假的，用人单位可以只支付其正常工作期间的工资收入。

第十一条　计算未休年休假工资报酬的日工资收入按照职工本人的月工资除以月计薪天数（21.75天）进行折算。前款所称月工资是指职工在用人单位支付其未休年休假工资报酬前12个月剔除加班工资后的月平均工资。在本用人单位工作时间不满12个月的，按实际月份计算月平均工资。职工在年休假期间享受与正常工作期间相同的工资收入。实行计件工资、提成工资或者其他绩效工资制的职工，日工资收入的计发办法按照本条第一款、第二款的规定执行。

第十二条　用人单位与职工解除或者终止劳动合同时，当年度未安排职工休满应休年休假的，应当按照职工当年已工作时间折算应休未休年休假天数并支付未休年休假工资报酬，但折算后不足1整天的部分不支付未休年休假工资报酬。前款规定的折算方法为：（当年度在本单位已过日历天数÷365天）×职工本人全年应当享受的年休假天数－当年度已安排年休假天数。用人单位当年已安排职工年休假的，多于折算应休年休假的天数不再扣回。

第十三条　劳动合同、集体合同约定的或者用人单位规章制度规定的年休假天数、未休年休假工资报酬高于法定标准的，用人单位应当按照有关约定或者规定执行。

第十四条　劳务派遣单位的职工符合本办法第三条规定条件的，享受年休假。被派遣职工在劳动合同期限内无工作期间由劳务派遣单位依法支付劳动报酬的天数多于其全年应当享受的年休假天数的，不享受当年的年休假；少于其全年应当享受的年休假天数的，劳务派遣单位、用工单位应当协商安排补足被派遣职工年休假天数。

第十五条　县级以上地方人民政府劳动行政部门应当依法监督检查用人单位执行条例及本办法的情况。用人单位不安排职工休年休假又不依照条例及本办法规定支付未休年休假工资报酬的，由县级以上地方人民政府劳动行政部门依据职权责令限期改正；对逾期不改正的，除责令该用人单位支付未休年休假工资报酬外，用人单位还应当按照未休年休假工资报酬的数额向职工加付赔偿金；对拒不执行支付未休年休假工资报酬、赔偿金行政处理决定的，由劳动行政部门申请人民法院强制执行。

第十六条　职工与用人单位因年休假发生劳动争议的，依照劳动争议处理的规定处理。

第十七条　除法律、行政法规或者国务院另有规定外，机关、事业单位、社会团体和与其建立劳动关系的职工，依照本办法执行。船员的年休假按《中华人民共和国船员条例》执行。

第十八条　本办法中的“年度”是指公历年度。

第十九条　本办法自发布之日起施行。

劳动和社会保障部关于职工全年月平均工作时间和工资折算问题的通知

劳社部发［2008］3号

各省、自治区、直辖市劳动和社会保障厅（局）：

根据《全国年节及纪念日放假办法》（国务院令第513号）的规定，全体公民的节日假期由原来的10天增设为11天。据此，职工全年月平均制度工作天数和工资折算办法分别调整如下：

一、制度工作时间的计算

年工作日：365天－104天（休息日）－11天（法定节假日）＝250天

季工作日：250天÷4季＝62.5天/季

月工作日：250天÷12月＝20.83天/月

工作小时数的计算：以月、季、年的工作日乘以每日的8小时。

二、日工资、小时工资的折算

按照《劳动法》第五十一条的规定，法定节假日用人单位应当依法支付工资，即折算日工资、小时工资时不剔除国家规定的11天法定节假日。据此，日工资、小时工资的折算为：

日工资：月工资收入÷月计薪天数

小时工资：月工资收入÷（月计薪天数×8小时）

月计薪天数＝（365天－104天）÷12月＝21.75天。

三、2000年3月17日劳动保障部发布的《关于职工全年月平均工作时间和工资折算问题的通知》（劳社部发［2000］8号）同时废止。

2008年1月3日

浙江省人民代表大会常务委员会关于修改《浙江省职工基本养老保险条例》的决定

（2008年5月30日浙江省第十一届人民代表大会常务委员会第4次会议通过）

浙江省人民代表大会常务委员会公告第1号

《浙江省人民代表大会常务委员会关于修改〈浙江省职工基本养老保险条例〉的决定》已于2008年5月30日经浙江省第十一届人民代表大会常务委员会第四次会议通过，现予公布，自2008年10月1日起施行。

浙江省人民代表大会常务委员会

2008年5月30日

浙江省第十一届人民代表大会常务委员会第四次会议决定对《浙江省职工基本养老保险条例》作如下修改：

一、第二条修改为：本省行政区域内的下列用人单位、职工应当依法参加职工基本养老保险：

（一）企业、民办非企业单位等和与其形成劳动关系的职工；

（二）国家机关、事业单位、社会团体和与其形成劳动关系的未纳入行政或者事业养老保险范围的职工。

有雇工的城镇个体工商户和与其形成劳动关系的雇员应当依法参加职工基本养老保险。

无雇工的城镇个体工商户、城镇灵活就业人员可以依照本条例规定参加职工基本养老保险。

“本条第一款规定的参加职工基本养老保险的对象，法律、法规另有规定的，从其规定。”

二、第四条增加一款，作为第二款：“国家对职工基本养老保险的统筹层次另有规定的，按照国家规定执行。”

三、第六条增加一款，作为第四款：“县级以上财政部门负责职工基本养老保险基金的专户管理、财政投入预算安排和财会管理工作。”

四、第九条第一款修改为：“职工个人每月按照本人上一年度月平均工资（以下称缴费工资）的百分之八缴纳基本养老保险费。”第三款修改为：“职工缴费工资低于上一年度全省在岗职工月平均工资百分之六十的，按照百分之六十确定；高于上一年度全省在岗职工月平均工资百分之三百的，按照百分之三百确定。全省上一年度在岗职工月平均工资，由省统计部门核定，省劳动保障行政部门公布。”

五、第十条修改为：“企业、民办非企业单位等每月按照全部职工工资总额的一定比例缴纳基本养老保险费。国家机关、事业单位和社会团体每月按照参保人员工资总额的一定比例缴纳基本养老保险费。”

“用人单位的缴费比例一般不得超过百分之二十。具体比例按照国家和省人民政府规定的权限确定。”

“用人单位缴纳的基本养老保险费按照规定列支。”

六、第十一条修改为：“城镇个体工商户、城镇灵活就业人员（以下统称城镇个体劳动者）每月按照上一年度月平均实际收入的百分之二十缴纳基本养老保险费。其中有雇工的城镇个体工商户，雇主的养老保险费全部由其本人缴纳；雇工的养老保险费，由雇工缴纳百分之八，雇主缴纳百分之十二。”

“城镇个体劳动者上一年度月平均实际收入低于上一年度当地在岗职工月平均工资百分之八十的，按照百分之八十确定缴费基数；高于上一年度当地在岗职工月平均工资百分之三百的，按照百分之三百确定缴费基数。”

“省人民政府可以根据本省实际，对城镇个体劳动者的缴费标准进行调整。”

“城镇个体劳动者按规定比例缴纳的基本养老保险费依法不计入个人所得税的应纳税所得额。”

七、第十三条修改为：“用人单位应当在每月十日前按照规定自行计算应缴费额，向地方税务机关申报缴纳上月的基本养老保险费，并对申报事项的真实性负责。”

“职工个人应缴的基本养老保险费报经社会保险经办机构核定后，由用人单位代扣并向地方税务机关申报缴纳。”

“城镇个体劳动者凭社会保险经办机构核定的应缴费额向地方税务机关申报并缴费。”

“经地方税务机关和劳动保障行政部门确认后，用人单位、城镇个体劳动者可以直接向地方税务机关申报缴纳职工个人、城镇个体劳动者应缴纳的基本养老保险费。地方税务机关应当及时将职工个人和城镇个体劳动者的缴费基数、缴费金额等情况反馈社会保险经办机构。”

八、第二十条修改为：“基本养老保险基金按照国家规定的方式保值增值，其各项增值收益全部计入基本养老保险基金。”

“基本养老保险基金存入银行或者购买国债的，在确保职工基本养老金等发放的同时，应当选择合理的存款期限或者国债期限，提高基金的利息收益。”

九、第二十四条修改为：“参保人员的基本养老保险个人账户按本人缴费工资的百分之八建立，由个人缴费形成。”

十、第二十八条修改为：“参保人员在同一统筹范围内流动的，只转移基本养老保险关系和个人账户档案，不转移个人账户储存额。”

“参保人员在本省跨统筹范围流动的，应当转移基本养老保险关系、个人账户档案和储存额，各地对省内养老保险关系转移不得设置限制条件。省人民政府应当制定保障养老保险关系转移续接的具体办法。”

“参保人员跨省流动的，其基本养老保险关系、个人账户档案和储存额的转移，按照国家有关规定执行。”

十一、第三十一条修改为：“下列参保人员达到法定退休年龄后，从其办理退休手续的次月起，按月领取基本养老金，直至死亡：

（一）1997年12月31日以前参加工作，1998年1月1日以后至2010年12月31日以前退休且缴费年限（包括视同缴费年限）满十年的；

（二）1997年12月31日以前参加工作，2011年1月1日以后退休且缴费年限满十五年的；

（三）1998年1月1日以后参加工作，缴费年限满十五年的。”

十二、第三十二条修改为：“本条例第三十一条第（一）、（二）项规定的参保人员退休后，其月基本养老金由基础养老金、个人账户养老金和过渡性养老金组成，按以下标准计发：

（一）基础养老金月标准以退休时上一年度全省在岗职工月平均工资和本人指数化月平均缴费工资的平均值为基数，缴费每满一年发给百分之一；

（二）个人账户养老金月标准为个人账户储存额除以计发月数。计发月数根据退休时城镇人口平均预期寿命、本人退休年龄、利息等因素确定，具体按照国务院规定执行；

（三）过渡性养老金月标准按照职工本人1997年12月31日以前的指数化月平均缴费工资，乘以1997年12月31日以前的缴费年限，再乘以一定比例计发。计发比例按照省人民政府规定执行。”

十三、第三十三条修改为：“本条例第三十一条第（三）项规定的参保人员退休后，其月基本养老金由基础养老金和个人账户养老金组成。基础养老金和个人账户养老金的计发办法按照本条例第三十二条规定执行。”

十四、第三十四条修改为：“参保人员达到法定退休年龄时，缴费年限不符合按月领取基本养老金规定的，参保人员个人可以按照当地城镇个体劳动者的缴费标准延缴。延缴后符合本条例第三十一条规定条件的，按月领取基本养老金。”

“参保人员个人不延缴养老保险费的，其个人账户储存额一次性支付给本人，并按缴费年限（包括视同缴费年限）每满一年发给一个月的本人指数化月平均缴费工资，同时终止基本养老保险关系。”

十五、第三十五条修改为：“下列未达到法定退休年龄的参保人员，申请办理退职的，从其办理退职手续的次月起，按月领取基本养老金，直至死亡：

（一）1997年12月31日以前参加工作，1998年1月1日以后至2010年12月31日以前因病或者非因工完全丧失劳动能力且缴费年限满十年和2011年1月1日以后因病或者非因工完全丧失劳动能力且缴费年限满十五年的参保人员；

（二）1998年1月1日以后参加工作，因病或者非因工完全丧失劳动能力，缴费年限满十五年的参保人员。”

“退职人员基本养老金按照退休人员基本养老金的计发办法执行。”

十六、第三十七条修改为：“参保人员就业期间按时足额缴纳基本养老保险费，并符合本条例第三十一条规定条件，其退休当年计发的月基本养老金低于当地上一年度月平均基本养老金百分之六十的，由社会保险经办机构按照当地上一年度月平均基本养老金的百分之六十予以补足。”

十七、删去第三十九条。

十八、第四十条改为第三十九条，第（五）项修改为：“对基本养老保险基金的使用依法进行监督检查”。

十九、第四十一条改为第四十条，第（二）项修改为：“核定参保人员应缴纳的基本养老保险费”。

二十、增加一条，作为第四十一条：“县级以上财政部门履行下列职责：

（一）负责基本养老保险基金财政投入的预算安排；

（二）负责基本养老保险基金预算、决算草案审核；

（三）负责基本养老保险基金的专户管理和保值增值；

（四）负责制定基本养老保险基金财务会计制度实施细则；

（五）法律、法规和省人民政府规定的其他职责。”

二十一、增加一条，作为第四十三条：“劳动保障行政部门、财政部门、地方税务机关应当加强协作，建立信息共享和工作配合机制。”

二十二、第四十九条改为第五十条，第一款中“或者未按规定申报应缴纳的基本养老保险费数额”后增加“代扣代缴职工应缴纳的基本养老保险费”一句。

二十三、删去第五十六条。

二十四、第五十七条修改为：“省人民政府可以根据社会经济发展水平，对规模较小且赢利水平低的用人单位及其职工，规定其在一定时期内养老保险费的征缴比例、个人账户记账比例和基本养老金的计发标准。”

二十五、增加一条，作为第五十八条：“国家对职工基本养老保险的征缴比例、个人账户记账比例和基本养老金计发标准等有新规定的，按照国家规定执行。”

此外，还对条例个别条款的文字和条款顺序作了相应修改和调整。

本决定自2008年10月1日起施行。

《浙江省职工基本养老保险条例》根据本决定作相应的修改，重新公布。

浙江省职工基本养老保险条例（1999年7月25日浙江省第九届人民代表大会常务委员会第十四次会议通过　根据2002年10月31日浙江省第九届人民代表大会常务委员会第三十九次会议《关于修改〈浙江省职工基本养老保险条例〉的决定》第一次修正　根据2008年5月30日浙江省第十一届人民代表大会常务委员会第四次会议《关于修改〈浙江省职工基本养老保险条例〉的决定》第二次修正）

第一章　总　　则

第一条　为建立和完善社会保障制度，保障职工退休后的基本生活，维护社会稳定，根据《中华人民共和国劳动法》和有关法律、法规的规定，结合本省实际，制定本条例。

第二条　本省行政区域内的下列用人单位、职工应当依法参加职工基本养老保险：

（一）企业、民办非企业单位等和与其形成劳动关系的职工；

（二）国家机关、事业单位、社会团体和与其形成劳动关系的未纳入行政或者事业养老保险范围的职工。有雇工的城镇个体工商户和与其形成劳动关系的雇员应当依法参加职工基本养老保险。无雇工的城镇个体工商户、城镇灵活就业人员可以依照本条例规定参加职工基本养老保险。

本条第一款规定的参加职工基本养老保险的对象，法律、法规另有规定的，从其规定。

第三条　职工基本养老保险实行社会统筹和个人账户相结合，养老保险费用由国家、单位和个人合理负担。职工基本养老保险保障水平应当与本省社会经济发展水平和各方面的承受能力相适应，职工基本养老保险待遇不因用人单位破产、兼并、改制等原因而受损害。

第四条　职工基本养老保险应当统一制度、统一标准、统一管理，实行设区的市本级、县（市）级统筹和省级调剂制度。原实行基本养老保险行业统筹的企业，按照国家规定参加基本养老保险。国家对职工基本养老保险的统筹层次另有规定的，按照国家规定执行。

第五条　县级以上人民政府应当加强对职工基本养老保险工作的领导，把职工基本养老保险事业纳入本地区国民经济与社会发展规划，并负责本行政区域内的职工基本养老保险组织实施工作，多渠道筹集职工基本养老保险资金，确保职工基本养老金按时足额发放。

第六条　县级以上劳动保障行政部门主管本行政区域内职工基本养老保险工作。

县级以上劳动保障行政部门所属的社会保险经办机构负责办理职工基本养老保险具体事务。地方税务机关负责职工基本养老保险费的征收工作。县级以上财政部门负责职工基本养老保险基金的专户管理、财政投入预算安排和财会管理工作。县级以上审计、监察、工商等部门应当按照各自职责，共同做好职工基本养老保险工作。

第七条　鼓励用人单位根据本单位实际情况为职工建立企业年金。提倡职工个人进行储蓄性养老保险。

第二章　基本养老保险基金的筹集和管理

第八条　基本养老保险基金由以下部分组成：

（一）用人单位和职工、城镇个体劳动者缴纳的基本养老保险费；

（二）财政投入；

（三）基本养老保险基金的利息等增值收益；

（四）基本养老保险费滞纳金；

（五）社会捐赠；

（六）依法应当纳入基本养老保险基金的其他资金。县级以上人民政府每年应当安排一定比例的财政性资金投入基本养老保险基金，并列入财政预算。

第九条　职工个人每月按照本人上一年度月平均工资（以下称缴费工资）的百分之八缴纳基本养老保险费。新参加工作、重新就业和新建用人单位的职工，从进入用人单位之月起，当年缴费工资按用人单位确定的月工资收入计算。职工缴费工资低于上一年度全省在岗职工月平均工资百分之六十的，按照百分之六十确定；高于上一年度全省在岗职工月平均工资百分之三百的，按照百分之三百确定。全省上一年度在岗职工月平均工资，由省统计部门核定，省劳动保障行政部门公布。职工个人缴纳的基本养老保险费，由用人单位每月从职工工资中代扣代缴。职工个人按规定比例缴纳的基本养老保险费不计入个人所得税的应纳税所得额。

第十条　企业、民办非企业单位等每月按照全部职工工资总额的一定比例缴纳基本养老保险费。国家机关、事业单位和社会团体每月按照参保人员工资总额的一定比例缴纳基本养老保险费。用人单位的缴费比例一般不得超过百分之二十。具体比例按照国家和省人民政府规定的权限确定。用人单位缴纳的基本养老保险费按照规定列支。

第十一条　城镇个体工商户、城镇灵活就业人员（以下统称城镇个体劳动者）每月按照上一年度月平均实际收入的百分之二十缴纳基本养老保险费。其中有雇工的城镇个体工商户，雇主的养老保险费全部由其本人缴纳；雇工的养老保险费，由雇工缴纳百分之八，雇主缴纳百分之十二。城镇个体劳动者上一年度月平均实际收入低于上一年度当地在岗职工月平均工资百分之八十的，按照百分之八十确定缴费基数；高于上一年度当地在岗职工月平均工资百分之三百的，按照百分之三百确定缴费基数。省人民政府可以根据本省实际，对城镇个体劳动者的缴费标准进行调整。城镇个体劳动者按规定比例缴纳的基本养老保险费依法不计入个人所得税的应纳税所得额。

第十二条　用人单位应当自依法成立之日起三十日内，向社会保险经办机构办理职工基本养老保险登记手续。城镇个体劳动者应当按规定向社会保险经办机构办理职工基本养老保险登记手续。用人单位、城镇个体劳动者在办理税务登记的同时，向地方税务机关办理职工基本养老保险缴费登记手续。用人单位在办理职工基本养老保险注册登记后增员或者减员的，应当自增员或者减员之日起三十日内，向社会保险经办机构办理职工增减登记手续。社会保险经办机构应当将用人单位基本养老保险登记情况及时告知地方税务机关。

第十三条 用人单位应当在每月十日前按照规定自行计算应缴费额，向地方税务机关申报缴纳上月的基本养老保险费，并对申报事项的真实性负责。职工个人应缴的基本养老保险费报经社会保险经办机构核定后，由用人单位代扣并向地方税务机关申报缴纳。城镇个体劳动者凭社会保险经办机构核定的应缴费额向地方税务机关申报并缴费。经地方税务机关和劳动保障行政部门确认后，用人单位、城镇个体劳动者可以直接向地方税务机关申报缴纳职工个人、城镇个体劳动者应缴纳的基本养老保险费。地方税务机关应当及时将职工个人和城镇个体劳动者的缴费基数、缴费金额等情况反馈社会保险经办机构。

第十四条 用人单位伪造、变造、故意毁灭有关账册、材料，或者不设账册，致使基本养老保险费无法确定的，地方税务机关按该单位上月缴费数额的百分之一百一十确定应缴数额。没有上月缴费数额的，地方税务机关根据该单位的经营状况、职工人数等有关情况，按规定确定应缴数额。

第十五条 基本养老保险费应当以货币形式全额征缴，不得减免，不得以实物或者其他形式抵缴。

第十六条 用人单位分立、合并的，由分立、合并后的单位继续缴纳基本养老保险费。

第十七条 用人单位改变名称、住所、所有制性质、法定代表人或者负责人、开户银行账号等基本养老保险登记事项的，应当自变更之日起三十日内向社会保险经办机构办理职工基本养老保险变更登记手续。用人单位歇业、被撤销、宣告破产或者因其他原因终止的，应当依法清偿欠缴的基本养老保险费，并在终止之日起三十日内向社会保险经办机构办理基本养老保险注销登记手续。用人单位在办理税务变更登记、注销登记的同时，向地方税务机关办理职工基本养老保险缴费变更登记、注销登记手续。

第十八条 国有企业或者城镇集体所有制企业职工的缴费年限，如有部分为视同缴费年限的，在国有企业或者城镇集体所有制企业破产清算时，应当依法从其破产财产中提取尚未缴纳的视同缴费年限部分的基本养老保险费。视同缴费年限基本养老保险费的具体标准由省人民政府规定。前款所称缴费年限，是指职工个人和其所在用人单位、城镇个体劳动者分别按规定足额缴纳基本养老保险费的年限。国有企业或者城镇集体所有制企业参加职工基本养老保险社会统筹之前，职工参加工作的年限，经劳动保障行政部门审核，符合国家和本省有关规定的，为视同缴费年限。

第十九条 基本养老保险基金实行收支两条线和财政专户管理，任何单位和个人不得挪用、截留。

第二十条 基本养老保险基金按照国家规定的方式保值增值，其各项增值收益全部计入基本养老保险基金。基本养老保险基金存入银行或者购买国债的，在确保职工基本养老金等发放的同时，应当选择合理的存款期限或者国债期限，提高基金的利息收益。

第二十一条 按国家规定建立省级基本养老保险调剂基金。各市、县应当按时足额缴纳省级调剂基金。省级调剂基金用于调剂基本养老保险基金支付困难的市、县。省级调剂基金建立和调剂使用的具体办法，由省人民政府规定。

第二十二条 基本养老保险基金免征税、费。

第三章　基本养老保险个人账户

第二十三条　社会保险经办机构按照公民身份号码，为参加基本养老保险的职工、城镇个体劳动者（以下简称参保人员）建立基本养老保险个人账户，发给参保人员手册，记载缴费情况。

第二十四条　参保人员的基本养老保险个人账户按本人缴费工资的百分之八建立，由个人缴费形成。

第二十五条　基本养老保险个人账户储存额，每年按记账利率计息一次，记账利率由省人民政府参考城乡居民银行存款同期利率和职工平均工资增长率确定并予公布。参保人员符合按月领取基本养老金条件的，自领取基本养老金之月开始，其个人账户储存额按银行存款同期利率计息。

第二十六条　职工所在用人单位、城镇个体劳动者未按规定足额缴纳基本养老保险费期间，不计算个人缴费年限，欠缴部分不记个人账户，按规定补缴基本养老保险费及滞纳金后，应当补记个人账户，并计算个人缴费年限。

第二十七条　参保人员因失业等原因中断缴纳基本养老保险费期间，不记个人账户，不计算个人缴费年限，其个人账户储存额由社会保险经办机构予以保留，并继续计息。参保人员再就业后应继续缴纳基本养老保险费。重新缴费前后的个人账户储存额和缴费年限累积计算。

第二十八条　参保人员在同一统筹范围内流动的，只转移基本养老保险关系和个人账户档案，不转移个人账户储存额。参保人员在本省跨统筹范围流动的，应当转移基本养老保险关系、个人账户档案和储存额，各地对省内养老保险关系转移不得设置限制条件。省人民政府应当制定保障养老保险关系转移续接的具体办法。参保人员跨省流动的，其基本养老保险关系、个人账户档案和储存额的转移，按照国家有关规定执行。

第二十九条　参保人员死亡后，其个人账户中个人缴费部分的余额及其利息可以依法继承，由社会保险经办机构一次性支付给继承人。

第四章　基本养老保险待遇

第三十条　1997 年 12 月 31 日前已退休的职工，按国家和省规定发给基本养老金。用人单位离休人员的离休待遇仍按国家和省有关规定执行。

第三十一条　下列参保人员达到法定退休年龄后，从其办理退休手续的次月起，按月领取基本养老金，直至死亡：

（一）1997 年 12 月 31 日以前参加工作，1998 年 1 月 1 日以后至 2010 年 12 月 31 日以前退休且缴费年限（包括视同缴费年限）满十年的；

（二）1997 年 12 月 31 日以前参加工作，2011 年 1 月 1 日以后退休且缴费年限满十五年的；

（三）1998 年 1 月 1 日以后参加工作，缴费年限满十五年的。

第三十二条　本条例第三十一条第（一）、（二）项规定的参保人员退休后，其月基本养老金由基础养老金、个人账户养老金和过渡性养老金组成，按以下标准计发：

（一）基础养老金月标准以退休时上一年度全省在岗职工月平均工资和本人指数化月平均缴费工资的平均值为基数，缴费每满一年发给百分之一；

（二）个人账户养老金月标准为个人账户储存额除以计发月数。计发月数根据退休时城镇人口平均预期寿命、本人退休年龄、利息等因素确定，具体按照国务院规定执行；

（三）过渡性养老金月标准按照职工本人 1997 年 12 月 31 日以前的指数化月平均缴费工资，

乘以 1997 年 12 月 31 日以前的缴费年限，再乘以一定比例计发。计发比例按照省人民政府规定执行。

第三十三条　本条例第三十一条第（三）项规定的参保人员退休后，其月基本养老金由基础养老金和个人账户养老金组成。基础养老金和个人账户养老金的计发办法按照本条例第三十二条规定执行。

第三十四条　参保人员达到法定退休年龄时，缴费年限不符合按月领取基本养老金规定的，参保人员个人可以按照当地城镇个体劳动者的缴费标准延缴。延缴后符合本条例第三十一条规定条件的，按月领取基本养老金。参保人员个人不延缴养老保险费的，其个人账户储存额一次性支付给本人，并按缴费年限（包括视同缴费年限）每满一年发给一个月的本人指数化月平均缴费工资，同时终止基本养老保险关系。

第三十五条　下列未达到法定退休年龄的参保人员，申请办理退职的，从其办理退职手续的次月起，按月领取基本养老金，直至死亡：

（一）1997 年 12 月 31 日以前参加工作，1998 年 1 月 1 日以后至 2010 年 12 月 31 日以前因病或者非因工完全丧失劳动能力且缴费年限满十年和 2011 年 1 月 1 日以后因病或者非因工完全丧失劳动能力且缴费年限满十五年的参保人员；

（二）1998 年 1 月 1 日以后参加工作，因病或者非因工完全丧失劳动能力，缴费年限满十五年的参保人员。退职人员基本养老金按照退休人员基本养老金的计发办法执行。

第三十六条　基本养老金应当根据本省社会经济发展水平和基本养老保险基金的承受能力，按照职工平均工资增长率的一定比例和物价增长幅度定期进行调整。具体调整办法，由省劳动保障行政部门会同省财政部门制定，报省人民政府批准后执行。

第三十七条　参保人员就业期间按时足额缴纳基本养老保险费，并符合本条例第三十一条规定条件，其退休当年计发的月基本养老金低于当地上一年度月平均基本养老金百分之六十的，由社会保险经办机构按照当地上一年度月平均基本养老金的百分之六十予以补足。

第三十八条　参保人员退休后死亡的丧葬费、一次性抚恤费由社会保险经办机构按国家和省有关规定支付。

第五章　基本养老保险工作的管理和监督

第三十九条　县级以上劳动保障行政部门履行下列职责：

（一）贯彻实施有关基本养老保险的法律、法规和政策；

（二）拟定基本养老保险事业发展规划；

（三）拟订基本养老保险基金预算、决算草案；

（四）指导社会保险经办机构开展基本养老保险业务；

（五）对基本养老保险基金的使用依法进行监督检查；

（六）对基本养老保险基金承受能力进行风险预测；

（七）法律、法规和省人民政府规定的其他职责。

第四十条　社会保险经办机构具体办理职工基本养老保险事务，履行下列职责：

（一）负责办理基本养老保险登记；

（二）核定参保人员应缴纳的基本养老保险费；

（三）负责基本养老保险个人账户和档案的建立、记录和管理工作；

（四）审核参保人员享受基本养老保险待遇的资格，审定并支付基本养老保险待遇；

（五）开展基本养老保险调查、宣传和咨询服务工作；

（六）开展对退休人员的社会化服务工作；

（七）法律、法规和省人民政府规定的其他职责。

第四十一条　县级以上财政部门履行下列职责：

（一）负责基本养老保险基金财政投入的预算安排；

（二）负责基本养老保险基金预算、决算草案审核；

（三）负责基本养老保险基金的专户管理和保值增值；

（四）负责制定基本养老保险基金财务会计制度实施细则；

（五）法律、法规和省人民政府规定的其他职责。

第四十二条　地方税务机关应当按规定职责及时、足额征收基本养老保险费，并为用人单位和城镇个体劳动者缴纳基本养老保险费提供便利条件。地方税务机关在征收基本养老保险费时，必须提供缴款凭证。

第四十三条　劳动保障行政部门、财政部门、地方税务机关应当加强协作，建立信息共享和工作配合机制。

第四十四条　基本养老金实行由社会保险经办机构直接发放或者委托银行等部门代为发放。

第四十五条　社会保险经办机构和地方税务机关不得从基本养老保险基金中提取任何费用，其开展业务所需经费，由同级财政预算安排。

第四十六条　社会保险经办机构、地方税务机关有权核查用人单位的职工名册、工资发放表、财务会计账册等有关资料。用人单位应当如实提供资料，不得拒绝、隐瞒。社会保险经办机构每年应当向用人单位和参保人员分别发送一次基本养老保险费缴纳记录和个人账户对账单。用人单位、参保人员有权向社会保险经办机构查询其基本养老保险费缴纳记录或者个人账户缴费记录情况。

第四十七条　省、市、县应当建立基本养老保险基金监督委员会。基本养老保险基金监督委员会由县级以上人民政府组织劳动保障、财政、审计、地方税务、监察等部门代表，用人单位代表，工会代表，职工和退休人员代表组成，其办事机构设在劳动保障行政部门。基本养老保险基金监督委员会有权听取劳动保障、财政、审计、地方税务、监察等部门对基本养老保险基金的筹集、使用、管理情况和预算、决算编制情况以及审计情况的汇报，对基本养老保险基金的筹集、使用、保值增值和管理进行监督。基本养老保险基金监督委员会每年至少召开一次会议。

第四十八条　审计部门应当定期对基本养老保险基金的筹集、使用、保值增值和管理情况进行审计。

第六章　法律责任

第四十九条　劳动保障行政部门、财政部门、地方税务机关或者社会保险经办机构违反本条例规定，有下列行为之一的，由同级人民政府或者有关部门责令改正；情节严重的，对直接负责的主管人员和其他直接责任人员给予行政处分；构成犯罪的，依法追究刑事责任：

（一）未按规定筹集、使用和管理基本养老保险基金；

（二）挪用、截留、侵占基本养老保险基金；

（三）违法减免或者增加用人单位及其职工、城镇个体劳动者缴纳的基本养老保险费；

（四）拖欠支付或者擅自减发、增发基本养老金以及其他有关待遇；

（五）其他违反有关法律、法规规定的行为。

第五十条 用人单位违反本条例规定，未在规定期限内办理基本养老保险登记、变更登记或者注销登记手续，或者未按规定申报应缴纳的基本养老保险费数额、代扣代缴职工应缴纳的基本养老保险费的，由劳动保障行政部门或者地方税务机关责令限期改正；情节严重的，对直接负责的主管人员和其他直接责任人员可以处一千元以上五千元以下的罚款；情节特别严重的，对直接负责的主管人员和其他直接责任人员可以处五千元以上一万元以下的罚款。城镇个体劳动者违反本条例规定，未按规定办理基本养老保险登记手续的，由劳动保障行政部门或者地方税务机关责令限期改正；逾期不改正的，予以警告，可以处二百元以上五百元以下的罚款。

第五十一条 违反本条例规定，用人单位伪造、变造、故意毁灭有关账册、材料，或者不设账册，致使基本养老保险费数额无法确定的，依照有关法律、行政法规的规定给予处罚，并依照本条例第十四条规定征缴。

第五十二条 违反本条例规定，不缴或者欠缴基本养老保险费的，由地方税务机关依法责令限期缴纳，并自欠缴之日起按日加收欠缴费额千分之二的滞纳金。逾期拒不缴纳的，对用人单位处以不缴或者欠缴费额百分之五十以上二倍以下的罚款；对用人单位直接负责的主管人员和其他直接责任人员处以五千元以上二万元以下罚款。滞纳金并入基本养老保险基金。

第五十三条 以弄虚作假或者其他非法手段获得基本养老金和其他待遇的，由劳动保障行政部门追缴有关当事人的非法所得，可以处非法所得三倍以下的罚款；构成犯罪的，依法追究刑事责任。

第五十四条 阻挠、妨碍劳动保障行政部门、地方税务机关或者社会保险经办机构及其工作人员对养老保险工作进行监督检查，或者打击报复举报人员的，由有关部门依法处理；构成犯罪的，依法追究刑事责任。

第五十五条 职工因缴纳基本养老保险费与单位发生争议的，可以向当地劳动争议仲裁委员会申请仲裁，对仲裁裁决不服的，可以在收到仲裁裁决之日起十五日内向人民法院提起诉讼。

第五十六条 用人单位、城镇个体劳动者逾期拒不缴纳基本养老保险费的，地方税务机关可以依法采取保全措施或者强制征收措施。

第七章 附 则

第五十七条 省人民政府可以根据社会经济发展水平，对规模较小且赢利水平低的用人单位及其职工，规定其在一定时期内养老保险费的征缴比例、个人账户记账比例和基本养老金的计发标准。

第五十八条 国家对职工基本养老保险的征缴比例、个人账户记账比例和基本养老金计发标准等有新规定的，按照国家规定执行。

第五十九条 省人民政府根据本条例制定实施办法。

第六十条 本条例自1999年10月1日起施行。

浙江省人民政府令

第 243 号

《浙江省实施〈禁止使用童工规定〉办法》已经省人民政府第 8 次常务会议审议通过，现予公布，自 2008 年 8 月 1 日起施行。

省长　吕祖善

2008 年 6 月 30 日

浙江省实施《禁止使用童工规定》办法

第一条　为保护未成年人的身心健康，维护未成年人的合法权益，根据《中华人民共和国未成年人权益保护法》《禁止使用童工规定》及其他法律、法规，结合本省实际，制定本办法。

第二条　在本省行政区域内，禁止任何国家机关、社会团体、企业事业单位、民办非企业单位、个体工商户（以下统称用人单位）和其他组织使用童工。禁止任何单位、组织和个人介绍不满 16 周岁的未成年人就业。

第三条　县级以上人民政府应当加强对禁止使用童工工作的领导，建立健全禁止使用童工工作的协调机制和责任考核制度，督促落实禁止使用童工的各项措施。乡（镇）人民政府、街道办事处应当加强对本区域内用人单位和其他组织劳动用工的监督等有关工作；村（居）民委员会应当配合有关行政主管部门做好禁止使用童工的相关工作，发现用人单位和其他组织使用童工的，应当及时报告劳动保障行政部门。

第四条　县级以上人民政府劳动保障行政部门主管本行政区域内禁止使用童工工作。县级以上人民政府公安、经贸、工商、教育、民政、卫生等行政部门，应当按照各自职责加强对禁止使用童工规定执行情况的监督检查，并配合劳动保障行政部门做好禁止使用童工的相关工作。工会、共青团、妇联等组织应当加强对禁止使用童工情况的监督，依法维护未成年人的合法权益。

第五条　下列情形属于使用童工：

（一）使用不满 16 周岁的未成年人在生产经营场所从事各种形式劳动，并计付或者变相计付劳动报酬的；

（二）以勤工俭学名义安排不满16周岁的未成年人从事生产经营性劳动的；

（三）以实习、教学实践、职业技能培训为名，安排不满16周岁的未成年人从事生产经营性劳动或其从事的劳动已超出学习和培训目的、时限、内容，影响其人身安全、身心健康的；

（四）其他违反国家有关规定使用不满16周岁的未成年人从事劳动的。

第六条 下列情形不属于使用童工：

（一）文艺、体育等单位根据培养需要，经有关部门、未成年人的父母或者其他监护人的同意，招用不满16周岁的专业文艺工作者、运动员的；

（二）组织不满16周岁的未成年人参加适合未成年人特点、不影响其人身安全和身心健康的社会公益劳动的；

（三）不满16周岁的未成年人在近亲属或者监护人自营的生产经营场所从事力所能及、不影响其人身安全和身心健康的辅助性劳动的；

（四）学校、职业培训机构及其他教育机构按照国家有关规定组织不满16周岁的未成年人从事不影响其人身安全和身心健康的实习、教学实践、职业技能培训的；

（五）经有关主管部门认定具有社会影响的特殊专业人才，确因传承技艺需要招收不满16周岁的未成年人学艺的。按照前款规定使用不满16周岁的未成年人的，用人单位、组织和个人应当保障未成年人接受义务教育的权利。

第七条 用人单位和其他组织招用人员时，必须核查、登记被招用人员的身份证；对不满16周岁的未成年人和疑似不满16周岁的未成年人，不得招用。用人单位和其他组织招用人员，应当制作录用登记、核查材料。录用登记、核查材料应当载明被录用人员的姓名、性别、身份证号码、常住户口所在地住址等基本情况，并留存被录用人员的身份证复印件。录用登记、核查材料应当建档保存。

第八条 职业介绍机构不得为用工单位介绍童工，不得接受不满16周岁的未成年人的求职登记。

第九条 下列材料经查证有不满16周岁的未成年人记录的，可以作为认定使用童工的证明：

（一）被录用人员的居民身份证、工作证、服务证、上岗证、出入证及其职业介绍信等；

（二）用人单位和其他组织留存的报名登记、录用登记、核查材料等；

（三）用人单位和其他组织的考勤记录、职工花名册、工资支付凭证等；

（四）现场录制的音像资料；

（五）相关的证人证言；

（六）其他相关证明材料。

第十条 劳动保障行政部门应当加强对个体工商户、中小企业等用人单位和其他组织的劳动用工情况及职业介绍机构的用工介绍情况的监察，依法及时查处使用童工违法行为。用人单位和其他组织应当配合劳动保障行政部门依法履行监察职责，接受调查和询问，如实提供相关情况和用工资料。

第十一条 劳动保障行政部门在查处用人单位和其他组织使用童工违法行为过程中，确需了解或者确认被查处用人单位和其他组织的登记、注册、备案及用工等相关情况的，可以要求工商、教育、民政、卫生等行政部门予以协助和提供相关材料；有关部门应当予以协助，并提供相关材料。

第十二条 公安部门应当协助劳动保障行政部门做好对疑似童工人员身份的核查等工作。劳动保障行政部门在检查时，对疑似童工人员的身份证件难以鉴别真伪，需要公安机关协助核实的，公安机关应当自收到劳动保障行政部门送交的材料之日起 30 日内提出书面核实意见。

第十三条　任何单位和个人都有权举报使用童工的行为。有关部门接到举报后，应当依法及时作出处理。举报情况经查证属实的，由负责查处违法行为的劳动保障行政部门对举报者予以奖励。有关部门及其工作人员应当为举报者保密，不得以任何方式泄露举报者的姓名、单位、住址等情况。

第十四条　用人单位和其他组织使用童工的，由劳动保障行政部门按照每使用 1 名童工每月处以 5 000 元罚款的标准给予处罚；使用童工不满 15 日的，每使用 1 名童工处以 2 500 元的罚款；超过 15 日不满 1 个月的，按 1 个月的罚款标准计罚。用人单位和其他组织在使用有毒物品的作业场所使用童工的，按照《使用有毒物品作业场所劳动保护条例》规定的罚款幅度，或者按照每使用 1 名童工每月处以 5 000 元罚款的标准，从重处罚。用人单位和其他组织确因当事人提供虚假身份证明或者其他欺骗手段而导致使用童工，违法行为轻微并及时纠正的，劳动保障行政部门可以视其情节依法给予减轻处罚。

第十五条　单位、组织或者个人为不满 16 周岁的未成年人介绍就业的，由劳动保障行政部门按照每介绍 1 人处以 5 000 元罚款的标准给予处罚；职业中介机构为不满 16 周岁的未成年人介绍就业的，并由劳动保障行政部门吊销其职业介绍许可证。

第十六条　用人单位和其他组织未按本办法第七条规定保存录用登记、核查材料，或者伪造录用登记、核查材料的，由劳动保障行政部门处以 1 万元的罚款。

第十七条　劳动保障行政部门在查处使用童工违法行为时，应当责令使用童工的用人单位和其他组织限期将童工送回原居住地交其父母或者其他监护人，所需交通和食宿费用全部由该童工的使用者承担。用人单位和其他组织经劳动保障行政部门依照前款规定责令限期改正，逾期仍不将童工送交其父母或者其他监护人的，从责令限期改正之日起，由劳动保障行政部门按照每使用 1 名童工每月处以 1 万元罚款的标准给予处罚，并由工商行政管理部门吊销其营业执照或者由民政部门撤销其民办非企业单位登记；用人单位是国家机关、事业单位的，由有关单位依法对直接负责的主管人员和其他直接责任人员给予降级或者撤职的行政处分或者纪律处分。使用童工的用人单位和其他组织在清退童工时，应当按照约定并不低于当地最低工资标准支付童工的劳动报酬。

第十八条　无营业执照、被依法吊销营业执照以及未依法登记、备案的用人单位和其他组织使用童工或者介绍童工就业的，由劳动保障行政部门对其负责人或者出资人，按照本办法第十四条、第十五条、第十六条和第十七条第二款规定标准的 2 倍处以罚款，该非法单位或者组织由有关行政部门予以取缔。

第十九条　用人单位和其他组织使用童工的行为涉嫌犯罪的，劳动保障行政部门应当依法移送司法机关追究刑事责任。

第二十条　有关行政部门工作人员有下列行为之一的，依法给予记大过或者降级的行政处分；情节严重的，依法给予撤职或者开除的行政处分；构成犯罪的，由司法机关依法追究刑事责任：

（一）劳动保障等有关行政部门工作人员在禁止使用童工的监督检查工作中发现使用童工的情况，不予制止、纠正、查处的；

（二）公安部门的人民警察违反规定发放身份证或者在身份证上登录虚假出生年月的；

（三）工商行政管理部门工作人员发现申请人是不满 16 周岁的未成年人，仍然为其从事个体经营发放营业执照的。

第二十一条　本办法自 2008 年 8 月 1 日起施行。1994 年 1 月 10 日省人民政府发布的《浙江省禁止使用童工规定实施细则》同时废止。

中共浙江省委关于全面改善民生促进社会和谐的决定

（2008年4月15日中国共产党浙江省第十二届委员会第三次全体会议通过）

为贯彻落实党的十七大精神，实现省第十二次党代会提出的奋斗目标，深入实施“创业富民、创新强省”总战略，中国共产党浙江省第十二届委员会第三次全体会议讨论了全面改善民生、促进社会主义和谐社会建设的重大问题，并作出如下决定。

一、全面改善民生的总体要求和基本原则

1. 全面改善民生的重大意义。全面改善民生是深入贯彻落实科学发展观的内在要求，是构建社会主义和谐社会的关键环节，也是全面建设小康社会的题中之意。近几年来，省委、省政府牢固树立以人为本的发展理念，坚持把解决民生问题摆在突出位置，全省民生状况得到明显改善。但必须看到，对照中央的要求和人民群众的期望，我省民生领域许多工作有待进一步加强，全面改善民生任务还十分艰巨。党的十七大从坚定不移地走中国特色社会主义道路、深入贯彻落实科学发展观的高度，对加快推进以改善民生为重点的社会建设作出了部署。我们一定要深刻领会十七大精神，充分认识全面改善民生的重大意义，扎实推进全面改善民生的各项工作，促进社会和谐稳定。

2. 当前和今后一个时期全面改善民生的总体要求。高举中国特色社会主义伟大旗帜，以邓小平理论和“三个代表”重要思想为指导，全面贯彻落实科学发展观，按照构建社会主义和谐社会的要求，深入贯彻党的十七大和省第十二次党代会精神，紧紧围绕“创业富民、创新强省”总战略，以实现好、维护好、发展好最广大人民利益为出发点和落脚点，以解决人民群众最关心、最直接、最现实的利益问题为突破口，以完善为民办实事长效机制为保障，以实施“基本公共服务均等化”“低收入群众增收”“公民权益依法保障”等行动计划为主要抓手，确保全省人民学有所教、劳有所得、病有所医、老有所养、住有所居，不断丰富城乡居民物质生活和精神文化生活，使全面建设小康社会的成果惠及全省人民。

3. 全面改善民生工作的基本原则。

——以人为本，重在民生。坚持把改善和保障民生作为经济社会发展的目的，摆在各项工作的优先位置，切实保障人民政治、经济、文化、社会权益。

——突出重点，统筹兼顾。紧紧抓住人民群众最关心、最直接、最现实的利益问题，着重解决群众反映突出的民生问题，统筹协调好各方面群众的利益关系。

——尽力而为，量力而行。整合财力物力，分清轻重缓急，推动公共资源向以民生为重点的社会发展领域倾斜，实现改善民生的力度和经济社会发展水平相适应。

——科学发展，共建共享。坚持以经济建设为中心不动摇，充分调动社会各方面的积极性、主动性和创造性，推动经济社会切实转入科学发展轨道，努力实现又好又快发展，使经济发展成果更多体现到改善民生上，实现全体人民共建共享改革发展成果。

二、优先发展教育

4. 坚持把教育放在优先发展的战略位置。进一步更新教育观念，加大教育投入，深化教育改革，改进人才培养模式，大力实施素质教育，全面提高教育现代化水平，努力实现教育公平。到2012年，现代国民教育体系更加完善，全省人民受教育程度和创新人才培养水平明显提高，教育综合实力进一步提升。

5. 促进基础教育均衡协调发展。积极推进义务教育均衡发展，促进城乡教育共同体建设，不断提高办学水平和教育质量。加快农村学校标准化建设，因地制宜地推进农村小规模学校的“并转改”，着力解决农村和欠发达地区教育基础薄弱问题，保证所有学龄儿童都能接受较高质量的九年义务教育。高质量普及高中段教育，积极发挥优质高中的示范辐射作用，加强学生创新能力培养，不断提高高中段教育质量。加大对高中段教育的财政投入力度，确保普通高中与职业高中教育协调发展。加强学前教育，努力提高学前教育办学水平。

6. 提高高等教育质量和大众化水平。优化高等教育结构，强化高校办学特色，加强学科和专业建设，提高人才培养水平和科研创新能力。进一步推进各类高等教育之间的衔接和沟通，形成布局合理、定位准确、结构优化、发展协调的高等教育体系。

7. 大力发展职业教育和成人教育。继续实施职业教育行动计划，加强专业和课程建设，强化实践环节教育，推进“双证制”，加快应用型、技能型人才培养。逐步扩大城乡劳动者接受职业教育的覆盖面，办好面向农村的中等职业学校，提高农村人口受教育年限。大力发展成人教育、社区教育、现代远程教育和职业培训，构建终身教育体系和学习型社会。

8. 完善教育保障机制。提高义务教育阶段学校日常公用经费标准，提高农村中小学爱心营养餐标准。认真落实对高校、中等职业学校家庭困难学生的各项资助政策。完善残疾学生助学政策，关注特殊教育，加强特殊教育学校建设。多渠道解决进城务工人员子女入学问题，免除符合条件的进城务工人员子女义务教育借读费。认真规范教育收费，严肃查处教育乱收费行为。加强教师队伍特别是农村教师队伍建设，不断提高师范教育质量，全面实施教师培训“领雁工程”，进一步完善和落实教师特别是农村教师的待遇政策。

三、积极扩大就业和促进创业

9. 坚持扩大就业和促进创业并举。贯彻落实《就业促进法》，继续实施积极的就业政策，促进创业带动就业，鼓励自谋职业和自主创业，落实创业贷款、财政贴息担保制度，使更多劳动者成为创业者，努力使社会就业更加充分。

10. 完善市场调节、政府推动、城乡统筹、自主择业的就业机制。强化政府促进就业职能，完善城乡统一的劳动就业政策，加强城乡统一的人力资源市场建设，统筹城镇就业和农村富余劳动力转移就业，形成城乡劳动者公平就业制度。

11. 加强就业和创业培训。健全面向全体劳动者的职业技能培训制度，重点针对当前新成长劳动力特别是大中专毕业生、农村转移劳动力特别是被征地农民、失业人员特别是就业困难人员的特点，加强职业技能培训，提高劳动者的就业能力和创业能力。

12. 加大对困难群体的就业援助。大力开发就业岗位，完善面向困难群众的就业援助制度，积极开展创建充分就业社区活动，实行“政府买岗”、开发公益岗位、对安排困难人员就业的用人单位实行岗位补贴和社会保险补贴等办法，着力帮助就业困难人员特别是城镇“零就业家庭”、农村低保家庭实现就业，扶持残疾人就业和创业。

13. 做好高校毕业生就业工作。进一步加大高校毕业生就业工作力度，切实帮助高校毕业生更新就业观念，拓展就业渠道，提高就业能力。认真落实毕业生见习培训等扶持毕业生到基层就业的制度，深入实施“一村（社区）一名大学生计划”，做好选聘大学生到村任职工作，鼓励高校毕业生到基层工作，完善面向基层就业的激励措施。大力推进创业教育，提高大学生创业能力，实施小额免担保贷款、税费减免等优惠政策，鼓励高校毕业生自主创业，促进高校毕业生充分就业。

14. 完善就业和创业服务体系。加强公共就业和创业服务，按照“中心城区有市场、主要乡镇有网点、街道社区有窗口”的目标，加快公共就业和创业服务机构网络建设，加强对下岗失业人员再就业、城镇新增劳动力就业、农村富余劳动力转移就业以及高校毕业生、退役军人就业和创业的指导与服务。

15. 构建和谐劳动关系。认真贯彻落实《劳动合同法》，大力推进各类企业与劳动者依法签订劳动合同，积极推行企业工资集体协商，维护劳动关系和谐稳定。健全职代会制度，推进和谐企业建设。确保农民工工资及时足额发放，切实维护农民工合法权益。进一步规范企业行为，开展劳动保障专项整治活动，加强劳动执法监督，切实维护劳动者合法权益。

四、增加城乡居民收入

16. 促进城乡居民收入普遍增长。完善收入分配政策，不断提高初次分配中劳动报酬比重，创造条件让更多群众拥有财产性收入，着力提高城乡居民尤其是低收入群众收入水平。到2012年，国民收入结构进一步优化，居民收入在国民收入分配中的比重稳步提高，中等收入者群体进一步扩大，基本消除绝对贫困现象。

17. 促进农民增收减负。全面落实各项支农惠农政策，大力发展现代农业，提高农业专业化水平，加快发展农村二三产业，繁荣农村经济，促进农村富余劳动力转移就业，实现农民持续增收。高度重视发展村级集体经济。坚持和完善涉农税收、价格和收费公示制、涉农负担案件责任追究制，确保农民负担继续减轻不反弹。

18. 建立健全职工工资正常增长机制和支付保障机制。完善最低工资制度，健全最低工资标准正常调整机制。完善工资指导线、劳动力市场工资指导价位和行业人工成本信息指导制度，加强劳动定额和工时等劳动标准管理，推动落实艰苦岗位津贴制度，使职工工资增长与企业效益增长相协调。依法建立健全同工同酬的工资制度，重点解决好农民工工资福利待遇偏低问题。

19. 进一步理顺和规范收入分配关系。进一步规范整顿收入分配秩序，加强对垄断行业企业工资监管，加快推进事业单位收入分配制度改革。通过扩大转移支付、强化税收调节、创造公平机会等措施，保护群众合法收入，调节过高收入，取缔非法收入，逐步扭转收入分配差距扩大趋势，防止两极分化，使全体社会成员共同致富。

20. 实施“低收入群众增收行动计划”。加强就业援助工作，完善社会救助制度，加大财政转移支付力度，健全城镇低收入居民收入增长的长效机制。全面实施“低收入农户奔小康工程”，以提高低收入农户致富能力和收入水平为中心，以低收入农户集中村为重点，建立“一户一策一干部”的帮扶机制，深入开展低收入农户生产经营帮扶、下山异地脱贫和劳动力转移就业服务。切实加强对少数民族地区的帮扶力度，着力改善少数民族群众的生产生活条件。进一步加大政策扶持、区域协作、结对帮扶和社会参与力度，不断提高农村扶贫开发水平。

五、完善社会保障体系

21. 加快社会保障体系建设。着眼于率先建立覆盖城乡居民的社会保障体系，重点完善基本养老、基本医疗和最低生活保障制度，加强职工工伤、生育、失业保险工作，建立健全城乡住房保障体系，形成以社会保险、社会救助、社会福利为基础，以慈善事业、商业保险为补充，与经济社会发展相适应的社会保障管理体制和运行机制。制定和完善有关社会保障制度之间的衔接转续办法，实现社会保险省级统筹。到2012年，覆盖城乡居民的社会保障体系基本建立，人人享有基本生活保障。

22. 建立健全覆盖城乡的养老保障体系。进一步扩大职工基本养老保险覆盖面，逐步做实个人账户，健全基本养老金调整机制，积极发展企业年金。加快实施事业单位基本养老保险制度改革，稳步探索城乡居民养老保障制度。积极探索符合我省实际的农村养老保障制度，不断完善被征地农民基本生活保障制度。扩大实施农村计划生育家庭奖励制度范围，提高奖励扶助标准。

23. 建立健全覆盖城乡居民的医疗保障体系。完善职工基本医疗保险制度，不断扩大覆盖面，提高保障水平。全面建立城镇居民基本医疗保险制度，逐步实现全覆盖。进一步完善新型农村合作医疗制度，建立长效筹资机制，不断提高参保率和保障水平。继续实行两年一次的农村居民免费体检，不断加大对困难群众的大病救助力度。制定和完善残疾人康复救助办法，加强残疾人医疗康复和残疾预防工作，保障残疾人享有基本医疗卫生服务。

24. 积极稳妥解决农民工社会保障问题。积极探索适合农民工特点的养老保险和医疗保险办法，依法将农民工纳入企业职工基本养老保险和医疗保险。实施农民工“平安计划”，依法将所有与用人单位有劳动关系的农民工全部纳入工伤保险。研究制定农民工社保关系跨地区转续的有效办法。

25. 完善新型社会救助体系。将符合条件的城乡贫困人口全部纳入最低生活保障，完善应保尽保、应补尽补和应退尽退机制。健全低保金标准动态调整和价格补贴机制。完善分层分类社会救助办法，逐步提高农村五保与城镇“三无”对象集中供养以及教育与住房等救助水平，加强流浪乞讨人员和无人监管的精神病患者的救助工作。建立临时社会救助制度，对低保边缘困难群众和其他因突发性灾害或重大疾病造成生活暂时困难的群众，实施临时社会救助。

26. 大力发展社会福利事业。以发展老年福利为重点，完善居家养老服务体系，增强社区照顾功能，健全社会化服务机制。切实保障公办福利机构满足“五保三无”对象、困难老人供养和重度残疾人集中托养所需，鼓励支持社会力量兴办养老服务机构。实施“残疾人共享小康工程”，切实保障贫困残疾人的基本生活、基本居住、基本康复和贫困重度残疾人的基本照料。加快发展老龄事业、儿童福利事业和慈善事业，推动社会福利事业逐步从救助型、补缺型向适度普惠型转变。

27. 建立多层次住房保障体系。全面实施廉租住房制度，规范发展经济适用住房，着力解决城市低收入家庭住房困难。进一步扩大城镇中低价位、中小套型普通商品住房供应，通过限价商品住房、经济租赁住房等各种方式，切实帮助中等收入家庭解决住房困难问题。积极培育和规范住房租赁市场。多渠道解决农民工等其他住房困难群体的居住问题，有条件的可建设农民工公寓或集体宿舍进行出租。进一步健全农村政策性住房保险制度，逐步扩大农村困难群众住房救助覆盖面，稳步推进农村危旧房改造，切实加强农房规划建设管理，不断提高农房建设水平和防灾能力。进一步解决传统“连家渔船”渔民上岸定居问题。

六、提高城乡居民健康水平

28. 建立健全基本医疗卫生制度。着眼于提高全民健康水平，建立覆盖城乡居民的公共卫生服务、医疗服务、医疗保障和药品供应保障体系，完善重大疾病防控体系，构建全民健康服务体系。到2012年，卫生服务的公平性明显提高，人人享有基本医疗卫生服务和基本体育健身服务，全省人群主要健康指标进一步提高。

29. 加强公共卫生体系建设。建立健全覆盖城乡的突发公共卫生事件应急、疾病预防控制、医疗救治、妇幼保健、卫生监督执法、公共卫生预警监测和信息报告体系，形成政府主导、部门合作、社会参与、结构合理、功能完善、机制健全、运行有效的公共卫生体系。加强人口计生工作，提高出生人口素质，建立完善覆盖全省的计划生育公共服务体系。

30. 加强医疗服务体系建设。统筹城乡医疗卫生资源配置，加快农村三级卫生服务网络和城市社区卫生服务体系建设，着力完善县、乡、村三级农村医疗卫生服务网络，完善大中型医院与城乡社区卫生服务机构对口帮扶和双向转诊制度，切实提高优质医疗卫生服务资源的覆盖率和利用率。加强农村、社区医护队伍建设。加快“名院、名医、名科”建设，提升特色专科医疗水平，满足群众多层次、多样化的医疗服务需求。建立有效的医疗纠纷调处机制，维护医患合法权益。

31. 建立医疗和药品供应保障体系。深化医药卫生体制改革，创新和完善公立医院运行机制。严格药品出厂价格初审和监测制度，减少药品流通中间环节，努力降低药价。探索完善医药购销体制，规范医疗服务行为，严格医疗机构收费管理，有效调控医疗费用。

32. 大力发展体育事业。加快群众体育组织网络、多层次健身设施、特色体育项目、社会体育骨干队伍和信息咨询网络建设，建立完善全民健身服务体系。继续加大社区、中心村居健身设施投入，积极推动学校、机关、企事业单位体育设施向社会开放。深入实施全民健身和小康健身工程，不断提高群众健康素质。

七、加强公共文化建设

33. 完善城乡公共文化服务体系。牢固树立文化为民、文化靠民、文化惠民的理念，大力发展社会主义先进文化，建设社会主义核心价值体系，进一步弘扬浙江精神。深化文化大省建设，大力推进文化创新，建立覆盖城乡的公共文化服务体系，切实保障和发展人民群众的文化权益。到2012年，文化综合实力显著增强，公共文化服务体系更加健全，人民基本文化权益得到更好保障，城乡文化生活更加丰富多彩，社会文明程度不断提升，人民群众的精神风貌更加昂扬向上。

34. 大力发展公益文化事业。加大公益性文化事业投入力度，优化布局结构，创新运行机制。深化公益文化事业单位改革，大力发展文化产业，繁荣社会主义文化市场，不断增强活力，进一步提高公共文化服务能力，最大限度地发挥社会效益。重视物质文化遗产和非物质文化遗产的发掘、抢救和保护工作。做好博物馆、纪念馆、爱国主义教育示范基地向社会免费开放工作。积极鼓励社会力量参与举办公益文化事业。

35. 加强精神文化产品创作和生产。大力繁荣和发展哲学社会科学、文学艺术、新闻出版、广播影视等文化事业，深入实施文化研究和文化精品工程，繁荣文艺创作，鼓励创作和提供群众喜闻乐见、健康向上、形式多样的文化产品和服务，不断满足人民群众多样化、多层次的精神文化需求。

36. 加快城乡公共文化和信息基础设施建设。在继续推进重大标志性文化设施建设的同时，着力完善基层文化设施网络，优先安排关系人民群众切身利益的文化项目。充分运用农村党员远程教育系统、“浙江农民信箱”等信息化工具，切实抓好“彩虹工程”、广播电视“村村通”工程、低收入群众文化保障工程、文化信息资源共享工程、乡镇综合文化站和基层文化阵地建设工程、农村电影放映工程、农家书屋建设工程。加大文化资源整合力度，实现城乡文化基础设施共建共享，提高公共文化资源利用率和受益面。

37. 广泛开展群众性文化活动。坚持“三贴近”方针，紧密结合时代特点和人民群众对文化发展的新期待，积极创新载体，创新内容和形式，着力丰富农村、偏远地区、进城务工人员的精神文化生活。继续实施送戏、送电影、送书下乡活动，通过“种文化”和文艺骨干培训、农民文艺会演等方式，提高农村文化自我发展能力。加强农村文艺队伍建设，大力扶持民营剧团发展。积极组织社区文化活动，倡导开展全民读书活动，争创学习型社会。加大科学知识普及力度，提高全民科学素质。继续深入开展社会公德、职业道德、家庭美德和个人品德教育，进一步发挥道德模范的榜样作用，广泛开展群众性精神文明创建活动，积极培育文明和谐的道德风尚，着力建设和谐文化。

八、优化人居环境

38. 加强污染治理与环境保护。全面推进生态省建设，着眼于进一步优化人居环境，建立健全以政府为主导、企业为主体、全社会共同推进的污染治理与环境保护工作机制。到 2012 年，全省生态环境质量和环境保护能力继续居全国领先水平。

39. 全面实施“811”环境保护新三年行动计划。切实抓好主要污染物减排工作，重点推进水污染治理和工业污染防治，深入开展城镇环境综合整治，全面实施农村环境“五整治、一提高”工程，积极推进近岸海域污染防治，做好土壤、矿山、河道等生态修复保护工作，持续开展生态创建活动，通过三年努力，确保实现“十一五”主要污染物减排目标，基本解决各地存在的突出环境问题，进一步改善城乡居民生产生活环境。

40. 加快城乡一体的基础设施建设。加强城乡公路、电力、供水、邮政、信息、电信、广电等基础设施建设和养护。加强城乡污水、垃圾处理项目建设和运营，提高污水、垃圾集中收集率和无害化处理率。加强城乡河道整治，提高防洪排涝能力。促进公交优先发展，推进城乡公交一体化，解决人民群众特别是农村群众“出行难”问题。进一步推进村庄整治建设，力争到 2012 年，全省绝大部分村庄的环境得到基本整治。加快农民饮用水工程建设，全面解决全省农村人口饮水安全和饮水困难问题。加强海岛渔村基础设施建设，解决海岛居民水、电、交通等问题。以“强塘固房”为重点，进一步加强防灾减灾基础设施和避灾场所建设，提高抵御自然灾害的能力。

41. 完善环境保护政策。建立健全有利于环境保护的价格、税收、贸易、土地、金融和政府采购等政策体系。完善环境税收政策，探索建立排污权交易制度，进一步建立完善生态环境补偿机制，建立健全污染损害和生态破坏责任赔偿制度，加强生态公益林建设。加大环保执法力度，严格执行各项环境监管制度，依法查处违法排污和破坏生态环境行为。

九、切实维护社会和谐稳定

42. 健全社会管理体系。深化“平安浙江”建设，健全党委领导、政府负责、社会协同、公众参与的社会管理体系，加强城乡社区建设，推进以基本服务均等化为核心的社区公共服务体系建设，加强对社会组织和“虚拟社会”的管理，改善对流动人口的服务和管理。切实加强社会工作人才队伍建设，提高专业化社会服务水平。推进“法治浙江”建设，深化普法教育，依法建立公民权益保障体系，切实维护人民群众的政治、经济、文化和社会权益。到2012年，社会管理体系更加健全，社会治安状况更加良好，城乡居民安居乐业的局面更加巩固。

43. 妥善处理人民内部矛盾。完善基层群众自治制度，建立健全党委、政府主导的维护群众权益机制，积极推广“民主恳谈会”“民主听证会”“民情沟通日”等制度，进一步健全为民办实事长效机制，积极引导群众合理表达利益诉求。创新发展“枫桥经验”，深入推进城乡社区警务建设，建立社会稳定风险评估机制，完善矛盾排查化解长效机制。全面落实信访工作的各项制度，加强人民调解、行政调解和司法调解工作，建立健全群体性事件预防和处置机制，全面落实责任制和责任追究制，有效预防并及时化解人民内部矛盾。

44. 加强公共安全。完善公共安全应急管理体制，有效应对自然灾害、事故灾难以及公共卫生、社会安全、金融安全、环境安全事件。健全安全生产监管体制，加强安全生产宣传教育培训，推进安全生产设施建设，加强道路交通、消防、危险化学品和矿山等安全管理，减少安全生产事故，遏制重特大安全事故。强化以食品药品为重点的产品质量安全监管，建立完善食品药品监管责任体系，推进食品药品安全示范县建设。加强社会诚信建设，切实规范市场经济秩序，坚决打击制假售劣行为，进一步改善消费安全环境。建立和完善重要物资和生活必需品储备制度，加强对事关群众日常生活的商品价格监管，保障基本生活品供给，努力保持物价稳定。

45. 加强司法保护。依法打击在食品药品安全、劳动安全、生态资源、社会保障、征地拆迁、医疗卫生、教育、就业等领域侵害群众利益的各种刑事犯罪，加强对涉及劳动争议、保险纠纷、人身损害赔偿等民事行政案件的审判和法律监督。建立健全行政执法与刑事司法紧密衔接机制，建立涉及民生案件的便捷审查办理机制。加大司法执行力度，完善执行协调配合机制。积极实施司法救助和法律援助。注意发现和研究涉及民生案件背后的深层次问题，强化从源头上预防的各项工作。

46. 加强社会治安综合治理。扎实抓好以公安派出所、司法所、人民法庭为重点的基层基础规范化建设，充分发挥民兵在维护社会稳定中的作用，不断深化基层平安创建系列活动，继续推进综治网络向村居、社区、企业延伸。到2010年，全省所有乡镇（街道）综治工作中心达到规范化标准，村居、社区综治工作室达到全覆盖，学校、企业等综治组织覆盖面进一步扩大。按照服务大局、联网运作、资源共享的要求，有效整合基层技防资源，大力推进以治安动态视频监控系统建设为重点的科技防范工作。依法严厉打击各种刑事犯罪活动，坚决扫除社会丑恶现象，坚决制止非法宗教活动，增强人民群众的安全感。严密防范、严厉打击境内外敌对势力的颠覆破坏活动，全力维护社会政治稳定。

十、加强党的领导，为全面改善民生提供有力保障

47. 加强组织领导。各级党委、政府要进一步统一思想，把解决民生问题摆在更加突出的位置，加快建设服务型政府，在经济发展的基础上，不断扩大公共服务，逐步形成覆盖城乡、惠及全省人民的基本公共服务体系。每年制定民生工作的年度实施意见，明确改善民生工作的重点任务和工作举措。建立健全目标责任制，加强督促检查和考核，把解决民生问题的实绩作为考核评价领导班子和领导干部的重要内容，着力抓好民生问题的督办落实。继续开展基层党组织“先锋工程”创建活动，全面推进基层党建工作，充分发挥基层党组织推动发展、服务群众、凝聚人心、促进和谐的作用。加强工会、共青团、妇联等群团组织建设，发挥其在改善民生、促进社会和谐中的积极作用。进一步加大宣传力度，积极创建民生频道和民生专栏，通过各种媒体及时报道典型、总结经验、集思广益，形成全社会关注民生问题、支持和参与解决民生问题的浓厚氛围。

48. 健全财力保障。按照建立健全公共财政体系的要求，进一步调整和优化财政支出结构，加大民生领域的财政投入。确保新增财力三分之二以上用于解决民生问题，重点向低收入人群倾斜、向农村和农民倾斜、向欠发达地区和海岛山区倾斜。进一步提高财政资金使用效率，完善财政性资金绩效评价制度，整合专项资金，发挥财政资金的规模效益。建立多元化民生领域建设投融资和运营机制，鼓励单位、个人以及社会各界共同投入解决民生问题。

49. 创新体制机制。建立以民主促民生工作机制，健全公共民生问题决策机制，积极组织和引导群众表达诉求，全面系统收集民意，充分发挥广大群众和社会组织在参与决策、评估落实等方面的积极作用。加强管理体制创新，推进政府职能转变，加大部门管理资源整合力度，促进部门之间在解决民生问题上的协商沟通，形成合力，防止各自为政，政出多门。加快制定或修订有关征地管理、房屋拆迁、劳动就业、医疗卫生、社会保障、环境保护、住房保障、社区建设等热点难点问题的法规制度，推进依法行政，完善依法解决民生问题的长效机制。

50. 转变作风、狠抓落实。加强干部教育培训，教育引导各级领导班子和领导干部树立科学发展观和正确政绩观，不断提高处理和解决民生问题的能力。各级领导干部要把全面改善民生与切实转变工作作风紧密结合起来，坚持为民、务实、清廉，坚决纠正损害群众利益的不正之风，切实增进对人民群众的感情，在联系群众中服务群众，在服务群众中改进作风。进一步强化政府服务意识，推进办事公开，简化办事程序，实施政务便民服务，提高办事效率。大力弘扬求真务实作风，坚决反对形式主义、官僚主义，积极鼓励领导干部下基层开展蹲点调研，走进矛盾、破解难题，真正把全面改善民生的各项工作任务落到实处。各地各部门要根据本《决定》，研究制定专项政策意见。

浙江省人民政府关于建立健全覆盖城乡居民的养老保障制度的意见

浙政发［2008］36号

养老保障是社会保障的重要组成部分，事关人民群众幸福安康。为贯彻落实党的十七大和省第十二次党代会、省十一届人大一次会议精神，根据《中共浙江省委关于全面改善民生促进社会和谐的决定》，现就建立健全覆盖城乡居民的养老保障制度提出如下意见。

一、明确养老保障制度建设的总体要求

（一）养老保障制度建设的指导思想。高举中国特色社会主义伟大旗帜，以邓小平理论和“三个代表”重要思想为指导，深入贯彻落实科学发展观，围绕全面建设惠及全省人民的小康社会，着眼于率先建立覆盖城乡居民的社会保障体系，按照“广覆盖、保基本、多层次、可持续”的方针，推进企业、机关、事业单位基本养老保险制度改革，探索城乡居民养老保障制度，不断扩大保障覆盖面，逐步提高保障水平，确保全体人民老有所养，努力促进社会和谐。

（二）养老保障制度建设的基本原则。一是坚持覆盖城乡、惠及全民，逐步实现人人享有基本养老保障，让全省人民共享改革发展的成果；二是坚持区别情况、分层推进，针对城乡发展的现实差距和不同群体的需求差异，分别建立相适宜的职工和居民养老保障制度；三是坚持合理筹资、量力而行，遵循个人、单位缴费与政府投入相结合，使保障水平与经济发展水平及各方面的承受能力相适应；四是坚持分级负责、属地管理，探索符合省情的养老保险省级统筹制度，因地制宜创新政策措施，确保制度持续健康运行。

二、加快完善企业职工基本养老保险制度

（三）进一步扩大企业职工基本养老保险覆盖面。按照《劳动合同法》《浙江省职工基本养老保险条例》等规定，大力推进职工基本养老保险扩面工作。全省企业、民办非企业单位、个体经济组织和与其形成劳动关系的职工，国家机关、事业单位、社会团体和与其形成劳动关系的未纳入编制管理的职工应当依法参加职工基本养老保险。无雇工的城镇个体工商户、非全日制从业人员可以自主参加职工基本养老保险。当前，要以私营企业、个体经济组织和与其形成劳动关系的人员参保为重点，努力扩大基本养老保险覆盖面。通过推行按企业工资总额缴费的社会保险“五费合征”办法，依法强化扩面征缴力度，确保单位用工与参保缴费相对应。

（四）逐步缩小不同地区缴费比例差距。在夯实基本养老保险缴费基数、确保制度可持续运行的前提下，经过周密测算和综合平衡，费率偏高的统筹地区报经省劳动保障、财政部门批准

后，可适当降低单位缴费比例。正常费率偏低的统筹地区也可适当提高单位缴费比例。完善“低门槛准入、低标准享受”的养老保险政策，并适时推进与正常制度并轨。

（五）逐步做实基本养老保险个人账户。做实个人账户要实行“老”“中”“新”分开。以2007年1月1日为基准时间，此前已退休的人员，退休前已有账户不做实；已经参保但未退休的人员，此前没有做实的个人账户不再做实，之后缴费逐步做实；此后参保的人员，个人账户从参保缴费开始逐步做实。做实个人账户的起步比例为3%，今后逐步提高。做实个人账户的具体管理办法另行制定。

（六）制定适合农民工特点的养老保险办法。本统筹地区户籍农民工继续按现行规定参加职工基本养老保险。对劳动关系不够稳定的非本统筹地区户籍农民工，要研究制定有利于提高参保积极性和养老保险关系转续的办法。具体办法另行制定。

（七）解决城镇集体企业部分未参保职工的基本养老保障问题。对破产、关闭的原城镇集体企业未参保在册职工，要做好养老保障的政策衔接工作。其中，对大集体企业职工，以当地实行固定职工个人缴纳基本养老保险费的初始年份为基点，此前工作且按国家和省规定可以计算连续工龄的时间，视同缴费年限；基点年份至企业破产、歇业年份的基本养老保险费需要补缴，补缴标准和资金来源由各地根据实际确定。对已达法定退休年龄的人员，缴费年限（含视同缴费年限）符合按月领取基本养老金年限的，按现行办法计发基本养老金。对仍处于劳动年龄段的未参保人员，在给予视同缴费、补缴等政策衔接的同时，实行再就业援助，在未就业前鼓励其以个体劳动者的身份继续参保，到达法定退休年龄后按制度规定计发基本养老金。对破产、关闭的其他城镇集体企业已达法定退休年龄的未参保城镇职工，各地要采取有效措施，保障其基本生活。

三、推进事业单位养老保险制度改革

（八）实行社会统筹与个人账户相结合的基本养老保险制度。在事业单位分类改革的同时，除参照公务员法管理的事业单位外，其他事业单位纳入事业单位养老保险制度改革范围。基本养老保险费由单位和个人共同负担，单位缴纳基本养老保险费的比例，一般不超过单位工资总额的20%。个人缴纳基本养老保险费的比例为本人缴费工资的8%，由单位代扣，个人缴费全部计入基本养老保险个人账户。

（九）改革基本养老金计发办法。以实施事业单位基本养老保险制度改革为界，改革前已退休的人员，继续按照国家和省规定的原待遇标准发放基本养老金，参加国家和省统一的基本养老金调整；改革后参加工作的人员，退休后按职工基本养老保险制度规定享受养老保险待遇；改革前参加工作、改革后退休的人员，按照合理衔接、平稳过渡的原则，在发给基础养老金和个人账户养老金的基础上，再发给过渡性养老金。具体办法另行制定。事业单位基本养老保险基金单独建账，与企业职工基本养老保险基金分别管理使用。具备条件时，可与企业职工基本养老保险基金统一管理使用。

（十）建立职业年金制度。为建立多层次的养老保险体系，提高事业单位工作人员退休后的生活水平，事业单位在参加基本养老保险的基础上，应建立工作人员职业年金制度。具体办法由省劳动保障厅会同省人事厅、省财政厅制定。

四、探索建立城乡居民养老保障制度

（十一）多途径探索城乡居民养老保障实现形式。城乡居民最低生活保障、城镇“三无”和农村“五保”对象集中供养、精减职工生活困难补助、农村计划生育奖励扶助等是具有养老保障功能的有效制度，要在实践中不断完善。各地也可以对未享受基本养老保障待遇的高龄老年人，按月给予一定的生活补助。

（十二）完善被征地农民基本生活保障制度。推进征地制度改革，在现行区片综合价的基础上，应将被征地农民的有关社会保障费用纳入征地补偿范围。提高基本生活保障资金的政府出资比例，对劳动年龄段以上的被征地农民，其基本生活保障水平原则上要高于当地城镇居民最低生活保障标准。

（十三）稳步推进农村社会养老保险制度建设。有条件的地方可开展试点，探索建立以农民缴费为主、政府补贴为辅、村集体经济组织给予补助，有一定社会统筹性质的养老保险制度。试点工作坚持低水平起步，充分尊重农民群众意愿，合理确定筹资水平和保障标准，在不断积累经验的基础上积极稳妥地推行。

（十四）探索解决城镇老年居民养老保险问题。各地可从实际出发，建立城镇老年居民养老保险制度。凡劳动年龄段以上、未享受基本养老保险待遇的城镇居民都可自愿参加。城镇老年居民养老保险以个人缴费为主，政府给予适当补助。有条件的地方可探索建立城乡一体的居民养老保险制度。

五、加强养老保障制度建设的组织领导

（十五）切实把养老保障制度建设摆在重要位置。各级政府要全面承担属地管理职责，把建立覆盖城乡居民的养老保障制度纳入国民经济和社会发展中长期规划和年度计划，制定明确的工作目标、任务和措施。劳动保障、人事、民政、财政、地税、国土资源等部门要各司其职，注重协调，形成合力。各地应根据养老保险制度改革的实际需要，适当充实社会保险机构工作人员和经费，健全以街道（社区）、乡镇为主的社会保障工作网络平台。社会保险经办机构要进一步加强能力建设，完善管理制度，规范业务流程，不断提高工作效率和服务质量。加强社会保险信息网络建设，建立统一、高效的社会保险信息管理平台，实现部门间相关信息互联互通和信息数据共享，提高养老保障管理服务水平。

（十六）进一步规范养老保障政策。在全省范围内逐步统一基本养老保险缴费基数、缴费比例和待遇计发标准，继续完善基本养老保险基金省级调剂机制。在明确省、市、县各级政府责任的前提下，探索建立省级基金预算制度。加强企业、事业单位等基本养老保险和城镇居民养老保险、农村居民养老保障等制度之间的衔接，根据城乡居民劳动就业和户籍等关系的变化，及时做好调整参保工作，其调整后缴费年限的计算以及缴费标准和保障待遇的衔接政策，由统筹地区根据实际制定。

（十七）确保养老保险基金安全运行。健全用人单位、个人缴费和政府投入相结合的多元筹资机制，强化各项养老保险基金征缴，积极拓展其他筹资渠道。依法加强养老保障基金监督管理，建立多层次风险保障体系。养老保障资金都要纳入财政专户，严格实行收支两条线，专款专用，严禁截留、挤占和挪用。建立健全行政监督、专门监督、社会监督、内部控制相结合的监督体系，对征缴、发放、管理和运营各环节实行全过程监控，确保基金保值增值和健康运行。

2008年5月13日

浙江省人民政府关于印发低收入群众增收行动计划的通知

浙政发〔2008〕48号

各市、县（市、区）人民政府，省政府直属各单位：

现将《低收入群众增收行动计划》印发给你们，请结合实际认真贯彻实施。

全面实施“低收入群众增收行动计划”是贯彻落实党的十七大和省第十二次党代会精神、深入实施“创业富民、创新强省”总战略、全面建设惠及全省人民小康社会的重大举措，是各级政府履行职责、推动我省经济社会又好又快发展和社会和谐稳定的重要工作抓手。各地、各部门一定要高度重视，建立健全组织领导和工作协调机制，确保低收入群众增收行动计划各项目标任务顺利完成。

2008年7月30日

低收入群众增收行动计划

为了加快建设惠及全省人民的小康社会，切实提高低收入群众收入和生活水平，根据省第十二次党代会、省十一届人大一次会议精神，决定实施“低收入群众增收行动计划”。

一、实施“低收入群众增收行动计划”的总体要求

（一）指导思想。以科学发展观为指导，按照党的十七大、省第十二次党代会、省十一届人大一次会议的部署和实施“创业富民、创新强省”总战略的要求，围绕全面建设惠及全省人民小康社会的目标，以提高低收入群众致富能力和收入水平为中心，把统筹城乡发展与统筹区域发展有机结合起来，建立健全以工促农、以城带乡、区域联动的长效机制和县为责任主体、上下联动、分工协作的工作机制，加强组织领导和政策引导，推进区域协作和结对帮扶，发展特色产业，促进劳动就业，完善社会救助，加快低收入群众增收致富奔小康步伐。

（二）目标任务。“低收入群众增收行动计划”由在农村实施“低收入农户奔小康工程”、在城镇实施“城镇低收入家庭增收工程”组成，主要对象分别是2007年家庭人均纯收入低于2 500

元的农户和2007年家庭人均可支配收入低于当地城镇最低生活保障标准2倍的城镇家庭。经济发达地区可从实际出发，自行确定低收入家庭的界定标准。

1. 实施“低收入农户奔小康工程”的基本目标：到2012年，力争使低收入农户（“低保”农户除外）70%以上家庭人均纯收入超过4 000元；有劳动力的低收入农户至少有1人实现非农就业或从事产业化经营的特色农业；符合最低生活保障条件的低收入农户全面纳入最低生活保障，所有县（市、区）农村最低生活保障标准提高到2 500元以上，基本消除绝对贫困现象；教育救助全面覆盖低收入农户，医疗救助全面覆盖家庭人均收入低于当地农村“低保”标准1.5倍的低收入农户，住房救助全面覆盖低收入农户中的困难群众，低收入农户的人均教育、医疗消费支出占生活消费支出的比重基本达到当地农村居民平均水平。

2. 实施“城镇低收入家庭增收工程”的基本目标：到2012年，力争使城镇低收入家庭（“低保”家庭除外）70%以上家庭人均可支配收入超过2007年当地城镇“低保”标准的4倍；有劳动能力和就业意愿的“零就业”家庭至少有1人实现就业；教育救助全面覆盖城镇低收入家庭，医疗救助全面覆盖家庭人均可支配收入低于当地城镇“低保”标准1.5倍的城镇低收入家庭，城镇低收入家庭的人均教育、医疗消费支出占生活消费支出的比重基本达到当地城镇居民平均水平。

（三）基本原则。

一是坚持自主发展、户户行动原则。动员低收入群众发扬自力更生、艰苦奋斗精神，充分发挥主体作用和主观能动性，大力发展生产，积极就业创业，依靠自身努力提高收入和生活水平。

二是坚持分类指导、分户决策原则。根据低收入群众实际，分户确定产业发展、就业促进、下山搬迁和“五保”救助、“低保”救助、专项救助（教育、医疗、住房、灾害等救助）措施，提高帮扶的针对性、有效性。

三是坚持城乡互促、区域联动原则。继续推进工业化、城市化进程，加快公共基础设施和公共服务向农村有序延伸。扩大区域协作，促进欠发达地区与发达地区之间劳动力和资本的对流，形成区域间优势互补、共同发展的格局。

四是坚持政府主导、社会帮扶原则。充分发挥政府的主导作用，广泛动员党政机关、事业单位、各类企业、慈善组织、社会团体、爱心人士以多种形式帮扶低收入群众，全面形成先富带后富、共同奔小康的良好氛围。

二、实施“低收入群众增收行动计划”的主要内容和措施

（一）实施“低收入农户奔小康工程”的主要内容和措施。实施“低收入农户奔小康工程”，主要开展产业开发帮扶行动、培训就业帮扶行动、下山搬迁帮扶行动、基础设施建设行动、社会救助覆盖行动、区域协作促进行动、金融服务支持行动、社会援助关爱行动等八大行动。

1. 实施“产业开发帮扶行动”，拓宽低收入农户增收渠道。以“低收入农户集中村”为重点，挖掘资源和产业优势，大力扶持低收入农户发展特色种养业、来料加工业、家庭工业、“农家乐”休闲旅游业，着力发展村级集体经济，拓宽低收入农户的增收渠道。到2012年，欠发达地区特色农业生产规模明显扩大、技术水平显著提升、经营主体迅速成长，基本形成“一乡一业”“一村一品”的专业化生产和产业化经营格局；争取50%的“低收入农户集中村”和70%的下山搬迁小区发展成为来料加工点，从事来料加工的劳动力达到100万人，收入达到40亿元，人均收入达到4 000元以上；力争30%以上的下山搬迁小区发展家庭工业；有条件的欠发达乡镇和“低收入农户集中村”的“农家乐”休闲旅游业得到发展，从业农户户均年营业收入达到2万元以上；“低收入农户集中村”50%以上有集体经济收入，20%以上集体经济年可支配收入在10万元以上。

2. 实施“培训就业帮扶行动”，促进低收入农户劳动力转移就业。以实现稳定就业和发展现代农业为导向，加强对低收入农户劳动力的技能培训、就业服务和就业援助，促进低收入农户劳动力外出务工经商和外出农民返乡创业。到2012年，低收入农户劳动力普遍接受一次以上技能培训，初高中毕业后未继续升学的低收入农户子女普遍接受6个月至1年的免费职业技能培训，有劳动力的低收入农户至少有1人实现稳定就业或从事产业化经营的特色农业，有创业意愿和能力的农民基本涉足创业，带动更多的低收入农户就业。

3. 实施“下山搬迁帮扶行动”，改善低收入农户生存发展环境。以缓解区域性贫困和改善低收入农户生存发展环境为导向，以高山远山区、地质灾害危险区、重点水库库区为重点，以县城、中心镇和工业功能区（周边）为主要入迁地，完善下山搬迁五年规划，推进节地型搬迁小区建设，盘活迁出地土地资源，加强资源整合和配套服务，提高公共服务和公共设施的共享程度，促进人口布局优化和生态环境保护。2012年前，每年搬迁5万人以上，地质灾害危险区的农户基本完成搬迁。

4. 实施“基础设施建设行动”，改善低收入农户生产生活条件。扩大城市对农村的辐射带动作用，加快推进农村公路、千万农民饮用水工程、村庄整治和农村信息化建设，促进城乡间、区域间公共资源的均等配置，改善低收入农户生产生活条件。到2012年，具备建路条件的行政村公路通村率和通村公路硬化率达到100%，行政村客运通达率达到94%，城乡客运一体化率达到55%；基本普及安全卫生饮用水，欠发达地区安全卫生饮用水人口覆盖率达到95%；2万个左右行政村得到整治，每个村建成一个无害化卫生公厕；85%以上的农村家庭接入有线电视，90%以上的村开通有线广播，电话手机实现全覆盖，80%以上“低收入农户集中村”通上宽带。

5. 实施“社会救助覆盖行动”，提高低收入农户保障水平。按照基本公共服务均等化的要求，完善社会救助制度，提高救助水平，扩大最低生活保障、教育救助、医疗救助的覆盖面，加大农村“五保”对象集中供养、住房救助、灾害救助的力度，提高农村医疗服务水平，探索建立农村养老保险制度，降低低收入农户因学因病因灾返贫致贫的几率。到2012年，所有县（市、区）农村最低生活保障标准达到2 500元以上，救助水平明显提高；农村和欠发达地区教学资源配置水平显著提高，低收入农户子女普遍接受免缴学费的职业高中教育；欠发达地区基本建成农村医疗卫生服务体系，低收入农户全面参加新型农村合作医疗；农村住房救助全面覆盖到低收入农户中的困难群众；农村“五保”对象集中供养成果得到巩固；新型农村养老保险和农村老年居民养老保障制度基本建立。

6. 实施“区域协作促进行动”，拓宽低收入农户发展空间。按照“互补互利”的原则，深入实施“山海协作工程”，进一步扩大发达地区和欠发达地区的经济联姻和技术、教育、卫生、人才、就业等多方面协作，促进资本与劳动力的对流和产业转移、劳务对接、异地开发。

7. 实施“金融服务支持行动”，促进低收入农户创业发展。建立健全公共财政支持下的金融服务供给机制，全面实行扶贫小额信贷制度，积极开展组建村级资金互助组织试点，大力推进农村信用担保体系建设，为欠发达地区和低收入农户发展特色农业、来料加工业、家庭工业、休闲旅游业等项目提供小额贴息贷款，确保欠发达地区农村信贷增长不低于全省平均水平。到2012年，省扶持范围内全面建立扶贫小额信贷制度，每个县（市、区）至少有5个村建立村级资金互助组织，低收入农户发展生产和开展创业的资金需求基本得到满足。逐步扩大政策性农业保险的覆盖面和品种，完善农房保险办法，努力解除低收入农户生产生活的后顾之忧。

8. 实施“社会援助关爱行动”，扩大对低收入农户的结对帮扶。充分发挥我省民营企业众多、民营经济发达的优势，通过广泛宣传和党政部门的示范带动，进一步激发企业和公民的社会责任感，建立省市县单位、发达县镇以及企业结对帮扶“低收入农户集中村”和县乡干部结对帮扶低收入农户的新机制，大力倡导社会慈善救助，全面实施“低收入农户青少年关爱行动”，进一步形成政府主导、全社会参与的扶贫格局。到2012年，争取每年为“低收入农户集中村”提供结对帮扶资金1亿元，村企结对资金5 000万元，社会各界和各类基金投入扶贫事业5 000万元。

（二）实施“城镇低收入家庭增收工程”的主要内容和措施。实施“城镇低收入家庭增收工程”，主要开展就业创业扶持行动、社会保障扩面行动、社会慈善关爱行动等三大行动。

1. 实施“就业创业扶持行动”，促进城镇低收入群众就业再就业。切实加强对低收入群众的就业创业技能培训和就业援助，大力创建“充分就业社区”，加快发展第三产业和社区服务业，积极支持城镇低收入家庭创业，不断提高职工最低工资标准，努力促进城镇低收入群众充分就业和稳定就业，努力消除“零就业家庭”。到2012年，帮助25万名城镇就业困难人员实现就业；全省80%以上的社区建成“充分就业社区”。

2. 实施“社会保障扩面行动”，保障城镇低收入家庭的基本生活。进一步完善最低生活保障、教育救助、医疗救助、住房救助制度和运行机制，逐步将各项社会救助覆盖到城镇低收入家庭，保障城镇低收入家庭的基本生活。到2012年，城镇低收入家庭子女普遍接受免缴学费的职业高中教育；城镇居民人人享有基本医疗保障；基本实现住房困难的城镇低收入家庭廉租住房“应保尽保”，基本满足住房困难的城镇低收入家庭购买或租赁经济适用住房。

3. 实施“社会慈善关爱行动”，扩大对城镇低收入家庭的社会援助。大力引导企业承担社会责任，不断促进社会捐助工作规范化，拓展慈善救助领域，开展对口援助、结对帮扶，推广“慈善超市”模式，充分发挥社会慈善的救助作用。发展志愿服务，城镇社区志愿者占城镇人口的8%。

三、加强对实施“低收入群众增收行动计划”的组织领导

（一）充分发挥政府的主导作用。“低收入群众增收行动计划”由县（市、区）政府为责任主体，负责抓好具体实施工作。省里主要抓好总体部署、组织协调、指导服务、检查督促、评估考核，并重点对26个欠发达县（市、区）和台州市黄岩区、金华市婺城区、兰溪市的2 000个“低收入农户集中村”进行扶持。各地要抓紧制定实施方案，明确工作目标和配套政策，加大财政投入，健全管理和考核机制。为落实责任，省政府将与各市政府签订“实施低收入群众增收行动计划责任书”，再由市落实到县（市、区）、到基层。各级政府主要领导和分管领导要深入基层调研，加强指导、督促与检查，及时研究解决存在的问题。

（二）强化部门职能扶贫。各级各有关部门要根据自身职能，制定、落实扶持低收入群众增收的具体措施，整合资源和力量，形成部门全面参与、分工协作、合力帮扶的“大扶贫”格局。充分发挥农资综合直补、粮食生产补贴、水库移民生活补助、计划生育奖励扶助、减免林业“两金”、生态公益林补偿等政策的增收效应。欠发达地区要努力增加财政投入，完善对欠发达乡镇的财政包干制度，加大对集体经济薄弱村的扶持力度，确保乡镇政府和村级组织正常运行。逐步提高对欠发达县公共支出的补助标准，研究制定对欠发达乡镇实行专项财政补助的政策，完善村级运行和村干部报酬补助制度，逐步提高补助标准，使集体经济收入万元以下行政村的运行经费和干部报酬普遍得到保障。

（三）进一步完善扶贫管理。全面建立低收入农户档案和城镇低收入家庭档案，加快建设城乡扶贫信息管理系统。全面建立“一户一策一干部”的帮扶机制，落实帮扶人员，做到分类指导、分户决策、帮扶到户、责任到人。加强对扶贫项目实际执行、政策落实、资金使用和工作进展等情况的监督检查，提高扶贫资金使用效率。加强扶贫动态监测体系建设，做实扶贫统计监测工作，为扶贫工作提供准确、可靠的决策依据。加强对扶贫工作的绩效评估，坚决杜绝形式主义、弄虚作假行为，切实把帮扶措施落到实处。

（四）加强扶贫工作体系和队伍建设。充分发挥扶贫工作部门的作用，健全工作机构，完善工作体系，确保工作力量，改善工作条件。有“低收入农户集中村”的乡镇要明确专职扶贫干部。城镇街道、社区要充分发挥社会救助服务中心（所）、社会救助站（室）的作用。加强对扶贫系统干部、欠发达乡镇领导干部和“低收入农户集中村”主要干部的培训，提高其扶贫工作能力。

（五）建立健全考核激励制度。把“低收入群众增收行动计划”列入对各级年度工作目标责任制的考核内容，省里每年对各市县的实施成效进行评估，在届末对五年目标任务的完成情况进行考核，对工作努力、成效显著的市县进行表彰。加强对结对帮扶工作的考核，各级政府部门的帮扶工作列入同级政府年度工作目标考核，国有企业、事业单位的帮扶工作分别由国资委和主管部门列入年度工作目标考核。市、县（市、区）每年对“一户一策一干部”的执行情况进行评估，表彰一批先进帮扶单位和干部，激励基层干部安心、扎实工作，为增进群众利益多作贡献。

附件：浙江省“低收入群众增收行动计划”实施项目（略）

浙江省人民政府关于调整全省最低工资标准的通知

浙政发［2008］49号

各市、县（市、区）人民政府，省政府直属各单位：

为保障劳动者基本生活和合法权益，根据《中华人民共和国劳动法》规定，结合我省实际，经研究，决定从2008年9月1日起，将我省最低月工资标准调整为960元、850元、780元、690元四档；非全日制工作的最低小时工资标准调整为8.0元、7.1元、6.5元、5.7元四档。请各市根据所辖县（市、区）经济社会发展水平、居民生活水平和用人单位承受能力等实际情况，选择确定当地最低工资标准予以公布，并报省劳动保障厅备案。

2008年8月5日

浙江省人民政府关于做好就业工作促进社会和谐的实施意见

浙政发〔2008〕59号

为认真贯彻落实党的十七大和省第十二次党代会精神，进一步做好就业工作，促进社会和谐，根据《中华人民共和国就业促进法》、《国务院关于做好促进就业工作的通知》（国发〔2008〕5号）、《中共浙江省委关于全面改善民生促进社会和谐的决定》（浙委〔2008〕38号）精神，结合我省实际，现提出如下实施意见，请各级政府各有关部门认真贯彻执行。

一、强化政府责任，确立就业工作优先地位

（一）进一步统一思想认识，强化政府促进就业责任。就业是民生之本。实施扩大就业的发展战略，促进以创业带动就业，是贯彻落实科学发展观、深入实施“创业富民、创新强省”总战略的重要方面，是加快推进以改善民生为重点的社会建设、构建和谐社会、全面建设小康社会的必然要求。各级政府各有关部门要按照就业促进法、劳动合同法等法律法规规定和党中央、国务院的一系列决策部署，进一步统一思想，提高认识，认真履行政府促进就业、扩大就业的重要职责，通过发展经济和调整产业结构、规范人力资源市场、完善就业服务、加强职业教育和培训、提供就业援助等措施，创造就业条件，拓宽就业渠道，保持就业局势稳定，促进经济发展与扩大就业相协调。

（二）统筹协调就业政策，促进社会就业更加充分。各级政府要把扩大就业作为经济社会发展的重要目标，纳入国民经济和社会发展规划，并制定促进就业的中长期和年度工作计划，统筹协调各项政策措施，努力实现社会就业更加充分的目标。要进一步优化产业结构，鼓励发展劳动密集型产业，大力发展服务业，扶持发展中小企业，充分发挥民营企业在吸纳劳动力就业方面的积极作用，多渠道、多方式增加就业岗位。要积极制订实施有利于促进就业的产业政策，鼓励支持优先发展就业容量大、就业质量高的产业。

（三）优化创业环境，促进创业带动就业。以创业带动就业是新时期扩大就业的主攻方向。各地要进一步完善支持自主创业、自谋职业的政策体系，建立健全政策扶持、创业培训、创业服务三位一体的工作机制，重点把鼓励创业促进就业的小额担保贷款、职业培训补贴、职业技能鉴定补贴、贷款贴息补贴等各项优惠扶持政策扩大到城乡所有创业人员，对吸纳困难人员就业的企业，按规定给予社会保险补贴。要进一步整合面向不同群体的创业就业政策资源，简化程序，规范操作，提高效率，从市场准入、企业设立、投融资等各方面对创业主体予以支持，大力营造鼓励自主创业的社会环境，鼓励和引导有创业愿望的劳动者成为创业者，不断创造更多的就业岗位，实现创业富民、就业惠民。

（四）积极做好高校毕业生就业工作，促进新增劳动力充分就业。进一步加强对高校毕业生的公共就业服务，承担公共就业服务的各类就业服务机构、人才交流服务机构、高校毕业生就业指导服务机构应积极为高校毕业生搭建公益性就业服务平台，提供免费的政策咨询、职业指导、求职推荐、人才招聘、人事劳动保障代理等多种服务。支持和鼓励企业建立高校毕业生就业见习基地，广泛开展技能培训和就业见习，提高高校毕业生实践能力和就业能力，引导高校毕业生面向基层就业和创业，积极吸纳高校毕业生在城乡社区管理服务等新兴社会工作岗位就业。各级公务员主管部门要按照公开、平等、择优的原则，加大高校毕业生录用公务员力度，基层公安、司法、工商、税务、质量技监等执法部门录用公务员，应向高校毕业生倾斜，以优化基层干部队伍年龄结构，提高干部队伍素质。大力推进创业教育，提高大学生创业能力，实施小额免担保贷款、税费减免等优惠政策，鼓励高校毕业生自主创业，促进高校毕业生充分就业。与此同时，进一步拓宽就业渠道，统筹做好城镇新增劳动力就业、农村富余劳动力转移就业、失业人员再就业以及退役军人就业和创业工作，努力使有就业愿望的劳动者实现就业再就业。

（五）改进和加强失业调控，确保就业局势稳定。各级政府在安排政府投资和确定重大建设项目时，应充分考虑就业贡献率，优先支持就业吸纳能力强的项目建设和行业发展，充分发挥政府投资和重大建设项目带动就业的作用，积极增加就业岗位。建立健全失业预警制度，对因国际国内形势发生重大变化而可能出现的较大规模的失业情况，要及时主动实施失业预防、调节和控制，保持就业局势稳定。进一步健全和完善失业保险制度，依法确保失业人员的基本生活。

（六）健全就业工作目标责任制度，确保各项工作落到实处。各级政府各有关部门要把城镇新增就业人数、控制失业率、落实就业政策、强化就业服务、加大就业资金投入和帮助困难群体就业作为就业工作的主要目标任务，逐级分解落实到基层政府和有关单位，建立健全目标责任考核体系。县级以上政府要对有关部门和下一级政府进行考核和监督，并将考核结果作为衡量政府政绩的重要指标。各级政府和有关部门对在促进就业工作中作出显著成绩的单位和个人，依法给予表彰和奖励。

二、实施积极就业政策，进一步完善政策支持体系

（七）妥善处理现行政策与法律规定的衔接问题。在总结现行政策实施和操作实践经验的基础上，按照就业促进法、劳动合同法和国务院有关文件精神，结合我省实际，进一步完善和规范相关政策，明确政策支持对象和内容，完善操作办法，切实解决政策实施过程中出现的难点问题，促进各项政策规范化、长效化，提高政策实施效果。

（八）继续实施各项优惠扶持政策。《浙江省人民政府关于进一步做好就业再就业工作的实施意见》（浙政发［2006］16 号）、《浙江省人民政府关于进一步完善就业政策促进困难人员就业再就业的通知》（浙政发［2007］21 号）规定的各项优惠政策继续有效，审批截止日期为 2008 年底，扶持期限最长不超过 3 年。2009 年以后，各类就业援助对象的税收优惠政策，按国家有关规定执行。登记失业人员和残疾人从事个体经营的，按规定免收属于管理类、登记类和证照类的各项行政事业性收费，扶持期限最长不超过 3 年。

（九）完善小额担保贷款政策。各地可根据实际情况适当提高小额担保贷款额度，扩大贷款范围。经办银行可将小额担保贷款利率在人民银行公布的贷款基准利率的基础上上浮 3 个百分点，省级财政给予适当贴息补助。通过信用社区建设等办法，降低反担保门槛或取消反担保。进一步加大对符合条件的劳动密集型小企业的贷款贴息支持力度，鼓励利用小额贷款担保基金为劳动密集型小企业提供贷款担保服务。具体实施办法由人行杭州中心支行会同省财政厅、省劳动保障厅另行制定。

（十）健全促进就业的资金保障机制。各级政府要按照建立和完善公共财政体制的要求，实行有利于促进就业的财政政策，继续加大资金投入，不断改善就业环境。要根据本地区就业状况和就业工作目标，每年在财政预算中安排就业专项资金用于促进就业工作。省级财政安排的促进就业资金，除保证省本级就业工作经费所需外，主要通过专项转移支付对市县给予适当补助。就业专项资金实行统筹安排，专款专用。要切实加强对资金拨付的审核、审批和支付管理，建立健全资金运行全过程的内控制度。要结合就业再就业工作实绩，进行资金使用动态绩效评估，并将评估结果与次年的资金安排相挂钩，以强化激励及约束机制。具体资金管理办法由省财政厅会同省劳动保障厅另行制定。

三、加强就业服务和管理，强化职业技能培训

（十一）完善就业服务体系。各地要依据就业促进法有关规定，培育和完善统一开放、竞争有序的人力资源市场，为求职者和用人单位提供高效便捷的服务。县级以上政府要加强人力资源市场信息网络及相关设施建设，建立健全人力资源市场信息服务体系，完善市场信息发布制度。加强对职业中介机构的管理，提高服务质量。对成功介绍登记失业人员就业的各类职业中介机构，按规定给予职业介绍补贴。

（十二）强化公共就业服务。按照基本公共服务均等化行动计划的要求，加快推进人力资源市场建设。县级以上政府要建立健全公共就业服务体系，明确公共就业服务机构的服务职责和范围，合理确定各级公共就业服务机构的人员编制，加强公共就业服务能力建设，将公共就业服务经费纳入同级财政预算，保障其向劳动者提供免费的就业服务。要按照“中心城区有市场、主要乡镇有网点、街道社区有窗口”的目标，制定实施全省公共就业服务机构服务场所建设规划，通过3年的努力，在全省全面建立资源共享、城乡统一的人力资源市场体系。公共就业服务场所建设统一纳入城乡规划，在用地、资金等方面予以优先保障。

（十三）建立健全就业登记和失业登记制度。在保证现行再就业优惠证持证人员享有优惠政策不变的基础上，从2009年1月1日起，在全省范围内实行统一的就业失业登记证（以下简称登记证）。各地公共就业服务机构负责为劳动者免费办理、发放登记证，做好相应的登记、统计工作，并注明可享受的相应扶持政策。登记失业人员凭登记证在省内享受公共就业服务和就业扶持政策，对就业困难人员在登记证上予以注明。在法定劳动年龄内，有劳动能力、有就业要求、处于无业状态的城镇常住人员，可到公共就业服务机构进行失业登记。其中，没有就业经历的城镇户籍人员，在户籍所在地登记；农村进城务工人员和其他非本地户籍人员在常住地稳定就业满6个月的，失业后可以在常住地登记。就业登记、失业登记的具体程序和登记证的样式，由省劳动保障厅另行制定。各级劳动保障部门要切实加强对登记证发放和使用的管理。

（十四）强化职业技能培训。鼓励支持各类职业院校、职业技能培训机构和用人单位依法开展就业前培训、在职培训、再就业培训和创业培训，特别是要进一步加大创业培训力度。鼓励劳动者参加各种形式的培训，对失业人员和进城务工农村劳动者参加职业技能培训的，按规定给予培训补贴；对其中通过初次职业技能鉴定，取得职业资格证书的，给予一次性职业技能鉴定补贴。对职工参加紧缺职业（工种）提高技能层次培训的，各地政府应给予适当的补贴。完善劳动预备制度，对有就业要求和培训愿望的初高中毕业生实行3个月以上、12个月以内的预备制培训，使其取得相应的职业资格或者掌握一定的职业技能。各地要根据培训、鉴定的实际需求，合理确定补贴标准，不断完善培训补贴与培训质量、促进就业效果挂钩机制，提高劳动者参加培训和各类职业教育培训机构提供培训的积极性。

四、完善就业援助制度，切实解决城镇零就业家庭和农村低保人员的就业问题

（十五）加大对困难人员的就业帮扶力度。要结合实施低收入群众增收行动计划，进一步拓展就业援助对象范围，在继续做好“4050”、城镇零就业家庭、城乡低保户等就业困难人员就业援助工作的基础上，将就业困难人员对象范围扩大到长期失业人员、低保边缘户人员、需赡养患有重大疾病直系亲属的人员和农村复转军人及被征地农民中的就业困难人员。对各类企业招用就业困难人员、签订劳动合同并缴纳社会保险费的，在相应期限内给予基本养老保险、基本医疗保险和失业保险补贴；各地政府投资开发的公益性岗位，要优先安排符合岗位要求的就业困难人员，并视其缴纳社会保险费的情况，在相应期限内给予基本养老保险、基本医疗保险、失业保险补贴以及适当的岗位补贴；对就业困难人员灵活就业后申报就业并缴纳社会保险费的，给予一定数额的社会保险补贴。社会保险补贴和岗位补贴期限，除对距法定退休年龄不足5年的人员可延长至退休外，其他人员最长不超过3年。各地应当制定专门的就业援助计划，对就业援助对象实施优先扶持和重点帮助，逐步实现对辖区内就业困难人员的就业托底安置。

（十六）大力开发社区公益性就业岗位。充分发挥街道（乡镇）、社区公共就业服务机构和辖区内共建单位的作用，通过兴办服务实体、创建再就业基地、提供空岗信息等多种方式，实现就业困难人员就业再就业。在大力开发“三保”（保洁、保绿、保安）等社区公益性岗位的基础上，进一步开发“三托”（托老、托幼、托护）、“三服”（家政服务、配送服务、保健服务）和“三管”（物业管理、车辆管理、公共管理）等岗位，就近就地安置就业困难人员。

（十七）切实加强对城镇零就业家庭的就业援助。各地要依托街道、社区公共就业服务机构进一步完善零就业家庭申报认定制度，规范审核认定程序，建立专门台账，及时接受零就业家庭的就业援助申请。深化充分就业社区创建活动和就业项目经理人制度等就业服务新模式，为就业对象提供个性化服务。建立动态管理、动态援助的长效工作机制，做到零就业家庭出现一户、发现一户、帮扶一户、消除一户，确保城市有就业需求的家庭至少有一人就业。

（十八）加大农村低保家庭劳动力就业扶持力度。针对农村低保家庭劳动力的就业特点，结合新农村建设和当地实际，通过多渠道开发公益性就业岗位、鼓励企业优先招用和扶持农产品加工、来料加工以及种养殖基地发展等措施，更多地吸纳农村低保家庭劳动力就业。认真贯彻落实省政府关于扶持农村低保家庭劳动力就业的各项政策措施，通过提供培训和岗位补贴、加强就业服务等措施，加大对农村低保家庭劳动力就业扶持力度。

（十九）进一步做好被征地农村劳动力就业工作。加大扶持力度，确保省政府各项政策落到实处，促进被征地农村劳动力就业。被征地农民的有关就业促进费用，从国有土地使用权出让收入中解决。

五、加强组织领导，切实做好就业促进法贯彻实施工作

（二十）建立健全促进就业工作协调机制。各级政府要进一步加强对促进就业工作的组织领导，建立健全促进就业工作协调机制，充分发挥就业工作联席会议制度的作用，强化统一领导、分工协作的工作机制，统筹做好本地区促进就业工作。联席会议各成员单位要按照各自职责分工，切实履行职能，加强协调配合，及时交流情况、解决问题，共同做好就业再就业工作。

（二十一）切实加强宣传培训和督促检查。各地要充分利用各种新闻媒体，深入做好就业宣传工作，大力宣传国家促进就业的法律法规和政策，宣传党委、政府关于促进就业的决策部署，宣传劳动者转变就业观念、自主创业、自谋职业和用人单位承担社会责任、促进就业再就业的先进典型。要进一步加强促进就业的法律知识培训，不断提高各级政府和政府工作人员依法促进就业的能力和水平。要切实加强对就业促进法实施和相关政策落实情况的督促检查，采取有效措施，确保各项法规政策落实到位。

（二十二）促进失业保险、社会救助与促进就业的有机结合。进一步发挥失业保险制度促进就业、稳定就业的功能，依法扩大失业保险覆盖范围。有条件的地区可在认真分析失业保险基金收支、结余状况，统筹考虑地方财政就业再就业资金安排的前提下，根据全省统一部署和政策规定，结合本地实际，进行适当扩大失业保险享受对象和支出范围的试点。省劳动保障厅要会同有关部门就此制订相应的政策意见。进一步完善失业保险和社会救助制度，形成促进就业的政策导向和激励约束机制。

（二十三）各地要结合实际，抓紧研究制定贯彻本实施意见的具体办法，确保促进就业各项政策落到实处。

2008 年 10 月 6 日

浙江省人民政府关于进一步加强和改进进城务工人员子女教育工作的意见

浙政发［2008］69号

为切实贯彻《中共浙江省委关于全面改善民生促进社会和谐的决定》，进一步加强和改进我省进城务工人员子女教育工作，促进教育科学和谐发展，现就加强和改进进城务工人员子女接受义务教育和中等职业教育工作，提出如下意见。

一、进一步提高认识，切实增强对做好进城务工人员子女教育工作的责任感

（一）解决好进城务工人员子女教育问题是实现教育公平的基本要求，是推进城市化建设的迫切需要，是构建和谐社会的重要内容。各级政府和各有关部门要进一步提高认识，增强做好进城务工人员子女教育工作的责任感和使命感。要以积极的态度，统一领导，统筹规划，加大投入，落实责任，统筹解决好进城务工人员子女的教育问题。

（二）在我省流入地接受义务教育须符合以下条件：进城务工人员子女户籍所在地无监护条件，其父母或其他法定监护人已持有我省流入地（县级）普通人员居住证，或具有领取普通人员居住证条件（取得暂住证或临时居住证1年以上，有相对固定住所和稳定职业，按规定缴满基本养老保险年限，领取暂住证或临时居住证后无行政拘留以上处罚、违法生育等记录），并能提供与居住证申领条件相关的证明材料需在流入地就学的进城务工人员直系子女。

二、进一步采取措施，切实保障进城务工人员子女平等接受教育的权利

（三）科学规划进城务工人员子女入学工作。按照“以流入地政府为主、以公办学校为主”的原则，将解决进城务工人员子女入学等工作全面纳入当地经济社会发展规划。各级政府要充分考虑当地人口增减、城市发展、产业升级和今后进城务工人员流动趋势等，科学预测今后一段时期进城务工人员子女入学人数，以常住人口作为主要依据，编制中小学校布局和建设规划，合理配置教育资源，满足符合条件的进城务工人员子女入学的基本需要。

（四）切实安排好进城务工人员子女入学。流入地政府要按照“就近入学、统筹安排”的要求，做好符合条件的进城务工人员子女就学工作。进城务工人员子女统一到居住地就近学校报名，在就近学校学额有空余的情况下予以安排入学；就近学校没有空余学额的，由当地教育行政部门结合校网布局和生源的实际情况，统筹安排到其他学校就学。所有公办中小学都有接纳符合条件的进城务工人员子女入学的责任和义务，在学额有空余的情况下，任何学校都不得拒收符合条件的进城务工人员子女入学。公办学校要充分挖掘潜力，尽可能多地接受进城务工人员子女就学。凡在居住地就近学校学习或经当地教育行政部门统筹安排进入其他学校就学的符合条件的义务教育阶段进城务工人员子女，与当地学生一样享受省统一规定的免费政策；符合条件的家庭经济困难学生应纳入政府资助范围。鼓励机关团体、企事业单位和公民个人捐款捐物，资助家庭经济困难的进城务工人员子女就学。

三、进一步健全制度，形成保障进城务工人员子女平等接受教育的长效机制

（五）进一步健全义务教育证书制度。根据《浙江省义务教育阶段学生学籍管理办法（试行）》的规定，《义务教育登记卡》是省内学生流动、转学的必备材料。各地要按照1990年12月省教委颁发的《浙江省义务教育证书制度（试行）》的规定，做好进城务工人员子女“义务教育登记卡”登记管理工作。凡本省户籍的一年级新生（简称“新一”）均由户籍所在地学校建卡，户籍所在地县级教育行政部门审核盖章。在户籍所在地未入过学的进城务工人员子女由户籍所在地县级教育行政部门建卡。学生在省内流动的，登记卡由流入地就读学校保管并做好每年登记工作，做到卡随人走。要及时做好浙江省中小学和幼儿园学生电子学籍系统的登记、变动等信息记录工作。

（六）鼓励和吸引进城务工人员子女特别是外省来浙务工人员子女就读中等职业学校（含职业高中和技校）。凡具有初中毕业以上学历或同等学力的，不受户籍限制，均可报读我省中等职业学校。各地要认真做好外省来浙务工人员子女的学习需求调查，将有意接受中等职业教育的进城务工人员子女统一纳入当地中职招生计划。在校学习期间，外省来浙务工人员子女按照国家、省有关文件规定，享受国家助学金和政府奖学金。

（七）建立进城务工人员适龄子女的调查和登记制度。各级公安部门要重视、加强进城务工人员子女的登记工作，并将相关数据通报同级教育行政部门。各级教育行政部门要根据进城务工人员子女的实际情况及时制订方案，确保进城务工人员子女按时入学。省教育厅要将进城务工人员子女接受教育情况纳入教育事业统计年报，并不断完善。各级教育行政部门要开展统计分析，及时掌握省外分省、省内分市县（市、区）的进城务工人员子女区域分布变动情况，切实加强对进城务工人员子女的动态管理。

四、进一步落实政策，加大对进城务工人员子女教育的支持力度

（八）加大对进城务工人员子女教育的投入。省设立进城务工人员子女教育专项资金，支持接纳进城务工人员子女就学校多的地区改善学校办学条件，提高教育质量。各级政府要将进城务工人员子女教育经费纳入财政预算统筹考虑，按照中小学布局与建设规划落实学校建设资金和建设用地，确保学校建设进度，满足进城务工人员子女入学的需要。要按学校实际在校生数（包括进城务工人员子女学生）和拨款定额安排公用经费，确保学校正常运转，同步落实符合条件的经济困难进城务工人员子女的各项资助经费。人事编制部门要根据进城务工人员子女流入情况，合理核定学校的教职工编制数，确保学校教学工作的正常开展。

（九）积极鼓励社会各界以多种形式依法举办非营利性的，符合基本办学要求的进城务工人员子女学校。在以公办学校为主的基础上，积极鼓励社会力量利用非财政性资金举办民办进城务工人员子女学校。要加大对符合基本办学条件的民办进城务工人员子女学校的扶持力度，各地要在经费、设备和师资等方面给予支持。对管理规范、质量较高的民办进城务工人员子女学校应予以奖励。

（十）加强进城务工人员子女学校师资队伍建设。各级教育行政部门要加强进城务工人员子女学校教师的管理，严格进城务工人员子女学校校长和教师准入资格，把好教师入口关。要加强对进城务工人员子女学校教师的培养与培训，使他们在师资培训、教研活动、职称评定、评优评先等方面与当地公办教师享有同等待遇。建立公办学校教师到民办进城务工人员子女学校任职或支教制度。各级政府要切实关心民办进城务工人员子女学校教师，确保教师的基本生活条件。

五、进一步加强管理，逐步形成促进进城务工人员子女健康成长的良好环境

（十一）加强对进城务工人员子女的教育和管理。对进城务工人员子女学籍实行动态化管理，进城务工人员子女在评优评先、入队入团、课外活动等方面，与当地学生一视同仁。要有针对性地采取教学帮扶措施，主动关心帮助进城务工人员子女克服各种心理和学习障碍，使他们融入集体、健康成长。学校要通过举办家长学校等形式，加强与家长的沟通，不断提高家庭教育水平。

（十二）加强对民办进城务工人员子女学校的管理和指导。要将进城务工人员子女学校纳入规范化统一管理，严格民办进城务工人员子女学校的准入条件，规范审批，改进管理，确保进城务工人员子女有一个健康、安全、完备的教育环境和条件。要通过政策扶持、教学帮扶等途径，督促指导进城务工人员子女学校不断提高教育教学质量。

（十三）加快改善民办进城务工人员子女学校办学条件。对达不到基本办学标准的学校，各地要及时妥善予以处置。对未经当地教育行政部门批准、非法举办的进城务工人员子女学校，由各级政府牵头，协调公安、教育、安全监管、卫生等有关部门予以取缔。要强化对进城务工人员子女学校的安全监管，经常性地进行检查指导，重点排查校舍、食品卫生和学生接送车等方面可能存在的安全隐患，逐一落实整改措施，确保师生平安。《浙江省人民政府办公厅关于进一步做好流动儿童少年义务教育工作的意见》（浙政办发［2004］109号）同时废止。

2008年11月2日

浙江省人民政府关于调整用人单位基本养老保险费缴费比例有关工作的通知

浙政发〔2008〕70号

各市、县（市、区）人民政府，省政府直属各单位：

近些年来，全省各地积极推行基本养老保险费、基本医疗保险费、失业保险费、工伤保险费、生育保险费统一征收（以下简称五费合征），社会保险覆盖面持续扩大，社会保险费收入持续增长，基金支付能力稳步提高，社会保险工作取得明显成效。但是，也存在名义缴费比例虚高、企业负担不均衡、征管机制不够健全等问题，亟须进一步调整、规范和完善。为优化企业发展环境，均衡用人单位社会保险负担，保障职工社会保险权益，根据《浙江省职工基本养老保险条例》等有关法规和文件规定，现就调整用人单位基本养老保险费缴费比例等有关工作通知如下：

一、分类推进调整用人单位基本养老保险费缴费比例

从2008年起，逐步将全省用人单位基本养老保险费缴费比例统一到12%～16%区间内，城镇个体工商户和城镇灵活就业人员的缴费比例仍统一按20%执行。同时，积极推进“低门槛准入、低标准享受”养老保险办法（以下简称“双低”办法）与统一制度的并轨。统筹地区用人单位基本养老保险费缴费比例调整后，“双低”办法缴费比例与统一制度缴费比例相接近的，要积极创造条件适时实行并轨；“双低”办法缴费比例与统一制度缴费比例仍有较大差距的，允许在一定时期内继续执行“双低”办法，待条件成熟时再并轨。坚持分类指导，梯度推进各地用人单位基本养老保险费缴费比例调整工作。按照有关规定做实个人账户后，基本养老保险基金支付能力在24（含）个月以上的统筹地区，可逐步下调缴费比例，最低不低于12%；基金支付能力在12（含）～23个月之间的，可将缴费比例调整到12%～16%之间；基金支付能力不强的统筹地区，要采取综合性措施，在确保基金支付能力不低于6个月的前提下，逐步将缴费比例调整到16%；基金支付困难的统筹地区，要结合当地实际制定具体工作方案，进一步强化社会保险费征缴，多方筹措社会保险资金，积极创造条件，逐步降低缴费比例。各地要通过扩大基本养老保险覆盖面，依法加强养老保险费征管，落实社会保障资金多渠道筹措机制，加大对养老保险基金的支持力度，积极为降低缴费比例创造条件，确保缴费比例在近期内实现有效降低，努力缩小各统筹地区间用人单位基本养老保险费缴费比例的差距。要进一步夯实缴费基数，提高基金征缴率，严格退休审批，规范统筹项目，稳步提高基金抗风险能力。实行用人单位基本养老保险费缴费比例调整报批制度。具备条件降低缴费比例的统筹地区，要充分考虑当地基本养老保险费征缴收入水平、基金支付能力等因素，在确保企业职工基本养老保险制度可持续发展的前提下，合理测算当地用人单位基本养老保险费缴费比例，提出缴费比例调整方案。缴费比例调整方案，由统筹地区政府报经省劳动保障厅、省财政厅批准同意后实施。提交的缴费比例调整方案，要具体分析当地基本养老保险费征收和基金支付能力情况，提供缴费比例调整的具体测算情况和组织实施的相关工作措施。未经批准，各地一律不得擅自调整缴费比例。

二、进一步完善社会保险费五费合征制度

按照2008年底前所有统筹地区全面实施五费合征、2009年年底前所有企业全部纳入社会保险参保范围的要求，各级劳动保障部门及社会保险经办机构和地税部门要进一步完善社会保险登记、缴费登记工作。除法律法规规定要求实行分别参保的社会保险险种外，用人单位要一次性办理社会保险登记和五项社会保险费的缴费登记。同一缴费单位各险种登记的单位名称、社保编码等基本信息要一致。社会保险经办机构和地税部门要定期核对参保缴费单位的信息数据。夯实社会保险费缴费基数，规范用人单位参保缴费行为。企业单位应以全部职工工资总额为单位社会保险费缴费基数。在计算用人单位缴费基数时，要以统计部门规定的工资总额口径作为单位缴费基数的征收依据。加强社会保险信息化建设。加快建设统一的社会保险管理服务信息平台和参保单位网上业务系统，确保劳动保障、财政、地税等部门及经办机构之间的数据即时交换与共享，确保参保单位社会保险登记、缴费登记、信息变更、缴费申报、信息查询等业务实现上网操作。同时，省级有关部门要加快系统内社会保险省市县业务操作联网进程，尽快形成能即时上传下达的信息交换与共享系统网络。各级劳动保障、财政、地税等部门要协同配合，切实加大资金投入，加大工作力度，加快构建统一高效、互联互通的社会保险管理服务信息平台，努力提高社会保险管理服务水平。

三、进一步建立健全社会保险资金多渠道筹资机制

各地要进一步落实《浙江省人民政府关于建立社会保障资金多渠道筹措机制的意见》（浙政发［2004］36号）精神，按照建立完善公共财政体制的要求，调整财政支出结构，加大社会保障投入力度。各级财政年度新增财力的2/3要用于解决民生问题，重点用于社会保障支出。要进一步落实多渠道筹资机制，从国有资产收益、国有土地有偿使用收入等渠道按规定比例提取用于充实社会保障资金，建立以养老保险为重点的社会保险风险准备金制度。进一步完善养老保险省级调剂制度，扩大省级调剂金使用范围，加大调剂力度，具体办法由省劳动保障厅、省财政厅另行制定。

四、切实加强组织领导，确保顺利实施

做好调整用人单位基本养老保险费缴费比例等相关工作，是营造企业公平竞争环境、维护劳动者合法权益的重要举措，是促进经济转型升级、保持经济平稳持续健康发展的客观要求，是全面改善民生、促进社会和谐的重要条件。各级政府和各有关部门要从贯彻落实科学发展观、深入实施“创业富民、创新强省”总战略的高度出发，充分认识做好这些工作的重要意义，切实加强组织领导，加强工作协调，确保平稳有序实施。要着眼于建立可持续发展的社会保障体系，认真贯彻落实《浙江省职工基本养老保险条例》等有关法规文件，进一步完善相关制度和政策。要着眼于保障企业和职工的合法权益，进一步建立健全规范高效的社会保险费征管和服务机制。省劳动保障、财政、地税等部门要密切配合，进一步加强调查研究和工作指导，及时完善各项政策措施，推动各地积极有序地开展调整用人单位基本养老保险费缴费比例等相关工作。

2008 年 11 月 12 日

浙江省人民政府关于加快推进养老服务体系建设的意见

浙政发［2008］72号

为进一步完善社会养老服务体系，健全社会化养老服务机制，大力发展老年社会福利事业，根据《中共浙江省委关于全面改善民生　促进社会和谐的决定》（浙委［2008］38号）精神，现就加快推进我省养老服务体系建设提出如下意见：

一、充分认识加快推进养老服务体系建设的重要意义

我省是全国最先进入人口老龄化社会的省份之一。据统计，到2007年年底，全省60岁及以上老年人口达700万，占总人口的15%；预计到2040年前后，全省老年人口将达到峰值1 460万，约占总人口的32%。随着人口老龄化的快速发展，老年人生活照料、医疗健康、精神文化等需求日益凸显，养老服务问题日趋严峻。加快推进养老服务体系建设，是贯彻落实科学发展观、深入实施“创业富民、创新强省”总战略的重要方面，是应对人口老龄化、全面建设惠及全省人民的小康社会的客观要求，是加快推进以改善民生为重点的社会建设、促进社会和谐稳定的重要内容。加快推进养老服务体系建设，也有利于调整经济结构，促进相关产业发展，增加社会就业岗位，提高人民群众生活水平和质量。各地各部门要从深入贯彻党的十七大和省第十二次党代会精神、全面落实科学发展观、构建社会主义和谐社会的高度，深刻认识加快推进养老服务体系建设的重要意义，采取切实有力措施，推动我省养老服务事业加快发展。

二、加快推进养老服务体系建设的指导思想和总体目标

（一）指导思想。坚持以邓小平理论和“三个代表”重要思想为指导，深入贯彻落实科学发展观，按照政府主导、政策扶持，社会参与、市场推动的原则，进一步提升全省养老福利、服务水平，加快推进养老服务社会化，逐步建立健全与人口老龄化进程相适应、与经济社会发展相协调，以居家养老为基础、社区服务为依托、机构养老为补充，服务方式多元化、投资主体多样化、居家养老普及化、服务队伍专业化，覆盖城乡的养老服务体系。

（二）总体目标。以发展老年福利事业为重点，全面推进社区居家养老服务，增强社区照料功能，加强机构养老基础设施建设，健全社会化服务机制。到2012年，实现城乡社区居家养老服务基本覆盖，机构养老服务床位数保持年均增长10%以上，享受机构养老服务人数达到老年人口总数的3%以上。

三、加快推进养老服务体系建设的主要任务

（一）以建设城乡社区"星光老年之家"为抓手，完善居家养老服务体系。结合城乡社区建设，进一步加强城乡居家养老服务网点建设，完善居家养老服务配套措施，增强生活照料、医疗护理等功能，提高为老服务水平。到2012年，全省城市社区普遍建立"星光老年之家"，农村社区建立"星光老年之家"15 000个；城乡"星光老年之家"具备生活服务、文化活动、老年教育等基本养老服务功能。

（二）改善、提升乡镇（街道）敬老院基础设施和服务功能，实现敬老院向区域性社会养老服务中心转型。拓展服务对象，通过改、扩建和建立入院评审制度等方式，在确保农村五保和城镇"三无"人员集中供养的基础上，重点向最低生活保障老人、生活困难老人、高龄老人以及重度残疾老人等特殊困难老人提供养老和护理服务。扩大服务范围，依托乡镇（街道）敬老院向居家老人提供日间托养、短期寄养、配送餐等服务，开放老年文体活动场所。完善服务功能，建立和完善集供养、寄养、社区照料和居家养老服务组织管理等功能于一体的综合性养老服务体系。到2012年，全省80%以上乡镇（街道）建立综合性养老服务中心。

（三）加大扶持力度，大力推进民办养老服务机构发展。通过建设资金补贴、公建民营、税费优惠、政府购买服务等优惠扶持措施，促进非营利性民办养老服务机构的发展。到2012年，全省非营利性民办养老服务机构床位数占全部床位数的比重力争达到50%。积极扶持鼓励社会兴办养老服务企业，培育多种服务方式和不同收费水平的服务行业供给主体，满足不同层次、不同类型的养老服务需求。

（四）建立健全市、县（市、区）社会养老服务指导中心，强化行业管理和指导。依托现有公办养老服务机构或构建相应的养老服务平台，建立具有组织、指导、服务、培训等功能的社会养老服务指导中心，强化对养老服务机构和居家养老服务的行业管理和指导。到2012年，每个市、县（市、区）建有社会养老服务指导中心，并按照社会化示范要求，建立健全低收入老人、高龄老人、重度残疾老人等特殊困难老人入院评审制度和行业自律守则、行业管理制度等制度规范，提高行业管理服务水平。

四、加大养老服务体系建设政策扶持力度

（一）大力支持居家养老服务体系建设。加大城乡居家养老服务网点的补助力度。新建具备生活服务、文体活动、老年教育等功能的城市社区"星光老年之家"，省财政给予每个不少于2万元补助；农村社区"星光老年之家"给予每个不少于1万元补助。市、县（市、区）应按照省财政补助情况给予相应配套补助。县（市、区）、乡镇（街道）财政和村集体经济应根据实际情况，给予"星光老年之家"必要的运行经费保障。市、县（市、区）设立的社会养老服务指导中心和乡镇（街道）建立的养老服务中心，由省财政给予适当补助。鼓励社会力量参与居家养老服务。各级政府要积极采取政府购买服务、给予资金补助、提供服务场所等优惠扶持政策，引导和鼓励社会中介组织、家政服务企业等参与居家养老服务，为广大老年人提供周到便捷的服务。积极鼓励"4050"、城镇零就业家庭、城乡低保户、长期失业人员、低保边缘户人员、需赡养患有重大疾病直系亲属的人员和农村复转军人及被征地农民中的就业困难人员到养老服务机构就业再就业。县级以上民政、劳动保障部门应对上述就业困难人员参与养老服务开展必要的培训，培训费用补贴按规定渠道列支。

（二）加快发展民办养老服务机构。加大对民办养老服务机构的财政补助力度。用房自建的

非营利性民办养老服务机构，床位数达到50张（含）以上、取得“社会养老服务机构设置批准书”和“民办非企业单位”证书并投入使用后，由省财政按照核定的床位数给予每个床位3 000元补助。租用用房且租期5年（含）以上的非营利性民办养老服务机构，床位数达到50张（含）以上，由省财政按照核定的床位数分5年给予每个床位每年500元补助。床位数在50张以内和已建成投入使用的非营利性民办养老服务机构，是否给予补助及具体补助办法、标准，由所在县（市、区）政府确定。认真落实对养老服务机构优惠扶持政策。各地要按照全国老龄工作委员会办公室等10部委《关于全面推进居家养老服务工作的意见》（全国老龄办发［2008］4号）、《浙江省人民政府办公厅关于促进养老服务业发展的通知》（浙政办发［2006］84号）等文件精神，认真落实国家和省有关老年服务机构税费扶持政策，对养老类的养老服务机构提供的养老服务免征营业税；对非营利性养老服务机构免征企业所得税和自用房产、土地、车船使用税。下达给各地的年度新增建设用地计划，符合规划的，要优先安排养老服务机构建设用地，非营利性社会福利设施建设用地实行划拨供地，养老服务机构建设用地可通过公开出让方式供地。民办养老服务机构接收安置农村五保和城镇“三无”人员的，各地应按规定标准将其生活、医疗费等补助转入民办养老服务机构，用于支付其生活、医疗、照料服务等所需费用，不足部分由当地政府给予适当补助。接收需要生活照料的最低生活保障老人、生活困难老人、高龄老人和重度残疾老人等特殊困难老人的非营利性民办养老服务机构，当地政府可根据实际给予适当补助。具体补助范围和补助标准由市、县（市、区）政府确定。支持民办养老机构开展社会化医疗卫生服务。民办养老服务机构所办医疗机构已取得执业许可证并符合定点医疗机构资格条件的，按有关规定申请并经批准后，可纳入城镇职工基本医疗保险定点范围。

（三）完善公办养老服务机构运营机制。进一步加强对公办养老服务机构的运营管理。凡以财政和福利彩票公益金投资为主体建设的养老服务机构必须用于养老服务，严禁改作宾馆、饭店、写字楼和其他商业用房。在满足当地老年人入住机构养老的同时，对闲置、空余和暂时住不满的养老服务机构和床位，允许短期（最长2年）出租，出租经营项目必须是为老年人服务的社会福利和社会公益事业项目，租金收入上缴财政，实行收支两条线管理。完善公办养老服务机构收费制度。向社会自费寄养老人服务的收费标准，由价格主管部门根据设施条件、服务项目和标准，通过成本核算后确定收费标准。

五、切实加强对养老服务体系建设的组织领导

各级政府和各有关部门要切实加强组织领导，将养老服务体系建设摆上重要议事日程，纳入当地国民经济和社会发展规划，纳入基本公共服务均等化行动计划，进一步完善各项养老福利政策，切实加强政策扶持力度，推进养老服务体系建设加快发展。要进一步加强规划引导，根据当地老年人口发展速度和养老服务需求状况，认真组织制定养老服务业规划，精心制定养老服务机构建设规划，严格按照规划和建设标准组织实施。要进一步加强部门协作，整合各类社会资源，支持和鼓励社会力量积极参与养老服务，合力推进养老服务体系建设加快发展。各级民政部门是机构养老的行业主管部门。要进一步加强和规范机构养老行业管理，继续把好非营利性养老服务机构组建的条件，主动加强对社会养老服务机构的监督管理，并通过老年福利服务相关行业协会，加强全行业规范与业务指导。要建立健全社会化养老服务评估、评审制度，对养老服务机构的财政专项资金的落实和使用、养老服务机构和服务组织的服务技能和服务质量、入住公办社会福利（养老）机构对象的资格审核以及政府补助的对象等方面开展评估、评审。省级民政部门负责组织、指导养老服务机构服务规范、居家养老服务导则等行业管理制度规范和评估、评审实施办法的制定。要切实加强专业人才队伍建设。省民政厅要会同省人事厅、省劳动保障厅组织制定养老服务专业社会工作者职业水平评价、养老服务技术工人职业资格鉴定等政策制度，进一步提高养老服务队伍的专业技能水平。要切实加强养老服务专业队伍人员培训，逐步提高养老服务工作人员工资福利待遇，进一步提高养老服务队伍人员素质，确保人员队伍稳定。要积极倡导、发展志愿者服务队伍，建立义工服务时间储备制，积极探索“义工银行”等自助互助服务途径。要加快养老服务信息化建设。按照建设“数字浙江”的总体规划和要求，加快老年福利服务信息化建设。建立健全省、市、县（市、区）各级机构养老服务信息管理系统，并纳入政府职能部门数据库管理，及时向社会提供养老服务需求和资源供应信息。建立完善居家养老信息服务网络，依托社区服务信息平台，在社区普遍建立为老服务热线、居家呼叫系统等便捷有效的求助和服务信息沟通渠道。

2008 年 11 月 14 日

浙江省人民政府办公厅关于进一步做好2008年全省劳动保障工作的通知

浙政办发〔2008〕32号

各市、县（市、区）人民政府，省政府直属各单位：

为认真贯彻落实党的十七大和省第十二次党代会精神，进一步加强劳动和社会保障工作，确保完成省政府确定的今年就业再就业、社会保障方面的实事项目，经省政府同意，现将2008年全省劳动保障工作目标任务分解下达各市，并就有关事项通知如下：

一、大力实施就业促进工程，健全就业公共服务体系，贯彻实施《中华人民共和国就业促进法》，实施积极的就业政策，统筹做好城镇失业人员再就业、高校毕业生就业和农村富余劳动力转移就业工作，促进城乡劳动力充分、平等就业。2008年全省新增城镇就业人员65万人；引导和帮助25万名城镇失业人员实现再就业，其中就业困难人员再就业6万人；新增转移农村劳动力38万人。贯彻落实城乡困难人员就业再就业帮扶政策，实现城镇零就业家庭基数归零、动态归零，农村低保家庭中有劳动能力和就业愿望的人员实现就业达到50%以上。城镇登记失业率控制在4%以内，全省就业局势保持总体稳定。

二、加快推进社会保障工程，建立覆盖城乡居民的社会保障体系，全面推进社会保险费“五费合征”，持续扩大社会保险覆盖面，逐步实现社会保障从城镇为主向覆盖城乡转变、从城镇职工为主向城乡居民转变。养老保险。不断扩大养老保险覆盖面，全年新增企业参保人数60万人。同时，加快个人账户做实步伐。积极稳妥地推进事业单位养老保险制度改革。进一步完善养老保险关系转移、衔接的政策措施，妥善解决参保人员流动时养老保险关系的接续问题。积极探索城镇居民养老保险制度。做好企业退休人员养老金调整工作。医疗保险。大力推进城镇居民基本医疗保险制度建设，年内全省实现全覆盖，新增参保人数150万人以上，参保总人数超过300万人。启动实施两年一次的城镇参保居民健康体检。继续扩大城镇职工基本医疗保险覆盖面，抓好规模以上民营企业和灵活就业人员参保，新增城镇职工基本医疗保险参保人数60万人，继续实施参加城镇职工基本医疗保险的退休人员健康体检。失业保险。继续扩大失业保险覆盖面，新增失业保险参保人数50万人。研究制定关于失业保险促进稳定就业的政策措施，改革失业保险待遇计发办法，进一步扩大失业保险基金支出范围。工伤生育保险。继续加大工伤保险扩面力度，加快推进农民工数量较多的建筑施工等企业参加工伤保险，完善商贸、住宿、餐饮等行业参加工伤保险办法，新增工伤保险参保人数200万人。努力扩大生育保险覆盖面，新增生育保险参保人数30万人。

三、加大职业技能培训力度，加快建设高技能人才队伍。按照十七大提出的统筹抓好以高层次人才和高技能人才为重点的各类人才队伍建设的要求，贯彻落实省委、省政府关于进一步加强高技能人才工作部署，以培养高技能人才为引领，做好外省来浙农村劳动力的技能培训和失业人员再就业培训，扩大创业培训，全面提高城乡劳动者的就业能力、职业转换能力和创业能力。全年培养高技能人才 8 万人，其中新技师 2 万人，再就业培训 15 万人，创业培训 1 万人，跨省务工农民技能提升培训 30 万人，职业技能鉴定 60 万人。

四、强化劳动用工管理，依法规范劳动关系，认真贯彻实施《中华人民共和国劳动合同法》，大力推进各类企业与劳动者普遍依法签订劳动合同，切实加强劳动合同和集体合同管理，力争 2008 年全省职工劳动合同签订率达到 95%以上。调整提高职工最低工资标准，探索建立企业职工工资正常增长机制。贯彻落实《中华人民共和国劳动争议调解仲裁法》，加强案件处理工作。推进仲裁机构实体化建设。进一步加大劳动保障监察力度，制止和纠正劳动保障违法行为，切实维护劳动者合法权益。深入开展创建和谐劳动关系企业活动，促进企业和职工共建共享、双赢互利。

附件：全省 2008 年劳动保障工作目标任务分解表（略）

2008 年 4 月 22 日

浙江省人民政府办公厅关于切实做好清理规范职业资格相关活动工作的通知

浙政办发［2008］40号

各市、县（市、区）人民政府，省政府直属各单位：

根据《国务院办公厅关于清理规范各类职业资格相关活动的通知》（国办发［2007］73号）、人力资源和社会保障部等8部委《关于贯彻〈国务院办公厅关于清理规范各类职业资格相关活动的通知〉的通知》（人社部发［2008］8号）精神，为切实做好我省各类职业资格相关活动的清理规范工作，经省政府同意，现就有关事项通知如下：

一、充分认识做好清理规范工作的重要意义

人力资源是第一资源。加强人力资源建设、健全人才评价体系，是贯彻落实科学发展观的重要内容，是实施“创业富民、创新强省”总战略的关键环节，是全面建设惠及全省人民的小康社会的重要支撑。职业资格制度是社会主义市场经济条件下科学评价人才的一项重要制度。规范完善职业资格制度，遏制职业资格设置、考试、发证等活动中的混乱现象，是加强人力资源建设，维护人才队伍合法权益，维护公共利益和社会秩序的重要举措，是尊重人才、尊重知识的具体体现。各地、各部门要从深入贯彻科学发展观、全面落实党的十七大和省第十二次党代会精神、构建社会主义和谐社会的高度，充分认识做好清理规范各类职业资格相关活动工作的重要意义，切实增强责任感和紧迫感，按照国家和省里的统一部署和要求，抓紧做好清理规范各项工作。

二、进一步明确清理规范工作内容

（一）清理规范范围。省政府各部门、各直属事业单位及其下属单位，各市、县（市、区）政府各部门、各直属事业单位及其下属单位，各类行业协会、学会等社会团体，各类企业面向社会设置或组织实施的职业资格及相关考试、发证等活动。

（二）清理规范内容。各地、各部门要按照管辖范围和职责权限，全面清查本行政区域和本系统各类职业资格相关活动的情况，包括资格设置、资格类别、实施机构、相关培训活动、资格证书印制和发放等方面的情况。各行业协会、学会等社会团体面向社会设置或组织实施的职业资格及相关考试、鉴定、发证等活动，由其主管部门负责清理规范。企业面向社会设置或组织实施的职业资格及相关考试、鉴定、发证等活动，由所在设区市政府负责清理规范。

三、认真落实清理规范工作措施

各地、各部门、各单位要在自查的基础上，分步、分类开展清理规范工作。一是对于清理出来的各类职业资格，必须认真提出保留、归并、调整或取消的意见。对清查中发现的没有法律、法规或国务院决定为依据设置的行政许可类职业资格及相关考试、发证等活动，以及各地、各部门和各单位自行设置的非行政许可类职业资格，应立即停止。对确需保留的，由省政府报经人力资源和社会保障部审批同意后纳入国家统一管理，并向社会发布公告，再按照相关规定组织实施。未经批准和向社会公告的职业资格，一律不得开展相应的考试、鉴定、培训、发证等活动。二是各类企业自行开展的冠以职业资格名称的相关活动应立即停止。三是要全面检查本行政区域、本系统内组织实施的各类职业资格考试、鉴定活动，特别是考试、鉴定等重要环节的组织实施工作，发现问题及时纠正，确保公平公正，规范有序。四是对举办考试、鉴定活动的单位（机构）与职能不一致、使用含义模糊的名称或假借行政机关名义开展的考试、鉴定活动，要立即停止或予以纠正。五是对违法违规印制、滥发证书等活动，依法予以严肃查处。六是对强制开展的考前培训、以考试为名推行的各种培训、超越职能范围或不按办学许可证规定举办的各种培训，坚决予以查处。对在培训活动中进行的虚假宣传等，应及时予以纠正。七是按照国家和省政府有关收费政策，对各类职业资格相关活动收费情况进行认真检查，发现问题及时纠正和处理。

四、及时报送清理规范工作情况

各地、各部门和各单位在对本行政区域和本系统各类职业资格相关活动全面清查的基础上，按照专业技术人员职业资格和技能人员职业资格两类情况分别填报《职业资格清理规范情况统计表》，并由各设区市政府和省级主管部门汇总形成清理规范职业资格相关活动工作总结。工作总结的主要内容是：本行政区域或本系统开展各类职业资格相关活动的基本情况；清理规范过程中采取的主要措施、取得的成效；对每一职业资格明确提出保留、取消、停止、调整或归并的处理意见；详细说明各类职业资格名称、类型、设置依据、设置部门（或单位）、实施部门（或单位）、实施时间和已获得资格人数、涉及范围、证书名称及需要上报人力资源和社会保障部研究进行调整、审批并予以公告的理由；下一步规范发展的意见等。各市和省级主管部门要于 2008 年 5 月 31 日前，将职业资格清理规范工作总结和统计表，分别报送省人事厅和省劳动保障厅。

五、切实加强对清理规范工作的组织领导

清理规范职业资格相关活动涉及面广，政策性强，情况复杂，各地、各部门要切实加强组织领导，按照国家和省里的部署，精心组织，抓紧实施，积极稳妥地做好清理规范工作。各级人事、劳动保障部门要在当地政府的统一领导下，切实承担好清理规范的牵头工作，建立工作协调机制，会同相关部门组织实施好各类职业资格清理规范的相关工作。各级财政和物价部门负责全面清理各类职业资格考试、鉴定、培训、发证等方面的收费活动，查处和纠正各种违规收费行为。各级工商部门负责查处各类违法广告、虚假宣传、超范围经营行为。各级公安部门负责依法严厉打击伪造、变造或者买卖公文、证件、证明文件、印章和冒用职业资格之名进行欺诈等各类违法犯罪行为。各级民政部门和各有关业务主管单位要对社会团体开展的有关活动加强指导和监督。各级监察部门要对清理规范工作进行监督，并对违纪违规行为进行查处。其他省级部门负责本部门、本系统的职业资格清理规范工作。为进一步加强领导，切实做好清理规范各项工作，由省人事厅和省劳动保障厅牵头，会同省发改委、省经贸委、省公安厅、省监察厅、省教育厅、省民政厅、省财政厅、省工商局、省物价局建立职业资格清理规范工作协调机制，在清理规范各类职业资格相关活动期间成立省专业技术人员职业资格清理规范工作办公室和省技能人员职业资格清理规范工作办公室，分别负责专业技术人员和技能人员的职业资格清理规范工作。省专业技术人员职业资格清理规范工作办公室设在省人事厅，省技能人员职业资格清理规范工作办公室设在省劳动保障厅。

2008 年 5 月 13 日

中共浙江省委办公厅　浙江省人民政府办公厅
关于全面推进职工工资集体协商工作的意见

浙委办〔2008〕67号

各市、县（市、区）党委和人民政府，省直属各单位：

为深入贯彻党的十七大和省第十二次党代会精神，深化职工收入分配制度改革，建立职工工资正常增长机制，促进社会和谐稳定，经省委、省政府同意，现就我省全面推进职工工资集体协商工作提出以下意见：

一、全面推进职工工资集体协商工作的重要意义

实行职工工资集体协商，是深化收入分配制度改革的重要手段，是建立职工工资民主共决机制的基本形式，是发展和谐劳动关系的必然要求。近些年来，我省重视规范和协调劳动关系，积极开展和谐劳动关系企业创建活动，尤其是温岭等地推行行业性、区域性工资集体协商工作，取得了明显成效，积累了一定经验。但要清醒地看到，我省民营经济比重大，中小企业量大面广，区域块状经济形成规模，外来务工人员相对集中，协调劳动关系任务日趋繁重，推进职工工资集体协商意义重大。各级党委、政府要从贯彻落实科学发展观、构建社会主义和谐社会的高度，充分认识实行工资集体协商的重要性和紧迫性，全面推进职工工资集体协商工作，保障劳动关系双方合法权益，构建和谐劳动关系，促进我省经济社会又好又快发展。

二、全面推进职工工资集体协商工作的总体要求、基本原则和工作目标

（一）总体要求。深入贯彻党的十七大和省第十二次党代会精神，以科学发展观为指导，按照发展社会主义市场经济、构建社会主义和谐社会的要求，以建立健全职工工资民主共决机制和工资正常增长机制为目标，坚持党政主导、三方协同、工会推动、劳资互动的工作格局，坚持依法办事，坚持分类指导，深化企业收入分配制度改革，完善企业民主管理制度，培育集体协商主体，大力推进职工工资集体协商工作，努力发展企业和行业、区域的和谐劳动关系。

（二）基本原则。坚持党的领导，各级政府和协调劳动关系三方以及广大企业要在当地党委领导下开展工作，企业和行业协会的党组织要充分发挥政治核心作用，确保这项工作沿着正确的方向发展。坚持共享共赢，着眼于实现企业与职工的共同利益，处理好效率与公平、按劳分配与按其他生产要素分配的关系，实现企业发展、职工受益的目的。坚持依法协商，严格遵循《中华人民共和国劳动法》《中华人民共和国工会法》和《中华人民共和国劳动合同法》等有关法律法规，协商双方的主体资格、协商内容、协商程序和协商办法必须依法进行，注重规范。坚持和谐稳定，始终把维护社会和谐稳定、维护企业正常生产经营秩序摆在首位，通过集体协商，达成协商主体双方都能接受的利益平衡点，实现企业和谐稳定持续发展。

（三）工作目标。2010年年底前，全省开展职工工资集体协商的企业覆盖面达到70%以上，其中国有集体企业覆盖面力争达到100%；已建工会的企业，2009年年底前要全面推行工资集体协商制度；未建工会的企业，要积极开展区域性、行业性工资集体协商；积极推动所有具备条件的企业依法开展工资集体协商。

三、着力推进职工工资集体协商制度化、规范化、程序化

（一）健全职工参与制度。职工是工资集体协商的一方主体，组织动员广大职工积极参与是工资集体协商取得实效的前提。各级党委、政府和有关部门要广泛宣传《劳动法》《工会法》和《劳动合同法》等法律法规和有关政策，引导广大职工增强法制意识、维权意识和协商主体意识。进一步完善企业职工代表大会制度，提高职工代表的整体素质和代表意识，支持广大职工特别是职工代表参与企业民主管理，参与工资集体协商。有条件的地方，要积极探索建立区域性、行业性职代会制度。全面推进厂务公开，切实保障广大职工和职工代表的知情权、参与权、表达权和监督权。

（二）健全协商要约制度。工会代表职工向企业方发出协商要约，是开展工资集体协商的第一步，是工资集体协商的一项规范性程序和制度性安排。工会组织要积极主动地代表职工行使要约权，依法通过必要的民主程序，充分听取广大职工的意见和建议，努力提高要约质量。各级地方工会和劳动保障部门要积极支持基层工会开展“要约行动”。对不响应要约的企业，上级工会和劳动保障部门要及时协调解决。

（三）健全职代会审议制度。按照《浙江省集体合同条例》的有关规定，集体协商后的职工工资集体协议草案，经职工大会或职工代表大会审议通过后，报当地劳动保障部门审核。协议履行后，要及时向职工大会或职工代表大会报告履行情况。企业在协议期内不得随意降低职工工资标准，确因市场风险或突发情况不能履行协议时，应及时将调整方案提交职工大会或职工代表大会审议，或经重新协商一致后确定。

（四）健全履约监督制度。健全工资集体协议履行的内外部监督制度，努力提高集体协议的履约率和职工满意度。企业职工代表大会要把签约与监督履约作为主要职责和法定程序，有计划地组织协商双方代表检查督促职工工资集体协议的履行。充分发挥人大及其常委会的法律监督和工作监督、政协的民主监督、劳动保障部门的行政监督和工会劳动保障法律监督的作用，为企业工资集体协议履约提供保证。

四、积极推进区域性、行业性职工工资集体协商

各地要把推进区域性、行业性职工工资集体协商作为当前和今后一个时期的工作重点，加快建立行业性的企业代表组织和行业工会组织，因地制宜搭建职工工资集体协商的工作平台。要把职工工资分配制度、工资增长幅度、劳动定额、计件单价等，作为区域性、行业性工资集体协商的重点内容，积极开展集体协商，全面建立以职工工资集体协商为主要形式的企业工资民主共决机制，促进企业依法规范工资分配行为，提高广大职工对企业民主管理的参与度，营造公平竞争、和谐发展的良好氛围。

五、注重完善劳动关系三方协调机制

进一步完善省、市、县级劳动关系三方协调机制，积极推进乡镇（街道）以及工业园区劳动关系三方协调机制建设。力争到 2010 年，全省乡镇（街道）普遍建立劳动关系三方协调机制。进一步规范三方协调机制的运作，不断增强三方协调机制的广泛性和代表性。各级劳动保障部门要积极主动会同工会和企业方面代表，建立健全劳动关系三方协调机制，共同研究解决有关劳动关系的重大问题。制定完善相应的规定和办法，指导督促集体协商双方代表本着合法、合理、公平、公正的原则开展平等协商。有针对性地加强对职工平均工资、企业人工成本、居民消费价格指数等指标的研究分析，完善最低工资标准、企业和行业工资指导线、劳动力市场指导价位和企业工资支付保障金等制度，加强劳动定额管理，为推进工资集体协商提供依据。严把工资集体协议审核关，促进企业工资集体协商健康发展。各级工会组织要进一步加强基层工会建设，加强指导建立行业工会或区域性工会联合会，为工会组织代表职工一方与企业代表开展工资集体协商创造条件。进一步加强对工会人员的法律法规知识和政策业务培训，提高他们的协商能力。积极指导和支持企业工会行使要约权，不断提高集体协商的质量。要切实加强对工资集体协议履行情况的监督检查，依法维护基层工会人员和职工协商代表的权益。各级企业联合会（企业家协会）要进一步加强自身建设，建立健全组织机构和工作网络，充分发挥企业代表组织的作用。对适合开展区域性和行业性工资集体协商的，要积极指导建立行业或区域性企业联合会，代表企业与工会进行工资集体协商；对已签订职工工资集体协议的企业，要引导督促企业认真履行，切实维护企业和职工双方的合法权益。

六、进一步加强职工工资集体协商工作的组织领导

各级党委、政府要高度重视这项工作，精心制订实施方案，切实加强组织领导，加大工作力度，并把它纳入党委、政府的相关工作考核中去。加快推进相关立法工作，为全面推进职工工资集体协商提供法制保障。各级和谐劳动关系创建活动领导小组及其办公室要切实加强组织协调，充分发挥各级劳动保障、经贸（中小企业）、民政、国资、工商等部门和工会、工商联、企业联合会（企业家协会）等单位的职能作用，相互配合，合力推进。各级新闻舆论部门要大力宣传推进职工工资集体协商、构建和谐劳动关系的重大意义、先进典型和好的做法，推动企业职工工资集体协商工作深入开展。

2008 年 7 月 10 日

浙江省劳动和社会保障厅　浙江省财政厅关于2008年调整企业退休人员基本养老金的通知

浙劳社老［2008］5号

各市、县（市、区）劳动（人事劳动）保障局、财政局，嘉兴市社会保障事务局，省级各单位：

根据劳动和社会保障部、财政部《关于2008年调整企业退休人员基本养老金的通知》（劳社部发［2007］43号）精神，为保障企业退休人员基本生活，共享社会发展成果，经省政府同意，决定适当调整企业退休人员基本养老金。现将有关事项通知如下，请遵照执行。

一、调整范围和对象

全省企业（包括行业单位）中，凡2007年12月31日前已按规定办理退休的人员和按国发［1978］104号、浙劳险［1993］185号、浙政［1997］15号、浙政发［2006］48号等文件规定办理退职的人员，可按本通知规定调整基本养老金。

二、调整水平和调整办法

2008年企业退休（退职）人员基本养老金调整水平为月人均130元，继续采取普遍调整和特殊调整相结合的办法，其中，普遍调整基本养老金为月人均116元，特殊调整基本养老金为月人均14元。具体调整办法如下：

（一）普遍调整退休（退职）人员基本养老金。普遍调整基本养老金，实行“双挂钩”办法。具体由两部分组成：

第一部分，退休人员按月人均58元的额度，结合2006年各市职工平均工资与全省职工平均工资的比值、2007年前三季度各市职工平均工资和居民消费价格指数增长情况确定调整标准。各市具体调整标准如下：

杭州市63元，宁波市60元，温州市56元，嘉兴市56元，湖州市57元，绍兴市58元，金华市56元，衢州市58元，台州市60元，丽水市58元，舟山市58元。

退职人员全省统一按每人每月45元标准调整。

第二部分，退休（退职）人员按本人缴费年限（含视同缴费年限，下同）长短确定月调整标准。

具体标准为：缴费年限每满1年（不满1年的按1年计算，下同），每月增加2元。

（二）适当提高部分退休（退职）人员基本养老金。在普遍调整的基础上，对下列退休（退职）人员再适当增发基本养老金：

1. 获得高级专业技术职称和高级技师资格的退休（退职）人员，其中：教授级的高级专业技术人员，每人每月增发60元；其他高级专业技术人员和高级技师每人每月增发50元。

2. 1953年12月31日前参加工作的退休（退职）人员，缴费年限满30年及以上的，每人每月增发25元；缴费年限满20年不满30年的，每人每月增发20元；缴费年限不满20年的，每人每月增发15元。1953年12月31日前参加工作的退休（退职）人员，是指1953年12月31日前参加革命工作或按国家和省规定计算连续工龄的起点时间在1953年12月31日前的退休（退职）人员。

3. 2007年12月31日前，男年满70周岁、女年满65周岁及其以上的退休（退职）人员，按本人缴费年限，每满1年，每月增发1元。

4. 基本养老金低于2007年年底当地企业月平均基本养老金水平50%的退休（退职）人员，在调整前先补足到平均水平的50%，但补足金额最高不得超过40元。然后再按本次普调、特调标准增加基本养老金。同时符合上述增发基本养老金条件的，可以重复享受。

三、有关人员的待遇处理

（一）退休军转干部调整基本养老金后，其基本养老金水平低于当地这次调整后的基本养老金平均水平的，按照浙委办［2004］30号文件规定，予以补足。

（二）退休的劳动模范和省先进生产（工作）者调整基本养老金后，其基本养老金水平低于当地这次调整后的基本养老金平均水平的，按照浙政办发［2007］88号文件规定，予以补足。劳动模范是指获得省及省以上劳动模范称号和按规定享受省及省以上劳动模范和先进工作者待遇的个人；省先进生产（工作）者是指1956年至1964年获得省先进生产（工作）者称号的个人。

（三）退休的原工商业者（含原工商业者中区分出来的小商小贩、小手工业者、小业主）调整基本养老金后，其基本养老金水平低于当地这次调整后的企业退休人员基本养老金平均水平的，按浙劳社老［2002］150文件规定精神补足到平均水平（不含退职人员）。

（四）执行“低门槛准入、低标准享受”养老保险办法的退休（退职）人员，按本人退休（退职）时计发基本养老金所确定的缴费系数，乘以调整额（含特调部分）确定基本养老金调整水平。

（五）2007年12月31日前因工致残，完全丧失劳动能力，退出生产岗位按月享受定期伤残津贴的职工，按本通知办法增加伤残津贴。如增加金额低于当地基本养老金调整平均额度的，可按这次当地企业调整基本养老金的平均额度予以补足。

（六）企业离休人员、符合原劳动人事部劳人险［1983］3号文件规定退休的新中国成立前参加革命工作的老工人以及企业退休的“两航起义”人员，不列入本次调整范围。

四、资金开支渠道

企业退休（退职）人员调整基本养老金所需费用，参加基本养老保险社会统筹的，从统筹基金中支付；未参加社会统筹的，从原渠道列支。工伤职工调整伤残津贴所需费用，按原渠道列支。

五、执行时间

本通知从2008年1月1日起执行，执行中的具体问题，由省劳动和社会保障厅负责解释。

调整企业退休人员基本养老金水平，体现了党中央、国务院和省委、省政府对广大退休人员的关心。各地各部门应高度重视，加强领导，精心组织实施，确保在2008年春节前将增加的基本养老金发放到位。

2008年1月7日

浙江省劳动和社会保障厅关于进一步做好 2008 年全省劳动保障工作的通知

浙劳社计财［2008］30 号

各市及义乌市劳动（人事劳动）保障局：

为认真贯彻全省劳动保障工作会议精神，完成今年省政府下达的劳动保障各项工作目标任务，现将全省劳动保障部门工作考核目标任务分解下达给各地，并就有关问题通知如下：

一、抓好就业再就业工作

各地劳动保障部门要切实抓好民生之本，贯彻实施《就业促进法》，确保城乡居民享有平等就业和自主择业的权利。深入实施城乡统筹就业。完善支持各类组织开发就业岗位和鼓励自主创业的政策措施，推动以创业带动就业。完善面向所有困难群众的就业援助制度，确保城镇零就业家庭“发现一户、帮扶一户、解决一户”，实现城镇零就业家庭基数归零、动态归零，帮助农村低保家庭有就业能力的劳动力实现转移就业，农村低保家庭中有劳动能力和就业愿望的人员实现就业达到 50%以上。2008 年实现全省新增城镇就业 65 万人，引导和帮助 25 万名城镇失业人员实现再就业，其中就业困难人员再就业 6 万人，新增转移农业劳动力 38 万人，城镇登记失业率控制在 4%以内。

二、大力推进社会保障工作

养老保险工作要不断扩大养老保险覆盖面，确保全年新增企业参保人数 60 万人目标任务的完成。认真研究解决破产、倒闭的原城镇集体企业未参保职工的养老保险待遇问题。积极稳妥地推进事业单位养老保险制度改革，制定全省事业单位养老保险制度改革方案和省属事业单位养老保险实施办法。进一步完善养老保险关系转移、衔接的政策措施，妥善解决参保人员流动时养老保险关系的接续问题。积极探索城镇居民养老保障制度，鼓励有条件的地方探索多种形式的城镇居民养老保障办法。做好企业退休人员养老金调整工作。医疗保险工作重点是着力推进城镇居民基本医疗保险制度建设和城镇居民医疗保险制度建设，年内全省实现制度全覆盖，实现城镇居民参保总人数达到 300 万人，启动实施两年一次的城镇参保居民健康体检。继续扩大城镇职工基本医疗保险覆盖面，抓好规模以上民营企业和灵活就业人员参保，新增城镇职工基本医疗保险参保人数 60 万人，其中新增农民工医疗保险参保人数 50 万人。不断完善医疗保险社区服务政策。

失业保险工作要加大扩面力度，确保全年失业保险参保人数新增 50 万人。研究制定失业保险促进稳定就业的政策措施，改革失业保险待遇计发办法，进一步扩大失业保险基金支出范围。

工伤保险工作，着力巩固并扩大工伤保险扩面成果，完善商贸住宿餐饮等行业参加工伤保险办法，新增工伤保险参保人数200万人。努力扩大生育保险覆盖范围，新增参保人数30万人。

同时，进一步完善被征地农民基本生活保障制度建设，巩固被征地农民基本生活保障工作成果，新增的被征地农民实现“即征即保”。

三、积极做好职业技能培训工作

各地要进一步完善高技能人才培养体系、再就业培训体系和农村劳动力转移培训体系，以培养高技能人才为引领，做好外省来浙农村劳动力的技能培训和失业人员再就业培训，扩大创业培训，全面提高城乡劳动者的就业能力、职业转换能力和创业能力。全年培养高技能人才8万人，其中新技师2万人，再就业培训15万人，创业培训1万人，跨省务工农民技能提升培训30万人，职业技能鉴定60万人。

四、加强劳动用工管理，努力构建和谐劳动关系

各地要认真贯彻实施《劳动合同法》，尽快实现各类企业与劳动者普遍依法签订劳动合同，力争2008年全省职工劳动合同签订率达到95%以上。探索建立企业职工工资正常增长机制。贯彻落实《劳动争议调解仲裁法》，加强案件处理工作，推进仲裁机构实体化建设。同时，进一步加大劳动保障监察力度，切实维护劳动者合法权益。今年开展3次以上全省范围劳动用工专项大检查。加强劳动保障诚信档案建设，力争全省用人单位诚信情况入库总数达到20万家以上。

附件：2008年各市劳动保障部门工作考核目标

2008年3月13日

附件

2008年各市劳动保障部门工作考核目标

单位：万人

再就业培训人数	创业培训人数	技能鉴定人数	跨省务工农民技能提升培训	新增转移农业劳动力	新增农民工医疗保险	参保人数	新增失业保险参保人数
合计	15	1	60	30	38	50	50
杭州	4.2	0.15	7.3	4.2	3.1	9.2	8
宁波	2.6	0.13	8.1	7.5	3.1	8	12.5
温州	0.8	0.15	8.1	5	4.3	7.6	7
湖州	1	0.05	3.6	1	2.8	2.2	1.3
嘉兴	1.5	0.1	3.8	3.5	2.5	6.6	5.6
绍兴	1.7	0.1	5	2.65	2.8	6	5.1
金华	1.3	0.1	7.1	2.8	4.1	4.3	4.7
其中：义乌	0.22	0.02	0.65	0.7	0.43	1.4	1.4
台州	0.8	0.09	5.1	2.8	5	4	3.8
衢州	0.5	0.05	3.3	0.3	3.1	0.7	0.5
丽水	0.3	0.05	2.4	0.15	5	0.7	1
舟山	0.3	0.03	1.2	0.1	2.2	0.7	0.5
省本级			5				

注：全省新增城镇就业人数、高技能人才培养人数、新增社会保险参保人数等指标，由省政府另行发文分解下达。

浙江省劳动和社会保障厅关于进一步做好城镇居民基本医疗保险试点工作的通知

浙劳社医［2008］36号

各市、县（市、区）劳动（人事劳动）保障局：

为贯彻落实国务院和省政府城镇居民基本医疗保险扩大试点工作电视电话会议精神，加快推进我省城镇居民基本医疗保险制度建设，根据国务院和省政府领导要求，结合我省实际，现就进一步做好城镇居民基本医疗保险试点工作通知如下：

一、进一步认真学习，提高对建立城镇居民基本医疗保险制度重要性的认识

建立面向城镇全体居民的基本医疗保险制度，是解决城镇居民特别是困难群体看病就医问题的重大举措，是坚持以人为本、落实科学发展观和构建社会主义和谐社会的必然要求，是实现人人享有基本医疗保障目标和完善社会保障体系的重要步骤。国务院召开城镇居民基本医疗保险扩大试点工作电视电话会议，充分表明党中央、国务院对加快推进城镇居民基本医疗保险试点工作的高度重视。各地劳动保障部门一定要认真学习党中央、国务院文件，深刻领会国务院和省政府领导重要讲话精神，进一步提高对建立城镇居民基本医疗保险制度重要性的认识，树立紧迫感，增强责任感，抓住有利时机，切实把这项工作作为一件大事抓紧抓实抓好。

二、进一步明确试点工作目标任务，加快试点工作步伐

今年是我省城镇居民基本医疗保险制度建设关键一年。按照省政府部署，全省城镇居民基本医疗保险试点工作的目标任务是，5月份所有统筹地区都要出台政策并做好相关准备，6月份开始参保登记，7月1日前全面运行；全省新增城镇居民参保人数150万人，确保参保率达到60%，力争70%。各地要按照这一部署，进一步明确本统筹地区试点工作的目标任务，排出试点计划，完善试点方案，制定试点工作步骤，加快试点工作步伐，确保省政府下达的试点工作目标任务的完成。

三、进一步采取有效措施，扩大城镇居民基本医疗保险覆盖面

各地要按照国务院和省政府要求，采取有效措施，努力将城镇职工基本医疗保险覆盖范围以外的所有城镇居民纳入参保范围，扩大覆盖面。省政府已明确，今年省级财政对城镇居民基本医疗保险的补贴标准增加50%，即按地区类别为每人每年60元、30元、18元。要积极争取财政部门的支持，加大财政对城镇居民基本医疗保障的资金投入，增强制度吸引力；要密切与教育部门的合作，争取各类教育机构的配合与支持，推动中、小学生等未成年人参加城镇居民基本医疗保障，促进参保率的提高；要主动配合卫生部门，积极协助做好纳入新农合制度的城镇居民参保工作。

四、进一步从实际出发，合理确定保障模式

要根据不同的地域和人群特点，合理确定保障模式。根据省政府要求，规模较大、城镇居民人数较多的城市，应建立城镇居民基本医疗保险制度，并可根据成年人和未成年人的特点，分两个基金运作；中小城市和一般县，城镇居民基本医疗保险制度可独立建制，但成年人和未成年人医疗保险基金可一起运作；规模较小、城镇居民人数少的地区，可采取“统筹城乡、分类保障”的模式，实行城乡合作医疗制度或城乡居民医疗保险制度，但城镇居民缴费标准和待遇水平应与新农合有所区别；已经建立城乡合作医疗制度，实行一体化运行的地区，要进一步完善政策，稳步提高城镇居民的医疗保障水平。

五、进一步加强城镇居民基本医疗保险基础工作，提高服务管理水平

做好各项城镇居民基本医疗保险基础工作，是保证制度平稳运行的基础。各地劳动保障部门要高度重视，进一步加强基础管理，强化服务措施。要科学设置参保、缴费、就医、支付等各项流程，方便群众参保登记、保费缴纳，提高服务管理效率。要认真做好城镇居民参保统计工作。各地劳动保障部门和经办机构要按照我厅去年下发的关于建立城镇居民基本医疗保险月报制度的要求，高度重视月报工作，落实专人负责，认真填写《浙江省城镇居民基本医疗保障制度试点工作月报表》(附后)，及时、完整、准确地上报本统筹地区城镇居民基本医疗保险的各项统计数据(包括参加由卫生部门管理的新农合数据、城乡合作医疗数据等)。报送时间为：各县（市、区）于次月 10 日前报送市；各市汇总后将月报表及电子版于 15 日前报送省厅医疗保险处（电子邮箱：fh@zjlss. gov. cn)。对逾期不报的地区，将按省政府要求给予通报。

附件：浙江省城镇居民基本医疗保障制度试点工作月报表（略）

2008 年 3 月 26 日

浙江省建设厅　浙江省发展和改革委员会
浙江省财政厅　浙江省劳动和社会保障厅
浙江省国土资源厅关于印发《关于切实改善农民工居住条件的实施意见》的通知

浙建房［2008］41号

各市、县（市、区）人民政府，省政府直属各单位：

《关于切实改善农民工居住条件的实施意见》已经省政府同意，现印发给你们，请遵照执行。

2008年5月6日

关于切实改善农民工居住条件的实施意见

我省是外来农民工数量较多的省份，改善农民工居住条件是全面建设惠及全省人民的小康社会的重要内容。为逐步改善农民工居住条件，促进我省经济社会又好又快发展，促进社会和谐稳定，根据建设部、国家发展和改革委员会、财政部、劳动和社会保障部、国土资源部《关于改善农民工居住条件的指导意见》（建住房［2007］276号）及《浙江省人民政府关于加快解决城市低收入家庭住房困难的实施意见》（浙政发［2007］57号）精神，提出以下意见：

一、总体要求和基本原则

（一）总体要求。坚持以邓小平理论和“三个代表”重要思想为指导，深入贯彻落实科学发展观，构建和谐社会，按照全面建设惠及全省人民的小康社会和“创业富民、创新强省”总战略的要求，把逐步改善农民工居住条件纳入城市住房保障政策体系，明确责任，加强指导，强化监督，积极采取各种政策措施，力争到2010年，使我省农民工居住条件得到明显改善。

（二）基本原则。要结合我省实际，建立多渠道提供农民工居住场所、多形式改善农民工居住条件的政策制度，保障农民工基本居住需求；统筹规划，逐步解决；强化用工单位责任，实行政策扶持。

二、进一步落实用工单位责任

（三）用工单位要切实承担起改善农民工居住条件的责任，为招用的农民工提供符合基本安全和卫生条件的居住场所。向农民工提供居住场所，不收取或收取少量房租。用工单位没有条件提供符合要求的居住场所的，应当给予农民工一定的住房租金补助，补助金额应当与农民工租用具备基本居住条件住房的租金基本相当。

（四）用工单位在招用农民工时，应当说明居住场所、租金收取、租金水平、住房补贴标准、支付方式等情况。有关居住条件的主要内容，可在劳动合同中予以明确。

（五）加工制造业企业及其他有用地条件的企业，招收农民工较多的，应当充分利用自有职工宿舍或通过租赁、购买等方式筹集农民工住房房源。企业建设项目中含有职工宿舍、配套设施建设内容的，应当按照项目批复要求进行建设。凡未按要求建设或建成后未经审批移作他用的，责令限期改正。有条件的企业，经依法审批后，可在企业用地范围内建设农民工集体宿舍，或通过房屋改建等途径增加农民工居住场所。农民工宿舍新建、改建项目，享受经济适用住房的各项税费减免政策。

（六）建筑施工企业，要按照国家相关标准要求，为施工现场农民工提供标准化的临时宿舍。

（七）环卫、家政、餐饮、零售等服务业企业及其他招收农民工较多的单位，要积极主动，广开渠道，利用自有房屋、代为租赁、集体承租等方式，为农民工建立较为稳定的居住场所。

三、多渠道多形式改善农民工居住条件

（八）各城市人民政府要将长期在城市就业与生活的农民工居住问题，纳入城市住房建设规划。外来农民工数量较多、房源紧缺的城市，近期要抓紧建设一批农民工公寓。建设农民工公寓，采取政府引导、市场运作的办法，享受经济适用住房建设的相关优惠政策。农民工公寓以优惠的租金向符合条件的农民工出租，承租农民工公寓的资格条件，由当地人民政府统一规定。

（九）农民工集中的开发区和工业园区，在规划建设时应当充分考虑农民工生活配套设施用房。开发区（园区）管理机构应当督促区内企业、单位，严格按照审批要求落实集体宿舍、生活配套设施等建设内容。配置不足的开发区（园区），应按照集约用地的原则，集中建设农民工集体宿舍，由用工单位承租后向农民工提供，或由农民工直接承租。

（十）城中村改造时，要考虑农民工的居住需要，在符合城市规划和土地利用总体规划的前提下，集中建设向农民工出租的集体宿舍，建设用地不得采取以租代征方式供应，建设项目不得变相搞房地产开发。

（十一）积极引导和鼓励城乡接合部居民利用自有住房向农民工出租。用工单位要为农民工提供租房信息服务。

四、充分保障农民工居住场所安全和卫生

（十二）向农民工提供的居住场所应符合住宅安全、消防标准和基本卫生要求。工程施工类企业向施工现场农民工提供的宿舍，应符合建筑施工现场环境与卫生标准有关规定；其他行业用工单位向农民工提供的宿舍，应符合宿舍建筑设计规范有关规定。禁止将危险房屋出租给农民工居住，禁止不符合安全、消防等要求将住宅或其他房屋进行装修、改造、分隔后出租给农民工居住。

（十三）集中建设的农民工集体宿舍和专供农民工租用的住房，要做好规划设计和建设管理，

充分考虑农民工的居住需要和生活成本，坚持经济适用、合理布局、科学设计、确保质量，同时应适当配备必要的文化、体育活动等设施设备。

五、加强政策扶持，强化监督指导

（十四）市、县（市、区）人民政府要在调查农民工数量、单位分布、居住类别等状况的基础上，对农民工公寓建设、企业农民工宿舍配建、城中村改造等各项措施作出具体安排。要指导和督促用工单位切实负起责任，妥善安排农民工居住，多渠道提供农民工居住场所，逐步改善农民工居住条件。

（十五）市、县（市、区）人民政府对集中建设的向农民工出租的集体宿舍项目，要在选址、供地及相关配套设施建设等方面予以支持。对享受政府优惠政策建设的农民工集体宿舍和住房，擅自按商品房出售、出租或改作其他用途的，房地产管理等部门不得为其办理相关手续，要依照法律法规进行查处，并追究相关责任人员的责任。

（十六）对农民工聚居区域，市、县（市、区）人民政府要加强规划和管理，强化治安及环境卫生治理，加大公共交通等市政公用事业建设力度，提高公共基础设施保障能力，方便农民工生产生活，营造良好居住环境，维护和谐稳定的社会秩序。

浙江省劳动和社会保障厅关于2008年企业退休人员基本养老金计发问题的通知

浙劳社老［2008］73号

各市、县（市、区）劳动（人事劳动）保障局，嘉兴市社会保障事务局：

为妥善解决2008年企业退休（退职）人员基本养老待遇的计发问题，实现基本养老金计发办法改革的平稳过渡、合理衔接，根据省政府《关于完善企业职工基本养老保险制度的通知》（浙政发［2006］48号）和省劳动保障厅、财政厅印发的《关于完善企业职工基本养老保险制度的实施办法》（浙劳社老［2006］142号）规定，按照过渡期内基本养老金“增加的逐步增加，减少的不减发”的原则，现就2008年企业退休（退职）人员基本养老金计发问题通知如下：

一、2008年退休（退职）的人员，继续实行新老办法对比，按新办法计算的基本养老金低于按老办法计算的基本养老金的，差额部分予以补齐；按新办法计算的基本养老金高于按老办法计算的基本养老金的，高出部分按70％封顶。

二、为妥善解决2008年当年退休（退职）的人员与2007年退休（退职）人员基本养老金待遇水平的合理衔接，2008年退休（退职）的人员可在新老办法对比核定基本养老金的基础上，另加过渡性调节金。各市（含所辖县、市、区）过渡性调节金的具体额度确定如下：杭州、宁波、嘉兴、湖州4市及在省社会保险事业管理中心参保的省属与行业单位为40元；绍兴、金华、衢州、台州、丽水5市为45元；温州、舟山2市为55元。

三、根据修订后的《浙江省职工基本养老保险条例》第三十七条规定，从2008年10月1日起，符合享受最低基本养老金待遇的退休人员，其退休当年计发的月基本养老金低于当地上一年度月平均基本养老金百分之六十的，由社会保险经办机构按照上一年度月平均基本养老金的百分之六十予以补足。为了妥善衔接《浙江省职工基本养老保险条例》修订前后的最低基本养老金待遇水平，2008年第4季度退休的人员，如按当地2007年月平均基本养老金百分之六十计发的最低养老金待遇水平，低于当地2007年职工月平均工资百分之四十的，由社会保险经办机构按当地2007年职工月平均工资百分之四十的水平予以补足。请你们严格按照浙政发［2006］48号文件和浙劳社老［2006］142号文件的政策规定及本通知精神，积极稳妥地做好2008年退休（退职）人员基本养老金的计发工作，确保退休（退职）人员基本养老待遇平稳合理衔接。

2008年6月30日

浙江省劳动和社会保障厅 浙江省财政厅 浙江省卫生厅关于做好全省参加城镇居民基本医疗保险居民健康体检工作的通知

浙劳社医［2008］79号

各市、县（市、区）劳动（人事劳动）保障局、财政局、卫生局：

为认真贯彻落实省政府作出的对全省参加城镇居民基本医疗保险的居民实行健康体检的重要决策，现就有关问题通知如下：

一、提高对做好健康体检工作重要性的认识

实行居民免费健康体检工作，是省委、省政府改善民生，提高全民健康水平的重要步骤；是促进社会公平公正，构建和谐社会的重要举措；是为民办实事，让群众共享改革发展成果的具体体现；也是推进城镇居民基本医疗保险工作，增强制度吸引力的一项措施。各地一定要从实践“三个代表”重要思想，落实科学发展观的高度，充分认识开展居民健康体检工作的意义和作用，把它作为推进城镇居民基本医疗保险制度建设的一项重要工作来抓，切实加强领导，把参保城镇居民健康体检工作做实做好。

二、健康体检的基本内容

（一）体检对象。全省参加城镇居民基本医疗保险的居民。

（二）体检项目。成年人体检基本项目为物理体检（内、外科），心电图，胸片，两大常规（血、尿），黑白B超（肝、胆、双肾），血糖，血脂，肾功能，GPT，AFP，眼科常规，基本项目包价格不超过90元；未成年人体检基本项目为物理体检（内、外科），三大常规（血、尿、粪），乙肝三系，GPT，眼科常规，基本项目包价格不超过42元。各地可根据当地经济社会发展水平和财政承受能力等情况在上述基本体检项目包的基础上，适当增加体检项目和标准。

（三）体检安排。参保城镇居民健康体检每两年安排一次。承办健康体检的医疗机构原则上安排在二级及以下医疗机构，优先安排在城乡社区卫生服务中心。也可采用发放“体检券”方式，加强对体检工作的管理。

（四）经费来源。参保城镇居民健康体检所需经费纳入各统筹地区财政预算；省级财政对市、县按照欠发达地区、一般地区和发达地区的不同情况给予一定补助，分别为人均每次60元、30元和18元。

三、健康体检的组织实施

实施参保城镇居民健康体检涉及人员复杂，管理难度大，各级劳动保障、财政、卫生等部门和城市社区组织，要统一思想，各司其职，精心组织，周密部署，协同做好组织实施工作。劳动保障部门要在总结企业退休人员健康体检工作经验基础上，认真做好参保城镇居民健康体检实施方案的制定、实施、宣传引导等工作；卫生部门要切实加强医疗服务管理，做好体检承办医疗机构的业务和技术指导及基础设施硬件支持，促进医疗机构提供质优、价廉、规范的服务，同时要充分发挥社区卫生服务机构优势，为居民健康体检提供优质便捷的服务；财政部门负责体检经费的保障工作，确保资金的及时到位；城市社区组织要做好辖区内参保城镇居民健康体检的具体落实工作。

2008 年 6 月 30 日

浙江省劳动和社会保障厅关于严格执行外国人持职业签证入境就业规定的通知

浙劳社就［2008］91号

各市及义乌市劳动（人事劳动）保障局：

为进一步加强和规范外国人在浙就业管理，适应当前外国人在中国就业管理工作的新要求，根据国家有关法规，现就外国人持职业签证入境就业的有关问题通知如下：

一、主要内容

根据《外国人在中国就业管理规定》第八条规定，在中国就业的外国人应当持职业签证入境，方可在中国境内就业。鉴于公安机关已停止办理外国人持护照入境改签职业签证，经研究，决定停止执行原对部分来浙就业外国人直接办理就业证的规定。外国人来浙就业，一律凭《外国人就业许可证书》等有关证明和被授权单位的通知函电，向我驻外使领馆申请并获得职业签证入境后方可办理就业证。

二、办理程序

除因在浙新设立代表机构而持访问签证入境的外国企业常驻中国代表机构的首席代表，仍可直接办理就业证外，其他首席代表、代表，凭工商行政管理部门的登记证明和被授权单位的通知函电向我驻外使领馆申请职业签证。各市劳动保障部门对上述人员，还应根据我省对外国企业常驻中国代表机构派驻人员的其他规定进行审批并办理就业证。其他外国人申请就业许可和职业签证的程序不变。

三、有关要求

外国人来浙就业一律持职业签证入境后方可办理就业证，是我省外国人就业管理政策的一次重要调整，将有效改变以往情况难掌握、实际难操作的被动局面，有力提升依法行政和管理水平。各市要加强宣传，积极争取有关领导的理解支持，认真做好用人单位的政策解释工作，确保政策调整的平稳过渡。

以上规定，自本通知发文之日起执行。

2008年8月13日

浙江省劳动和社会保障厅关于做好《浙江省实施〈禁止使用童工规定〉办法》贯彻实施工作的通知

浙劳社监［2008］98号

各市、县（市、区）劳动（人事劳动）保障局：

《浙江省实施〈禁止使用童工规定〉办法》（省政府第243号令，以下简称《实施办法》）已经省政府第8次常务会议审议通过，并于2008年8月1日起施行。为认真贯彻实施《实施办法》，维护好未成年人合法权益，现就有关事项通知如下：

一、充分认识《实施办法》颁布施行的重要意义

《实施办法》是我省调整劳动保障行政部门和用人单位间劳动行政管理秩序的一部重要政府规章，对规范用人单位的用工行为，明确有关政府部门职责，保护未成年人的合法权益，有着十分重要的意义。各级劳动保障部门要从全面落实科学发展观和构建社会主义和谐社会的高度，充分认识贯彻实施《实施办法》的重要性，结合当地实际，采取切实可行的措施，学习好、宣传好、贯彻好《实施办法》。

二、认真学习和宣传《实施办法》

各级劳动保障行政部门要认真学习《实施办法》的各项条款，准确把握其精神实质，着力提高依法行政能力。同时，要会同有关职能部门，充分利用报纸、网络等媒体，广泛宣传《实施办法》。有条件的地区，可以会同有关职能部门，组织辖区内用人单位开展学习宣传活动，增强各职能部门间的工作协调性和用人单位依法用工的自觉性。

三、紧密结合“劳动保障监察执法年”活动，加大劳动保障监察力度

各级劳动保障行政部门在认真学习、宣传《实施办法》的基础上，要针对当地用人单位劳动用工的规律、特点以及前期在开展“整治非法用工、打击违法犯罪”专项行动中发现的新情况，按照今年“劳动保障监察执法年”活动的要求，采取有效措施，加大监察执法力度。要通过举报投诉专查、日常巡视检查以及专项行动等多种方式，认真受理并依法查处涉嫌使用童工的举报投诉案件，维护未成年人合法权益和社会的和谐稳定。

四、准确把握有关政策界限

1.《实施办法》第五条第一款第（一）项规定，在生产经营场所从事劳动并计付劳动报酬的，属于使用童工，进一步明确了虽然用人单位不直接使用童工，但童工劳动能增加相关人员的劳动数量和报酬，也应认定为使用童工。

2.《实施办法》第五条第一款第（二）项规定，我省禁止不满16周岁学生勤工俭学，即除学校按规定安排的学生实习、教育实践、职业技能培训外，用人单位一律不得接受16周岁以下学生参加劳动。

3.《实施办法》第五条第一款第（三）项对实习、教学实践、职业技能培训作出了规范，用人单位接受学校教育实习的，应能提供相应的学校教育实习实施计划文件；接受学校学生顶岗实习的应与学校和学生本人签订书面协议，明确各方的权利和义务。教育实习实施计划文件和顶岗实习协议必须对实习培训目的、时限、内容作出明确约定。

4.《实施办法》第六条第一款第（五）项规定的关于“具有社会影响的特殊专业人才”的认定，执行中应以县级以上有关部门核发的认定证件为依据。

5.《实施办法》第九条对认定使用童工取证证据作出了具体规定，各地在调查中有关证据对应一致的，可以直接以公安系统网上获取的户籍证明作为证据。

6.《实施办法》第十四条第一款关于超过15日不满1个月的规定，执行含15日本数。

五、积极鼓励广大群众举报使用童工行为

使用童工行为主要发生在中小企业和家庭作坊内，为切实提高执法效率，各地要认真贯彻《浙江省举报违反劳动保障法律法规行为奖励暂行办法》（浙财社字［2005］65号），积极鼓励广大基层干部和人民群众举报使用童工的违法行为。各地应将基层劳动保障法律监督员、劳动保障监察协管员列入举报奖励范围，对有效举报使用童工行为的（除涉案人员外），都应按规定兑现奖金，努力营造杜绝使用童工行为的良好社会氛围。

六、切实加强组织领导

各级劳动保障行政部门要切实加强对贯彻《实施办法》工作的组织领导，充分发挥各部门的职能优势，加强对使用童工行为的综合治理。要进一步健全在当地政府领导下，各有关部门分工合作、相互配合的联席会议机制，对所辖乡镇建立责任考核制度，确保《实施办法》在各地顺利施行。

2008年8月16日

浙江省劳动和社会保障厅　浙江省财政厅关于继续做好2008年企业工资总额同经济效益挂钩工作的通知

浙劳社劳薪［2008］105号

各市、县（市、区）劳动（人事劳动）保障局、财政局，省级有关单位：

为了继续做好国有企业工资总量的宏观调控工作，促使企业工资增长与经济效益保持合理的关系，加大对工资收入过高企业工资分配调节力度，2008年国有和国有控股企业继续实行工资总额与经济效益相挂钩办法。现就有关事宜通知如下：

一、各地要继续做好工效挂钩工作，指导、督促企业完善职工工资增长机制，使企业工资总额和工资水平增长与经济效益增长保持合理关系，保证企业工资分配工作顺利进行。

二、严格按照规定审核工效挂钩方案，加大对工资收入过高的行业、企业工资分配的调节力度，对工资增长过快、工资水平过高的企业，要从严确定其工资总额基数，并视情况下调浮动比例。对2007年企业在岗职工平均工资相当于当地城镇在岗职工平均工资2倍以上的企业，应将其浮动比例下调至0.6以下。

三、非国有控股企业不再实行工效挂钩政策，企业应按照《公司法》《劳动法》及《劳动合同法》的有关规定，与职工代表协商确定职工工资，并依据《企业所得税法》相关规定在税前扣除。

四、省属企业2008年工效挂钩方案应于10月31日前报省劳动保障厅和省财政厅核准批复。

五、各地国有企业工资内外收入监督检查机构要加强对国有企业工资收入分配的监督管理，规范企业工资分配秩序，促进工资分配约束机制的建立，保证国家有关工资分配宏观调控政策的贯彻执行。

2008年9月16日

浙江省劳动和社会保障厅　浙江省财政厅 浙江省地方税务局关于临时性下浮 企业社会保险费缴纳比例的通知

浙劳社老［2008］125号

各市、县（市、区）劳动（人事劳动）保障局、财政局、地税局：

为进一步减轻企业负担，省政府决定，在确保企业退休人员养老金按时足额拨付及职工社保待遇不受影响的前提下，今明两年对企业社会保险费缴纳比例实行临时性适当下浮。经省政府同意，现就做好这项工作通知如下：

一、企业社会保险费缴纳比例临时性适当下浮范围

企业社会保险费缴纳比例临时性适当下浮包括基本养老保险、基本医疗保险、失业保险、工伤保险、生育保险等五大保险企业缴费统筹部分。具体范围如下：

基本养老保险：参加企业职工基本养老保险的企业单位缴费部分、城镇个体劳动者基本养老保险个人账户记账额以外的缴费部分。

基本医疗保险：参加职工基本医疗保险的企业单位缴费部分；城镇个体劳动者的缴费部分，实行统账结合的，除直接记入个人账户的2%以外缴费部分。

失业保险：参加职工失业保险的企业单位缴费部分，有雇工的城镇个体工商户雇主为雇工缴费部分。

工伤保险和生育保险：参加职工工伤保险、女职工生育保险的企业单位缴费部分。参加上述五大保险的“企业单位”具体范围以参加企业职工基本养老保险的用人单位范围为准。

二、企业社会保险费缴纳比例临时性适当下浮标准

今明两年每年对企业社会保险费缴纳比例实行临时性适当下浮，具体幅度相当于各项社会保险企业缴费统筹部分各1个月的额度，采用全省集中减征的方法统一在1个月内操作。2008年，企业社会保险缴费统筹部分在12月份集中减征；2009年，企业社会保险缴费统筹部分集中减征时间另行通知。参保人员社会保险个人缴费部分不予减征，仍按规定正常缴纳。

三、相关政策和业务操作的衔接处理

（一）集中减征月份，参保人员按政策规定应享受的各项社会保险待遇不受影响。

（二）集中减征月份，基本养老保险、基本医疗保险、失业保险的缴费年限连续计算。

（三）集中减征月份，基本养老保险个人账户按个人缴费额据实记录；基本医疗保险实行统账结合的，个人账户中应由企业缴费划入部分仍按规定标准划入。

（四）部分参保企业和城镇个体劳动者在2008年11月底前已将12月份的社会保险费提前缴纳的，可按本通知第二条集中减征的标准在2009年予以抵扣已缴纳的12月份的社保费用；原计划在2008年12月份缴纳当年全年社会保险费的，可按本通知第二条规定减征1个月的社保费用。

（五）集中减征月份社会保险费的申报、核定、征缴程序不变，各地仍按现行办法操作。

（六）集中减征当月的省级基本养老保险和失业保险调剂金全额免缴。对因集中减征造成社会保险费当期收支的缺口，先由历年结余予以弥补，不足部分由当地财政统筹解决。对确有困难的市县，省里给予调剂补助。

四、切实加强领导，认真组织实施

各级政府和各有关部门要从贯彻落实科学发展观、保持我省经济持续稳定健康发展的要求出发，充分认识实行临时性适当下浮企业社会保险费缴纳比例、进一步减轻企业负担这一举措的重要意义，切实加强领导，精心组织实施。劳动保障、财政、地税等部门和业务经办机构要各司其职，注重协调，形成合力，做好做细工作。各地在实施过程中出现的新情况、新问题，要及时向省劳动保障厅、省财政厅、省地税局报告，不得自行其是，擅开政策口子，确保这项措施落到实处。

2008年11月19日

浙江省劳动和社会保障厅　浙江省财政厅关于2009年调整企业退休人员基本养老金的通知

浙劳社老［2008］136号

各市、县（市、区）劳动（人事劳动）保障局、财政局，嘉兴市社会保障事务局，省级各单位：

根据《人力资源社会保障部　财政部关于2009年调整企业退休人员基本养老金的通知》（人社部发［2008］102号）精神，为保障企业退休人员基本生活，共享社会发展成果，经省政府同意，决定适当调整企业退休人员基本养老金。现将有关事项通知如下，请遵照执行。

一、调整范围和对象

全省企业（包括行业单位）中，凡2008年12月31日前已按规定办理退休的人员和按国发［1978］104号、浙劳险［1993］185号、浙政［1997］15号、浙政发［2006］48号等文件规定办理退职的人员，可按本通知规定调整基本养老金。

二、调整水平和调整办法

2009年企业退休（退职）人员基本养老金调整水平为月人均135元，继续采取普遍调整和特殊调整相结合的办法，其中，普遍调整基本养老金为月人均125元，特殊调整基本养老金为月人均10元。具体调整办法如下：

（一）普遍调整退休（退职）人员基本养老金

普遍调整基本养老金，实行“双挂钩”办法。具体由两部分组成：

第一部分，退休人员按月人均67元的额度，根据2007年各市在岗职工平均工资水平、经济发展水平和平均养老金水平确定调整标准。具体调整标准如下：

杭州市69元，宁波市69元，温州市67元，嘉兴市67元，湖州市67元，绍兴市67元，金华市65元，衢州市63元，台州市67元，丽水市63元，舟山市65元。

退职人员全省统一按55元标准调整。

第二部分，退休（退职）人员按本人缴费年限（含视同缴费年限，下同）长短确定调整标准。具体标准为：缴费年限每满1年（不满1年按1年计算，下同），每月增加2元。

（二）适当提高部分退休（退职）人员基本养老金

在普遍调整的基础上，对下列退休（退职）人员再适当增发基本养老金：

1. 获得高级专业技术职称和高级技师资格的退休（退职）人员，其中：教授级的高级专业技术人员，每人每月增发 60 元；其他高级专业技术人员和高级技师每人每月增发 50 元。

2. 1953 年 12 月 31 日前参加工作的退休（退职）人员，缴费年限满 30 年及以上的，每人每月增发 25 元；缴费年限满 20 年不满 30 年的，每人每月增发 20 元；缴费年限不满 20 年的，每人每月增发 15 元。1953 年 12 月 31 日前参加工作的退休（退职）人员，是指 1953 年 12 月 31 日前参加革命工作或按国家和省规定计算连续工龄的起点时间在 1953 年 12 月 31 日前的退休（退职）人员。

3. 2008 年 12 月 31 日前，男年满 70 周岁、女年满 65 周岁及其以上的退休（退职）人员，按本人缴费年限，每满 1 年，每月增发 1 元。

4. 基本养老金低于 2008 年年底当地企业月平均基本养老金水平 50%的退休（退职）人员，在调整前先补足到平均水平的 50%。然后再按本次普调、特调标准增加基本养老金。同时符合上述增发基本养老金条件的，可以重复享受。

三、有关人员的待遇处理

（一）退休军转干部调整基本养老金后，其基本养老金水平低于当地这次调整后的基本养老金平均水平的，按照浙委办［2004］30 号文件规定，予以补足。

（二）退休的劳动模范和省先进生产（工作）者调整基本养老金后，其基本养老金水平低于当地此次调整后的基本养老金平均水平的，按照浙政办发［2007］88 号文件规定，予以补足。劳动模范是指获得省及省以上劳动模范称号和按规定享受省及省以上劳动模范和先进工作者待遇的个人；省先进生产（工作）者是指 1956 年至 1964 年获得省先进生产（工作）者称号的个人。

（三）退休的原工商业者（含原工商业者中区分出来的小商小贩、小手工业者、小业主）调整基本养老金后，其基本养老金水平低于当地此次调整后的企业退休人员基本养老金平均水平的，按浙劳社老［2002］150 号文件规定精神补足到平均水平（不含退职人员）。

（四）执行“低门槛准入、低标准享受”养老保险办法的退休（退职）人员，按本人退休（退职）时计发基本养老金所确定的缴费系数，乘以调整额（含特调部分）确定基本养老金调整水平。

（五）2008 年 12 月 31 日前因工致残，完全丧失劳动能力，退出生产岗位按月享受定期伤残津贴的职工，按本通知办法增加伤残津贴。如增加金额低于当地基本养老金调整平均额度的，可按此次当地企业调整基本养老金的平均额度予以补足。工伤退休人员基本养老金增加金额低于当地此次基本养老金调整平均额度的，也可按平均额度予以补足。

（六）企业离休人员、符合原劳动人事部劳人险［1983］3 号文件规定退休的新中国成立前参加革命工作的老工人以及企业退休的“两航起义”人员，不列入本次调整范围。

四、资金开支渠道

企业退休（退职）人员调整基本养老金所需费用，参加基本养老保险社会统筹的，从统筹基金中支付；未参加社会统筹的，从原渠道列支。工伤职工调整伤残津贴所需费用，按原渠道列支。

五、执行时间

本通知从 2009 年 1 月 1 日起执行，执行中的具体问题，由省劳动和社会保障厅负责解释。

调整企业退休人员基本养老金水平，体现了党中央、国务院和省委、省政府对广大退休人员的关心。各地各部门应高度重视，加强领导，精心组织实施，确保在2009年春节前将增加的基本养老金发放到位。

2008年12月11日

第四篇

劳动和社会保障工作情况及统计资料

一、全省劳动和社会保障工作

就业和失业保险工作

一、基本情况

2008 年全省城镇新增就业人数 77.63 万人，指标完成率为 119.43%；帮助 35.1 万名城镇下岗失业人员实现再就业，其中就业困难人员实现再就业 12 万人，两项再就业工作目标完成率分别达到 140.4%和 200%；全省消除城镇“零就业家庭”532 户，帮扶 825 人就业，实现“基数归零、动态归零”的目标；16 799 户农村低保家庭得到就业援助，其中 27 375 人实现了就业。年末，城镇登记失业率 3.49%。

二、主要做法

（一）健全就业工作目标责任制

2008 年年初，将省政府和省厅的考核目标任务，即全省新增城镇就业人员 65 万人；引导和帮助 25 万名城镇失业人员实现再就业，其中就业困难人员再就业 6 万人；失业保险参保人数净增 50 万人等，层层分解，落实到基层。各级党委、政府将扩大就业作为经济和社会发展的重要目标之一，不断健全目标考核制度，加强工作监督和检查，有力地推动了就业再就业工作。各地就业工作联席会议制度的作用得到进一步发挥，相互协作的就业工作推动机制得到进一步完善。

（二）贯彻《就业促进法》，制定并实施好就业扶持新政策

2008 年 1 月 1 日，《就业促进法》开始实施。各地把学习、宣传、贯彻《就业促进法》作为就业工作的一项重要工作内容，采取切实有效的措施加以组织和推动，营造了人人学法、懂法、用法的良好氛围。各级劳动就业部门在切实贯彻落实国务院国发［2008］5 号文件的基础上，省人民政府于 10 月出台《浙江省人民政府关于做好就业工作促进社会和谐的实施意见》（浙政发［2008］59 号）。浙政发［2008］59 号文件在保证国发［2008］5 号文件不缩水的前提下，延续了浙江省前一轮促进就业的优惠政策，并有五个方面新的突破。一是扩大了政策扶持的对象范围。将就业困难人员扶持对象范围，扩大到长期失业人员、低保边缘户人员、需赡养患有重大疾病直系亲属人员、农村复转军人及被征地农民中的就业困难人员等九类人员；将鼓励创业促就业的政策扩大到所有创业人员。二是强化了公共就业服务。三是扩大了失业登记范围。将稳定就业满 6 个月的农村进城务工人员和其他非本地户籍人员，纳入失业登记范围。四是加大对高校毕业生的就业扶持力度。五是吸纳了各地一些好的经验做法，加以推广。浙政发［2008］59 号文件还进一步解决了与《就业促进法》和现行就业政策衔接的问题。到 12 月底，各市已经基本完成本地实施意见的拟订，适时出台本地政策。

（三）加强就业专项资金的使用和监管

根据年度目标任务，制订资金使用计划，积极与财政部门协调，确保就业再就业扶持政策所

涉及的各项资金及时足额到位。按照与就业再就业工作情况、与具体工作任务、与资金使用绩效评估结果相结合的原则，做好省级再就业专项资金和中央转移支付外来劳动力就业资金的拨付，并完善专项资金管理制度，规范操作程序，做到专款专用，用好用足。此外，根据《关于开展反腐倡廉、警示教育和就业补助资金自查自纠活动的紧急通知》（人社厅明电［2008］10号）精神，各地先行开展对补助资金的自查自纠，第二季度省厅成立两个检查组赴湖州、嘉兴、台州、丽水、绍兴、金华、舟山、衢州等地进行抽查。这次抽查，重点检查了农村劳动力职业技能培训资金使用情况，以及落实就业再就业政策情况。总体来讲，浙江省就业补助资金使用支出规范有序，管理到位，使用情况良好。各地对检查中发现的问题已开展整改和规范。据统计，2008年全省使用再就业资金11.34亿元。按本年预计使用促进再就业资金11.7亿元计算，资金使用率为96.93%。其中社保补贴6.93亿元，岗位补贴2亿元，两项共计8.93亿元，占已使用再就业资金的78.75%。职业培训补贴、职业介绍补贴和劳动力市场建设费等合计1.51亿元。2008年全省累计发放再就业优惠证8.53万本，其中向就业困难人员发放5.09万本。有82.07万名失业人员享受免费职业介绍，66.58万人享受免费职业培训，36 007人因从事个体经营享受税收减免政策，4 735人享受小额担保贷款政策，26 499人从事公益性岗位，新办和现有服务型企业享受税收扶持政策的人数为18 993人，被服务型企业吸纳和因从事公益性岗位享受社保补贴人数为404 454人。

（四）鼓励和引导创业，发挥创业促就业的倍增效应

根据省委《关于全面改善民生促进社会和谐的决定》和省委办公厅省政府办公厅《关于2008年度改善民生促进社会和谐的实施意见》，积极鼓励和支持高校毕业生、返乡创业农民工等有创业愿望的城乡创业者自主创业，进一步完善创业扶持政策，开展以创业培训、项目开发、开业指导、融资服务、税费减免、跟踪扶持等六项措施紧密结合的“一条龙”服务，使更多劳动者成为创业者。为加快建立一支高素质的创业培训专业师资队伍，经人力资源和社会保障部创业培训指导委员会批准，省就业局于10—11月先后分三期举办了创业培训师资培训班。9个市、19个县（市、区）、7所大学、17所中级学校、5个培训中心、4家民营企业等50多个单位派员参加，共有81名同志参加了为期10天的培训，并顺利结业。此外，还确定杭州市、湖州市、金华市为浙江省第一批国家级创业型城市。

（五）切实加强农民工工作

2008年4月，省农民工工作办公室先后召开联席会议和办公室主任会议，研讨2008年省农民工工作的主要目标和任务，部署全国全省优秀农民工和农民工工作先进集体评选表彰工作。5月12日以来，在支援四川抗震救灾期间，及时做好在本省灾区民工安抚工作，掌握各地工作动态并适时向国务院农民工办上报浙江省工作情况。做好农民工维权工作，切实维护好农民工合法权益。组织开展全国和全省优秀农民工和农民工工作先进集体评选活动。11月中旬，浙江省50名农民工荣获全国优秀农民工称号，4个单位荣获全国农民工工作先进集体称号，受到国务院表彰和奖励。12月初，省农民工联席会议召开全省优秀农民工表彰大会，对200名优秀农民工和20个农民工工作先进集体进行表彰奖励。

（六）积极推进失业保险工作

2008年全省城镇从业人员860.54万人，城镇登记失业人员31.08万人。到12月底，全省参保人数共有731.1万人，比上年末净增146.35万人，完成全年任务的292.7%（杭州、宁波、舟山三市分别完成全年任务的404%、525.28%和330%），基金收入35.06亿元，失业保险基金滚存结余101.57亿元。领取失业保险金的人员6.35万人，基金支出9.89亿元，其中基本生活

保障支出 6.02 亿元，促进再就业经费支出 3.87 亿元，分别占基金支出的 60.87%和 39.13%。

主要工作：一是分解落实失业保险净增人数指标任务。2008 年是全省“五费合征”必须到位的最后一年，按照与 2007 年参保指标、与养老保险企业缴费人数差距、与失业保险参保率挂钩的原则，年初分解了任务，明确了目标。二是积极推进“五费合征”和网上申报工作。由省厅牵头进行全省“五费合征”社税联网和企业网上申报系统的建设，处理好“五费合征”中有关政策调整事宜，如保险费率调整、征缴业务流程等。三是加快建立失业登记和失业保险监测制度，在杭州、宁波等地监测的基础上，完成软件开发，并推广到全省。四是启动失业动态重点监测报告制度。根据人力资源和社会保障部的统一部署，第三季度在杭州、宁波、绍兴三个城市率先开展失业动态重点监测试点，主要收集重点行业、重点企业从业人员变动和岗位流失情况，对用工人数在 300 人以上、受经济结构调整或国内外经济形势变化等因素影响、近期已出现或可能出现从业人员较大规模减少的企业进行监测，及时掌握企业关闭停产动向。三市选择了 148 家企业进行监测试点。五是认真贯彻落实劳动保障部《优化失业保险经办业务流程指南》，规范操作程序，提升服务水平，并加强基金预决算、征缴、使用和营运的全程监管，配合审计部门做好失业保险基金审计。此外，制定了《浙江省失业保险经办机构内部控制暂行办法》，以加强失业保险经办机构内部管理与监督，确保失业保险基金安全。

（七）组织开展就业专项活动

2008 年全省就业服务系统纷纷组织实施公共就业服务活动，积极促进就业困难群体、农村进城务工劳动者、大中专技校毕业生、四川地震灾区务工人员等各类劳动者实现就业。一是在元旦、春节期间认真开展了以“实现就业，稳定就业，我们真情相助”为主题，以就业困难对象和零就业家庭人员为重点，以送政策、送服务、送岗位、送补贴为载体的再就业援助月活动。在援助月活动期间，全省共发放政策宣传资料 27.75 万份，走访下岗失业人员特困家庭 1.81 万户，签订服务协议 1.83 万份，2.5 万人接受了就业援助，其中帮助就业困难人员实现就业 2.44 万人，使 13.22 万人享受了社保补贴，落实社保补贴金额 2.3 亿元，营造了全社会都来关心就业工作的良好氛围。二是年初，浙江省遭受了严重的冰冻雨雪灾害，造成大量外来农民工滞留。各地及时了解掌握情况，采取应对措施，做好组织农民工有序返乡和就地过年的各项工作，同时对受灾害影响严重的困难对象积极提供就业岗位，给予重点援助，最大程度地降低灾害造成的损失。三是春节后，开展了以服务外来农民工为重点的春风行动。根据 2008 年因冰雪灾害就地过年农民工较多的情况，各地加强开年之际的就业服务。至 2 月底，各市举办了各种形式的劳动力招聘会和交流活动近百场。据不完全统计，“春风行动 2008”活动中，全省共发放“春风卡”等各类宣传资料 50 余万份，推荐“放心民办职介机构”592 家，组织面向农村劳动者的免费专场招聘洽谈会 384 次。四是 5 月 20 日至 26 日，省劳动保障厅、教育厅、总工会、工商局联合杭州、宁波、金华、舟山四个城市举办了“2008 浙江省民营企业招聘周活动”。招聘周期间，四城市共有 1 077 家民营企业提供了 22 464 个就业岗位，达成意向数为 8 210 人次，其中大中专毕业生 4 049 人次、下岗失业人员 1 627 人次、进城务工人员 2 125 人次。

（八）开展对口就业援助四川灾区工作

2008 年 5 月 12 日，四川发生特大地震以后，浙江省转发了人力资源社会保障部、财政部文件，就实施对地震灾区的就业援助作了部署，提出了加强组织领导、掌握有关情况、开展就业援助、落实相关政策等要求。同时，动员组织了针对四川广元灾区的对口劳务帮扶活动，制订了收集传送招工信息和赴灾区举办招聘活动的工作计划。及时与四川省和广元市的劳动保障部门建立了联系，并于 6 月 18 日和 23 日先后两批向灾区传送了浙江省 296 家企业提供的约 4.27 万个就业岗位信息。6月29日和7月1日，省就业局组织了杭州、宁波、绍兴的10多家企业，分别在四川都江堰和广元举办了两场对口就业援助受灾群众劳务洽谈会，共有1 800多名灾区群众与用人单位现场达成就业意向，并为灾区务工人员赴浙江落实单程交通费和途中伙食补助费近10万元。9月上旬，省就业局再次组织了全省49家企业，赴青川、广元召开现场招聘会，为灾区提供6 400个岗位，达成意向2 500余人，有1 200余人已来浙江就业。同时，根据人力资源社会保障部的统一部署，把就业援助工作纳入了浙江省对口支援灾后恢复重建工作总体规划，协助青川县劳动保障部门做好援建项目的立项等基础工作，制定了《关于建立浙江—青川地震灾区对口就业援助工作机制的意见》。下半年，按周、按月向人力资源社会保障部报送了浙江省就业援助进展情况报表，顺利完成了人力资源社会保障部两次组织的5 000人和3 800人的就业援助协议任务。

此外，境外人员在浙江就业管理工作进一步得到加强，指导杭州、绍兴等地较好地处理了有关“菲佣”、古巴使馆商务处交涉、外国人从事歌舞表演等政策敏感性较强的案件。

职业培训工作

2008年，全省职业培训工作紧紧围绕两办《关于进一步加强高技能人才工作的实施意见》，按照年初全省劳动保障工作会议提出的工作目标和统一部署，以贯彻落实《就业促进法》为主线，以提高劳动者的就业能力为目标，切实做好在职培训、再就业培训，提高职业技能鉴定质量，不断加强技能人才队伍建设，为经济社会发展提供了持续的技能人才支持，全年完成再就业培训15万人，职业技能鉴定60万人，高技能人才培养8万人（其中新技师2万人），外省农村劳动力技能提升30万人。

一、切实加强高技能人才工作

（一）组织高技能人才工作督查活动

2008年年初，由省委组织部和省劳动保障厅牵头，组织有关力量，通过查阅资料、自查、征求有关部门意见建议、到部分市县开展督查调研等方式，督查了解各地贯彻落实中办发［2006］15号文件和省委［2007］96号文件的情况，对全省高技能人才工作情况进行了全面的总结分析，进一步推动高技能人才工作。

（二）完善高技能人才工作政策措施

一是充分发挥企业培养高技能人才的主体作用，建立完善现代职工培训制度。总结推广杭州钢铁集团公司等企业的经验，鼓励企业通过加强岗位技能培训、推行名师带徒制度、建立技师研修制度、开展技术交流等活动，促进企业高技能人才成长。湖州市还积极探索职工教育经费统筹工作，并形成了职工教育经费统筹工作初步方案。二是完善高技能人才激励机制，起草了《浙江省首席技师评选办法》《浙江省钱江技能大奖评选办法》，已上报省委组织部。继宁波、杭州、台州出台了“首席技师”评选表彰制度后，金华也出台了类似制度。绍兴、嘉兴等地继续实施高技能人才培养补贴政策。2008年，经国务院批准，首次将高技能人才纳入享受国务院颁发的政府特殊津贴范围，浙江省有6名高技能人才入选。三是承担了省委组织部《技能人才队伍建设研究》课题，研究经济发展、产业结构调整对技能人才的需求，提出进一步加强技能人才队伍建设的目标要求和重大措施。经过多年来的努力，全省已基本形成了以企业行业为主体，以技工院校及职业院校为基地，政府推动与社会支持相互配合的多元化技能人才培养体系。

二、积极开展再就业培训和外省农村劳动力技能培训工作

2008年年初以来，及时下达了再就业培训、外来农民工提升培训的目标任务，并加强对各地的指导和监督，力争做到工作责任到位，政策落实到位。一些地方积极向当地党委政府争取支持，较好地解决了地方政府配套资金问题，增加培训力量，加强对培训机构的管理，形成了一批师资设备较好、培训质量较高、社会信誉良好的培训机构，有力地保证了再就业培训和外省农村

劳动力技能培训工作。

认真做好就业补助资金自查自纠工作。召开专题会议，统一部署，迅速发文要求各市按人社厅明电［2008］10号文件的要求，开展反腐倡廉警示教育和就业补助资金自查活动。同时，组织三个检查组分赴各市通过听汇报、查资料、询问基层相关人员等形式对就业补助资金使用情况重点是农村劳动力职业技能培训资金的使用和管理情况进行检查，及时落实相关措施，确保就业补助资金的安全使用。

三、推进技工院校的改革与发展

到2008年年底，全省共有技工院校71所，其中技师学院12所。技工院校在校生人数达9.5万人，其中高级工、技师班学生达到2.2万人，年招生人数达到2.5万人。技工院校进入到一个黄金发展期。

（一）深化技工院校改革

全省技工院校密切关注企业需求，积极推动和引导校企合作，发挥技工学校公共实训基地培养高技能人才的重要平台作用，通过与企业互动，实现资源共享，联合确定培养目标，共同制定培养方案，由企业提供设备、教师，一起培养企业急需的高技能人才，为企业的发展壮大提供了强有力的支持。全省技工院校毕业生受到了企业普遍欢迎，一次性就业率达到95%以上。面对金融危机，在许多大学生面临着就业难的时候，技工院校毕业生却仍呈供不应求的局面，技工院校的高就业率已成为求职场中一道亮丽的风景线。协调省政府办公厅、教育厅、人事厅等部门，落实省政府［2005］41号文件提出的技工院校毕业生学历、待遇问题，做好了起草《技师学院设置标准》的前期调研工作。

（二）加强督查工作

按照省政府的统一要求，全力配合做好省人大常委会专项审议教育工作。充分利用此次专项审议的有利时机，提高社会各界对技工教育的重视和支持程度。继续积极落实省政府的六项行动计划，加强对技工院校发展的政策支持和业务指导。

（三）开展对地震灾区技工培训援助活动

为帮助四川受灾地区技工学校学生继续完成学业，按照人力资源和社会保障部的统一要求，浙江省的浙江交通技师学院、杭州技师学院、宁波第二高级技工学校等3所技工院校克服困难，充分发挥“一方有难，八方支援”的团结互助精神，无条件承担接收地震灾区83名学生的任务，妥善安置了每名灾区学生，让灾区学生安心学习。

（四）组织开展技工学校和民办职业培训学校的检查

要求各地按照“谁审批、谁负责”的原则，对公办技工学校和民办职业培训学校进行逐一检查，化解不稳定因素，确保学校秩序稳定。

四、加强职业资格证书制度建设

（一）进一步完善技能人才评价体系

一是开展全国统一鉴定工作，2008年全国统考人数再创新高，组织管理进一步规范，鉴定质量不断提高。二是推进企业技能人才评价改革。在杭钢集团召开了企业技能人才评价现场会，全面落实人力资源和社会保障部的工作部署，积极在大中型企业开展企业技能人才评价工作，到年底，全省已有40余家大型企业建立了技能人才培养和评价制度。三是大力开展职业技能鉴定工作。继续完善国家题库建设，组织开发、调整26个职业（工种）的题库，组织编写配套教材

30 本。规范命题和国家题库运行管理，指导各市管理市级分库。严格题库管理保密制度，确保试题提供准确、无泄密事件发生。进一步加强考评员的管理，积极开展考评员业务培训。四是继续广泛组织岗位大练兵、技能大比武。2008 年，加强对全省技能大赛的管理，积极与有关部门协调，明确部门职责，统筹安排了全年的职业技能竞赛活动，成功举办了全省职业院校数控技能大赛和第三届省技工院校技能运动会。据统计，2008 年，省劳动保障厅联合省教育厅、省总工会等单位共组织各类技能大赛 30 余项，有近百万名技能劳动者和职业院校学生参加了各种形式的技能竞赛。其中，通过层层选拔，有近 500 名选手参加了省级比赛。技能大赛已成为培养和选拔技能人才的一项重要制度，一大批优秀技能人才通过大赛选拔脱颖而出。

（二）认真组织职业资格清理规范工作

认真贯彻《国务院办公厅关于清理规范各类职业资格相关活动的通知》（国办发［2007］73 号）精神，按照人力资源和社会保障部等 8 个部门的统一部署和要求，在省政府的统一领导下，会同省人事厅，切实承担起清理规范的牵头工作，建立工作协调机制，协调省级 11 个厅局着手组织实施浙江省各类职业资格清理规范的相关工作，对职业资格的设置、资格类别、考试和鉴定的组织实施、相关培训活动、资格证书印制和发放等方面的情况进行清理规范。对 80 种由国务院各部门、直属机构、行业性协会自行设置的非行政许可类职业资格提出了处理意见并上报国务院办公厅。

劳动工资工作

2008年全省劳动工资工作围绕着建设和发展和谐劳动关系，重点在全面贯彻实施《劳动合同法》、依法规范劳动关系方面展开工作，在工资增长机制方面重点做好最低工资标准调整和工资集体协商工作。主要工作情况如下：

一、认真贯彻实施《劳动合同法》，促进劳动关系和谐稳定发展

《劳动合同法》是全国人大常委会通过的一部重要法律，对于构建和谐劳动关系，保护劳动者和用人单位的合法权益起到了重要作用。我们在省委、省政府和厅党组的领导下，采取积极措施，大力推动贯彻实施工作，取得了明显成效。

（一）各级党委政府高度重视，大力推动《劳动合同法》的贯彻实施

《劳动合同法》颁布施行后，省委、省政府十分重视，把贯彻实施工作摆上了重要位置，多次作出部署，提出要求。省政府专门召开电视电话会议，对《劳动合同法》的贯彻实施工作进行动员和部署，要求各级政府要充分认识贯彻实施《劳动合同法》的重大意义，准确把握理解法律的精神实质，切实做好贯彻实施《劳动合同法》的各项工作，抓住有利时机，全面推进劳动合同制度。一些市县还专门召开领导干部大会，把学习宣传培训和思想发动工作结合起来，大力推动贯彻实施工作。各级劳动保障部门精心组织，统筹安排，做了大量细致的工作，确保《劳动合同法》的顺利实施。

（二）积极组织学习宣传培训工作，为贯彻实施《劳动合同法》营造良好氛围

《劳动合同法》颁布实施后，我们会同有关处室着重从三个层面推进《劳动合同法》的宣传培训。一是组织全省劳动保障系统的领导干部和相关工作人员分别进行集中培训，提高依法行政能力。二是各级劳动保障部门结合当地实际，组织本辖区内用人单位开展《劳动合同法》宣传培训工作，对企业负责人、劳动工资管理人员进行培训，努力提高企业守法意识、管理能力和法律水平。三是充分发挥新闻媒体的作用，通过各种形式，全方位、多层面地开展舆论宣传活动，营造浓厚的舆论氛围。精心组织开展全省劳动者权益保护宣传周活动，通过各种渠道向群众分发宣传资料680万份，开展咨询活动130多场次，帮助广大劳动者了解《劳动合同法》精神，充分认识《劳动合同法》的重要性，增强广大劳动者守法意识。

（三）进一步加强对用人单位劳动用工的指导和管理

以贯彻实施《劳动合同法》为契机，积极推动劳动合同制度的全面实施，依法加强对用人单位劳动用工的指导和管理，规范用人单位的劳动用工行为。我们会同仲裁信访处制定了劳动合同示范文本，提供用人单位和劳动者参考使用，指导用人单位依法与职工签订劳动合同并建立职工名册，健全劳动合同管理制度，促进劳动合同管理科学化、规范化。

（四）及时研究新情况、新问题，确保《劳动合同法》的平稳顺利实施

《劳动合同法》的颁布实施，在社会各界引起了很大的震动，用人单位和劳动者表现出极大

的关注。一些用人单位和劳动者对《劳动合同法》也有一些认识上的误区和偏差，导致少数用人单位出现规避法律责任的行为。为引导用人单位和劳动者全面准确地贯彻实施《劳动合同法》，我们密切关注劳动用工动态，积极组织开展调查研究，召开各种类型的座谈会，广泛征求社会各界意见，有针对性地研究制定对策措施，及时化解社会矛盾，保证了《劳动合同法》在全省的平稳顺利实施。

从总体上看，《劳动合同法》实施时间虽然不长，但由于浙江省有十几年贯彻实施《劳动法》打下的良好基础，劳动关系双方互利共赢、共建共享的格局不断发展，加之各级党委政府和有关部门的正确引导和措施得当，《劳动合同法》在浙江境内基本得到了全面、准确的贯彻实施，并且取得了初步的成效。主要体现在以下四个方面：

一是劳动合同制度得到进一步落实。劳动合同签订率明显提高，过去劳动合同制度贯彻实施中的一些“死角”“盲点”，主要是一些个体工商户、机关事业单位的编外人员等，2008 年以来开始普遍签订了劳动合同，全省劳动合同制度实施范围进一步扩大。2008 年全省劳动合同签订率达到 95.3%，农民工劳动合同签订率也达到 94.2%，分别比 2007 年年底提高了 3.2 个百分点和 5.5 个百分点。劳动合同短期化现象明显改观，过去存在的劳动合同普遍采取一年一签的问题得到了有效的解决。据我们调查了解，2008 年以来，劳动合同期限一般都在 3 年以上 8 年以内，提高了劳动者的职业稳定性。

二是用人单位用工制度进一步规范，有效提高了用人单位管理水平。《劳动合同法》对用人单位规章制度建设提出了法律要求，许多企业开始重视原有规章制度的清理和规范，依法制定完善内部规章制度，用工管理进一步规范化、制度化。集体协商制度广泛开展，企业更加注重民主管理，基层民主政治建设上了一个新台阶。

三是企业履行社会责任的意识不断提高。《劳动合同法》对用人单位履行社会责任提出了更高的要求。许多企业的管理者认识到实施《劳动合同法》所增加的用工成本，是企业增加的对人力资源的投资，有利于员工队伍的稳定，有利于增强企业的凝聚力，最终受益的还是企业。只有更加关心劳动者，建立起和谐稳定的劳动关系，充分调动劳动者的积极性，形成人性化管理、善待劳动者的良好社会风气，才能有利于企业的长远发展。浙江省绝大多数企业特别是民营企业的社会责任感越来越强，都能够积极承担社会责任，企业的劳资关系日趋和谐稳定。

四是促进了企业的产业升级。浙江省工业以劳动密集型产业为主体，多数企业长期以来采用低劳动成本的发展模式。《劳动合同法》的实施给劳动密集型产业的调整和低劳动成本发展模式的转型形成强大的外在推力，促进了浙江省企业由低劳动成本的竞争转向创新能力的竞争，逐步改变了低成本、低技术、低利润的路径依赖，为培育多方面竞争优势、构建现代产业体系注入了法律动力，对浙江省产业升级产生了积极影响。

二、调整提高最低工资标准，建立健全企业工资增长机制

（一）适时调整提高全省最低工资标准

根据省政府工作目标要求和计划安排，我们着手对全省最低工资制度实施情况进行调研，并根据全省社会经济发展状况和物价上涨等情况，拟订了最低工资标准调整初步方案，先后在全省劳动工资工作会议和省协调劳动关系三方会议上征求意见，并与上海、江苏等兄弟省、市进行沟通协调。在做好各方面基础工作的前提下，及时向省政府提出调整最低工资标准的报告。省政府决定从 2008 年 9 月 1 日起调整提高最低工资标准，调整后的最低月工资标准为 960 元、850 元、780 元、690 元四档；非全日制工作的最低小时工资标准调整为 8.0 元、7.1 元、6.5 元、5.7 元

四档。浙江省最低工资标准的调整幅度较大，标准也位居全国前列。最低工资标准的调整有效地保障了低收入劳动者的劳动报酬权益，也推动了企业职工工资增长机制的建立。

（二）及时发布企业工资指导线

为规范企业工资分配秩序，调节工资分配关系，促使工资增长和经济发展相适应，我们及时发布了浙江省 2008 年度企业工资指导线，具体标准为：基准线 12%、上线 18%、下线 5%，对指导企业合理确定职工工资水平、开展工资集体协商、建立职工工资增长机制提供了指导。

三、大力推进集体协商工作

根据温家宝总理的批示和省委、省政府领导的要求，我们会同省总工会、省企业联合会对总结推广温岭经验，全面推进工资集体协商工作进行了多次研究，积极协同做好省委、省政府召开的推广温岭经验现场会的筹备工作，并参与起草省委、省政府两办的《关于全面推进职工工资集体协商工作的意见》。全省企业职工集体协商工作稳步推进，我们着力在全省范围内推行区域性、行业性集体协商工作；重点推进工资集体协商工作，促进企业工资正常增长机制的建立；同时兼顾女职工专项集体合同工作的推广，有效保护女职工的合法权益。

2008 年经集体协商签订的集体合同数量约 10 万份，涉及职工约 769 万人，其中区域性集体合同 1.09 万份，行业性集体合同 2 866 份，专项工资集体协议 7.5 万份。在已建立工会女职工组织并已签订集体合同的企业中，女职工专项集体合同签订率达到 82.8%。

四、进一步规范企业工时制度、休息休假制度

浙江省许多中小企业在工时制度、休息休假制度方面存在不规范的情况，超时加班加点现象比较普遍，而外来劳动力主动要求加班加点的现象也较多，工时问题也是当前劳资纠纷的焦点问题之一，影响了劳动关系的和谐。全省各级劳动保障部门重视把工时管理工作摆到劳动工资工作的重要位置，加大了管理力度，依法规范特殊工时的审批工作，严格把好审批关，并监督和指导企业依法执行规范的工时制度，对减轻企业压力、缓解劳资矛盾起到了积极作用。

2008 年开始实施的《职工带薪年休假条例》，对保障劳动者休息休假权益起到了积极作用，客观上也增加了企业用工成本，特别是对浙江省的民营中小企业实施难度比较大。我们针对实施中的难点问题进行了深入研究，并多次召开座谈会进行探讨，争取出台浙江省实施贯彻带薪年休假的意见。

五、劳动关系三方协调机制不断完善

浙江省重视协调劳动关系三方机制的建设。目前，省、市、县三级协调劳动关系三方机制都已全部建立，乡镇、街道等基层劳动关系协调网络体系也日趋健全，力争到 2010 年全省所有乡镇、街道都建立起协调劳动关系三方机制。各地劳动保障部门注重发挥三方协调机制的作用，主动就劳动关系方面的重大问题进行充分协商。2008 年，省协调劳动关系三方会议适时就全省劳动关系方面的重大问题，如《劳动合同法》的实施贯彻、最低工资标准调整、工资集体协商制度的推广、和谐企业和工业园区创建活动等事项进行了分析研究协调，在形成共识的基础上，及时制定相关的政策措施。

2008 年，浙江省积极开展和谐工业园区创建活动。10 月，省协调劳动关系三方会议在宁波召开了劳动关系和谐工业园区创建活动经验交流会，对推动全省劳动关系和谐企业和工业园区创建活动起到了积极作用，创建活动的范围进一步扩大，质量进一步提高。

养老保险工作

2008年，养老保险处在厅党组的正确领导下，紧紧围绕厅年初确定的浙江省养老保险工作指导思想、目标任务和工作要求，以构建覆盖全民的养老保障制度为根本，着力完善政策体系，着眼于研究新情况，解决新问题，切实做好政策执行指导和目标任务落实督查等各项工作。通过努力，完成了全年目标任务，受到了人力资源和社会保障部养老保险司的通报表彰。

一、企业职工基本养老保险覆盖面进一步扩大

按照省政府确定的2008年全省新增企业职工基本养老保险参保人数60万人的目标任务要求，结合各地实际情况，合理分解、落实各地目标任务，要求各市落实责任，采取措施，确保目标任务的完成。我们认真指导全省各地以非公有制企业、个体经济组织及与其形成劳动关系的职工，城镇个体劳动者为扩面重点，继续推行“五费合征”征缴办法，形成养老保险扩面的“倒逼”机制，建立了一级抓一级、层层抓落实的扩面考核机制，超额完成全省扩面目标任务。

截至2008年年底，企业养老保险参保人数为1 293.7万人，比2007年年底增加217.7万人，完成全年目标任务的362.8%；其中在职参保人数为1 122.02万人，比2007年年底增加了206.02万人；实际缴费人数达到967.15万人，比2007年年底增加了158.36万人；离退休人数达到171.68万人，比2007年年底增加了11.68万人。全年企业养老保险基金收入457.06亿元，支出280.86亿元，累计结余781.36亿元，基金支付能力达到33.38个月。

二、企业退休人员基本养老金调整工作按时完成

在确保全省退休人员养老金按时足额发放的基础上，根据国家的统一部署，2008年浙江省按月人均130元的标准调整企业退休人员基本养老金，在普遍调整的基础上，对退休前具有高级职称和高级技师人员、1953年年底前参加革命工作的人员、男年满70周岁和女年满65周岁及以上的人员、养老金水平低于当地平均水平50%的人员给予适当倾斜。由于各级劳动保障部门高度重视、精心部署，周密安排，企业退休人员基本养老金调整工作顺利完成。2008年春节前全省各地都已按规定将增加的养老金发放到每位退休人员手中。调整后，2008年企业退休人员月人均养老金达到1 310元，居全国各省区第一位。同时，对精减退职职工、计划外长期临时工、国有企业职工遗属等三类人员的生活困难补助费进行了相应调整，调整后的水平分别达到510元/月、365元/月、330元/月（其中农业人口为285元/月）。

三、覆盖城乡居民养老保障制度的意见出台实施

根据《中共浙江省委关于全面改善民生促进社会和谐的决定》精神，按照“总体设计、分类实施”的要求，以“人人享有养老保障”的制度建设为目标，我们拟定了《浙江省人民政府关于

建立健全覆盖城乡居民的养老保障制度的若干意见》（以下简称《意见》）。该《意见》立足当前，着眼长远，对浙江省养老保障制度设计进行了整体的谋划，提出了建立健全企业职工养老保险制度、事业职工养老保险制度、被征地农民基本生活保障制度、城镇居民养老保障制度、新型农村社会养老保险制度等五个养老保障制度，对不同人群的养老保障实行制度性的安排，在制度上实现了浙江省城乡养老保障全覆盖，让全省企业职工、事业职工、失地农民、城镇居民、农村居民都能够享受不同层次的养老保障待遇。

2008年5月，《意见》由省政府印发各地贯彻执行。《意见》的出台实施，明确了今后一个时期养老保障的工作目标及发展方向，实现了全省各类人群养老保障制度的全覆盖。

四、修订后的《浙江省职工基本养老保险条例》顺利实施

2008年5月30日，浙江省第十一届人民代表大会常务委员会第四次会议全票通过了《关于修改〈浙江省职工基本养老保险条例〉的决定》，修订后的《浙江省职工基本养老保险条例》（以下简称《条例》）从2008年10月1日起开始施行。为确保《条例》的贯彻实施工作平稳有序的推进，我们加大工作力度，精心准备，迎接新条例在浙江省的全面实施。一是及时组织培训。2008年9月，我们举办了两期系统内《条例》释义培训班，组织全省所有市县劳动保障部门分管领导、养老保险处（科）长和社保经办机构负责人参加培训，强化了各级劳动保障工作人员特别是领导干部对《条例》的理解和把握并统一了思想。二是编印《养老保险文件汇编》。为加强养老保险政策指导，我们对2003年以来国家和省的养老保险法规、规章和政策性文件进行收集、归类和梳理，编印成册，及时发放给广大养老保险工作者，提升工作人员的工作效率和政策水平，提高依法行政能力。三是加强宣传动员。组织并要求各级劳动保障部门在职职工群众、用人单位开展《条例》的学习宣传活动，营造全社会学法用法的良好氛围。四是做好新老政策衔接。为妥善解决《条例》出台前后的政策衔接问题，我们加强调查研究，及时出台了2008年养老金计发办法、最低养老保险金享受等衔接政策，完善相关配套措施。五是全面检查政策执行情况。要求各地对照《条例》做好“土政策”的清理纠正准备工作，并发文要求各地严肃养老保险政策执行纪律。六是即时掌握情况。以实地调研、发调查表了解、搜集素材信息等多种形式，保持系统内上下沟通，及时了解各地在《条例》实施中可能出现的问题，加强对各地的工作指导，努力化解《条例》实施中可能出现的矛盾和问题。

五、事业单位养老保险制度改革前期研究进展顺利

2008年3月，国务院《关于印发事业单位工作人员养老保险制度改革试点方案的通知》（国发［2008］10号）下发后，根据省政府领导和厅领导的批示精神，我们立即着手事业单位养老保险制度改革的研究工作：一是制定工作方案，二是进行全面测算，三是研究实施办法。

按工作方案的计划，我们对事业单位养老保险制度改革进行了全面的测算，测算采取点面结合的方式，在对全省数据测算的基础上，选择杭州市和嘉兴市作为测算的样本点。测算内容涵盖了全省事业单位工作人员养老保险基金收支、新制度下各类事业单位基金收支及改革前后的财政负担等情况，过渡性养老金中的过渡系数模拟对比情况，新制度实施后10年内将要退休的人员按新老办法计算的养老金水平走势，养老保险调节金以及养老金的保底、封顶等方案。根据测算结果，我们认真研究具体实施办法。

六、解决制度实施过程中的问题取得新成效

针对企业职工基本养老保险制度实施中出现的新情况、新问题，我们积极进行研究，努力破解重点、难点问题，2008年在以下几方面取得了成效：

一是出台政策解决城镇集体企业部分未参保职工的养老保险问题。对破产关闭的原大集体企业职工采取视同缴费年限、补缴养老保险费等政策衔接纳入基本养老保险制度，对破产关闭的其他集体企业职工，要求各地采取有效措施，保障他们的基本生活。该办法切实解决了部分集体企业未参保职工的“老有所养”问题。

二是研究提出了适当降低用人单位养老保险缴费比例的意见。针对浙江省养老保险名义缴费比例虚高、各统筹地区之间缴费比例差异较大、企业负担畸轻畸重等现状，提出了适当降低用人单位养老保险缴费比例，将各统筹地区的养老保险缴费比例统一到12%～16%的区间内的政策措施，意见于2008年11月以省政府名义下发各地执行。该意见适当降低了用人单位缴费比例，逐步缩小了不同地区之间费率差异，为下一步实现省级统筹创造了条件。

三是争取列入国家做实个人账户试点省份。2008年，经国务院同意，浙江省被列为做实企业职工基本养老保险个人账户试点省份。从2007年1月1日起，全省统一按3%的起步比例逐步做实企业职工基本养老保险个人账户。同年省报送的《浙江省做实企业职工基本养老保险个人账户试点实施方案》也经国务院批复同意。

四是提出了推进养老保险省级统筹的初步意见。按照国家提出的2009年年底前全国基本实现省级统筹的要求，我们对照省级统筹标准，找准工作差距，在认真调研的基础上，会同有关部门研究提出了推进省级统筹工作的具体意见，适时上报省政府。

七、企业退休人员基本养老金计发办法进一步完善

一是妥善解决当年企业退休人员基本养老金的平稳衔接问题。按照“增加的逐步增加、减少的不减发”的原则，经过认真测算分析，确定当年新老办法对比的封顶比例为70%，并组织各地实施。

二是合理设置了过渡性调节金。在对当年退休人员养老金倒差问题进行调查、测算的基础上，根据各地实际情况，合理设置了55元、45元、40元三档过渡性调节金，并相应确定了各地的具体档次水平。

八、指导并总结全省各地城镇居民养老保障制度建设

对浙江省已经实施城镇居民养老保障制度的杭州、宁波、绍兴、嘉兴、温州等地及所属县市进行调研，加强工作指导，对这些地方的政策和做法进行总结。鼓励它们先行实施城镇居民养老保障制度，积极探索建立以缴费和政府补贴相结合的，既有社会统筹性质、又有政府保障功能的城镇居民养老保障制度。

医疗保险工作

2008年，浙江省各级医疗保险管理部门认真贯彻落实党的十七大精神，积极投入深入学习实践科学发展观活动，紧紧围绕城镇居民基本医疗保险制度建设这个重点任务，积极推进基本医疗保险各项工作。

一、城镇居民基本医疗保险制度建设进展顺利

继2006年省政府出台文件，在全国范围内率先启动试点；2007年国务院下发20号文件，浙江省扩大试点之后，2008年，省政府又提出了“大力推进城镇居民基本医疗保险制度建设，年内全省实现全覆盖，新增参保人数150万人以上，参保总人数超过300万人”的目标。为确保这一目标任务的实现，年初，省劳动保障厅迅速分解了各市城镇居民基本医疗保险的目标任务；3月，下发了《关于进一步做好城镇居民基本医疗保险试点工作的通知》，并召开全省医疗保险工作座谈会，对各地提出了加快试点的明确要求；5月，省政府专门召开了全省城镇居民基本医疗保险试点工作座谈会，进一步明确了工作目标。下半年，根据各地推进情况，省劳动保障厅进行了调研检查，及时掌握各地推进情况，有针对性地解决问题，对进展较慢的县（市）进行督促指导。

各统筹地区按照省政府要求，从当地实际出发，进一步加快制度建设，加大扩面力度。主要工作措施是：加强组织领导，健全组织体系；制定完善政策，构建制度框架；建立财政补助机制，加大政府引导力度；强化医疗保险服务管理，发挥社区平台作用；大力宣传发动，认真督查考核。截至2008年年底，全省各统筹地区已全部出台文件，制度全面运行；参保人数达到370万人，超额完成了省政府提出的参保率达到60%的要求；享受待遇人次不断增加，制度保障作用得到了进一步显现。

二、城镇职工基本医疗保险扩面成效显著

2008年，省政府提出城镇职工基本医疗保险的扩面目标是“继续扩大城镇职工基本医疗保险覆盖面，抓好规模以上民营企业和灵活就业人员参保，新增城镇职工基本医疗保险参保人数60万人”。各地继续以非公有制企业和外来务工人员为重点，积极扩大城镇职工基本医疗保险覆盖面，将覆盖范围扩展到城镇所有从业人员，将大量非公有制企业、民营企业及其职工和灵活就业人员纳入了参保范围。截至2008年年底，全省基本医疗保险参保人数全年新增199.32万人，达到1 053.92万人，完成省政府下达目标任务的332.2%。2008年是浙江省城镇职工基本医疗保险扩面力度最大、成效最为显著的一年。

三、企业退休职工和城镇居民健康体检工作取得良好社会效益

2007年，省委、省政府提出实行企业退休人员两年一次免费健康体检，2008年是实行企业

退休人员健康体检的第二年，各地在前一年工作的基础上，重点加强了以下几个方面的工作：一是进一步加强组织领导。各地高度重视企业退休人员健康体检工作，许多地方专门建立相应领导小组，切实加强组织领导。二是不断完善实施方案。各地从以人为本的理念出发，兼顾财政承受能力，不断完善实施方案，针对老年人生理特点设置完善体检项目。三是精心组织实施。各地开展多形式、全方位的宣传，确保每一位退休人员知晓健康体检的政策措施，受到广大群众好评。据了解，全省大部分企业退休人员已进行了健康体检，总体上完成了省政府提出的目标任务。

2008 年，省政府又提出对参加城镇居民基本医疗保险的群众实行两年一次健康体检，并把它作为政府为民办实事的重要任务之一。省劳动保障厅与省财政、卫生等部门多次沟通协商，6 月底出台了《关于做好全省参加城镇居民基本医疗保险居民健康体检工作的通知》，对体检对象、体检项目及费用、体检时间、体检经费来源以及省财政对市、县参加健康体检居民的补助予以明确，同时对做好这项工作提出了具体要求，督促各地结合实际，制定具体实施方案。

各地根据文件精神，积极做好本地区参保城镇居民健康体检实施方案的制定、实施和组织宣传工作。截至 2008 年 11 月底，全省已有 9 个市开展了城镇居民健康体检工作，参加体检人数达到 85 万多人。尚未开展具体工作的 2 个市，也已进行前期准备，将在 2009 年完成这项工作。

四、农民工参加医疗保险得到了进一步推进

扩大农民工医疗保险覆盖面，是 2008 年医疗保险工作重点之一。虽然遭遇全球金融危机，浙江省许多企业面临前所未有的困难，但省劳动保障厅要求各市紧紧抓住农民工参保四个突破口，加强领导，精心组织，提高服务水平。各地从当地实际出发，采取适应当前形势的政策措施，积极稳妥地推进农民工参加医疗保险，参保工作成绩斐然。截至 2008 年 12 月底，全省农民工新扩面 107.69 万人，完成扩面任务的 215.39%，参保总人数达到 403.94 万人。

五、医疗保险政策体系得到进一步完善

2008 年，各级医疗保险管理部门针对突出问题、重点人群，不断完善医保政策。一是完善了省级机关厅局级人员医疗照顾政策和省级单位离休人员医疗服务项目费用结算规定。根据省政府领导指示精神，省劳动保障厅会同省财政厅、省卫生厅、省委老干部局等单位，对上述人员医疗照顾和费用结算有关问题作了调整和规范，既保障了他们的医疗待遇，又方便了他们就医。二是调整了省级单位职工基本医疗保险出院带药量，统一了省市政策，方便了群众看病。三是及时应对四川灾情，出台相应政策。汶川地震发生后，省劳动保障厅在第一时间下发了做好救灾期间基本医疗保险工作的紧急通知。随后，及时制定了浙江省支援青川县恢复重建指挥部干部医疗保障有关规定，简化了医保经办手续，保障了相应人员的待遇。

六、基本医疗保险管理服务水平得到进一步提升

2008 年，各级医疗保险管理部门采取切实措施，进一步完善服务手段，规范管理标准，推动管理标准化建设走上新台阶。一是进一步扩大了定点医疗机构。在对现有定点医疗机构进行严格管理的基础上，为方便参保人员就医，2008 年省劳动保障厅又确定了浙江绿城医院等 8 家医院为省级定点医疗机构，浙江中医药大学第二门诊部等 6 家医院为省级单位离休人员定点医疗机构，方便了群众就医。二是不断加强基本医疗保险用药和医疗服务项目目录管理，确保平稳实

施。各地严格执行国家和省制定的基本医疗保险药品目录和医疗服务项目目录，加强对定点医疗机构的监督检查，保证政策实施到位。许多地方医疗保险经办机构深入定点医疗机构、参保单位及参保个人，了解实施中遇到的问题，组织业务培训，及时提出处理意见，完善相应配套措施。三是加大稽核工作力度，确保基金安全运行。针对医疗保险欺诈问题，在加强日常稽核的基础上，医疗保险管理部门还进行了内控检查，确保了医疗保险基金的安全。

工伤生育保险工作

一、工伤保险实现了基本全覆盖

浙江省工伤保险各项工作走在了全国的前列，2008 年年底工伤保险参保人数达到了 1 262 万人，列全国的第 2 位，其中农民工参保 500 万人，列全国第 2 位，事业单位参保 106 万人，列全国第 1 位。近年来，工伤保险扩面工作取得突破性进展，保持了较高增长率，参保人数从 2002 年的 226 万人增长到 2008 年年底的 1 262 万人，平均年增长率为 76.4%，参保人数增长了 4.6 倍。农民工参加工伤保险也取得了突破，参保人数从 2006 年 3 月的 83 万人增加到 2008 年年底的 500 万人，净增 417 万人，增长了 502%。2008 年，全省工伤认定 177 511 件，比上年同期增长 36.9%，占全国的 18.7%，列全国第 2 位；劳动能力鉴定 35 858 件，比上年同期增长 30%，列全国第 3 位。全省工伤保险平均费率为 0.67%，比全国工伤保险平均费率 0.89%低 0.22%，全省工伤保险累计结余 23.15 亿元，基金累计结存可支付 32 个月。工伤保险分散化解企业工伤风险，维护职工工伤权益的作用日益明显，在维护浙江稳定、创建“平安浙江”中充分发挥了社会保障“安全网”和“减震器”的作用。

二、生育保险覆盖面进一步扩大

2008 年年底，全省生育保险参保人数为 686 万人，净增 182 万人，其中女职工 324 万人，占 47%。8 万余人次享受了生育保险待遇，人均享受 7 850 元，基金累计结余 98 755 万元，较好地保障了女职工的特殊权益。

三、全力推进全省工伤保险扩面工作

浙江省委、省政府高度重视工伤保险工作，2007 年、2008 年连续两年将工伤保险扩面工作作为省政府为民办实事的十件实事之一，特别是 2006 年省政府出台了《浙江省人民政府关于全面推进工伤保险的通知》，提出了到 2008 年年底浙江省工伤保险参保人数力争达到 1 200 万人，实现工伤保险基本全覆盖的目标任务。各地积极贯彻省政府文件精神，将工伤保险扩面任务作为各级政府考核目标之一层层分解下达，各级劳动保障部门和相关部门采取了“五费合征”和鼓励建筑施工、高危行业企业工伤保险先行参保等措施，全力推进工伤保险扩面工作。到 2008 年年底，全省工伤保险参保人数达到 1 262 万人，超额完成了省政府下达的目标任务。一是重点推进了建设施工企业农民工这个工伤保险伤害风险较大人群。我们会同省建设厅出台了推进建筑施工企业农民工参加工伤保险的有关政策，将工伤保险费单项列入工程造价，作为《浙江省建设工程施工取费定额》中规费项目，属不可竞争费用。建筑施工项目实行项目参保，凡在建筑施工项目中的农民工都纳入了工伤保险统筹。二是突出推进经济发达地区工伤保险这个重点，提出了以全省 26 个经济发达县、市为工作重点，对重点县、市扩面工作进行面对面指导，促进经济发达地区的工伤保险工作。三是完成事业单位参保工作。进一步贯彻五厅局关于事业单位参保的文件精神，到 2008 年年底，全省事业单位参加工伤保险人数为 106 万人，将浙江省事业单位工作人员全面纳入了工伤保险统筹。四是逐步将历史遗留的“老工伤”人员纳入了工伤保险统筹。2007 年，我们积极与财政厅协调，采取“三家抬”的方式，将长广集团由企业管理的所有老工伤人员一次性全部纳入了工伤保险省级统筹，彻底解决了长广集团的老工伤问题。2008 年，我们在调研的基础上，出台了《关于中央、省部属行业、企业老工伤人员纳入省本级工伤保险统筹有关问题的通知》，将参加工伤保险省级统筹的行业、企业单位管理的老工伤人员全部纳入了省级工伤保险统筹，减轻了企业的负担，保障了老工伤人员的工伤保险权益。

四、工伤保险各项政策不断得到完善

我们紧紧围绕《工伤保险条例》，结合浙江经济发展形势和实际，相继对高风险企业参加工伤保险、工伤认定管辖权划分、工伤保险待遇支付等政策性问题进行了规定，规范了工伤保险中的有关政策和工作程序问题。全省工伤认定案件数 2005 年为 56 722 件，2006 年为 87 542 件，2007 年为 130 266 件，2008 年为 177 511 件，年均增长 50%以上。各级劳动保障部门努力克服工伤认定案件剧增与工伤认定工作人员少的突出矛盾，积极探索工伤保险的新措施，相继推出了工伤保险简易处理程序，工伤定点医疗“绿色通道”，农民工工伤认定“三优先”等各项措施，极大地方便了用人单位和工伤职工，取得比较好的社会效益。

五、工伤保险基金运行稳定

各地对工伤保险基金安全运行加强了监督，采取了各项措施，确保工伤保险基金安全运行，在较低的缴费水平基础上，工伤保险基金结余也得到了较快的增长。如绍兴市出台了《关于建立工伤保险大额赔付公示制度的通知》，对一次性申请工伤保险待遇金额达万元以上的在本单位进行张贴公示。公示制度的建立，形成了较为完善的监督机制，加强了工伤保险基金的安全运作，提高了工伤保险待遇支付的透明度，同时也使工伤职工对自己获得经济补偿的情况享有知情权。据测算，浙江省工伤保险平均缴费费率为 0.67%，相当于为每人每年缴纳工伤保险费为 105 元左右，而人均享受工伤保险待遇为 5 600 元。到 2008 年年底，浙江省工伤保险基金累计结存 23.15 亿元，按现有支付水平，浙江省工伤保险基金结余可以支付 32 个月以上。工伤保险基金的稳定运行，为浙江省下一步开展工伤预防和工伤康复工作打下了扎实的基础，使全省工伤保险工作更加健康全面地发展。

农村社会养老保险工作

2008年，农村社会养老保险工作认真贯彻中央和省委关于加快建立覆盖城乡居民社会保障体系、全面建设小康社会的总体要求，积极探索建立新型农村社会养老保险制度和扎实推进被征地农民社会保障工作，取得了新的进展。

一、新型农村社会养老保险制度建设工作进一步推进

根据党的十七届三中全会和省委十二届三次、四次全会精神，按照《浙江省人民政府关于建立健全覆盖城乡居民的养老保障制度的意见》（浙政发［2008］36号）要求，在2007年工作基础上，劳动保障厅进一步加强调查研究，指导有条件的地方积极探索建立新型农村社会养老保险制度，积极稳妥做好组织实施工作。全省各地认真贯彻落实中央和省委、省政府的重要决策部署，把保障和改善民生，加快建立新型农村社会养老保险制度建设作为实践科学发展观，全面建设惠及全省人民小康社会和建设社会主义新农村的具体实践。一年来，又有16个市、县（市、区）在做好城镇社会保险工作的同时，进一步把工作拓展延伸到农村，相继出台新型农村社会养老保险（以下简称新型农保）实施办法。各地建立的新型农保制度坚持低水平起步，根据当地经济社会发展水平，适度确定筹资标准和享受待遇，以确保农民缴得起，政府能承受。多数市、县（市、区）按当地上年度农民人均纯收入、城镇居民人均可支配收入或两者之和平均数为缴费基数，个人缴费比例控制在8%～12%，各地政府财政对参保缴费人员给予适当补贴，补贴量占全部保费的35%左右。部分地区还对农村计划生育夫妇、农村户籍退伍军人等群体在财政正常补贴的基础上，再给予一定数额的参保特殊补贴，特殊补贴全部记入个人账户。有条件的市、县（市、区），还对农村无保障的70周岁以上高龄老人给予养老补贴。目前，实施新型农保制度的地区人均月领养老金标准一般在120～320元之间，并大都建立了相应的调整机制。新型农保制度普遍得到农民（和城镇居民）认可，农民（和城镇居民）参保积极性较高，截至2008年年末，已出台新型农保政策并不同程度开展新型农保试点工作的地区有：杭州市本级及萧山区、余杭区、富阳市、桐庐县、建德市、临安市、淳安县，宁波市本级及余姚市、慈溪市、奉化市、镇海区、北仑区、宁海县，嘉兴市本级及平湖市、桐乡市、海盐县、海宁市、嘉善县，绍兴市本级及绍兴县、上虞市、嵊州市、新昌县，湖州市的德清县，以及金华市的义乌市等28个市、县（市、区）；参保范围覆盖441个乡镇（街道）、7 332个行政村；已有64.17万人缴费参保，其中有33.77万人按月领取养老金或保障金；征收保费41.13亿元。

根据省政府工作部署，为规范浙江省新型农保制度建设工作，省里在总结梳理试点地区经验和做法的基础上，正抓紧草拟全省新型农村社会养老保险制度的指导意见，对参保范围、资金筹措渠道、账户管理模式、领取养老金年龄、个人账户养老金计发月数标准等政策将作出明确规定，确保新型农保制度在全省顺利推进。

二、农村社会养老保险基金审计整改工作基本完成

根据人力资源和社会保障部《关于做好农村社会养老保险基金审计整改工作的通知》（人社部函［2008］134号）要求，我们结合本省实际，及时印发《浙江省劳动和社会保障厅转发人力资源和社会保障部关于做好农村社会养老保险基金审计整改工作的通知》（浙劳社农［2008］101号），提出贯彻落实的具体意见，并成立了由分管厅领导负责，农保处、基金监督处、驻厅监察专员办等组成的农保基金审计整改工作组，认真组织全省开展专项基金审计整改工作。各地农保经办机构重视农保基金审计整改工作。2007年各市、县积极配合审计部门，对自开展农村社会养老保险工作以来农保基金的收支和管理情况进行了全面审计。这次审计整改工作中，各地根据省里明确的整改工作要求和当地审计决定提出的要求，以对参保农民高度负责的精神，抓紧做好整改相关工作，切实纠正违规行为，回收有风险的基金，理顺管理体制，完善管理制度，确保基金安全。经厅工作组督导，青田、建德等县（市）存在的违规基金和尚未回收风险基金的问题得到妥善解决。新昌、磐安县的政府领导已针对410万元涉案资金提出弥补解决途径，并明确资金到位时间。截至2008年年末，浙江省农保基金审计整改工作基本完成；全省农保基金滚存结余183 876万元，其中180 522万元存入银行、买国债、纳入财政专户管理，3 354万元投入当地收益较好的重点项目等，投资责任明确，投资去向清楚。

三、被征地农民社会保障工作继续完善

按照省政府提出的工作要求，2008年浙江省各级劳动保障部门加大工作力度，不断扩大被征地农民社会保障覆盖面，到2008年年末，全省有345.13万名被征地农民纳入社会保障覆盖范围。其中有286.77万名被征地农民参加了基本生活保障。有131.28万名符合条件的参保人员已按月领取基本生活保障金或基本养老保险金。全省累计筹集保障资金390.11亿元。新增的被征地农民基本实现了“即征即保”。财政专项补助制度正在建立。在2007年下拨5 000万元被征地农民基本生活保障专项补助资金的基础上，2008年省政府再次安排5 000万元，重点对经济欠发达地区给予补助，支持和推动各地进一步做好被征地农民社会保障工作。加快被征地农民基本生活保障的地方立法工作。由省政府法制办牵头，省国土资源厅、省劳动和社会保障厅、省财政厅共同研究制定的省政府规章《浙江省征地补偿和被征地农民基本生活保障办法》已完成统稿工作，正式上报省政府。与此同时，继续做好对各市、县建设用地报批中被征地农民社会保障落实情况的审核工作。截至2008年年末，省级劳动保障行政部门已累计审核155宗报国务院审批的征收土地的有关被征地农民社会保障落实情况，以确保被征地农民基本生活和长远生计。

社会保险基金监督工作

一、完善社会保险基金管理制度

劳动保障厅认真拟订了2008年社会保险基金监督工作要点，向劳动保障部报送了1998年以来基金监督工作的有关情况，完成了劳动保障年鉴基金监督工作方面的材料报送工作，编印了《社会保险基金监管实用手册》。

二、开展社会保险基金专项检查

1. 做好全省社会保险基金专项治理工作。根据全国社会保险基金专项治理工作视频会议的统一部署和要求，按照《社会保险基金专项治理工作方案》及浙江省领导的批示精神，设立了浙江省社会保险基金专项治理工作机构；制定并下发了浙江省社会保险基金专项治理工作实施方案及专项治理领导小组工作规则；2008年8月8日，劳动保障厅、财政厅、地税局、监察厅、纠风办、审计厅、卫生厅、中国人民银行杭州中心支行、证监会浙江监管局等部门联合召开全省社会保险基金专项治理工作视频会议，传达贯彻全国社会保险基金专项治理工作会议精神，部署落实浙江省开展专项治理工作；编印浙江省社会保险基金专项治理工作简报，为各市、县及相关部门及时了解和掌握专项治理工作提供了相关信息；及时转发了“社会保险基金专项治理统计表”，并结合浙江省实际，对填报、上报时间提出了具体的要求；督导各地开展社会保险基金专项治理自查自纠的相关工作。

2. 协同完成了再就业资金管理使用情况专项检查工作。

3. 对社保基金各种违规和举报投诉案件作了严肃调查，并做出总结通报。要求各地进一步提高认识，切实加强社保基金的监督管理。

4. 会同省医保中心开展了医保系统内控制度的检查。

三、召开社会保险审计监察证培训班

劳动保障厅于12月底举办了第五期社会保险审计监察证培训班，并根据人力资源和社会保障部基金监督司拟订的试题，组织了考试。通过培训和考试，使各级基金监督部门充分认识基金监管工作的地位和作用，认真贯彻实施《稽核办法》，积极发挥社会保险稽核的作用，加强队伍建设，确保基金监督和稽核工作落到实处。抓好基金监管和稽核人员能力建设，提高基金监督工作人员的素质。

四、做好年金备案和管理工作

指导各地劳动保障部门和企业做好年金基金合同备案工作及存量年金的整体移交工作，同时对备案企业的受托管理合同和委托管理合同进行认真审核，接受备案。完成了年金的各类报表。

劳动保障信访工作

一、工作情况

2008年，在劳动保障厅党组的正确领导下，按照年初制定的处室目标任务，围绕厅中心工作，全处同志扎实努力，取得了一定成绩。厅本级的集体访情况继2007年下降后再度回落，信访形势有所好转，全省涉及劳动保障类的突发性、群体性事件基本都得到了有效的预防和控制，浙江省劳动关系基本保持和谐稳定。

（一）做好日常信访工作，信访形势有所好转

2008年，劳动保障厅共办理群众来信1 830件次，与2007年基本持平。共接待群众来访1 310人次，较上年增长24.8%，其中集体访64批次涉及15 708人次，比上年下降36%、38.4%。集体访批次及涉及人次继2007年下降后继续回落。

（二）开展矛盾纠纷排查，确保奥运会期间劳动关系基本和谐稳定

从维护首都大局稳定、确保奥运会成功举办出发，积极配合开展“县（市、区）委书记大接访活动”“全省涉奥信访与维稳百日行动”，全力化解矛盾纠纷，确保奥运会期间浙江劳动关系的基本和谐稳定。一是周密部署矛盾纠纷排查化解活动。按照国家和省里的工作部署，相继召开全省劳动保障信访维稳工作视频会、全省劳动保障维稳工作座谈会和厅维护稳定工作领导小组会议，对矛盾纠纷排查化解工作进行全面部署。根据维稳工作需要及人事变动情况，对厅维护稳定工作领导小组及其办公室、群体性事件应急预备队成员也作了相应调整充实。奥运会前夕，下发《关于全力做好奥运会前后劳动保障信访维稳工作的通知》，对劳动保障信访维稳工作再次进行发动部署，组织指导各地对涉及劳动保障的重大不稳定因素特别对可能在奥运会期间进京上访、闹事闹访甚至进京集体访的突出苗头性问题展开了“拉网式”排查，研究制定了相应的工作措施和应急预案。二是畅通信访渠道，解决疑难信访问题。充分利用信访、监察、调解仲裁、职业介绍、社保经办、“12333”专线、网上信箱等现有工作平台，建立了全天候的便民服务工作机制，及时受理群众诉求，保证群众信访渠道畅通。以开展“县（市、区）委书记大接访活动”为契机，组织各地对面上重大疑难信访案件进行梳理，落实领导包案，坚持专案专办。同时把解决问题与思想疏导和稳控工作相结合，做到了“诉求合理的解决落实到位，生活困难的帮扶救助到位，诉求无理的思想教育到位，行为违法的依法处理到位”。三是强化奥运会期间的信访信息汇集及分析研判。奥运会期间，劳动保障信访信息汇集、分析和研判工作进一步加强，坚持维稳值班，对劳动保障维稳信息实行每日一报制。

（三）深入开展下访约访活动，努力解决深层次信访问题

按照省里部署，积极配合做好省领导下访约访活动，参加了赵洪祝书记、金德水副省长江山市、金华婺城区下访活动，解决了涉及劳动保障方面的信访问题。奥运会前夕，国家信访局专门

就重复来信情况给浙江发了《信访情况通报》，其中涉及劳动保障事项1件，系老工伤问题。对该则通报，我处会同工伤处专程下访长兴县，与长兴县劳动保障局、信访局、发改委共同接待了7名上访代表。通过和信访人面对面的交流沟通和详细的政策解释，信访人均对我们的下访及答复意见表示满意，最终息访。

（四）广泛开展《劳动合同法》《劳动争议调解仲裁法》等劳动保障法律的宣传、学习培训

随着《劳动合同法》《就业促进法》和《劳动争议调解仲裁法》的相继实施，2008年浙江省劳动争议案件量大幅上升，并且处理难度越来越大，对社会稳定的影响面越来越广。为进一步提高劳动争议处理能力，切实维护劳动关系和谐和社会稳定，劳动保障厅通过新闻媒体，对三部法律广泛开展了宣传活动，并将《〈劳动争议调解仲裁法〉宣传提纲》及时印发各地。对于各地特别是劳动保障系统专兼职从事劳动关系协调、劳动争议调解和仲裁工作的人员，专门组织了业务学习培训，共举办四期培训班，培训劳动争议调解员、专兼职仲裁员800多人。

（五）开展劳动争议调解仲裁工作的调研

为掌握各地《劳动争议调解仲裁法》的贯彻实施情况，了解各地在劳动争议案件量大幅上升后采取的应对措施，以及劳动争议仲裁工作实体化建设、乡镇调解组织机构建设和专兼职仲裁员的管理和培训情况，劳动保障厅于2008年8至9月开展了专题调研。

（六）继续深入开展劳动保障平安创建工作

一是按照省政府下达的目标考核任务，对2008年指标设置提出了修改意见。二是对2008年全省劳动保障系统继续深入开展平安创建活动进行了布置。三是按照《关于印发2008年度〈浙江省平安市、县（市、区）考核评审条件〉的通知》要求及平安市、县（市、区）评审工作责任分工，对2008年度的劳动保障考核指标进行了数据汇总及抽查核准。经考核，绝大部分市、县（市、区）的劳动保障工作各项指标都超额完成了省、市政府下达的目标任务。

二、工作体会

2008年，厅本级的集体访情况继2007年下降后继续好转，浙江省的劳动关系继续保持基本和谐稳定，主要体会有：

一是坚持强化组织领导，才能确保信访维稳工作的高效运转。有效化解信访问题，必须要充分发挥各级党委、政府总揽全局的统领作用。坚持实行信访工作目标管理，把信访工作纳入目标考核，坚持信访工作主要领导负总责、分管领导具体负责、其他领导“一岗双责”和相关责任单位具体办理，坚持主要领导定期研究信访工作，阅批群众来信，接待群众来访，包案处理重大信访事项，才能不断巩固推进信访维稳工作的新发展。

二是坚持夯实基础工作，才能有效规范信访工作秩序。工作中，我们逐步探索建立了科学规范的受理、交办、督办、调查及信访复查复核的工作规则和制度，既规范了工作程序，也确保了信访事项能得到及时妥善处理。结合“县（市、区）委书记大接访活动”“全省涉奥信访与维稳百日行动”的开展，建立健全了重大突发性群体性事件预警预案、排查化解、劝返接回、督查督办、重大信访维稳信息分析报送等工作制度，促进了信访工作效率和案件办理水平的提高。

三是坚持工作合力，才能有效化解疑难信访问题。劳动保障信访维稳工作需要劳动保障监察、劳动争议仲裁、行政复议及各业务部门配合与支持。工作中，劳动保障信访、维稳与监察、仲裁等各业务部门按照工作性质，既有分工，各自把关，又团结协作，整合力量，充分发挥劳动保障部门多渠道解决矛盾纠纷的优势，综合处置信访问题的大信访工作格局在系统内初步建立。工作合力的不断增强，为解决信访疑难问题提供了有效组织保障，促进了信访疑难问题的有效

解决。

四是坚持开展矛盾纠纷排查调处，才能源头预防和及时化解矛盾。必须进一步强化对群众集体访、重复访、异常访的排查处理机制，使排查工作制度化、经常化，对排查出的问题，及时明确责任，限期治理整顿；必须进一步强化群众群体性事件的预警机制，逐步建立多层次、多方位的预警预报信息网络，加强预警预报的科学性、广泛性；必须进一步强化信访维稳信息的分析和报告制度，加强对群体性事件信息的分析预测。只有早安排，早部署，从源头抓起，才能掌握工作主动权，及时控制矛盾，切实将矛盾化解在萌芽状态。

五是坚持以人为本，才能解决好群众关心的实际问题。信访维稳工作，一方面关系着国家法律法规政策的执行，另一方面也联系着人民群众的实际困难和问题。处理信访问题，在严格按法律和政策规定办事的同时，必须坚持群众立场，带着对群众的深厚感情去做信访维稳工作，切实使群众的合法权益得到维护，才能取得群众的理解和支持，使矛盾纠纷得到及时化解。

三、取得的成绩和荣誉

劳动保障厅因平安创建工作被省委、省政府评为2008年度先进单位，劳动保障厅已连续五年获此荣誉。

劳动保障法制建设工作

根据国务院《全面推进依法行政实施纲要》和劳动保障部、省政府的部署和要求，按照全省劳动保障“三二一”工作思路，政策法规处扎实开展劳动保障法制工作，积极推进劳动保障依法行政。主要做了以下几项工作：

一、劳动保障地方立法不断推进

劳动保障立法是依法行政的基础，也是推进劳动保障工作的重要举措。近年来，我们始终坚持以人为本，立足浙江实际，适应劳动保障事业快速发展的要求，把提高劳动保障立法质量放在首位，不断提高立法工作水平。2008 年 6 月 30 日，《浙江省实施〈禁止使用童工规定〉办法》经浙江省人民政府第 8 次常务会议审议通过，自 2008 年 8 月 1 日起施行，我们正在做好贯彻实施工作。《浙江省职工基本养老保险条例（修正案）》已经浙江省第十一届人民代表大会常务委员会第四次会议通过，于 2008 年 10 月 1 日起实施。根据省人大的要求，我们及时上报了 2009 年立法建议项目。

近年来，浙江省劳动保障立法工作中体现了一些新的特点：

一是劳动保障地方立法指导思想明确。我们始终坚持把实现最广大人民群众的根本利益作为立法工作的出发点和归宿，坚持劳动保障立法决策和改革、发展、稳定的重大决策相结合，保障和促进社会经济的健康发展，坚持从本省实际出发，注重立法制度创新，突出劳动保障地方立法的针对性和可操作性。在立法实效上，更加关注实施效果，力求准确把握立、废、改的最佳时机。

二是劳动保障地方立法观念不断更新。我们注重做好劳动保障立法规划，加强劳动保障立法工作的预见性，不追求立法的数量，而更加注重立法的质量，更加突出以人为本，更加重视直接关系人民群众切身利益的立法项目。如《浙江省职工基本养老保险条例》《浙江省劳动保障监察条例》都体现了从立法的层面解决老百姓最关心的制度问题。

三是劳动保障立法的民主化、科学化水平有了明显提高。我们改进调查研究方法，将立法建立在充分调查研究的基础上，增强立法的针对性和可操作性。立法公开程度有了明显提高，公开征求意见、实行立法听证、充分发挥专家的作用等做法，都体现了浙江省劳动保障地方立法的民主化、科学化水平有了明显提高。

二、扎实做好劳动保障行政执法责任制工作

一是进一步深化行政执法责任制。针对目前劳动保障行政执法难度大、责任重的实际，我们要求全省各级劳动保障系统认真履行法律、法规、规章赋予的职责，依法处理各种劳动保障违法案件。力争行政许可、非行政许可审批，行政处罚，行政确认等具体行政行为做到符合法定权

限、法定程序和法定期限。近三年来，劳动保障厅在省政府组织的依法行政考评中，均被评为优秀单位。

二是制定完善行政执法责任制配套办法。制定细化了行政处罚简易程序、听证程序、规范性文件制定和备案、行政执法人员管理、行政复议和应诉、法制工作统计等具体工作制度，并在实践中积极推行。

三是做好执法依据梳理工作。依照省法制办的要求，我们认真组织开展了对行政执法依据的梳理工作，梳理并确定劳动保障行政执法所依据的法律、行政法规、国务院决定、国务院部委规章、地方性法规、政府规章等。现已清理和划分完毕，并上报省法制办。我们还及时对规范性文件进行了清理，经过清理，提出了拟建议废止的政府规章。根据劳动保障厅建议，省政府废止了《浙江省劳动合同办法》等政府规章。按照省政府法制办的工作安排，我们对现行劳动和社会保障规范性文件进行了全面清理。经研究，决定废止《关于印发〈浙江省企业职工工伤保险实施办法〉的通知》等 20 个劳动和社会保障规范性文件，并发文予以公布。

四是接受省政府法制部门的行政执法责任制工作检查。根据省政府的统一部署和安排，2008 年 1 月，省政府对劳动保障厅 2007 年行政执法责任制工作情况进行了检查。我们在全面自查的基础上，积极配合省政府做好检查。通过检查和自查，肯定了前阶段取得的成绩，进一步理顺了职能，发现了劳动保障行政执法责任制工作中急需解决的问题，为今后工作的开展打下了基础。经过检查，省政府将劳动保障厅行政执法责任制工作评比结果定为优秀。

三、加强劳动保障执法监督工作

一是进一步完善厅规范性文件备案审查工作。对以厅名义下发的规范性文件，我们按照有关规定，及时报省政府法制办进行备案。2008 年，我们及时向省政府法制办报备了 4 件厅规范性文件。

二是强化行政复议和应诉工作。2008 年，我们共收到行政复议申请 48 件，其中受理 46 件。办案过程中，我们坚持“以事实为依据，以法律为准绳”，遇到疑难案件，坚持由厅领导召集相关处室集体研究，慎重作出决定，从而既保障和监督行政机关依法行使职责，又较好维护了行政相对人的合法权益。劳动保障厅作为被告的行政诉讼案件 1 件，法院经过审理，驳回了原告的诉讼请求。

三是开展劳动保障系统行政执法监督检查工作。根据《省委建设“法治浙江”工作领导小组成员单位 2008 年度工作责任分工方案》的要求，省政府法制办联合劳动保障厅于 7—9 月在全省开展了劳动保障系统行政执法监督检查工作。这次监督检查的重点主要是 2007 年以来全省劳动保障系统有关劳动保障法律、法规、规章的贯彻实施情况，落实劳动保障行政执法责任制的情况，行政复议和行政诉讼情况，行政执法案卷情况，以及行政执法“缴罚分离”和“收支两条线”制度贯彻落实情况。监督检查分三个阶段进行。在检查过程中发现了各地的一些先进经验和做法，肯定了各地已取得的成绩，同时也发现了一些问题和漏洞，各地根据整改意见进行了认真整改。

四、积极开展普法宣传工作

一是积极开展浙江省劳动保障“五五”普法工作。根据劳动保障部普法办和省普法领导小组的要求，按照《浙江省劳动保障系统法制宣传教育第五个五年规划》的部署，我处认真组织开展全省劳动保障“五五”普法工作。2008 年下半年，人力资源和社会保障部、省普法办分别对劳动保障厅“五五”普法工作进行了中期评估，我处认真准备评估材料，分别上报。

二是积极开展《劳动合同法》等法律的宣传培训工作。根据厅领导的安排部署，我处积极开展《劳动合同法》《就业促进法》《劳动争议调解仲裁法》《劳动合同法实施条例》等法律法规的宣传培训工作，及时组织购买学习资料进行学习和研究，先后组织开展了有关用人单位和系统内的学习培训，对企业劳资干部和劳动保障工作人员分别进行集中培训，收到了很好的效果。

三是组织开展了全省劳动者权益保护宣传周活动和维护农民工劳动保障权益普法宣传活动。根据劳动保障部、全国总工会的部署和省政府的要求，2008 年 7 月，在全省范围内组织开展了八次全省劳动者权益保护宣传周咨询活动。据不完全统计，在宣传周咨询活动期间，全省每年平均印发宣传资料 600 多万份，开展咨询宣传活动 100 多次。根据劳动保障部办公厅的通知精神，2008 年 11 月全省安排一周时间集中力量开展了维护农民工劳动保障权益的普法宣传活动。普法宣传活动深入而全面地普及了劳动法知识，特别是围绕农民工工资支付、劳动合同制度实施和社会保险等问题，进行重点宣传。

此外，为做好省政府“六项行动计划”，我们先后配合省发改委做好“基本公共服务均等化行动计划”，以及配合省法制办做好“公民权益依法保障行动计划”劳动保障厅承担部分。根据厅领导的要求，我们对《劳动合同法》的贯彻实施情况进行了调研，对调研结果及时进行研究和总结，并向有关方面作了汇报。

劳动保障规划统计工作

一、规划工作

（一）做好劳动保障“十一五”规划实施中期评估等工作

2008年是“十一五”规划实施承上启下的重要阶段。根据省政府和人力资源和社会保障部的要求，对《浙江省劳动和社会保障事业发展第十一个五年规划纲要》的实施情况进行了综合评估，对劳动和社会保障主要指标的完成情况、重点工作和相关措施的贯彻落实情况进行了衡量评价，分析了存在的问题和原因，提出了进一步推动规划实施的意见和建议，以确保“十一五”规划的全面完成；并对《浙江省国民经济和社会发展第十一个五年规划纲要中期评估报告》《浙江省社会发展十一五规划中期评估报告》中有关劳动和社会保障方面的内容提出了修改意见。

（二）制订年度劳动保障事业发展计划，分解并落实全省劳动保障各项目标任务的完成情况

按照省委、省政府对劳动保障工作提出的要求和年初全省劳动保障工作会议确定的工作目标，在总结分析的基础上制订了2008年度劳动保障事业发展计划。并从实际出发，分别以省政府和劳动保障厅名义将省劳动保障各项目标任务分解下达到各地，指导各地将目标任务落实到各县、市、区。对各地工作目标完成情况从两个方面进行跟踪分析，一是通过各类月度、季度报表数据，了解全省各地完成各项工作目标任务的进度；二是继续坚持劳动保障工作形势分析例会制度，召集厅机关和直属单位相关业务处室，按季对劳动保障工作现状深入分析，及时发现工作中值得关注的矛盾和问题，提出相应的对策措施，并向省政府报送相关劳动保障形势分析材料。通过层层落实责任，加强督促检查，确保各项目标任务顺利完成。

（三）积极开展接轨上海参与长三角合作与交流工作

积极组织开展接轨上海参与长三角合作与交流工作，对2007年劳动保障接轨与合作工作进行了认真总结，提出了2008年接轨上海参与长三角合作重点工作计划，并及时落实到相关处室和单位。8月，由分管厅长召集了厅长专题会议，专题研究浙江省接轨上海参与长三角区域发展劳动保障工作，进一步完善接轨各项工作，督促各处室能开展的项目继续进行。

二、统计工作

2008年是劳动保障统计工作管理年，统计工作的主要任务是围绕劳动保障中心工作，以提高统计数据质量为核心，进一步完善统计工作制度，加强统计综合管理。2008年，在完成2007年综合统计年报过程中，狠抓了统计数据质量，一是要求各地上报的报表、数据要确保质量，注意数据间的逻辑关系是否合理。二是严格审核，发现问题及时纠正，对汇总后的数据进行再次核对，从而确保报表的质量。

在确保统计数据质量的基础上，进一步加强统计管理，根据新修订的《浙江省劳动和社会保

障厅统计工作管理办法》，从统计工作的组织管理、制度建设、职责分工、调查手段等方面作了进一步的规范，理顺了工作关系，提高了统计工作整体效率。同时，做好与其他相关部门的协调配合工作，对浙江民生指数体系及调查问卷、指标权重等有关劳动保障方面的内容提出了修改意见。向省发改委、省统计局报送了省城乡统筹发展水平综合评价、全省改善民生工作、党政领导班子实绩分析评估和社会发展评估工作的相关材料。积极开展统计信息的收集、整理工作，编印了2007年度统计资料汇编，季度、月度主要数据手册，向厅领导、各处室、各级劳动保障部门及相关部门及时提供了大量的数据，统计利用上了新台阶，数据支持能力进一步增强。

职业介绍服务指导工作

2008年，省职业介绍中心坚持以科学发展观为指导，认真学习贯彻中共十七大和省委十二届四次全会精神，以贯彻落实《就业促进法》为重点，按照年初确定的工作目标，大力做好就业再就业服务工作，并应对汶川大地震积极开展灾区就业援助，为灾区民生恢复重建做了许多有益工作，具体工作如下。

一、积极应对逆境，全力拓展市场服务功能

按照就业服务“新三化”建设的要求，坚持以日常服务与专场服务相结合、场内服务与场外服务相结合、个别服务与群体服务相结合，通过多种形式搞活人力资源市场，促进劳动力有序流动和人力资源合理配置，积极应对次贷危机和自然灾害等对就业形势造成的不利影响。

（一）开展多种形式的招聘活动

职介中心充分发挥“两网一窗口”的作用，多形式、多层次、多方位开展就业招聘服务工作，使职业介绍工作朝着多种服务方式并举的方向发展。

一是承办大型人力资源交流大会。与省教育厅合作以全省联动的方式开展“高校毕业生就业洽谈会”活动，提供高校毕业生就业岗位26 669个，促使生源地毕业生就近就地择业。与浙江大学城市学院联合举办高校毕业生校园招聘活动，共提供就业岗位3 248个，初步达成意向率为23.3%。举办“2008浙江省人力资源暨校企对接洽谈大会”，共组织357家企事业单位、技工学校参会，提供就业岗位15 000余个。

二是开展高校毕业生就业服务月专项活动。根据人力资源和社会保障部有关指示精神，在全省开展高校毕业生就业服务月专项活动，共登记求职、失业毕业生人员42 087人，组织专场招聘会76场，提供毕业生就业岗位65 839个，组织参加职业培训3 343人，实现就业人数21 542人，其中登记失业应届毕业生就业率达到65.5%。

三是定期举办专场招聘会。每周四有针对性地举办各类专场招聘会，营造良好的就业氛围，促进有市有场的局面形成，如就业再就业专场、迎“三八”促就业女性专场和萧山机场专场等40场，组织单位800余家，提供就业岗位5 877个，应聘人数5 050人，当场达成意向的1 487人。

四是为残疾人提供就业服务。积极与杭州市残疾人联合会联系，解决特殊群体的就业需要，共同举办“2008年杭州市残疾人人力资源交流会”。活动组织了杭州松下电化等48家大中型企业参加，提供计算机、出纳统计和客服等300余个岗位，近35%的应聘者与企业达成就业意向，较去年提高了5个百分点。

截至2008年年底，省人力资源市场共计向社会提供就业岗位45 816个，其中举办各类招聘会45场，组织用人单位2 563家次，提供岗位25 805个，应聘人数25 213人次，求人倍率

1.02。

（二）加强省际劳务合作平台建设

2008年，职介中心共为87家企业、10余个省份、114家技校提供劳务洽谈合作服务，组织岗位对接10 204个。主要包括：组织江苏、山东、山西等省17家技校参加“2008中国·慈溪‘长三角’技术工人大型招聘会暨环杭州湾技工论坛洽谈会”；与桐江职业技术学校合作，组织在杭10家企业赴桐庐招聘应届生，当天共有293名毕业生参聘，几乎全部达成就业意向；组织广西、河南滑县劳动保障部门同志分别考察了贝因美、宝山电光源和达利公司，了解企业情况，为省际劳务对接做好准备；举办校企对接合作洽谈大会，首次采用校企合作论坛的方式，为参会单位提供学习和互动平台。

（三）健全日常就业服务机制

一是做好用人单位招聘信息采集发布。密切联系用人单位，建立以招聘主管为对象的联络机制，并为华夏银行等有特殊需要的招聘单位提供从制定方案、发布信息，到设点代招的全程委托招聘服务。截至年底，共接待用人单位1 413家，发布岗位需求信息20 011个，接受59家企业委托招聘382个岗位。二是做好求职者登记推荐工作。主要是针对就业困难人员开展“一对一”帮扶、就业指导和就业推荐工作。截至年底，共计接待就业困难人员2 560人，推荐介绍3 261人次，成功率近10%。三是做好企业劳动用工管理工作。主要是为在杭省部属单位办理劳动用工备案手续，已累计接待用人单位1 345家，办理劳动用工备案手续12 547人，签订劳动合同6 269份。此外，为配合劳动保障厅做好劳动保障信息服务咨询工作，职介中心还在服务大厅设立了省劳动保障厅政府信息公开受理点，指定专人负责解答群众咨询。

二、紧跟市场需求，积极推进技能培训服务

职介中心根据省人力资源市场供需状况的分析，以市场需求为导向，将就业困难群体作为重点培训对象，充分发挥浙江省就业培训中心的作用：一是开发培训项目。职介中心及时把社会需求紧俏、就业前景广阔的工种作为培训项目。如经人力资源和社会保障部批准，职介中心成为高级人力资源管理师和旧机动车鉴定评估师国家职业资格培训首批试点培训机构之一。二是丰富办学方式。采取独立办班和合作办班相结合，如与上海经济进修学院合作开展企业文化师国家职业资格培训；与江苏嘉华职业技术培训学校合作，利用中华心理教育网开展心理咨询师远程培训。三是推行订单式培训。利用人力资源市场信息资源，将“开发岗位、定向培训、安置就业”环环相扣，为省天然气、宝丽姿健身美容公司定向培训了输气工和美容师。

截至2008年年底，共计开办心理咨询师国家职业资格、企业文化师国家职业资格、高级人力资源管理师国家职业资格、汽车美容装潢等培训班9期，培训人数达363人。

三、不断探索创新，推进劳动保障事务代理工作

在抓好档案管理、户籍代理、职称评定、应届大学毕业生就业协议签订、党团组织关系转接和调动手续等工作的基础上，按照劳动保障部和国家档案局关于职工档案的管理规定，对职工档案分十大类进行了规范性梳理，并与省档案局联合开展全省职工档案管理工作调研，积极探索劳动保障事务代理工作发展新思路，顺利完成杭州市及下属部分县（区）的职工档案管理调研工作。截至2008年年底，职介中心共管理代理人员档案19 200余份，户口挂靠1 510人。其中，新增档案7 500余份，转移（转出）5 000余份；审核登记应届毕业生签订就业协议书892人；完成四批次200人的专业技术职务任职资格评审工作。

四、采取有效措施，确保境外就业工作平稳移交

2008 年上半年，职介中心按照新“三年”境外就业工作规划，继续稳步开展全省境外就业行政审批、市场培育和市场监管等工作，对两家境外就业培训基地审批和多家中介机构的换证提供了报批服务。同时，职介中心共指导全省境外就业中介机构输出 1 530 人，指导境外就业培训基地培训 656 人，累计为 217 名境外就业人员开具项目确认书 38 份，无一例差错发生。

2008 年下半年，职介中心接到人力资源和社会保障部《关于做好境外就业管理职能划转工作的通知》，着手筹备与省外经贸厅进行境外就业工作移交。为确保交接期间全省境外就业中介市场秩序的稳定，主要采取了以下措施：一是召开工作座谈会，统一思想，向全省各市劳动保障部门落实职能划转工作；二是与省外经贸厅进行了中介机构申报备案材料、出境人员数据、备用金情况等有关工作的移交；三是就全省中介机构备用金资金监管交接和资金转存工作程序等事宜协商省外经贸厅，并顺利完成交接。

五、立足业务平台，全力以赴支援灾区

“5・12”汶川大地震发生后，职介中心积极响应中央和省政府的号召，立足自身工作平台，发挥优势，广泛联系企业，支援灾区群众尽快实现生产自救。

一方面，组织开展四川地震灾区的就业援助活动。第一时间与四川省就业部门取得联系，主动了解灾民就业安置情况，与浙江在线联合发起“情系广元、爱心送岗”倡议活动，鼓励浙江省企业腾岗献岗，并将灾区对口就业援助工作日常化、长期化。于 7 月末、9 月初两次组织带领省内企业赴灾区举办“对口就业援助劳务招聘会”，先后为青川、广元和都江堰带去 59 家企业的 10 037 个爱心岗位，报名人数 4 826 人，当场达成就业意向 3 222 人，达成意向率为 67%。

另一方面，开展救灾心理援助活动。汶川地震后，职介中心发动组织了心理咨询师培训生等 200 人的专业灾后心理干预志愿者队伍，经省卫生厅批准，为川籍在浙务工人员和来浙伤员开展心理干预治疗服务，并随时待命赶赴灾区一线开展援助工作。此外，职介中心还举办了地震灾区伤员来杭志愿者陪护专业培训等一系列讲座，并组建了心理危机干预专业督导，有效地提高了自有咨询师、学员及志愿者的心理援助技能和水平，从而推进了灾区人民灾后重建工作。

劳动保障监察工作

一、扎实开展劳动用工突出问题的专项整治

（一）切实规范人力资源市场秩序

根据人力资源和社会保障部等四部门的统一部署，浙江省劳动和社会保障厅、省人事厅、省公安厅和省工商行政管理局决定从2008年2月25日至3月24日在全省开展清理整顿人力资源市场秩序专项行动。各级劳动保障监察机构以专业市场密集区、流动人口集散地、职业介绍机构聚集地和自发形成的劳动力交易场所为重点，积极摸底排查，确定重点场所和区域，着力予以整治。如杭州市充分发挥劳动保障监察网格化管理的优势，将任务落实到网格；温州市实行城区联动，对四个人力资源密集场所开展集中整治；金华市春节上班后，立即对市区内17家民办职业介绍所进行全面检查。专项行动共检查职业介绍所和用人单位4 764家，其中职业介绍机构1 253家，查处提供虚假信息、超标准收费等违反职业介绍管理规定的案件268件；当场责令改正178件；取缔无照无证的黑中介36户，责令退赔求职者费用18.1万元。由于各地对人力资源市场监管有力，各地查出的违法案件数量与上年相比有较大幅度的下降，且没有发现诈骗求职者财务、拐卖妇女或未成年人等治安管理和刑事案件。

（二）努力巩固整治非法用工打击违法犯罪工作成果

为加强对企业劳动用工和流动人口的监管，巩固2007年开展整治“四小”取得的成果，保障广大农民工和未成年人的合法权益，省劳动和社会保障厅联合省公安厅、省监察厅、省民政厅、省国土资源厅、省卫生厅、省工商行政管理局、省安全生产监督管理局和省总工会等9部门决定，从2008年7月1日至7月31日，以乡村小砖窑、小煤窑、小矿山、小作坊“四小”为重点对象，部署全省开展整治非法用工打击违法犯罪专项行动。为了使专项行动开展更有针对性，各地都根据当地实际制定了具体的行动方案，如湖州市要求各地以当地的小作坊实际情况，列出查处重点。专项行动期间，全省共检查“四小”及其他用人单位2.3万户，涉及劳动者70万人，查处各类违法案件6 000余件，补发9 000多名劳动者工资1 382.9万元，补签劳动合同3.7万份，清退童工42人，行政处罚203件，罚款332万元，取缔非法用工单位321家，整治“四小”专项行动进一步取得成果。

（三）深入开展《劳动合同法》执行情况的检查

为了了解掌握浙江省用人单位贯彻落实《劳动合同法》的实际情况，浙江省于2008年9月1日至30日在全省范围内开展了用人单位遵守《劳动合同法》情况的专项检查。各地在开展专项检查过程中，能够根据当地特点，充分发挥适用当地的实际方式开展检查工作。如宁波市，在专项检查活动中做到三个结合，即专项检查活动与近期该市“干部进企业，服务促发展”活动相结合，监察检查与宣传指导、依法查处与教育改正相结合，开展专项检查与建立长效机制相结

合。绍兴市在专项检查过程中，广泛采取“听、问、看、查”的方式，详细了解企业遵守执行劳动保障法律法规的真实情况。通过各地的努力，专项检查工作取得了实效。全省共检查各类用人单位1.8万户，涉及劳动者66.5万人；依法查处侵犯劳动者权益案件4 300件，当即责令限期改正2 091件，督促补签劳动合同3.4万人，责令支付双倍工资、补发劳动者工资和经济补偿金等1 630.2万元，有力地维护了劳动者的合法权益。

（四）继续保证农民工工资三个确保目标的完成

根据全省防范处置企业拖欠工资工作电视电话会议精神，省劳动和社会保障厅会同省建设厅、省交通厅、省公安厅和省总工会等五部门，从2008年12月1日至2009年1月15日，自2002年以来在全省范围内第七次继续组织开展农民工工资支付情况专项检查活动。各地根据省里的统一部署，迅速行动起来，认真贯彻落实电视电话会议和《浙江省人民政府关于切实做好防范处置企业拖欠工资工作的通知》（浙政发明电［2008］295号）精神，切实开展专项行动。行动期间，全省共检查用人单位3.4万家，涉及劳动者124万人，其中农民工110万人，共为4.7万名劳动者追回被拖欠工资及赔偿金14 864万元。各地能通过发挥各级政府各责任单位职能部门的优势，共同做好防范处置企业拖欠工资工作，保证“三个确保”目标任务的实现。

二、全面贯彻劳动合同法及实施条例

《劳动合同法》《劳动合同法实施条例》（以下简称《实施条例》）先后于2008年1月1日和9月18日起实施。为了做好《劳动合同法》和《实施条例》这两部法律法规的贯彻实施工作，各级劳动保障部门和监察机构做了大量的工作。一方面，各级劳动保障监察机构高度重视学习法律法规工作，组织本单位的干部职工认真学习，吃透新内容、把握新规定、领会新精神，不断提高全省劳动保障系统依法行政的能力水平，为在浙江省全面贯彻实施《劳动合同法》和《实施条例》奠定了坚实的基础。另一方面，各级劳动保障监察机构在加强自身学习的同时，切实加大宣传力度，结合浙江省“五五普法”年度计划，通过各种媒体和各种形式，全方位、多层面地进行广泛宣传，促进了用人单位和劳动者对《劳动合同法》和《实施条例》的认识和理解，增强了法制观念，提高了法律意识，能够自觉做到学法、懂法、守法。通过集中宣传活动，在全社会营造浓厚的舆论氛围，为《劳动合同法》《实施条例》的全面实施创造条件。

从浙江省各地用人单位贯彻《劳动合同法》和《实施条例》的情况看，总体是好的，虽然该法律在颁布实施后，在社会各界引起了较大的震动，用人单位和劳动者表现出极大的关注，也出现了许多用人单位为规避法律责任采取多种形式裁减人员、重新签订劳动合同等现象。针对这类新情况、新问题，各级党委政府和劳动保障监察机构密切注意事态的发展，耐心做好思想工作，做好政策的解释，由于工作方法得当，措施有力，全省没有发生与恶意规避法律规定的大量裁员、改签劳动合同等问题，保持了劳动用工局面的基本和谐稳定，维护了劳动者的合法权益。

三、深入推进劳动保障诚信制度建设

2008年，是浙江省企业劳动保障书面审查三年实现基本全覆盖的最后一年，各地克服了任务重、难度大等不利因素，积极转变工作思路、拓宽监察资源、创新服务方式，努力开展劳动保障监察书面审查和诚信档案建设工作。杭州市开发运用了企业劳动保障书面审查信用定级自动评分系统；湖州市采取延伸服务、到乡镇驻点办理、系统集中组织、面上巡查督促相结合的方式；永康市结合劳动保障知识培训，将城区街道店面纳入书面审查范围，每年开展劳动管理信得过单位评选活动并由政府授牌。经过努力，全省共审查33.6万家用人单位报送的书面材料，完成全年目标任务的93%，其中杭州、宁波、湖州、嘉兴、金华、台州和义乌市都超额完成了目标任务数。各地充分利用诚信档案定级结果，对各类用人单位实施分类监管，切实加大了企业失信行为的惩戒力度。2008年，我们与人民银行建立的企业信用联合监管机制发挥了显著成效，被列入人民银行黑名单的企业在信贷方面直接受到了影响，付出了较大的失信成本。

四、切实建立政府主导的农民工工资保障长效机制

为了切实做好防范企业拖欠工资工作，2008年11月28日，浙江省政府召开了全省防范处置企业拖欠工资工作电视电话会议，陈加元副省长在大会上作了重要讲话，并与各设区市政府签订了防范处置企业拖欠工资工作目标责任书，把防范处置企业拖欠工资工作责任落实到了各级政府；12月8日，省政府又专门下发了《关于切实做好防范处置企业拖欠工资工作的通知》（浙政发明电［2008］295号），对全省预防和解决企业拖欠工资工作进行了部署，对“两金一卡”等农民工工资保障机制提出了具体的措施和要求，进一步扩大工资支付保证金、记工考勤卡的实施范围，把政府欠薪应急周转金从原来的县级30万元、市级50万元，统一提高到100万元。各级政府高度重视防范处置企业拖欠工资工作，从落实科学发展观、构建社会主义和谐社会的高度出发，把防范处置企业拖欠工资工作作为政府重要的政治责任和行政责任，在结合当地实际认真开展调研的基础上，提出了具体的工作目标和工作职责，并与所辖的县（市、区）签订了工作目标责任书。杭州、衢州市，在与各县（市、区）签订责任书的同时，也与市直相关单位签订责任书，确保工作目标任务及责任落实到位；台州、义乌市等地把清欠工作重心下移，将乡（镇）政府、街道办事处作为当地清理欠薪工作的第一责任人。预防和解决企业拖欠农民工工资的责任主体由部门转型为政府，农民工工资保障长效机制整体实现转型提升。

五、进一步强化劳动保障监察机构效能建设

2008年，是学习落实科学发展观的第一年，是劳动保障部门深入开展劳动保障监察的执法年。各级劳动保障监察机构根据自身的工作职责，深入学习落实科学发展观，强化服务理念，转变工作思路，切实解决人民群众关注的热点、难点问题，着力打造勤政为民、务实高效的监察执法新形象。杭州市在城区按照“多点受理、统一管理、方便群众、提高效力”的原则，规定劳动者可在杭州市城区内任何一个监察机构进行投诉，方便了群众，提高了效力；兰溪市在宣传《劳动合同法》过程中，编制了“五张流程图”，印制了“风险防范提示”，深受企业欢迎；温州市鹿城区在处置群体性事件中采取了“快速反应、部门联动、变卖设备、就地封闭、适当倾斜”的“20字策略”，及时有效化解矛盾；桐乡市在加强劳动保障监察机构建设中，积极向“六化”发展，即“监察体系‘网格化’、监察对象等级化、监察硬件标准化、监察内容信息化、监察手段制度化、监察队伍专业化”；省总队对劳动保障监察信息系统建设也投入了大量的精力，到目前为止，已经完成信息系统一期工程的开发，从部分地区试运行情况看，总体效果良好。

2008年，各地进一步加大劳动保障执法力度，劳动监察效能十分显著，全年共主动检查用人单位11万家；立案受理劳动者举报投诉案件4.74万件，结案率达98.7%；为24.92万名劳动者追回被拖欠克扣的工资等待遇5.5亿元；补签劳动合同73.1万份；书面审查用人单位33.6万家；清退风险抵押金482.3万元；督促补缴社会保险费1 290.2万元；取缔非法职业中介机构299户；清退童工718人；实施行政处罚2 080件，罚款1 902.3万元，有力地维护了劳动者的合法权益。

劳动仲裁工作

2008年，全省劳动争议调解仲裁工作在厅党组的正确领导、各级劳动保障部门领导的重视和仲裁机构全体工作人员的共同努力下，依法妥善处理各类劳动争议，取得了一定的成绩，在保障劳动者和用人单位双方合法权益、维护浙江省和谐稳定的劳动关系等方面发挥了积极的作用。

一、基本情况

2008年，全省劳动争议处理机构共调解仲裁处理劳动争议案件115 551件，比上年增长57.6%。其中全省各级劳动争议仲裁委员会立案受理劳动争议案件39 954件，比上年增长76%，涉及劳动者67 880人；以案外协调等方式处理劳动争议案件8 833件，比上年增长58%；全省乡镇劳动关系协调机构调解处理劳动争议案件66 764件，比上年增长48%。全省各级仲裁委员会当年已审理结案36 664件，年结案率为92%，完成了省政府下达的91%的目标任务。从已结案件处理方式看，调解结案19 435件，裁决结案14 742件，以撤诉等其他方式结案的2 487件，分别占结案案件数的53%、40%、7%；从处理结果看，用人单位胜诉的2 029件，劳动者胜诉的15 927件，双方部分胜诉的18 708件，分别占结案案件数的6%、43%、51%；从处理经济标的看，通过调解、裁决维护双方当事人合法权益11.1亿元，其中各级仲裁委员会审理结案涉及的经济标的为6.1亿元，乡镇调解组织调解案件涉及经济标的为5亿元。主要有以下特点：

（一）案件总量呈大幅上升趋势，集体争议案件增长显著

由于《劳动合同法》《劳动争议调解仲裁法》的贯彻实施，劳动争议受理范围进一步扩大，仲裁收费自2008年5月1日起取消、加班工资等案件追溯时效延长以及国际金融危机对我国实体经济的影响等因素，使得2008年全省劳动争议案件总量大幅增长，增幅达到76%。部分地区案件量比上年翻了一番多，宁波市北仑区等经济发达县市增幅均在2倍以上；其中集体争议案件增长明显，2008年全省受理集体争议案件959件，是上年的1.7倍，涉及劳动者当事人2.8万余人，并发生了多起因集体争议而引发的群体性上访事件。

（二）劳动争议集中在经济发达地区，且多发生于民营企业

劳动争议案件在全省各地区之间分布极不平衡。其中宁波市立案案件为12 849件，占全省案件总量的32%；杭州、宁波、温州、绍兴、台州等五市共立案29 648余件，占全省案件总数74%。而嘉兴等六市案件量则相对较少。从企业类型看，涉及国有、集体企业案件占总量的11.5%，而民营、私营企业案件占总量的80%以上。

（三）劳动争议内容以劳动报酬、社会保险和经济补偿金等经济利益争议为主，且加班工资争议比例上升

劳动报酬争议占案件总量的27.7%，社会保险争议占总量的27.2%，因解除劳动合同引起的经济补偿、赔偿争议占总量的40.6%。其中加班工资案件呈快速增长趋势，占案件总量的

9%，且多以集体争议方式出现。因不签订劳动合同而引发的双倍工资案件在下半年也有所增长。

（四）仲裁申请多样化，裁决结案率上升

劳动者申请仲裁事项越来越多样化、复杂化，特别是劳动者要求补发历年加班工资、补缴历年社会保险集体争议，由于涉及时间长、金额高，用人单位较难承受，处理难度加大，稍有不慎，容易引起矛盾的激化。因案多人少和案件调解处理难度增加，2008 年裁决结案比例提高，同比上升 14 个百分点。

（五）乡镇调处劳动争议案件继续增加

全省乡镇劳动争议调解组织处理劳动争议案件，从 1999 年的 5 008 件到 2008 年的 66 764 件，每年都大幅增长，2008 年调解案件量比上年增加 45%。从 2000 年起，乡镇劳动争议调解组织处理的劳动争议案件数量已远远超过了仲裁委的立案案件数，平均在 2 倍左右，较好地发挥了“第一道防线”的作用。

二、主要做法

2008 年，面对劳动关系日趋复杂化和劳动争议大幅上升的态势，浙江省各级劳动保障部门和仲裁机构根据人力资源和社会保障部及厅总体工作部署，加强组织领导，深入学习贯彻《劳动合同法》《劳动争议调解仲裁法》，采取有力措施，不断提升自身处理能力，全力打造浙江省和谐稳定的劳动关系。

（一）加强宣传与培训，发挥劳动争议预防功能

《劳动合同法》《劳动争议调解仲裁法》等新法颁布后，为确保法律的正确贯彻实施，劳动保障厅和各级劳动行政部门及时组织对本系统和所属企事业单位相关人员进行轮训，不断加大宣传培训力度。通过对仲裁员的业务培训，增强仲裁机构处理新形势下案件的能力；通过对企业调解组织的培训，加强企业自身化解劳动争议的能力；通过对乡镇协调组织人员的培训，增强其协调处理劳动争议的能力。2008 年以来，全省各级劳动仲裁机构就举办各类业务培训班 650 余期，适时召开多种形式的座谈会、咨询会等 400 多次，参训人数达到 8 万余人，较好地起到了宣传法律、预防争议的作用。

（二）积极探索，狠抓办案，不断提高案件处理效率

各级仲裁机构做到快立、快审、快结，不断探索创新办案机制，提升案件处理效率。重点做好案前调解，充分利用五天受理时间，对于争议事实基本清楚的案件，在劳动者申请时及时与用人单位沟通，组织双方调解结案；调解不成的即适用简易程序，及时开庭审理，在继续组织调解无效前提下，做到当庭裁决，定期领取裁决书。宁波、台州等市为解决案多人少矛盾，在经济发达乡镇建立仲裁派出庭，把案件处理重心下移，缓解自身办案压力。嘉兴等市推出“休息日仲裁庭”“流动仲裁庭”，既方便劳动者开庭，又加快了案件处理效率。

（三）加快推进劳动仲裁机构实体化建设，提升仲裁工作能力

2003 年省劳动仲裁院成立后，省劳动保障厅提出了“分步到位、逐步推开”的仲裁机构实体化建设思路，取得了明显成效。到 2007 年年底，全省已成立劳动仲裁院 62 家，新增编制近 150 余人。2008 年以来，各地借《劳动争议调解仲裁法》实施的契机，加快推进机构实体化建设，新成立劳动仲裁院 18 家，新增编制 60 余人。目前全省成立劳动仲裁院 80 家，全省各地级市均已成立仲裁院并增加专项编制，其中杭州、宁波、台州、衢州等市已实现所辖县区的全覆盖。仲裁机构实体化建设，一定程度上缓解了案多人少矛盾，提升了劳动仲裁机构办案能力，也为仲裁员队伍的专业化、职业化建设奠定了基础。

（四）加强基层调解网络体系建设，充分发挥基层调解工作在处理劳动争议中的重要作用

根据处理劳动争议“重在基层、重在调解、重在预防”的基本原则，近年来我们加大对基层的指导力度，建立健全乡镇劳动争议协调机构网络，不断规范工作程序，“第一道防线”的作用得到了较好的发挥。2008 年全省 1 100 多家乡镇劳动关系协调委员会、2 100 余名工作人员共调解劳动争议案件 6 万余件，是劳动仲裁机构立案数的近 2 倍，较好地维护了本地区劳动关系的和谐与社会稳定。不少地方还将调解网络向行政村、社区延伸，扩大调解工作的覆盖面，就地就近快速处理劳动争议。如杭州市已在 1 482 个行政村（街道、社区）建立调解小组，其中余杭区已在 300 个行政村（社区）设立劳动争议调解小组，全年调解劳动争议总数是区仲裁委员会立案案件数的近 6 倍。余姚市将乡镇组织调解劳动争议案件列入对乡镇劳动保障平台考核的一项内容，促进调解工作的制度化和规范化。

（五）建立健全劳动仲裁制度，推进仲裁工作规范化、法制化

2008 年来，我们根据新的法律法规等要求，修订、补充、完善了包括仲裁工作、内部管理、窗口服务、廉政建设等内容的 50 项规章制度，并汇编成册下发全省各级仲裁机构参照执行。针对当前劳动争议集中在劳动报酬、工伤赔偿等方面，涉及的多为农民工等困难群体，我们要求各地尽可能简化办案手续，完善办案程序，为农民工申请仲裁开辟“绿色通道”，加快案件处理进程。同时各地在新法实施过程中，注重与法院沟通协调，加强上下联动，强化各个环节的调解工作，不断创新工作机制，促进劳动仲裁工作健康协调发展。

社会保险经办管理工作

2008年，省社保中心在厅党组的正确领导下，坚持学习贯彻科学发展观，以年度目标任务为主线，以确保基金安全为核心，以提高经办服务能力和水平为抓手，全面加强队伍建设和规范化服务，开拓创新，真抓实干，各项工作取得了明显的成效。

一、社会保险基金征缴强力推进

为确保各项社会保险基金及时收缴到位，中心一方面坚持以有效手段积极推进扩面，明确以省属事改企单位作为扩面重点，并积极做好临时用工、新招聘人员的参保工作；另一方面严把缴费基数的申报和审核关，进一步强化基金征缴。截至2008年12月，中心基本养老保险、工伤保险、生育保险参保人数分别达到25.47万人、32.22万人和24.43万人，全年共征收养老保险基金342 285.20万元、工伤保险基金5 567.02万元、生育保险基金6 322.56万元，基本养老保险、工伤保险、生育保险累计结余基金分别达到112.06亿元、1.78亿元和1.32亿元，社会保险基金进一步壮大，保障能力进一步增强。

在确保各项社会保险费应收尽收的同时，中心积极贯彻落实省政府关于临时性下浮企业社会保险费缴纳比例的政策，积极与地税等部门展开协调，解决组织实施上的相关问题，明确了文件实施的范围、对象、标准、时效以及报表处理等有关事项，经过各方共同努力，克服了时间紧、任务重等困难，圆满完成了集中减征的任务。

二、离退休人员待遇水平稳步增长

截至2008年12月底，省本级共有养老保险统筹内离退休人员89 712万人，全年共支付养老金18.21亿元，离退休人员养老金全部按时足额发放，社会化发放率继续保持100%。2008年也是浙江省连续第五年对企业退休人员的基本养老金进行调整，我们根据浙劳社老［2008］5号文件要求，做好退休（职）人员2008年调整养老金的增资补发工作，较大幅度地提高了养老金水平。此外，积极做好离休干部“两费”保障和退休军转干部生活补贴的发放工作。到2008年年末，参加离休干部“两费”保障机制的单位已达159家，离休干部2 090人，征收离休费保障经费2 306万元，支付离休干部统筹外费用4 025.43万元。全年共为2 348名企业退休军转干部增发了生活补贴和门诊医疗补贴。广大离退休（职）人员深切体会到了党和政府的关心，享受到了社会发展的成果。

三、工伤生育保险经办管理工作实现新转变

截至2008年12月底，工伤保险参保人数32.22万人，征收工伤保险费5 567.02万元，支付工伤保险待遇3 859.46万元，工伤保险基金累计结余1.78亿元。生育保险参保人数24.42万

人，征收生育保险费 6 322.56 万元，支付生育保险待遇 3 268.93 万元，生育保险基金累计结余 1.32 亿元。2008 年，省本级工伤生育保险工作出现许多新问题，面临许多新挑战，随之带来经办工作量、工作方式的新变化和新要求。中心在人手紧张、计算机管理手段滞后的情况下，团结协作，战胜困难，较好地完成了年度工作任务。一是顺利完成了工伤生育保险费征收职能移交地税部门工作。认真制订移交方案，主动加强与地税和行业单位的沟通协调，并从政策依据、具体操作和工作衔接上为移交工作做出充分细致的准备，使整个移交工作较为平稳顺利。自下半年起，征收工作已经能够按照各自的职能分工正常进行。二是平稳实现了工伤生育经办职能由行业单位托管向中心直接经办的过渡工作。工伤生育保险费实施税务征收后，原行业托管单位的待遇申报核付、报表统计等有关经办职能相应调整，转由中心直接承办。中心在认真调查研究，充分摸清行业托管工作情况的基础上，9 月份联合地税发文，明确了相关职能调整和经办事宜，并召开会议布置落实。目前，中心大量工伤生育日常经办业务已经步入正常轨道，有关职能调整衔接基本到位。三是按期启动了老工伤人员纳入省本级统筹的经办工作。根据浙劳社工伤［2008］109 号文件规定，自 2009 年 1 月 1 日起，参加省中心工伤保险的中央、省部属企业老工伤人员纳入省本级工伤保险统筹。中心拟订相关经办工作文件，召开工作会议，布置经办事项，听取有关单位意见，严格按照政策要求开展老工伤人员和供养亲属的审核确认以及待遇核付的准备工作。

四、社会保险稽核工作迈出新步伐

2008 年，中心认真贯彻落实部社保中心、省劳动保障厅有关稽核工作要求，在全面开展稽核工作、深化稽核层次、提高稽核效果等方面迈出了新步伐。一是抓好内控制度建设，在全国率先制定出台《浙江省社会保险经办机构内部控制实施细则（试行）》的基础上，从年初起就把制定内控评估办法作为全年的重点工作，进行广泛调查研究，起草了《浙江省社保经办机构内部控制评估暂行办法》，较好地完善了内控制度建设。二是组织开展全省经办机构内部控制检查，对全省经办机构内控制度的建立、完善情况以及内控工作开展等情况进行检查。通过检查，加强了经办机构内部管理，建立健全了内控机制，维护了基金安全。三是积极推进全省稽核工作制度化、规范化和经常化，有效地推动了稽核工作的广泛开展。全省各地稽核达到 66.3 万人，书面稽核 224.2 万人，超过了部社保中心规定稽核面达到 20％的工作目标，受到了部社保中心的好评。四是配合劳动保障厅惩防体系建设要求，研究制定了养老金发放监测体系，为今后开展养老金防冒领工作创造了有利条件。

五、基金管理水平不断增强

认真执行基金收支两条线的管理制度，加强与财政、税务、银行等部门的密切配合，共同管好社会保险基金，保证每笔基金都能及时入账转储及支付。做好省本级各项基金的年度预决算工作，并加强对全省会计、统计和基金管理营运等方面的业务指导、督查以及组织考核评比工作；积极做好社会保险会计、统计工作，连续 8 年获得全国社会保险会计、统计报表评比一等奖。

六、信息化管理水平跃上新台阶

随着事业单位参保进程加快，工伤保险征收管理体制变化，老工伤人员纳入省本级统筹等，社保业务的不断拓展迫切要求提高信息化管理水平。一是努力做好本级信息系统建设的组织落实工作。拟写了中心业务系统整合方案，提出业务需求，加强与信息中心的沟通交流，并与省采购办落实招标事宜。二是加快全省社保信息化基础建设，切实推动信息系统和联网数据的应用。结合“金保工程”，与厅信息中心积极配合建立规范、标准、统一的数据库，特别是加强县级数据库的建设。全省联网数据量已经超过 95%，完成年度目标。同时，进一步规范全省联网数据上报流程，确保联网数据的准确性、完善性和有效性。

七、劳动能力鉴定工作取得新进展

2008 年，中心积极应对鉴定工作中出现的新变化、新趋势、新情况，切实落实“以人为本”的服务理念，严格遵守“公平、公正、公开”的鉴定原则，完善和强化服务，进一步改进了工作作风，提高了服务效能。全年共接待鉴定申报 1 800 起，受理鉴定申请 1 600 多起，组织劳动能力鉴定 6 批，对符合条件的 1 400 多人进行了医学鉴定并作出结论，工作进展顺利。重视制度建设，拟订了《省劳动能力鉴定管理办法》，并提交省劳动能力鉴定委员会讨论通过，现已正式实行，为鉴定工作的开展提供了坚实的制度保障。重视加强与地市劳动能力鉴定委员会的工作联系与沟通，加强了工作指导，及时听取各地的意见和建议，督促各地认真负责开展鉴定工作。

八、经办机构能力建设实现新突破

2008 年是中心队伍和能力建设获得突破性发展的一年，经过努力，中心被批准为参照《公务员法》管理的事业单位，共有 25 位工作人员被纳入“参公”管理序列，这必将有利于提高我们整个社保经办机构队伍的素质水平。以“参公”为契机，中心进一步改善办公环境，公开办事事项，优化办事程序，减少办事环节，外树形象，内抓管理，经办能力也有了较大提升。

九、对全省社会保险经办工作的指导进一步加强

一是召开了两次全省社保主任会议。及时下发全省社会保险工作计划和要点，总结、分析前期工作，规划、布置下一阶段的工作，使全省社保经办工作目标更加明确清晰，统一了思想。二是组织实施了 2007 年度全省社会保险工作先进单位的考评。三是组织上报了浙江省退休人员社会化管理服务经验材料，其中 4 篇典型材料获选，杭州市退休管理工作更是作为先进典型在全国会议上介绍经验。四是完成了全省个人账户检查工作。根据部里部署，落实我省养老保险个人账户检查工作事宜，并及时上报部里，被部列为免检省份。

2008 年，社保中心连续第八年获得劳动保障部组织评比的全国社会保险会计、统计报表两个一等奖，并被评为厅工会先进集体。

医疗保险经办管理工作

2008年是浙江省医疗保障制度进一步完善的一年，也是浙江省医保中心继续强化管理、优化服务的关键年。在这一年里，我们按照“强管理、促指导、固基金、提素质、优服务、争一流”的基本工作思路，扎实提升经办管理和服务水平。一年来，我们在省劳动保障厅党组的统一部署下，各项工作稳步推进，取得了显著成绩。截至12月底，全省城镇职工基本医疗保险参保人数达1 054万人，新增参保人数199万人，比上年同期增加了23%。完成省政府年初下达目标任务的332%。农民工专项扩面活动进展顺利，已有参保人员404万人，提前并超额完成了省政府的考核目标。各类参保人数总和达到1 463万人。2008年浙江省医疗保险经办工作的主要特点是：

一、多管齐下促指导，医保工作呈现新气象

（一）突出重点抓指导

为加强对全省医保工作的指导力度，有重点地做好浙江省医保业务指导，2008年年初省医保中心向全省各市（包括义乌市）医保经办管理机构下发了《2008年社会医疗保险经办管理工作要点》，提出了包括城镇居民医疗保险制度实施、内控制度建设、规范档案管理、加强服务平台建设和提高服务品质等五大类15项指导意见。根据这个意见，医保中心各业务线分别就相关方面实施了指导。如由办公室牵头，以省医保中心的名义组织了浙江省劳动保障系统赴南非进行全民医疗保障体系建设的培训团。由于各种原因，使得该培训团前后组织时间跨度将近一年。由于医保中心统筹谋划、组织有力，于11月底终于成行。此次南非培训团的成功举办，使医保中心在全省劳动保障系统产生了良好的影响。

（二）落实措施强指导

为做好2008年和今后的医疗保险经办管理业务考核、考评工作，促进全省医保业务指导工作的有效开展，根据人力资源社会保障部社保中心关于经办业务考核工作的部署和精细化管理的要求，我们经过一段时间的努力，完成了《浙江省基本医疗保险主要业务工作年度评价内容及标准》的修订完善，并以劳动保障厅办公室的名义印发各市。为加强经办机构的内部管理，年初我们又以劳动保障厅办公室名义印发了《全省医保经办机构内控制度运行情况专项检查的通知》（浙劳社办发［2008］26号），并成立了内控制度专项检查领导小组。10月中旬开展了全省内控制度实施情况检查。通过检查，全省内控工作整体得到了加强和提高。

（三）规范数据促指导

为加强全省医保数据的编报工作，提高数据质量，我们于1月15日前完成了2007年度全省医疗保险会计、统计年报的编制，并于1月22日组织召开全省医疗保险年报会审会。在随后的全国医疗保险年报会审会上，浙江省的医疗保险会计、统计年报均获得了全国一等奖。7月，召

开了全省医疗保险运行分析会，分析了2007年浙江省医保管理运行情况。会议期间还邀请了北京大学教授讲授了关于“全民医保背景下的医疗保险与医药服务的购买”等内容，拓展了培训交流的新形式，开拓了大家的医保政策视野，收到了良好的效果。

二、落实政策强经办，管理服务再上新台阶

（一）积极落实二级医疗照顾人员政策

为确保二级医疗照顾人员待遇的落实，我们根据文件精神，决定对二级医疗照顾人员实施专用证卡管理。根据工作需要，我们开发了专门的计算机管理模块，积极完善计算机系统报销模块，努力做好二级医疗照顾人员2007—2008年医疗费用补助工作，审核补助费用207万元。

（二）及时落实起付线调整政策

省劳动和社会保障厅2007年年底出台的关于调整省本级医疗保险部分政策的文件精神（即浙劳社医189号），明确了调整统筹基金起付线标准和社区卫生服务机构的优惠政策。医保中心在接到通知后，立即组织业务科室负责人和软件开发商进行研究，提出了落实思路，明确了工作进度和要求，确保了新政策的如期实施。

（三）认真贯彻落实省政府4号文件精神

2008年4月，医保中心接到了《浙江省人民政府关于修改浙江省省级单位职工基本医疗保险暂行规定的通知》后，立即组织中层以上干部进行了认真学习。由于此次修改政策涉及面广、调整内容多、时间紧任务重，中心领导班子定调：一不准叫苦，二不准拖拉，三不准马虎。在中心全体同志的努力下，几大惠民政策在极短的时间调整完成。

（四）积极推动企业退休人员体检工作

本次体检共有122家企业参加，应检人数5 763人，实际体检人数4 594人，受检率80%，本次体检费用总金额为68.91万元。通过体检，共查出各种疾病患者和指标异常者7 981人次，其中：查出高血压990例，高血脂2 076例，高血糖810例，肝炎127例，肺结核25例，恶性肿瘤3例，其他疾患3 950例。

（五）积极开展内控制度专项检查活动

全省77个医疗保险经办机构，经过“组织部署、机构自查、两级抽查和总结提高”四个阶段，历时近8个月，完成了对内控制度的梳理和完善。10月中上旬，省厅组成了由朱绍平副厅长任总指挥、相关处室领导任组长、省内控办公室和11个市级经办机构业务骨干共同参与的6支省内控制度运行情况抽查组，历时两个星期，奔赴全省12个市（含义乌市）、34个统筹地区，开展全省内控制度的检查和考评工作，并以劳动保障厅办公室的名义对杭州、宁波、奉化等18家内控制度建设先进集体进行了通报表彰。

三、先进技术强管理，“科技促监”显成效

（一）开发数据分析模块，提高数据整合分析能力

为加强医疗保险基金管理，提高运行分析能力，上半年我们在完善二期计算机信息系统的基础上，继续开发了数据分析模块，完善了实时监控模块，加强了统计分析模块。同时，为了保障数据安全和网络的稳定运行，我们配合厅信息中心，重点加强了数据库的管理、完善了备份线路建设和信息系统安全保密方面的工作。

（二）开发二级医疗照顾人员管理模块，做好费用核报工作

为加强对二级医疗照顾人员的医疗费用报销的管理，我们制定了规范详细的核报流程和管理

规定，明确了申报、初审、复审、会审、报告、核付等程序以及权限，并把这些规定落实到计算机系统中去，实现计算机管理和操作，避免人工操作带来的随意性和差错，提高了效率，确保了准确性。

四、夯实管理基础，经办服务进一步规范化

（一）加强基金财务管理

为认真做好基金财务会计的基础管理工作，我们对基本医疗保险基金、省属离休干部医疗经费、行业离休干部医疗经费、公费医疗离休干部医疗经费、二级医疗照顾经费和子女统筹医疗经费进行单独建账，单独核算，调整核算办法，加强资金管理，严格专款专用。

（二）进一步提升基础档案管理水平

为进一步提升医保中心档案管理水平，我们启动实施了省一级档案管理达标活动。12月25日，省档案管理局对医保中心进行了省一级档案管理达标验收。医保中心以97分的高分顺利通过验收。

五、开展调查研究，探究新问题，提出新思路

（一）开展经办能力建设情况调研

2008年3月，我们组织了医保工作调研组，赴宁波地区进行了为期四天的调研。围绕2007年城镇居民医疗保险经办管理服务、医疗保险稽核和内控工作、异地就医管理服务方面的经验和做法、2008年医疗保险经办管理服务工作思路等四个专题，调研组对宁波地区的医疗保险制度改革和经办管理服务工作进行了深入的了解，获得了经办一线的鲜活经验。

（二）开展城镇居民基本医疗保险专项调研

2008年6月，省医保中心组织了专项调研组，赴嘉兴、湖州就城镇居民基本医疗保险的管理制度、费用发生等情况进行了专题调研。调研组向调查对象发放了“浙江省城镇居民基本医疗保险经办管理服务情况调查表”和浙江省城镇居民基本医疗保险经办管理服务情况调研、调查问卷。医保中心方少华主笔完成的《浙江省城镇居民基本医疗保险实施现状问题及对策研究》报告，获得第三届中国社会保障论坛征文三等奖。

六、加强组织机构自身建设，实现机构性质平稳过渡

省医保中心实现参照《公务员法》管理。在上级有关部门的大力支持下，医保中心于2008年下半年顺利平稳实现了参照《公务员法》管理。8月，中心工作人员参加公务员考试，所有参考人员顺利通过。10月，厅人事处下达了医保中心内设科室调整的文件。11月，厅党组下达了“参公”人员定级文件。从12月起，“参公”人员待遇正式兑现。“参公”工作的平稳顺利完成，是医保中心机构建设发展史上的大事，打开了医保中心工作的新局面，也必将对全省医疗保险经办工作产生深远而广泛的影响。

职业技能鉴定工作

2008 年，省职业技能鉴定中心根据全省劳动保障工作会议的总体部署，深入贯彻省委办公厅、省政府办公厅《关于进一步加强高技能人才工作的实施意见》，大力推动高技能人才队伍建设，不断完善技能人才评价体系，强化职业技能鉴定质量管理，较好地完成了职业技能鉴定工作目标。年度全省参加鉴定人数 830 438 人，获取证书人数 749 804 人。

一、完善技能人才多元评价体系

一是继续加强技师、高级技师全省统一考评工作。围绕全年新增高技能人才 8 万人，其中新技师 2 万人的目标任务，组织实施了数控车工、数控铣工等 16 个职业全省技师、高级技师统一考评，推进技师示范考评工作，共有 6 000 多人参加全省统考。

二是推进企业技能人才评价工作。在杭钢集团召开了企业技能人才评价现场会，落实人力资源和社会保障部的工作部署，组织开展企业技能人才自主评价试点工作。目前，杭州、宁波、绍兴等地已确定了 20 多家试点企业，制定了工作方案，开展企业技能人才自主评价试点工作。

三是做好院校学生职业资格认证工作。在职业院校全面推行“双证书”制度，积极引导和推动职业院校以职业活动为基础，进行就业导向的教学改革，推进课程设置与国家职业标准的衔接。2008 年院校鉴定人数达 18.4 万人。

四是积极开展全国统一鉴定工作。年初专门召开了全国（省）统考工作座谈会，落实统考工作要求，交流考务工作经验，完善考务管理流程。2008 年组织开展了心理咨询师、企业人力资源管理师等 15 个职业的全国统一鉴定工作，全省 3 万多人参加了鉴定。

二、加强职业技能鉴定质量管理

一是贯彻落实《国务院办公厅关于清理规范各类职业资格相关活动的通知》（国办发［2007］73 号）精神，配合劳动保障厅有关职能部门抓好职业资格清理规范工作，净化工作环境，整顿工作秩序，促进职业资格证书制度健康有序发展。

二是完善鉴定质量管理制度。制定了职业技能鉴定质量督导实施办法、现场督考工作细则等制度，建立了鉴定质量举报、查处、通报制度。抓好全国（省）统考的现场督考工作，专门组织巡考人员到各市（县）进行巡考和督导，严格落实质量管理规定。2008 年，浙江省共安排鉴定质量督导 300 多场次，对各市、县鉴定工作进行了监督、检查和指导。

三是全面落实鉴定质量管理责任制。省鉴定中心与各市鉴定中心、各省直鉴定所（站）签订了鉴定质量管理责任书，各市鉴定中心也层层落实，与县级鉴定中心及市属鉴定所（站）也分别签订了责任书，进一步明确了管理责任，加强了系统自律，收到了良好的效果。

三、积极开展农民工考核鉴定工作

配合农民工职业培训，积极做好农民工的考核鉴定工作，研究落实培训鉴定补贴政策，把职业资格证书作为获得经费补贴的重要指标，促进考核鉴定工作的开展。根据人力资源和社会保障部的要求，完成外省来浙务工农村劳动者（在岗农民工）职业技能培训鉴定任务。

四、加强职业技能鉴定基础建设

一是加快题（卷）库和教材开发。根据省劳动保障厅下发的题库与教材开发计划，组织专家开发、调整了茶艺师等26个职业的题（卷）库，编写配套教材、考试指南27本，进一步完善了技术资源。

二是为全省第三届技工院校技能运动会、省数控技能竞赛、省中职教师技能竞赛等省级技能大赛提供技术服务工作，全年共参与了30多个职业的省级技能竞赛组织实施工作，圆满完成工作任务，有力地推动了我省技能竞赛工作的开展。

三是规范命题和国家题库运行管理，指导各市管理市级分库。制定了题（卷）库开发管理办法，建立了省市联合开发机制。加强对市级分库的管理，严格题库管理保密制度，确保试题提供准确及时，无泄密事件发生。

四是扎实推进考评人员和专家队伍建设。2008年我省共举办了7期考评人员培训班，培训考评人员761人。组建了形象设计师、景观设计师等5个职业专家委员会。

劳动保障信息工作

2008年以来，信息中心坚持围绕为全省劳动保障事业发展服务的总目标，按照“金保工程”建设的总要求来开展工作，指导各市县劳动保障部门开展金保工程建设，取得明显成效。

一、拟定全省劳动保障信息化建设的各项规划和方案，积极配合做好相关调研和指导工作

具体有：起草了全省社保信息系统建设方案征集和评估方案、全省社会保险“五费合征”社税联网及网上申报系统建设方案、全省失业登记和失业保险联网监测及外国人和台港澳人员就业信息联网监测实施方案、全省劳动保障电话咨询服务系统建设规划技术要点、省劳动保障厅电子政务统一平台建设方案、全省劳动保障数据中心建设规划以及全省养老保险新联网指标上报、工伤保险联网指标上报、部分“金保工程”全国统一应用软件实施方案等；制定了劳动保障厅信息系统安全及保密管理暂行规定；研究部里“金保工程异地业务系统需求”方案和“医疗保险生育保险联网基础指标”，结合我省实际提出了反馈意见；配合部里做好我省社会保障卡发卡情况调查；参与对武义县医疗保险问题的专项调查，针对存在的问题起草了信息系统的内控办法；下发每季度浙江省养老保险联网数据情况通报，每月完成各市交换库养老保险联网数据的汇总及向部里的数据上报；按照部“金保工程”调度工作的要求，组织开发了全省“金保工程”建设管理信息系统，已投入应用。

二、认真做好省级金保工程重点项目的建设工作

（一）浙江省劳动力市场信息系统

该项目于2007年10月正式开工建设，2008年1月形成软件需求分析规格说明书，3月形成软件设计技术规格说明书，完成软件需求分析和软件开发，6月起系统在湖州市试运行和实施。经过近半年时间的试运行，实现了与原“浙江就业2000”信息系统的数据迁移和平稳过渡，圆满完成了试点各项任务，12月通过了项目初验，计划在全省范围内逐步推广。按照国家《信息系统工程监理暂行规定》由监理公司按照合同要求对该项目建设全过程进行监理，包括前期的技术需求方案确认，协助开发商完成对业务需求的梳理和确认，明确系统建设模式和选型标准，规划建设步骤和资金预算，为系统改造项目的工程设计、实施、验收、技术培训提供全程项目管理和监理服务。

（二）电话咨询服务系统（“12333”系统）

省级电话咨询服务系统于2007年下半年正式投入使用以来，总体运行平稳，月均话务量超过6 000个。2008年主要针对系统运行过程中存在的问题进行完善，做好验收准备，同时做好与杭州市电话咨询中心的互联互通工作。2009年1月1日起将正式统一以“12333”对外服务，原杭州市“87612333”将同时运行一段时间过渡。为统一规范各地的“12333”建设，加强对各地

的指导，起草了《浙江省劳动保障电话咨询服务系统建设指导意见》《浙江省劳动保障电话咨询服务系统统一软件功能规范》《浙江省劳动保障电话咨询服务系统标准规范》《浙江省劳动保障电话咨询服务系统建设技术要点》等，下一阶段将组织方案研讨和论证。

（三）全省社税联网接口系统和全省劳动保障网上安全申报平台

按照“金保工程”一期建设规划和省委巡视组的反馈意见，社保与地税部门之间应能够实现信息交换和共享，并能够通过网上安全申报平台，实现安全的网上申报和与业务系统的数据交换。社税联网和网上申报系统有很高的关联性，将同步进行建设。省劳动保障厅与省地税局开展了多次研究、探讨和协商，对省内的湖州、金华、桐乡等地进行了实地调研，召集地级市的有关人员进行研讨，目前已完成《浙江省“五费合征”社税联网及企业网上申报系统建设方案》，现正做进一步完善和论证，将适时启动开发和实施工作。

（四）全省县级养老保险联网监测数据转换软件开发和实施

该项目从 2007 年 9 月开始试点，到目前已经完成了全部 11 个市级点以及 53 个县级点的实施工作。全省养老保险联网数据上传的数据量、地区数据覆盖率有了较大提高，其中杭州、宁波、温州、湖州、绍兴、金华、衢州、舟山等市的地区数据覆盖率都已经到达 100%。此外，上传的数据质量也有了很大提高。2008 年 12 月，项目完成初验。

（五）全省劳动保障监察业务系统软件

系统于 2007 年年底正式启动，2008 年 1 月完成需求调研，4 月底完成了信息系统的开发和系统硬件平台搭建，5 月宁波、余姚、慈溪、绍兴、义乌等地的劳动监察部门对关键业务“案件管理”进行了测试和意见反馈，6 月在公网上发布了测试程序。目前，该系统正在省监察总队和绍兴、宁波等地进行试点，计划 2009 年在全省推广使用。

（六）省级医保二期项目

省级医保二期项目自 2006 年 5 月整体切换以来，运行平稳。2008 年年初，根据浙江省劳动和社会保障厅、浙江省财政厅、浙江省卫生厅《关于调整省级单位职工基本医疗保险部分政策的通知》的要求，系统对省级单位职工基本医疗保险部分政策进行了调整，新增了“二级医疗照顾人员经费结报”功能模块。下一步将开展验收相关工作。

（七）全省养老保险统计分析和监测系统

项目于 2007 年年底启动，在全省县级养老保险联网监测数据上传基本实施完成和 OLAP 系统工具软件的采购完成后，根据劳动保障厅养老保险处和省社保中心多次讨论提出的《浙江省养老保险统计分析和监测系统需求说明书》，于 2008 年 9 月完成系统开发，并投入试运行，运行情况良好。12 月，项目完成初验。

（八）全省社会保险信息系统统一软件建设规划和实施方案

按照“金保工程”建设规划和社会保险业务发展的需要，将以劳动和社会保障部统一开发的社会保险核心平台软件为基础，结合全省各地社会保险业务需求，进行浙江省社会保险信息系统统一软件的开发和实施。2008 年主要做好软件建设规划和实施方案，完成了《浙江省社会保险信息系统开发需求》和《浙江省社会保险信息系统建设方案征集评审办法》，9 月邀请了在省内有分支机构的部认证的社会保险统一应用软件前台技术支持商，共同参与建设方案的设计工作，将适时对方案进行综合评审。

（九）省级交换平台系统

按照“金保工程”一期建设规划，开发省级养老、医保、劳动监察、“12333”系统、门户网站及劳动就业等信息系统之间的接口软件，建设省级数据交换平台，并配合部里做好异地业务系统数据交换平台建设。由于省级交换平台系统牵涉面广、内容多，几乎涉及省级数据中心的所有系统和相关设备，需要很好的设计、规划和论证系统方案。

（十）其他项目

全省失业登记和失业保险联网监测、外国人和台港澳人员就业信息联网监测项目 2008 年 10 月完成招标，12 月底前完成杭州、宁波、湖州、衢州、舟山等五个市市本级数据采集和监测系统实施，计划 2009 年上半年完成全省所有各市、县（市、区）数据采集和监测系统实施；省本级社会保险信息系统整合及工伤保险子系统软件已提交省政府采购中心进行公开招标采购；行政审批和电子监察系统的项目实施完成，目前劳动保障厅行政审批系统已经正式投入使用。

三、做好信息系统的安全建设工作

（一）做好省级劳动保障信息系统安全等级保护定级和备案

劳动保障厅的信息系统安全等级保护自定级报告于 2008 年 5 月通过专家组评审，其中联网监测信息系统、省本级医疗保险信息系统、省本级养老保险信息系统定级为三级，省“12333”电话咨询服务信息系统、省劳动保障厅门户网站信息系统和网上社会保险服务信息系统定级为二级，并向省公安厅上报了相关备案材料。根据信息系统等级保护要求，完成了《数据中心主机和日志审计系统方案》。劳动保障厅的定级备案工作获得了省网络与信息安全等级保护领导小组的充分肯定，网络与信息安全情况通报（信息安全等级保护工作专刊 2008 年第 10 期）刊发专稿，对劳动保障厅进行了宣传表彰。

（二）完成省级劳动保障信息系统安全风险评估

2007 年 10 月以来，通过资产评估、物理安全状况调研、安全产品配置策略调研、应用系统调查、信息系统工具扫描、关键设备人工评估和门户网站渗透测试等多项工作，形成了《省劳动保障信息系统风险评估报告》《省劳动保障信息系统信息安全加固建议书》《省劳动保障信息系统信息安全管理制度》《省劳动保障信息系统安全管理应急预案》《省劳动保障信息系统信息安全建设总体目标和策略》和《省劳动保障信息系统运行维护管理制度》等多项安全评估和管理相关文档报告，查出了信息系统的薄弱环节，为进一步安全加固提供了依据。

（三）完成厅二号楼机房及机关处室弱电布线改造

工程于 2008 年 3 月开工，4 月底完工，机房按照国家 B 规范进行施工，将作为数据中心备份磁带出库存放地点和省纪委下发的密码设备安装地点。同时，改造了厅机关所有办公室的弱电线路，实现了内、外网线路上的隔离。目前运行稳定，工程实际施工达到了设计及合同约定的质量要求。

（四）实施省医保备份线路建设和防火墙升级改造

为保证省医保系统网络的物理安全，采用两家不同运营商的基础网络作为主、备线路，实施了备份线路建设，已完成全部三级医院（18 家）备份线路建设，现主线路为电信 10 M MPLS-VPN，备份线路为杭州网通信息港的 2 M MPLS-VPN 链路。另外，采用 2 台东软的千兆防火墙对原有的单台华堂防火墙进行升级换代，消除了医保系统网络上的单点故障和网络瓶颈，提高了系统的可用性和稳定性。

（五）做好数据中心集中监控管理中心建设

网管和性能监控软件于 2008 年 1 月开始实施，目前已完成系统的全部安装和调试，实现了对全省劳动保障业务专网、省医保主备网络和厅办公网的实时监控以及对小机、数据库、中间件、安全设备和应用软件的性能监控和分析；完成了中心机房 IT 设备远程集中控制系统（kvm

系统）项目实施和机房动力环境监控实施。

（六）做好数据中心其他相关项目的建设

该项工作包括：完成数据中心核心网络系统升级改造，完成存储和备份系统扩容项目实施，完成中心机房功能区域调整和空调节能改造工程，完成数据中心网络与系统安全建设项目招标，完成数据中心交换区和决策区系统平台建设方案、数据中心运维管理平台招标文件。

（七）做好信息系统日常运行安全维护

做好机房空调、UPS、动力电源、消防、监控和门禁等系统设备的管理维护，做好中心机房核心业务系统、辅助业务系统、网络的日常管理维护和业务系统的数据存储备份，做好部、省、市三级视频会议系统的技术维护和全程跟踪，做好网络与信息安全信息通报月度报送和厅信息系统安全保密工作，做好社会保障卡的发放管理，2008 年向杭州市市民卡中心发放社会保障 PSAM 卡，主要用于医疗保险和民政方面；加强奥运会期间网络与信息安全应急保障工作，切实抓好奥运期间系统安全防护，落实责任，做好值班和安全事件通报机制，确保了奥运期间各大系统安全、稳定运行。

劳动保障电话咨询服务工作

2008 年，是劳动保障电话咨询服务工作蓬勃发展的一年。在劳动保障厅党组的正确领导下，在分管领导的重视和关心下，电话咨询服务中心坚持从发展、稳定的大局着眼，紧紧围绕年初的部署安排，有条不紊、扎实有效地推进各项工作，取得了一定成绩。截至 2008 年 12 月底，省级“12333”专线共受理来电 71 855 个，受理省政府网站“省长信箱”信件 199 件，“网上咨询”110 件，“监督投诉”16 件；回复“浙江政务通”网上咨询 107 件；处理“厅长信箱”信件 775 件，厅网站“在线咨询”4 625 件，厅“效能监督”108 件；回复“12333”电子邮件 26 件。现将一年来的主要工作情况作一总结，并提出明年的基本工作思路。

一、整合资源，发挥优势，扎扎实实为民办实事

一是服务中心、服务全局，创新工作服务平台。电话咨询服务中心结合实际，积极探索多种形式便捷高效的为民服务途径。2008 年，“12333”电话咨询服务在政策咨询、办事指南、信息查询等服务功能的基础上，还承担了省政府门户网站省长信箱有关劳动保障方面的信件办理，厅门户网站的厅长信箱信件办理，以及网上咨询答复工作。中心高度重视，专门配备了一位责任心强、业务精、工作细致、协调能力强的专线咨询员，并制定了工作制度，规范了办理流程，从而推动电子政务办理工作的不断完善，成为政府与群众密切联系的新桥梁。目前，咨询者可以通过电话人工服务、语音服务、留言传真、网上信箱等多形式、多渠道进行咨询。

二是及时反映重要的社情民意，促进热点难点问题解决。我们把收集、综合、分析咨询过程中的疑难问题作为“12333”咨询服务的一项重要工作。坚持每月定期编制《“12333”咨询工作动态》，通过来电统计分析、热点解读、民生速递、疑难问题和一期一案等栏目，真实客观地反映“12333”咨询业务状况，及时传导社会公众需求，为领导全面掌握情况、指导工作服务，为劳动保障政策制定和决策提供信息支持。

三是为营造更加直接、快捷、便利的政策咨询服务环境，进一步完善劳动保障信息咨询服务网络系统公共服务体系建设，我们在提出《“12333”综合服务网站建设初步方案》以及厅门户网站“12333”子系统建设的业务需求的基础上，还提出了全省“12333”信息系统建设统一软件业务需求，以推动全省“12333”建设的步伐。各类资源的有效整合，高效便捷的咨询服务，打通了群众了解劳动保障信息的渠道，树立了政府部门为民便民的良好形象。

二、及时沟通，协调联动，实现“12333”高效服务

为进一步推进省级“12333”文件采编和咨询专线办理工作的开展，针对“12333”文件采编和专线办理中遇到的困难，注重做好与劳动保障厅有关处室、单位协调工作。劳动保障厅办公室专门就此项工作下发了《浙江省劳动和社会保障厅办公室关于进一步加强“12333”劳动保障文

件采编和咨询专线办理工作的通知》，文件就“12333”咨询专线办理的答复路径和答复形式、办事效率、加强“省长信箱”办理工作进行规范和说明，对提高文件采编流转时效、建立沟通协调长效机制等工作提出了明确要求。一年来，中心与各处室、单位沟通支持，密切协作，高效运行，真正发挥出各环节的重要作用，有力促进了“12333”咨询服务工作的顺利开展。同时，我们还建立了“12333”专线联络员会议制度，2008年1月、6月和12月共召开了三次联络员会议，会议主要通报了省级“12333”运行情况，并将咨询中整理收集的疑难问题会同相关处室、部门共同进行“会诊”，统一答复口径，规范工作程序。通过这些举措，理顺和规范了“12333”业务办理流程，建立了分工明确、协调有序的“12333”工作机制，提高了“12333”咨询服务的效率和质量。2008年，省级“12333”数据库共计新录入法规政策文件67篇，信息速递资料36篇，问题解答材料37篇，参考学习知识17条。同时，在深入贯彻学习实践科学发展观活动以来，按照学习实践活动第二阶段的要求，中心面向劳动保障厅各处室、直属各单位以及中心全体人员广泛征求意见建议，以查找影响和制约中心科学发展的突出问题，推进咨询服务系统建设，提高服务质量，进一步推动中心建设和发展。

三、完善制度，规范运行，形成“12333”良性工作机制

一是及时做好查漏补缺整改完善工作。结合电话咨询工作特点和各项规章制度落实的实际效果，针对制度运行中出现的新情况、新问题，认真研究，措施得当，整改到位。2008年为充分体现咨询员业务考核的公正、公开、民主、透明考核原则，对咨询员业务考核办法进行了两次修订，初步拟定了《浙江省劳动保障电话咨询服务中心聘用工作人员年度考核暂行办法》，印发了《咨询员服务质量考核办法（试行）》。为使公文办理制度更规范、流程更简便，对公文的办理、传阅和归档作详细说明，形成了接收、登记、整理、交办、督办、反馈、归档等环节的工作运行程序。为体现以人为本的管理理念，根据《职工带薪年休假条例》制定了《中心工作人员带薪年休假有关办理规定》。

二是努力把各项工作落到实处。2008年4月，根据厅领导的批示，进一步细化了“2008年电话咨询服务中心工作目标责任分工”，并督促责任科室抓紧做好落实工作。5月，中心根据省委保密委员会办公室、厅保密工作领导小组有关保密工作的要求，以全省计算机信息系统保密检查为契机，开展“12333”信息系统安全保密自查工作，对中心咨询业务移动存储介质、计算机信息系统的软件、数据文件、IP地址和开机密码、系统设备的安全维护情况、咨询人员操作的规范性等方面进行检查，并结合劳动保障厅保密工作领导小组对中心信息安全提出的意见建议，及时整改，草拟了《“12333”咨询服务信息系统安全及保密管理暂行规定》和《“12333”咨询服务信息系统安全应急预案》，并根据整改后的情况不断修改完善。同时为机房安装了防盗门，做好系统设备的防盗防火工作。

四、加强学习，带好队伍，不断提升服务质量

一是抓培训，努力提高业务能力。咨询员的业务水平和服务质量直接影响劳动保障部门的政府形象，培训至关重要。截至2008年12月底，电话咨询服务中心共安排咨询员集中业务学习59次，专题业务考试8次，总课时达152小时。培训内容涵盖劳动保障法规、民事诉讼法和行政复议等相关法律知识，实务交流座谈会、技能技巧、语言交流艺术等综合素质培训。

二是坚持做好咨询笔记，每周案例分析讨论会和例行班会等工作。咨询员每天下班之前的半小时，对一天所接的电话进行整理，对疑难问题进行分析，将工作心得记录下来，每周互相交流，共同分享。通过定期听取电话录音，挑选典型案例和热点难点问题进行集体分析讨论，及时查找和解决咨询工作中存在的问题，统一答复口径，并录入问答库。对浙江省和劳动保障厅下发的指导性文件及时组织学习，尽快掌握文件的要旨，提高答复相关问题的及时性和准确性。

三是完善考核和激励机制。着重在完善考核标准、考评小组成员、考核数据公开随机抽取和考核情况逐一反馈上下工夫。同时，还增加了学习研究能力作为附加分，鼓励咨询员拓宽知识面，提高劳动保障方面的研究学习能力。将平时考核与定期考核相结合，知识考核与技能考核相结合，工作数量考核与服务质量考核相结合，考核结果与工资奖金直接挂钩。通过这一系列考核激励机制，对于客观地评价每位咨询员的工作绩效、激发工作积极性、提升业务能力和服务质量都具有很好的效果。

五、牢记宗旨，强化责任，加强思想作风建设

以“学习实践科学发展观活动”为契机，电话咨询服务中心进一步加强工作人员的思想作风建设，把握咨询服务工作的前进方向，充分发挥团队的力量，努力实现管理与服务有机结合。一是加强政治理论学习，通过组织学习科学发展观重要理论，以及思想政治热点理论，引导大家自觉抵制错误腐朽思想文化的影响和侵蚀，在政治上、思想上始终与党中央保持一致，做到立场坚定、旗帜鲜明。二是加强服务意识教育，进一步增强工作荣誉感、责任感和使命感，爱岗敬业、勇于奉献。三是以丰富多样的活动加强职工思想、作风、能力方面的建设。2008 年 3 月，中心工会组织了“登山赏梅”活动，丰富了职工的业余文化生活，增强了团队凝聚力。5 月，中心党支部成立，中心负责人许卫祖同志担任党支部书记。党支部开展了以“重品行、讲操守、增本领、提效率、转作风”为主题的专题教育活动，组织观看《隐形的翅膀》，强化人生价值观、道德观、服务意识观的教育。积极开展抗震救灾献爱心活动，中心工作人员纷纷捐爱心款、捐特殊工会费，党员捐特殊党费。四是在深入学习实践科学发展观活动中，进行广泛动员，进一步深化思想认识、提高思想觉悟。中心制订学习实践活动实施方案，通过集中学习、专题学习、座谈讨论等形式加强交流，使大家能较为全面地掌握科学发展观的基本内涵和精神实质，认识科学发展观的历史地位和重要意义。通过组织观看电影《超强台风》进行“以人为本”理念教育，培养全体工作人员“以人为本”的理念；通过制作学习实践科学发展观活动专题宣传栏，及时反映学习动态，营造良好的学习氛围；通过解放思想大讨论和开展民主生活会，广泛倾听意见建议，认真查找需要转变的思想观念，需要改变的工作方式，进一步深化思想认识，改进工作作风。

六、拓展渠道，树立形象，做好“12333”品牌宣传工作

充分利用报纸、电台和户外平面广告等媒体，开展“12333”服务品牌和劳动保障政策宣传，使“12333”成为家喻户晓、群众欢迎和信任的热线。2008 年，电话咨询服务中心在浙江电台新闻台的《浙广早新闻》《阳光政务》等栏目进行为期一年的“12333”广告宣传；通过窗口单位向群众发放宣传手册和便民卡；利用《平安浙江》宣传栏加大宣传力度，宣传方式从杭州主城区、主干道逐渐扩展到社区、厂矿附近，采用《平安浙江》社会特刊的方式在全省范围发布，用于政策宣传及解读，扩大了“12333”的宣传面和影响力，取得了较好的社会效益。

七、调查调研，互联互通，积极推动全省“12333”建设

为积极推进全省“12333”电话咨询服务系统建设，中心在全省各地开展“12333”基本建设情况调查活动，在掌握了全省“12333”建设基本情况后，协同劳动保障厅信息中心赴杭州等地调研，共同研究制定《省“12333”电话咨询服务系统建设的指导意见（征求意见稿）》，并广泛征求各地市的意见建议，推动全省咨询服务工作。目前，杭州市、绍兴市已成立了专门的咨询服务机构，湖州市、义乌市也已将建设“12333”咨询服务信息系统提上了议事日程。同时，为实现省级“12333”中心和杭州市“12333”中心互联互通，方便群众，提高公众满意度，省本级和杭州市电话咨询服务中心短号码的统一工作进行多次调研及协调，2008 年 12 月底成功实现联通，并从 2009 年 1 月 1 日起，省级和杭州市以“12333”全国统一公益服务电话号码对外开展劳动保障咨询服务。

劳动保障宣传教育工作

2008年在省劳动和社会保障厅党组的领导下，宣教中心全体干部职工以科学发展观为统领，紧紧围绕劳动保障中心任务，开拓创新，干在实处，较好地发挥了服务大局、服务基层、服务群众的职能，各项工作取得了良好成效。

一、劳动保障宣传工作取得新突破，宣传职能不断强化

（一）扎实开展中国劳动保障报记者站工作

中国劳动保障报浙江记者站的管理职能，自2005年6月交宣教中心以来，中心加强和改进各项工作，较好地发挥了记者站上情下达、传递信息的桥梁、纽带作用。

1. 从加强新闻报道入手，忠实反映浙江省劳动保障事业发展的新成就。2008年宣教中心围绕劳动保障工作重点，捕捉新闻焦点，把握新闻规律，不断加强和改进宣传方式，使全省劳动保障新闻工作继续保持良好的发展势头。据统计，全年记者站共有45篇（不含各地通讯员发稿数）新闻报道在《中国劳动保障报》上刊登，其中大多数刊登在第一版。2008年1月10日《中国劳动保障报》还以《依法签合同，企业才能大发展》为题，头版头条刊登了浙江省陈加元副省长带队抽查《劳动合同法》执行情况的新闻。2008年11月13日在《中国劳动保障报》第一版报道了浙江省劳动保障厅学习实践科学发展观活动深入基层、问计于民的做法，为全厅学习实践活动营造良好氛围。引导、鼓励各地通讯员积极报送新闻稿，一年来由记者站修改推荐并在《中国劳动保障报》刊登的报道有30多篇，目前浙江劳动保障工作在《中国劳动保障报》上的见报率已明显提升，进一步提高了浙江省劳动保障事业发展的知名度。此外，努力拓宽劳动保障新闻宣传的覆盖面。2008年4月配合省委十二届三次会议的召开，有1篇宣传稿被省委《今日浙江》杂志刊登；反映我省劳动保障事业成就，题为《在创新中实现跨越》的宣传稿在《中国劳动保障》杂志2008年第8期刊登，进一步扩大了我省劳动保障事业的知名度与影响力。

2. 从扩大宣传阵地入手，报刊发行工作取得新进展。抓好劳动保障报刊发行工作，是扩大宣传覆盖面的客观要求。2008年坚持报刊发行工作早部署、早安排、早督促，确保了在2009年报纸大幅度涨价的前提下发行数量不下降目标的实现。据统计，全省《中国劳动保障报》总发行量达5 053份，首次创下了突破5 000份的历史记录，在报纸提价且受金融危机影响的大背景下取得这一成绩来之不易。其中杭州地区共代理发行1 748份，比上年增加了356份，增长比例为25.6%。随着报刊发行工作的推进，《中国劳动保障报》征订单位由原来比较局限的劳动保障系统，开始扩大到乡镇街道社区工作平台和企事业单位，进一步发挥了《中国劳动保障报》在解读政策、引导舆论、传递信息上的载体作用。由于宣传工作成效明显，2008年杭州市、金华市、嘉兴市和台州市劳动保障局被中国劳动保障报社评为地市级新闻宣传先进单位；余杭区等10个县、市、区被评为基层新闻宣传先进单位。

（二）组织实施纪念改革开放30周年征文活动

为纪念改革开放30周年，回顾浙江省劳动保障事业走过的光辉历程，总结劳动保障工作在理论创新、体制创新、机制创新和方法创新上的成功经验，作为系列纪念活动之一，劳动保障厅于2008年7月1日下发了《关于开展“纪念改革开放30周年”征文活动的通知》，在全省劳动保障系统内组织开展征文活动。此项工作由宣教中心实施。通知下发后，中心加强与各地的联系，发动各级劳动保障部门踊跃参加、积极投稿，共收到征文来稿64篇。收到征文后，对来稿进行了认真的汇总、整理，研究制订了征文评选工作方案。按照公开公平、客观公正的原则，分别邀请有关处室负责人及厅领导担任评委，对征文来稿进行了初评、复评，共评出《新形势下三大体系促就业》（作者：绍兴市就业管理局鲁敏恬）等23篇优秀征文，并对获奖作者进行了通报奖励。

（三）认真做好“三法一条例”宣传资料的发行工作

按照宣传工作“要贴近实际、贴近生活、贴近群众”的要求，为配合三部法律的贯彻实施，2008年《劳动争议调解仲裁法》《劳动合同法实施条例》颁布实施后，及时编印《劳动争议调解仲裁法》《劳动合同法实施条例》单行本，共发行17 700册。同时抓住机遇，拓宽发行渠道，加强与中国劳动社会保障出版社的联系，及时组织了《劳动争议调解仲裁法》释义等法规学习宣传资料，全省累计发行《劳动合同法》《劳动争议调解仲裁法》讲座、释义等资料约3 900多册，发行劳动者维权扑克4 500多副，发行《劳动合同法实施条例》宣传画300套，为各级劳动保障部门、企事业单位学习贯彻和宣传普及“三法一条例”提供便利。

（四）做好培训教材和法规文件汇编的发行工作

加强职业培训教材和法规文件汇编的发行工作，为发行对象提供及时、周到、优质的服务。全年共发行培训教材1 500册，“劳动保障岗位资格证书”培训教材901册，协助厅法规处开展劳动保障政策法规宣传，做好《劳动和社会保障政策法规汇编》（第14辑）征订和发行工作，累计已发行2 072册，并发行历年法规政策文件汇编近450册。

二、不断提高管理服务水平，教育培训工作取得新成效

（一）积极推进“双证书”考试和助学辅导工作

2008年进一步加大了工作力度，做好“双证书”考试的报名组织和学籍管理工作。适应新情况，创新助学辅导形式，全年参加考试的考生达506人，累计考试科目935科次，考生报考科次与上年基本持平。截至2008年6月，全省通过岗位证书6门课程考试的人员新增了51人。

（二）积极探索举办劳动关系与人力资源管理培训班

2008年结合企事业单位劳动关系管理出现的新情况、新特点，宣教中心精心设计培训内容，邀请阵容强大的师资队伍，举办了两期劳动合同法与规章制度协议文本实务操作培训班，参训人数200多人。由于培训内容针对性强，既宣传了劳动保障法律法规，又满足了参训人员的充电需求，得到了参训单位的一致好评。

（三）协助厅机关处室承办好业务培训班

根据2008年年初劳动保障厅人事教育处下达的劳动保障业务培训班计划与工作要求，宣教中心以“强化服务，提高质量”为立足点，分别与厅机关业务处室密切配合、齐心协力，做到会务保障工作有条不紊、紧密有序，确保了业务培训班的工作顺利进行。全年共完成10期业务培训班的会务工作，培训学员总计1 840人。

三、尽心尽力，土地项目建设工作取得重大进展

2008 年宣教中心在土地建设项目上倾注了大量心血，投入了不少精力。一是顺利完成了土地项目建设可行性研究报告的报批工作。在前期工作的基础上，加强与省发改委、杭州市规划局等有关单位的联系。经过多方努力，2008 年 1 月 30 日省发改委发出《关于浙江省劳动保障宣传教育综合楼拆建工程项目可行性研究报告批复的函》（浙发改函［2008］23 号），批复同意了综合楼项目的可行性研究报告，明确了项目总建筑面积 16 216 平方米（其中地下建筑面积 3 216 平方米），项目投资估算为 4 926 万元，从而为中心项目的开工建设打下了基础。二是积极做好项目联建有关工作，确保地块联建项目的顺利运行。2008 年中心在厅党组的领导下，经过深入调研、反复论证，与联建单位多次进行了实质性的谈判协商、交换意见，并对项目联建协议反复修改、数易其稿，最终于 11 月与联建单位达成一致意见、签订了联建协议，明确了双方在综合楼项目建设中的责任、权利和义务，项目建设开始步入初步设计阶段。

四、2008 年度获得的荣誉

2008 年，浙江省劳动保障宣传教育中心获省劳动和社会保障厅信息工作三等奖、新闻宣传工作三等奖。

职业技能教学研究工作

2008年，我们认真贯彻落实劳动保障厅党组关于加大职业技能培训和高技能人才队伍建设力度的工作部署和任务要求，按照年初制定的工作思路，以制度建设、业务规范、教学评价为重点，加强制度建设，深化调查研究，规范工作程序，强化教学质量，指导技工院校深入开展教学、教研、教改、教材等各项教学工作，主要完成了以下几个方面的工作：

一、制度建设得到切实加强

一是加强了教学业务制度建设。为了总结交流技工院校教学经验，促进教师积极开展教学研究、培养创新能力、提高教学水平和课堂教学质量，职业技能教研所在征求部分技工院校意见的基础上，以劳动保障厅办公室的名义下发了《浙江省技工院校教学论文评选办法》和《浙江省技工院校课堂教学技能评比办法》，将论文评选和课堂教学技能评比工作纳入了规范化、制度化的轨道。9月职业技能教研所下发了《关于开展“教研之星”评比活动的通知》，11月开展了评比活动，共评出20名教研之星，在引导技工院校广大教师积极开展教学研究工作，造就一支精技术、善教学、勤钻研的师资队伍方面起到了积极作用。

二是进一步完善了我所工作人员岗位职责。根据劳动保障厅专题会议关于明确培训处、职业培训鉴定中心和职业技能教研所的职责和办事程序的会议纪要精神，结合我所人员和工作实际，以书面形式明确了全所工作人员岗位职责。9月和12月，针对员工退休工作人员进一步减少的情况，对岗位职责进一步进行调整，确保了工作的运作规范和运行有序。

二、进一步强化教学管理

一是开展高级工教学计划的编修工作。相继召开了技工院校电工电子专业和机械专业高级工教学计划的编制和修订会议，根据浙江省目前两个专业高级工班的生源和学制情况，分析讨论了两个专业高级工的职业要求与培养目标，研究编制和修订了高级工教学计划的各项技术要求，并为技师研修班教学计划的编制提供了依据。

二是完成技工院校机电专业多媒体课件评审工作。我所从各技工院校抽调专家组成专家评审组，采取公开打分评分的方式，对近70个参赛课件进行评审，共评选出“劳动社杯”全国技工学校多媒体课件比赛浙江省初赛一等奖3名、二等奖12名、三等奖17名和优秀奖19名，并将获奖课件推荐参加全国比赛。

三是做好新增专业的申报审核评估工作。对浙江公路技师学院等7所学校的27个新增专业，从教学计划、大纲、师资、实训设备、教材、教学质量管理等方面进行审核评估，这些新增专业中，有技师等级的，也有高级工和中级工等级的。我所本着支持扶持、帮助指导、科学规范的指导思想，对申报专业进行认真审阅，并根据需要赴部分学校考察新专业开设条件和进行专题调研，提出各校开设申报专业的初审意见，为新专业开设把好业务技术关。

四是加强教学检查工作。根据劳动保障部培训就业司《关于在全国技工院校进一步开展向中国高技能人才楷模学习有关工作的通知》，把《中国高技能人才楷模事迹读本》列入德育必修课教材和教学内容，并组织人员对院校的实施情况进行了检查。

五是印发了2008/2009学年校历，落实了上报2008年各专业教学实施计划进度表工作。

三、协同举办第三届全省技工学校技能运动会，继续打好技能大赛“红五月”品牌

2008年5月23—25日，全省技工学校技能运动会在绍兴顺利举行。在省厅的统一组织和领导下，我所积极做好与绍兴市劳动保障局和浙江工业职业技术学院的衔接和协调工作，先后两次到学校了解情况，提出相应的整改意见，同时认真做好比赛期间的有关保障协调工作，确保了运动会的顺利进行。这次比赛共有102名选手参赛，开展了工具钳工、维修电工两个职业工种三个组别的竞赛。通过比赛进一步扩大了技校在社会上的影响力，起到了通过技能竞赛促进教学、学校交流和师生技能展示的作用。

四、进一步促进了教学研究工作

一是组建了综合中心教研组。为进一步推动和完善教学研究工作，加强对已成立的10个中心教研组之外其他专业和学科教研工作的指导，加强教学工作的基础性、综合性和建设性研究，我所成立了综合中心教研组。综合中心教研组的组建采取专业侧重和地区平衡相结合的原则，将综合中心教研组所含专业和学科中权重较大的专业所在院校和各地市有关院校作为成员院校，在有关院校推荐的基础上，确定了由14人组成的综合中心教研组。

二是根据中国就业培训技术指导中心《关于开展2008年全国技工教育和职业培训教学研究成果评选工作的通知》要求，组织技工院校教师开展课题研究、教研论文和教案的撰写、申报以及省一级的论文网上初评工作。

三是根据劳动和社会保障部培训就业司《关于组织技工院校专业目录课题研究有关工作的通知》要求，组织学校做好专业设置的填报工作，为技工院校专业目录建设提供研究依据。

四是进一步抓好教研信息平台建设。从2008年起，对《教研动态》版面作适当调整，开辟信息平台、交流园地、简讯等栏目，进一步发挥好《教研动态》在理论研究、学术探讨和经验交流等方面的信息平台作用，全年共出6期。

五、教改工作取得成效，顺利完成了教改实验成果验收工作

根据劳动和社会保障部就业培训技术指导中心《关于对浙江、苏州教学改革试点地区进行教研成果验收的通知》（中就培发［2007］14号）精神，2008年5月，中国就业培训技术指导中心组织评审验收专家组来浙江进行了教改实验成果验收，对浙江交通技师学院和温州机电技师学院两所技工院校进行实地考察评审，我所组织召开了汇报会。专家组的初步评价意见认为，浙江省的职业活动导向综合教学改革，在省教研所统筹规划和领导下，在引导技工院校教师和学生“教”与“学”的观念转变、教学方法改革、教材开发等多方面进行了积极探索和践行，实验工作取得了实质性的进展和初步成效，实验效果已经体现出来。该项教学改革成果在我国技工教育领域处于领先水平，具有使用和推广价值。

六、教材建设扎实推进

一是《技校生风采录》于2008年6月出版发行。使我省技工院校学生在学习全国十大高技能人才楷模的基础上，又有了我省自身技工院校优秀毕业生岗位成才、创业成才的生动事迹，展示我省技能劳动者顽强拼搏、自强不息的崇高品格和与时俱进、开拓创新的时代风貌，受到技工院校的普遍欢迎。

二是提升劳动力素质教材进展顺利。根据劳动保障厅的统一部署，我所负责劳动力素质提升10本综合教材的编写工作。从年初起我所对编写工作进行统筹安排，明确了丛书编写的思路和要求，同时和负责组织编写教材的学校共同研究教材编写方案，做好同参与或协助编写的行业协会、企业的沟通工作，努力做到特色产业教材应为特色产业服务，促进从业人员的职业培训、劳动能力提升以及特色产业发展转型。在编写过程中进行全程跟踪，一年中召开各种形式的编写审稿会议20余次，确保按照统一思路和要求编写，达到预期的编写质量。到2008年年底，10本综合教材均已进入二校阶段，部分教材已投入印刷。

三是全民科学素质行动计划丛书《安全知识读本》已完成审稿，即将正式出版。此外，我所还组织了杭州市高级技校等3所学校开展国家重点技校公共课教材使用情况检查及国家级教材评价工作；根据劳动保障部办公厅《关于公布500种国家级职业培训规划教材的通知》，组织学校做好教材选用工作，及时反馈教材需求信息和使用意见；根据劳动保障部培训就业司《关于公布2006—2010年职业培训教材建设规划第二批国家级教材开发目录的通知》，组织学校申报国家级职业培训教材的开发项目；按照部职业培训教材工作委员会的部署，组织技工院校和教师积极参与开展教材网上评价有关工作；向部教材办推荐教材专业委员会委员，进一步充实我省在部教材专业委员会的力量。

七、进一步加强师资队伍建设

一是做好技工院校教师培训工作。按照部教材办《关于印发职业培训教材工作委员会办公室2008年师资培训安排的通知》《关于举办全国中等职业技术学校模具制造和维修、机械（行动导向）、数控加工专业新版教材教法师资培训班的通知》以及《关于举办高级技校、技师学院数控、模具、电类专业新版教材教法师资培训班的通知》和《关于举办高级技校汽车检测与维修技术、市场营销和园林专业新版教材教法师资培训班的通知》等文件要求，组织技工院校做好报名和培训工作。

二是切实加强技工院校师资队伍建设。为在全省逐步构建起教坛新秀、骨干教师和学科带头人的教师梯队，建立健全教师队伍的科学成长机制，在调研基础上，拟订了《技工院校学科带头人、骨干教师和教坛新秀评选及管理指导办法》，并完成了部分技工院校的征求意见工作。

三是加强学校教师间的学习和交流。先后于2008年8月和10月，组织技工院校教师和管理人员，赴新疆、江苏、山东等省进行考察，学习交流开展教研工作、学校建设以及技师培养相关的政策、专业设置、课程建设、教学计划编制、教学评价等方面内容，加强了同兄弟省市教研工作以及院校教学工作的交流。

劳动保障科学研究工作

2008年，浙江省劳动和社会保障科学研究院认真贯彻党的十七大精神和省第十二次党代会精神，努力实践科学发展观，积极落实省委省政府有关解决民生问题、促进社会和谐、全面建设小康社会的目标任务，紧密围绕全省劳动保障中心工作，深入开展劳动保障科学研究，顺利完成年初制定的目标任务。

一、积极开展课题研究

1. 年初，省劳动保障厅、省劳动保障学会联合下发《关于开展2008年浙江省劳动保障科学研究院课题申报工作的通知》（浙劳社办［2008］39号），各地劳动保障部门、大专院校、各科研机构及广大劳动保障工作者积极响应，踊跃申报课题，共收到申报课题106份，比上年多23份。其中一般项目98份，资助项目8份。经过评审委员会的认真评审，共有64项被确立为2008年劳动保障厅立项课题，其中55项为一般立项课题，9项为资助立项课题。其中，在资助项目“高技能人才问题研究”中，我院承担高技能人才开发与浙江经济社会的发展、浙江高技能人才区域竞争力等两章内容。目前，该课题框架、提纲经过多次讨论修改已基本定稿，开始进入调研阶段。

2. 与省社会科学界联合会合作完成《公共就业服务均等化的财政支持研究》课题。该课题是省社会科学界联合会协作攻关重点研究课题。报告从公共就业服务均等化的内涵、范围和路径，浙江公共就业服务均等化的现状及存在的问题，浙江公共就业服务均等化的目标、指标体系及财政支持的对策建议等三方面做了论述。课题共3万字。

3. 与省财政厅合作完成《浙江省农民工社会保障问题研究》课题。课题组赴杭州、宁波、嘉兴、温州、绍兴、金华等地做了大量的实地调研，在完成2 000份问卷调查、取得了一手资料的基础上，课题组对浙江省农民工社会保障的现状、存在的问题及原因进行剖析，借鉴国内外的一些相关经验和做法，结合浙江社会经济发展的实际，以及政府财政承受能力、企业经济能力和缴费能力、个人参保意愿和收入支出后的缴费能力等，进行了综合分析，提出了建立和完善浙江省农民工社会保障制度的具有可操作性、前瞻性的对策建议。

4. 派人参加省厅开展《乡镇劳动保障工作平台建设问题研究》课题的调研工作，承担了部分内容的研究工作。

5. 接受省社科院委托，完成《改革开放三十年——就业促进浙江民生问题研究》课题。该课题从改革开放30年浙江就业发展的历史阶段、当前浙江就业的现状、浙江就业的经验总结、当前就业面临的问题及其原因分析、对策与建议等五个方面进行阐述，共3.5万字。

6. 完成《浙江劳动保障年鉴2008》的编纂工作，该书主要记述浙江省2007年劳动保障工作的发展成就和基本概况，共设重要文献、全省劳动保障工作概述、劳动和社会保障统计、各市

（县、区）劳动和社会保障情况等 8 篇。全书共 100 万字，年底将正式出版。

7. 起草全省劳动保障系统干部理论读书班有关材料，通过系统回顾 30 年来我省劳动保障制度改革的历史进程和所取得的巨大成就，全面总结了劳动保障制度改革的基本经验。

8. 受温岭市人事劳动保障局的委托，完成《温岭市“十一五”劳动就业发展规划实施中期评估报告》。该课题对温岭市“十一五”劳动就业发展规划的实施进行中期评估，并对实施过程中存在的主要问题及原因等进行了分析。

9. 完成厅交办的省委课题《浙江省改革开放 30 年的成就和经验以及新世纪新阶段深化改革开放思路研究·劳动保障篇》。课题共分劳动就业、收入分配和社会保障三个章节，其中收入分配由厅工资处撰写初稿，劳动就业部分由省就业局和省劳科院合作完成初稿，社会保障部分由省劳科院完成初稿，劳科院撰写引言并完成统稿。课题共 4 万字。

二、努力开展形式多样的学术研讨活动

1. 2008 年年初，在省劳动保障学会五届五次理事会期间，举办了“劳动保障论坛”，分别邀请浙江大学公共管理学院姚先国教授、浙江大学光华法学院许建宇教授、省就业局孔祥文局长、省劳动仲裁院龚和艳院长四位专家就《劳动合同法》《就业促进法》《劳动争议调解仲裁法》三部法律的颁布实施作了主旨演讲，受到与会代表的一致好评。

2. 2008 年 3 月，召开了全省劳动保障学会秘书长会议，黄亚萍副厅长到会作了重要讲话。会议总结了上年度的工作，研究部署了 2008 年工作的目标任务。与会代表交流了做好学会工作的经验，并就新时期学会工作所面临的形势、任务、困难与对策措施进行了研讨。会议的召开对全省各级劳动保障学会工作的深入开展起到了积极的促进作用。

3. 2008 年 4 月，我院联合浙江大学公共管理学院、浙江大学劳动保障与公共政策研究中心共同邀请全国人大常委，中国人民大学劳动人事学院副院长、博导，中国社会保障研究中心主任郑功成教授在浙江大学永谦活动中心报告厅作题为“中国社会保障改革与发展”的学术报告，来自全省各市、部分县劳动保障工作者、学者、部分学会会员、高校师生共 180 余人聆听了报告。报告对劳动保障实践工作者和理论研究者启发颇大。会后，许多市、县纷纷来电索要报告录音材料，我们整理后在浙江《劳动与保障》杂志上全文刊登。

4. 2008 年 5 月，在杭州召开“企业高技能人才开发研讨会”。省劳动保障学会 50 余家团体会员单位的代表及部分高校代表参加了会议。与会代表结合本单位实际对高技能人才培养、使用、管理等进行了研讨、交流。此次会议也为我省开展高技能人才开发的课题研究提供了相关信息和材料。

5. 2008 年 6 月，中国劳动学会在宁波召开“贯彻实施《劳动合同法》研讨会”，黄亚萍副厅长、陈诗达院长及有关研究人员参加了会议。杭钢集团、秦山核电等 50 多家单位派代表参加了会议，并作了会议交流发言。会议前，我们还陪同中国劳动学会戚鲁宁处长一行 3 人，赴杭州市区、萧山、余杭等地调研传化集团等企业《劳动合同法》贯彻实施情况。

6. 针对《劳动合同法实施条例》的颁布，2008 年 11 月份举办一场专题研讨和讲座。

三、积极开展劳动保障政策法规的宣传，努力为企业、为基层、为广大劳动者服务

1. 努力办好浙江《劳动与保障》杂志。以“三个代表”思想、邓小平理论和科学发展观为统领，切实提高把握舆论的导向作用，坚持以正面报道为主，将宣传重点放在我省劳动保障制度改革所取得的辉煌成就，以及我省劳动保障系统干部与时俱进创新工作实践等方面。密切配合省厅重点工作任务，配合做好宣传工作。加强与各市、县劳动保障部门的互动和沟通，积极组稿，来稿的数量和质量与往年相比均有提高。在编校质量上未发现重大错误，差错率大大低于国家新闻出版业核准的标准。目前，共出版浙江《劳动与保障》杂志10期，《劳动保障政策法规活页》10期。其中第8期活页为《全省劳动力市场工资指导价位》专辑，该专辑自2002年开始编印以来，已连续出版6辑，形成了我们的一个品牌。开辟了《纪念改革开放30周年》《深入学习实践科学发展观活动》专栏，刊登了系列文章，充分展现了我省劳动保障事业改革的丰硕成果。

2. 2008年9月，省劳动保障厅召开了全省劳动保障宣传（通讯）工作会议，我院承担了会议的主要工作，并表彰了全省劳动保障宣传先进集体和个人。

3. 继2006年、2007年后，2008年省劳动保障学会等十六家单位又一次共同向社会倡议“捐建助建农村小学‘启明星’图书馆（室）”活动，并捐款1 000元以助建贫困农村小学图书馆，努力为基层服务作贡献。

4. 2008年年初，我院与浙商研究会、浙江人才协会等单位联合举办的2007年度浙江省第二届“最佳HR经理”等系列评选活动颁奖典礼在杭州举行。2008年第三届“最佳HR经理”系列评奖活动，于7月30日召开了新闻发布会后正式启动，目前申报阶段基本结束。这项活动的开展对我省发现人才、尊重人才、重用人才、推动浙江的人力资源开发具有重要促进作用。

5. 2008年10月11日，我院和省劳动保障学会参加了由省委宣传部、省社会科学界联合会联合举办的“浙江省2008年哲学社会科学普及周——大型广场咨询活动”。组织专家现场受理、解答广大劳动者有关劳动保障政策与实践的咨询，并现场发放劳动保障宣传资料1 000余册，深受群众欢迎。

二、全省劳动和社会保障统计资料

（一）综合情况

浙江省主要经济指标表

项目	单位	2008年	比上年增减（%）
一、总人口	万人	4 687.85	0.61
非农业人口	万人	1 395.48	3.28
二、城镇新就业人数	万人	179.73	10.28
城镇登记失业率	%	3.49	0.22
三、全社会从业人员数	万人	3 486.53	2.39
1. 城镇从业人员	万人	1 476.53	13.83
其中：国有经济单位	万人	201.23	5.11
城镇集体经济单位	万人	26.56	－0.05
其他各种经济类型单位	万人	513.41	14.81
城镇个体劳动者	万人	241.41	－0.01
城镇私营企业	万人	443.93	14.7
其他（非正规就业）	万人	49.99	—
2. 农村从业人员（含农村个私）	万人	2 009.99	－0.05
四、农村劳动力转移就业技能培训	万人	44.6	－0.22
培训后转移就业率	%	72	－0.14
五、生产总值*	亿元	21 486.9	10.1
其中：第一产业	亿元	1 095.4	3.9
第二产业	亿元	11 580.3	9.4
第三产业	亿元	8 811.2	11.8
人均生产总值	元/人	42 214	8.6
六、财政总收入	亿元	3 730.06	15.1
地方财政收入	亿元	1 933.39	17.2
地方财政支出	亿元	2 208.3	22.2
七、社会消费品零售总额	亿元	7 442	19.8
八、城镇居民人均可支配收入	元	22 727	10.5
九、农村居民人均纯收入	元	9 258	12
十、城镇居民人均住房建筑面积	平方米	34.33	
十一、城镇居民消费价格指数	%	105	

注：*号指标项系初步核算数。

全部职工人数和工资总额表（2008 年）

项目	单位数（个）	单位从业人员（人）		在岗职工（人）	其他从业人员（人）	在岗职工工资总额（万元）	其他从业人员劳动报酬（万元）	在岗职工平均工资（元）	单位从业人员平均劳动报酬（元）
			女性						
总计	67 367	7 411 957	2 848 558	6 893 497	518 460	23 590 498	1 353 633	34 146	33 622
其中：企业	36 290	5 851 480	2 166 761	5 419 522	431 958	15 969 801	1 161 667	29 294	29 149
一、国有经济单位合计	32 224	2 012 299	800 875	1 869 846	142 453	9 900 815	369 645	53 476	51 491
1. 按隶属关系分组									
其中：（1）中央属	1 307	195 830	72 189	170 571	25 259	1 286 163	92 119	75 482	70 530
（2）省属	1 675	252 721	89 323	227 938	24 783	1 399 086	78 933	61 110	58 089
（3）地区	4 330	372 717	143 436	343 469	29 248	1 785 958	72 500	52 717	50 352
（4）县及县以下	24 619	1169 261	487 601	1 108 630	60 631	5 341 849	119 468	48 818	47 325
（5）其他	293	21 770	8 326	19 238	2 532	87 759	6 626	45 978	43 573
2. 按企业、事业、机关分组									
（1）企业	4 071	549 365	172 607	485 229	64 136	2 595 212	196 321	53 811	50 865
其中：地方企业	3 142	387 460	110 848	346 848	40 612	1 512 274	108 775	43 937	41 843
（2）事业	18 048	1 013 897	519 941	956 737	57 160	4 805 274	129 140	50 806	49 258
其中：地方	17 819	996 650	514 435	940 639	56 011	4 705 282	125 625	50 628	49 087
（3）机关	10 105	449 037	108 327	427 880	21 157	2 500 329	44 184	59 059	57 299
其中：地方	9 956	432 359	103 403	411 788	20 571	2 397 096	43 126	58 827	57 062
二、城镇集体经济单位合计	4 948	265 563	92 494	253 004	12 559	723 246	26 445	29 137	28 747
其中：企业	2 784	196 150	53 846	188 867	7 283	495 479	14 404	26 752	26 477
三、其他各种经济类型单位合计	30 195	5 134 095	1 955 189	4 770 647	363 448	12 966 437	957 544	26 963	26 966
其中：企业	29 435	5 105 965	1 940 308	4 745 426	360 539	12 879 110	950 942	26 921	26 929

按三次产业分布的城镇从业人员情况表

合计	2008年		2007年	
	绝对数（万人）	构成（%）	绝对数（万人）	构成（%）
第一产业	3.81	0.26	5.28	0.40
第二产业	820.21	55.55	650.08	50.12
第三产业	652.51	44.19	641.81	49.48

按三次产业分布的全社会从业人员情况表

合计	2008年		2007年	
	绝对数（万人）	构成（%）	绝对数（万人）	构成（%）
第一产业	670.16	19.2	683.32	20.07
第二产业	1 660.04	47.6	1 592.84	46.78
第三产业	1 156.33	33.2	1 128.85	33.15

城镇单位在岗职工分行业平均工资表（2008年）

单位：元

项目	平均工资	国有	城镇集体	其他各种经济
总计	34 146	53 476	29 137	26 963
1. 农、林、牧、渔业	31 071	32 080	33 840	19 564
2. 采矿业	27 385	23 740	25 084	28 884
3. 制造业	23 629	33 355	19 371	23 499
4. 电力、煤气及热水的生产和供应业	68 050	80 641	33 257	48 987
5. 建筑业	25 252	33 839	22 328	25 021
6. 交通运输、仓储和邮政业	40 991	44 202	33 826	37 722
7. 信息传输、计算机服务和软件业	70 982	70 622	32 987	71 480
8. 批发与零售业	34 163	60 871	26 915	30 765
9. 住宿和餐饮业	22 052	23 622	18 750	21 948
10. 金融业	92 509	93 843	58 935	98 602
11. 房地产业	38 444	45 549	30 008	36 981
12. 租赁与商务服务业	29 297	34 243	25 160	26 760
13. 科学研究、技术服务与地质勘察	52 261	55 342	43 201	46 602
14. 水利、环境和公共设施管理业	30 675	34 401	20 423	27 792
15. 居民服务和其他服务业	31 991	41 298	24 641	22 678
16. 教育	50 090	50 835	37 575	37 736
17. 卫生、社会保障和社会福利业	51 938	54 564	38 894	34 726
18. 文化体育与娱乐业	51 605	54 225	33 065	30 714
19. 公共管理与社会组织	57 346	57 926	38 580	28 829

城镇劳动力供给情况表（2008 年）　　单位：人

合计	（一）高等学校毕业生	（二）复员、转业军人	（三）中等职业学校毕业生	（四）未能升学的初高中毕业生	（五）农村户口转为居民户口中的劳动力	（六）下岗人员			（七）城镇登记失业人员		
							上年结转	本年新增		年初结转	本年新增
1 463 794	203 220	20 012	246 700	109 717	142 433	0	0	0	741 712	286 025	455 687

补充资料：2008 年年底本辖区内进城农民工数量 1 525 万人。

全省基层劳动保障机构情况表（2008 年）　　单位：个、人

项目	基层机构总数	已建基层劳动保障机构数								编制及工作人员数			信息化建设	
		合计	机构形式		机构职能		机构性质			核定编制人数	现有工作人员	其中：专职人员	使用统一管理软件的机构	与上一级就业部门实现联网的机构
			独立设置	与其他部门合署	就业和社保	就业	全额拨款事业单位	差额拨款事业单位	自收自支事业单位					
总计	36 519	7 963	2 905	5 058	7 378	585	2 203	1 608	4 152	5 870	13 898	5 837	4 649	4 319
乡镇	1 217	1 038	499	539	939	99	837	148	53	2 232	2 741	1 945	502	431
街道	330	326	233	93	294	32	241	77	8	1 144	1 327	1 027	230	219
社区	2 875	2 579	1 127	1 452	2 204	375	879	792	908	2 178	3 710	2 269	1 942	1 846
村	32 097	4 020	1 046	2 974	3 941	79	246	591	3 183	316	6 120	596	1 975	1 805

补充资料：经县以上编制部门核定的人数为 5 870 人。

（二）职工人数、职工工资、福利费用

国民经济各行业在岗职工年末人数表（2008 年）　　单位：人

项目	在岗职工人数	比重（%）	其中		
			国有单位	城镇集体单位	其他单位
总计	6 893 497	100.00	1 869 846	253 004	4 770 647
1. 农、林、牧、渔业	15 085	0.22	13 167	619	1 299
2. 采矿业	14 433	0.21	1 522	3 563	9 348
3. 制造业	3 104 455	45.03	60 351	42 296	3 001 808
4. 电力、煤气及热水的生产和供应业	109 294	1.58	67 401	2 967	38 926
5. 建筑业	1 049 046	15.22	41 737	60 676	946 633
6. 交通运输、仓储和邮政业	198 188	2.87	105 792	10 210	82 186

续表

项目	在岗职工人数	比重（%）	其中		
			国有单位	城镇集体单位	其他单位
7. 信息传输、计算机服务和软件业	73 098	1.06	16 287	562	56 249
8. 批发与零售业	231 504	3.36	27 156	9 068	195 280
9. 住宿和餐饮业	132 284	1.92	22 458	7 630	102 196
10. 金融业	188 308	2.73	71 671	20 089	96 548
11. 房地产业	84 591	1.23	16 247	2 122	66 222
12. 租赁与商务服务业	191 197	2.77	71 023	26 002	94 172
13. 科学研究技术服务与地质勘察	85 828	1.25	56 485	3 167	26 176
14. 水利、环境和公共设施管理业	65 402	0.95	42 154	12 412	10 836
15. 居民服务和其他服务业	11 231	0.16	5 403	2 101	3 727
16. 教育	532 432	7.72	502 102	9 865	20 465
17. 卫生、社会保障和社会福利业	264 712	3.84	221 669	37 830	5 213
18. 文化体育与娱乐业	44 621	0.65	39 599	1 007	4 015
19. 公共管理与社会组织	497 788	7.22	487 622	818	9 348

全省在岗职工工资情况表

项目		2008 年	2007 年	（+/—）%
一、全部职工工资总额（亿元）	合计	2 359.05	1 937.41	21.76
	其中：企业	1 596.98	1 248.79	27.88
	其中：国有企业	259.52	223.58	16.07
	国有单位	990.08	886.50	11.68
	其中：中央属	128.62	110.17	16.75
	城镇集体单位	72.32	67.71	6.81
	其他各种经济类型单位	1 296.64	983.20	31.88
二、职工平均工资（元）	合计	34 146	30 854	10.67
	其中：企业	29 294	25 831	13.41
	国有单位	53 476	48 130	11.11
	其中：中央属	75 482	59 415	27.04
	其中：机关	59 059	54 739	7.89
	事业	50 806	45 846	10.82
	企业	53 811	46 957	14.6
	城镇集体单位	29 137	25 005	16.52
	其他各种经济类型	26 963	23 597	14.26

注：2008 年全省全社会单位在岗职工年平均工资（含私营经济单位）25 918 元。

国民经济各行业在岗职工工资总额表（2008 年）

单位：亿元

项目	在岗职工工资	国有单位	城镇集体单位	其他各种经济
总计	2 359.05	990.08	72.32	1 296.64
1. 农、林、牧、渔业	4.71	4.25	0.20	0.26
2. 采矿业	3.94	0.37	0.90	2.68
3. 制造业	748.61	19.91	8.39	720.32
4. 电力、煤气及热水的生产和供应业	74.08	54.04	0.98	19.06
5. 建筑业	262.88	15.34	13.18	234.37
6. 交通运输、仓储和邮政业	80.88	46.67	3.40	30.82
7. 信息传输、计算机服务和软件业	50.38	11.40	0.18	38.80
8. 批发与零售业	78.32	16.46	2.47	59.39
9. 住宿和餐饮业	28.65	5.29	1.41	21.96
10. 金融业	168.98	66.33	11.54	91.11
11. 房地产业	32.33	7.34	0.65	24.34
12. 租赁与商务服务业	53.51	22.95	5.99	24.57
13. 科学研究技术服务与地质勘察	44.21	30.98	1.34	11.89
14. 水利、环境和公共设施管理业	19.93	14.43	2.49	3.00
15. 居民服务和其他服务业	3.58	2.22	0.51	0.85
16. 教育	264.55	253.27	3.66	7.61
17. 卫生、社会保障和社会福利业	134.11	117.99	14.39	1.72
18. 文化体育与娱乐业	22.98	21.41	0.33	1.25
19. 公共管理与社会组织	282.42	279.43	0.32	2.67

全社会单位在岗职工分行业平均工资表（2008 年）

单位：元

行业	全社会单位在岗职工平均工资	城镇单位在岗职工	私营单位
总计	25 918	34 146	19 419
1. 农、林、牧、渔业	23 090	31 071	16 157
2. 采矿业	23 496	27 385	21 389
3. 制造业	20 125	23 629	18 234
4. 电力、煤气及热水的生产和供应业	64 246	68 050	20 676
5. 建筑业	23 173	25 252	22 168
6. 交通运输、仓储和邮政业	37 179	40 991	24 592
7. 信息传输、计算机服务和软件业	63 168	70 982	25 690
8. 批发与零售业	27 528	34 163	20 688
9. 住宿和餐饮业	18 921	22 052	16 155
10. 金融业	92 167	92 509	59 500
11. 房地产业	32 900	38 444	25 947
12. 租赁与商务服务业	28 310	29 297	24 064
13. 科学研究技术服务与地质勘察	45 396	52 261	22 133
14. 水利、环境和公共设施管理业	28 147	30 675	17 570
15. 居民服务和其他服务业	21 816	31 991	15 861
16. 教育	48 389	50 090	23 187
17. 卫生、社会保障和社会福利业	50 756	51 938	22 913
18. 文化体育与娱乐业	44 968	51 605	16 422
19. 公共管理与社会组织	57 346	57 346	—

（三）就业与失业情况

全省城镇失业人员变化情况表

单位：万人

项目	2008年	2007年
本年失业人员总数	74.17	73.09
其中：上年结转失业人员	28.6	29.10
本年增加失业人员	45.57	43.98
其中：由就业转失业	20.87	19.20
本年失业人员就业人数	41.65	41.08
其中：女性	19.47	19.1
本年末实有登记失业人数	31.08	28.60

全省城镇失业人员构成情况表（2008年）

单位：万人

项目		合计	其中：女性
		31.08	14.89
失业时间	6个月以上	12.17	5.89
	6个月以下	18.90	9.00
文化程度	大专及以上	2.78	1.21
	中专和高中	11.42	5.48
	初中及以下	16.88	8.20
年龄（周岁）	16～25岁	8.03	3.87
	26岁及以上	23.05	11.02

全省职业介绍机构情况表

项目	2008年	2007年
职业介绍机构合计（个）	2 465	2 517
其中：劳动保障部门办	1 146	1 114
非劳动保障部门办	1 319	1 403
职业介绍机构工作人员数（人）	5 369	5 663
其中：非劳动保障部门人员	3 152	3 394

全省下岗失业人员再就业情况表

项目	2008年	2007年
城镇新增就业人数（万人）	77.63	73.54
城镇累计新就业人数（万人）	86.05	82.66
领取“再就业优惠证”人数（万人）	8.53	15.47
下岗失业人员再就业人数（万人）	35.11	33.31
就业困难人员	12.00	12.18

全省再就业资金使用情况表

单位：万元

项目	2008 年
使用总额	113 424.2
其中：劳动力市场建设费	2 990.3
职业培训补贴	9 896.7
职业介绍补贴	2 152.8
社保补贴	69 338.8
岗位补贴	20 034.4
小额担保贷款贴息	149
特定政策补助	1 473.1
其他	7 389.1

全省职工增加来源和减少去向表（2008 年）

单位：人

项目	合计	国有单位	城镇集体单位	其他各种经济类型单位
一、本年增加人数合计	1 664 314	189 923	38 820	1 435 571
1. 从农村招收	947 644	31 646	20 159	895 839
2. 从城镇招收	240 069	26 126	6 709	207 234
3. 录用复员转业军人	11 589	3 504	480	7 605
4. 录用大中专技校毕业生	218 805	48 855	4 674	165 276
5. 调入	60 366	35 096	1 938	23 332
其中：由外省调入	4 565	1 213	134	3 218
6. 其他	185 841	44 696	4 860	136 285
二、本年减少人数合计	1 532 809	144 855	33 711	1 354 243
1. 离、退休，退职	108 923	25 496	3 294	80 133
2. 开除、除名、辞退	99 181	4 108	2 006	93 067
3. 终止解除合同	1 034 843	50 651	19 831	964 361
4. 离开本单位仍保留劳动关系的职工	17 870	2 362	896	14 612
5. 死亡	2 368	1 294	108	966
6. 调出	69 671	30 875	2 283	36 513
其中：调到外省	4 944	541	48	4 355
7. 其他	199 953	30 069	5 293	164 591

（四）职业培训与技能鉴定情况

全省技工学校情况表

项目			2008年	2007年	增减（%）
学校数（所）	合计		71	72	−1.4
学生数（人）	在校学生数		97 072	95 295	1.9
	招生数		35 621	35 323	0.8
		其中：农业户口	25 363	25 778	−1.6
	毕业生数		23 944	22 940	4.4
教职工人数（人）	总计		6 316	6 348	−0.5
		其中：理论教师	3 711	3 699	0.3
		实习教师	1 321	1 346	−1.9
		其他	1 284	1 303	−1.5
兼职教师（人）			837	862	−2.9

全省就业培训情况表（2008年）

项目	就业训练中心	民办职业培训	技工学校培训
一、职业培训机构数（个）	123	786	—
二、在职教职工人数（人）	875	6 042	—
其中：教师	472	3 789	—
兼职教师	1 226	3 083	—
三、经费来源（万元）	11 162	14 820	—
其中：有偿培训收入	1 334	10 654	—
四、培训人数（人）	299 551	437 178	197 242
其中：女性	142 169	200 668	57 269
五、结业人数（人）	291 857	416 196	190 907
其中：初级	167 198	213 553	83 871
中级	21 795	38 710	22 295
高级（含技师、高级技师）	7 434	19 226	10 492
结业证书	95 430	144 707	74 249
其中：下岗失业人员	87 807	26 653	14 169
六、就业人数（人）	191 454	239 800	—

全省职工素质情况表（2008 年）

单位：人

项目	单位从业人员	按文化程度分				单位从业人员			按职称分			单位从业人员中技术工人
		大学本科及以上	大专	中专及高中	初中及以下	人才资源	经营管理人员	专业技术人员	高级	中级	初级	
总计	7 411 957	1 095 870	1 164 284	1 995 525	3 156 278	3 994 666	499 556	1 715 792	130 527	509 374	721 481	1 439 110
其中：企业	5 851 480	465 151	712 763	1 701 218	2 972 348	2 713 040	435 254	932 681	41 471	200 615	396 970	1 345 105
1. 国有	2 012 299	710 491	544 816	437 091	319 901	1 566 317	102 649	879 037	94 857	338 023	363 633	244 548
其中：企业	549 365	98 710	118 896	169 515	162 244	352 111	44 812	152 778	8 758	43 038	70 530	154 521
事业	1 013 897	425 633	278 519	180 708	129 037	857 444	57 837	726 259	86 099	294 985	293 103	73 348
机关	449 037	186 148	147 401	86 868	28 620	356 762	—	—	—	—	—	16 679
2. 集体	265 563	19 922	43 462	77 360	124 819	139 836	18 218	80 822	2 489	16 850	47 141	40 671
3. 其他	5 134 095	365 457	576 006	1 481 074	2 711 558	2 288 513	378 689	755 933	33 181	154 501	310 707	1 153 891

（五）劳动关系与监察情况

全省劳动保障监察机构设置及工作情况表

<table>
<tr><th>项目</th><th colspan="2">2008 年</th><th colspan="2">2007 年</th></tr>
<tr><td>检查单位数（户）</td><td colspan="2">109 998</td><td colspan="2">96 886</td></tr>
<tr><td>涉及劳动者（万人）</td><td colspan="2">632.51</td><td colspan="2">560.97</td></tr>
<tr><td>劳动保障监察立案数（个）</td><td colspan="2">47 367</td><td colspan="2">47 012</td></tr>
<tr><td>劳动保障监察结案数（个）</td><td colspan="2">46 738</td><td colspan="2">46 178</td></tr>
<tr><td>结案率（%）</td><td colspan="2">98.7</td><td colspan="2">98.2</td></tr>
<tr><td>追发劳动者工资（万元）</td><td colspan="2">55 016.7</td><td colspan="2">60 763.3</td></tr>
<tr><td>涉及人数（万人）</td><td colspan="2">24.9</td><td colspan="2">23.81</td></tr>
<tr><td>清退风险抵押金（万元）</td><td colspan="2">482.3</td><td colspan="2">462.73</td></tr>
<tr><td>涉及人数（万人）</td><td colspan="2">0.66</td><td colspan="2">0.88</td></tr>
<tr><td>追缴社会保险费（万元）</td><td colspan="2">1 290.2</td><td colspan="2">2 177.4</td></tr>
<tr><td>涉及人数（万人）</td><td colspan="2">10.51</td><td colspan="2">9.37</td></tr>
<tr><td>清退童工（人）</td><td colspan="2">718</td><td colspan="2">846</td></tr>
<tr><td rowspan="2">2008 年全省县级以上劳动保障监察机构设置和人员情况</td><td>专门机构（个）</td><td>91</td><td>专职监察员（人）</td><td>1 281</td></tr>
<tr><td>合设机构（个）</td><td>21</td><td>兼职监察员（人）</td><td>2 149</td></tr>
</table>

全省劳动争议仲裁机构受理、处理案件情况表

<table>
<tr><th colspan="3">项目</th><th>2008 年</th><th>2007 年</th></tr>
<tr><td rowspan="8">案件受理情况</td><td colspan="2">受理案件数（件）</td><td>39 954</td><td>22 705</td></tr>
<tr><td rowspan="6"></td><td>其中：国有企业</td><td>863</td><td>532</td></tr>
<tr><td>集体企业</td><td>3 736</td><td>553</td></tr>
<tr><td>港澳台及外资企业</td><td>4 226</td><td>2 523</td></tr>
<tr><td>私营企业</td><td>28 056</td><td>18 640</td></tr>
<tr><td>其他</td><td>3 073</td><td>457</td></tr>
<tr><td></td><td></td><td></td></tr>
<tr><td colspan="2">案件涉及人数（人）</td><td>67 880</td><td>35 919</td></tr>
<tr><td rowspan="4">处理情况</td><td colspan="2">结案件数（件）</td><td>36 664</td><td>22 262</td></tr>
<tr><td rowspan="3"></td><td>其中：单位胜诉（件）</td><td>2 029</td><td>1 831</td></tr>
<tr><td>劳动者胜诉（件）</td><td>15 927</td><td>10 075</td></tr>
<tr><td>双方部分胜诉（件）</td><td>18 708</td><td>10 356</td></tr>
</table>

（六）社会保障情况

全省社会保险基本情况表（2008 年）

项目		基本养老		失业	医疗	工伤	生育
			其中：企业				
一、参保总人数（万人）		1 386.91	1 293.70	731.10	1 053.92	1 261.84	689.98
其中：在职职工		1 192.10	1 122.02	731.10	855.62	1 261.84	689.98
二、基金收缴率（%）		98.93	98.98	99.62	99.34	97.83	98.38
三、基金收支情况（亿元）	1. 当年基金收入	505.50	457.06	36.24	188.98	14.12	7.72
	2. 当年基金支出	327.97	280.86	9.89	121.67	8.72	5.93
	3. 当年基金结余	177.54	176.20	26.35	67.31	5.41	1.79
	4. 历年基金滚存结余	829.26	781.36	101.57	261.18	23.28	9.88

离退休人员及保险费用构成情况表（2008 年）

项目	离退休人员年初人数				离退休人员年末人数				保险费用构成			
	合计（人）	女性（人）	离休人员（人）	退休人员（人）	合计（人）	女性（人）	离休人员（人）	退休人员（人）	合计（万元）	离休金（万元）	退休金（万元）	其他费用（万元）
总计	2 073 865	884 084	29 941	2 043 924	2 135 796	1 028 081	26 499	2 109 297	3 589 545	139 384	3 347 223	102 938
一、企业（含私营企业）	1 403 915	623 201	13 655	1 390 260	1 365 096	693 747	11 820	1 353 276	2 024 529	35 626	1 951 560	37 343
二、事业	344 264	118 525	7 930	336 334	327 988	144 129	6 437	321 551	831 768	63 667	719 932	48 169
三、机关	93 688	20 847	8 299	85 389	93 404	21 213	8 127	85 277	317 178	39 653	265 365	12 160
四、其他（以个人身份参保人员）	231 998	121 511	57	231 941	349 308	168 992	115	349 193	416 071	439	410 366	5 266

（七）分市地情况

全部单位职工人数和工资表（2008 年）

地区	单位（个）	单位从业人员（人）		在岗职工年末人数（人）				在岗职工		
			女性	合计	国有	集体	其他经济	工资总额（千元）	平均工资（元）	国有
杭州市	16 794	1 824 073	693 163	1 598 804	450 284	51 039	1 097 481	64 164 239	40 193	56 802
宁波市	7 539	1 146 258	467 528	1 092 863	256 361	33 787	802 715	39 912 511	35 835	60 128
温州市	774	112 482	40 617	104 841	72 285	4 273	28 283	6 072 584	58 947	62 234
嘉兴市	7 343	746 045	354 021	720 291	136 207	20 216	563 868	21 497 046	29 219	52 682
湖州市	3 260	327 044	127 263	307 784	82 379	11 865	213 540	9 669 852	31 455	53 233
绍兴市	5 338	861 208	294 231	783 351	126 179	19 211	637 961	23 810 400	30 636	57 399
金华市	4 074	404 458	156 135	393 019	163 604	22 045	207 370	12 559 546	51 594	45 970
衢州市	2 162	156 681	56 300	137 687	82 588	5 078	50 021	4 882 868	35 930	43 312
丽水市	3 248	158 156	63 018	147 736	89 651	6 089	51 996	5 307 554	36 233	42 550
台州市	6 285	581 768	180 611	549 196	168 239	26 481	354 476	18 316 578	34 126	53 921
舟山市	1 694	130 637	50 445	120 094	56 015	5 591	58 488	4 551 386	38 714	46 047

城镇单位全部企业职工年末人数和工资表（2008 年）

地区	单位（个）	单位从业人员（人）		在岗职工人数		在岗职工工资总额（千元）		在岗职工平均工资（元）	
			女性	合计（人）	国有		国有		国有
杭州市	10 758	1 485 458	541 254	1 283 597	154 139	46 475 860	8 504 512	36 209	54 770
宁波市	4 094	939 496	375 719	896 439	72 271	28 354 920	4 164 833	30 827	58 211
温州市	5 730	826 748	298 330	803 935	60 629	19 529 088	2 831 110	24 120	47 021
嘉兴市	4 462	626 682	302 333	606 414	30 453	15 977 877	1 668 805	25 617	58 750
湖州市	1 646	250 386	95 570	239 316	19 511	6 117 461	1 016 992	25 593	52 202
绍兴市	3 236	736 290	238 115	66 6320	18 050	17 298 050	1 010 328	26 146	56 214
金华市	1 484	259 263	95 068	250 384	33 285	6 486 937	7 470 327	25 326	54 640
衢州市	642	91 835	31 456	77 093	24 672	2 107 219	875 061	27 843	35 747
丽水市	805	77 643	28 916	69 624	14 740	2 261 007	829 536	32 612	56 072
台州市	2 655	426 206	111 793	405 113	33 104	10 899 663	1 859 170	27 622	57 151
舟山市	756	88 193	31 162	79 469	17 118	2 637 825	713 862	34 059	41 257

各市年末总户数和总人口数表（2008 年）

单位：人

地区	总户数（户）	总人口数（人）	按性别分		按农业和非农业分	
			男性	女性	农业人口	非农业人口
合计	15 956 979	46 878 482	23 889 799	22 988 683	32 923 662	13 954 820
杭州市	2 137 378	6 776 444	3 424 530	3 351 914	3 368 893	3 407 551
宁波市	2 214 762	5 680 873	2 848 368	2 832 505	3 696 001	1 984 872
温州市	2 280 415	7 719 860	4 021 104	3 698 756	6 075 446	1 644 414
嘉兴市	1 024 047	3 380 675	1 678 140	1 702 535	2 079 255	1 301 420
湖州市	845 861	2 584 998	1 296 704	1 288 294	1 777 490	807 508
绍兴市	1 622 265	4 370 637	2 201 050	2 169 587	2 970 925	1 399 712
金华市	1 811 023	4 614 062	2 365 859	2 248 203	3 560 981	1 053 081
衢州市	840 439	2 488 465	1 288 950	1 199 515	1 968 917	519 548
舟山市	366 729	967 659	483 922	483 737	609 748	357 911
台州市	1 936 861	5 740 553	2 953 789	2 786 764	4 707 100	1 033 453
丽水市	877 199	2 554 256	1 327 383	1 226 873	2 108 906	445 350

各市企业离退休人数及保险福利费用构成情况表（2008 年）

地区	离休、退休人员年末人数（人）				保险福利费用构成（千元）			
	合计		离休人员	退休人员	合计	离休金	退休金	其他
		女性						
杭州市	394 930	202 168	2 889	392 041	6 411 810	85 810	6 199 740	126 260
宁波市	191 188	102 321	1 187	190 001	3 187 455	55 471	3 120 349	11 635
温州市	144 171	85 473	1 274	142 897	2 279 769	37 580	2 150 770	91 419
嘉兴市	123 666	64 834	720	122 946	1 703 479	17 140	1 673 379	12 960
湖州市	74 192	34 597	549	73 643	1 144 123	16 000	1 105 741	22 382
绍兴市	96 836	50 633	628	96 208	1 386 196	19 762	1 321 951	44 483
金华市	73 004	34 179	768	72 236	953 162	16 253	925 577	11 332
衢州市	48 328	27 052	616	47 712	748 990	15 310	725 580	8 100
丽水市	28 423	14 894	376	28 047	409 810	11 410	398 400	0
台州市	86 076	33 302	658	85 418	1 363 096	22 699	1 321 225	19 172
舟山市	30 463	16 570	275	30 188	481 451	7 510	448 250	25 691

各市事业单位离退休人数及保险福利费用构成情况表（2008 年）

地区	离休、退休人员年末人数（人）				保险福利费用构成（千元）			
	合计	女性	离休人员	退休人员	合计	离休金	退休金	其他
杭州市	58 184	38 742	1 020	57 164	1 186 620	35 710	1 137 720	13 190
宁波市	31 749	12 836	601	31 148	1 111 273	37 415	1 073 858	0
温州市	78 776	24 372	1 733	77 043	2 039 027	66 574	1 719 614	252 839
嘉兴市	26 462	7 064	507	25 955	478 856	13 467	419 859	45 530
湖州市	20 846	14 828	469	20 377	419 859	16 486	394 526	8 847
绍兴市	22 681	9 894	316	22 365	504 792	11 052	452 460	41 280
金华市	35 420	14 035	600	34 820	690 622	17 882	603 893	68 847
衢州市	14 935	8 125	207	14 728	678 790	408 850	269 940	0
丽水市	3 672	0	539	3 133	217 246	12 226	205 020	0
台州市	27 332	10 701	333	26 999	755 694	11 458	697 193	47 043
舟山市	7 931	3 532	112	7 819	234 897	5 552	225 233	4 112

各市机关单位离退休人数及保险福利费用构成情况表（2008 年）

地区	离休、退休人员年末人数（人）				保险福利费用构成（千元）			
	合计	女性	离休人员	退休人员	合计	离休金	退休金	其他
杭州市	15 190	6 156	975	14 215	606 600	67 239	539 361	0
宁波市	11 663	1 946	872	10 791	540 518	58 137	482 381	0
温州市	16 813	2 817	1 921	14 892	556 365	87 017	436 578	32 770
嘉兴市	2 492	632	819	1 673	91 425	39 944	31 780	19 701
湖州市	4 633	0	428	4 205	146 549	19 889	129 594	0
绍兴市	5 887	2 067	252	5 635	100 213	9 638	77 537	13 038
金华市	8 787	1 959	671	8 116	224 275	19 889	167 805	36 581
衢州市	8 913	2 384	452	8 461	303 943	18 283	285 660	0
丽水市	7 044	0	818	6 226	196 892	32 811	164 081	0
台州市	8 292	1 851	618	7 674	274 428	27 545	230 026	16 857
舟山市	3 690	1 401	301	3 389	127 637	16 133	108 847	2 657

各市城镇失业人员情况表（2008 年）

单位：人

地区	上期末结转的失业人数	本期新登记的失业人员					本期登记失业人员就业人数				期末实有登记失业人员数					期末从业人员总数	登记失业率（%）
			女性	由就业转失业	高校毕业生	残疾人		女性	高校毕业生	残疾人		女性	长期失业者	高校毕业生	残疾人		
杭州市	59 636	139 400	74 589	84 784	7 289	2	125 871	57 654	7 239	0	54 514	25 054	31 953	2 318	2	1 750 343	3.02
宁波市	47 291	92 931	46 016	56 098	10 321	496	82 186	42 584	9 830	98	58 036	29 240	9 287	2 411	354	1 694 000	3.31
温州市	30 487	19 025	7 627	6 570	3 443	53	17 600	7 214	2 145	81	30 912	13 880	12 613	4 025	24	1 213 314	2.48
湖州市	11 564	31 757	14 330	10 927	2 054	0	31 026	14 878	2 539	0	12 295	5 872	3 763	353	0	361 886	3.29
嘉兴市	28 126	27 388	12 217	13 514	1 902	13	28 480	13 014	2 224	24	27 034	11 712	5 885	1 348	0	759 534	3.44
绍兴市	26 837	57 570	25 442	17 904	7 817	330	52 217	19 856	6 124	506	30 980	14 632	13 131	1 604	107	868 092	3.45
金华市	24 405	35 924	18 100	4 317	5 585	35	32 181	16 330	4 597	53	25 721	13 193	12 572	2 402	31	844 858	2.95
衢州市	9 562	18 531	9 596	4 981	2 816	0	18 341	9 474	2 576	85	9 752	5 329	3 541	569	41	243 849	3.85
舟山市	7 467	5 158	2 820	2 269	625	20	3 982	2 275	670	17	7 729	4 770	3 051	612	12	194 248	3.84
台州市	23 648	22 089	9 663	3 425	2 572	51	19 427	8 847	2 515	14	26 310	11 964	10 075	1 444	29	674 978	3.75
丽水市	7 002	5 914	2 961	3 900	664	13	5 207	2 575	465	5	7 514	3 842	4 678	735	5	185 315	3.90

各市城镇失业人员基本情况表（2008 年）

单位：人

地区	合计	年龄（周岁）和性别				失业时间				文化程度					
		16～25 岁		26 岁及以上		6 个月以下		6 个月及以上		大专及以上		中专及高中		初中及以下	
		合计	其中：女性	合计	其中：女性	合计	其中：女性	合计	其中：女性	合计	其中：女性	合计	其中：女性	合计	其中：女性
杭州市	54 514	6 455	2 389	48 059	22 665	22 561	10 294	31 953	14 760	5 648	2 683	15 176	6 777	33 690	15 594
宁波市	58 036	11 239	5 334	46 797	23 906	48 749	24 855	9 287	4 385	3 671	1 700	17 865	8 533	36 500	19 007
温州市	30 912	10 205	4 493	20 707	9 387	18 299	7 634	12 613	6 246	4 635	1 512	12 185	5 751	14 092	6 617
湖州市	12 295	4 430	2 036	7 865	3 836	8 532	4 007	3 763	1 865	594	278	4 284	1 877	7 417	3 717
嘉兴市	27 034	7 501	3 631	19 533	8 081	21 149	9 229	5 885	2 483	1 348	515	9 635	4 792	16 051	6 405
绍兴市	30 980	9 226	4 525	21 754	10 107	17 849	8 920	13 131	5 712	1 571	805	14 836	7 765	14 573	6 062
金华市	25 721	7 536	4 019	18 185	9 174	13 149	6 794	12 572	6 399	3 694	1 611	12 228	6 023	9 799	5 559
衢州市	9 752	3 906	1 954	5 846	3 375	6 211	3 483	3 541	1 846	631	275	3 494	1 765	5 627	3 290
舟山市	7 729	1 626	932	6 103	3 838	4 678	2 635	3 051	2 135	732	436	3 076	1 894	3 921	2 440
台州市	26 310	10 577	4 762	15 733	7 202	16 235	7 167	10 075	4 797	2 671	1 212	11 093	4 798	12 546	5 954
丽水市	7 514	1 954	987	5 560	2 855	2 836	1 388	4 678	2 454	769	267	2 575	1 271	4 170	2 304

各市社会保险参保人数表（2008 年）　　单位：万人

地区	养老保险		医疗保险	失业保险	工伤保险	生育保险	农村保险	被征地农民
		其中：企业						
合计	1 386.91	1 293.7	1 053.92	731.1	1 261.84	689.98	428.71	345.13
杭州市	318.11	295.53	274.59	202.41	245.82	181.68	31.17	45.19
宁波市	297.55	297.42	223.55	161.42	208.64	164.71	45.6	83.61
温州市	154.7	133.39	88.82	64.53	176.36	46	10.78	41.74
嘉兴市	135.43	126.43	106.93	60.52	103	79.02	31.75	34.25
绍兴市	120.43	112.52	93.31	64.78	123.38	67.56	44	47.77
湖州市	60.84	53.76	44.59	31.22	50.76	31.18	8.63	17.24
金华市	87.41	80.21	67.65	50.12	100.93	33.36	78.99	37.91
其中：义乌	19.82	18.31	14.15	9.87	30.46	8.01	4.73	17.32
衢州市	34.26	29.71	29.42	15.99	27.07	14.68	30.2	6.31
丽水市	27.32	21.39	22.73	14.2	26.06	9.96	30.97	5.45
台州市	90.68	85.09	58.68	51.63	148	24.38	114.4	15.78
舟山市	25.70	23.79	25.73	14.27	19.59	13.01	2.22	9.87

注：表中合计数包括省、部属企业的数据。

第五篇

各市、县（市、区）劳动和社会保障情况

一、各市劳动保障情况

杭州市劳动保障情况

2008年，杭州市劳动保障局围绕打造“与世界名城相媲美的生活品质之城”和“和谐杭州”的要求，以开展“树创”活动和“新一轮解放思想大行动”为契机，解放思想，开拓创新，深化创建充分就业社区活动，推进以创业带动就业工作，全面实施《杭州市基本医疗保障办法》和《杭州市基本养老保障办法》，破解参保人员“异地看病难”问题，健全完善劳动关系协调机制，推出18项网上办事和28项网上查询服务。在杭州市举办的“2008中国促进创业带动就业高层论坛”，被列为2008年中国就业十件大事。杭州市城镇居民医疗保险和破解异地看病难工作被评为2008年中国医保十大新闻。

劳动保障工作情况

一、深入推进就业再就业工作

（一）进一步实施和完善就业再就业政策

及时研究实施过程中出现的新情况、新问题，拟定新的促进就业政策体系。采取有效措施，加大对就业困难人员帮扶力度。全年全市使用再就业资金3.82亿元，新增社区公益性岗位2 314个，公益性岗位实有在岗人数10 860人；主城区20 590人申领灵活就业社保补贴3 646.38万元；用人单位申领用工补助和社保补贴8 867人，共计3 816.12万元；1 640人申领了自谋职业、自主创业社会保险费补贴260.63万元。全市新增就业人数20.11万人，帮助失业人员实现再就业12.59万人，其中就业困难人员5.57万人，年末全市城镇登记失业率控制在3.02%，就业形势保持基本稳定。

（二）深化创建充分就业社区活动

建立健全“零就业家庭”重点帮扶、就业再就业回访、岗位储备等各类创建制度，通过“鼓励从事灵活就业解决一批、开发公益性岗位安置一批、鼓励用人单位吸纳一批、开展一对一帮扶援助一批、鼓励自主创业扶持一批、举办订单式培训帮扶一批”等“六个一批”办法帮扶就业困难人员就业。扩大创建范围，延伸创建层次，将2006年年底前的撤村建居社区逐步纳入创建范围，鼓励和指导有条件的区、县（市）开展创建充分就业行政村和充分就业街道试点。全市累计消除“零就业家庭”2 358户，实现就业3 686人，其中2008年消除102户、实现就业155人，实现动态消除“零就业家庭”的目标。全市有505个社区达到了创建充分就业社区标准，占列入考核社区总数的67%。

（三）加强和规范失业人员管理

将市区失业保险金计发标准由原每月680元提高到每月768元。健全失业人员动态管理机制，加强与市信息办、市工商局的协调配合，动态掌握失业人员就业再就业信息。建立就业和失业保险、城镇居民最低生活保障联动机制，促进失业人员尽快实现就业。积极探索建立失业预警制度，开展失业动态重点监测试点，对长运运输、杭芝机电、UT斯达康等30家重点企业和就业人数较多的五类城镇个体经济组织进行重点监测。

（四）积极探索促进创业带动就业工作

全面启动杭州市大学生创业培训和职业培训三年行动计划，认定公布了浙江大学等18所院校及培训机构作为大学生创业培训定点机构，浙江传媒学院等37所院校及培训机构为大学生技能培训定点机构。举办高校SYB师资培训班，为全市27所院校及培训机构培养了150名SYB创业培训师。在中国计量学院、杭州师范大学等十所高校建立就业创业指导站，在浙江教育学院建成首个校园创业项目常年展示室。建立创业导师制度，聘请20位企业家为首批大学生创业导师，为大学生提供创业咨询指导服务。全年共有7 610名大学生参加创业培训和技能培训。杭州市《关于开展三年万名大学生创业培训的实施方案》等7个创业政策文件被国家人力资源和社会保障部向全国转发。

（五）深入推进城乡统筹就业

出台《杭州市扶持农村劳动力转移就业工作意见》，在全市农村开展就业困难人员补充调查和农村劳动力求职登记工作，发放“农村劳动力求职登记证”1 958本。发放“农村低保人员就业援助证”797本，帮扶4 326名农村低保家庭劳动力实现就业。推进人力资源市场向农村延伸，共有16个中心镇人力资源市场建成开业。出台《关于进一步落实农民工生产生活工作的通知》，明确农民工生产生活“八个有”的目标和举措，组织开展全国和省农民工工作先进集体和优秀农民工评选活动，市劳动保障局在全国首次召开的农民工表彰大会上荣膺全国“农民工工作先进集体”称号，朱佳龙、郭本贤等7位在各自领域取得突出业绩的农民工荣获“全国优秀农民工”称号。

二、加快建设“城乡统筹、全民共享”的社会保障体系

（一）完善社会保障政策

出台《杭州市基本医疗保障办法》和《杭州市基本养老保障办法》的实施细则和配套政策，将原卫生部门管理的新农合、民政部门管理的医疗救助职能调整到劳动保障部门管理。市区农村居民养老保险财政补贴比例由5%提高到8%。调整市区城镇老年居民生活保障待遇、缴费标准和缴费办法，允许参保缴费在8年以上、一次性缴清费用确有困难的老年居民分期缴费。允许应保未保的前征地农转非人员和杭州市区撤村建居农转非人员参保。出台杭州市区支援外地建设退休回杭定居人员生活困难补助政策。出台《杭州市区新型农村合作医疗实施办法》，主城区新型农村合作医疗从2009年1月1日起实行市级统筹。

（二）扩大社会保障覆盖面

职工基本养老保险单位缴费比例由20%降到19%，对企业社会保险费缴纳比例实行临时性下浮，集中减征了相当于五项社会保险费企业缴费部分1个月的额度。至2008年年底，全市职工基本养老保险参保271.24万人，比上年末净增33.44万人，养老保险基金收入124.77亿元，支付93.86亿元，基金支付能力达22.67个月，比上年末提高1.35个月；全市基本医疗保险参保 274.59 万人，比上年末净增 36.85 万人；全市失业保险参保 202.41 万人，比上年末净增 32.32 万人；全市工伤保险参保 245.82 万人，比上年末净增 44.18 万人；全市生育保险参保 181.68 万人，比上年末净增 26.04 万人。全市农村居民养老保险参保 13.52 万人；城镇老年居民生活保障参保 1.51 万人，45.19 万名失土农民参加养老保险及享受各类生活补贴，分别比上年末净增 1.19 万人和 12.05 万人；7.12 万名老年居民、16.62 万名少年儿童、1 520 名非从业人员参加市区城镇居民医疗保险；全市新型农村合作医疗参保 369.18 万人，参合率达 98.21%。

三、优化企业退休人员社会化管理服务

加强企业退休人员自管组织建设，表彰 78 个市区企业退休人员自管小组先进集体和 78 名先进个人，至年末全市共有 7 090 个自管小组，自我服务骨干人员达到 14 606 人，自管小组活动经费由原每人每年 20 元调整为 50 元。做好企业退休人员基本养老金调整工作，提高市区企业退休人员节日慰问费和生活补贴标准。开展第二轮企业退休人员健康体检，主城区将参加杭州市基本医疗保险、没有移交街道社区管理的 4 万余名企业退休人员纳入体检范围，体检经费从每人 150 元提高到 200 元，共有 27.58 万名企业退休人员参加健康体检，参检率达 97.5%。举办全市企业退休人员文艺会演，开展为老人服务和企业退休人员困难帮扶活动，全年主城区共发放困难帮扶和补助资金 610 万元。

四、加强职业培训鉴定工作

（一）推进高技能人才培养鉴定

落实 2008 年政府补助高技能人才培训项目，推出 34 个工种的技师和 7 个工种的高级技师进行社会化考评，出台《杭州市首席技师评选管理办法》，举办 12 个工种的职业技能竞赛。开展高技能人才企业内鉴定工作，做好高职院校、技校、职高毕业生的技能鉴定，新开展烘培工、康乐服务员、社会体育指导员等 6 个新职业的技能鉴定。至年末全市共培养高技能人才 13 594 人，其中技师 2 848 人；全市核发职业资格证书 10.5 万本。

（二）开展就业再就业培训

培训补贴对象覆盖到失业人员、被征地农民、进城务工农村劳动者、大中专毕业生及在校大学生；培训补贴项目由原来的 65 个工种 181 个项目拓展到 118 个工种 273 个项目。加大定向培训、订单培训力度，累计开发公交驾驶员等定向培训项目 15 个。深化创业培训，举行 SYB 创业培训项目推介会，探索 SYB 创业培训与模拟公司创业实训技术对接、与技能培训对接的新路子，健全学员基础台账，完善服务保障体系，提高创业成功率。全年全市再就业培训 6.22 万人，其中技能培训 3.53 万人，创业培训 5 754 人，培训后就业率达 67.01%。

五、健全完善劳动关系协调机制

（一）加强工资宏观调控和劳动合同基础管理工作

公布 2008 年市区最低工资标准，其中最低月工资标准由 850 元调整为 960 元，非全日制工作的最低小时工资标准由 7.2 元调整为 8.0 元。公布 2007 年度杭州市区全社会职工平均工资为 25 489 元，定期发布全市企业工资指导线，发布 333 个工种、12 个国民经济行业、11 种登记注册类型企业、11 种专业技术等级、分工种分学历的企业劳动力市场工资指导价位。继续推进劳动合同实施“三年行动计划”。开展《劳动合同法》贯彻实施情况专项检查，加强对用人单位履行劳动合同的指导和监督。进一步推进集体合同制度，重点扩大非公企业集体合同的覆盖面。稳步推进全市工资集体协商工作。全市集体合同签订 2.23 万份，涉及职工 161.39 万人；有 10 670 家企业建立了工资集体协商制度，涉及职工 75.84 万人。

（二）依法处理劳动争议案件

全市共立案处理劳动争议案件 4 708 件，比上年增长 88.7%，涉及劳动者 7 066 人，其中集体争议案件 149 件，比上年增长 50.51%，涉及劳动者 2 507 人。全市结案 4 500 件，结案率为 92.4%，为双方当事人追回经济损失 10 477 万元。全市组建企业调解组织 10 356 家，全年共调解处理劳动争议案件 4 535 件；建立乡镇（街道）劳动关系协调组织 206 家、行政村（社区）劳动关系协调组织 2 394 家，全年共调解处理劳动争议 9 961 件，为当事人挽回经济损失 13 676.43 万元。

（三）提升劳动保障监察执法水平

推进网格化管理向萧山、余杭区和五县（市）延伸，在萧山、余杭区和五县（市）建立街道（乡镇）劳动保障监察中队 138 个，公开招聘劳动保障监察协管员 224 名，杭州市被列入国家劳动保障监察网格化、网络化试点城市。建立企业欠薪预警机制，组织开展农民工工资支付情况、《劳动合同法》贯彻实施情况等专项检查活动，全市共监察检查用人单位 14.6 万户次，比上年增长 48.37%，涉及劳动者 342 万人次；立案受理举报投诉案件 8 936 件，结案率达 98%以上；督促用人单位补签、续签劳动合同 14.5 万余份，比上年增长 81%，为 3.86 万名劳动者追回拖欠克扣工资 4 556.6 万元，比上年减少 17.92%；清退风险抵押金 50.07 万余元。杭州市劳动保障监察支队被国家住房和城乡建设部评为全国解决建设领域拖欠工程款工作先进单位。

六、积极接轨上海、推进杭州都市经济圈建设

沪杭通过实施专网互通、延伸服务窗口，自 2008 年 12 月 1 日起，实现互相委托结报参保人员医疗费。市区与萧山、余杭区、五县（市）以及湖州市属 2 县的共 29 家医疗机构实现了医保实时联网结算，参保人员在异地可直接刷卡就医。举办 SIYB 师资培训班和 SIYB 示范培训班，嘉兴市 12 名教师和 18 名学员参加培训。组织 30 个创业项目在绍兴进行展示，实现创业项目资源共享。在杭州和湖州分别召开杭、湖、嘉、绍四城市就业合作研讨会，就业制度改革 30 年和推进城乡统筹就业工作研讨会，就组建杭州都市经济圈人力合作委员会和联席会议、推进人力资源开发合作达成共识。邀请湖州市、嘉兴市、绍兴市的劳动保障部门组织企业来杭参加人力资源交流暨校企对接合作洽谈大会，推动劳动力在都市经济圈内自由流动。

所获荣誉和先进事迹

2008 年，在市委、市政府的高度重视和正确领导下，市劳动保障局解放思想，开拓创新，劳动保障各项工作全面推进，成绩喜人，在建议提案办理、新闻宣传、文明创建、党建工作、就业再就业、社会保障、权益维护等多项工作中受到了国家、省、市各级部门表彰，获得了全国“农民工工作先进集体”、省妇女儿童权益保障先进单位、市直单位综合考评优胜（满意）单位、国家政务信息资源共享和业务协同试点工作先进单位、为民办实事工作先进单位、市级文明单位、市建议提案办理工作先进单位、市社会治安综合治理优秀达标单位、市维护稳定工作先进单位、市老龄工作先进单位、市社会主义新农村建设先进单位、市民卡项目建设先进集体、票据管理先进单位、劳动保障新闻宣传工作先进单位等荣誉称号。

在杭州市举办的“2008中国促进创业带动就业高层论坛”，被列为2008年中国就业十件大事。杭州市城镇居民医疗保险和破解异地看病难工作被评为2008年中国医保十大新闻。

宁波市劳动保障情况

2008年，宁波市各级劳动保障部门紧紧围绕宁波市委、市政府中心工作，从服务经济社会发展的大局出发，以贯彻实施《劳动合同法》《就业促进法》和《劳动争议调解仲裁法》及外来务工人员社会保险等三项新社保制度为重点，以实现社会就业更加充分、社会保障更加健全、劳动关系更加和谐为目标，统筹协调，共同推进，在整体经济形势趋紧、企业发展普遍遭遇困难的情况下，为宁波市经济发展、促进社会和谐作出了积极的努力。

一、积极主动服务企业，为企业稳定发展提供支持保障

2008年下半年以来，受全球金融危机不断蔓延的影响，宁波市的经济发展也面临诸多严峻挑战，部分劳动密集型中小企业生产经营困难，歇业、破产、倒闭现象增加。为切实解决企业生产经营中的实际困难，各级劳动保障部门按照市委、市政府关于“保稳促调”的工作要求，及时开展了一系列服务企业活动，努力为企业排忧解难。

（一）大力开展服务企业活动，努力为企业排忧解难

2008年，全市各级劳动保障部门充分发挥职能作用，按照市委、市政府的统一部署，积极组织开展了“树新形象，创新业绩”和“干部进企业，服务促发展”活动，领导亲自带队并抽调大批业务骨干深入企业，广泛宣讲劳动保障法律法规，指导企业建章立制，举办各类培训班，为企业解疑释惑，切实解决企业面临的各种困难，受到企业的普遍欢迎。同时，还积极开展了“劳动保障政策法规百家企业行”活动，主动上门为企业送政策、送服务。截至12月底，全市共举办《劳动合同法》培训班690余期，有7.2万多家用人单位的负责人、人力资源管理人员共12.3万余人次参加了学习培训。深入走访了100多家企业，对全市4 000多家单位开展了《劳动合同法》实施情况专项检查。服务企业活动的开展，也为《劳动合同法》的贯彻推进创造了良好氛围。全市劳动合同签订率稳步提高，职工队伍得到进一步稳定。截至12月底，全市签订劳动合同人数比2007年年末增长31.6%，规模以上企业基本与职工签订了劳动合同，市属规模以上企业劳动合同签订率为99.5%。劳动合同期限普遍延长，从1年期合同为主转变为2～3年期为主，劳动关系稳定性进一步增强。服务活动的开展，不仅为企业送去了政策、送去了服务，为企业排忧解难，更重要的是增强了企业的信心，形成了政企联动、共克时艰、力保增长的良好氛围。

（二）引进和培养技能人才，积极为企业提供人力资源保障

2008年以来，宁波市各地劳动保障部门通过组织各种专场洽谈会，为企业提供所需人才。为解决部分企业招用技术工人难题，各级劳动保障部门组织开展了外商投资企业及专业人才等专场招聘会，进一步加强跨省市劳务合作平台建设，为本地企业引进急需的技术人才。同时，启动实施城乡劳动力培训补助政策，围绕市场用工需求和城乡劳动力就业愿望，将报关员、单证员、

养老护理员、育婴师等一批适应城乡劳动力就业的职业工种纳入政府补助培训项目。初步建立了创业培训、小额贷款、开业指导与后续服务等“一条龙”服务机制，为全市各地开展城乡劳动力创业培训提供师资服务和技术支持。各地还着力推进农村劳动力和外来务工人员技能提升培训。目前，全市已确定159家（其中市本级35家）外来务工及174家农村劳动力定点培训机构。全市职业技术院校高级技工培养力度进一步加大，2008年全市技校共招收高级工、技师班新生2 435名，占招生计划总数的50%，509名持有高级工、技师职业资格证书的技校毕业生补充输送到企业。全市技能人才职业资格鉴定达到13.5万人次，共有1.2万人获得高级工、技师、高级技师职业资格证书。各级劳动保障部门通过组织企业优秀青工进修培训，开展企业职工技能竞赛，开展技师、高级技师考评工作和宁波市“首席工人”评选活动，提升企业职工的技能水平，更好地为企业发展提供人才服务。通过全市各级的努力，“以政府为主导，企业为主体，院校为基础，社会共同参与”的高技能人才多元培养机制基本形成，为提升企业的人才实力提供了有力的支持。

（三）积极推行社保新政策，切实减轻企业负担

为做好企业帮扶工作，全市各级劳动保障部门改革创新，积极推出社保新政策，减轻企业负担。一是从2008年1月1日开始，宁波市实施了外来务工人员社会保险制度，在保障外来务工人员社保权益的前提下，较大幅度地减轻了用人单位的缴费负担，为企业顺利实施《劳动合同法》创造了有利条件。按2008年12月底外来务工人员社会保险参保数58.8万人计算，全市参保单位每年可减少社会保险费支出20.11亿元，在整体经济形势趋紧的情况下，有效地提高了宁波市企业的市场竞争力。二是完善了市区职工医疗保险政策。从2008年5月1日起对市区现有的职工医保政策作了适度调整和完善，普遍提高了参保人员的待遇水平，适当减轻了企业缴费负担，企业为参加基本医疗保险的职工每人每月少缴费5元，按2008年12月底市区参加城镇职工医疗保险的人数计算，参保单位2008年减少基本医疗保险费支出8 220万元。三是根据省有关文件精神，经市政府同意，对企业社会保险费缴纳比例实行临时性适当下浮，下浮额度为2008年12月和2009年1月企业各项社会保险费的单位应缴部分。据初步测算，仅2008年12月实施社会保险缴费比例临时性下浮政策就惠及全市216.7万人，共有9.08万家企业单位、2.59万户城镇个体劳动者得到减负，五大社会保险基金共减负7.8亿元，减负总额占应征总额的65%。

通过上述一系列社保新政策的实施，切实减轻了企业的负担，取得了积极的效果，为企业积极应对危机创造了有利条件。

二、进一步完善就业服务体系，就业局势继续保持稳定

2008年以来，各地劳动保障部门以贯彻实施《就业促进法》为契机，积极制定并落实促进就业政策，不断完善城乡劳动力就业和培训服务，在国际金融形势复杂多变，国内经济增长减速的情况下，维护了宁波市就业局势的稳定。截至2008年12月底，城镇新增就业13.1万人，完成年度考核任务的114%，帮助6.6万名失业人员实现再就业，其中就业困难人员再就业2.28万名，完成考核任务的190%。2008年年底城镇登记失业率依然保持在3.31%的较低水平。

（一）实施新一轮促进就业政策，加大对就业困难群体帮扶力度

针对上一轮促进就业政策2008年到期的情况，在认真调研、广泛征求意见的基础上，以市政府名义出台了《关于进一步做好促进就业工作的通知》。新一轮的促进就业政策，进一步提高了自主创业小额贷款的额度，增加了公益性岗位数量和补贴额度，扩大和提高了职业技能培训和鉴定补贴的范围和标准，建立起帮困就业的长效机制，政府促进就业的职能得到加强，受到社会

各界的一致肯定。同时，还出台了自主创业小额贷款政策，研究制定了职业介绍补贴实施办法等一系列配套政策。全市共发放社保补贴和用工补助1.2亿元，享受人数4.6万人；为280户自主创业失业人员发放小额贷款1 025万元，自小额贷款政策实施以来，已累计发放6 994.4万元，贷款到期回收率99.18%。

（二）推进创建充分就业社区活动，动态消除“零就业家庭”

各地把充分就业社区的创建活动和就业援助工作有机结合，共同推进。截至2008年12月底，全市充分就业社区占全市社区总数的36%。通过多方面挖掘岗位、政府公益性岗位托底安置等途径，对城镇“零就业家庭”做到出现一户、帮扶一户、消除一户，确保城镇“零就业家庭”动态消除。开发保持公益性岗位7 158个，比2007年年底增加592个，实际安置就业困难人员6 394人。同时，通过开发合适的农村就业岗位就地就近安排、鼓励企业吸纳农村低保家庭劳动力转岗就业等途径，动态实现有劳动能力和就业愿望的农村低保家庭劳动力50%就业的目标。

（三）开展失业动态监测和预警，进一步夯实就业管理基础

2008年以来，全市劳动保障部门根据经济形势的变化，积极应对，加强就业管理，开展了一系列就业管理基础性工作。如在余姚、慈溪、鄞州、江东和北仑确定了189家企业作为重点监测对象，开展失业动态重点监测报告制度试点工作，加强失业预警。从2008年9月1日起，宁波市开始实施就业登记暂行办法，建立起就业登记与社会保险登记、申报或终止等工作联动机制。截至2008年年底，全市已有6.47万家用人单位151.3万人（次）办理就业登记。同时，加强了失业人员登记证管理，建立起失业人员信息与就业登记或退出失业状态信息的即时关联制度，进一步明确失业与就业状态的界定。继续开展城乡劳动力资源调查，掌握城镇失业人员、农村劳动力、外来务工人员基本数据。

（四）积极开展专项就业服务，进一步提高就业服务水平

一是积极组织各项公共就业服务活动，精心开展公共职业介绍机构就业再就业招聘周、促进女性平等就业专项活动、再就业援助月、农村富余劳动力及被征地人员就业服务周、高校毕业生就业服务月等活动，搭建就业困难人员求职平台。2008年，全市进入人力资源市场的用人单位9.78万家次，提供岗位145.83万个次，求职登记102.29万人次。二是充分发挥基层劳动保障服务平台就业服务作用。2008年全市新成立的6个街道、社区，已全部建立起劳动保障服务站（室），做到“街道（社区）成立一个、劳动保障服务站（室）新建一个”。同时，不断加强指导，规范和提高基层劳动保障服务平台就业服务水平。三是加强宣传引导，进一步规范人力资源市场秩序，营造良好的就业环境。严把职业介绍机构准入关，规范经营服务。严厉打击非法职业中介和以职业介绍为名的各类欺诈行为，维护城乡劳动者和用人单位的合法权益。

三、完善和推进社会保险制度建设，进一步扩大社会保险覆盖面，提高待遇水平

2008年，宁波市着重抓了从建立制度框架体系向制度落实转变，从企业参保扩面单项突进向多项并进转变工作。城镇居民医保、外来务工人员参保工作推进效果明显，新型农村养老保险制度基本建立，五大社会保险扩面成效显著。截至2008年年底，全市参加基本养老、医疗、失业、工伤、生育保险的人数分别达到297.5万人、223.5万人、161.4万人、209.3万人和164.7万人，全部超额完成市政府下达的任务指标。

（一）城镇居民基本医疗保险制度全面推进

2008年以来，宁波市全面推进城镇居民基本医疗保险制度，市区和五个县（市）统筹区均

已出台实施城镇居民基本医疗保险方案，实现了城镇居民医保制度的全覆盖。2008年5月，启动了市区各类在校学生参加城镇居民医保的登记缴费工作，9月，又开展了入学新生参保缴费工作。同时，在住院和大病门诊统筹的基础上，市区出台了城镇居民基本医疗保险门诊医疗统筹方案，进一步提高了财政补助力度和医疗待遇水平，实现了城镇居民基本医疗保险制度门诊住院双统筹，扩大了制度受惠面，有力提升了这项制度的惠民效果。目前，余姚、宁海、象山、慈溪、奉化也实现了门诊住院双统筹或门诊补偿。截至12月底，全市城镇居民参保人数达到57.21万人，其中市级统筹范围除学生外参保率达到了75.86%，提前完成市政府考核目标。此外，市区各类在校学生参加城镇居民医疗保险人数已达31.45万人。

（二）外来务工人员参保人数大幅度增加

2008年，宁波市在全国率先实施了外来务工人员社会保险制度，这项制度符合外来务工人员的特点和企业实际，深受广大企业和外来务工人员的欢迎。自实施以来，全市外来务工人员社会保险参保人数已经达到58.75万人，实现了宁波市社会保险参保历史性的突破，充分体现了制度创新的优越性。

（三）新型农村养老保险制度稳步开展

截至2008年年底，市级统筹区及各县（市）均出台了新型农村养老保险办法，余姚、慈溪、奉化、江北、镇海、北仑等地已先行实施，宁海、象山于2009年1月1日起开始实施，鄞州区政府常务会议也已原则通过新农保制度，准备2009年1月实施，至此，已全部实现了年初市政府确定的“各县（市）、区建立起新型农村养老保险制度”的目标。截至12月底，实施新农保地区的参保人数达到8.46万人，待遇享受8.24万人。

同时，宁波市的被征地人员养老保障和城镇老年居民养老保障工作也得到稳步推进。2008年，全市共有132个镇（乡）、街道2 127个村实施了被征地人员养老保障，被征地村的覆盖率达到96.9%，累计参保人数为53.86万人。全市共有超过2.07万人参加了城镇老年居民养老保障，其中1.96万人享受待遇。

（四）各类参保人员待遇进一步得到提高

2008年1月和12月，宁波市连续按月人均126.96元和135.22元的标准调整提高了企业退休人员养老金水平，据统计，这两次待遇调整分别涉及宁波市23.17万名和25.2万名企业退休人员，分别增加基金支出3.5亿元和4.07亿元。目前，宁波市企业退休人员平均养老金水平约为1 513元，其中市本级约为1 543元。同时，也相应调整了其他领取生活费群体的待遇水平。2008年7月1日起，市辖各区被征地人员和城镇老年居民养老保障待遇也有了进一步提高。2008年9月1日起，全市失业保险金标准调整为每人每月672元，比2007年增加了77元。

从2008年5月1日起，提高了市级统筹区35周岁以下的参保人员和退休人员基本医疗保险个人账户计入比例，提高了大病医疗补助金的支付标准，取消了大病救助金支付的最高限额，降低了门诊累计自负额度标准，提高了参保人员在社区卫生服务机构住院医疗费用的统筹基金分段支付比例，增加了特殊病种治疗项目。市区统筹范围从2008年7月10日开始对已参加医保的企业退休人员进行免费健康体检，全市共有11.4万名企业退休人员参加了体检。2008年12月开始，还组织实施了市区城镇居民免费健康体检，受到广大群众的欢迎。

四、积极预防和处置劳资纠纷，劳动关系总体协调稳定

2008年下半年以来，受企业停产倒闭现象增加的影响，劳资纠纷数量持续上升。全市各级劳动保障部门坚持预防为主、调解为主和基层处理为主的方针，着力化解劳资纠纷，维护社会稳

定，劳动关系保持总体平稳。

（一）加强监察，切实做好防范处置劳资纠纷工作

2008年以来，各地劳动保障部门不断完善监察执法体系。在当前宏观经济不断趋紧、劳资纠纷不断上升的背景下，各级劳动保障部门创新监管执法模式，加强了基层劳动保障监察队伍建设，全面推行劳动保障监察网格化监管方式，重基层、重属地预防和处理，使劳资纠纷发现在苗头，化解在基层。同时，各级劳动保障执法机构注重源头治理，坚持执法与普法相结合，执法与预防相结合，维护劳动者合法权益与促进企业发展相结合，有效防止了各种违法现象的蔓延。

2008年下半年以来，各级劳动保障部门针对企业裁员、欠薪等问题，高度重视，早发现，早介入，早处置，维护了劳动关系的和谐稳定。同时，把防范和处置企业拖欠工资作为一项重点工作来抓。全市各级劳动保障部门认真贯彻落实省、市政府关于切实做好防范处置企业拖欠工资工作的通知精神，进一步完善了部门联动机制，明确目标落实责任，认真组织开展农民工工资支付情况、规范用人单位用工行为和整治非法用工打击违法犯罪行为等专项检查，重点加强了对建筑施工、餐饮服务、劳动密集型企业工资支付情况的监控，较好地维护了劳动者的合法权益。截至12月底，共检查用人单位1.19万户，涉及职工130万人；立案查处劳动违法案件3 897件。共为3.05万名劳动者追回被拖欠工资9 608.7万元，责令用人单位补签劳动合同3.9万份。全市没有因欠薪而引发恶性群体性事件。

（二）认真贯彻实施《劳动争议调解仲裁法》，加大劳动争议调解仲裁工作力度

为确保《劳动争议调解仲裁法》的顺利实施，宁波市加强了《劳动争议调解仲裁法》的培训和宣传工作，及时提醒当事人把握仲裁申请时效等要点，并印制了新的仲裁庭纪律、仲裁文书，指导全市的仲裁工作。随着新法的实施和职工维权意识的增强，全市劳动争议案件激增。2008年，全市共受理劳动争议案件1.28万起，比2007年年底上升80.9%。案件量上升虽给各地仲裁机构带来很大压力，但各地积极克服人少案多的矛盾，注重发挥基层调解组织的作用，坚持快立、快调、快结，2008年全市劳动仲裁机构共处理案件1.12万件，为劳动者挽回经济损失2.23亿元。

（三）畅通信访渠道，进一步加强职工权益维护

2008年以来，由于受金融危机的影响，宁波市企业经济效益不断下滑，企业劳资纠纷明显上升，各种历史遗留问题和现实矛盾相互交织在一起，信访工作形势日益严峻，在这种背景下，全市各级劳动保障部门高度重视信访维稳工作，把信访工作摆到了重要的突出位置，完善了制度，加强了力量，加大了对信访案件的调处力度，信访处理能力进一步提高。2008年，全市劳动保障部门共受理群众来信来访4.35万人（次），其中集体上访597批次、1.25万人次，按期办结率为100%。

温州市劳动保障情况

2008 年，温州市劳动保障部门在省厅和温州市委、市政府的正确领导下，以增进社会和谐为己任，着力保障和改善民生，积极推进劳动保障事业发展，为经济社会健康持续发展作出了突出贡献。

劳动保障工作情况

一、社会保障政策制度逐步完善，覆盖人群不断扩大，保障水平稳步提高

以完善制度、扩大覆盖面、提高服务和待遇水平为重点，加快完善社会保障制度步伐。

（一）养老保险制度进一步完善

养老保障制度全覆盖工作取得重要进展，出台实施《温州市区城镇老年居民养老保障暂行办法》和解决市区部分原知青养老保障问题的政策。继续完善企业职工基本养老保险制度，规范统一了补缴企业职工基本养老保险费的有关政策。鼓励规范企业推行年金制度，实现了企业补充养老保险向企业年金制度的平稳过渡。加快推进企业退休人员社会化管理进程，市区企业退休人员社区管理服务率达到 95％以上，为退休人员基本养老金领取资格认证提供了保证。截至 2008 年年底，全市参加基本养老保险达 154.7 万人，其中企业参保人数 133.39 万人，净增 16.79 万人，完成目标任务的 239.86％；共收缴企业基本养老保险基金 45.18 亿元，支出 30.66 亿元，企业养老保险基金支付能力从 2007 年年末的 22.58 个月提高到 24.2 个月；有 24.82 万人享受养老保险待遇，月人均养老金达 1 304 元，其中企业人均 1 231 元。

（二）医疗保险覆盖面进一步扩大

一是全面推行城镇居民医疗保险制度。出台实施《温州市区未成年人医疗保险办法》，全市所有县（市）也在 2008 年 5 月前全面实施城镇居民医疗保险制度。截至 2008 年年底，全市居民医保参保人数已达 50.89 万人，完成目标任务的 169.63％。二是不断完善政策体系。出台实施《温州市区外来农民工医疗保险试行办法》，将外来农民工纳入医疗保障体系。完成《企业职工门诊统筹实施方案》起草工作，已提交市政府研究，将择机出台实施。三是提升管理服务水平。加强对医保“两定”机构的管理，首次对市区 55 家医保“两定”机构进行年审。继续做好企事业单位退休人员体检工作，同时开展居民医保参保人员首次免费健康体检工作。四是积极解决历史遗留问题。出台了《解决原市属国有与集体改制企业人员参加基本医疗保险问题实施意见》和

《解决温州市属国有与集体困难企业退休人员医疗保险问题实施意见》，使这两个难点问题得以基本解决。截至 2008 年年底，全市参加基本医疗保险 88.82 万人，比上年末净增 13.11 万人，完成目标任务的 154.29%，其中在职人员 69.96 万人，离退休人员 18.86 万人；收缴基本医疗保险基金 12.19 亿元，支出 8.84 亿元。

（三）工伤保险实现基本全覆盖

克服宏观经济形势对工伤保险扩面工作带来的困难，加强对各地的工作指导和监督检查，全面推进建筑施工企业农民工参加工伤保险工作，强化按工资总额缴纳工伤保险费的力度。截至 2008 年年底，全市工伤保险参保人数达 176.36 万人，其中 2008 年新增工伤保险参保人数 40.03 万人，完成全年任务的 100.08%，顺利实现了省政府下达工伤保险基本全覆盖的目标任务。提高劳动能力鉴定工作水平和质量，全面启动工伤认定简易程序，出台《工伤职工配置辅助器具管理暂行办法》，确保受伤职工及时享受工伤待遇。全年工伤保险基金收入 15 252 万元，支出 7 518 万元，有 1.08 万人享受了工伤保险待遇。

（四）失业和生育保险稳步推进

继续提高失业保险参保率，将失业保险金标准由 595 元/月上调为 672 元/月。逐步完善生育保险政策，对存在骗取生育保险基金嫌疑的企业进行查处。截至 2008 年年底，全市共有 64.53 万人参加失业保险，比上年末净增 8.81 万人，完成目标任务的 125%，收缴失业保险基金 33 187 万元，支出 5 212 万元；有 46 万人参加生育保险，比上年末净增 7.97 万人，收缴生育保险基金 4 575 万元，支出 5 312 万元。

（五）被征地农民生活保障工作进一步深化

在 2007 年取得重大突破的基础上，针对即征即保难、与其他社会保障制度衔接难、生活补助标准偏低的问题，出台了《关于温州市市区征收农民集体所有土地管理办法的补充意见》和《市区被征地农民社会保障与其他社会保障制度的衔接意见》。截至 2008 年年底，全市已有 41.63 万名被征地农民参保，其中 2008 年新增参保 11.40 万人，完成全年目标任务的 142.49%，已经实现了对二轮土地承包以来的被征地农民的基本全覆盖。累计筹集保障基金 2.97 亿元，有 14.24 万名被征地农民享受了保障待遇，累计支付基金 2.48 亿元。

（六）社保基金监管进一步强化

积极配合审计部门完成年度社会保险基金审计、被征地农民基本生活保障基金审计调查等工作。启动社会保险基金专项治理工作。积极推进社会保险费“五费合征”工作，先后出台《关于进一步推进社会保险费五费合征的实施意见》《温州市区社会保险费五费合征实行办法》。针对严峻的宏观经济形势，减征企业五项社会保险费 1 个月，减轻企业负担 1.85 亿元。

二、就业再就业工作稳步推进，就业形势总体保持稳定，技能人才队伍建设得到加强

继续坚持“劳动者自主择业、市场调节就业、政府促进就业”的工作方针，2008 年全市新增城镇就业 85 992 人，完成目标任务的 118.8%；下岗失业人员实现再就业 17 600 人，完成目标任务的 137.5%，其中就业困难人员 5 256 人，完成目标任务的 131.4%；2008 年年底城镇登记失业率为 2.48%。全市全年职业资格鉴定 10.3 万人，培训高技能人才 1.4 万人，再就业培训 0.98 万人，跨省务工农民技能提升培训 6.25 万人，分别完成目标任务的 127%、128%、123%、125%。

（一）进一步完善促进就业政策体系

抓好《就业促进法》的宣传贯彻工作，做好各项优惠政策与《就业促进法》的衔接。在总结

上一轮就业工作经验的基础上，多次召开座谈会、听取多方意见，起草了温州市《关于做好就业工作促进社会和谐的实施意见》，已上报市政府，出台实施的各项准备工作也已基本就绪。

（二）积极落实各项就业帮扶政策

实现全市城镇“零就业家庭”基数归零、动态归零。全年帮助 7 793 名农村低保家庭劳动力实现了就业，完成农村低保家庭劳动力就业援助任务的 130%。一是建立再就业援助基地。全市建立就业援助基地 14 个，通过开展来料加工、零件装搭等方式，帮助 1 800 多名失业人员实现了就业再就业。二是拓宽公益性岗位范围。继续挖掘潜力，在原有保洁、保绿、保安、居家养老等公益性岗位工种的基础上，新增了护林员和残疾人托养两种岗位，公益性岗位已达 9 种。根据物价上涨幅度，适当提高了公益性岗位补贴标准。截至 2008 年年底，全市共有 680 人享受岗位补贴，发放公益性岗位补贴共计 282.8 万元。三是提供社会保险补贴，发放一次性困难补助。2008 年全市共有 719 人享受了社会保险补贴，共发放社会保险补贴 219.9 万元。为 4 586 名生活困难的下岗失业人员发放 2009 年春节一次性生活困难补助 480 万元。四是积极为灾区提供就业援助，“5·12”地震发生后，温州市率先发起“为灾区提供就业岗位”活动，组团前往四川灾区举办专场招聘会。截至 2008 年年底，已安排 2 693 名灾区群众在温州市就业。

（三）加强职业技能培训工作

组织编制了全市技能人才中长期发展纲要。健全高技能人才考评机制，在温州长运集团等企业及永嘉县泵阀行业开展社会化考评和企业（行业）评定相结合试点工作。开展了温州市第一轮首席技师评选活动。全年共组织电工、钳工、服装、计算机网络管理员等 17 项市级技能大赛，共有 5 000 多人参赛，举办了温州市首届农民技能大比武活动。进一步抓好农民转移就业培训，探索推行专项能力或岗位资格证书制度。强化农村劳动力职业技能培训补贴的监管，加强对资金审批拨付程序的监督，确保培训资金规范使用。进一步加强全市技工学校的招生宣传和组织工作，全市技校全年招生 2 049 人，完成招生任务的 126.17%。

三、劳动保障维权力度进一步加大，协调机制逐渐完善，劳动关系和分配关系保持和谐稳定

以《劳动合同法》《劳动争议调解仲裁法》贯彻实施为契机，多措并举，标本兼治，有效维护劳动关系和谐稳定。

（一）强化劳动监察执法

开展各类劳动保障专项监察、加大日常巡查力度，全市全年各级劳动保障监察机构接受各类举报投诉 13 016 件，检查用人单位 2.1 万家，出动 3.9 万人次，补发、清欠工资 7 831 万元，涉及 3.9 万人，清退各类押金 183 万元，补签劳动合同 12.7 万份；对各类违法行为予以立案处理 1 275 件，实施行政处罚 346 件，罚款金额 537.7 万元。一是妥善处理突发群体性事件。由于宏观经济形势影响，因欠薪逃逸发生的突发群体性事件明显增加。我们完善相关应急预案，健全部门协调机制，及时处置了诸永高速、甬台温铁路等重大突发群体性事件。全市处置各类突发性群体事件 275 件，涉及 1.3 万人，涉及金额 3 317 万元。二是完善长效机制。建立企业工资月报制度、企业欠薪档案，完善劳资纠纷预警机制。出台实施建筑行业工资卡、工资支付保障金等制度，市本级共有 39 家用人单位缴纳了工资支付保障金 3 750 万元。三是加强诚信制度建设。将 222 家被处罚过的用人单位信息录入市政府信用信息平台，将 7 家欠薪逃逸、恶意欠薪或拖欠工资数额巨大的用人单位，在人民银行企业征信系统中予以披露。

（二）切实加强劳动合同和工资管理工作

一是认真贯彻实施《劳动合同法》《劳动合同法实施条例》。在继续做好普法宣传的基础上，

市局领导班子成员带队深入全市各地调查研究，深入了解《劳动合同法》实施后出现的新问题、新情况，并制定了解决措施。二是进一步规范劳动合同备案工作，严格审核企业自定的劳动合同文本。截至2008年年底，全市企业职工的劳动合同签订率已达95.68%。三是对企业不定时工作制和综合计算工时工作制审批工作进行规范，根据温州市企业普遍难以实行标准工时的实际，指导企业实行综合计算工时工作制度，并在制度上加以规范。四是完善劳动关系三方协调机制建设。目前各县（市、区）已全部建立了劳动关系三方协调机制。

（三）依法狠抓劳动争议案件处理

随着《劳动合同法》《劳动争议调解仲裁法》的相继实施，2008年温州市劳动争议案件数量大幅上升，处理难度也有所增加。全市全年共受理劳动争议案件3 543件，同比增长46.6%，其中市本级712件，同比增长179.2%。全市劳动仲裁工作人员充分发挥主观能动性，努力克服案多人少的困难，及时做好案件处理工作，结案率达到90%以上。

四、队伍建设和基层基础建设得到加强

一是机构建设得到加强。成立了市医疗保险中心、市劳动争议仲裁院。基层劳动保障网络建设取得一定进展，市区45个街道（乡镇）已建立42个劳动保障所，各县（市）已建立58个劳动保障所。二是信息化建设进一步加快。市劳动保障信息容灾应急后备中心已完成场地装修和系统招投标，进入设备安装阶段。在省内率先完成“金保工程”省、市、县联网数据抽取和上传工作，建立了全市“金保工程”资源数据库。三是依法行政水平得到提高。全面推行和完善行政执法责任制，将市劳动保障局七大类124项的法定执法职能分解到具体行政执法机构和岗位。四是持续深入开展作风建设，深化文明机关创建。巩固作风建设年成效，建立完善了作风建设工作责任制、日常检查巡查制度、举报投诉处理制度、警示谈话制度、作风建设通报分析等6项长效机制制度。以树立“行为规范、运转协调、公正透明、廉洁高效”的机关新形象为创建目标，全面深化文明机关创建活动，机关工作作风、服务质量与工作效能有了新的进步，机关整体文明程度和全面建设取得新的成效，群众满意度持续上升，市局机关顺利通过了市级文明机关复评验收，并在2008年市级机关“满意不满意”评议中被评为“满意单位”。

所获荣誉

先进集体：

全省劳动争议案件处理先进单位

全省劳动保障监察工作先进单位

省2008年度社会保险会计报表一等奖

全市农村劳动力素质培训工作先进集体

全市被征地农民生活保障和工伤保险扩面工作先进单位

全市实施“139富民攻坚计划”先进单位

全市提案议案办理先进单位

全市维稳工作先进单位

先进个人：

王海洲　全市农村劳动力素质培训工作先进个人
许淑贞　全市提案议案办理先进个人
闵　锐　全市新农村建设工作先进个人
陈佰郡　全市政务信息工作先进个人

湖州市劳动保障情况

一、统筹城乡就业

一是大力开展创业促就业工作。认真贯彻中共十七大精神和《就业促进法》，市政府出台《关于全面推进创业促就业“845”工程的实施意见》，初步构建了创业促就业的目标体系、政策体系、服务体系和责任体系，使创业促就业成为新时期实现城乡充分就业的新增长点。2008年年初，召开全市自主创业明星表彰大会，由市政府和市劳动保障局分别授予20名“自主创业明星”和10名“自主创业先进个人”荣誉称号。成功举办创业项目展示洽谈会，5 000多人次参会，1 800多人参与洽谈，达成意向签约项目224个。市区建立了社区创业项目经理人制度，已有92人经培训考核受聘为创业项目经理人，为自主创业者提供各类创业服务。市区制定出台创业孵化基地认定办法，明确了创业孵化基地的类型标准、认定程序、补贴政策和配套服务等，加强创业孵化基地建设，全市已建成36个创业（实训）孵化基地。积极建立和扩充创业项目信息库，全市汇集了135个创业项目，其中本地项目73个，为自主创业者提供丰富的创业项目资源。

二是进一步完善和拓展就业援助制度。继续深入开展充分就业社区创建工作，广泛开发公益性岗位，落实再就业优惠政策，城镇充分就业社区达到92%，其中80个社区获得省级充分就业社区称号。依托充分就业社区创建，深入开展城镇困难人员就业援助工作，努力消除城镇“零就业家庭”，全市共动态消除城镇“零就业家庭”36户，基本做到发现一户、帮扶一户、消除一户。在帮扶城镇困难人员就业的同时，长兴县先行一步，积极探索农村困难人员的就业援助工作，明确了就业援助政策和援助措施，逐步将就业援助工作向农村低保家庭拓展。至年底，全市各县（区）都已出台了农村低保家庭劳动力就业援助的政策措施和工作方案，通过采取“一户一策一干部”的形式，建立起专人负责、政策落实、岗位提供、就业指导、技能培训、社会参与的就业援助机制，面向城乡所有困难群众的就业援助体系基本建立，全市累计帮扶2 478名农村低保家庭劳动力实现就业，占就业援助对象的78.9%。

三是全力破解劳动力要素制约难题。全市春、秋季共举办21场人力资源交流大会，1 680家用工企业提供岗位7.5万个。市人力资源市场举办11场“招聘月市”，5场“4050”人员和大中专院校毕业生专场招聘会，累计提供岗位近4 000个。加强与外省劳务基地合作，积极组织企业到外省开展劳务合作交流，参加当地人力资源交流大会，引进企业各类急需技能人才和劳动力。认真做好地震灾区劳务输出对接工作，组织3家规模以上企业259个岗位参加四川广元、青川对口劳务招聘会，积极为灾区群众提供就业援助。

四是不断加强公共就业服务体系建设。以实现制度化、专业化和信息化为目标，继续加强全市48家公共人力资源市场建设，认真做好市本级13家重点乡镇人力资源市场基础设施建设和信息网络维护工作。修订就业信息发布制度和企业用工信息员工作考核制度，确保市人力资源市场每日就业信息在200条以上。2008年，全市新增城镇就业人数57 260人，帮扶失业人员再就业21 639人，困难人员再就业5 438人，开发社区就业岗位3 879个。到2008年年底，城镇登记失业率为3.3%，保持了就业形势的稳定。

二、覆盖城乡的社会保障体系建设

一是加快完善社会保险政策。围绕探索建立新型农村养老保险制度，德清县先行一步，出台《德清县城乡居民养老保险实施办法（试行）》，建立了城乡居民社会养老保险制度，德清县试点乡镇钟管镇参保率已达到86.1%。市区在调查研究、学习借鉴、民主听证的基础上，形成了《湖州市区城乡居民社会养老保险暂行办法（草案）》。积极推进企业职工基本医疗保险门诊医疗统筹制度建设，在充分调研、民主恳谈、专家论证的基础上，拟定了市区企业职工基本医疗保险门诊医疗统筹方案，并提交市政府常务会议讨论。进一步完善城镇居民基本医疗保险制度，及时制定出台未成年人和在校学生参保的新政策。积极探索建立工伤预防和康复机制，安吉县率先在全市出台了《关于切实做好工伤预防工作的若干意见》，建立浮动费率、预警通报、考核奖励等机制，加强工伤事故预防，取得了明显成效，并将安吉县试点经验在全市范围内积极推广。

二是继续扩大社会保险参保覆盖面。借助《劳动合同法》的贯彻实施，加大社会保险参保扩面力度，将城乡各类用工单位及其职工纳入社会保险覆盖范围，特别是积极创新重点行业工伤保险参保方式，出台了建筑施工企业农民工参加工伤保险的办法，使工伤保险覆盖面进一步扩大。全市企业职工基本养老保险、城镇职工基本医疗保险、失业保险、工伤保险、生育保险等五大社会保险参保人数分别新增6.72万人、6.96万人、5.82万人、12.25万人和10.4万人，参保人数到年底分别达到53.76万人、44.59万人、31.22万人、50.76万人和31.18万人；城镇居民基本医疗保险参保人数达到29.1万人；全市新增的2.43万名被征地农民全部实现“即征即保，应保尽保”，参加被征地农民基本生活保障和补助制度人数累计达到16.41万人。

三是切实加强社会保险基金监管。对三县社会保险基金管理情况进行现场检查，并针对基金财务报表进行了两次社会保险基金非现场监督。深入开展社会保险基金专项治理工作，及时召开社会保险基金专项治理工作会议，成立专项治理工作领导小组，制定出台专项治理工作方案，认真组织开展社会保险基金的专项治理。不断深化经办机构内控制度建设，进一步完善社会保险基金管理、业务操作流程、财务岗位职责、内部审计、基金预警、社会保险稽核等制度，逐步规范社会保险基金的日常管理。切实加强外部监督，配合市审计局对湖州市2007年社会保险基金和2006年至2008年三年就业再就业资金进行专项审计，配合国家审计署对全市各项社会保障资金开展专项审计调查。通过加强基金监管，湖州市社会保险基金运行情况良好。

四是稳步提高社会保险待遇水平。继续提高企业退休人员养老金水平，人均每月增加养老金130元，全市养老金平均水平达到每人每月1 263元，市本级达到每人每月1 280元，全市全年共为8.67万名企业退休人员发放养老金12.89亿元。继续提高医疗保险待遇水平，市区及时将城镇职工基本医疗保险住院起付标准由原来的1 000～1 600元调整为600～1 000元，将参加城镇居民基本医疗保险的未成年人和在校学生的住院和特殊病种门诊医疗费报销比例提高20%，最高支付额度从5万元提高到10万元。继续提高失业保险金标准，经2008年1月和9月两次调整后，市区和三县失业保险金标准分别提高到每人每月595元和546元。继续提高市区被征地农民基本生活保障金和生活补助金标准，领取标准分别调整为每人每月305元和220元。

五是认真做好企业社会保险费缴纳比例临时性适当下浮工作。为有效缓解国际金融危机给企业带来的困难，切实减轻企业负担，认真贯彻执行省政府决定，在确保企业退休人员养老金按时足额拨付及职工社会保险待遇不受影响的前提下，对企业社会保险费缴纳比例实行临时性适当下浮，具体幅度相当于各项社会保险企业缴费部分各1个月的额度。经过劳动保障与财政地税部门的密切配合，在2008年12月实现了既减征了企业社会保险费又不影响参保人员社会保险待遇的目标。

三、构建和谐劳动关系

一是全面做好三部新法律的宣传贯彻工作。全市各级劳动保障部门大力加强《就业促进法》《劳动合同法》《劳动争议调解仲裁法》宣传教育培训工作。借助报刊、电视台、网站等宣传阵地，多形式、多角度宣传报道法律知识和典型案例。组织开展了劳动保障系统干部职工三法知识学习和考试。全市共开展了送法律、送政策、送服务活动80多次，举办各类企业座谈会20多场；组织业务骨干到企业讲授《劳动合同法》近百次，举办《劳动合同法》培训班130多期，培训各类企业人员2万多人次。通过深入宣传和广泛培训，进一步推动落实劳动合同制度、规范单位用工行为、维护广大职工特别是农民工的合法权益，三部法律在湖州市得到了平稳地贯彻落实。

二是深入开展劳动保障执法年活动。全市各级劳动保障监察机构加大日常巡查力度，深入开展农民工工资支付专项整治、清理整顿人力资源市场秩序、整治非法用工打击违法犯罪、贯彻执行《劳动合同法》等各类专项检查活动。从12月开始，全面启动了防范处置企业拖欠工资工作，集中力量预防和处置年底企业拖欠职工工资问题，切实维护农民工的合法权益。进一步加大劳动保障监察力度，全市共受理投诉举报案件1 609件，立案1 241件，结案1 240件，结案率99.9%，追缴拖欠工资1 927.7万元，涉及劳动者1.45万人，办理行政处罚案件156件。

三是积极提升劳动争议调处能力。按照《劳动争议调解仲裁法》的规定，进一步完善劳动争议三方协商机制，加大劳动争议调处工作力度，有效预防和解决劳动争议。探索建立起一支兼职仲裁员队伍，市劳动仲裁院6名兼职劳动仲裁员参与处理劳动仲裁案件218件，有效缓解了劳动仲裁工作的压力，提高了劳动仲裁工作效率和质量。继续完善“导诉服务制”“三日立案制”“假日仲裁庭”等便民服务举措，加强职工维权“绿色通道”和困难职工法律援助制度，不断推进劳动争议案件“快立、快调、快审、快结”。全市全年共受理劳动争议案件2 410件，结案2 291件，结案率95.06%，为劳动者追回劳动报酬、社会保险福利待遇及经济补偿金等5 979.37万元，为用人单位挽回经济损失1 348.65万元。

四是加快劳动者维权体制机制建设。及时发布全市企业工资增长指导线和市区156个职业（工种）劳动力市场指导价位，引导企业合理确定工资水平及增长幅度。适时调整最低工资标准，市区和三县最低工资标准分别调整为每月850元和780元。积极推进工资集体协商机制建设，在南浔区和孚镇重兆丝绸行业率先实行工资集体合同，全市已签订区域性、行业性集体合同97份，涉及职工8.96万人。积极开展劳动保障监察“双争”活动，加快劳动保障诚信单位档案库建设，建立劳动保障诚信星级企业评比制度，全市书面审查用人单位17 065家，不断规范企业劳动用工行为，促进湖州市市场经济信用建设。全面推进劳动保障监察网格化试点建设，南浔区先行一步，建立了10个乡镇（开发区）一级网格、25个行政村（社区）两级网格、254个协理站，初步形成“两级执法、四级监管”和“横向到边、纵向到底、管理到位、责任到人”的劳动保障监察管理新体系。进一步健全全市劳动争议调处体制，坚持“预防为主、基层为主、调解为主”的方针，吴兴区在织里镇开展基层劳动争议调解组织建设试点工作，取得较好效果，并将试点经验向全市推广。至年末，全市已有37个乡镇、2个开发区和567家企业建立了劳动争议调解委员会，在全市逐步形成市、县（区）、乡镇（街道）、村（社区）、企业五级联动的劳动争议调处机制。

四、职业技能培训鉴定

一是全面开展职业培训工作。深入组织实施职工技能素质工程，大力开展各类职业技能培训，围绕湖州市工业“二三三”产业结构调整，切实加强技能人才培训；围绕提升失业人员就业能力，不断深化再就业培训；围绕全面实施创业促就业工程，积极开展创业培训；围绕推进统筹城乡就业方向，扎实推进农村劳动力转移就业技能培训和外来务工人员培训。通过推动校企合作培训，引导企业自主培训、推广社会化培训，不断提高广大劳动者的职业技能和素质。全市职业技能培训鉴定 5.38 万人，再就业培训 1.54 万人，创业培训 1 594 人，农村劳动力转移就业技能培训 4.35 万人，外来务工人员培训 1.5 万人。

二是着力推进高技能人才培训培养。加强政策研究，基本形成了进一步加强高技能人才工作的政策意见以及高技能人才评选奖励、培养补助、首席技师评选、职工教育经费统筹等一批配套性政策文件初稿。加快基地建设，充分整合现有职业院校、技工学校教育资源，推进高技能人才培训基地和公共实训基地建设，推动湖州技师学院成为国家高技能人才培养培训基地、浙江信息工程学校成为省区域性公共实训基地、湖州艺术设计学校成为省级综合性公共实训基地。创新培养模式，逐渐形成了以企业为主体、技工（职业）院校为基地开展校企合作培养的新模式，深入组织实施湖州职业技术学院开展电子信息项目、湖州技师学院开展机械电子项目、浙江信息工程学校开展数控机电项目、湖州艺术设计学校开展纺织服装项目等 4 个高技能人才培训项目，取得了一定成效。全市高技能人才培训鉴定 4 175 人，其中技师 841 名、高级技师 40 名。

三是切实加强职业技能鉴定工作。深入组织实施全国、全省职业技能统一考试，统考职业鉴定面不断拓宽，统考人数再创历史新高，全市组织了 1 700 人参加全国、全省 21 个职业（工种）、4 个等级的职业考试，合格率达到 89.62%，圆满完成了职业资格统一鉴定工作。不断拓展职业技能鉴定范围，继续开展中等职业学校学生技能鉴定工作，并向普通高校延伸拓展，为全市中等职业类学校的 9 922 名学生、湖州师范学院和湖州职业技术学院 2 所高校（职院）的 1 456 名学生进行职业技能鉴定。同时，为配合推进高技能人才队伍建设，积极探索大中型企业高技能人才评价和直接认定工作，将国家职业标准与企业生产实际需要相结合，完成了久立集团 3 个工种的认定和直接评价试点工作，首批 12 名非通用技术岗位职工通过认定和直接评价获得了技师职业资格认证。

四是认真组织开展职业技能竞赛活动。积极组织参加省、市两级各类职业技能大赛，湖州市在浙江省技能大赛中取得历史性佳绩，部分获奖选手代表浙江省参加全国职业技能大赛。全市共组织了 40 多家企事业单位、近 500 人参加、17 个职业（工种）、4 个等级技能比赛，有 22 人获得湖州市技术能手称号，243 人通过竞赛获得国家职业资格证书，其中高技能人才 142 人。

嘉兴市劳动保障情况

2008年，嘉兴市劳动和社会保障工作按照市委、市政府打造城乡一体化先行地行动纲领的总体部署，围绕全面改善民生，贯彻落实《劳动合同法》和《就业促进法》，积极实施扩大就业的发展战略和以创业促进就业，着力推进高技能人才振兴工程，积极实施城乡居民社会保障为主的各项社会保险，加快建设劳动者权益保护长效机制，不断创新和提升劳动保障能力水平，多项工作走在全省乃至全国前列。

一、围绕统筹城乡综合配套改革和全面改善民生，劳动保障创新能力得到新的提高

以开展统筹城乡综合配套改革试点、落实全面改善民生实施意见以及市委确定两大民生课题调研实施为主线，全面推进劳动保障事业发展。根据市委、市政府的要求，围绕"全民社保推进机制""促进充分就业，建立城乡一体的就业保障体系"这两个重大民生课题深入开展调查研究，走村入户到社区进企业，通过面对面交谈和召开座谈会等形式，了解企业和群众的呼声要求，并对嘉兴市现有的就业、社会保障政策实施情况进行了认真梳理和总结，分析当前形势，了解周边城市的做法，形成了《关于建立全民社保推进机制的调查报告》和《关于促进城乡平等充分就业的调查报告》。在此基础上，拟定了《关于全面落实统筹城乡社会保障制度的若干意见》《关于进一步做好促进城乡平等就业工作的实施意见》，其主要内容已经纳入市委关于城乡综合配套改革的意见之中。为确保统筹城乡就业和社会保障制度改革各项工作的稳步推进，专门成立了统筹城乡综合配套改革试点工作组，明确了工作组职责，制订了工作计划，并相应建立了土地换社保和试点镇村促进就业专项组，就试点工作涉及劳动保障的各方面开展调研和指导。积极做好户籍制度改革涉及劳动保障相关政策的衔接工作。完成了全市劳动保障基层队伍建设和劳动保障公共服务能力建设调研。

举办了全市劳动保障系统纪念改革开放30周年和嘉兴撤地建市25周年的纪念活动，全面总结回顾30年来嘉兴市劳动保障制度改革的发展历程、主要成就和基本经验，分析把握劳动保障工作改革发展的规律，研究展望新时期劳动保障事业发展愿景，增强全市劳动保障系统广大干部职工推进改革的决心和信心，进一步理清了推动劳动保障事业可持续发展的思路和工作措施。成功召开了UNDP全国试点城市会议，UNDP项目正式落户嘉兴。

二、完善就业政策体系和就业服务体系，统筹城乡就业不断深化

扎实推进充分就业社区和充分就业村创建，全市276个社区就业服务工作平台得到进一步完善，147个社区经考核达到充分就业社区标准，全市创建充分就业社区达标率为53.2%。制定了《嘉兴市开展充分就业村工作的实施方案》并报市政府同意实施，部署全市开展充分就业村的创建工作，全市开展充分就业村创建的村已达197个。全面推进创业促就业工作，开展创业培训，

市区举办创业促就业培训 14 期，330 名学员结业取得证书，其中 170 人已申办营业执照开始生产经营，并带动就业近 400 人。强化创业服务，制定并实施了《嘉兴市创业培训服务工作实施意见》，明确了创业服务指导的主要对象和工作措施。继续完善就业服务和管理，建立了人力资源市场供求状况分析定期发布制度和定期报告制度。组织实施了以送政策、送服务、送岗位、送补贴为主要内容的“2008 年再就业援助月”活动，开展了“春风行动”，将进城农民工全部纳入公益性免费服务范围。加强困难群众的就业援助工作，进一步完善了城镇“零就业家庭”出现一户、解决一户的动态管理机制，建立了月度、季度零报告制度，全面落实各项扶持政策来稳定岗位，全市解决新增城镇“零就业家庭”4 户。继续加大对农村低保家庭成员帮扶力度，帮助农村低保 281 户、296 人实现了就业。

全年全市城镇新增就业 6.1 万人、帮助城镇失业人员再就业 2.75 万人、就业困难人员再就业 8 500 人、农村劳动力转移就业 4.6 万人。城镇登记失业率 3.5%，全市就业局势继续保持稳定。

三、认真落实各项社会保险制度，巩固和扩覆工作取得明显成绩

认真贯彻实施新修正的《浙江省职工基本养老保险条例》和省政府［2008］36 号文件的有关规定和要求，巩固和扩大职工基本养老保险覆盖面。按规定落实好企业退休人员 2008 年度基本养老金的调整工作，并全部发放到位。目前，全市企业退休人员平均养老金水平为 1 224 元。调整了被征地农民养老基本生活保障金、农婚知青养老生活补助标准。自市本级 2007 年 10 月 1 日实施城乡居民社会养老保险制度以来，2008 年五个县（市）的实施办法经市政府同意于 1 月 1 日起同步实施。市局成立了督导组，并承担好市推进城乡居保领导小组办公室职责，县（市、区）劳动保障部门从重视民生、关心民生的高度，以坚韧不拔的毅力实现全市 18.8 万名高龄老人享受养老基本生活补助，参保人数达 23.2 万人。完善社会保险相关政策，先后制定或参与制定了《关于全面落实统筹城乡社会保险制度的若干意见》《城乡居民社会养老保险调整养老待遇方案》《乡村医生参加养老保险实施办法》等政策。制定了统一全市医保的政策意见，打破县域界限、极大方便市民就医，建立了医保政策整合协调机制。对在嘉兴居住的上海人医疗费用报销工作提供政策帮助和充分享受优质医疗服务的权利，为嘉兴接轨上海提供了良好的社会保障平台。市本级做好市属改制困难企业职工医疗保障工作，为 1 950 名企业退休（职）人员审核办理了一次性医疗保险费移交社会化管理工作。组织开展企业退休人员健康体检工作，全市企业退休人员体检率达 80%。统一全市失业保险操作办法，规范工作流程。开展与市场经济相适应的失业预警机制和探索失业调控预案的调研和方案制定工作，积极探索建立嘉兴市城乡一体化的失业保险制度。加大工伤、生育保险扩覆力度，依法推进工伤、生育保险工作。至年底全市新增养老、失业、医疗、工伤保险和农民工医疗保险参保人数分别为 10 万人、6.5 万人、10.5 万人、19.7 万人和 5.2 万人，养老、失业、医疗、工伤、生育保险参保总人数分别达到 122 万人、59 万人、101 万人、101 万人和 72 万人；征收养老保险基金 21 亿元、失业保险基金 3.1 亿元。

四、实施高端带动，技能振兴工作不断提升

大力实施高技能人才振兴工程，认真贯彻落实《高技能人才振兴工程实施意见》，加强高技能人才的培养，完善评价体系。组织了全市技师、高级工培训和考评工作，完成了 13 个专业工种 329 名新技师的评审工作和 12 个专业工种 214 名新技师全省统一组织进行的理论、技能、论文答辩等工作。组织了涉及 13 个工种、有近 2 万人参加的全市技能竞赛运动会。在市区 6 家大中型企业开展了高技能人才企业评价和直接认定的试点工作，全年预计评价认定高技能人才200多名。在全市范围内开展了高技能人才需求调查工作，夯实了基础工作。加强职业培训机构的综合管理工作，积极指导各类职业学校开展职业技能培训和鉴定工作。对从事市区2007年度外省来浙务工人员技能培训工作的18所培训机构进行了检查评估。出台了《进一步加强和改进外省来禾农村务工人员技能培训工作的意见》和《民办职业培训机构管理实施细则》等规定。认真落实外省来浙务工人员技能培训工作，提高培训质量，到年底完成培训4.1万人。开展技能人才引进工作，分别在四川达州、贵州毕节等地组织实施技能人才交流洽谈会，取得圆满成功。在“浙江嘉兴—四川达州技能人才交流洽谈会”上，全市184家企事业单位推出各类专业岗位1.25万个，咨询报名人数达到1.07万人次，其中4 158人与企业达成意向。同时，举行了达州及川东北地区职业学校与嘉兴市企业参加的校企对接洽谈活动，共有52所学校与107家企业建立了合作意向。

至2008年年底全市完成再就业培训15 000人，技能鉴定65 000人，高技能人才培训5 800人，新技师培训1 000人，创业骨干培训1 500人。

五、开展劳动者权益保护工程，和谐劳动关系建设进一步加强

全面贯彻实施《劳动合同法》和《劳动争议调解仲裁法》，通过多种形式，对两部法律进行广泛宣传，增强用人单位和劳动者的法制意识，做到学法、懂法、守法，营造良好的社会氛围。积极参与企业改制，做好企业职工工资指导工作，积极参与市属企业改制方案的制定和审批企业破产、改制人员分流方案工作。做好企业综合计算工时工作制和不定时工作制的审批工作，完成市区2008年度企业劳动力市场140个工种（职业）和三种不同学历人员的工资指导价位的摸底调查和制定发布工作。积极推行劳动保障监察网格化管理，构建新型劳动保障监察体制，实施了劳动保障监察网格化管理三年行动方案，积极建立“横向到边、纵向到底”的市、镇、村三级劳动保障监察网络，全市已建立劳动监察网格403个。开展专项执法检查，依法保护劳动者合法权益，组织开展了“春雨行动”“清理整顿人力资源市场秩序”等专项执法检查，严厉打击恶意欠薪行为，取得较好效果。全市共受理群众举报投诉案件960件；为劳动者追讨工资报酬金额1 302.5万元，涉及人数2.2万人。全面开展劳动保障书面审查，规范企业劳动用工行为。建立劳动保障年检信息系统，督促企业参加书面审查，促进了劳动保障法律、法规的贯彻实施。大力推进劳动保障诚信建设，对全市30家失信企业和45家欠薪逃匿企业在《嘉兴日报》予以公布曝光。积极推进仲裁机构实体化建设，进一步推进了仲裁员队伍的专业化、职业化建设。加大案件处理力度，有效地维护了劳动关系的和谐和社会的稳定。

至2008年年底，全市全年主动监察企业10 100家，职工劳动合同签订率96%，劳动争议案件结案率95%。

六、坚持规范运作，社会保险基金监管不断加强

全市社会保险基金意识不断加强，基本做到机构健全，职责到位。完善制度，强化督察，在全市劳动保障系统组织开展了社会保险基金和专项资金的自查和抽查，并按照上级部门要求，部署了社保基金专项治理工作。全面加强了与审计、财政部门的配合，提高了对社保基金和各专项资金的监管能力。

绍兴市劳动保障情况

2008年，在绍兴市委、市政府的高度重视和正确领导下，在省劳动保障厅的关心指导下，在市人大、政协和各有关部门的大力支持和配合下，全市劳动保障部门认真贯彻落实市委、市政府“创业富民、创新强市”总战略，紧紧围绕保障和改善民生这条主线，按照年初确定的思路，扎实开展各项工作，取得了明显成效。

劳动保障工作情况

一、以“送就业”活动为载体，推进统筹城乡的就业促进体系，努力实现充分就业

全市劳动保障部门坚持实施积极的就业政策，以创业带动就业，积极推进统筹城乡的就业促进体系建设。全市城镇新增就业人数72 758人，完成目标任务的124%，其中市区19 077个，完成全年目标的141%。全市城镇失业人员实现再就业34 383人，完成目标任务的151%，其中市区11 622人，完成全年目标的182%。全市就业困难人员实现再就业6 952人，完成目标任务的129%；其中市区1 822人，完成全年目标的126%。全市城镇登记失业率为3.45%，市区为3.46%。全市就业局势保持持续稳定。

（一）关注民生，加强对就业困难对象的就业援助和帮扶

一是深化城镇“零就业家庭”就业援助行动。以开展“充分就业社区”创建活动为载体，把岗位开发和社区建设、就业援助有机结合起来，加强创建达标工作，全市创建面达到66%。全市有108个社区被省劳动保障厅评估为充分就业社区。全市共发现城镇“零就业家庭”6户，帮助7名“零就业家庭”成员实现就业，基本实现“零就业家庭”基数归零，动态归零。二是推进“农村低保户零就业家庭”就业援助行动。帮助410名农村低保“零就业家庭”成员实现了就业，实现了基本消除农村低保“零就业家庭”目标。三是努力帮扶就业困难群体实现就业再就业。开展以“进城务工，帮您解难”为主题的“春风行动”，仅市区共举办11场“农村及外来劳动力专场招聘会”。与市妇联成立“绍兴市妇女创业就业促进会”，建立妇女就业援助专柜，组织了高层次家政服务培训班，帮助就业困难失业女职工实现再就业。同时，发挥“123”再就业援助专柜的作用，共有680个就业困难人员登记援助，介绍成功302人。四是全力做好地震灾区就业援助和对口劳务帮扶工作。设立了“地震灾区农民工就业援助专柜”，对求职的灾区农民工实行全程免费就业服务，共为127名灾区务工人员进行了免费职业介绍。组织部分企业赴广元、青川开展

现场招聘活动，共为灾区人民提供近1 700个岗位信息，帮助400余名灾区劳动力实现了异地转移就业。2008年，市就业局被浙江省农民工工作联席会议评为全省农民工工作先进集体。

（二）开拓创新，着力搭建高效的人力资源交流平台

一是创新思路，组织举办首次校企合作技能人才供需洽谈会。组织省内外40余所大中专院校（技工学校）和市内的80家大中型企业参加洽谈，其中有26所学校与54家企业签订《校企合作协议书》，建立了长期而稳定的交流协作关系。二是搭建平台，组织开展促进创业带动就业系列活动，组织创业项目展示、创业成果展评和促进创业带动就业论坛。三是培育精品，继续发挥人力资源市场的品牌效应。市人力资源市场共组织举办“周二集市”47期，组织举办了“外来务工人员专场招聘会”等多项专场招聘活动，有力地缓解了“就业难”和“招工难”问题。四是整合资源，加强网上人力资源交流平台建设。对原有的“绍兴就业网”和“绍兴人才交流网”进行了资源整合，更名为“绍兴市人力资源网”，使网上人力资源交流平台更趋合理。2008年，全市各级人力资源市场接受劳动者求职登记34.69万人次，用人单位提供就业岗位46.03万个次，介绍成功19.02万人次。

（三）政策引导，认真落实新一轮就业再就业政策

认真落实第二轮再就业优惠政策，建立完善大中专毕业生见习制度，以政策为杠杆，以资金为保障，以解决失业人员中的就业困难人员和高校毕业生为重点帮扶对象，帮助失业人员和高校毕业生实现就业再就业。全市发放再就业优惠证8 234本，其中市区1 136本。全市共计有37 446人享受各类社会保险补贴7 548.2万元，其中市区共有12 774名“4050”人员申报灵活就业，发放社会保险补贴2 110.3万元。同时，根据国务院、省政府促进就业的有关文件精神，结合绍兴市实际起草制定了关于建立促进就业长效机制的政策意见。

二、以“五费合征”为抓手，建立和完善覆盖城乡居民的社会保障体系，不断提高社会保障水平

按照市委、市政府提出的力争实现“人人享有养老和医疗保障”的目标，在市区实施社会保险“五费合征”模式的基础上，积极指导各县（市）推行社会保险费征缴新模式，有效地促进了社会保险扩面提质工作，全市社会保障覆盖范围进一步扩大，社会保险的政策进一步完善，在政策层面上已实现了“全民养保和全民医保”的目标，各项社会保险基金运行平稳。

（一）基本建立起人人享有养老保险的制度框架

企业职工养老保险覆盖范围进一步扩大，全市总参保人数达到112.74万人，新增12.59万人，完成目标任务的199.84%，基金支付能力达到37.86个月；其中市区30.83万人，新增2.59万人，完成目标任务的225.22%。制定并实施城乡居民社会养老保险和老年居民生活补贴制度，全市城乡居民社会养老保险总参保人数达到4.07万人，其中市区3 941人；全市享受老年居民生活补贴16.58万人，其中市区1.42万人。完善了被征地农民养老保障制度，调整了缴费标准，提高了保障待遇，全市参加被征地农民养老保障人数达到46.25万人，其中按月享受13.39万人。

（二）基本建立起人人享有医疗保障的制度框架

完善了城镇居民、未成年人医疗保障制度和市区城镇职工基本医疗保险制度，提高了城镇居民医疗保障的财政补助标准，并建立了门诊报销制度，市区为4.5万名企业退休人员建立了门诊补贴。全市城镇职工医疗保险总参保人数达到93.30万人，新增21.61万人，完成目标任务的308.71%；其中市区26.83万人，新增7.09万人，完成目标任务的236.33%。全市城镇居民和

未成年人医疗保障总参保人数达到29.28万人，新增9.67万人，完成目标任务的193.40%，其中市区13.85万人，新增2.16万人，完成目标任务的432%。

（三）不断扩大工伤、失业和生育保险覆盖范围

通过实施农民工“平安计划”，努力将农民工全部纳入工伤保险范围。全市工伤保险总参保人数达到123.38万人，新增21.57万人，完成目标任务的113.53%，其中市区23.71万人，新增2.92万人，完成目标任务的365%；全市失业保险总参保人数64.78万人，新增11.87万人，完成目标任务的233%，其中市区17.29万人，新增3.50万人。全市生育保险参保人数67.6万人，其中市区22.75万人。

（四）努力完善社会保险运行管理和监督服务机制

一是社会保险业务延伸到基层平台。对市区13个镇（街）劳动保障平台网络、设备进行升级、调试、扩容和改造，实现了社会保险相关业务可在基层平台直接办理的目标。二是退休人员社会化管理服务不断推进。全市实现社会化管理11.05万人，管理服务率达99.46%，其中市本级4.28万人，管理服务率达100%。三是做好工伤认定和劳动能力鉴定工作。全年办理工伤认定申请1 111件，结案率100%。组织劳动能力鉴定590件，并完善了工作制度，调整了医疗专家库。四是做好职工退休审核各项工作。共审核退休前职工养老保险和医疗保险视同缴费年限2 503人，特殊工种提前退休审核625人。五是加强社会保险基金专项治理和稽核审核工作。在全市范围内启动了社会保险基金专项治理工作，并制定了具体的实施方案。加强稽核监管工作，市区共查处冒领养老待遇1 324人，追缴养老基金63.92万元，追缴违规医疗费用300万元以上。稽核用人单位67家，补缴养老保险费322万元、医疗保险费473万元。

三、以培养高技能人才为龙头，建立健全开放有效的职业能力建设体系，努力提高城乡劳动者就业能力和整体素质

（一）高技能人才培养工作成效明显

一是全力推进万名高技能人才培养工程。根据市人才领导小组下达的目标任务，切实履行牵头协调职责，将目标任务进行层层分解下达，并组织经常性的检查督促和指导，努力推进万名高技能人才培养工程。全市共培养高技能人才10 559人，完成市下达目标任务的105.6%，完成省劳动保障厅下达目标的182.1%。其中技师、高级技师2 270人，完成市下达目标任务的113.5%。二是进一步完善高技能人才培养政策体系。完善了高技能人才培养经费资助办法，进一步调动了企业和职工培养高技能人才的积极性和主动性。三是建立健全高技能人才表彰奖励机制。对全市18名代表绍兴市各行各业有突出贡献的高技能人才进行表彰奖励。四是开展各类技能竞赛。举办绍兴市第三届技工学校技能运动会，承办了浙江省第三届技工院校技能运动会并取得优异成绩，同时会同农办、教育局等部门开展了农民、中等职业学校师生技能大赛，促进了优秀技能人才的脱颖而出。

（二）公共实训基地运行发展态势良好

一是市公共实训基地顺利落成。市政府于2008年4月26日举行了绍兴市公共实训基地落成仪式，标志着全省首家政府公共实训基地正式投入运行。二是组织举办了首期高层次技能人才培训班。来自全市企业一线的80名技术骨干参加了工业自动化技术、先进制造业加工技术两个项目培训，培训班采用超市式培训、模块式教学的模式，取得了良好效果，受到企业和学员的欢迎和好评。三是发挥了培养高技能人才的龙头作用。采用集中培训、校企合作等多种形式为企业、职业院校和社会提供了高层次的技能培训服务等方式，共培养各类高技能人才1 739人。四是充

分发挥了基地的服务功能。承办了全省技工院校技能运动会、绍兴市第二届职工技能运动会等多项技能竞赛活动，组织实施了多次全省、全市高技能人才的考核评价服务，发挥培养技能人才作用日益明显，社会认可度不断提高。

（三）城乡劳动者培训领域不断拓展

一是探索开展创业培训，以培训助创业。逐步扩大创业培训范围，组织失业人员、农村劳动力和高校毕业生等群体参加创业培训，举办首期“SIYB”创业师资培训班，实施创业培训进高校、进社区活动。全市组织创业培训 1 216 人，完成目标任务的 121.6%。其中，市区 SYB（创办你的企业）创业培训班共培训学员 160 人，有 62 人成功创业或自主就业，并带动近 200 人就业。二是提升下岗失业人员的再就业培训。全市共组织再就业培训 19 963 人，完成目标任务的 117.4%；其中技能培训 12 204 人。三是农村劳动力转移就业和素质提升培训工作。共组织当地农村劳动力培训 74 554 人，其中技能培训 46 436 人。全市共组织外地来绍务工农村劳动者技能提升培训 27 864 人，完成目标任务的 105.1%。

四、以贯彻落实《劳动合同法》为重点，完善延伸城乡的劳动关系调整体系，进一步促进劳动关系的和谐

（一）积极推进劳动合同制度，切实规范劳动用工管理

一是切实加强劳动合同管理工作。继续推进劳动合同签订工作，全市劳动合同签订 89.46 万人，签订率 97.6%；修订发布劳动合同示范文本，努力规范用工行为；规范特殊工时制管理工作，市区共审批实行综合计算工时工作制和不定时工作制 103 家企业。二是积极开展集体合同推行和审查工作。共审查集体合同 27 家、工资集体协议 18 家，全年当期有效集体合同数 9 219 份，涉及职工人数 83.3 万人。三是注重发挥三方机制作用。定期对规范和加强劳动用工管理、全面推进职工工资集体协商工作等进行研讨，形成共识并出台意见。四是切实做好劳动工资管理工作。发布 2008 年绍兴市区 290 个工种（岗位）的劳动力市场工资指导价位，及时调整全市最低工资标准，公布 2007 年省、市及市区在岗职工平均工资标准和企业工资指导线。

（二）加强劳动关系协调机制建设，进一步形成工作网络和合力

一是完善劳动保障监察网络。积极实施劳动保障监察网络化、管理网格化建设，各镇、各街道建立劳动保障监察中队，重点乡镇、街道建立劳动保障协管员队伍。全市建立劳动保障监察中队 90 个，协管员 2 318 人。二是推进劳动保障诚信机制建设。以用人单位书面材料审查工作为基础，全面推行劳动保障诚信评价工作。全市完成书面材料审查 29 103 家，将劳动保障诚信评价覆盖到 2/3 以上的用人单位，并实行动态管理和服务。三是进一步形成劳动保障监管工作合力。发挥劳动保障综合监管联席会议的作用，加强与工会、工商、公安、法院等部门的联系和沟通，开展联合检查行动，进一步形成了工作合力。

（三）强化劳动保障监察执法，全面打造“劳动关系和谐城市”

积极实施“阳光执法”工程，建立健全公正、规范、透明的执法体系。缩短办案时间，强化错案追究制度，深化案件评比活动，深入开展日常巡查、举报投诉调查及专项检查，严厉查处不签订劳动合同、违反最低工资规定、拖欠和克扣工资、超时加班、非法使用童工和不依法参加社会保险等违法行为，及时受理劳动者的举报投诉案件。全市组织专项执法治理活动 10 次，检查用人单位 7 257 家，涉及劳动者 50.3 万多人，共受理举报投诉案件 4 804 件，清退童工 120 人，共为 15 856 人追讨工资 2 848.83 万元。其中市本级接待投诉 4 931 件，立案 1 138 件，共为 4 275 人追讨工资 697.2 万元，清退押金 31.01 万元，清退童工 41 人。

（四）深化“阳光仲裁”建设，不断完善劳动争议处理新机制

认真贯彻落实《劳动争议调解仲裁法》，以化解矛盾为主线，通过进一步简化办案程序，改革办案方式，提高办案效率，加强办案监督，实现“阳光仲裁”，进一步提高劳动仲裁的公信力。市县两级劳动争议仲裁机构基本实现实体化。按照“快受理”“快立案”“快审理”“快结案”原则，积极处理劳动争议，努力提高劳动争议处理效率和质量。全市共立案受理各类劳动争议案件4 286件，处理结案4 109件，为单位挽回经济损失101.73万元，为劳动者挽回经济损失6 516.46万元。

（五）健全信访工作责任制，努力维护群众利益和社会稳定

进一步健全劳动保障信访工作责任制，设立市投诉咨询服务中心，并着手筹备工作。规范信访接待和市长公开电话交办单处理工作程序，加快办理速度，畅通信访渠道，全年共接待受理来信来访及举报投诉5 561件、8 385人次，信访接待率100%，处理率100%。建立和完善群体性事件的应急预案，健全坚持信访摸排制度，健全信访工作的统计分析和疑难案件的分析报告制度，完善信访联席会议制度，及时提出对策，切实维护群众利益，促进社会稳定。

五、以党风廉政建设和行风效能建设为载体，不断提高干部队伍整体素质，努力打造服务型机关

（一）以学习教育为基础，提升理论业务素质

一是坚持周一学习制度，进一步创新学习载体，丰富学习内容，开设了劳动保障论坛，邀请有关专家和业务骨干进行劳动保障法律法规的培养和辅导，取得了良好的效果。二是认真开展中共十七大精神主题教育，结合劳动保障工作实际，制定实施方案，开展“创新创业，走在前列”大讨论和中共十七大精神集中轮训等活动。三是精心设计学习载体，策划开展了“音乐与情操”学习日活动，受到机关党工委的充分肯定，并被评为市直机关最佳学习日实例获奖单位。四是组织召开了市劳动保障学会第六次代表大会，通过了学会工作报告，修改了学会章程，选举产生了新一届理事会、常务理事会、会长、副会长和秘书长。2008年，绍兴市劳动保障局被市建设学习型城市工作指导委员会评为学习型机关。

（二）推进党风廉政建设，深化行风效能建设

一是进一步落实党风廉政建设责任制。研究制定了市直劳动保障系统党风廉政建设责任制，将党风廉政建设14项任务分解落实到各个分管领导和处室、单位。建立了党风廉政建设工作台账，组织开展局领导和中层干部廉政承诺。二是深化拓展主题实践活动。开展“推动创新、再破难题”专项大行动，组织机关开放日活动。结合部门实际，研究制定了推进构建惩治和预防腐败体系2008—2012年工作细则。三是切实加强行风效能建设。研究制定了加强行风效能建设的意见，明确了行风效能建设的主要目标、工作重点和具体措施，在《绍兴日报》进行公布。组织召开全市劳动保障行风效能建设工作座谈会，调整充实行风监督员队伍，组织开展“千名干部进企业活动”和“服务企业百日活动”。四是不断加强市区基层平台建设。建立完善基层平台考核办法，工作职责进一步明确，人员配置和经费保障得到落实，业务培训和行风教育得到加强，就业社保经办业务进一步向平台延伸，受到用人单位和劳动者的欢迎。五是加快局信息中心建设步伐。进一步整合资源，筹建局信息中心，着手实施信息中心机房建设，为劳动保障事业发展提供信息支撑。

（三）强化机关党建工作，开展精神文明建设

一是积极开展机关党建工作，建立局直属机关党委，及时做好所属支部换届和党员发展工

作，继续实施季度十佳好人好事评选表彰活动。二是继续深化文明单位创建工作。市职业技术培训中心以文明单位创建活动为载体，逐项落实考核内容，不断提高服务质量和服务水平。市就业局开展文化年活动，不断推进精神文明建设。三是积极实施联系结对送温暖活动，认真做好联系村、联系社区、联系困难户的结对帮扶工作。同时，情系地震灾区，及时组织市本级干部职工捐款 69 750 元，缴纳特殊党费 20.01 万元。四是建立完善工会列会制度，工会活动丰富多彩，成功举办了全市劳动保障系统运动会，组织参加市级机关合唱比赛并获得二等奖。

所获荣誉

1. 绍兴市劳动保障局被绍兴市市级机关工作目标责任制考核领导小组评为 2008 年度市级机关岗位目标责任制考评一等奖部门。

2. 绍兴市劳动保障局被绍兴市委、市政府评为 2008 年新农村建设工作先进单位。

3. 绍兴市劳动保障局被绍兴市委、市政府评为 2008 年度平安创建先进单位。

4. 绍兴市劳动保障局被绍兴市委办、市府办评为 2008 年度市信访工作先进单位，徐水土同志被评为先进个人。

5. 绍兴市劳动保障局被绍兴市人口与计划生育领导小组评为人口和计划生育目标管理一等奖部门。

6. 绍兴市劳动保障局被省劳动保障厅评为省级劳动保障监察先进单位。

7. 绍兴市劳动保障学会被浙江省劳动保障学会评为浙江省劳动和社会保障学会系统 2007—2008 年度先进单位，沈学剑被评为先进个人。

8. 绍兴市劳动保障学会被绍兴市社科联评为 2008 年度先进学会，马立远同志被评为先进工作者。

9. 马立远同志被浙江省委宣传部、省社科联评为浙江省 2008 社会科学普及周先进个人。

10. 绍兴市劳动保障局被绍兴市人大常委会评为人大代表、政协委员建议、提案办理工作先进单位，陈建勋同志被评为先进个人。

11. 绍兴市劳动保障局被绍兴市委办评为全市党委系统信息工作先进单位，许晓艳同志被评为先进个人。

12. 绍兴市就业管理服务局被浙江省农民工工作联席会议评为全省农民工工作先进集体。

13. 绍兴市人力资源市场服务大厅被浙江省巾帼建功和双学双比活动协调小组授予“浙江省巾帼文明岗”称号。

14. 绍兴市职业技术培训中心被绍兴市委、市政府评为绍兴市级文明单位。

15. 绍兴市劳动保障局直属机关党委被绍兴市直属机关工作委员会评为 2008 年度市直部门（单位）“五好”机关党组织。

16. 绍兴市劳动保障局被绍兴市建设学习型城市工作指导委员会评为 2008 年度学习型机关。

17. 绍兴市劳动保障局工会被绍兴市直属机关工会委员会评为 2008 年度市直机关先进工会。

金华市劳动保障情况

2008 年以来，在金华市委、市政府的领导下，金华市劳动保障工作以科学发展观为指引，围绕就业再就业、社会保障、劳动管理三条主线，致力于民生改善、民生保障工作，较好地完成了各项目标任务，推动了劳动保障事业的新发展。

劳动保障工作情况

一、落实促进就业目标责任制，就业再就业工作进一步深化

（一）落实促进就业法规政策，积极就业政策效能得到有效发挥

积极贯彻落实《就业促进法》，全面落实各项就业优惠政策。发放社保补贴，减轻失业人员就业负担；提供培训补助，提升失业人员就业技能和就业竞争力；兑现新增岗位奖励，鼓励企业吸纳就业；提供小额担保贷款，扶持自主创业。较好地发挥了政策促进就业、稳定就业的效能。2008 年，全市实现新增城镇就业 61 739 人，完成任务数的 115.2%；失业人员再就业 22 902 人，完成任务数的 111.2%；就业困难人员就业 6 206 人，完成任务数的 124.1%；全市城镇登记失业率控制在 2.95%。

（二）开展“双百”创建活动，充分就业社区创建和扶持失业人员自主创业工作取得了新突破

2008 年以来，在全市开展了以“创建百个充分就业社区，帮助百名失业人员实现自主创业、带动千名失业人员实现就业”为主要内容的“双百”创建活动。为做好这项工作，金华市劳动保障局制定了《金华市创建充分就业社区评审办法》和《帮扶失业人员自主创业实施方案》，完善工作制度，建立考核机制，推动“双百”创建活动深入开展。截至 2008 年年底，全市已创建充分就业社区 142 个，帮助 217 名失业人员实现自主创业，带动 1 260 名失业人员实现了就业。同时，为强化扶持失业人员自主创业工作，金华市劳动保障局设立了失业人员自主创业服务中心，开展了“扶持失业人员自主创业示范社区”创建活动，实施了“失业青年创业培训”工程，推动出台了《金华市区扶持失业人员自主创业若干意见》，并以培育“五个一批”（一批创业先锋、一批创业项目、一批创业阵地、一批创业品牌、一批创业型社区）为主要内容，探索建立“以创业带动就业”的就业帮扶新模式，得到了陈加元副省长的充分肯定。

（三）加强公共就业服务，就业帮扶体系进一步健全

强化市场主渠道功能，组织残疾人专场招聘会、农村劳动力转移就业招聘会、省际劳务协作、民营企业招聘周、人力资源交流大会等系列招聘活动，搭建供需平台。2008 年，全市通过人力资源市场提供岗位 55.5 万个，达成就业意向 22.2 万人。强化公共职介服务，设立就业援助窗口，开展再就业援助活动，发挥就业快车作用，对援助对象提供一站式服务，共帮助 800 多名就业困难人员实现了就业。全面启动农村低保家庭劳动力就业援助工作，帮扶 2 312 名低保家庭劳动力实现就业，农村低保家庭劳动力就业实现了 50%以上的目标。强化劳务输出工作，境外就业进一步发展，全市实现新增境外就业 925 人，继续在全省保持领先。加强农村劳动力技能培训基地建设，促进农村富余劳动力转移就业，全市完成农村劳动力转移就业 87 470 人，完成任务数的 109.3%。鼓励灵活就业，继续把来料加工作为解决困难人员、农村劳动力和妇女就业的重要渠道，通过开展免费培训、给予社保补贴、培育经纪人等进一步夯实工作基础，扩大和稳定了来料加工就业。

（四）全力支援四川地震灾区，对口就业帮扶工作取得明显成效

一方面，认真做好四川地震灾区在金务工人员就业稳定工作。深入企业，及时摸清了灾区务工人员的数量和基本情况，开通绿色通道，维护灾区务工人员就业权益。同时，为预防务工人员返乡重建家园而造成的大面积劳动用工短缺，动员各用人单位提前做好应对措施，加强企业与人力资源市场对接。另一方面，与四川地震灾区青川县四个乡镇建立长期劳务协作关系。组织了 26 家规模企业，优选 3 998 个岗位，赴青川县开展对口就业帮扶。对招用来金就业的灾区群众，推出了各种优惠措施，从根本上解决来金就业灾区群众的后顾之忧。通过努力，共安置了 548 名灾区群众在金就业。

（五）加快技能人才培养，技能培训鉴定工作取得新进展

通过开展高技能人才工作调研，拟定了《关于加强高技能人才工作实施意见》。通过加强技工院校建设、开展技能比武、高技能人才培训基地建设，企业高技能人才自主评价试点工作，不断拓宽技能人才培养渠道。通过开展“走企业、进社区、听意见、送服务”活动，深入开展失业人员技能培训、农村劳动力转移就业技能培训、外省农民工职业技能提升培训。通过与大专院校的紧密合作，拓展了技能鉴定专业和规模。2008 年，全市完成失业人员再就业培训 15 281 人，完成任务数的 117.5%；创业培训 1 213 人，完成任务数的 121.3%；农村劳动力转移就业培训 67 967 人，完成任务数的 163.4%。全市参加职业技能鉴定考核有 100 802 人，完成任务数的 141.9%；培养高技能人才 8 028 人，其中技师 1 761 人，分别完成目标任务的 145.96%和 132.41%。

二、完善社会保险体系建设，社会保障工作扎实推进

（一）城镇居民医保参保工作成功推开

金华市劳动保障局将市区城镇居民医保政策的建立和推进工作作为年度工作重点，加强组织领导，创新工作机制，广泛宣传发动，改善经办方式，强化培训指导，成功推进了市区城镇居民医保政策的实施，城镇居民医保参保人数达到了 14.3 万人，参保率达到 95%左右，提前 1 年完成了省政府“2009 年全省城镇居民参保率达到 80%以上”的目标，得到了陈加元副省长的批示肯定。各县市也按照既定计划逐步推开了该项工作，并取得了明显成效。到 2008 年年底，全市城镇居民医保参保人数达到 39.68 万人，完成省政府任务 30 万人的 132.3%，完成市政府任务 38.1 万人的 104.2%。

（二）社保覆盖面稳步扩大

加大社保政策宣传力度，进一步强化用人单位的法制观念和参保意识，增强用人单位履行缴费义务的主动性和自觉性，为推动企业和职工参保营造良好氛围；强化“五费合征”机制，整体推进五大社会保险扩面工作。2008年，全市养老、医疗、失业、工伤、生育参保人数分别达到了87.41万人、67.89万人、50.14万人、100.93万人、33.36万人，分别比上年底增加7.94万人、12.7万人、5.05万人、26.1万人和8.33万人；全市养老基金累计结余56.8亿元，比上年增加了10.7亿元，可支付能力提升到39.59个月。认真落实被征地农民即征即保工作，全市被征地农民总参保人数达到37.88万人，比上年增加了3.45万人。

（三）基金监督管理工作进一步强化

全面开展社保基金专项检查；健全社会保险内控机制，完善内控办法，加强内部稽核；加强基金支出管理，深化对“两定”医疗机构的年度考核和协议管理办法，完善考核和退出机制；加强对离休人员医保基金的稽查工作，查处违规使用医保基金14 765.5元，清查医保定点医疗机构违规支付医保基金23 110元；开展养老待遇资格认证工作，建立社保、银行、邮政协同认证机制；加强失业保险待遇发放工作监控，防止边就业边享受失业保险待遇情况发生。

（四）社保待遇水平不断提高

调整提高精减退职人员生活困难补助费标准、企业计划外长期临时工晚年生活补助费标准、企业职工死亡遗属生活困难补助费标准；调整离退休人员养老待遇，全市企业基本养老金平均每人每月从1 023元提高到1 146元，人均增资额达到123元左右。

三、加大劳动保障执法力度，维权和维稳工作成效显著

（一）劳动保障法制宣传进一步深入

以《劳动合同法》《劳动合同法实施条例》《就业促进法》和《劳动争议调解仲裁法》等新法的出台实施为契机，进一步加强劳动保障法制宣传工作。通过组织培训、现场咨询、在线访谈、设立网上“你问我答”栏目、建立劳动法律交流QQ群等宣传形式，解答社会各界和人民群众普遍关心的问题，帮助群众提高对劳动保障法律政策的了解，提高自身维权的能力。全市举办法律培训班93场次15 128人次，发放宣传资料15万份，提供劳动法律咨询近8万人次。

（二）劳动保障执法水平进一步提升

一是劳动争议仲裁处理机制不断完善。认真执行劳动仲裁办案规则，及时妥善处理劳动争议案件。2008年，全市受理劳动争议仲裁案件2 274件，比上年增长了49.3%。二是劳动信访进一步加强。认真做好群众来信来访工作，2008年，共收到和办理各类信访件327件，做到件件有回音、有落实，较好地控制了集体上访和越级上访。三是劳动保障执法监察不断强化。认真做好劳动保障书面审查与信用档案建设工作，全市共对3.7万户用人单位进行了书面审查，实现了省厅三年基本全覆盖的目标任务；发起金华市劳动合同签订和管理示范企业创建工作，推行劳动合同制度、促进企业民主管理；认真开展专项执法大检查6次，全市共检查用人单位11 556户，督促补签劳动合同11.7万人；做好举报投诉案件的处理和查处工作，2008年，全市受理举报投诉案件10 774件，办结10 746件，办结率99.7%，切实维护了劳动者的合法权益。

（三）工资清欠专项工作进一步强化

进一步健全举报投诉电话值班制度，畅通举报投诉渠道；开展农民工工资支付专项检查活动，督促企业按时足额发放工资；与新闻媒体积极配合，加强清欠宣传，加大舆论监督与参与力度；妥善处置欠薪突发事件，加强欠薪应急处理机制建设，对涉及人数多、有可能激化矛盾的欠薪突发群体性案件及时介入调查处理、快速处置平息事态。2008 年，全市处理工资类案件 8 634 件，为 3.93 万名劳动者追回或督促发放工资 9 147.8 万元；全市参与处理欠薪等群体性事件 388 件，涉及 1.23 万人。

（四）企业工资分配机制进一步健全

完善劳动力市场工资指导价位制度，开展企业在岗职工工资抽样调查，及时发布企业 2008 年劳动力市场工资指导价位，公布职业（工种）172 个；全面落实最低工资制度，调整提高最低工资标准，查处和纠正变相违反最低工资制度的行为；加强对企业执行工时标准的管理，严格审批企业不定时工作制和综合计算工时制；积极推动企业建立工资集体协商制度，研究制定了《关于全面推进职工工资集体协商工作的实施意见》。

所获荣誉

1. 金华市劳动保障局被评为全省妇女权益保障工作先进单位。

2. 金华市劳动保障局被金华市委建设平安金华领导小组评为涉奥信访与维稳工作先进集体。

3. 金华市劳动保障局被金华市社会主义新农村建设领导小组办公室评为 2008 年度“社会主义新农村建设工作先进部门奖”三等奖。

4. 金华市劳动保障局在 2008 年度市级机关“百企万人评机关”活动中，在 39 个政府部门中位列第 8 位。

5. 金华市劳动保障局城镇居民医保工作、以创业带动就业的工作成效显著，陈加元副省长专门批示作了充分肯定。城镇居民医保工作被金华市政府评为 2008 年度创新性工作。处置欠薪突发事件工作经验在全省防范处置企业拖欠工资工作电视电话会议上作经验介绍。

6. 金华市劳动保障局在金华市级机关考核中被确定为先进单位。

7. 金华市劳动保障局被评为全市信访工作目标管理考核优秀单位。

8. 金华市劳动保障局被金华市纪委评为 2008 年度表扬单位。

9. 金华市劳动保障局被金华市人民政府残疾人工作委员会评为 2008 年度金华市区残疾人工作先进单位。

10. 金华市劳动保障局被金华市全民科学素质工作领导小组评为 2008 年度全民科学素质工作先进集体，李志妙、张政被评为先进个人。

11. 金华市劳动保障局被评为 2008 年度人口与计划生育目标管理责任制考核优胜单位三等奖。

12. 金华市劳动保障局被评为 2008 年度金华市区社区共建先进牵头单位。

13. 金华市劳动保障学会被金华市社科联评为 2008 年度社科工作先进集体，朱言良被评为先进工作者。

14. 金华市劳动保障学会被金华市委宣传部、市社科联评为 2008 年度社会科学普及周活动先进单位。

15. 金华市劳动保障局机关党委开展的“党员进社区，医保进家庭”活动被金华市机关工委评为机关党委党建工作创新成果。

16. 金华市就业训练中心被浙江省农民工工作联席会议评为全省农民工工作先进集体。

17. 金华市就业分中心被金华市行政服务中心评为2008年度行政服务工作全面先进单位，医疗分中心、养老分中心被评为服务先进单位。

18. 《贯彻落实科学发展观推动劳动保障新发展》（王丁路）论文获金华市委学习实践办“转型升级推动科学发展，创业创新加快浙中崛起”理论征文一等奖。

19. 周燕祥被评为2008年度金华市机关作风建设先进个人。

20. 胡建民被评为2008年度金华市维稳工作先进个人。

衢州市劳动保障情况

2008年，衢州市人事劳动社会保障部门紧紧围绕省、市的决策部署，深入调研，完善机制，集中精力，狠抓落实，较好地完成了劳动保障各项工作任务，提高了化解矛盾、解决疑难问题和服务发展、服务企业、服务群众的能力和水平。

劳动保障工作情况

一、突出重点抓落实，各项任务指标全面顺利超额完成

以衢州市政府为民办实事项目为重点，不断完善分工协作机制、责任落实机制和考核督查机制，狠抓各项重点工作的落实，各项指标、任务均圆满完成。

2008年，全市城镇新增就业人数26 888人，城镇失业人员实现再就业10 104人（其中困难人员2 272人），城镇登记失业率控制在3.85%；农村劳动力转移就业50 935人。全市增加职工基本养老保险参保总人数36 677人，基金收入105 212万元；全市增加职工基本医疗保险参保总人数41 545人；增加工伤保险参保总人数68 581人；增加失业保险参保人数5 482人，失业保险征缴额7 458.72万元；生育保险参保人数为14.68万人。被征地人员基本生活保障新增参保11 052人。培训技术蓝领8 557人，培训高技能人才3 787人（其中新技师546人），培训外省来衢务工人员4 569人，再就业培训6 892人，职业技能鉴定52 090人。全市劳动争议案件结案率为99%，劳动监察案件结案率为99.5%。

二、以推进城乡统筹就业、帮扶困难群体就业为重点，就业再就业工作取得新成效

全面推进城乡统筹就业。认真落实省政府《关于全面推进城乡统筹就业的指导意见》精神，开展全市城乡劳动力资源调查，加快推进劳动力市场信息网络建设和乡镇（街道）劳动保障机构建设，全面推进城乡统筹就业。市人力资源市场建设进展顺利，主体工程顺利结顶。劳动力市场信息系统四级联网基本到位，覆盖全市各县（市、区）、乡镇（街道）和社区的182个网点全部联通，并被列为省级试点。

积极促进困难群体就业再就业。继续开展创建充分就业社区工作，依托社区平台，重点解决城镇“零就业家庭”等困难群体的就业问题。全市城镇“零就业家庭”出现64户、帮扶64户，实现了动态归零。加大就业困难人员援助力度，2008年春节期间全市为321户就业困难家庭送

去慰问金 16.05 万元。配合农村低收入户奔小康工程，开展农村低保家庭和低收入户的就业状况调查，制定了《关于开展“就业扶贫”工作的实施意见》，积极帮助有劳动能力和就业愿望的劳动力实现就业。全市共帮助 4 799 名农村低保家庭劳动力实现就业，援助率为 72.8%。落实好就业再就业优惠政策，全市共发放“再就业优惠证”1 975 本，小额担保贷款 202 笔 414.2 万元，核准享受社保补贴的从事个体经营、灵活就业“4050”人员 3 893 人。

三、以完善保障体系、提高保障能力为目标，社会保险扩面和制度建设取得新进展

积极推进社保扩面工作。加强与地税部门的协调，在全市推进社会保险费“五费合征”工作。积极推动农民工优先参加工伤保险，制定并实施建筑施工企业参加工伤保险政策。认真做好劳动年龄段内被征地人员的参保折算，配合部分机关事业单位做好临时用工参保工作。及时调整退休人员养老金待遇，全市 50 308 名企业退休人员基本养老金月人均增资 131 元。

全面推进城镇居民医疗保险工作。各县（市、区）均制定实施城镇居民医疗保险政策，实现所有统筹区医疗保险政策全覆盖。柯城、常山、江山 3 个试点县（市、区）在试点工作基础上，调整完善了相关政策，进一步扩大城镇居民医疗保险覆盖面及参保居民受益面。全市城镇居民基本医疗保险参保人数 21.72 万人，参保率 81.58%，共有 10 737 人次享受医疗保险待遇。正式启动两年一次的城镇居民医疗保险参保人员免费体检工作。

努力做好被征地人员基本生活保障工作。按照“原有生活水平不下降，长远生计有保障”的要求，进一步完善被征地人员基本生活保障制度，调整被征地人员基本生活保障（补助）待遇标准，全市 16 171 名享受对象增加了待遇。

切实加强社保基金监管。对全市社保基金管理、经办机构内控、实物资产及代管资金等情况进行专项检查，确保社会保险基金、资金安全，顺利通过社保基金的专项审计。加强对定点医疗机构和定点零售药店的监管，严肃查处各项违规医疗服务行为，加大费用控制力度，防止基金流失。

四、以突出工业经济发展为重点，服务企业的能力和水平有了新提高

千方百计缓解企业招工难。认真贯彻市委《关于进一步加强我市企业用工服务的若干意见》，举办大型春季劳务交流会、招商引资企业专场招聘会、乌溪江库区移民劳务交流会等各种类型的劳务交流招聘会及网上交流招聘活动，每月 15 日、28 日定期举办劳务集市，为劳动力与用人单位的对接搭建平台。全市共举办各种劳务招聘会 80 场，有 3 137 家企业参会，提供岗位 11.19 万个，达成意向 35 212 人。按照稳定、管用、实效的原则，加强劳务外招基地建设，在安徽、四川、甘肃等地建立劳务外招基地 8 家，累计引进劳动力 1 112 人。组织本地企业和职业学校对接洽谈会，成功举办技工学校专场招聘会，进一步加强校企对接。积极引导推广校企联合办班的模式，为企业定向培养员工。制定职业技术院校毕业生到本地企业就业的考核办法，引导职业技术院校毕业生留在本地就业。加强企业信息员、社区（村）就业联络员、外来务工联络员队伍建设，在 200 余家企业确定招工信息联络员，在市区 7 个街道、30 个社区建立就业联络员队伍。

切实落实减轻企业负担的社保政策和措施。根据企业要求，及时调整职工基本养老保险单位缴费比例，8 月 1 日起市区职工基本养老保险单位缴费比例下调为 18%。在此基础上，认真贯彻落实浙政发［2008］70 号文件精神，继续做好下调城镇职工养老保险单位缴费比例。根据省政府统一部署，集中减征企业社会保险单位缴费部分 1 个月的额度。通过调整费率、集中减征等措施，为市区企业减负 5 500 余万元。认真落实市政府有关涉企收费的停收和减免政策，停收、减免涉企收费项目12项。继续实施新办企业职工基本养老保险单位缴费比例的财政补助政策。

突出抓好紧缺工种培训和鉴定。及时发布紧缺工种目录，鼓励开展紧缺工种培训，并在培训经费上向紧缺工种培训倾斜，引导企业、培训机构培养本地急需的技能人才。创新培训方式，利用企业的技术、设备和师资，把技术蓝领培训班直接办到企业和园区，提高培训成效。共举办紧缺工种培训班452期，培训紧缺工种31 659人。实施高技能人才培养工程，完善高技能人才评价体系，组织开展开山集团技能人才企业考评试点工作。广泛开展职业技能竞赛，开展以职工名字命名的先进操作方法评选活动。加快推进职业技能鉴定工作，强化技能鉴定质量的监督管理，参加职业技能鉴定人数有较快增长。全市共有52 090人参加职业技能鉴定，44 743人通过鉴定获得职业资格证书。

五、认真贯彻实施《劳动合同法》《劳动合同法实施条例》《劳动争议调解仲裁法》，保持衢州市劳动关系总体和谐稳定

认真贯彻实施《劳动合同法》《劳动合同法实施条例》《劳动争议调解仲裁法》。以领导干部、机关事业单位、企业和劳动者为宣传重点，开展多种形式的宣传活动，举办各类培训班60余场，为法律、条例的实施营造了良好氛围。开展《劳动合同法》执行情况调研，全面掌握衢州市用人单位贯彻实施《劳动合同法》的真实情况。在调查研究的基础上，提出了“执法有度、平稳过渡、循序渐进”的总体思路，坚持以调解为主化解劳资纠纷，妥善处理执法维权和促进发展的关系。《衢州市企业用人单位实施〈劳动合同法〉情况的调查报告》获第三届中国劳动论坛“易才杯”优秀论文一等奖。

突出抓好农民工工资清欠工作。适时调整充实农民工联席会议成员，及时制定《农民工工资拖欠突发事件应急预案》，进一步完善农民工工资清欠长效机制。继续在建筑企业推行工资发放登记卡和银行卡制度，在施工项目中推行农民工权益公示牌和黄牌警告制度，开展诚信等级评选。认真落实建筑企业人工工资保障金和应急周转金制度，建立建筑领域工资保障金交退考核办法，全市到位保障金3 676万元，应急周转金900万元。加强农民工工资清欠工作，组织开展春雨行动，全市共清欠农民工工资3 402.7万元，有效地维护了农民工的合法权益，维护了社会稳定，被评为省农民工工作先进集体。认真组织各类专项执法检查，全市共出动执法检查人数2 631人次，检查用人单位3 122家，涉及职工16.2万人，直接指导432家企业完善用工管理制度。依法处理各类违法案件，全市共受理举报投诉案件1 012件，结案1 007件，结案率为99.5%。

加强和谐劳动关系的基础基层工作。指导和帮助企业建立劳动争议调解组织，提高企业内部自主解决劳动争议的能力。加强企业外部调解网络建设，依托基层劳动保障工作平台，全市建立106个乡镇劳动关系协调组织。指导各类调解组织不断完善劳动争议调解程序和工作制度，逐步实现劳动争议调解工作的制度化、规范化。建立完善劳动纠纷争议“快立、快调、快审、快结”制度，全市共立案受理劳动争议案件1 088件，结案1 077件，为劳动者挽回损失2 360.58万元，为企业挽回损失624.36万元，被评为全省劳动争议案件处理工作先进单位。进一步扩大劳动力市场工资指导价位覆盖面，公布市本级劳动力市场工资指导价位186个，将衢州市最低工资标准从700元调整为780元。

六、深化拓展“树新形象、创新业绩”主题实践活动，自身建设进一步加强

强化服务理念。围绕“深化主战略，服务主战场”这一主题，开展局领导班子成员和涉企单位、处室干部职工“联系企业、服务企业”活动，建立人劳部门与企业动态联系机制，突出帮助企业解决社会保险、招工、培训、劳资关系调节等方面的问题，千方百计帮助企业克服困难。

夯实工作基础。根据市委“创业创新、富民强市”的总体部署和深化拓展“树新形象、创新业绩”主题实践活动的要求，结合工作实际，制定了局主题实践活动实施意见，开展了“推进创业创新”系列重点课题调研，进一步掌握实际情况，夯实工作基础，完善相关政策，及时运用调研成果指导工作。建立返乡农民工和企业减员裁员隐性失业月报制度，及时掌握就业形势变化，为党委、政府当好参谋。

所获荣誉

1.《衢州企业用人单位〈劳动合同法〉实施情况调查报告》（范根才、李英武、卢文祥等）获第三届中国劳动论坛易才杯优秀论文大赛一等奖、省劳动和社会保障厅办公室“纪念改革开放30周年”优秀征文二等奖。

2.《实施创业素质培训　提升全民创业能力》（范根才、吕筱青、金根良、徐建国）获省劳动和社会保障厅办公室“纪念改革开放30周年”优秀征文三等奖。

3. 市人事劳动社会保障局被评为2008年度全省劳动保障宣传（通讯）工作先进单位。

4. 市农民工工作联席会议办公室被评为省农民工工作先进集体。

5. 市劳动争议仲裁委员会被评为2008年度省劳动争议处理工作先进单位。

6. 市社保服务中心获省“巾帼文明岗”称号。

7. 市社保局被评为省2008年度社会保险能力建设先进单位。

8. 市人事劳动社会保障局被评为2008年度市人大代表建议和政协提案办理工作先进单位。

9. 市人事劳动社会保障局被评为市“机关效能110”先进单位。

10. 市人事劳动社会保障局被评为2008年度市直机关先进基层党组织。

11. 市人事劳动社会保障局被评为2008年度全市政务信息工作先进单位。

12. 市人事劳动社会保障局被评为市2008年度社会主义新农村建设优秀单位。

13. 市社保服务中心被评为市“十佳满意服务窗口（单位）”。

14. 市社保服务中心被评为2008年度市行政服务中心先进分中心、示范分中心。

15. 驻局纪检组监察室被评为2008年度全市纪检监察信访举报工作先进单位。

16. 衢州技师学院团委被团市委评为2008年度衢州市先进团委。

17. 2005—2006年全市优秀调研成果二等奖（《坚持政事政社分开，立足体制机制创新，稳步推进事业单位改革》，范根才、华英等）；三等奖（《统筹兼顾，推动城乡社会保障协调发展》，黄立举、吴春祥）。

18. 2005—2006年度市哲学社会科学优秀成果三等奖（《完善交易平台活跃劳务市场开发人力资源》，范根才、姜红生等）。

19. 纪念改革开放30周年市理论研讨活动论文三等奖（《强化人力资源保障，形成合力扶工机制的调查与思考》，范根才；《市本级企业紧缺人才开发培养机制探索》，姜红生）。

20.《强化依法行政　构建和谐劳动关系》（李英武）获2008年全市县（处）级领导干部学

法用法征文竞赛优胜奖。

21. 程金敏同志被评为第四批省级优秀“青少年维权岗”及创建工作先进个人。

22. 姜红生同志被评为第一轮民主监督员和特约人员工作先进个人。

23. 陈连金同志被评为2008年市直机关优秀共产党员。

24. 陈志军同志被评为2008年度全市政务信息工作先进个人。

25. 牛建彪同志被评为2008年度全市“平安衢州”暨社会治安综合治理工作先进个人。

26. 马恒斌同志被评为2007—2008年度衢州市信访工作先进个人。

台州市劳动保障情况

2008年，台州市劳动保障部门在市委、市政府的坚强领导和省劳动保障厅的具体指导下，紧紧围绕上级的统一部署和确定的工作重点，不断加大就业和再就业工作力度，着力完善社会保障体系建设，更加注重各类社会群体利益关系的和谐，扎实推进劳动保障各项工作，取得了明显成绩。

劳动保障工作情况

一、就业再就业工作继续深化

各地进一步把就业再就业工作摆到更加突出位置。一是以贯彻落实《就业促进法》为契机，出台实施一系列促进就业的新政策。为切实贯彻市委三届十次全会作出的《关于全面改善民生的决定》精神，先后以市政府名义出台了《关于推进就业惠民创业富民的工作意见》《关于组织实施关注民生促进就业公共专项活动的通知》以及《关于进一步做好城镇零就业家庭和农村低保家庭劳动力就业援助工作的通知》等一系列文件；同时，在全市30家规模企业开展失业动态监测报告和企业用工需求分析制度试点，为全市促进就业工作提供了强有力的支持，使城镇登记失业率在就业局势困难的情况下仍控制在3.75％。二是全面贯彻落实积极就业政策，创建充分就业社区活动向纵深发展。全市完善了公共就业服务制度，基本建立起以就业援助和困难帮扶为重点，以“动态管理、职业培训、就业援助、社会共建、帮扶保障”为内容的再就业援助长效机制。2008年全市共登记“零就业家庭”46户，消除46户，实现就业67人，达到了“动态清零”的目标。共举办各类招聘会58场次，提供就业岗位80 145个，实现净增就业人数54 247人，帮助城镇下岗失业人员实现再就业16 942人，分别完成考核目标的113％和108.6％。三是继续强化失业人员再就业服务。按照“立足发展扩大就业、倡导创业带动就业、实施培训推进就业、落实政策促进就业、援助措施帮扶就业、统筹城乡转移就业”的工作思路，大力推进就业再就业工作，取得显著成效。2008年就业困难人员实现再就业4 199人，完成省政府考核目标的113.5％。

二、社会保障体系建设进一步完善

全市以基本保障为重点，一手抓社会保险的扩面征缴，一手抓政策体系的深化完善，加快推进社会保障体系建设。一是被征地农民保障取得新进展，出台了《台州市区被征地农民基本生活保障办法》。二是社保关系转移取得新突破，全市范围内养老保险关系转移基本做到畅通。三是医疗保险取得新成绩，2008年，将城镇居民基本医疗保险列入市政府为民办实事的内容，出台了《关于进一步完善城镇居民基本医疗保险工作的通知》，实现了由试点向全市的推进。其中椒江、黄岩、临海、玉环、仙居等地还按照城乡统一的原则单独设立了未成年人医疗保险制度，得到陈加元副省长的批示和肯定。截至2008年年末，全市企业养老保险、医疗保险、工伤保险、失业保险、生育保险参保人数分别达到85.1万人、58.68万人、148万人、51.6万人和24.37万人。养老保险、医疗保险、工伤保险、失业保险分别完成省下达扩面指标的161.79%、179.08%、125.44%和191.14%。除了五大保险扩面征缴取得新突破外，市政府为民办实事项目中的“城镇居民医疗保险”工作也取得新进展。全市已有33.52万人参加城镇居民医疗保险，完成年度考核指标的104.75%。

与此同时，社会保障政策减负力度进一步加大。2008年，企业社会保险费缴费统筹部分在12月集中减征，减征额度分别为养老保险1亿元以上，医疗保险4 000余万元、工伤保险1 300余万元、失业保险1 300余万元；此外，在确保今后一个时期按时足额支付失业保险待遇的前提下，扩大失业保险基金的支出范围，用于支付困难企业社会保险补贴和岗位补贴。这些措施直接惠及全市60万人次，共有5.6万家企业得到减负。同时，台州市对2007年年底前退休的83 134名企业退休人员养老金从原来的1 160元提高到了1 291元左右，也相应调整了其他领取生活费群体、被征地人员和城镇老年居民养老保障待遇水平。

三、和谐劳动关系进一步巩固

各级劳动保障部门一手抓维权，一手抓稳定，确保了全市劳动关系的和谐稳定。一是结合服务企业活动，推进劳动合同和集体合同制度。围绕构建和谐劳动关系，全面实施劳动合同制度三年行动计划，广泛组织开展创建劳动关系和谐企业活动，积极推进《劳动合同法》和《劳动合同法实施条例》的贯彻落实。全市各级劳动保障部门紧密结合“百名处（科）长进企业，创优服务促发展”活动，加强宣传服务和指导督促，积极推进《劳动合同法》和《劳动合同法实施条例》的贯彻落实。截至2008年年底，规模以上企业基本与职工签订了劳动合同，劳动合同期限在3年以上比例明显上升，劳动关系稳定性有所增强。二是创新机制，惩防并举，劳动纠纷预防和处置能力提高。各级劳动保障监察机构积极推进劳动保障监察网络化建设，建立健全欠薪保障金制度和政府应急周转金制度等长效机制，注重惩防并举，及时化解和处理纠纷，确保劳动关系和谐稳定。截至2008年年底，全市通过“三春”行动，共主动监察用人单位9 763家，处理群众投诉案件3 622起，结案率99.39%，追回被拖欠克扣工资4 885.8万元，其中妥善处置65起欠薪逃匿案件，全市未发生因拖欠工资而引发的重大恶性群体性事件，确保了社会稳定。三是加强办案力度，全力做好贯彻实施《劳动争议调解仲裁法》各项工作。为确保5月1日起《劳动争议调解仲裁法》的顺利实施，台州市加强了《劳动争议调解仲裁法》的培训和宣传工作，指导全市的仲裁工作。2008年全市共受理劳动争议案件4 261起，比上年底上升38.25%，结案率96.5%，为劳动者挽回损失7 135.81万元。

四、职业培训和高技能人才队伍建设取得新进展

全市认真贯彻落实中央和省、市关于职业培训和高技能人才队伍建设的部署，全力实施提升劳动力素质行动计划，连续3年将高技能人才队伍建设纳入“两个社会”考核体系，强化了对高技能人才工作的考核力度，为全面推进高技能人才工作奠定了坚实基础。目前9个县（市、区）均已建立高技能人才专项资金，有些财政较困难的县市除了政府拨出部分资金外，想方设法从失业保险基金、农民转移培训资金中划出部分资金对下岗失业人员、农民工参加高技能人才培训进行补贴，较好地解决了企业员工培训经费问题。市交通局、水利局、港航局等市直单位在系统内积极开展高技能人才培训，特别是汽车维修行业的技师培训，有力地缓解了高技能人才紧缺的状况。同时，台州市围绕培训服务经济中心，基本建立以“政府为主导，企业为主体，院校为基础，社会共同参与”的高技能人才多元培养机制。2008年，全市培养高技能人才6 848人，完成考核目标的105.4%；其中培养技师1 430人，完成考核指标的107.5%；共组织技能鉴定9.2万人，完成考核指标的184%。

五、狠抓劳动保障基层平台建设，劳动保障基础建设迈上新台阶

按照打基础、办实事、树形象的思路，全市各级劳动保障部门坚持狠抓基层基础和自身建设，进一步夯实了劳动保障工作基础。一是法制工作进一步强化。2008年，各地配合各级政府全面开展行政许可项目、非许可审批项目的清理，行政许可项目从8项减少到7项，提高了效率，方便了群众，规范了行为。二是基层劳动保障平台建设进一步深化。全市各级劳动保障部门坚持狠抓基层基础和自身建设，按照“机构、人员、制度、场所、经费、工作”六到位要求，进一步深化基层劳动保障平台建设，目前，全市39个街道、93个乡镇均建立劳动保障所，建成率达到80%，有120个社区建立了劳动保障工作室。有的地方如温岭市还在城北街道17个村建立了劳动保障协理员，将工作延伸到村，形成了比较完善的管理服务网络。在市、县（市、区）编委的重视下，劳动保障工作机构、人员编制也有所增加，使工作机构和干部队伍得到了加强。三是党风廉政建设进一步细化。全市各级劳动保障系统以深入开展作风建设为载体，狠抓党员干部党风廉政建设，相继出台了《台州市劳动和社会保障局关于进一步加强作风建设暨创建“人民满意机关”活动的实施方案》等4个文件，同时紧密结合深化“优质服务窗口”建设，在全局积极开展“解放思想大讨论”活动，使广大干部职工在转变观念，提高服务的内在动力得到进一步激化，有效树立了优质、高效、廉洁、便民的劳动保障部门形象，为劳动保障事业顺利发展提供保证。同时，狠抓了党组和机关干部职工的学习制度，制定下发了《2008年度局党组中心组学习计划和局党员干部理论学习计划》等3个文件，确定了学习时间，丰富了学习内容，使全局上下营造了浓厚的学习氛围。局班子成员讲团结、讲合作、讲民主，使民主集中制和干部队伍建设得到了进一步加强。重视调查研究，带领班子成员深入到基层和企业之中，广泛听取社会各界的意见和建议，圆满完成了10个专项调研课题，为工作决策提供充分依据。同时，狠抓基础设施建设，金保大楼破土动工，工程进度进展顺利，金保工程立项工作全面有序开展。

此外，市基金监督委员会通过制定《台州市级社会保险内部控制办法实施细则》和开展全市性的社保基金专项治理工作，确保了基金安全；各级高度重视信访维稳工作，对一些重信重访案实行重新梳理，分类包办，责任到人，跟踪督查，有序疏导，奥运期间做到了零进京上访；农民工工作有序开展，各项工作都取得了明显成效。

总之，2008年台州市劳动保障整体队伍的精神面貌发生显著变化，争先创优意识不断增强，工作效率和服务水平不断提高，社会各界对劳动保障系统的满意度大幅提升，获得多项集体荣誉，也得到了市委、市政府和省劳动保障厅的充分肯定。

所获荣誉

1. 台州市劳动保障局被台州市委、市政府评为2008年度创建平安台州工作先进单位。

2. 台州市劳动保障局被台州市委、市政府评为2008年度依法行政工作示范单位。

3. 台州市劳动保障局被台州市委、市政府评为创建人民机关优胜单位。

4. 台州市劳动保障局被市委评为2008年度新农村工作先进单位。

5. 台州市劳动保障局被市人大评为2008年度政府系统代表建议办理工作先进单位。

6. 台州市劳动保障局机关党委机关党支部被评为2008年度直属机关先进基层党组织。

7. 台州市劳动保障监察支队被浙江省劳动保障厅评为浙江省劳动保障监察工作先进单位。

8. 台州市劳动保障局石勇同志被浙江省总工会评为浙江省优秀职工之友。

9. 台州市劳动保障局石勇同志被台州市人民政府评为台州市依法行政工作先进个人。

10. 台州市劳动保障局何善云同志被台州市委评为北京奥运会维护稳定工作先进个人。

11. 台州市劳动保障局何善云同志被台州市委、市政府评为市级机关优秀处（科）长。

12. 台州市养老保险事业管理中心陈森同志被评为2008年度台州市直属机关优秀党务工作者。

13. 台州市就业服务管理局金松同志、台州市劳动保障信息中心林仙透同志被评为2008年度台州市直属机关优秀共产党员。

舟山市劳动保障情况

2008年，舟山市人事劳动社会保障系统以科学发展观为统领，充分发挥人事劳动社会保障部门的职能作用，抓创新、促发展、强服务，围绕年度八个方面实事和改善民生的要求，圆满地完成了省、市下达的目标任务，各项工作都迈上了新台阶。

劳动保障工作情况

劳动保障工作事关人民群众切身利益，事关改革发展稳定大局。在过去的一年里，舟山市以构建和谐社会、着力解决民生问题为重点，突出健全社会保障体系和稳定劳动关系两个层面，强化职业技能培训和乡镇劳动保障平台两个基础，努力健全完善劳动保障政策体系和工作网络，切实解决人民群众最关心、最直接、最现实的利益问题，各项工作处于良好的发展态势。

一、劳动保障各项目标任务全面超额完成

一是城乡统筹就业继续保持稳定。2008年舟山市就业虽然受到经济形势的影响，但城乡就业局势总体保持稳定。全市新增城镇就业人数7 626人，引导和帮助城镇失业人员实现再就业4 063人，其中就业困难人员再就业1 125人，城镇登记失业率为3.84%；帮助10 115名渔农村富余劳动力实现就业，新增渔农民转移就业培训人数为10 380人，均完成了年度计划的100%以上。深入开展创建充分就业社区活动，“零就业家庭”基本消除，1个社区为省级先进集体，13个社区达到省级创建目标。

二是社会保障体系建设进一步完善。适应舟山经济社会发展水平，在建立覆盖城乡居民的社会保障体系上实现新的突破。全市养老保险、医疗保险、失业保险、工伤保险、生育保险参保人数分别达到257 034人、257 324人、142 674人、195 902人、130 076人，新增参保人数分别为28 542人、29 858人、16 265人、44 457人、24 471人，城镇居民医疗保险参保人数为90 960人，全市被征地农民养老保障参保人数达98 709人，新增7 427人，做到了即征即保，应保尽保。社会保障政策体系更加完善，全面建立起城镇居民基本医疗保险制度，启动了两年一次的城镇居民参保人员体检工作；针对当前部分企业经营困难的实际，在确保社会保险事业可持续发展和职工社保待遇不受影响的前提下，及时出台了相关政策，全力帮助企业解困，减轻企业缴费负担。

三是职业技能培训工作进一步深化。坚持以培养舟山市临港产业、建设先进制造业基地急需的技能人才和渔农村实用型人才为目标，相继完成定海工业园区、岱山金海湾修造船基地、嵊泗洋山港等企业的职业技能培训。开展了以“渔农村技能人才培训基地服务年”活动为重点的一线技能人才培养工程，评选出第二届有突出贡献高技能人才15名；强化技能人才培训、鉴定工作，完善并扩大国家职业资格证书的覆盖面，全市共培养高技能人才1 875人，其中新技师360人，高级技师82人；完成再就业培训3 343人，跨省务工农民技能提升1 200人。

二、劳动关系维权和维稳工作成效明显

一是全力抓好《劳动合同法》的贯彻实施。全市贯彻《劳动合同法》情况总体平稳，劳动合同短期化现象改观，企业社会责任意识不断增强。

二是大力加强劳动争议处理、劳动保障监察维稳力度。从建立清欠机制入手，相继推行了工资支付保证金、欠薪应急周转金等制度积极应对当前形势；落实有针对性的帮扶措施，实行了劳动保障重大突发性事件2小时内上报制度来维护当前社会稳定。全市共受理劳动保障监察群众举报投诉817件，监察结案809件，结案率99%；立案受理劳动争议案件1 352件，办结案1 277件，结案率95%，为5 655名劳动者追回工资1 178.2万元。

三是建立健全了企业工资分配宏观调控机制。逐步完善劳动力市场工资指导价位制度，公布了2008年劳动力市场工资指导价位224个，比上年新增职业（工种）23个。将最低工资标准调整为780元/月，非全日制工作的最低小时工资标准调整为6.5元。

三、公共服务能力得到提升

一是全面开展了“渔农村技能人才培训基地服务年”活动。会同有关部门积极开展“渔农村技能人才培训年”活动，在抓好六横技能人才培训基地基础上，建立健全以金塘、衢山、洋山、长涂为重点的技能培训基地，带动了全市渔农村特别是经济大岛以“订单式”为主体的技能人才和实用型人才培训体系。

二是加强了各类服务水平。进一步加强和重视学会各项工作；启动了两年一次的城镇居民参保人员体检工作，精心组织并圆满完成了2万多名市属企业退休人员免费健康体检工作；加大了劳动保障信息化建设的力度，市社保局金保工程初成规模，数据中心建设得到了加强。

所获荣誉

1. 舟山市人事劳动社会保障局已连续三年被评为市“暖人心、促发展”工程先进单位和全市重要事项、重点工程、实事项目组织实施先进单位。
2. 舟山市人事劳动社会保障局被评为全市维稳工作先进单位。
3. 舟山市社会保险管理局被评为2008年度全省工伤保险工作先进单位。
4. 舟山市就业管理服务局被评为全省信息工作先进单位。
5. 舟山市人事劳动社会保障局被省劳动和社会保障厅评为信息工作先进单位。
6. 舟山市就业管理服务局朱琳被评为全省优质服务窗口先进个人。

丽水市劳动保障情况

2008年，丽水市人事劳动社会保障局按照“创业富民、创新强市”的战略要求，推进城乡统筹就业步伐，完善社会保障体系建设，强化劳动用工管理，着力保障和改善民生，较好地完成了各项年初制定的目标任务。

一、就业再就业工作

2008年，全市新增城镇就业14 261人，4 830名下岗失业人员实现再就业，帮助3 364名城镇下岗失业人员参加再就业培训，创业培训796人，跨省农民技能提升培训1 614人，引导和组织农村劳动力转移培训52 467人，农村劳动力素质培训资格证书获证率达80.6%，获得资格证书的劳动力转移就业率达87.3%；实现转移就业53 510人，有组织劳务输出30 400人，帮助解决农民就业岗位16 832个，其中异地转移农民9 637人，农村低保家庭劳动力就业率达到66.7%，城镇登记失业率为3.9%，控制在4%以内。

（一）强化目标管理，就业服务有效性进一步提高

各级人事劳动社会保障部门及时制定了目标考核办法，细化了目标任务的具体标准，将各项就业再就业任务进行层层分解下达，落实到基层。各地建立了全市统一的农民转移就业工程台账和数据库，建立农民转移就业工程业绩审核申报制度和月报制度。组织人员走访街道、乡镇、农村和用人单位，了解实施城乡就业工程的政策措施和方法，掌握当地城乡劳动力资源的基本情况和就业愿望以及对政府的要求，收集用工需求信息，采取措施因地制宜地开展就业服务工作。下发了《关于确定丽水职业技术学院等四家单位为市直职业技能培训基地的通知》《关于市直失业人员培训和农村劳动力转移培训补贴办法的通知》，为全市的职业技能培训工作起了示范作用，有力地促进了培训工作的开展。

（二）强化就业服务，城乡统筹就业得到有力推进

初步建立就业服务网络，基本实现了对劳动力资源的动态管理和用工信息收集、发布、招聘等一条龙服务。通过举办人力资源交流大会、招聘会、岗位技能对接和开设招聘集市等活动，以准确可靠的用工信息为城乡劳动者求职和择业提供方便，降低劳动者的求职就业成本，促进就业再就业。从2008年3月起每月8日在丽水市人力资源市场开设招聘集市日，举办了9期，共组织428家单位参加招聘，提供岗位1.44万个，进场人数1.5万余人次，录用和达成意向人数达857人。

建立就业援助制度，重点解决就业困难人员就业。通过运用信贷、税费减免、社会保险补贴、岗位补贴等政策，鼓励企业增加就业岗位和机关事业单位利用勤杂岗位吸纳就业困难人员，促进就业岗位稳步增长。

（三）创新工作举措，城乡劳动力职业技能培训工作呈现新亮点

继续加大城乡劳动力技能培训的力度，一是整合培训资源，提高培训补贴标准。确定了丽水

职业技术学院、丽水市职业高级中学等四家为市直职业技能培训基地。在确认2008年培训的工种和收费标准时，及时调整充实了一批市场需求量大、劳动者参训积极性高、就业竞争力强的培训专业，市直职业技能培训费补贴标准从原来的600元提高到1 200元，职业技能鉴定费全免。二是积极开展创业培训。举办丽水市超市经营人才创业培训示范班，面向全市有意外出创业开办超市的城乡劳动者，提供免费培训，共培训了202人。8月下旬与团市委共同举办了石材经营人才培训示范班，参加培训57人。

二、社会保险工作

截至2008年年底，全市参加企业职工基本养老保险17.41万人；基本医疗保险22.73万人；失业保险14.2万人；工伤保险26.06万人；生育保险9.96万人；被征地农民基本生活保障累计参保人数达到3.95万人，筹集资金5.63亿元。

（一）积极推进社会保险扩面，强化社保基金管理

积极推进社会保险费“五费合征”工作，市区自2008年1月起正式实行社会保险费“五费合征”以来，坚持参保登记、征收机构、缴费基数、征缴流程和数据信息五个统一，各类企业统一按工资总额的一定比例征收社保费，实现了社会保险企业全覆盖，提高了参保率。积极做好原国有、集体企业破产改制分流人员社会保险续保工作，推进非公有制企业职工和灵活就业人员社保扩面，不断扩大社会保险覆盖面。

认真执行基金收支两条线的管理制度，加强与财政、地税、银行等单位密切配合，共同管好社会保险基金，保证每笔基金及时入账、转储及支付；加强对破产、解散、改制单位未到位资金的落实、清理和催缴工作，避免基金的流失；积极配合审计部门定期对保险基金专项审计，维护社会保险基金按有关制度和规定合理、有效地使用，稳步提高基金抗风险能力；制定了《关于印发丽水市社会保险基金专项治理工作实施方案的通知》，全面部署丽水市社会保险基金专项治理工作，确保基金的安全与完整。

（二）完善医疗保险制度，全面推进城镇居民医疗保障工作

加强对医疗保险制度运行情况的分析、研究，根据实施情况，对市本级医疗保险政策进行了调整和完善，出台《关于原国有、集体企业破产改制分流人员医疗保险有关问题的通知》，有效地解决因企业破产改制而中断缴费人员的医疗保障问题。部分县（市、区）还开展了企业职工统一建立医疗保险个人账户工作。

在2007年莲都区、遂昌县、云和县、缙云县4个城镇居民医疗保障试点县（区）顺利组织实施的基础上，2008年起其他5个县（市）全面推行城镇居民医疗保障工作，如期开展了出台政策、宣传发动和资金筹集等工作。针对在校学生参保工作，会同市教育局出台了《关于进一步做好学生参加城镇居民基本医疗保险工作的通知》。同时，会同市财政局、市卫生局出台了《关于做好市本级参加城镇居民基本医疗保险居民健康体检工作的通知》，首次组织市本级7.6万名参保城镇居民实行免费健康体检。

（三）工伤保险工作有了新突破

针对丽水市非公企业规模较小、生产经营不稳定、职工流动性大的特点，下发了《丽水市人民政府关于进一步加强工伤保险扩面工作的通知》，允许非公企业先全员参加工伤保险，再逐步参加社会保险的其他险种。丽水市人民政府办公室转发了《关于做好建筑项目施工企业农民工参加工伤保险工作意见的通知》（以下简称《通知》），明确在丽水市行政区域范围内从事建筑、交通、水利等建设项目的施工企业，必须为从事建设施工的所有农民工办理工伤保险，工伤保险费

按招标价或合同金额的一定比例征收，未办理参保和缴费的，建设项目行政主管部门不予核发建设工程施工许可证。《通知》还规定，建设项目立项时应当将农民工工伤保险费在工程总预算造价中单独列项，施工企业不得将此作为竞标让利的因素。这些政策措施的出台实施，更好地维护农民工的工伤保险权益，有力地推动了工伤保险扩面工作。

（四）被征地农民基本生活保障逐步走入“应保尽保”的正常轨道

在全市范围内实行了土地征用报批过程中，由劳动保障部门对被征地农民基本生活保障措施落实情况进行审查的制度，较好推动了被征地农民“即征即保”工作的开展。出台了《丽水市人民政府办公室关于调整市区被征地农民基本生活保障有关政策的通知》，市区被征地农民基本生活保障范围从原丽水市城市规划区范围内，扩大到整个莲都区范围内的所有被征地农民；对于实施“即征即保”后个人和集体暂未缴费的被征地农民也统一申报参保，政府出资部分统一按第二档标准缴纳，到龄后按第二档待遇标准的30%享受，为“应保尽保”奠定了基础；按规定调高了基本生活保障待遇水平。

三、强化劳动关系调整

（一）积极开展各项专项活动

在元旦、春节和暑期期间，全市劳动保障监察机构按照省政府提出的解决拖欠农民工工资问题的“三个确保”的目标任务，全力开展农民工工资清欠工作。通过“春雨”“春雷”“春苗”三个专项行动和打击非法使用童工活动，工资拖欠情况进一步好转，查处非法使用童工案件15名，清退童工17名。开展劳动力市场秩序整顿专项行动，共检查51家职业中介机构，430家用人单位，责令整改中介机构3家、用人单位9家。经过多年的整顿，丽水市劳动力市场次序整体比较健康有续。

（二）狠抓劳动合同签订

以“春暖行动”、全省第八个劳动者权益保护宣传周活动等为契机，通过送法进企业进社区、悬挂宣传横幅、开展现场宣传咨询、开通普法宣传“大篷车”等多样形式，开展《劳动合同法》《劳动争议调解仲裁法》宣传普法活动。同时，结合专项检查和日常巡查，检查指导用人单位签订规范劳动合同。加大《劳动合同法》实施后新型案件的调处，针对丽水市2008年企业生产经营的现状，对于这类新型案件，采取尽量调处解决的办法，并重点监督指导做好相关企业与劳动者签订劳动合同的后续工作。补签劳动合同7 899多份，审查用人单位规章制度189件，纠正用人单位违法规章56件。

（三）加大违法案件查处力度

一方面从源头抓起，在解决新型投诉案件中，兼顾劳动关系双方的利益，努力采取调处解决的方法，尽量减少在案件办理中由于采用了行政强制手段而可能出现的示范效应对用人单位的影响。另一方面，切实加大劳动监察执法力度，全年全市劳动保障部门共检查用人单位1 786家，受理各类举报投诉案件812起，结案721件，参与处理重大突发性事件6起，共为多名劳动者追发拖欠和克扣的工资2 144多万元，清退风险抵押金近17万元；作出行政处罚和行政处理案件23起，其中非法使用童工案件15起，清退童工17名；劳动保障书面审查用人单位2 090家，超额完成市政府下达的书面审查考核目标。

（四）严格规范劳动争议案件处理

按照《劳动争议调解仲裁法》的要求，成立了人事劳动仲裁院，不断完善工作机制，做到程序到位、实体到位，使劳动争议处理工作逐步走上了规范化、制度化的轨道。针对涉及的劳动者多为农民工等困难弱势群体的实际，对农民工案件开设了绿色通道，坚持快立快结、优先办理、程序简便的审理原则及时办理。2008 年，全市共受理劳动争议案件 714 件，和 2007 年同期相比增加 15.6%，涉及劳动者当事人 1 129 人；结案 691 件，结案率达到 96.7%；申诉经济标的 2 399.21 万元，结案经济标的 1 215.15 万元，分别为劳动者和用人单位挽回经济损失 1 111.42 万元和 103.73 万元，案件调解率达到 76.4%。

二、各扩权县（市、区）劳动保障情况

义乌市劳动保障情况

劳动保障工作情况

一、稳步推进，覆盖城乡的社会保障体系得以不断完善

（一）出台相关政策

《城乡居民养老保险实施办法》《被征地农村居民养老保险实施办法》《城乡居民医疗保险实施办法》和《义乌市城镇职工医疗保险实施办法》等政策的出台和完善，使义乌市初步形成了以城乡居民养老保险、城乡居民医疗保险、被征地农村居民养老保险等制度为重点的社会保障体系，达到了户籍人口养老保险和医疗保险的政策全覆盖，有力地促进了社会和谐和城乡协调发展。截至2008年12月底，全市城乡居民养老保险参保7 146人，6 103人享受养老待遇；17.32万人参加被征地农村居民养老保险，14.34万人享受养老待遇；有1 420名被征地农民通过一次性缴费参加基本养老保险；城乡居民医疗保险参保54.3万人，村（居）参保率达100%。

（二）启动社会保险“五费合征”工作，各项社会保险覆盖面不断扩大

通过开展“五费合征”、强化政策宣传、提供便捷优质服务等手段，不断扩大社会保险覆盖面。截至12月底，城镇职工基本养老保险参保20.3万人、城镇职工基本医疗保险参保14万人、工伤保险参保30.4万人、失业保险参保9.9万人、企业女工生育保险参保8万人，同比分别增加1.6万人、5万人、5.4万人、1.4万人、4.4万人。

（三）加强基金监管，社保基金规模进一步壮大

加强对社保基金管理和运行机构贯彻执行基金管理法规和政策情况的监督检查，实施对社会保险费征缴、社会保险金发放、基金管理和运营各个环节的全过程监督。健全基金管理责任制，做好基金要情报告制度，提高基金运行管理透明度，自觉接受社会监督，基金运行规范安全。截至12月底，各项社保基金达到30.9亿元。其中，养老基金支付能力达75.67个月，基金的抗风险能力大大增强。

二、技能培训与就业推介并重，不断深化城乡统筹就业工作

（一）以提高就业能力为目的，全面开展劳动力素质培训

针对城镇自谋职业者、城镇失业人员、农村劳动力、外来建设者、大中专毕业生等各类有创业愿望的劳动者，开展创业培训并进行定期指导和跟踪服务；会同妇联、市民大学联合开展两期本地农村劳动力转移免费培训，参加培训人数达8 570人次；做好8 886人次的外来农村劳动者

职业技能提升培训；根据市政府十大实事部署，与安监、消防、公安等一起做好大规模的外来建设者知识性培训，全年共培训20多万人。

（二）大力促进劳动力转移

继续开展充分就业社区创建，重点做好“零就业家庭”的就业帮扶；指导、督促各镇（街）举办好农村劳动力就业推介会、开展农村实用技能免费培训合格人员发证暨就业推介会、举办高校毕业生大型就业洽谈会等活动，大力促进城乡劳动力就业。全年召开农村劳动力就业推介会14次、组织专场就业推介会2次，提供就业岗位26 138个，达成意向5 365人。截至12月底，全市农村劳动力实现转移15 489人，新增就业岗位13 453个，失业人员实现再就业3 457人，其中就业困难人员再就业1 198人，失业率控制在2.69%。

三、以奥运安保为契机，做好维权维稳工作

（一）以《劳动合同法》宣传为重点，开展劳动法律法规的宣传

筹划了《劳动合同法》文艺宣传晚会，组织了《劳动合同法》知识竞赛，将《劳动合同法》的主要内容编入义乌市“五五普法”的宣传手册。开展了以宣传《劳动合同法》《劳动争议调解仲裁法》《劳动保障监察条例》为主要内容的劳动法知识培训15期，参加培训人数9 701人。会同镇（街）人大、政协工委，对各镇街人大代表、政协委员进行了《劳动合同法》培训。利用劳动法宣传周、春雷行动、春雨行动等载体，通过义乌市人事劳动社会保障网、电视台图文信息频道、《义乌商报》及相关的报纸杂志等途径，劳动法律法规的宣传做到了报刊有文字、电视有图像、电台有声音、网络有信息、宣传有资料，取得了良好的社会效果。

（二）实施网格化劳动保障监察制度，开创劳动保障监察的新模式

网格化劳动保障监察制度，就是按照用人单位数、劳动者数及交通等情况，将各镇（街）的区域划分为若干个网格，设立劳动监察中队，负责辖区内日常的劳动保障监察工作，协助市劳动监察大队开展工作。网格化劳动保障监察制度是市政府2008年“十大实事”之一。作为责任单位，我们集思广益，认真抓好落实。在进行充分调查研究的基础上，制定了实施方案和一整套管理制度。同时，在安排江东、佛堂两镇（街）试点的基础上，在全市全面推开，目前已经进入正常运行阶段。

（三）抓好劳资纠纷的快速处理

受世界经济形势和《劳动合同法》实施影响，2008年全市劳资纠纷形势严峻，突发性事件、群体性事件高发。针对这一情况，市劳动保障局积极与镇（街）劳保所一起，走访、了解企业经营状况，掌握企业动态，风险企业实行每周报备制，在发生劳资纠纷案件时做到早介入、快处理，得到了市领导的充分肯定和表扬。截至12月底，共处理劳资纠纷6 561起，为18 685名劳动者追回工资、押金等4 168.9万元。其中群体性事件351起，突发性事件139起，全市没有发生因处置不当而引发的影响社会稳定的大案件。

（四）加强企业军转干部维稳工作

2008年是奥运会举办年，又恰逢改革开放30周年，企业军转干部的维稳工作相当艰巨。在局领导的高度重视及各部门的配合下，义乌市的企业军转干部维稳工作总体上比较平稳，从2007年“八一”以来，未发生集体访、越级访和聚会事件，来信来访量也有所下降。一是长效工作机制逐步健全。二是领导重视，各个企业主管部门领导对企业军转干部工作都比较重视。三是各项解困政策落实到位，对有特殊困难的，采取个案的办法解决，绝大多数企业军转干部是满意的。四是思想政治工作得到进一步加强，“五包”工作取得明显成效，大多数企业军转干部能

自觉抵制串联、游行集会、集资等非法活动。

所获荣誉

一、国家级先进

局机关被中国劳动保障报社评为2008年度基层劳动保障新闻宣传先进单位。

二、省级先进

局机关：全省农民工工作先进集体。

　　　　全省劳动保障宣传工作先进单位。

劳动监察大队：2008年度省级劳动保障监察先进单位。

社保处：浙江省能力建设优胜单位。

三、市级先进

医保处：金华市劳动保障系统优质服务窗口、金华地区2007年度医疗保险工作先进单位、金华市先进女职工组织、金华市巾帼文明示范岗、金华市档案工作优秀集体、浙江省档案工作优秀集体。

杭州市萧山区劳动保障情况

2008年，是萧山区劳动保障工作突出重点、夯实基础、整体推进的一年。区劳动保障局坚持以邓小平理论和“三个代表”重要思想为指导，深入贯彻党的十七大和十七届三中全会精神，牢固树立科学发展观，按照“融入大杭州、建设新萧山、引领新发展”的要求，坚持“为民办实事、为民解难事”的宗旨，以打造“民生优裕之区”为着力点，按照“健全一个体系，突出两个重点，实施三大工程，落实五项工作”的总体思路，着力推进各项劳动保障工作，克难攻坚，创新举措，真抓实干，经过全区上下的共同努力，各项劳动保障工作都取得了新的成绩，使萧山区的劳动保障工作继续走在省市前列，为全区经济社会又好又快发展作出了应有的贡献。

劳动保障工作情况

城乡统筹就业工作扎实推进。2008年，萧山区围绕实现社会就业更加充分的目标，以宣传贯彻《就业促进法》为抓手，以帮扶城乡就业困难人员为重点，实施积极的就业政策，城乡统筹就业工作扎实推进。全区全年新增城镇就业人员19 255人，完成杭州市下达目标任务的120.6%；帮扶失业人员实现就业再就业16 908人，完成杭州市下达目标任务的174.2%，其中就业困难人员9 208人，完成杭州市下达目标任务的418.2%；培训失业人员5 066人，完成杭州市下达目标任务的101.3%；农村劳动力实现转移就业29 884人，完成杭州市下达目标任务的249.2%。城镇登记失业率控制在3.32%。

促进就业政策落实到位。2008年，萧山区劳动保障局出台了《关于局部调整就业援助政策等有关问题的补充意见》，进一步完善就业再就业优惠政策，简化办事程序，适当降低了就业援助门槛，区财政安排再就业专项资金2 800万元，再就业扶持政策发挥了积极效应。

再就业帮扶力度加大。为切实帮助失业人员尤其是就业困难人员尽快实现再就业，萧山区进一步强化了帮扶措施。一是实施政府目标管理。把就业再就业目标任务分解落实到各镇街和区级有关部门，继续列入区委、区政府对镇街的年终百分考核内容，促进镇街和区级有关部门抓好就业再就业工作。二是开展“就业直通车”活动。全年开展4次“就业直通车”活动，把岗位、技能、政策、服务送到失业人员的家门口。三是强化再就业培训。加强失业人员的适应性培训、就业技能培训和创业培训，全年培训失业人员5 066人，提高了失业人员的择业能力，为失业人员实现就业再就业创造了条件。此外，还举办了12次再就业专场招聘会；2008年元旦和春节期间，上门慰问了417户特困失业家庭，送去慰问金及慰问品66.8万元，表达了党和政府对困难失业人员的关怀。

充分就业社区创建工作圆满完成。2008年，萧山区继续开展充分就业社区创建工作，制定出台了《2008年萧山区充分就业社区创建工作实施计划》，组织全区59个创建社区开展劳动年龄段人员就业情况调查，建立了电子台账，实施了动态管理，并直接帮扶1 591名失业人员实现了再就业，使全区全面消除了城镇“零就业家庭”。59个创建社区全部通过杭州市的考核验收，成为充分就业社区，完成杭州市下达创建任务数的184.4%。

农村低保家庭劳动力就业援助工作有序推进。2008年，萧山区劳动保障局开展了农村低保家庭劳动力就业状况调查，据调查统计，全区农村现有低保家庭7 686户，总人数16 416人，其中劳动年龄段人数8 171人；在劳动年龄段人员中，有劳动能力和有就业愿望的人员3 896人，其中已实现就业2 690人，未实现就业1 206人。在调查的基础上，按照长效管理的要求建立了农村低保家庭劳动力就业状况台账，以便对农村低保家庭劳动力开展针对性的就业援助。同时，萧山区出台了《关于进一步做好农村低保家庭劳动力就业援助工作的通知》《关于实施农村低保家庭劳动力就业援助政策相关办理程序的通知》等政策文件，加大政策优惠力度，增强政策的针对性和操作性，并通过鼓励企业安置，开发农村公益性岗位，鼓励灵活就业和自谋职业，免费开展职业指导、职业介绍和技能培训等多种措施，帮扶农村低保家庭劳动力实现就业。全区全年共发放“农村低保人员就业援助证”911本，其中819人通过帮扶实现了就业（据调查，全区有就业愿望、有就业能力且未就业的农村低保家庭劳动力为1 206人），完成杭州市下达目标任务的135.8%。

首届创业项目展示会成功举办。为贯彻落实党的十七大关于“实施扩大就业的发展战略，促进以创业带动就业”的就业工作指导方针，2008年5月，萧山区成功举办了以“创业促进就业，创业推动就业，创业实现就业”为主题的首届创业项目展示会。展示会现场共有40家知名连锁企业的44个小型创业项目参展，活动吸引了2 000余名有创业意向的市民前来参观，并有228人达成了创业初步意向。

人力资源市场有序运作。2008年，区人力资源市场全年收集空岗信息22 756家次253 733条，推荐介绍求职者121 175人次，介绍成功35 809人。积极开展地震灾区来萧务工人员免费职业介绍活动，举办“地震灾区来萧务工人员专场招聘会”，累计安置灾区劳动力就业2 804人。同时，区人力资源新市场建设顺利推进，主体工程建成封顶。

开展企业用工需求情况调查。为掌握萧山区企业用工形势，了解企业实际需要，2008年，区劳动保障局对区内20家不同类型的企业开展了企业用工形式问卷调查，客观分析人力资源市场供求状况，增强职业介绍的针对性，更好地满足企业和求职者的需求。从11月起，又对企业用工需求情况进行了一次全面调查，并根据调查情况调整人力资源市场资源配置，有针对性地组织区内企业赴外省（市）进行专场招聘、联系劳务协作单位，尽最大可能帮助企业拓宽招聘渠道，降低招用工成本。

5项社保新制度顺利实施。区委、区政府将实施5项社保新制度列入2008年为民办的十件实事之首。至年底，全区参加农村居民养老保险人员达30 868人，其中26 743人已按月领取养老金；参加城镇老年居民生活保障人员达5 500人，均已按月领取350元生活保障金；参加城镇居民基本医疗保险人员达1 655人，全年支付住院和门诊医疗费用143.9万元；参加企业在职人员门诊医疗保险人员达323 266人，已有171 361名企业在职人员享受了门诊医疗待遇。同时，从2008年1月起所有符合条件的征地农转非人员均享受360元/月的养老金，全年完成30 964名征地农转非双重参保人员的并轨和待遇调整工作。

“两个办法”正式出台。在深入调研的基础上，将萧山区现行养老保险和医疗保险政策与杭州市“两个办法”逐项进行梳理对比和汇总分析，提出了在现行政策框架内增加少年儿童医疗保险内容以及调整相关政策等意见，拟定了《萧山区基本养老保障办法》和《萧山区基本医疗保障办法》“两个办法”的初稿，先后经区长办公会议和区委常委会议审议通过，于 2008 年 11 月 6 日定稿发文，2009 年 1 月 1 日起正式实施。

职工 5 项社会保险覆盖面进一步扩大。2008 年，全区全年净增职工养老保险参保人员 64 777 人，净增医疗保险参保人员 57 328 人，净增工伤保险参保人员 114 015 人，净增失业保险参保人员 42 324 人，分别完成杭州市下达目标任务的 350.1%、573.3%、325.8%和 298.1%；净增生育保险参保人员 42 413 人。到年底，全区累计参加职工养老保险、医疗保险、工伤保险、失业保险和生育保险的总参保人员分别达到 523 173 人、377 689 人、518 638 人、363 316 人和 359 596 人。

新农合、社会医疗救助职能实现平稳过渡。根据杭州市委、市政府的统一部署，2008 年 4 月初，区政府专门召开协调会，决定将原卫生部门主管的新农合管理职能和民政部门主管的社会医疗救助管理职能调整到劳动保障部门，到 4 月底移交工作圆满完成。2008 年，全区参加新农合总人数达 85.85 万人，参合率达 97%；人均筹资额度为 200 元，人均筹资水平达到上年农民人均纯收入的 1.71%，全区共筹集新农合资金 1.85 亿元。同时，全区全年新农合各项医疗费用合计报销金额 2 亿元，累计报销 154.6 万人次，人均住院报销比例达 38.9%。同时，移交后社会医疗救助共向 2 347 名救助对象提供 1 443.4 万元的医疗救助金。

“同城同待遇”工作步伐加快。2008 年，萧山区按照“保留、跟上、一致”的六字方针，加快了社保政策与杭州接轨的步伐。首先是针对农村居民养老保险制度实施过程中反映出来的实际问题，及时调整了萧山区农村居民养老保险待遇计发办法，即养老金按个人账户储存额除以开始领取时相对应的计发月数计发，其中 70 周岁以上人员按 70 周岁相对应的月数计发，该计发办法与杭州主城区完全接轨。其次是制定出台了《萧山区新型农村合作医疗制度实施办法》，将 2009 年新农合人均筹资额度提高到 360 元，同时提高了报销比例，拓宽了参合对象，增加了规定病种，其中筹资水平与杭州主城区完全接轨。最后，萧山区根据杭州市有关文件精神，出台相关政策，从 2009 年 1 月起，将萧山区征地农转非人员养老金标准由每月 360 元提高到 410 元，城镇老年居民生活保障待遇标准由每月 350 元调整为 400 元，与杭州主城区完全接轨。

降低社保费率为企业减负。为积极应对国际金融危机对萧山区经济发展的影响，2008 年 8 月，区政府召开减轻企业负担专题会议，决定从 2008 年 1 月起，萧山区企业基本养老保险的单位缴费比例下调 1 个百分点，2010 年起恢复为原执行比例。11 月，萧山区又作出决定，从 2009 年 1 月起，全区按照城镇办法参保的用人单位，其养老保险的单位缴费比例再下调 2 个百分点。同时，在 2008 年、2009 年两年中，采用集中减征的方法，对企业社会保险费的单位缴纳部分各免征 1 个月。

机关事业单位养老保险日趋完善。2008 年年底，全区参加机关事业单位养老保险达 548 家，参保的在职人员 26 919 人，有 8 881 名离退休人员已享受养老金待遇。全年收缴机关事业单位养老保险费 14 398 万元。

社保基金保障功能显著增强。2008 年，全区累计收缴各项社会保险费 42.9 亿元，综合收缴率为 100.2%，拨付各项社会保险基金 21.4 亿元，拨付率为 100%。其中收缴企业养老保险费 14.7 亿元，拨付企业养老保险基金 8.2 亿元，当年结余企业养老保险基金 6.5 亿元，累计结余企业养老保险基金 26 亿元，企业养老保险基金的支付能力达到 38.1 个月；收缴基本医疗保险费

8 亿元，支付医保基金 4.7 亿元；收缴失业保险费 12 414 万元，支付失业保险基金 1 977 万元；收缴工伤保险费 7 337 万元，支付工伤保险基金 4 616 万元；收缴女工生育保险费 2 636 万元，支付女工生育保险基金 2 697 万元。

退休管理服务工作不断深化。2008 年，萧山区为企业退休人员人均增发养老金 130.4 元/月，增发社区生活补贴 10 元/月，增发年度节日慰问费 200 元。组织 1 200 名企业退休人员参加“萧山一日游”活动。元旦、春节期间上门走访慰问 350 户特困退休（职）人员家庭，送去慰问金及慰问品 55.7 万元。至年底，全区累计共有 51 889 名企业退休人员纳入到社会化管理服务体系，档案移交率和养老金社会化发放率均达到 100%。

农婚知青晚年生活补助标准提高。2008 年，萧山区提高了农婚知青晚年生活补助费标准，从 2008 年 1 月起，城镇户籍人员提高到 466 元/月，农村户籍人员提高到 351 元/月。到年底，全区累计发放生活补助费的农婚知青为 1 355 人。

社保监管力度不断加大。2008 年，区劳动保障局建立了医保基金预警机制和内控制度，全面落实医保“两定”单位准入退出制度和违规处理办法，进一步完善了医院“三库”和药店电子台账等基础管理工作。全年检查 257 家定点医疗单位，共审核剔除不符合医保列支范围的医疗费 816.6 万元，查处医疗违规事件 61 起，对 59 家违规医保定点单位和 10 名违规人员按规定进行了查处，共追回医保基金 15.3 万元。查实冒领养老金及生活费等违规案件 12 起，追回养老保险基金 4.7 万元。

宣传贯彻《劳动合同法》。2008 年，区劳动保障局发出《关于做好〈劳动合同法〉贯彻实施工作的通知》，成立《劳动合同法》宣传贯彻领导小组，组建《劳动合同法》讲师团，开展《劳动合同法》执行情况专项检查活动，大力宣传贯彻《劳动合同法》。全年共举办《劳动合同法》培训班 169 期，培训各类人员 3 万余人；印发《劳动合同法》单行本 3 万本、《劳动合同法实施条例》2 万本、劳动合同格式文本 160 万份供企业使用；向全区各类企业发出《致用人单位的公开信》2 万份；开展“送法下乡”大型咨询活动 9 次；编著《劳动合同百题解答》《用人单位如何制定劳动规章制度》等书，帮助指导企业依法规范管理。据初步统计，全区企业劳动合同签订率达到 96.3%。同时，新增签订集体合同企业达 2 701 家，签订女职工专项集体合同 1 420 家。《劳动合同法》在萧山区实施总体较为平稳。

加强工资分配宏观管理。2008 年，区劳动保障局公布了 313 个工种的劳动力市场工资指导价位，将企业职工最低工资标准由原 850 元/月调整到 960 元/月，对实行工效挂钩的 6 家企业进行了结算，审批实行综合工时制企业 1 760 家。全区已建工会企业工资集体协议签订率达 92.8%。

做好工伤案件处理工作。2008 年，区劳动保障局全年受理工伤认定申请 11 134 件，工伤认定结案 11 096 件，其中区本级办理工伤认定 3 937 件，委托镇（街）办理小额工伤认定 7 159 件。全年组织伤病残人员体检 2 682 人，劳动能力鉴定 2 639 人；审批特殊工种提前退休 432 人，认定特殊工种工作年限 371 人。

加强未成年工劳动保护。2008 年，区劳动保障局根据《未成年工特殊保护规定》，加强对各类企业使用未成年工情况的监督检查，严格企业未成年工的使用和管理。全年审核登记企业招用未成年工 2 758 人，审核办理各类技工学校毕业生户口迁移手续 34 人。

抓好企业转制指导工作。2008 年，区劳动保障局帮助指导 6 家转制、改制、关停企业做好职工解除劳动合同后的各项政策解答和劳动关系的处理工作，对 10 家实行经济性裁员的企业进行了监督审核。

进一步加大劳动保障监察力度。2008 年，萧山区进一步加大劳动保障监察力度，全年共受理举报投诉案件 1 985 起，立案处理 967 起；日常巡查企业 1 255 家；先后开展 9 次专项大检查，对 708 家企业和职业中介机构进行了检查，发出 105 份限期整改指令书；完成用人单位劳动保障年审 11 750 家，完成杭州市下达目标任务的 106%；立案查处违法案件 24 起，收缴罚款 25.5 万元，查处非法使用童工 21 人。同时，认真落实建筑施工企业和租用场地经营企业工资保障金制度，出台实施交通建设领域施工企业工资保证金制度，全年共为劳动者追回工资款 1 060 万元。

全面实施劳动保障监察网格化管理。2008 年，萧山区劳动保障局按照“以镇街为单位，每 200 家企业设置一个网格，每个网格配备不少于 1 名劳动保障监察协管员”的要求，将全区划分为 72 个监管网格，并在原有管理人员的基础上，向社会公开招聘 68 名劳动保障监察协管员，落实为网格的责任人，负责网格内企业劳动用工信息的采集，对网格内用人单位遵守劳动保障法律法规情况进行实时监控。

积极发挥劳动争议处理效能。2008 年，萧山区劳动保障局认真贯彻执行《劳动争议调解仲裁法》，完善工作制度，缩短办案时限，提高办案效率，开辟办案绿色通道，进一步增强了处理劳动争议的能力。同时，积极抓好重大劳动争议案件的处理工作，做到提前介入，及时处理，平息事态。全区全年协调处理各类劳动争议案件 8 284 件（其中镇街和村、社区协调处理 7 371 件，区仲裁委立案处理 913 件），涉及当事人 14 882 人，为劳动者和用人单位挽回经济损失 8 533.5 万元，其中为劳动者追回经济损失 8 490.8 万元，劳动争议处理工作在规定时效内结案率达到 100%，有效地控制和避免了劳资矛盾的激化。

进一步加强劳动保障法制和信访工作。2008 年，萧山区劳动保障局继续深入贯彻实施《行政许可法》，出台了《萧山区劳动保障行政执法责任追究制度》，完成了新一轮行政许可、行政审批项目的清理工作，办理行政复议、行政诉讼案 38 件。同时，全年受理杭州市长和区长公开电话交办 415 件，受理群众信、访、电总量 31 645 件人次，及时反馈率和满意率均为 100%，有效地防范了突发性集体上访事件的发生，维护了职工的合法权益和社会的稳定。

加强职工职业技能培训工作。2008 年，萧山区劳动保障局共举办各类职业技能培训班 638 期，参加培训后鉴定发证人数达 38 845 人，其中发放结业证书 17 742 人，发放“职业资格证书”21 103 人，其中初级工 14 316 人，中级工 4 249 人，高级工及技师 2 538 人，完成杭州市下达目标任务的 211.5%。同时，为加大对高技能人才的培养力度，萧山区出台了《萧山区首席技师评选表彰办法（试行）》，并将每年安排 40 万元人才开发专项资金用于补贴高技能人才培训工作。

大力实施农民技能培训工程。2008 年，萧山区劳动保障局对农民进行转移就业技能培训 4 916 人，完成杭州市下达目标任务的 140.5%，其中培训征地农转非人员 3 155 人，培训富余农村劳动力 1 162 人，培训农村实用人才 599 人，分别完成杭州市下达目标任务的 157.8%、116.2%和 119.8%。同时，全年培训已在第二、三产业就业农民工 1 545 人，培训外省来萧务工农村劳动者 8 781 人，分别完成杭州市下达目标任务的 103%和 101%。

技校教育突破发展“瓶颈”。2008 年 3 月，萧山区政府召开整合教育资源专题会议，决定将区十二中校舍调整给萧山技工学校，2009 年暑假后迁入，为萧山区做大做强技工教育奠定了基础。同时，技工学校在现有基础上，从加强制度建设和严格管理入手，注重一手抓教师队伍建设，一手抓学生技能培养，进一步提高了技校学生的技能水平。在技工学校 2008 届 402 名毕业生中，中级率达 91.3%，推荐就业率高达 98.5%，毕业生连续 11 年供不应求。2008 年共招收 421 名新生，完成计划招生数的 140%。

成立三组团中心镇劳动保障办事处。为推进萧山区劳动保障城乡一体化建设，方便企业和群众就近就便办理就业和社保相关业务，2008年，萧山区劳动保障局根据“职能下放、服务延伸”的原则，在瓜沥、临浦、义蓬三组团中心镇成立了劳动保障办事处，每个办事处场地面积都在1 000平方米以上，内设人力资源市场、公共就业服务和社会保险等功能区块，就业和社保的各项主要业务原则上都能在三组团中心镇劳动保障办事处办理。三组团中心镇劳动保障办事处于2008年12月24日正式揭牌运行，在方便企业和群众办事方面发挥了积极和重要的作用。

首次对社区劳动保障服务站实行考核。2008年，萧山区劳动保障局出台实施了《萧山区社区劳动保障服务站规范化建设考核办法》，首次对社区劳动保障服务站实行规范化建设考核。考核采取组织考核与问卷测评相结合的方式，对社区劳动保障服务站在机构建设、基础管理、业务开展等方面工作进行全面考核，并作为评选先进的依据，有效促进了社区劳动保障服务站的规范化、制度化建设和运行。至2008年年底，全区共有11个镇街完成了规范化劳动保障管理站建设。

加大劳动保障宣传培训力度。2008年，萧山区劳动保障局结合劳动保障重点工作，制作播出了《就业·保障》电视专题节目20期，在《萧山日报》刊登《就业·保障》专版13期，在萧山网制作《对话》视频直播互动节目2期，在各级新闻媒体发表报道391篇，开展了社会保险政策知识竞赛活动，营造了浓厚的社会舆论氛围。

所获荣誉

一、省级先进集体

1. 萧山区劳动和社会保障局，被省劳动和社会保障厅评为2008年度全省劳动保障宣传（通讯）工作先进单位。

2. 萧山区劳动和社会保障局，被省劳动和社会保障厅评为2008年度全省劳动保障监察工作优胜单位。

3. 萧山区劳动和社会保障局，被省劳动和社会保障厅评为2008年度全省劳动争议仲裁工作先进单位。

二、市级先进集体

1. 萧山区劳动和社会保障局，被评为2008年度杭州市劳动保障工作优胜单位（一等奖）。
2. 萧山区劳动和社会保障局，被评为杭州市老龄工作先进单位。
3. 萧山区劳动和社会保障局，被评为2008年度杭州市社会综合治理工作先进单位。
4. 萧山区劳动和社会保障局，被评为2008年度杭州市信息和宣传报道工作先进单位。
5. 萧山区劳动和社会保障局，被评为2008年度杭州市劳动保障监察工作优胜单位。
6. 萧山区就业管理服务处，被评为2008年度杭州市就业与失业保险工作先进单位。

杭州市余杭区劳动保障情况

2008年，余杭区劳动和社会保障局坚持科学发展观，紧紧围绕省、市劳动保障部门确定的工作重点和下达的各项目标任务，以促进就业再就业、扩大社会保障覆盖面、协调劳动关系为重点，扎实推进劳动保障各项工作，实现了劳动保障事业全面持续健康发展。

劳动保障工作情况

一、坚持就业优先，就业形势保持基本稳定

2008年，全区新增就业人员15 520人，城镇失业人员实现再就业7 699名，其中困难人员再就业5 163人，城镇登记失业率为3.87%，保持了就业形势的基本稳定。就业工作连续四年获得市级先进。

（一）抓政策落实，确保资金安全运行

2008年是新一轮就业再就业政策审批的最后一年，充分发挥政策的引导和促进作用，切实有效地促进了失业人员特别是就业困难人员再就业。全年共支出促进就业专项资金3 919.78万元，其中有8 639名持证人员享受到社保补贴、用工补助。社保补贴申领、审批手续的各项流程实行信息化管理，既确保了专项资金运行的安全，又方便了企业和群众办事。

（二）抓创建活动，消除“零就业家庭”

为进一步推动全区创建充分就业社区工作，实现社会就业比较充分的目标，在巩固2007年创建成果的基础上，及时布置落实创建工作实施方案，健全完善各项服务制度，扎实基础工作，2008年新增3户城镇低保户全部实现就业。全区44个社区通过杭州市级考核达到充分就业社区标准，其中2007年创建的28个充分就业社区通过了省级评估考核。

（三）抓城乡统筹，着力帮扶农村富余劳动力

在运河、良渚、闲林、黄湖、仓前等镇乡、街道开展农村劳动力求职登记试点，以点带面全面推进全区城乡统筹就业工作，2008年共为111名有劳动能力、就业愿望的农村富余劳动力办理了求职登记。针对224名农村低保家庭失业人员，开展针对性、动态化的“一对一”帮扶服务，224名低保家庭失业人员中凡是有就业愿望的，全部安置实现就业。推进人力资源市场向乡镇延伸，在良渚镇、五常街道、乔司镇成立了3个人力资源市场，为广大失业人员、失地农民求职创业，为企业招贤纳才创造了良好的环境。

（四）抓就业服务，切实提高劳动就业率

充分发挥劳动力市场的平台作用，有效地为用人单位和广大求职者提供良好的服务，全年共举办各类交流会 82 场次，有 12 143 家用人单位提供 111 889 个就业岗位，推荐就业 53 132 人次，其中有 22 835 人成功就业。举办创业项目展示会活动，以创业典型的示范作用引导失业人员转变就业观念，创造条件促进他们自谋职业、自主创业。展示会共推出创业项目 42 个，吸引 3 000 多人次失业人员参加，有 187 人与项目商当场签订书面创业意向，为失业人员搭建了创业平台。

二、坚持服务就业，技能培训卓有成效

2008 年，余杭区再次将实施就业再就业培训工程列为十大“政府实事”工程，3 项任务指标均全面、超额完成。全年共培训失业人员、农转非人员 5 634 人，农民职业技能培训 5 873 人，外来务工人员培训 7 278 人，再就业培训 9 467 人，其中技能培训 4 276 人，高技能人才培训 1 292 人。

（一）继续抓好“实事”工程，全面推动技能培训

以促进就业为目的，抓好失业人员培训，依托相应教育培训机构，有计划地举办了计算机文字录入员、营业员、保健按摩等职业技能培训班 44 期，培训失业、征地农转非人员 5 634 人；以提高实效为重点，抓好农民技能培训，共举办了 10 期培训班，参训人员达 500 余人，对于企业工龄在 9 年以上的农民工开设高级工班，提高培训的针对性；以服务企业为目标，抓好外来务工人员培训，使培训进入企业，利用生产安排的空余时间授课，解决了生产与培训的矛盾，全年共对 75 家企业开展了服装制作、车工、维修电工、汽车驾驶等职业（工种）的培训。

（二）继续加大工作力度，重视培养高技能人才

在日常培训中，对符合条件的技术骨干人员单独组班、单独授课和辅导，按照高级工的标准单独进行考评。通过技能比赛选拔技能人才，共开展餐厅服务员、客房服务员、叉车、焊工等 21 个职业的技能比赛。针对全区服装业比较发达，但高级工以上的服装制作工缺乏的现状，开设服装制作高级工班。

（三）继续加强民办机构管理，推动技能培训社会化

充分调动社会力量开展职业技能培训工作，对民办培训机构坚持“积极鼓励、大力支持、正确引导、依法管理”的方针，开展综合检查和评估，规范办学管理。2008 年 8 家民办培训机构共培训各类人员约 2 080 人，通过考核获得职业资格证书的有 600 余人。

（四）继续加快技工学校建设，为企业输送技能人才

区技工学校以省级重点技工学校的挂牌为契机，不断提高办学层级，与浙江理工大学等多家高等院校合作办学，开设“3＋2”高级工大专班，开创办学新模式，并坚持以日常教学与实习教学并重，积极为企业培养各类初、中、高级人才，2005 级学生就业率达到 98.3%。

三、坚持城乡统筹，社会保险覆盖面进一步扩大

按照党的十七大提出的加快建立城乡统筹、全民覆盖的社会保障体系的精神，以健全政策制度为抓手，不断扩大社会保险覆盖面，提高社会保障水平，社会保险的参保人数持续增长。2008 年，全区养老保险企业在职参保人数 229 772 人，比上年末净增 43 815 人；医疗保险参保人数 273 228 人，比上年末净增 64 713 人；工伤保险参保人数 278 635 人，比上年末净增 58 060 人；失业保险参保人数 194 295 人，比上年末净增 38 625 人；生育保险参保人数 166 266 人；城乡居

民合作医疗保险参保人数 588 523 人（不含非余杭区户籍符合参保条件的学生），总体参保率达 99.57%。

（一）落实养老、医疗实施意见

及时研究实施过程中出现的新情况、新问题，不断完善社会保险政策。制定了农村居民养老保险参保的优惠奖励政策，鼓励人员参保。全面实施企业在职职工门诊医疗统筹政策，近 20 万人享受到了在职门诊报销。调整城镇老年居民生活保障政策，全区 1 367 名城镇老年居民参加了该项保障制度。将城乡居民合作医疗更名为城乡居民基本医疗保险，拟定 2009 年的相关政策，人均筹资提高至 360 元，并继续优化各项报销政策。

（二）强化社保扩面力度

从 2008 年 10 月 1 日起，全面推进社会保险费“五费合征”工作，努力实现社会保险全覆盖。降低了城镇个体劳动者养老保险缴费基数和灵活就业人员职工医保的缴费基数，提高参保积极性。降低社会保险缴费比率，减轻企业负担。企业职工基本医疗保险从过去的按省平均工资征缴改为按工资总额 8.5%征缴。积极开展工伤保险扩面工作，2008 年建筑施工企业参加工伤保险参保职工达 49 654 人。

（三）认真做好医疗保险服务

新增 40 家定点医疗机构和 43 家定点零售药店，进一步满足参保群众需求，截至目前，全区共有职工医保定点医疗机构 186 家、定点零售药店 88 家。积极做好医疗救助工作，全年共发放低保家庭医疗救助券 132.3 万元，实施医疗救助 891 人次，救助金额达 495.1 万元。克服时间紧、任务重的困难，做好全区手足口病报销工作，共报销 1 254 人次，报销医疗费用 125.4 万元。努力推进城乡居民基本医疗保险工作，2008 年城乡医保参保率高达 99.57%。

（四）落实农转非人员生活保障

余杭区劳动保障局与镇乡、街道加大宣传力度，尤其是对撤村建居社区人员，主动上门宣传养老保障和征地安置政策。针对政策变化和安置工作中出现的新情况，及时调整办理流程，简化参保手续办理，明确参加养老基本生活保障的人员由所在社区统一办理。2008 年，共办理征地农转非 17 152 人，征地农转非享受政策优惠的参保人员净增 18 034 人。全区因征地、撤村建居、国有外荡水面收回办理农转非人员享受政策优惠参保人数累计已达 79 465 人。

（五）优化企业退休人员社会化管理服务

按时足额发放各项待遇，2008 年办理各类享受待遇的人员 62 576 人，全区享受各类社会保险待遇的人数达 12.66 万余人。及时调整退休人员养老金、节日慰问费、冷饮费等政策，按时发放到位，2008 年企业退休人员养老金人均增资 129.20 元。做好节日慰问、大病住院探望、困难补助、丧事料理等服务工作，积极组织开展各类文娱健身活动，由全区退休人员参演的文艺节目，获杭州市第三届企业退休人员文艺会演比赛一等奖和二等奖。建立社区退休人员自管小组，为社区开展各项管理服务工作奠定组织基础，真正起到退休人员活动有组织、困难有帮助的作用。对居住在杭州市的 3 000 余名退休人员从 2009 年 1 月 1 日起委托杭州市医保局管理，大大方便这部分人群的就医需要，获得一致好评。

四、坚持规范用工，劳动关系协调机制更趋健全

随着经济体制改革的不断深化，劳动关系在整体趋于和谐的同时，也呈现出多样化、复杂化和局部个案冲突日益激烈化的趋势，面对出现的新情况、新问题，从规范用工管理、建立长效机制、加大执法力度、依法处理信访等方面做好各项工作，切实维护职工合法权益。

（一）扎实做好劳动用工基础工作

加强劳动合同基础管理，及时完善劳动合同文本，定期、不定期在全区范围内开展劳动合同签订情况的专项监察，督促企业签订劳动合同。狠抓工资支付管理，要求企业严格执行最低工资制度，在春节前后开展工资专项检查，确保职工工资支付落到实处。积极推进工资集体协商制度，全年共签订工资集体协商协议321份。

（二）建立完善维权长效机制

继续实行工资支付月报、旬报，建筑施工企业保证金等长效制度，2008年，共有697家建筑企业办理工资支付保证金，保证金金额累计达2.26亿元。推行租赁经营场地企业工资支付保证金制度，7个重点乡镇、街道初步建立该项制度，有249家租赁经营场地企业办理了工资支付保证金，已缴保证款703万余元。全面推进劳动保障书面审查工作，建立企业信用档案制度，全区书面审查用人单位达到8 152家。在全区范围内推广实施劳动保障监察网格化管理，招聘劳动保障监察协管员30名，充实到各镇乡、街道劳动监察中队，目前全区已配备劳动保障监察协管员44名。

（三）及时查处违法案件

在日常巡查和举报、投诉处理的同时，积极开展以清欠外来务工人员工资、打击非法职业中介和规范企业用工行为、劳动合同签订情况等为主要内容的多项监察活动，全年共检查用人单位4 004家，涉及劳动者14.74万人，督促整改和查处违法案件673件，为职工追回工资1 209.2万元，补签劳动合同6 382份，查处童工案件9起。

（四）快速处理劳动争议

区劳动争议仲裁委员会实行当场立案制度，提高办案效率，做到快立、快调、快审，2008年共受理劳动争议案件350起，同比增长82.3%，结案率为91.5%，共为双方当事人挽回经济损失520.21万元。加强镇乡、街道协调委员会的劳动关系调解工作，各镇乡、街道劳动关系协调委员会全年共调处劳动争议2 525起，涉及职工10 819人，为当事人挽回经济损失4 685.19万元。区劳动争议仲裁委员会连续七年被评为全省劳动争议案件处理工作先进单位。

（五）做好来信来访和提案议案办理工作

加强领导，落实信访领导责任制，健全预警制度，完善信访排查调查机制，2008年，共接待来访700余批2 100余人次，办理“12345”交办件719件，政民互动及其他网上信访件1 695件，来信186件。共办理政协提案及人大议案55件，满意率和基本满意率100%。区劳动保障局被评为信访工作优秀单位和奥运维稳工作先进集体。

（六）认真做好行政审批、行政应诉工作

规范审批程序，全年共受理特殊工种提前退休、认定165人，审批企业实行不定时工作制和综合计算工时工作制行政许可175家，受理工伤认定2 298起，作出认定决定2 187起，支付工伤保险待遇1 889余万元，组织因病和非因工伤残劳动能力鉴定138人，组织因工与职业病致残鉴定511人。

五、坚持以人为本，服务水平进一步提升

2008年，余杭区劳动保障局牢固树立“以人为本、服务群众”的理念，坚决贯彻区委、区政府“环境立区”战略部署，从提高服务质量、服务水平上下工夫，不断完善内部制度和窗口建设，切实加强队伍建设，努力打造劳动保障最优为民服务环境。

（一）优化社保服务体系

从2008年1月1日起，将个体参保、“4050”人员办理失业保险缴费等参保登记业务职能下延至余杭、瓶窑、塘栖三个劳动保障管理所，使社保网络进一步向镇乡区片延伸，方便群众就近办理业务。继2007年与余杭区建设银行实现社会保险费实时征缴后，又与农村合作银行、工商银行实现了实时结算业务，三大金融机构实时缴费系统的开通，为参保人员提供了方便，减轻了单一银行的业务压力。

（二）创新多项服务举措

组织开发“余杭劳动保障网”企业业务网上办理系统，节省企业业务办理时间，2008年已有700余家企业进行网上业务办理。社保大厅在对部分规模以上企业实行“一对一”服务的基础上，对参保人数在200人以上的企业，实行材料留置办理，并实行午间值班制度，方便企业办事。为满足广大群众对劳动和社会保障政策咨询的需要，组建劳动保障咨询室，开通咨询服务专线，为群众提供优质、高效的咨询服务，自7月14日组建以来，受理、答复来电已突破2.9万件。

（三）主动出击送服务进企业

根据区委、区政府要求，积极开展“百名领导、千名干部、万名党员进企业、送服务”“外商投资企业服务月”等活动，组成工作小组多次走访企业，宣传法规政策，解决企业难题。通过政协、工商联及开发区等部门搭桥，和企业家就目前在执行《劳动合同法》过程中遇到的一些困惑进行交流，并提出了“强化依法用工意识，提高用工管理水平”的建议，受到企业欢迎。

回顾2008年工作，在全面超额完成市、区下达的各项目标任务的同时，余杭区劳动保障局围绕全区经济发展的中心，四项工作取得的成效尤为突出。一是创建充分就业社区活动成效突出。全区44个社区通过杭州市级考核，达到充分就业社区标准，创建率达到81.48%，提前、超额完成杭州市下达的40%的社区达到充分就业社区的目标任务。同时，2007年创建的28个充分就业社区通过了省级评估考核，劳动保障局、临平工农新村社区、瓶窑新窑社区被评为省级创建充分就业工作先进集体。二是农村居民养老保险参保工作成效突出。与镇乡、街道共同努力，加大宣传，鼓励参保，截至2008年年底，参加农村居民养老保险的人员达40 935人，全区参加各类养老保险的农村居民的参保率达到46.97%。而在2005年年底，只有10.48万人纳入了社会养老保障体系，这其中还包括征地农转非人员，参保率仅有17.53%。短短的三年，农村居民的养老保险参保面有了大幅扩大，向实现社会保险全民覆盖的目标又迈近了一步。三是企业减负工作成效突出。为帮助企业渡过难关，劳保、财政、地税部门密切配合，及时出台减负政策，从2008年10月起，将企业养老保险单位缴费比例从19%降至15%，生育保险费率0.7%调整到0.5%，工伤保险缴费率（基准费率）根据不同行业分别下调约0.2%，并在12月减征1个月企业应缴社会保险费，切实减轻了企业负担。四是欠薪整治工作成效突出。通过建立健全企业欠薪预警制、工资支付保证金、农民工工作联席会议等六项劳动用工管理长效机制，形成了多部门齐抓、多级监管的工作局面，在2008年企业经营形势不利的情况下，全区清欠工资额与上年基本持平，维护了社会的稳定，区劳动保障监察大队被评为省级先进单位。

所获荣誉

一、浙江省级先进荣誉

1. 余杭区劳动和社会保障局被评为2007年度省创建充分就业社区工作先进集体。
2. 余杭区劳动争议仲裁委员会被评为2008年度全省劳动争议案件处理工作先进单位。
3. 余杭区劳动保障监察大队被评为2008年度省劳动保障监察工作优胜单位。
4. 余杭区社会保险办公室被评为2008年度省医疗保险内控制度建设先进单位。

二、杭州市级先进荣誉

1. 余杭区劳动和社会保障局被评为2008年度市劳动保障工作目标任务考核先进单位、2008年市劳动保障政务信息报送工作先进单位、2008年市农民工工作先进集体、2008年度市外来劳动力计生目标管理达标单位。
2. 余杭区社会保险办公室被评为2008年度杭州市社会保险工作先进单位。
3. 余杭区就业管理服务处被评为2008年度市就业和失业保险工作先进单位。
4. 余杭区劳动保障监察大队被评为2008年度杭州地区劳动保障监察工作优胜单位。

三、个人所获荣誉

1. 马金德被评为2007—2008年度省劳动和社会保障学会系统先进个人。
2. 张蓓被评为2008年度全省劳动争议案件处理工作先进个人。
3. 陈德勤被评为2007年度省创建充分就业社区工作先进个人。

富阳市劳动保障情况

2008 年，富阳市劳动和社会保障局以“好字优先快发展，干字当头抓落实”为各项工作主基调，统筹城乡就业，完善社会保障体系，促进劳动关系的和谐稳定，劳动保障事业取得新发展，为构建和谐新富阳作出了积极贡献。

劳动保障工作情况

一、基本情况

（一）就业再就业工作

全市新增城镇就业人数 20 229 人，完成全年任务 8 700 人的 232.5%；办理招工录用备案 27 472 人，完成全年任务 13 300 人的 206.6%；失业人员实现再就业 5 334 人，完成全年任务 4 800 人的 111%，其中就业困难人员 2 661 人，完成全年任务 1 000 人的 266.1%；农村劳动力转移就业 22 498 人，完成全年任务 8 500 人的 264.7%，其中农村低保家庭中有劳动能力和就业愿望的人员实现就业 1 091 人，完成全年任务 850 人的 128.4%；城镇登记失业率控制在 3.28%以内，低于 4%目标任务。发放促进就业专项资金 2 306.77 万元。建立了新登、江南两个中心镇人力资源市场。

（二）社会保险工作

全市企业养老保险参保 15.84 万人，其中净增参保 2.32 万人，完成全年任务 8 500 人的 272.9%；基本医疗保险参保 8.67 万人，其中净增参保 1.39 万人，完成全年任务 4 500 人的 308.9%；工伤保险参保 18.02 万人，其中净增参保 2.41 万人，完成全年任务 1.6 万人的 150.6%；失业保险参保 9.62 万人，其中净增参保 5 200 人，完成全年任务 4 500 人的 115.6%；生育保险参保 11.53 万人，被征地人员基本生活保障参保 3.44 万人，农村居民养老保险参保 307 人。各项社保基金累计积余 19 亿元，其中企业养老保险基金累计积余 11.7 亿元，基金支付能力 47.2 个月，大大超过全省平均水平。全市 53.4 万人参加 2008 年度城乡居民合作医疗，参保率 99.5%，完成杭州市下达 95%参合率的 105.5%，筹资标准为 150 元，达到杭州市下达人均筹资水平占上年农民人均纯收入 1.6%的标准，其中个人每人每年缴纳 35 元，本市及上级财政、各乡镇（街道）财政分别按每人每年 90 元、25 元补助。全市 25 个乡镇、街道均超额完成各自的参保任务，筹资总额达 8 036 万元；130 万人次在合作医疗制度中受益，受益率达

240.8%，报销总支出达11 020万元。合作医疗定点机构102家，其中本市定点医疗机构93家，在杭定点医疗机构20家。以人均6元为标准，全年共筹集城乡困难人员医疗救助资金387万元，664人享受困难人员医疗救助，救助总金额达358万元，占全年救助资金的93%。12月，已对参保单位2008年度各项社会保险费减征了一个月的企业缴费统筹部分。

（三）就业培训工作

失业人员再就业培训2 689人，完成全年任务2 400人的112.04%，其中技能培训1 550人，完成全年任务1 440人的107.6%，创业培训96人，完成全年任务60人的160%；农村劳动力培训4 612人，完成全年任务4 500人的102.5%；高技能人才培训535人，完成全年任务520人的102.9%；职业技能鉴定发证13 389人，完成全年任务5 500人的243.4%。

（四）劳动保障维权工作

受理各类投诉举报案件502件，涉及劳动者2 793人，劳动争议仲裁案件428件，涉及劳动者1 827人，结案率95.5%，为劳动者和用人单位挽回经济损失2 636.18万元；主动监察用人单位240家，涉及劳动者1万余人次，专项检查785家；追回拖欠工资735.35万元；行政处罚42件，罚款22.5万元；行政处理3件，处理金额74.5万元；受理工伤认定5 517件、伤残鉴定773件。在11个乡镇（街道）建立了11个劳动保障监察中队，划分成17个网格，配备17名劳动保障监察协管员，并开展劳动保障监察网格化管理。

二、主要工作

（一）在构建统筹城乡劳动保障体系方面取得四个突破

一是围绕促进城乡劳动者充分就业的目标，在构建统筹城乡的就业再就业政策体系上取得新突破。以贯彻实施《就业促进法》为主线，进一步完善和实施积极的就业政策，出台《关于做好城镇零就业家庭和农村低保家庭劳动力就业援助工作的实施意见》（富政办［2008］65号），深化创建充分就业社区工作，使各项就业援助政策惠及城乡困难居民，切实帮扶零就业家庭人员和农村低保家庭劳动力就业。全市23个社区通过杭州市创建充分就业社区工作领导小组评估考核，创建率100%，提前一年完成了市政府提出的三年60%社区达标的创建目标。

二是围绕“全民覆盖、全民共享”的目标，在构建统筹城乡的社会保障体系上取得新突破。根据杭州市有关规定，结合富阳市实际，制定出台了《富阳市基本医疗保障办法》（富政［2008］1号）、《富阳市基本养老保障办法》（富政［2008］2号）及相关配套政策文件，2008年7月1日起正式实施。“两个办法”对原企事业单位养老保险、基本医疗保险和被征地人员保障的参保条件、享受标准等作了调整，将新型农村合作医疗与非医保居民合作医疗归并并更名为城乡居民合作医疗保险制度。同时，新出台了城镇老年居民社会保障、农村居民养老保险和城乡老年居民基本生活补助等政策，建立起“城乡统筹、全民覆盖、没有漏洞、不留空白”的城乡居民社会保障体系。其中，率先对无保障的城乡老人实行个人免于缴费直接发放基本生活补助的政策，更是富阳市的一大创举，受到了社会各界的一致好评。政策出台后，集中力量加大“两个办法”的宣传贯彻落实力度，已有3.3万余名符合条件的农村老年居民按月领取基本生活补助费，1 391名城镇老年居民按月领取生活补助费，受到了广大城乡老年居民的欢迎。

三是围绕促进劳动关系和谐的目标，在构建统筹城乡的维权监察体系上取得新突破。按照省、杭州市有关工作要求，富阳市在富春、春江、高桥、新登、场口等11个乡镇（街道）先行建立起劳动保障监察中队，将11个乡镇（街道）划分成17个网格，每个网格配备1名协管员，实施网格化管理。17名协管员将负责对区域内的各类用人单位进行劳动保障基本信息采集，了解用人单位在用工管理、工资支付、社会保险等方面的情况，帮助指导用人单位规范用工行为，构建和谐劳动关系。

四是围绕建立“大社保”基层组织体系目标，开展了“大社保”基层平台建设试点工作。2008年8月29日，市委组织部、市政府办、人事局、劳动保障局、民政局、卫生局等部门负责人在方仁臻副市长的带领下，与高桥镇党政班子共商“大社保”试点工作。10月，出台了试点工作方案，标志着富阳市“大社保”基层平台建设试点工作全面拉开帷幕。试点的目的是有效打通“大社保”基层组织体系，整合资源，信息共享，构建起乡镇（街道）、村（社区）“大社保”基层服务平台。在相关部门的指导下，高桥镇重点针对存在的责任科室分散、人员流动频繁、工作力量配置不均、设施投入重复、信息资源难以共享等问题，成立了“大社保”工作中心，与社会事务办合署办公，下设社会事务、帮扶救助、社会保险、社会福利、劳动监察、就业服务等7个业务办公室，村（社区）一级建立“大社保”服务室，由村主任担任主任，由大学生村官担任联络员，没有村官的村由村干部负责，确保村村有专人负责，并对“大社保”相关工作流程进行再造，将工作职责、工作流程上墙公布。通过搭建平台、整合职能、流程再造，初步建立起了“就业、保险、救助、福利、慈善”五位一体的“大社保”格局。高桥镇“大社保”试点工作为全市“大社保”工作的全面推开积累了经验，提供了样板。

（二）在提高服务水平方面积极推进四项建设

一是推进中心镇人力资源市场建设。在进一步完善和发挥主城区人力资源市场公共平台作用的同时，富阳市积极推进春江街道和新登镇两个人力资源市场建设。新登人力资源市场已于2008年9月底投入使用；江南人力资源市场将于2009年2月正式投入使用。通过信息网络，实现主城区与中心镇招工信息资源共享，引导农村劳动力向非农产业有序转移，逐步建立起“布局合理、覆盖城乡”的人力资源市场网络体系。

二是推进劳动保障法制建设。以全面贯彻实施《劳动合同法》《就业促进法》和《劳动争议调解仲裁法》为契机，规范劳动保障行政审批和行政许可行为，落实政策性文件审核和公开制度，由事后监督向事前主动参与方向转变。通过业务培训、举办劳动保障法律知识竞赛、开展送法下乡服务等活动，强化劳动保障系统工作人员、用人单位和劳动者的普法教育，使劳动保障工作人员依法行政的观念和能力明显提高，劳动者、用人单位以及社会各界的劳动保障法律意识和法律素质明显增强。

三是推进社会保障信息管理系统建设。根据“两个办法”的规定，在“五险合一”社会保险信息管理系统的基础上，及时对职工基本养老保险、机关事业单位养老保险、被征地人员社会保障和城镇职工基本医疗保险子系统进行修改完善，新开发城镇老年居民社会保障和农村居民养老保险子系统，社保管理系统得到了进一步完善。

四是推进劳动保障队伍建设。紧紧围绕机关效能革命建设，深入开展“基层点题、部门解题”“权力清单、流程再造”、基层满意站所创建等活动。进一步完善政务、信息公开制度，加强党风廉政建设，增强干部职工大局意识、为民意识和责任意识，提高创新能力、协调能力和自律能力，树立劳动保障部门新形象。

（三）在保障民生方面进一步健全五个机制

一是健全公共就业服务机制。坚持以人为本，有针对性地为劳动者提供职业指导和职业介绍。启用职业介绍信息管理新系统，规范职业介绍行为，进一步建立起就业指导、推荐岗位和创业项目为一体的公共就业服务机制。全年共举办各类专场招聘会18次，提供就业岗位1.3万个，进场交流7 600余人次；举办“以创业实现就业、创业推动就业”为主题的创业项目展示会1

次，有 99 人当场达成创业意向。

二是健全医疗保障管理机制。积极与卫生、民政、财政、人事等部门沟通，从 2008 年 7 月 1 日起，将原卫生部门管理的新农合职能和原民政部门管理的医疗救助职能，实现平稳交接。初步建立起了全市统一的基本医疗保障管理体制。将原分设的城乡居民合作医疗结报大厅搬迁到社保服务大厅，实现社保业务集中统一对外服务。重新制定出台《富阳市城乡困难人员医疗救助办法》和《富阳市城乡居民合作医疗实施办法》。通过专项监察，会同相关部门开展年度检查考核等方式，强化医疗保险定点医疗机构和定点药店的监管。9 月 1 日起，新增 16 家基本医疗保险和工伤保险定点医疗机构。

三是健全社保基金监督管理机制。通过权力清单、流程优化、风险防范，进一步强化了社保基金专项管理，依法处理了一系列社保基金历史遗留问题。上半年全市收还企业安置费欠款 46 万元。

四是健全和谐劳动关系服务机制。结合《劳动合同法》的贯彻实施，全面促进各类企业和用工单位签订劳动合同，进一步落实“劳动合同全覆盖三年行动计划”。对 25 个乡镇（街道）开展了《劳动合同法》培训，重新建立了 287 个行政村劳动关系协调小组，2008 年 10—11 月举办了 10 期劳动关系协调小组培训班，培训内容包括《劳动合同法》及《劳动合同法实施条例》《劳动争议调解仲裁法》《就业促进法》《富阳市基本医疗保障办法》《富阳市基本养老保障办法》。进一步加强农民工工资清欠制度建设，完善《建筑工人用工册制度》《建筑企业劳动保障监察联络员制度》《劳动保障监察案件报送联系函制度》的同时，出台《企业欠薪预警机制》。规范劳动保障违法案件举报奖励制度，规范工伤认定、劳动能力鉴定、监察执法等行政行为，开通四川灾区农民工等弱势群体欠薪追讨“绿色通道”，取消劳动争议仲裁收费，维护农民工的合法权益和减轻农民工的负担。

五是健全就业培训机制。整合培训资源，建立培训机构淘汰机制。开展新一轮培训机构资质认定，明确职、技校以中高级培训为主，乡镇（街道）成校以低层次培训为主。取消两家培训单位的培训资质。实施“三分工”培训组织模式，由劳动保障部门统一规划、乡镇（街道）宣传发动调查摸底、定点培训机构组织开展培训。实施培训定点管理和培训鉴定申报制度，认定 16 家培训单位承担农民素质培训。实行定向培训，提高培训针对性。加强高技能人才队伍建设，开展高级工免费技能培训和技能竞赛活动。培训高级工 417 人，技师 118 人，培训补助金额 23 万元。组织开展烹饪类、建筑类、汽修类、饭店服务类 11 个工种全市职业技能大赛，75 家参赛单位 285 名选手参赛，29 名选手破格晋升高级工。加强职业技能鉴定管理，重点加强对鉴定管理人员、质量督导人员、考评人员的培训和管理。根据职业技能鉴定工作规程，配备鉴定管理人员 5 人、督导人员 5 人、考评人员 99 人次。选派 5 位考评员参加上级业务培训。全年完成督考 354 场次，采取有效的质量监控措施，真实、客观地上报各类鉴定数据、信息，建立了完善的公示制度及投诉渠道。

所获荣誉

一、集体省级

富阳市社会保险管理中心被评为浙江省争创社会保险能力建设工作先进单位。

二、集体杭州市级

1. 富阳市社会保险管理中心党支部被评为杭州市级先进基层党组织。
2. 富阳市社会保险管理中心被评为杭州市社会保险工作优秀单位。
3. 富阳市社会保险管理中心被评为杭州市级文明单位。
4. 富阳市社会保险管理中心被评为杭州市爱国卫生先进单位。
5. 富阳市就业管理服务处被评为就业和失业保险工作先进单位。
6. 富阳市劳动争议仲裁委员会被评为杭州市劳动争议案件处理工作先进单位。
7. 富阳市劳动保障监察大队被评为杭州市劳动保障监察工作先进单位。
8. 富阳市劳动保障监察大队被评为杭州市农民工作先进集体。

三、个人杭州市级

1. 颜希被评为杭州市促进就业工作先进个人。
2. 孙申华被评为杭州市政务信息报送工作先进个人。
3. 赵云山被评为杭州市技工教育优秀班主任。
4. 蒋丽英被评为杭州市技工教育优秀班主任。
5. 李小婷被评为杭州市技工教育教坛新秀。
6. 许棋棋被评为杭州市优秀共青团干部。

临安市劳动保障情况

2008年，临安市劳动保障工作在市委、市政府的正确领导和上级劳动保障部门的关心指导下，以科学发展观为指导，深入学习贯彻党的十七届三中全会和市委十二届九次全会精神，紧紧围绕服务经济社会发展大局，着力推进民生保障工程，促进社会和谐，以破解“就业难”“看病贵”“就医难”“老有所养”等热点难点问题为突破口，进一步解放思想，创新举措，克难攻艰，劳动保障的各项工作取得了明显的成效。

一、政府重点工作

1. 五费合征成果得到巩固。全市参加企业职工基本养老保险职工 88 669 人，新增 11 089 人，完成杭州市下达养老保险扩面任务 5 500 人的 201.62%。全市工伤保险参保职工 110 218 人，新增 14 204 人，完成杭州市下达工伤保险扩面任务 7 000 人的 202.91%。6 月 4 日出台了《关于做好工伤保险按工资总额由地税征缴有关事项的通知》，从 7 月 1 日起实行工伤保险全覆盖。起草了《临安市被征地农民即征即保的实施意见》征求意见稿，已经市政府多次讨论，目前正在办理中。

2. 贯彻实施《就业促进法》，新增城镇就业岗位 7 456 个，占全年新增任务数 6 200 个的 120.26%；实现再就业 3 150 人，占全年任务数 3 000 人的 105%。所有创建充分就业社区已通过上级劳动保障部门检查考核，创建面达 100%。

3. 加强就业创业培训，鼓励失业人员自谋职业、自主创业。已建立 2 个省外劳动力输入基地。9 月 30 日，市政府下发了《关于进一步加强劳动保障监察体系建设若干意见》，劳动保障网格化工作逐步推进。和谐劳动关系构建进一步加强，合作共赢维权模式有效推广。

4. 9 月 10 日市政府下发《临安市农村居民养老保险办法》和《临安市城镇老年居民生活保障办法》，农村老年居民养老保险参保踊跃，参保人数 5 172 人，城镇老年居民生活保障参保人数 220 人。实现城乡居民基本社会保障制度全覆盖。

二、具体目标任务

（一）城乡统筹就业工作取得新进展

围绕促进城乡劳动者充分就业的目标，以解决困难人员就业问题为重点，积极创建“充分就业社区”，开展农村低保家庭和“零就业家庭”就业援助工作，并开展了一系列促进就业服务活动。全市新增就业岗位 7 456 个，失业人员实现再就业 3 150 人，就业困难人员再就业 564 人，以及实现农村劳动力转移就业 5 825 人次，分别完成杭州市下达目标任务的 109.65%、126%、141%和 105.91%；农村低保家庭中有劳动能力并有就业愿望的人员实现就业 219 人，就业率达到 73.74%，超额完成杭州市下达就业率不低于 50%的考核指标；城镇登记失业率为 3.37%。

1. 以破解“就业难”“招工难”为切入点，积极搭建“就业”和“招工”两大平台

全年举办人力资源交流活动 11 场次，进场交流的用人单位 973 家次，提供岗位 2 800 余个，进场交流咨询的劳动力约 12 500 人次，交流成功 1 411 人。为进一步方便用人单位和失业、失地人员及外来人员就业，分别在青山湖街道和昌化镇成立临安市两家劳动力分市场。继续发挥人力资源市场优势，接待用人单位 1 441 家次，发布用工信息 2 414 条，接待求职登记 9 591 人次，交流成功 5 838 人，提供岗位 26 629 个（含人力资源交流会）。

2. 做好“零就业家庭”和低保家庭的就业援助，积极开展“充分就业社区”工作

做好城镇“零就业家庭”和农村低保家庭劳动力就业援助工作，在摸清家底的基础上，对“零就业家庭”做到发现一户、消除一户、解决一户、巩固一户。同时，做好农村低保家庭的摸底工作。10 月中旬，市政府批转了临安市“零就业家庭”和农村低保家庭就业援助方案，为全面开展“零就业家庭”和农村低保家庭就业援助提供了保障。在“充分就业社区”创建工作方面，除巩固 2007 年创建验收合格的 4 个社区外，其他 7 个社区都参与了创建达标行动，其中锦城街道办事处被评为省创建“充分就业社区”先进集体。

3. 拓展新思路，以项目带动就业

在巩固和扩大人力资源交流会和日常职介服务的前提下，进一步开拓就业工作新思路，广揽各地信息为我所用。2008 年，成功举办了两次“创业项目展示会”，推出 82 个创业项目，所展示的项目具有低起点、见效快、风险小的特点，吸引了大批失业职工、失地农民、大学生和退伍军人，共计 3 500 余人，达成创业意向 192 人，通过劳动者自谋职业、自主创业，解决劳动者自身就业的问题，创造出新的就业岗位，带动更多的人实现就业。

（二）城乡社保体系建设迈上新台阶

为进一步完善社会保障政策，按照“城乡统筹，全民共享”要求，积极扩大社会保险的覆盖面和受益面。全年养老保险净增参保 11 089 人（临安市现有参保企业 3 959 家，职工 88 669 人）、工伤保险净增参保 14 204 人、医疗保险净增参保 13 746 人和失业保险净增参保 2 126 人，分别完成杭州市下达目标任务的 201.62%、202.91%、305.47%和 132.88%。新农合参合率达到 97%，提前完成杭州市下达的全年目标任务。全年累计征收种类社会保险费 8.72 亿元，比 2007 年同期增收 3.57 亿元，全年累计发放种类社会保险费 4.98 亿元，比 2007 年同期增加 0.89 亿元，截至 12 月底，临安市养老金支付能力已达到 24.78 个月，比 2007 年增加 4.4 个月。

1. 想群众之所想，切实解决广大群众“看病难”“看病贵”问题

2008 年出台的《临安市基本医疗保障实施办法》，在降低住院起付标准、实行普通门诊社会统筹和开设定点零售药店等八个方面进行了修改和完善，医疗保险基金将增加支出 2 500 万元，参保群众将得到较大实惠，广大群众反映强烈，并给予了充分肯定和高度评价。5 月 25 日，举行了作为市委、市政府民生保障的“亮点”工作——首批 3 家定点零售药店开通仪式，结束了临安市职工无法在定点药店刷卡就医配药的历史，有效地缓解了“看病难”“看病贵”等问题，方便了市民就医配药。至今已开通定点零售药店共 6 家。

2. 急群众之所急，切实解决城乡老年居民“老有所养”问题

于 2008 年 10 月 1 日开始实施的《临安市农村居民养老保险办法》和《临安市城镇老年居民生活保障办法》，将城乡老年居民纳入社保“安全网”，彻底改变了临安市没有养老保障城乡老年居民“养儿防老”“银行储蓄防老”的传统观念。农村居民养老保险参保人数 5 172 人，参保率为 100%，完成了杭州市局下达 20%的目标任务，基本破解了广大农村老年居民“老有所养”的难题，政策深入人心，群众拍手称好，进一步提升了群众满意度。

3. 巩固“五费合征”的成果，工伤保险实行全额征收

从2008年1月1日起调整企业社会保险费缴费基数和标准，将企业职工五大保险缴费工资进行了调整。同时，企业可通过网上服务平台办理职工增员、职工减员、缴费基数申报、社保信息阅读、单位和职工信息查询等社会保险业务。于7月1日开始，工伤保险实行按工资总额征收，所有纳入地税管理的缴费单位由地税部门负责征收，实现了工伤保险全覆盖。

4. 新农合不断推进，得到了广大农民群众的好评

继续狠抓新农合参保扩面工作，将城镇居民中未参加城镇职工医疗保险的儿童、老年居民、特困、残疾人群统一纳入参合对象，新农合参加总人数402 765人，参合率达97%，人均筹资额增加到141元，达到2007年农民人均纯收入的1.6%。2008年提高了门诊、住院费用的补助比例，使补助政策得到了进一步完善，保障水平得到了进一步提高。

（三）职业技能培训工作展出新成效

培训工作坚持以提高城乡劳动力技能素质、促进城乡统筹就业为目标，全面整合社会培训资源，在全市开展了全方位、多层次、多领域的职业技能培训工作，进一步优化和提高了临安市人力资源素质。培养高技能人才697人，完成杭州市下达目标任务的145.2%；再就业培训1 100人，完成杭州市下达目标任务的110%，其中技能培训612人，完成杭州市下达目标任务的102%；创业培训88人，完成杭州市下达目标任务的146.7%。万马电缆公司农民工叶金龙经劳动保障局培训培养，被评为全国优秀农民工，提升了临安市的知名度和美誉度。

1. 加强培训引导，提高服务水平

坚持以促进城乡劳动力统筹就业为目标，积极搭建就业与培训的互通平台，如“农家乐”等培训，使培训效果迅速转化为农民收入的提高。同时，积极构建乡镇（街道）、社区培训网络，把培训与就业对接工作融合到“送政策、送岗位、送技能、送服务”“四送”活动中，使广大城乡劳动者充分享受到各类培训的优惠政策，从而为他们创造更多的就业机会。

2. 创业培训和专业比武并重，进一步加快高技能人才培养

继续狠抓以“SYB”为主要形式的创业培训，通过创业培训，为广大有意创业人员提供创业帮助，举办“SYB”创业培训班4期，共有88名同志参加了培训，其中残疾人员22人，通过培训共有46人实现了成功创业，实现了自身的人生价值，激励了全社会的创业意识。同时，组织精密车工、钳工、电焊工、维修电工、电梯安装维修工五大工种技能大赛，共有174余名选手参加了技能比赛，一大批高技能人才脱颖而出，壮大了临安市高技能人才队伍。

3. 创新思路，实行校企合作办班模式

坚持服务于“工业强市”战略，加快融入经济平台建设，更好地为杭资搬迁临安市经济开发区企业提供技能人才培养。2008年，市技工学校分别与杭氧股份有限公司、杭叉工程机械股份有限公司两企业采用企业冠名班的形式联合办学，实行技能人才订单培养，为两家企业定向招收、培养技术工人200名，为企业后续发展提供了强有力的技能人才保障，也进一步拓展了校企合作办学思路。

（四）构建和谐劳动关系展现新成效

针对国际金融危机和外贸企业出口压力等不利因素，劳动保障部门更新观念，审时度势，以提升企业家信心促进经济发展为出发点，进一步加大和谐劳动关系构建，注重职工权益的同时，又兼顾企业主的利益。劳动监察受理各类投诉举报案件347起，涉及职工1 921人，追回工资7 736 413.40元，清退押金51 400元。开展了农民工工资支付情况等11次专项检查活动，并对4 150家用人单位进行了劳动保障书面材料审核。9月28日，市政府通过了《关于进一步加强劳

动保障监察体系建设的若干意见》，对劳动保障监察实施了网格化管理，每个乡镇街道不少于1名协管员。劳动仲裁受理劳动争议案件323件，涉及职工485人，现已结案320件，结案率99.07%，案件涉及标的580万元。受理工伤认定案件2 258件（与2007年同期相比，增加39%），办理职工退休（职）手续738人。承办市长公开电话交办件359件，接待来访咨询人员7 900余人次。

1. 稳妥处理劳资纠纷，贯彻“执法有度，平稳过渡”原则

2008年是《劳动合同法》实施的第一年，加之国际金融危机影响，劳资纠纷剧增，矛盾凸现，临安市劳动保障局在执法办案过程中，本着“执法有度，平稳过渡”原则，积极稳妥地处理了大量劳资纠纷，借“6·2彩炬”典型案例，教育广大企业引以为戒，举一反三，执法过程中做到既维护职工利益，又兼顾用人单位利益，得到了社会的一致认可与好评。

2. 提升服务，切实规范企业劳动用工行为

根据当前劳资关系的新情况、新特点，临安市劳动保障局为切实规范企业劳动用工，促进企业做大做强，着重对劳动密集型企业所属的19个乡镇和企业主进行《劳动合同法》的辅导与培训，并对68家劳动密集型用人单位的不定时工作制和综合计算工时工作制进行了审批，促进企业劳动关系平稳和谐运行。同时，根据临安市下发的《关于全面推进职工工资集体协商工作的实施意见》文件精神，临安市劳动保障局与市总工会等职能部门密切配合，共同做好职工工资集体协商工作，推进临安市和谐劳动关系的发展。

三、抓好主题教育活动，劳动保障队伍建设得到进一步加强

根据市委、市政府的统一部署，结合劳动保障工作实际，全面开展党的十七大精神主题宣传教育实践活动、科学发展观大讨论、解放思想大讨论和解放思想大行动，以及“评政风行风，破难点问题”等一系列主题教育活动。

局党委和行政班子成立了系列主题教育活动领导小组，健全完善了业务学习、作风建设和效能建设等系列规章制度。局党委多次召开系统和中层干部党的十七大主题教育活动、科学发展观大讨论、解放思想大讨论和解放思想大行动等主题教育活动，要求每个干部职工结合实际工作，深刻剖析，对照检查，并利用双休日走访万马电缆、鑫富药业等重点骨干企业，听取企业和群众对劳动保障工作的意见和建议，并结合劳动保障工作的实际，写出心得体会文章，进行座谈交流，以进一步解放思想，创新举措，强化政风行风建设，破解难点问题，提高群众满意度。同时，积极做好重点项目的领办服务工作，听取企业推进项目过程中遇到的困难，尽最大的努力，发挥职能部门最大的优势，帮助企业解决实际困难。并组织全体干部职工和离退休人员积极向汶川大地震捐款捐物，开展“众志成城、抗震救灾”等活动。通过一系列主题教育活动，进一步激发了全系统干部职工的政治热情和工作热情，服务水平和服务质量有了明显的提升，各个服务窗口基本达到了零投诉。

进一步加强廉政教育，通过不同形式的读书会、座谈会和观看警示片等活动，教育全体干部职工清清白白做人、干干净净办事。同时，要求每个干部职工下企业，跑基层，倾听群众的要求和呼声，了解、体察和掌握广大人民群众就业、就医、“老有所养”等群众关注的热点难点问题，以此强化全局干部职工服务意识和责任意识，增强全体干部职工的凝聚力和向心力，从而更好地促进了劳动保障工作的顺利开展。

在肯定2008年劳动保障工作成绩的同时，也应当清醒地认识到劳动保障工作还存在不少的问题和困难。

1. 临安市农村居民、城镇老年居民养老保险政策的出台，一方面加大了财政资金的投入，使财政压力较大；另一方面由于相关的配套制度没有完善，宣传未跟上，不少群众仍处于观望、等待和犹豫的心理状态，影响了参保的进程。

2. 由于国际金融风暴的影响，临安市劳动密集型企业和外贸出口企业面临重重压力，生产经营形势严峻，用工锐减，加上大中专毕业生“过剩”，就业难矛盾将进一步加大。

3. 2008 年是《劳动合同法》实施的第一年，劳资纠纷急剧增加，加之国际金融危机影响，临安市部分企业用工行为不规范，拖欠和克扣职工工资等违法侵权现象屡有发生，创建企业和谐劳动关系工作刻不容缓。

4. 临安市退休职工的待遇与杭州城区存在一定差距，往往导致一些社会不稳定因素出现，如 11 月 18 日上午，300 余名退休职工上访市政府，要求提高“三节”慰问费等就是典型的一例。现临安市退休职工春节、中秋、端午“三节”的慰问费从 2009 年开始调整为 300 元，而杭州“三节”的慰问费已增加至 800 元。从 2008 年 6 月开始，临安市退休人员生活补贴由每人每月 63 元调整为 73 元，从 7 月开始，浮动价格补贴与杭州同步执行。另外医疗待遇与杭州市相比也有一定差距。

5. 随着党和政府对劳动保障工作力度的加强，劳动保障服务对象和服务范围不断拓展，需深化劳动保障资源整合，加强财力投入，进一步加快劳动保障一体化信息基础平台建设，加强市本级和基层信息网络建设，尤其是村一级信息平台建设，以更好地服务于广大群众，为广大群众提供更优质服务。

宁波市鄞州区劳动保障情况

2008年，鄞州区劳动和社会保障工作在区委、区政府的重视支持下，通过全体干部职工的共同努力，稳步发展，扎实推进，较好地完成各项预定的工作目标。新实施的各项劳动法律法规深入宣传，就业和再就业工作顺利推进，社会保险覆盖领域不断扩大，各项保障待遇稳定提升，企业用工管理日趋规范，各类劳资矛盾有效化解。

劳动保障工作情况

一、立足“三项机制”，做好就业和再就业工作

2008年是《就业促进法》实施的第一年，又是遭遇就业寒流的一年，受宏观经济形势的影响，2008年企业经营普遍出现滑坡，吸纳劳动力的能力降低，给全区就业形势带来了冲击。我们坚持以市场为依托，政策扶持为抓手，强化培训为根本，扎实做好就业工作，确保全区就业形势的基本稳定，全区城镇登记失业率3.46%，完成年度目标。

一是立足市场就业机制。劳动力市场是沟通企业与求职者的桥梁，要实现劳动力资源的供需平衡，确保这座桥梁的畅通是重中之重。为此，我们在区人力资源市场搬迁后，为尽快聚集起人气，多渠道发布公告，对一些大型的企业上门告知，确保新市场尽快形成气候。同时，区人力资源市场还千方百计提高场地利用率，固定招聘摊位从原来的60个扩容到80个，并增加建立了触摸式职介查询系统，在市场旁设立就业职介窗口，专门为在招聘洽谈会上没有找到合适岗位的求职人员提供后续服务，实现市场与职介的“无缝衔接”，使就业服务全方位、立体化。同时针对下半年人力资源市场出现的进场企业、提供岗位数大幅减少的情况，及时发布预警信息，主动与相关企业联系，积极开发就业岗位，确保市场稳定。2008年区人力资源市场共举办洽谈会77场次，提供岗位154 622个，进场人数132 908人，并有40 885人通过市场实现了就业。全区开发就业岗位20 155个，完成年度目标的100%。

二是立足政府帮扶机制。2008年市新一轮就业再就业政策出台，为切实贯彻落实好这些精神，我们以调研为基础，以完善为手段，以确保就业困难群体得到最大就业帮扶为根本，全力做好新政策的贯彻落实工作。为切实做好新旧政策之间的衔接，针对新政策中有关享受范围、享受期限等与失业人员利益相关的政策调整，我们大力做好宣传，通过短信、电话告知等形式，帮助失业人员在规定的时间内做好身份转换工作，确保失业人员就业扶持政策落实到位。在此基础

上，我们重点开展对区内实施的被征地人员就业扶持政策的调研，就实施的期限、享受的标准等作了深入的调研，针对当前就业形势严峻、本地劳动力就业压力增大的状况，采取延长就业扶持政策3年的措施，促进就业困难群体实现就业。全年有9 378名失业人员和38 902名被征地人员享受社会保险补贴，区财政就业投入达到8 558万元。

三是完善培训机制。加强劳动者职业技能培训是提高他们就业竞争力的必然途径，也是解决就业结构性矛盾的根本措施。2008年来我们在培训工作中着重抓好三方面工作。（1）加强工作调研。针对鄞州区职业技能培训缺乏统筹规划、培训重数量轻质量、培训项目和内容单一等问题，2008年来，我们组织相关科室和单位深入到培训学校、企业、村开展大量调研工作，取消了外来务工人员培训考核任务，改为每月下达培训计划，使培训工作真正做到有的放矢，提高了培训的实效性。（2）加强办班管理。为进一步整顿办班秩序，提高培训质量，保证职业技能培训工作健康发展，2008年我们要求各培训机构从开班备案、培训过程管理，到技能鉴定考试，都按照规定严格执行，所有培训课目需上报培训课时和内容，以便定时不定时进行检查考核。在外来务工人员技能提升培训中，还要求培训组织在开班前书面上报培训的原因和名单，培训期间要求每次上课均用数码相机记录上课场面以留档备查，切实做到有据可查，保证培训班有目标、有实效。（3）加强网络建设。为进一步创新办学机制和管理模式，2008年我们继续对原职业培训学校加强管理指导，又根据本区产业特点，积极扶持发展了一批民办职业培训学校，批准设立4家以机械数控为主要培训项目的职业学校，至此全区共成立民办职业培训学校9家。通过上述努力，鄞州区2008年共培训失业职工4 960名，被征地人员9 339名，外来务工人员15 762名，分别完成年度指标的275.6%、186.8%和143.3%，完成职业技能鉴定20 392名，达到目标的264.8%。

二、抓住“三大重点”，不断完善鄞州区的社会保障制度

经过几年时间的努力，鄞州区基本建立了以养老保险、医疗保险为重点，覆盖城乡所有群体的社会保障体系。2008年以来，我们在确保各项社会保险制度顺利运作的基础上，不断扩大保障范围，提升保障水平，主要抓好“三个重点”。

一是全面实施外来工社会保险制度。为真正实现鄞州区社会保障的全覆盖，切实解决外来务工人员的社会保障问题，从2008年1月1日开始，鄞州区全面贯彻实施宁波市出台的外来工社会保险制度，这项工作一启动就得到各方的高度关注。区委、区政府高度重视，提出了区内规模以上企业外来工参保率要达到100%的目标。由于目标明确、宣传到位，企业积极参与，政府监管到位，实施情况良好，到12月底，全区共有25.9万名外来工参加社会保险，参保人数名列全市第一，特别是区内一些规模以上企业参保情况较好，起到了很好的带动作用。在外来工保险的带动下，城镇职工“五大”保险的扩面工作也得到有效推进，至12月底，养老、医疗、失业、工伤、生育保险的参保人数分别达到53.6万人、41万人、36万人、38万人、33万人，提前半年完成全年考核指标的200%以上。

二是重点推进城镇居民基本医疗保险制度。市政府于2007年年底出台了《宁波市市区城镇居民基本医疗保险暂行办法》，并于2008年1月1日起正式实施。为切实做好这项工作，我们在完成非农户籍人员参保任务后，2008年重点推进市区范围内各类全日制高校、中专、技校、中小学等在册就读学生的参保工作，会同区教育局，利用电视、广播、报纸等媒体开展广泛宣传，依托镇乡（街道）教辅室，将168家学校归类后缩编成43家单位，实行分级管理，一级对一级负责，督促各学校及时参保，确保工作进度平衡推进。下半年，我们又全力做好城镇居民医疗保

险的政策调整工作，面对缴费标准和享受待遇的较大变动，积极做好宣传发动，确保城镇居民和在校学生应保尽保。目前全区共有 11 871 名非农户籍人员和 68 807 名在校学生参加了城镇居民医疗保险，大大超过 34 000 名的年度目标，参保人数名列全市之首。

三是不断提升农村住院医疗保险的保障水平。为进一步提高鄞州区农村医疗保险的保障水平，2008 年鄞州区对农村医疗保险的补偿政策作了大幅度调整，住院和门诊的医疗费补偿率大幅度提高。从 2008 年 5 月 1 日开始，参保人员年度内住院医疗费用报销标准从 2007 年度的 45%～65%提高到 50%～70%，全年统筹基金累计最高支付额从 25 000 元上升到 30 000 元，年度补偿率从 42%提高到 50%。门诊医疗费补偿比例从 15%上升到 30%。另外，还优化了农村医保的大病救助政策，救助比例从 60%提高到 70%，并取消原来享受大病救助必须要达到 50 000 元医疗费支出的“门槛”，实现了救助支付与统筹支付并轨操作、实时结算。目前全区农村医保参保人数 53.5 万人，全年共有 3.2 万人次享受住院医疗待遇，有 116 万人次享受门诊医疗补偿待遇。

三、通过“三个结合”，认真贯彻落实《劳动合同法》等一系列劳动法律法规

2008 年 1 月 1 日起，《劳动合同法》正式实施，为认真贯彻落实好这部事关劳动者切身利益的大法，我们以学习宣传为契机，以规范管理为抓手，进一步推行劳动合同制度，切实维护劳动者的合法权益，具体来说，做到“三个结合”。

一是坚持宣传引导与督促检查相结合。从 2008 年起鄞州区劳动保障局选拔相关科室、劳动监察大队、劳动仲裁院的政策行家组成三个宣讲团，深入到各镇（乡、街道）、工业园区、人大、政协及区级机关，以及相关企业，进行广泛宣讲，共宣讲 37 场次，12 230多人次听讲，全区有 10 100 家企业参加了劳动保障部门组织的培训，发放宣传资料 5 万多份。在此基础上加强对各类用人单位的监管，把劳动合同制度实施情况作为劳动监察的重中之重，从 4 月起开展了为期 3 个月的以贯彻落实《劳动合同法》情况为主要内容的劳动监察专项行动，确保各类企业依法与员工签订劳动合同。

二是坚持全面覆盖与规范管理相结合。在抓好《劳动合同法》全面普及的同时，制定了一系列管理制度，通过鄞州区劳动和社会保障网向用人单位及时提供统一的劳动合同文本，建立对企业自制劳动合同文本审核制度，大力推行员工录用登记备案制和企业职工名册制度，多渠道督促企业规范劳动用工管理，确保《劳动合同法》顺利推行。下半年随着企业经营形势下滑，裁员现象越来越多的状况，我们及时制定《企业裁员应掌握的原则和步骤》，提供给企业，对裁员的定义、依据的条件、掌握的原则、经济补偿标准等明确进行告知，规范企业裁员行为，从源头上减少劳资纠纷的发生。

三是坚持抓住重点与兼顾全面相结合。把区内规模以上工业企业作为《劳动合同法》全面推进的重点，鄞州区劳动保障局向全区 2 600 多家规模以上工业企业发放《关于要求做好劳动合同和外来工社会保险工作的告知书》，提出规模工业企业劳动合同签订要达到 100%的目标，并以此带动其他企业及时与劳动者签订合同。从目前统计情况看，区内一些大的企业劳动合同制度实施情况良好，像欣达电梯、广博文具等签订率都达到了 100%，全区企业劳动合同平均签订率在 70%以上，与 2007 年同期相比大幅度上升。

四、严把“三条渠道”，积极防范和处置劳动违法和争议案件

面对 2008 年劳动保障工作大量新法实施、工作压力骤增的形势，我们坚持从维护劳动者合

法权益出发，从服务企业、帮扶企业的高度，切实做好劳动执法工作，通过以下 3 条渠道，防范和处置劳资纠纷案件，全力维护社会稳定。

一是以预防为重点，扩大劳动保障书面审查的覆盖范围。在 2007 年鄞州区提前一年达到省里提出的劳动保障书面审查全覆盖目标的基础上，2008 年继续做好书面审查工作，及早发动，及早布置，把各类用人单位的书面审查结果与“重合同守信用企业”“知名商标审评”“和谐企业评选”等相结合，书面审查评定级别作为衡量企业劳动用工管理情况的主要依据，使许多企业越来越重视劳动保障的书面审查工作。全年完成劳动保障书面审查 10 991 家，完成年度目标的 122%。

二是以联动为手段，强化劳动保障监察力度。2007 年我们建立了各镇（乡）、街道劳动保障监察中队，2008 年重视发挥中队在基层劳动执法中的积极作用，不断加强对他们的业务培训，配置了必要的软硬件设备，组成了一支由 76 名专兼职监察员组成的基层监察队伍，在 2008 年一系列劳动法律法规的实施过程中，基层监察中队在调查排摸、掌握隐患、协调解决中起到了积极的作用。在区本级监察工作中，我们以查处举报投诉案件为重点，积极开展维权行动，并在监察过程中帮助、指导企业规范劳动用工管理，减少劳资矛盾。同时我们还重在对突发性群体劳资纠纷事件的处置，特别是 2008 年企业形势不景气，导致出现大量欠薪逃逸事件，劳动监察部门都在第一时间介入，采取措施，化解矛盾，确保稳定。2008 年以来，区劳动监察部门共监察企业 510 家，涉及职工 82 792 名，通过监察补签劳动合同 1 529 份，补缴社会保险 2 825 名，为 3 548 名职工追讨工资 1 130 万元，查处童工 19 名，受理投诉举报 845 件，结案率达 100%，处理突发性事件 67 件，未出现矛盾激化、影响稳定事件。

三是以调解为立足点，发挥劳动仲裁在调节劳动关系和谐中的积极作用。2008 年随着《劳动合同法》《劳动争议调解仲裁法》的实施，劳动争议案件急骤增加，至今受案总数达到 2 715 件，同比增加了 141%。在受案量急骤增加的情况下，区劳动仲裁部门积极挖掘自身潜力，特别是在 5 月 1 日前夕，针对《劳动争议调解仲裁法》即将实施的状况，将仲裁费取消、仲裁时效延长等问题通过网络、公告等形式予以告知，确保新法能够顺利实施。在争议案件的处置过程中，坚持以构建和谐劳动关系为目标，重在通过调解方式协调劳资矛盾。同时还注重发挥镇（乡）、街道劳动关系协调组织的作用，在现有 2 个劳动仲裁派出庭正常运作的基础上，又在下应街道、高桥镇建立了劳动仲裁派出庭，缓和劳动仲裁案件骤增的矛盾，确保案件及时准确地得到处置。1—12 月区本级共受理各类争议案件 2 715 件，结案 2 541 件，申诉标的 12 085 万元，调解结案率达到 75%以上。镇（乡）、街道劳动关系协调组织共受案 8 343 件，申诉标的 16 234 万元，都通过调解形式得到了解决。

所获荣誉

一、省级

1. 省农村合作医疗办公室被评为新型农村合作医疗经办机构建设先进单位。

2. 鄞州区劳动仲裁院被省劳动仲裁委员会评为“劳动争议仲裁制度恢复 20 周年纪念活动”

先进单位。

二、市级

鄞州区劳动保障局被评为市劳动保障工作先进单位。

三、区级

1. 鄞州区劳动保障局被评为区开放型经济工作最佳服务单位。
2. 鄞州区劳动保障局被评为区“阳光热线”最佳上线单位。
3. 鄞州区劳动保障局被评为区信访工作先进单位。
4. 鄞州区劳动和社会保障局统保办被评为区“群众满意基层站所（办事窗口）”。
5. 鄞州区劳动和社会保障局医保窗口、被征地窗口、就业窗口、社保窗口被授予“共产党员先锋岗”称号。

慈溪市劳动保障情况

2008年，慈溪市劳动和社会保障局坚持保障惠民、就业利民、培训富民、和谐安民的总体思路，贴近民生、改革创新、争先创优，劳动保障工作呈现出“好又快、活而实”的良好态势，有力地推动了社会经济和谐稳定发展。

一、社会保障体系在创新发展中不断完善

出台实施外来务工人员社会保险，2008年参保5.44万人；稳步推进新型农村养老保险，累计参保5.46万人，该项工作在全国新型农村养老保险会议上作重点经验介绍；同步推进各项社会保险扩面，参保人数和基金抗风险能力长期居省内前列，覆盖城乡涵盖所有人群的社会保障体系日益完善；调整提高企业退休人员和地方性养老保障享受人员待遇水平，健全完善退休人员社会化管理服务网络，城乡老年居民初步实现老有所养、老有所乐。

二、统筹就业在严峻形势下保持平稳

全面落实社保补贴、职介补贴、小额担保贷款等促进就业优惠政策，深入开展充分就业社区（村）创建，多渠道安置就业困难人员就业。全年使用再就业专项资金2 468万元，新增城乡就业岗位3.2万个，4 656名失业人员实现再就业。成功举办“2008中国·慈溪长三角技术工人大型招聘会暨环杭州湾技工论坛”，搭建技能人才培养引进校企合作平台，促进劳动力供需有效对接。市人力资源市场全年举办招聘会60场，提供岗位6.2万个，达成就业意向2.9万人次。开展城乡劳动力资源调查，启动失业动态监测预警工作，防控群体性失业现象，社会调查失业率控制在3.5%以内。

三、技能培训在开拓实践中纵深发展

注重供需对接，结合产业实际，挖掘特色培训项目，开展订单式培训20期，培训学员1 120人，培训后就业率达85%以上。倡导创业带动就业，强化创业培训师资培养，组建创业实践服务中心，提供开业指导、政策宣传、跟踪扶持一条龙服务，全年举办创业培训班15期，培训人员779人，创业成功率15.5%。首倡网上学分制培训，开设家用电器等6大类近110个培训视频课程，并实现双网直播，全年通过网上视频学习达2 500余人次。启动千名“高级蓝领”打造工程，与宁波工程学院等大专院校开展校校合作，全年共有986人参加高级工、技师培训，发放证书838人次。

四、劳动关系在和谐构建中总体稳定

创新实施劳动保障网格化监管，建立市、镇、村三级监控网络，将1.44万家企业纳入到劳

动关系四色分类监管体系。深入开展劳动关系四级接访和四级调处，畅通职工投诉和维权渠道，劳资纠纷做到及时发现、就地化解。全年市、镇两级党政领导开展接访 348 次，基层调处劳资纠纷 3 430 件。制定重大欠薪事件应急预案，设立总额为 3 000 万元的市、镇两级应急周转金，切实保障职工工资权益。全年共调处欠薪逃匿案件 20 起，启动应急周转金 16 次，垫付工资 184.33 万元。

余姚市劳动保障情况

2008年，余姚市劳动保障局认真贯彻落实党的十七大和十七届三中全会精神，按照科学发展观的要求，紧紧围绕余姚市委、市政府提出的“创业富民，创新强市”战略决策，开拓创新，锐意进取，圆满完成了全年各项工作目标任务。

劳动保障工作情况

一、促进就业工作

（一）破解部分企业招工难

2008年上半年，针对部分企业招工困难的情况，将人力资源市场招聘会由每周一次增加为每周2~3次，并组织企业赴外地招聘员工2次，努力为企业招聘员工提供服务和便利。8月，在全省率先建立“网上人力资源市场”，举办人力资源网上视频招聘会，共发布用工信息22 156万条，推出岗位31 675个，劳动者与企业进行视频洽谈9 556人次，达成就业意向3 329人。全年完成招聘岗位人数、求职登记人数、推荐就业人数分别为181 407人、74 391人和66 677人，分别完成市政府考核指标的259%、213%和191%。

（二）破解困难人员就业难

开放了全市324家公共职业介绍场所，开展了就业再就业、“三八”妇女招聘专场、民营企业招聘周、创建充分就业社区等活动。同时在市人力资源市场设立就业困难人员帮困专窗，积极帮助就业困难人员实现再就业。全年共帮助18 160名城乡劳动力实现就业再就业，城区4个街道23个社区实现充分就业社区创建目标，共消除零就业家庭11户，帮助1 567名就业困难人员实现再就业，其中公益性岗位上推荐就业908人，支付公益性岗位补贴230万元，并为903名就业困难人员发放帮扶金72.88万元。城镇登记失业率控制在2.95%以内。

（三）破解培训质量提升难

围绕市委、市政府“两创”战略决策，市农办、财政局制定下发了《余姚市2008年农民培训和转移就业工作若干意见》，以提升培训质量为重点，广泛开展农业专业技能、转移就业技能、务工岗位技能和后备劳动力培训，全年共有2万余名农村劳动力参加各类技能培训，完成市政府考核指标的101%，转移技能培训就业率达到80%以上。同时，建立培训鉴定服务窗口，制定完善办事规程，对技能鉴定资格审查、试卷准备、鉴定实施等环节作了进一步规范，促进了培训质量的进一步提升。

二、社会保障工作

（一）抓政策完善

2008年年初，通过宣传、培训和指导，农民养老保障和城镇居民基本医疗保险政策顺利实施，至年末，参保人数已分别达到18 000人和28 792人。2月，顺利实施了外来务工人员社会保险政策。11月中旬，报请市政府同意出台了完善城镇职工及城镇居民基本医疗保险两个政策，使参保人员的医保待遇进一步提高。12月，又报请市政府同意出台了新一轮就业再就业政策，使帮扶就业困难人员的力度进一步加大。有关政策制定完善，使余姚市的社会保障体系更加健全。

（二）抓社保扩面

2008年年初，建议市政府下达了社保扩面考核指标，10月开展了社会保险扩面情况督查。截至12月底，基本养老、失业、工伤、医疗、生育保险扩面参保人数分别达到228 882人、152 522人、250 645人、136 785人和159 305人，分别完成市政府考核指标的107%、112%、100.8%、114.9%和109.5%。其中外来务工人员社会保险净增养老、失业、医疗、生育保险参保人数分别为55 814人、60 135人、56 564人和54 177人，分别完成市政府考核指标的111.6%、120%、113.1%和108.4%。城镇居民医疗保险净增参保12 766人，完成市政府考核指标的127.7%。

（三）抓基金管理

2008年年初，建立了社会保险基金统一征缴办公室，进一步完善了社会保险“五险合一”征缴办法，及时调整计算机征缴系统，使企业缴费更加方便，征缴效率大大提高。全年征缴基本养老、失业、医疗保险基金62 300万、5 200万和12 955万元，分别完成市政府考核指标的136%、115%和414%。积极会同市财政部门，采取最大限度增加定期存款和延长存款期限的方法，确保基金保值增值。各项社保待遇得到充分保障。据统计，2008年全年共发放各类社保费10.1亿元，其中养老等费用7.6亿元，历年结余各类社保基金35.2亿元，其中养老保险基金17.3亿元，基金支付能力达到43个月。

三、维权维稳工作

（一）开展培训和指导

2008年5月，广泛组织人员到部分用工在1 000人以上的规模企业进行《劳动合同法》贯彻实施情况调研，针对《劳动合同法》实施后企业面临的困难和问题，制定并公布了《劳动用工管理指导性意见》，帮助企业制定规章制度，规范企业用工行为。8月，将涉及双倍工资、社保费、经济补偿金等《劳动合同法》的关键条款整理成《温馨提示》印发给企业，提醒企业认识违法风险，避免违法行为。及时公布企业工资指导线、人力资源市场工资指导价位和企业最低工资标准。举办了5次《劳动争议调解仲裁法》专题讲座，对全市劳动保障协管员进行了劳动争议调解培训，使基层劳动争议调解能力得到提升。

（二）加强检查和督导

2008年年初，将劳动合同签订情况纳入对各乡镇、街道劳动保障工作的考核内容，积极督促企业及时与劳动者签订劳动合同。同时，由局领导带队，经常组织人员对乡镇、街道劳动关系协调情况进行了解和检查，对存在的问题及时督促改进。与此同时，通过“春雨行动”“春风行动”“规范用工大检查”“社保扩面”等专项监察，督促、帮助企业及时整改存在的问题，减少劳资纠纷隐患。2008年全市劳动合同签订率达到97%以上，共有1 645家企业签订了工资集体协商协议。

（三）及时调处和化解纠纷

2008年，以平息劳资纠纷为目标，严格把握执法尺度，注重调解，合情合理合法化解矛盾，尽力推动企业又快又好发展。完善基层劳动争议调解组织，全面推进劳动保障监察网格化管理工作，使基层劳动争议调解组织和劳动保障监察中队作用明显加强。第一时间介入突发性劳资纠纷的调处工作，妥善处理因宏观经济影响造成的企业裁员、欠薪等群体性事件，全力做好信访、维稳工作。全年共有1 263件劳动争议案件、1 126件劳动违法案件化解在基层。劳动仲裁和劳动监察机构克服案件大幅上升、人手严重紧缺等困难，加大调处力度，努力提高案件的结案率。全年共立案受理劳动争议案件1 050起，结案955起，结案率达到91%；共立案受理劳动保障违法案件493起，结案493起，结案率达到100%；共受理信访件90件，办结90件，办结率达到100%。10月，本局被市委评为保障奥运信访工作先进单位，一名中层干部被市委评为保障奥运信访工作先进个人。

四、自身建设

（一）积极开展行政执行力建设

年初，公布了2008年度劳动保障工作责任目标书，制定下发了加强行政执行力建设实施方案，对年度工作目标进行了分解，把责任落实到人。制定出台了《市劳动保障局关于实施政务督察制度的通知》和《市劳动保障系统警醒训诫教育制度》，使局系统的行政执行力不断增强。如特殊工时行政许可审批和工伤认定时间比法定要求又有缩短，2008年已为480家企业办理综合工时制度审批，受理工伤认定9 868起，其中作出工伤认定9 200起。

（二）广泛开展优质服务活动

根据市委、市政府的统一部署，按照服务基层、服务企业、服务群众的根本要求，广泛开展“企业服务年”活动、“树新形象、创新业绩”主题实践活动、“进企业、解百难”活动，不断改进工作作风、努力提高服务质量。2008年，又制定出台了《关于进一步加强服务窗口建设的若干意见》，对服务窗口工作作了进一步规范。重新编印了各类经办业务的办事指南，分别开通社会保险费查询电话和劳动保障网站查询系统，个体工商户、灵活就业等人员缴纳社会保险费开始委托邮政银行办理，极大地方便了群众，群众满意率稳定提高。局系统各项办事程序通过劳动保障网实行政务公开，局机关各科室主要办事程序上墙公布，坚持执行效能建设八项制度，使余姚市劳动保障局为民提供优质服务的氛围日益浓郁，服务亲和力不断增强。6月局系统干部职工积极响应局党委号召，踊跃为四川地震灾区捐款，共募集捐款10.15万元，缴纳特殊党费1.277万元，充分体现出系统干部职工良好的精神风貌。

（三）不断加强服务能力建设

按照年初制定的学习培训计划，2008年共邀请高校专家和省厅处室领导来姚讲课4次，对局系统全体在编干部职工及乡镇、街道劳保中心主任、有关工作人员进行了《劳动争议调解仲裁法》《就业促进法》、依法行政、社会保障等方面的政策法规培训，使工作人员的业务素质和依法行政能力得到进一步提高。加强对基层劳动保障工作的业务指导，全年共召开乡镇街道劳保中心主任例会4次，及时传达上级有关文件精神，认真部署、指导开展各项业务工作，使各项工作顺利延伸到基层。联系乡镇（街道）制度和下派工作人员作用充分发挥，基层各类困难和问题得到及时处理。此外，采取措施向科技要效率，成立了劳动保障信息中心，制定了今后5年劳动保障信息系统建设规划，局系统计算机网络整合工作取得进展，“余姚市劳动保障网站”成功改版，局系统电子政务系统联网启用，“金保工程”建设开始启动。

所获荣誉

1. 余姚市劳动保障局被宁波市委农办评为2008年度农村劳动力培训和转移就业工作良好单位。

2. 余姚市劳动保障局被宁波市劳动保障局评为2008年综合先进集体。

3. 余姚市劳动保障局被市委、市政府授予“2007—2008文明机关”称号。

4. 余姚市劳动保障局被市委、市政府评为2008年度社会治安综合治理工作先进集体。

5. 余姚市劳动保障局被市委、市政府评为2008年度信访工作先进集体。

6. 余姚市劳动保障局被市委、市政府评为2008年度企业服务年先进单位。

7. 余姚市劳动保障局被市政府评为2008年度外来务工人员服务与管理工作优胜单位。

8. 在2008年度民主评议机关活动中，余姚市劳动保障局在22个综合管理服务单位中名列第四，受到市委、市政府通报表彰。

乐清市劳动保障情况

一、社会保障体系不断健全，社会保险覆盖面进一步扩大

（一）工伤保险实现基本全覆盖

为积极应对因全球严峻的经济形势造成的工伤保险扩面资源不足现状，在实行按工资总额征收工伤保险费、与乡镇政府签订目标责任书、向企业寄发催保通知书的同时，认真分析研究，深挖扩面潜力，把着力点放在建筑、造船及餐饮、美容美发、足浴等服务性行业上，并采取灵活多样的措施办法，着力巩固和扩大工伤保险扩面成果。截至 2008 年年底，全市参加工伤保险人数 301 074 人，比 2007 年净增 74 419 人，完成目标任务数 6.3 万人的 118.1%，顺利实现省市下达的工伤保险基本全覆盖的目标。同时，根据《工伤保险条例》及《关于实施〈工伤保险条例〉若干问题的意见》的规定，扎实做好工伤认定工作，对伤残未达等级的工伤事故认定实行简易程序，不断提高工伤认定效率和服务水平。全年共作出工伤认定 1 392 起，核定工伤保险待遇 928 起，计 836.37 万元。

（二）养老保险待遇稳步提高

认真做好《浙江省职工基本养老保险条例》修正案和《乐清市完善企业职工基本养老保险制度实施办法》的贯彻实施工作，确保参保人员的延缴年限、最低养老金计发办法等政策的落实和养老保险个人账户的做实。及时对企业退休人员的养老金进行调整，月人均养老金达 1 240 元。抓好非公企业养老保险扩面和机关事业单位人员参保的查漏补缺工作，截至 2008 年年底，全市参加企业职工养老保险人数 176 661 人，比上年净增 23 247 人，完成温州目标任务数 8 800 人的 264.2%；机关事业单位参保人数达 28 916 人；13 007 名企业离退休人员和 5 856 名机关事业单位离退休人员享受养老待遇，企业养老保险基金支付能力达 45.1 个月。积极开展企业退休人员社会化管理服务工作，进一步规范工作流程和丰富服务内容，社会化管理服务率保持 100%；开展两年一次的企业退休人员健康体检活动，做好 572 位原“行转企”等退休人员的身份审核和春节慰问工作，切实把党和政府的关心和爱护体现在实处。

（三）医疗保险工作扎实推进

启动实施《乐清市城镇居民基本医疗保险试行办法》，并按照“先行试点、以点带面、逐步推开”的思路，在乐成镇全面开展未成年人基本医疗保障水平提升试点工作。截至 2008 年年底，全市参加城镇居民医疗保险人数达 48 346 人，完成目标任务数 4.8 万人的 100.7%。以民营企业为重点，进一步扩大企业职工医疗保险覆盖面。截至 2008 年年底，全市参加企业职工基本医疗保险人数为 79 993 人，比上年底净增 15 293 人，完成目标任务数 1.2 万人的 127.4%。积极争取市政府及财政等有关部门的支持，逐步分类解决市罐头厂等一批国有困难企业的医疗保险历史欠费问题。加强医疗保险管理服务工作，组织医疗专家对 826 名灵活就业人员进行特殊病种鉴定

和确认，以方便医保患者及时就诊；联合市卫生、财政部门对全市11家定点医疗机构进行基本医疗保险服务管理考核，促使其进一步加强服务质量和提高管理水平。

（四）被征地农民基本养老保障历史问题基本解决

严格落实被征地农民基本养老保障即征即保政策，认真做好2003—2006年被征地农民中应保对象的查漏补缺工作，基本解决二轮土地承包以来的全市被征地农民保障问题。截至2008年年底，全市共有44 356人参加被征地农民养老保障，比上年净增6 408人，完成目标任务数3 800人的168.6%。已有22 803人享受被征地农民基本养老保障待遇。

（五）失业、生育保险工作平稳运行

制定《乐清市失业保险经办业务流程》和《失业保险待遇支付系统业务管理规范》，全面规范业务操作程序。截至2008年年底，全市参加失业保险人数达89 416人，比上年净增14 411人，完成目标任务数12 000万人的120.1%，共为1 475人发放失业保险金及医疗补助金等355万元。认真实施《乐清市职工生育保险暂行办法》，扩面工作继续与医疗保险协同推进。截至2008年年底，全市参加生育保险人数为41 197人，比上年净增10 993人，共核定生育保险待遇475起，计313.9万元。

（六）基金征缴力度进一步强化

严格执行社保基金财务、会计制度，积极配合审计部门开展社会保险基金审计工作，努力维护基金安全与完整。出台《乐清市人民政府办公室关于进一步推进乐清市社会保险费五费合征工作的实施意见》，启动实施“五费合征”工作，切实规范和强化基金征缴。此外，为帮助企业渡过难关，在确保企业退休人员养老金按时足额拨付及职工社保待遇不受影响的前提下，采取适当减轻企业社会保险费负担的办法，分别于7月起下调企业职工养老保险单位缴费比例和12月对企业单位部分承担的社会保险费实行减征，两项措施共为企业减负7 600多万元。

二、就业再就业工作不断深化，技能人才队伍建设进一步加强

（一）实施积极的就业政策，帮扶困难人员实现就业

抓好《就业促进法》的宣传实施工作，重点做好小额担保贷款、岗位补贴、社会保险补贴等发放工作和失业登记、就业指导等就业服务工作。全年新增就业岗位12 163个，下岗失业人员实现再就业2 054人，其中就业困难人员实现就业315人，城镇登记失业率为3.41%。积极做好改制企业下岗职工的免费人事档案托管服务，启动本市外来驾驶员聘用备案登记管理工作。通过开展零就业家庭和农村低保户的调查、与各乡镇签订农村低保户劳动力转移就业援助责任书、创建“充分就业社区”活动、开发各种公益性就业岗位等手段，加大城镇零就业家庭和农村低保家庭劳动力就业援助力度。全年在社区公益性岗位就业33人，零就业家庭实现“动态为零”的目标，共有1 653户农村低保家庭的劳动力实现就业，比例达到60.7%。

（二）切实加大技能人才开发力度，培养高素质人才队伍

一方面，加强职业技能培训工作。结合农村劳动力及区域经济的特点，在全市各乡镇开展多种形式的农村劳动力就业技能培训，全年共5 836人参培，发证4 612人，完成目标任务数4 200人的109.8%，转移就业4 655人，转移就业率达80%；协助温州市局做好乐清市200多名机关、事业单位工人的技术等级培训报名及初审工作；继续对外来务工人员集中的服务行业开展拉网式的技能提升培训及高技能人才培训，全年分别培训5 300人和852人；会同市教育局举办第四届“春华求是杯”中等职业学校专业技能竞赛，为技能人才的成长创造便利条件。另一方面，加大技能鉴定考核力度。严格执行国家职业资格证书核发与管理规定，继续做好面向职校生的职

业技能鉴定及面向社会的通用工种及电工、电焊工等特殊工种的技能鉴定。全年共鉴定考核 9 290 人次，完成目标任务数 7 000 人的 132.7%，发放职业资格证书 7 896 本。

三、劳动保障维权力度不断加大，劳动用工综合管理工作进一步规范

（一）加强劳动保障监察工作，切实保障劳动者权益

市劳动保障部门为保障劳动者的权益，相继开展了农民工工资支付、清理整顿人力资源市场、劳动用工情况、整治非法用工打击违法犯罪、劳动保障书面审查等一系列较大规模的劳动执法及劳动用工专项检查整治活动，依法查处劳动用工违法行为，切实维护职工的合法权益。进一步完善欠薪维权长效机制，会同规划建设局推出建筑工人工资卡制度，规范建筑施工企业的工资支付行为。全年共受理投诉案件 1 196 起，结案 1 172 起，结案率达到 98%，涉及劳动者 3 649 人，为务工者追回工资 327 万元，查处童工 18 人。

（二）加大劳动争议调处力度，进一步提升办案水平

面对因《劳动合同法》实施造成劳动争议案件数量剧增的情况，深入推行导诉服务、“速审庭”办案、弱势群体“绿色通道”等一系列便民服务措施。在处理劳动争议案件过程中严格按照《劳动争议调解仲裁法》《企业劳动争议处理条例》《劳动争议仲裁办案规则》等规定，做到操作规范、程序合法、事实清楚。全年共立案处理劳动争议仲裁案件 647 件，其中已裁决 595 件，涉及经济标的 864.9 万元，劳动争议处理结案率在 92%以上。

（三）完善劳动用工综合管理，深化劳动合同管理

加强《劳动合同法》宣传实施和劳动合同管理基础工作，建立劳动合同备案制度，促使各用人单位与劳动者普遍签订劳动合同。全年共签订劳动合同 24.4 万份，签订率达 96%。建立劳动关系三方协调会议制度，完善企业工资宏观调控机制，对全市 286 家市属不同所有制企业 163 个工种 42 789 名在岗职工的工资情况开展调查，并发布 2008 年度企业工资指导线和部分劳动力市场工资指导价位。

瑞安市劳动保障情况

2008年，在瑞安市委、市政府和浙江省劳动保障厅、温州市劳动保障局的正确领导下，瑞安市劳动和社会保障局坚持以科学发展观为统领，紧抓“扩大就业再就业、完善社会保障体系、构建和谐劳动关系”三条工作主线，团结拼搏，务实创新，克难攻坚，全面超额完成了上级下达的各项目标任务，为瑞安市经济社会发展作出了积极贡献。

劳动保障工作情况

一、关注民生大事，扎实推进更加有效的就业培训

以贯彻落实《就业促进法》为抓手，着力强化弱势群体就业援助，推动城乡充分就业，保持了全市就业形势的总体稳定。全年全市城镇新增就业人数10 528人，完成温州市政府下达任务数（以下简称任务数）9 000人的117%；城镇登记失业率为2.45%，控制在温州市政府要求的4%以内。

一是加大弱势群体就业援助力度。对“城镇零就业”家庭，通过与街道、社区紧密互动，实行零就业家庭申报登记制度，全年共对9个社区的11个“零就业家庭”进行了就业援助，做到发现一家帮扶一家，实现“零就业家庭”“基数归零、动态归零”的目标；对农村低保家庭，以乡镇（街道）为单位，开展全市范围农村低保家庭劳动力就业情况调查，相应制订计划开展援助，到年底全市4 272个农村低保家庭劳动力实现就业2 308人，比例为54%，达到了“年内50%以上的农村低保家庭中有劳动能力和就业愿望的劳动力实现就业”的目标；对城镇下岗失业人员，加大转岗就业指导力度，接受下岗失业人员档案888份，办理失业登记603人、“待业证”47个，发放“下岗失业人员再就业优惠证”134个，实现再就业1 907人，完成任务数1 700人的112.2%，其中困难人员再就业423人，完成任务数300人的141%。

二是加快职业技能开发培训步伐。围绕人才强市和扩大就业的目标，积极组织实施下岗职工、高技能人才、农村转移劳动力和外省来瑞务工人员等各类对象培训。大力引导和整合社会培训资源，深入生产一线，培训对口专业人才，提高培训就业率和技能提升面。完善外来务工人员职业技能提升培训补贴审核、发放程序，制定办班质量督导制度，签订培训质量责任书，实行办班、培训、考核全程质量跟踪。会同市府办、民政局、文广局、教育局、消防大队开展全市民办职业技能培训机构检查评估，强化部门联合监管机制，规范民办培训机构办学行为。以纳入市职

业教育基地建设为契机，技工学校加大创建国家级技工学校步伐，狠抓师资建设和学生管理，招收机械、烹饪等7个专业242名学生，参加了温州市第29届珠算技术比赛，并获得团体一等奖，保持该赛事六连冠；3名学生代表温州市参赛，获得浙江省第三届技工院校技能运动会工具钳工组比赛三等奖。全年全市共组织再就业培训437人，完成任务数400人的109.2%；创业培训118人，完成任务数100人的118%；培训高技能人才855人，完成任务数800人的106.9%；培训本地农村劳动力4 310人，完成任务数4 200人的102.6%；培训外省来瑞务工农村劳动者8 241人，完成任务数8 000人的103%；发放外省来瑞务工农村劳动者职业技能提升培训补贴6 644人，计192.78万元；开展27个工种102期的职业技能鉴定，涉及鉴定对象11 765人，完成任务数9 000人的130.7%；核发国家职业资格证书8 550本。

三是拓宽劳动用工求职招工渠道。围绕瑞安市委、市政府“优环境·解难题·促发展”工业服务双月活动部署，着力缓解本市“用工荒”难题。建立与安徽省合肥市、宿州市两地劳务合作关系，5月率12家企业外出对接招工，达成招工意向500多人，并在市职业介绍中心组织夏季人力资源招聘周活动，免费提供招工摊位，1 600多人现场达成就业协议。市职介中心还加强行业管理，规范招工信息发布制度，建立考核奖励机制，职介收费统一降到10元/人次以下，并向外来务工人员免费发放面值10元的职业介绍代价券，全年办理求职登记2.68万人、职业介绍7.03万人次，支付职介补贴13 191人，计13.19万元。

二、心系民众需求，努力构建更加完善的社保体系

依照年初温州市、瑞安市两级政府签订的劳动保障工作目标责任书，重点推进被征地农民保障、工伤保险和城镇居民医疗保险等工作，努力构建覆盖面更加宽广、制度更加健全、运行更加安全的“大社保”体系。

一是统筹兼顾，推进社保扩面。在被征地农民保障方面，将新增参保任务数按片区分解落实到各基层所，并会同国土资源局起草《瑞安市征收农村集体土地管理办法》上报市政府发文，对被征地农民做到“即征即保”，所需参保费列入征地成本，统一筹集、统筹使用，集体和个人不缴费。被征地农民保障全年新增参保14 013人，完成任务数9 000人的155.7%，参保总人数达70 573人，涉及23个乡镇、322个村。在工伤保险方面，深入推进“平安计划”，强化征缴力度，实施按工资总额征收工伤保险费。因成绩突出，瑞安市被温州市政府评为被征地农民保障和工伤保险扩面工作先进单位。在城镇居民医保方面，总结2007年试点经验，出台《瑞安市城镇居民医疗保险试行办法》，将政策覆盖面扩大到农村学生和城镇非从业人员，并进一步提高医疗支付待遇。城镇居民医保参保总人数达48 015人，完成任务数2008年年底参保总人数46 000人的104.4%。同时，有效解决改制、破产、歇业企业职工的参保历史难题，稳步推进社保扩面。截至年底，五项社会保险总参保达917 831人次，当年新增参保149 787人次，同比增长20%，其中，新增企业养老保险34 003人，完成任务数8 800人的386.4%；新增基本医疗保险31 475人，完成任务数11 000人的286.1%；新增失业保险14 095人，完成任务数12 000人的117.5%；新增工伤保险57 081人，完成任务数51 000人的119.2%；新增生育保险12 590人。

二是为民谋福，提高保障水平。瑞安市按时足额落实社会保险待遇，并普遍有所提高。到2008年年底，全市共有40 028名离退休人员按时足额领取养老金，其中企业退休对象34 539人，月平均养老金1 159元，比年初提高156元；36 199名被征地农民按时足额领取基本生活保障金或补助金；公务员医疗补助对象享受人均3 119元的医疗待遇，同比增长13.51%；14 241人次享受城镇职工基本医疗保险住院待遇，508人次享受城镇居民医疗保险待遇；767名失业人

员按时足额领取失业金；3 470 人次享受工伤保险待遇；1 510 名女职工获得人均 6 640 元的生育保险待遇；388 名离休干部得到健康检查，并建立健康档案。

三是强化监管，维护基金安全。市政府发文成立以分管副市长为组长的社保基金管理工作领导小组，加强基金监管。对外，瑞安市劳动保障局强化社保基金流失防范和追回机制，开展基本养老金领取资格年度认证和被征地农民基本生活保障健康年检，追回冒领养老金 6.43 万元。通过进行日常巡查和年度考核，加强定点医疗机构检查，查处医院医保违规案件 12 起，追回医保公医资金 2.25 万元，对违规机构及当事人作出了处罚，并通报全市。对内，严格执行社会保险基金财务会计制度，加强基金核算和社保稽核工作，健全社保基金预控预警机制，切实防止挤占挪用社保基金的行为。2008 年，五项社会保险基金当期总收入 101 592 万元，当期总支出 73 365 万元，当期结余 28 227 万元，历年累计结余 161 263 万元，继续保持安全运行。

三、坚持依法维权，全面建设更加和谐的劳动关系

通过深入宣传贯彻《劳动合同法》《劳动合同法实施条例》《劳动争议调解仲裁法》，加大劳动保障监察力度，优化劳动仲裁调处机制，加强信访处理工作，全面建设规范有序、和谐稳定的劳动关系。

一是普及劳动合同，加强源头防范。《劳动合同法》宣传列入瑞安市“五五普法”年度计划，瑞安市劳动保障局组织开展《劳动合同法》及《劳动合同法实施条例》的专题学习和知识竞赛，积极开展“法律进企业”“法律进社区”活动，印发或订购《劳动合同法》及《劳动合同法实施条例》等手册 2 万册，在各主要媒体相应开辟专栏、专题，进行普法系列报道。全年面向全市 26 个行业协会、8 个片区举办 40 余期《劳动合同法》专题培训班，3 140 家企业负责人和管理人员参训，其中“企业家活动日”培训班开班人数达 500 人以上，有力地促进了劳动合同制度的推广普及。深入推进“劳动合同三年行动计划”，截至 2008 年 12 月底，全市有 269 770 名职工签订劳动合同，当年新增签订 63 873 份，签订率达 95.2%。成功召开市劳动关系三方机制第四次会议，以工资集体协商制度为重点的三方协调机制得到进一步健全，华峰集团等 845 家企业实施工资集体协商制度，3 202 家企业签订了集体劳动合同。企业工资分配宏观调控机制得到深入落实，劳动力市场工资指导价位发布工种数达 168 个，比上年增加 36 个，并做好市长运公司、自来水公司等国有（控股）企业“工效挂钩”资金清算工作。

二是改进仲裁调解，维护劳动权益。组织开展《劳动争议调解仲裁法》学习宣传活动，确保依法行政，力争普及群众。修订完善《劳动争议处理办事程序和工作流程图》等规章制度，实行“阳光仲裁”六项公开，立案环节繁简分流、分类处置，实施困难职工和工伤救治优先办案等一系列便民服务措施，特别是和法院执行庭联合推出的“先执行后结算”“绿色通道”政策，对职工工伤治疗过程中企业拒绝支付医疗费的，先进行部分裁决和强制执行，痊愈后再进行伤残等级鉴定、调解、裁决和最终结算，得到群众热烈欢迎。全年共立案处理劳动争议案件 908 件，同比增长 200%，结案率达 98%，涉及职工 3 162 人，为当事人挽回经济损失 3 122 万元。案件办理过程中，没有发生超期立、结案和办案失误。

三是强化维权处访，确保社会和谐。保持劳动保障维权热线“12333”畅通，并在年关至春节实行 12 小时值守；完善欠薪应急处置预案和工作方案，调整充实应急处置领导小组和工作小组，健全欠薪应急周转金制度，有力增强了劳资纠纷预警预防工作及应急处置能力；开展日常巡查和 5 次专项执法检查，帮助企业完善规章制度，依法查处违法违规行为，并联合新闻媒体曝光反面典型案件，积极营造诚信用工、依法维权氛围。全年检查用人单位 866 家次，涉及劳动者

4.8万人；处罚29家次严重违反劳动保障法律法规的用人单位，清退童工18人，行政罚款51.45万元；及时查处欠薪投诉案件1 414件，同比增长25.8%，涉及劳动者4 826名，涉案金额2 336万元；责令补签劳动合同5 600余份，纠正违法违规企业规章制度52件；书面审查用人单位2 088家，同比增长34.7%，涉及职工约15.1万人。同时，以开展“信访矛盾化解年”活动为契机，以“涉奥维稳百日大行动”为“抓手”，加强排摸，主动下访，耐心接访，积极处访，积极有效地化解了一批老信访难题，并通过电台“阳光行动——局长在线”活动、劳动保障网“局长信箱”等载体，及时为群众解惑答疑。全年局机关共受理群众来信来访269件次，同比下降14%，涉及群众1 189人次；各类信访件按期办结率均为100%，继续保持劳资纠纷恶性上访、集体越级上访的零纪录。

四、加强基础建设，切实提升更加扎实的执政能力

以党的十七大精神主题宣传教育活动为契机，围绕民生，优化服务，强基固本，有力加强劳动保障工作基础，切实提升为民执政能力。

一是狠抓责任落实，党风行风更加优化。完善落实《关于加强党风廉政建设和反腐败工作的组织领导和责任分工》，将党风廉政建设责任制分解任务，责任到人，与每位工作人员年终目标考核相挂钩。局纪委提前介入重大敏感工作，严格执行干部任用提拔“一票否决制”，不定期组织现场督查、群众评估等方式监督制度落实情况，并发出《内部督查通报》。积极落实政府信息公开责任制，全面公开11个方面的政务信息，保障群众的知情权、参与权和监督权。加强法制工作和行政审批服务工作，执法行为依法、规范，行政许可、非行政许可事项的办理全部进入瑞安市电子监察系统。深化劳动保障系统优质服务窗口等各类争先创优活动，整改不足，改进服务，受到群众好评和上级肯定。

二是深入调查研究，克难攻坚更加有力。围绕劳动保障重点、难点、热点问题，年初，局党委确定20项课题，班子成员分工牵头，开展调研，到3月底全部结题，转化为业务成果。11月又针对金融危机影响下部分企业停工、停产，经济发展速度放缓的问题，由分管领导带业务骨干深入企业、村居开展实地调研，提出优化就业服务、推进社保扩面、加强劳动关系协调等方面的应对措施，被市政府纳入扶工文件。在调查研究基础上，为帮助企业渡过经济难关，大大降低企业的社保负担，一方面，2008年社保缴费基数维持2007年标准不变，另一方面，将工伤保险二类行业基准费率从1.4%降至1%，一年可为全市企业减轻负担近950万元。此外，对全市企业减征各项社会保险费1个月，减征额近5 000万元。

三是深化审批改革，服务基层更加真切。5月1日起，瑞安市劳动保障局将八级及八级以下工伤事故处理等七项职能下放到基层所，大大方便群众办事。实行上门服务企业制度，为企业提供劳动用工、劳动工资方面的上门审批服务，深受企业欢迎。落实专人，成立专门机构，对国有、集体企业未退休的职工工龄进行统一、集中审核，以确保这类对象日后如期办理退休，准确计算退休金。市府办发文促成各乡镇确定、上报劳动保障分管领导和劳动保障员名单，最终确定37名兼职劳动保障员，有效加强了乡镇政府的属地管理职能，有利于就地、快捷化解各类劳资纠纷，促进社会和谐稳定。

四是推进“金保工程”，工作效能更加提高。《瑞安市劳动保障金保工程可行性研究报告》通过专家论证，根据总体规划编制一期建设项目，并发文请示市政府下拨资金。改版瑞安劳动保障网，开通劳动保障网上申报（查询）业务，极大方便了企业和群众办事，更好地发挥了政民沟通作用。在2007年养老、工伤两个险种按工资总额征收的基础上对社保信息系统进行全面调整，面向全市企业实行养老、医疗、工伤、生育、失业保险统一基数、五费合征。

所获荣誉

一、集体荣誉

1. 瑞安市人民政府被评为温州市被征地农民保障和工伤保险扩面工作先进单位。

2. 瑞安市劳动和社会保障局被评为浙江省劳动保障宣传（通讯）工作先进集体。

3. 瑞安市劳动和社会保障局被评为瑞安市落实党风廉政建设责任制工作先进单位。

4. 瑞安市劳动争议仲裁委员会被评为浙江省劳动争议仲裁制度恢复20周年突出贡献先进单位、全省劳动争议仲裁工作先进集体。

5. 瑞安市劳动仲裁院被评为瑞安市“作风建设年”活动十佳职能科室。

6. 瑞安市劳动保障监察大队被评为浙江省劳动保障监察工作优胜单位。

7. 瑞安市劳动和社会保障局信访接待室被评为瑞安市直属单位信访文明接待室。

8. 瑞安市职业介绍中心被评为浙江省农民工工作先进集体。

9. 瑞安市劳动和社会保障局市区一所被评为温州市“群众满意基层站所”创建工作先进单位、瑞安市“作风建设年”活动十佳基层站所。

10. 瑞安市劳动和社会保障局莘塍所被评为温州市青少年维权岗、温州市青年文明号。

二、个人荣誉

1. 潘宵剑同志被评为浙江省劳动争议仲裁制度恢复20周年纪念活动先进个人和全省劳动争议案件处理工作先进个人。

2. 金品棉同志荣获全省劳动保障宣传（通讯）工作先进个人二等奖。

3. 周纲同志荣获浙江省共青团调研奖二等奖并被评为瑞安市优秀政协委员。

4. 贾挺国同志被评为温州市基层站所行风建设先进个人。

5. 薛光丰同志被评为温州市农村劳动力素质培训先进个人。

6. 江勇、林朝孟同志被评为温州市劳动保障监察系统先进工作者。

7. 林建荣同志被评为瑞安市基层站所行风评议先进个人和陶山镇先进工作者。

8. 程盈盈、吴翀同志被评为瑞安市优秀团干部、优秀团员。

海宁市劳动保障情况

2008年，海宁市劳动保障工作以党的十七大精神和科学发展观为统领，按照“加快三市建设，实现两个率先”和“创业富民、创新强市”的战略目标，围绕保障和改善民生，积极实施扩大就业的发展战略，推进全民社保工作，加快建设劳动者权益保护长效机制，促进了全市劳动和社会保障事业的又好又快发展。

劳动保障工作情况

一、统筹城乡取得“两大突破”

（一）统筹城乡就业服务体系取得突破

制定了《充分就业社区（村）创建工作实施方案》，通过实施劳动力资源登记、农村劳动力转移培训与转移就业服务、困难群体就业援助等措施，形成保障城乡劳动者平等充分就业的市场、制度和服务体系。重点做好了农村劳动力资源调查工作，基本摸清了全市农村和被征地农民劳动力资源总量、年龄、就业状况，以及劳动年龄段以上人员社会保障等情况，初步建立了市、镇（街道）、村（社区）三级劳动力资源和被征地农民就业状况数据库，为推进充分就业社区（村）的创建、城乡居民社会养老保险、农村土地流转等民生工作提供了基础性信息。共完成调查和数据录入13.35万户，涉及44万人。

（二）统筹城乡社会保障体系取得突破

制定出台了《城乡居民社会养老保险实施办法》，由职工基本养老保险制度、被征地农民基本生活保障制度和城乡居民社会养老保险制度组成的多层次养老保险制度体系基本形成，社会养老保险朝着“人人享有”的目标迈出了重要的一步。力争通过三年努力，到2010年基本建立起与城乡一体化水平相适应的城乡居民社会养老保险制度，实现全市城乡居民社会养老保险的全覆盖。

二、保障民生健全“三大机制”

（一）健全公共就业服务机制

坚持市场导向的就业机制，通过举办专场招聘洽谈会等形式，为用人单位和劳动者就业、再就业和自主创业提供各类服务。开展了全省联动的“就业再就业援助月”“春风行动”专项行动，举办了“退伍军人专场”“非公有制企业促进就业专场”“庆三八、架金桥、促就业”等招聘活动。全年共举办各类人力资源招聘会78期，提供就业岗位8.77万个，报名达2.65万人次，为2.45万人办理了招工录用备案手续。继续做好再就业援助工作，在册享受再就业优惠政策的就业困难人员8 967人，共支付再就业资金2 763万元。全年新增城镇就业岗位9 150个，帮助5 800名城镇失业人员实现了再就业，其中就业困难人员1 800人；组织农村劳动力转移就业6 750人，全市城镇登记失业率控制在3.55%，就业局势保持总体稳定。

（二）健全全民社会保障机制

着力抓好城乡居民社会养老保险参保工作，各镇（街道）采取“联村、包干、入户”的形式，深入各村（社区）做好政策宣讲、引导参保、督促指导等工作。利用多种载体，做好宣传报道工作，营造良好工作氛围。全市参保人数达35 079人，70周岁以上享受高龄老人生活补助的38 013人。同时城乡居保工作流程规范、发放及时，12月已有9 546人领到了养老金，真正做到了次月发放到位。继续做好基本养老保险等各大社会保险的扩面工作，全年新增基本养老保险参保人数1.5万人，新增失业保险参保人数1.1万人。养老保险、失业保险、医疗保险、工伤保险、生育保险参保人数分别为16.5万人、10万人、17.5万人、18.5万人和10.6万人。提高企业退休人员养老金待遇，养老金平均水平达到每月1 228.74元。推进被征地农民基本生活保障工作，全市共有4.95万名被征地农民纳入基本生活保障，2.64万人已按月领取生活保障金，同时调整了基本生活保障待遇和医疗统筹待遇标准。

（三）健全就业培训服务机制

充分利用社会教育培训资源，认定了一批培训质量高、就业效果好的培训机构，建立了覆盖全市的职业技能培训网络，全市共有各类培训机构17家。大力实施高技能人才培训工程，加快培养适应先进轻工制造基地发展方向的技能人才。全年共开展再就业培训2 305人，农村劳动力转移培训6 091人，技能鉴定9 149人，高技能人才培训930人，新技师培训116人，创业培训210人，外省务工人员培训4 833人。

三、服务企业推出“四大举措”

（一）宣传贯彻《劳动合同法》

重点做好《劳动合同法》的宣传贯彻工作，共开展各类法制宣传活动40次，发放宣传资料2万份、宣传画1 500份。组织对全市61家企业进行了调查，针对企业提出的社会保险成本和人工工资增长成为企业劳动用工成本增加的主要原因等问题，在调研后提出可以通过强化对人力资源技能和综合素质的开发，将劳动力的低成本优势升级为高技能优势，以此保持企业的经济效益。同时指导企业进一步增强劳动用工法制意识，建立企业职工劳动合同档案管理制度，注重核心员工的培养，积极适应新的劳动法制环境。通过多渠道、多形式的宣传，较好地贯彻了新法，劳动关系呈现总体平稳的态势。

（二）调整社会保险缴费费率

2008年6月，按照《浙江省职工基本养老保险条例》精神，同时根据2008年经济形势和社会保险基金收支现状，将2008年度企业基本养老保险的单位缴费比例由20%调整为18%，共减轻企业缴费负担2 000多万元。12月，根据省政府要求，在确保企业退休人员养老金按时足额拨付及职工社保待遇不受影响的前提下，对企业社会保险费比例实行临时性适当下浮。预计减轻企业负担5 840万元，惠及8 500多户企业和28 500名自谋职业者。同时，积极参加“企业服务月”活动，深入企业调研，为企业排忧解难。

（三）开发社保网上申报系统

为进一步促进社保经办工作的精细化、规范化和系统化，为参保企业提供了更为快捷、便利的服务及网上业务处理平台，与专业公司合作开发了社保网上申报系统，并进入试运行阶段。按照“先行试点，逐步推开”的原则，在连杭经济区和尖山新区的部分企业中进行试点，2009 年将在全市范围内全面推广。

（四）妥善调处劳资纠纷

以租赁企业、小规模企业为重点，切实加强劳动用工管理与指导。妥善处置各类劳资纠纷和劳动争议，加大调解力度，力促劳资双方达成谅解，维护企业的正常运转和职工的长远利益。全年共受理各类劳动纠纷投诉 1 302 件，为 1 928 名职工追讨工资、押金共 406 万元。认真做好工伤认定和劳动鉴定工作，受理工伤认定申请 1 821 件。审理各类劳动争议案件 288 件，为职工追索经济权益 1 110.26 万元，维护用人单位经济权益 6.41 万元。对恶意拖欠职工工资的企业做到快立、快审，最大限度挽回职工的欠薪损失。共受理 10 人以上集体争议 24 件，涉及劳动者 1 255 人，为职工追索劳动报酬、经济补偿金共计 587.10 万元。进一步规范和加强信访维稳工作，处理职工群众来信、来访、投诉、举报 3 542 件，受理嘉兴、海宁市长电话交办件 144 件，有力地促进了社会稳定。

四、提高水平推进“五大建设”

（一）推进劳动保障窗口建设

大力推行政务公开和办事公开制，公开办事程序、办事时限、办事结果、收费项目及标准等内容。以创建“服务民生满意单位”和“优质服务窗口”等活动为载体，不断提供各类特色、精细服务，努力在提升服务效能上下工夫、求实效。综合利用窗口、网络、短信、媒体等各种载体强化政策宣传，完善就业、社保两条青年热线，畅通政策宣传平台。市就业管理服务处和市社会保障管理中心继续推出了夏季错时工作制等便民措施。进一步建立并完善了岗位责任制、首办（问）责任制、一次性告知等制度，做到咨询服务“一口清”，发放资料“一手清”，业务受理审查“一次清”，杜绝了服务热情不高、办事拖拉等现象，进一步提高了窗口服务质量。

（二）推进劳动保障信息化建设

以“数据集中、职能下延、全市联网、信息共享”为目标，进一步完善了市、镇（街道）、村（社区）三级劳动保障工作信息化建设，构建了广覆盖、全畅通、高效率的城乡一体化的信息服务网络，实现了全市劳动保障网络信息服务便捷共享。积极推进社区（村）社会保障服务室、社会保障服务窗口建设，对 80 个社区（村）配备了计算机并实现了联网。

（三）推进劳动保障基层平台建设

组织开展了劳动保障管理体制的调研，向海宁市委、市政府提交了调研报告。经海宁市机构编制委员会批复同意，在各镇（街道）经济建设（经贸发展）服务中心增挂社会保障服务站和劳动保障监察中队牌子。市政府下发了《批转劳动和社会保障局人事局关于进一步加强基层劳动和社会保障平台建设意见的通知》，要求在镇（街道）落实劳动保障工作专职人员 3～4 名，确保基层劳动保障工作有序开展。

（四）推进劳动保障法制建设

以全面贯彻实施《劳动合同法》《就业促进法》和《劳动争议调解仲裁法》为契机，规范劳动保障行政审批和行政许可行为，落实政策性文件审核和公开制度，由事后监督向事前主动参与方向转变。出台了《行政处罚自由裁量权适用标准》，进一步规范了劳动保障行政处罚自由裁量行为。同时，进一步强化劳动保障系统工作人员、用人单位和劳动者的普法教育，劳动保障工作人员依法行政的观念和能力明显提高，劳动者、用人单位以及社会各界的劳动保障法律意识和法律素质明显增强。

（五）推进劳动保障队伍建设

教育和引导全体工作人员特别是窗口工作人员进一步树立全局观念，强化服务意识，创新服务理念，改善服务态度，不断提高办事效率，有效提升服务质量。围绕关系劳动保障事业发展和广大人民群众切身利益的热点、难点问题，组织开展调研，提出新思路、新办法，为政府决策当好参谋。进一步找准劳动保障在保障民生、服务发展中的切入点，加强政治和业务学习，健全机制，努力造就一支素质高、能力强、业务精、服务优的劳动保障队伍。

所获荣誉

1. 海宁市劳动保障系统被中共海宁市委、海宁市人民政府评为海宁市文明行业。

2. 中共海宁市劳动和社会保障局党总支部被中共海宁市委评为2008年海宁市先进基层党组织。

3. 海宁市劳动和社会保障局被中共海宁市委、海宁市人民政府评为2008年市级机关工作目标责任制考核优秀部门。

4. 海宁市劳动和社会保障局被嘉兴市人民政府评为2008年度嘉兴市劳动保障工作优秀单位。

5. 海宁市劳动和社会保障局被中共海宁市委、海宁市人民政府评为2008年度信访工作先进集体。

6. 海宁市劳动和社会保障局被中共海宁市委、海宁市人民政府评为2008年度维护社会稳定工作先进集体。

7. 海宁市劳动和社会保障局被海宁市委办、人大办、市府办、政协办评为2008年度海宁市人大建议政协提案办理工作先进集体。

8. 海宁市劳动和社会保障局被嘉兴市劳动和社会保障局评为2008年度嘉兴市劳动保障监察工作优胜单位。

9. 海宁市劳动和社会保障局被海宁市人民政府评为2008年度海宁市依法行政工作先进集体。

10. 海宁市劳动和社会保障局被中共海宁市委、海宁市人民政府评为第四批农村指导员工作先进单位。

11. 海宁市劳动和社会保障局被中共海宁市委、海宁市人民政府评为2008年度市新农村建设工作优秀部门二等奖。

12. 海宁市就业管理服务处被中共嘉兴市纪委、嘉兴市监察局、嘉兴市作风办、嘉兴市人民政府纠风办评为2008年“服务民生满意站所（办事窗口）”。

桐乡市劳动保障情况

2008年，桐乡市劳动和社会保障工作以围绕服务发展大局、改善民生为重点，以创业培训、创建充分就业社区（村）为抓手，推进统筹城乡就业；以城乡居民社会养老保险为切入点，建立覆盖城乡社保体系；建设技能人才培养基地，提升劳动者职业技能；贯彻《劳动合同法》《劳动争议调解仲裁法》，构建和谐劳动关系；深入企业调研，破解企业难题，为桐乡社会经济较快平稳发展创造条件。

劳动保障工作情况

一、深入推进就业再就业工作，统筹城乡就业取得新成绩

2008年，市劳动保障部门认真贯彻落实《就业促进法》，严格执行就业再就业优惠政策，不断强化就业服务，启动创业培训，开展充分就业社区（村）创建工作，加强职业技能培训，保持全市就业形势基本稳定。全年新增城镇就业岗位7 870个，帮助失业人员实现再就业3 603人，其中就业困难人员883人，农村劳动力转移就业7 832人，城镇登记失业率3.5%，比上年下降0.05个百分点。培训城镇失业人员2 100人，农村劳动力转移就业培训6 100人。完成职业技能培训11 610人，其中，高技能人才1 020人，新技师145人。职业技能考核鉴定16 403人。

（一）落实优惠政策，帮扶困难人员就业

年内，大力开展就业援助活动，把城镇就业困难人员、失地农民就业困难人员、农村富余劳动力作为援助重点，通过落实社会保险补贴政策、开发就业岗位、开展技能培训、免费职业介绍等途径，促进就业困难人员实现再就业。针对“4050”人员、大龄女性举办两场专场招聘会。春节后，启动以“进城务工、帮您解难”为主题的“春风行动”和“送温暖、送爱心”就业援助月活动。重点帮助新居民、本市失地农民和进城就业的农村居民实现就业。在该项行动中，发放各类宣传资料1万多份，推出岗位3 000多个，开展计算机等技能培训，200多人参加，免费帮助1 000多人实现就业。通过“四送”（送政策、送服务、送岗位、送培训）活动深入推进就业工作的开展。全年办理再就业优惠证404张，使用就业再就业资金1 091万元。其中社会保险补贴371万元，岗位补贴422万元，培训补贴286万元，其他12万元。

（二）开展创业培训，加快创业促进就业

按照创业促就业的工作要求，2008年桐乡市把创业培训作为就业工作重点，市劳动保障局

联合市妇联、团市委、工商局等相关单位制订创业培训计划，根据可操作性、市场需求、发展前景、资金投入等多方面要求，编制餐饮、花卉等48个不同层次需求的创业项目，组织创业培训师资队伍，完善扶持政策，明确部门职责，努力在服务上、资金上、政策上给予扶持，鼓励更多的劳动者成为创业者，以创业带动就业。全年262名人员参加创业培训并顺利结业，开业成功率63.5%，带动就业700多人。

（三）扎实开展创建，努力实现充分就业

19个社区被评为省级充分就业社区，13个社区被评为桐乡市充分就业社区，并加强复审、考核，巩固充分就业社区创建成果。2008年，还着重将充分就业工作延伸到村，开展充分就业村创建工作。建立充分就业村创建工作领导小组，市政府专门召开充分就业村创建工作现场会，推动此项工作的开展。市劳动保障局联合镇（街道）、村，用两个月时间摸清了全市农村家庭户（包括被征地农户）就业基本情况资料，录入计算机，建立36万人的农村劳动力资源数据库。对就业困难的农村家庭，尤其是农村低保家庭进行有针对性的帮扶，促进他们就业，切实将充分就业村创建工作抓好抓实，全市27个村通过考核验收，符合充分就业村条件。

（四）强化就业服务，搭建优质交流平台

发挥市人力资源市场的平台优势，通过每月定期招聘会、专场招聘会、日常招聘等形式发布招聘信息。全年召开了30场大型招聘会，12场餐饮、旅游、零售业、妇女、退伍军人等专场招聘会。2008年人力资源市场推出岗位4.1万个，各类民办职介机构提供岗位1.3万个，免费帮助1.2万人实现了就业。春节后到5月，针对开发区及部分镇（街道）一些企业用工比较紧缺的情况，市领导和市劳动保障局带领企业相关负责人，分别到安徽、山东、四川劳务协作基地的职业类学校、培训机构等单位招工，共推出2 000多个用工岗位，招聘到600多人。同时，探索建立劳务基地培训机构，实现职业教育学校和桐乡市企业间的联合，用定向培养办法进行培训和招工。根据企业需求，建立与42个劳务基地的长期合作关系，帮助企业输入劳动力1.35万人，缓解了企业用工不足的难题。还引进一家湖北省驻桐劳务管理处，主要负责湖北职业学校、技校毕业生和富余劳动力的输送。

（五）积极奉献爱心，帮助灾区务工人员就业

“5·12”大地震后，市劳动保障局响应上级党委、政府号召，组织捐款活动，全系统在职干部、职工和退休人员都踊跃参加，以特殊党费、特殊工会费、特殊团费等形式向灾区捐款9.03万元。地震发生后，及时联合新居民事务局想方设法稳定在桐工作灾区新居民的情绪，关心他们的工作、生活，出台措施，免费为他们开展职业介绍、职业技能培训活动，设立专门的职业介绍窗口，随时接受求职，公布求职电话。通过定期、不定期举办招聘会，为求职人员搭建交流平台。6月10日，在市人力资源市场举办“情系灾区、就业援助专场招聘会”，43家企业参加，推出岗位1 125个，进场求职780人，达成就业意向356人，其中四川籍37人。

（六）开展技能培训，努力培养技能人才

年初，市劳动保障局根据各镇（街道）实际情况，制订培训计划，分解落实培训任务，落实培训资金。联合市农经、经贸、规划建设等部门，利用社会培训机构、职业类学校、企业培训基地等开展培训。针对失地农民开展培训，结合失地农民实际，选取计算机、烹调师、中式面点等工种开展培训，2 363人参加培训。依托具有较强培训和管理能力的社会培训机构，针对省外劳动力就业和其自身实际，开展技能培训，培训3 380人，其中获得资格证书3 200人。开展特殊工种培训，市劳动保障局利用培训中心，采取和部门联合培训方式，先后开展维修、电工、焊工、架子工等9个特殊工种的培训，培训职工1 190人次，完成职业技能鉴定1 190人次，颁发

特殊工种证 1 184 人次。按照社会培训机构建立的规定，结合全市产业结构实际，重点建立 23 家企业职工培训基地，被批准确认的社会培训机构 42 家。充分利用职业教育类学校职业培训和职业教育的优势，将 8 所学校作为技能人才培养的重点基地，构建全社会参与的培训网络。同时，联合市劳动竞赛委员会对全年的技能竞赛活动进行整体部署，开展横机工、电工等工种的大型竞赛 13 场次。对在比赛中胜出的前三名，由市劳动保障局颁发国家职业资格证书。2008 年，市劳动保障局推荐 3 名技能人才参加比赛，成绩优异，获得了国家和浙江省的表扬，1 人获得国家优秀农民工称号，2 人获得省级优秀农民工称号。

二、深化社保制度改革，城乡社保体系建设实现新突破

2008 年，市劳动保障局在保持社会保障平稳运行，确保各项社会保险待遇按时足额发放的同时，加强社会保险基金监管，扎实推进城乡居民社会养老保险，努力建立全民社会养老保险体系。新增职工基本养老保险参保人数 1.8 万人，参保总人数 20.85 万人，参保单位 6 168 家，征收基本养老保险基金 5.2 亿元。大力推进城乡居民社会养老保险，参保人数 4.8 万人。新增基本医疗保险 3.79 万人，其中农民工 1.34 万人，参保总人数 17.69 万人；新增工伤保险 2.61 万人，参保总人数 18.72 万人；参加生育保险 15.87 万人；新增失业保险 1.58 万人，参保总人数 9.98 万人，失业保险基金收入 4 300 万元。

（一）探索制度创新，城乡社保迅速推进

2008 年，市政府把城乡居民社会养老保险工作纳入政府七件实事之一，市劳动保障局把该项工作作为探索建立全民养老保险体系的一项创新工作来抓，并分步实施。第一步发放高龄老人补助，1 月 1 日，开始发放 70 周岁以上高龄老人养老基本生活补助，至年底，全市发放 4.57 万人，金额 2 856 万元。第二步推进参保缴费工作，市委、市政府召开全市工作会议进行全面部署，市四套班子领导跟踪督查，市劳动保障局按照会议精神全力推进，到 12 月底，参保缴费人数 4.8 万人，其中一次性缴费 9 898 人，并于 11 月对一次性缴费的人员发放养老金。

（二）调整医保政策，确保群众得到实惠

2008 年 1 月，市劳动保障局出台《关于进一步完善城镇职工基本医疗保险有关问题的通知》，主要从四个方面进行调整：增加个人账户划入比例；降低起付标准，提高最高支付限额；提高报销比例；扩大规定病种。调整后全年多支出基金 1 000 万元以上，使参保人员得到了实惠。2007 年 12 月，市劳动保障局联合市财政局出台《关于事业单位、民间非营利组织实施工伤保险有关问题的通知》，2008 年 1 月起，全市事业单位、民间非营利组织（依照或者参照公务员制度管理的事业单位、社会团体除外）的在编在职职工 1.2 万名纳入了工伤保险体系。推进退休人员社会化管理。全市企业退休人员社会化管理率和社区化管理率达 100%。

（三）严格落实政策，确保社保待遇落实

年内调整养老金，对全市 1.87 万名企业退休人员的养老金作了调整，从 2007 年年底的月平均 1 073.8 元增加到 1 198.2 元，人均每月增加 124.4 元，增幅 11.59%。对全市 2.92 万名退休人员养老金每月按时足额发放到位，发放金额 3.5 亿元。严格按照政策规定，落实医疗、工伤和生育保险待遇。审核 50 万人次医疗保险费用报销手续，拨付医疗保险待遇 7 657 万元；规范工伤受理、调查和认定程序，受理工伤 2 185 件，认定工伤 1 921 件，为 1 921 人落实工伤保险待遇 1 061 万元；为 1 161 人发放生育保险待遇 705 万元；为 1 600 人发放失业保险金 430 万元，并将失业保险金月标准从 525 元提高到 595 元。落实弱势群体待遇，对 439 名农婚知青进行养老待遇调整，人均增加 55 元，使养老待遇人均每月增加到 644.6 元；对 91 名军转干部的生活补贴标准进行调整，人均每月增加300元；对165名企业职工死亡供养直系亲属和296名事业单位工作人员死亡后遗属的生活困难补助费进行调整，分别人均月增加32元和37元。办理提前退休303人，工龄调整77人，改制企业移交社保管理353人。

（四）做好分流安置，确保失地农民生活

严格按照《桐乡市统一征地管理办法（试行）》（市人民政府令第24号）规定，把失地农民纳入社会保障体系。全年办理分流安置手续5 152人，其中，参加养老保险3 276人（达到享领年龄的1 128人），一次性安置1 876人。累计办理分流安置手续44 760人，其中参加养老保险29 908人（达到享领年龄的8 229人），一次性安置14 852人。

（五）加强内控建设，强化社保基金管理

加强内控制度建设和社保业务档案管理，规范业务经办流程，防范经办风险，维护基金安全。在坚持收支两条线管理的同时，强化社会保障基金管理的监督，按照市社会保障基金监督管理委员会的要求，履行好工作职责，制定社会保险基金的工作规则和基金监督实施办法。同时，开展社会保险基金的专项检查和社会保险稽核工作，发出稽核通知书460份，对违规单位进行整改，查处违规多领、冒领金额3.5万元。至年底，各项社会保险基金结余22.36亿元，其中养老保险基金滚存结余15.75亿元，支付能力44个月。

三、积极贯彻实施新法，和谐劳动关系创建迈开新步伐

以贯彻实施《劳动合同法》《劳动争议调解仲裁法》为主线，面对新情况，指导劳动关系双方按照法律规定签订劳动合同，严格执法检查，规范执法程序，落实长效机制，妥善处理争议。全年监察用人单位1 334家，书面审查用人单位6 103家，劳动合同签订率95%。

（一）积极贯彻新法，实现新法平稳实施

2008年是《劳动合同法》贯彻实施的第一年，市委、市政府及相关领导多次对《劳动合同法》贯彻实施工作进行调研，市劳动保障等相关部门多形式、多角度、多层次开展宣传培训，通过组织业务骨干、邀请省劳动保障厅领导讲课等方式，对全市所有工业分管领导、劳动保障管理所全体人员、劳动保障协管员、企业经营者、劳资人员进行培训，举办培训班25期，培训3 500多人次；召开座谈会16场，参加座谈会652人次。通过培训、上街宣传和媒体宣传，营造良好舆论环境，为顺利实施新法打下基础。从实际出发，以“有利于经济发展、有利于社会稳定”为落脚点，指导企业签订劳动合同，督促企业加强内部管理，规范企业用工行为。

（二）妥善处理争议，维护劳资双方权益

按照《劳动争议调解仲裁法》规定，规范劳动争议处理程序，坚持调解为主，预防为主，避免矛盾激化，维护劳动关系双方合法权益。充实人员，健全仲裁受理、审理、责任追究等制度，稳妥处理劳动争议案件。全年处理劳动争议案件234件，立案222件，已结案220件，结案率99.1%。立案案件中涉及劳动者935人，其中集体劳动争议案件29件，涉及738人。案件申诉经济标的1 230万元，结案标的615万元，为劳动者挽回损失584万元，其中，劳动工资287万元，工伤赔偿282万元，其他社保福利、经济赔偿金、违约赔偿金等15万元。为用人单位挽回损失31万元。

（三）加强体制创新，实施监察规范化建设

市劳动保障局根据省、市劳动保障监察工作会议精神，组织开展劳动保障监察规范化建设，选择凤鸣街道、高桥镇进行试点，召开现场会，对劳动保障规范化建设进行全面部署，明确三级管理网格和人员配备，全面动态掌握用人单位情况。

（四）畅通诉求渠道，及时调处劳资纠纷

市劳动保障局畅通劳动者诉求渠道，落实投诉举报制度、案件处理责任制度、错案追究制度，提高办案质量和工作效率。加大对群众举报案件的查处力度，积极落实租赁企业欠薪保证金、建筑企业欠薪保障金等长效管理制度，联合公安、工商、地税等相关部门联合处理欠薪逃逸等劳资纠纷难题。全年调处劳资纠纷 1 298 件，其中集体案件 325 件、业主逃逸案件 15 件，对 52 家违法用人单位进行行政处罚。全年为劳动者追回拖欠工资 1 639 万元。办理市长电话交办件 216 件，处理来信 89 件、来访 532 件，按时答复率 100%。

四、扎实开展“树创”活动，服务发展有了新举措

按照市委、市政府部署，积极开展“树创”活动，以“五型机关”创建为重点，不断强化内部管理，规范各项业务操作流程，完善内部监督管理，健全各项管理制度和惩防体系，推进劳动保障基层平台建设，加强窗口建设，不断提升服务质量，树立劳动保障部门良好形象，努力打造服务民生满意单位。

（一）开展“树创”活动，规范运作提高效能

市劳动保障部门不断完善中层干部聘任制和一般干部轮岗交流，健全党群组织，组建局团委和妇委会。理顺各科室、各单位业务工作流程，健全各项规章制度，强化内外监督，签订党风廉政建设责任书，切实开展社会保险基金、再就业专项资金的检查，加强监管，确保干部职工干净干事。严格落实效能建设“四条禁令”和“六条禁令”，严格执行《桐乡市机关事业单位工作人员违反效能禁令处理办法（试行）》，实行三级责任追究。大力推进政务公开和政府信息公开，加快劳动保障信息化建设步伐，制定的“金保工程”信息化建设方案通过论证，基层信息网络服务平台建设初步取得成效，劳动保障网站正在建设，“村村通”已经顺利投入运行，努力提高工作效能。

（二）加强行风建设，树立部门良好形象

市劳动保障部门以创建“群众满意办事窗口”“服务民生满意单位”为载体，制定了一整套考核和监督制度，推出了午间值班制等便民措施。各服务窗口也结合实际，推出了办事群众评议等制度，努力提高服务质量。积极参与电台“行风热线”直播，接受群众咨询，宣传劳动保障法律法规和政策。

（三）深入企业调研，破解企业发展难题

结合《劳动合同法》实施新形势和企业经营形势严峻的状况，开展“走进企业、破解难题”活动。市劳动保障局组织人员深入企业听取企业对劳动保障工作的意见建议，走访企业 116 家，按照“千名中层干部服务基层”的精神要求，局中层干部 20 人分组分批走访 284 家企业，共计收集 6 大类 200 多个问题，针对这些问题，尽部门职责积极帮助企业完善用工管理，解决用工不足，预防劳资纠纷，降低社会保险费率（养老保险从 20%降低到 17%，基本医疗保险从 8%降低到 7%，基本医疗住院保险从 4%降低到 3%，减收社会保险费 8 000 万元），切实解决企业在生产经营过程中遇到的新情况、新问题。针对世界金融危机爆发后对桐乡市的影响，积极听取企业意见，按照上级部门规定，下半年集中在 12 月减征企业一个月的社会保险费，计 5 000 万元，帮助企业渡过难关，促进桐乡市经济健康发展。同时，及时掌握企业经营状况，解决突发事件，全力维护社会稳定。

（四）创新服务平台，实现服务重心下移

加快基层劳动保障平台建设步伐，建立了 14 个劳动保障管理所，配备了 45 名工作人员，进

行了岗前业务培训，基本实现了劳动保障管理所机构、编制、人员、场地、工作、制度“六到位”，使劳动保障工作的服务重心得到下移。劳动保障管理所较好发挥了上下衔接和工作落实的作用，在城乡居民社会养老保险、劳资纠纷处理等工作中作用突出。

所获荣誉

一、集体荣誉

1. 桐乡市劳动保障局被桐乡市政府评为桐乡市政府优秀部门，被嘉兴市劳动保障局评为嘉兴市劳动保障工作优秀单位。

2. 桐乡市社保局被省医保中心、省社保中心分别评为医疗保险内控制度、社会保险能力建设省级先进单位。

3. 桐乡市社保局服务大厅被嘉兴市纠风办、作风办、监察局、纪委评为“嘉兴市一星级满意办事窗口”。

4. 桐乡市劳动保障局被省劳动保障厅评为省劳动保障监察先进单位、省劳动保障信息宣传工作先进单位。

二、个人荣誉

1. 张绪江同志被评为省劳动保障信息宣传工作先进个人。

2. 晏纲同志被省劳动争议仲裁委员会评为先进个人。

平湖市劳动保障情况

2008年，平湖市劳动保障局按照市委、市政府和上级劳动保障部门的工作部署，紧紧围绕经济社会发展大局和全面改善民生的总体要求，抓住重点难点，坚持整体推进，不断创新举措，开创了平湖市劳动保障工作的新局面。

劳动保障工作情况

一、扎实推进城乡统筹就业，就业形势继续保持稳定

（一）突出创建活动

认真贯彻落实《就业促进法》，深入推进创建充分就业社区活动，开展创建充分就业村活动，引导就业服务网络向村、社区延伸，着力消除城镇“零就业家庭”，55%的社区、15%的村创建达标。推进农村富余劳动力转移就业，全年农村劳动力转移就业5 780人。

（二）发挥平台作用

全力推进市场调节就业机制建设，以公共职介为主导、民间职介为补充的服务就业格局已经形成。全年共举办各类劳动力招聘会专场42场次，提供岗位近4.5万个，当场录用1.8万人。

（三）提升服务水平

组织开展农村劳动力资源调查，建立劳动力资源数据库。建立健全求职登记、失业登记、就业服务和政策咨询等服务工作流程，为求职人员提供免费就业服务。拓展劳务合作基地，组织外地协作单位、学校、劳务部门与平湖市企业对接，组织引进外省市劳动力4 000多人，缓解了企业招工难问题。

（四）加大扶持力度

积极应对宏观经济紧缩、企业运行困难、职工失业频繁的严峻形势，想方设法扶持就业，推进就业困难群体再就业。全年新增城镇就业6 315人，帮助城镇失业人员再就业3 285人，其中帮助就业困难人员就业545人，均超额完成目标任务数，为2 947名灵活就业人员发放社会保险补贴607万元，城镇登记失业率控制在3.5%以内，全市就业局势继续保持稳定。

二、全面推进素质就业，职业教育和技能培训鉴定功效不断放大

（一）实施“万人培训工程”，拓展技能鉴定规模

培训工作启动早、进展快、合力强，全年培训12 149人，其中外来务工人员4 811人、失业人员2 312人、农民转移就业培训5 026人。职业技能鉴定新增了7个工种，鉴定工种总量达到30个。完成职业技能鉴定10 644人次，核发职业资格证书8 933本。

（二）加强高技能人才培养，推进创业培训

积极破解企业技能人才短缺问题，高技能人才培训909人，创业培训201人，创业带就业的倍增效应逐步显现。围绕打造先进制造业基地战略目标，开设高级技工班，着力培养高学历、高技能的“双高”人才。围绕服务“三农”开办高级电工培训班，为农村电气化和低压用电维修行业输送人才。

（三）创新培训模式，加强基础建设

整合培训资源，添置培训设备，建立部门、企业、学校联合办班模式，解决师资、设备和场地不足等问题，保证了培训质量。坚持将培训工作推进到农村，深入到企业，拓展培训渠道，方便职工。

三、稳步推进全民社保，社会保障水平全面提升

（一）制定全民社保的实施规划

在社会保障政策体系全覆盖的基础上，制定三年实现人员全覆盖的发展规划，并针对不同人群的社会保障需求确定相应的参保险种和推进步骤，使工作目标更为明确、实施计划操作性更强，为平湖市实现“全民保障”奠定了基础。

（二）倾力推进“养老新政”

2008年，我们把实施城乡居民社会养老保险作为全民社保的重中之重，创新手段广泛宣传发动。建立了上门动员、定期督查、分段考核和进度日报等工作制度，推行了试点和“联村、包片、入户”的工作方法。年初，全市开展了“宣讲十七大精神，推进民生保障”活动，各级干部深入一线发动，组织组长会、户主会1 000多次，走访企业2 000多家，面对面宣传的群众达5万多人次。此项工作率先在平湖市展开，为嘉兴全市实施推进探索了路子。全市城乡居民社会养老保险参保32 474人，完成目标任务数的125%。

（三）审时度势推进社保扩面

针对2008年宏观经济不景气的现状，审时度势，有压有减推进社会保险扩面。通过实施重新核定企业缴费人数，允许企业根据需要选择参保险种，重点推进自谋职业者参保，降低工伤保险费率，推进工伤保险全覆盖等一系列举措，既减轻了企业负担，又超额完成了嘉兴市政府下达的指标任务。全市职工基本养老、医疗、工伤、生育、失业保险参保人数分别达到19.5万人、16.1万人、17.4万人、11.5万人和10.5万人，新增参保和基金征收均超额完成全年目标任务。同时，扎实做好被征地人员的生活保障，及时调整被征地人员待遇。

（四）切实加强社会保险基础管理和服务

全面核对整理社保基础数据库，实现参保单位实时征缴、实时到账。加强基金管理，开展专项审计，基金结算支付程序规范。加强社会保险信息化建设，实现乡镇业务代办和企业网上申报。在全省率先制定定点药店布局规划，以及认定、考核等管理规定，切实防止无序竞争。建立企业离退休人员生存状况动态跟踪制度，及时调整和发放养老金。

四、切实履行维权维稳职能，和谐劳动关系基础得到巩固

（一）强化法律法规宣传贯彻

开展了“三法一条例”宣传活动，以隐患企业、外来投资中小企业法人代表为重点对象，举办法律知识培训38场。稳步推进签订劳动合同、建立职工名册和用工登记备案等劳动用工管理制度。全市劳动合同签订率达96%，有1 655家企业共13.5万名职工进入劳动用工数据库。

（二）加强劳动保障监察执法

深入开展劳动保障监察日常巡查、举报投诉专查和专项检查，主动监察企业1 410家，发出限期改正指令书182份，行政处罚（理）案件60起，罚款29万元，结案率100%。为2 555名职工追讨回工资614万元，补签劳动合同3.7万多份。推行劳动保障网格化管理，针对2008年关停、倒闭企业多，突出隐患企业的监控，落实“逐一排查、动态更新、专人跟踪、一厂一预案”的监管措施，有效遏制了劳资纠纷的多发势头。

（三）突出抓好专项行动

先后开展了以劳动合同签订、打击使用童工、劳动力市场整顿、规范用工行为、工资清欠等为主要内容的专项行动。深入开展《劳动合同法》专项执法活动，以及加强租赁企业管理和工资清欠试点，取得了良好成效。开展了欠薪企业主追逃专项行动，逮捕了两名欠薪逃逸企业主，严厉打击了恶意欠薪逃逸行为。

（四）认真搞好调处维权

认真贯彻《劳动争议调解仲裁法》，稳妥处理劳动争议，共办结劳动争议案件192件，调解率73%，结案率96%。做好工伤认定和劳动能力鉴定工作，推行小额工伤委托镇、街道认定方式，方便了企业和职工。

（五）着力构建长效机制

以劳动保障诚信企业评比为载体，推进依法用工，优化平湖市用工环境。继续抓好服装、箱包企业欠薪保证金制度，全市311家租赁企业缴纳欠薪保证金780万元，走在全省前列。有序推进行业性工资集体协商制度，相关镇工会与童车行业协会、卫浴洁具行业协会签订了行业性集体合同。

五、着力加强系统全面建设，服务能力和水平明显提高

（一）加强机关党的建设，思想政治全面过硬

把加强党的建设作为做好劳动保障工作的前提和关键来抓，拟发了党建工作思路和党风廉政建设工作要求，签订了党建工作目标责任书和党风廉政建设责任书。组织理论学习66次，专题讲座4次。先后开展了党的十七大精神主题教育、党风廉政警示教育、学习抗震救灾英雄以及十七届三中全会精神等专项学习教育活动。组织中层干部赴省职务犯罪预防警示教育基地接受警示教育。开展了抗震救灾慈善募捐、交纳特殊党费和纪念建党87周年系列活动。

（二）突出抓好主题活动，作风效能明显加强

2008年，以服务发展、助推“两创”为主线，组织开展了“学习十七大精神，助推创业创新”主题活动。一年来，以主题活动为载体，紧紧围绕改进工作、创新服务、务实作风，全面推进能力建设。制定了《关于规范行政权力公开运行工作实施方案》《中层干部岗位责任制考核办法》，与各科室、单位签订了《2008年劳动保障主要工作目标责任书》，推动各项工作落实。拟发了《法制工作要点》，全面推进依法行政工作。

（三）积极应对形势挑战，助推发展更加有力

受国际金融危机和国内宏观政策调整的影响，2008年平湖市企业发展面临着少有的困难和压力。在严峻的经济形势前，市劳动保障局围绕服务发展大局，积极应对形势挑战，制定了一系列“解难减负”措施，如降低部分保险费率；坚持寓执法于服务，慎行处罚等；同时出台了《劳动保障工作服务经济服务企业的意见》，推进服务发展的制度建设。在百名局长“下企业、送政策、解难题、促发展”专项活动中，针对企业反映的用工紧张、职工流动性大等问题，组织调研，上门听取企业意见，认真及时办结65件企业意见交办件。与光机电企业一对一结对服务过程中，做到了主动沟通、倾心服务，认真帮助解决困难。

（四）认真做好信访工作，维护稳定尽责到位

以维护稳定、促进和谐为己任，坚持“三个第一”“三个原则”，认真做好信访工作，即坚持局长为信访工作第一责任人、把做好信访工作作为改善民生第一要务、在第一时间办结信访交办件；坚持能牵头承办的不推诿、能与信访人见面的不回避、能书面的不口头答复。全年共计接待来访群众约3 580人次，受理人民来信60件、市长电话交办件165件，均在规定时限内办结。尤其是针对一些群体疑难信访案件，坚持局领导包案，集中力量办理。通过妥善解决各类信访问题，有力维护了社会稳定。

（五）注重改善优化服务，基础建设扎实推进

加强基层劳动保障工作平台、信息网络和人员队伍建设。成立了镇、街道社会保险事业所和村、社区劳动保障站，开发了基层社保经办管理软件，向下延伸服务。深入开展“五型机关”和文明窗口单位的创建活动，加大了服务窗口的管理力度，制定了《窗口服务工作考核细则》《工作人员行为规范》等规章制度，印发了文明用语及忌语，规范了日常行为，推进优质服务。加强信息化工作，建立就业与社会保险综合数据库，完善了网络功能，开通了企业社保业务网上申报，方便了企业。

所获荣誉

1. 平湖市劳动和社会保障局被嘉兴市人民政府办公室评为嘉兴市劳动保障工作考核优秀单位。

2. 平湖市劳动和社会保障局被中共平湖市委、平湖市人民政府评为平湖市工作目标绩效考评优秀部门。

3. 平湖市劳动和社会保障局被中共平湖市委、平湖市人民政府评为平湖市新农村建设考核城乡一体化先进集体。

4. 平湖市劳动和社会保障局被中共平湖市委、平湖市人民政府评为平湖市创建“平安平湖”先进集体。

5. 平湖市社会保险管理中心被嘉兴市社会保障事务局评为全市社会保障工作先进单位。

6. 平湖市劳动保障监察大队被评为浙江省劳动保障监察工作先进单位。

7. 平湖市劳动保障监察大队被嘉兴市纪委等评为嘉兴市“服务民生满意站所”。

嘉善县劳动保障情况

2008年，嘉善县围绕县委、县政府中心工作和省市厅局下达的各项目标任务，以贯彻落实党的十七大及十七届三中全会精神为指针，积极开展好党的十七大精神宣传教育和深入学习实践科学发展观活动，认真学习习近平同志视察嘉善重要讲话、批示精神，积极应对国际金融危机和宏观经济下行趋势加剧影响，立足新起点，实现新跨越。上下齐心，精心部署，目标明确，任务具体，措施有力，思想解放，开拓创新，扎实工作。加大关注民生、服务民生，在实施积极就业政策、推进统筹城乡就业、健全社会保障体系、强化职业技能培训、构建和谐劳动关系等方面均取得了新的进展，形成了新的特色，多项工作走在嘉兴市乃至全省前列，努力开创了劳动保障工作新局面。

劳动保障工作情况

一、以党的十七大为指针　深入实践科学发展观

围绕“学报告、广动员、纳良谏”，开展党的十七大精神学习、宣传、贯彻活动，努力在全局干部职工中营造“想干事、会干事、干成事”的良好氛围。提出13项调研课题，重点开展好“树创（树新形象、创新业绩）”和“两年（创业服务年、创新推进年）”活动，创建“五型机关”（学习型、创新型、服务型、效能型和廉洁型），营造“党风正、政风清、民风和”环境。

在全党开展深入学习实践科学发展观活动中，嘉善作为习近平副主席的联系点和省委第二批学习实践活动的试点县，始终得到了中央和省市委强有力的领导和指导。按照县委统一部署，2008年把学习实践科学发展观活动作为首要政治任务。从10月启动，精心组织实施，强化班子建设，切实提升班子战斗力。做到工作、学习“两手抓、两不误、两促进”。共进行5次集中学习，参加220人次；专题集中讨论4次，参加41人次；上报信息67条；自编简报42期；下基层调研80人次；召开座谈会30次，参加300人次；走访企业50家；走访农户20户；结对困难户8户；确定调研课题8个；专题调研成果交流5次，参加50人次。收集意见建议33条，其中“36”计征集23条。为民办实事数12件。全局高标准要求、高质量推进。始终把学习实践活动作为实现劳动保障事业科学发展的难得发展机遇，围绕“三争创”，全力以赴，全心投入，高起点谋划、高标准定位、高质量实施。掀起“干部进企业、政企联手渡难关”活动，通过“一点一策一承办”举措，对事关群众生产生活的紧迫问题、急需问题，凡条件具备的立说立行、立改立

纠。切实抓好理论学习，深入开展调查研究，做到“带着问题下去、找到原因上来，带着课题下去、形成思路上来”，认真组织解放思想大讨论，广泛征求意见建议，认真开好专题民主生活会、民主恳谈会、民主讨论会、民主评议会，认真撰写《领导班子分析检查报告》，围绕“带着群众意见上来认真写，形成初稿下去广泛听，带着讨论建议上来反复改，形成修改稿下去充分议，带着评议结果上来深入改”的三上两下程序，不断创新机制，扩大就业，保障民生，维权维稳，统筹发展，狠抓整改落实，组织好“回头看”，加强督促检查，取得了“党员干部受教育，科学发展上水平，人民群众得实惠”的阶段性成果，实现了“充分就业有新发展、社会保障有新提升、民生维权有新举措、机制创新有新作为”。

科学发展永无止境。在整个学习实践活动中，广大党员干部围绕“保增长、抓转型、重民生、保稳定”这一工作主线，深化了对劳动保障“以人为本”科学发展思路的认识，进一步明确了当前和今后一个时期践行“以人为本”科学发展思路的目标方向、原则要求和重点任务，进一步增强了推进劳动保障“以人为本”科学发展的决心和信心，形成了保障民生、服务民生、改善民生的劳动保障科学发展新格局。大家深刻认识到，科学发展观是劳动保障工作的永恒主题，没有科学的劳动保障，就没有和谐发展的民生。从而理清思路，增强信心，完善措施，加大工作力度。群众满意度达100%。树立了“为民、务实、清廉”的良好机关形象。获得了全县学习实践科学发展观活动示范点荣誉称号。活动取得了丰硕成果，向县委交上了一份高质量的满意答卷。

二、大胆改革创新　组建镇级劳动保障机构

加大改革创新步伐，大胆解放思想，组建镇一级劳动保障服务机构。7月下旬，根据《中共中央　国务院关于进一步做好下岗失业人员再就业工作的通知》（中发［2002］12号）、《中共浙江省委、省人民政府关于进一步做好下岗失业人员再就业工作的意见》（浙委［2002］19号）、《浙江省人民政府关于进一步做好就业再就业工作的实施意见》（浙政发［2006］16号）、《中共浙江省委办公厅　浙江省人民政府办公厅关于进一步推进企业退休人员社会化管理服务工作的意见》（浙委办［2003］60号）和《关于完善基层社会保障管理服务体系建设的指导意见》（嘉政发［2004］52号）等文件精神，经县14届政府第19次常务会议研究决定，县人民政府正式下发《关于建立基层劳动保障服务机构的通知》（善政办发［2008］109号），在各镇人民政府和县经济技术开发区建立劳动保障管理服务机构。经过约两个多月筹备，10月下旬，11个镇全部挂牌建立基层劳动保障服务机构。按照机构、人员、经费、场地、制度和工作“六到位”要求，每个基层劳保所配备3名左右工作人员。每个村（社区）配备兼职劳动保障协理员。根据“基础扎实、运作高效、管理规范、服务到位”的目标，在试点基础上，11月初在大云镇召开现场会，全面推动劳动保障所的建设，完善工作职责。自全县镇级劳保所成立以来，已在一系列工作如组织实施城乡居民社会养老保险、劳动力资源调查、充分就业村（社区）创建、劳动保障监察等方面发挥出显著作用，得到了社会各界和舆论的一致好评。

三、积极推进社会保障　完善城乡居民社会保险

根据市政府要求，大力推进城乡居民社会养老保险工作。全年实现70周岁以上高龄老人养老基本享受20 556人，发放金额1 292万元。提前超额完成20 500人的市政府下达城乡居民社会养老保险参保任务，实有参保26 490人，完成市政府下达任务数的129.22%，使这项惠及全县无任何社会保障的城乡居民社会养老保险新政成为一项得民心、顺民意、解民忧的德政工程。

积极落实县委、县政府下半年“保稳定、促调整”扶持工业经济平稳协调较快发展的总要求，从10月份起将企业职工养老保险企业负担部分下调2个百分点，并在12月份集中减征五大社会保险费一个月，总共减征金额达3 123万元，切实减轻了企业税费负担。

加强企业职工和事业单位社会保险的征缴。对事业单位的社会保险费征缴政策进行调整，以工资总额为基数，工伤、生育保险实现全覆盖。对企业职工社会保险征缴政策进行调整，确定扩覆向空白点、不平衡点推进。扩面新增参保企业323家，新增参保6 000余人。建立劳保、地税、工商、法院等相关部门联系协调机制，社会保险费征缴率达99.9%以上。

2008年全年养老保险参保14.04万人，完成100.3%，其中离退休1.618 4万人，新增养老保险参保1.002 2万人，完成167%；事业单位养老保险参保1.199 2万人，其中离退休0.439 2万人；农村养老保险参保9.293 8万人（同比减少系退保或转入城乡居保）；基本医疗保险参保10.86万人，完成106.5%，其中职工8.848 0万人，新增基本医疗保险参保0.792 6万人，完成396.3%；新增农民工参加医疗保险1.2万人，完成100%；失业保险参保6.513 3万人，完成100.20%，其中新增失业保险参保0.448 6万人，完成112.2%；工伤保险参保10.26万人，完成102.6%，其中新增工伤保险参保3.344 3万人，完成104.5%；生育保险参保8.14万人，完成125.2%；年末离休、退休、退职2.729 8万人（包括机关0.088 7万人）；退休人员社会化管理率100%，完成100%，其中纳入社区管理率96.6%，完成113.6%。受理工伤认定1 196件，比去年同期增长19%；作出工伤认定决定1 163件，结案97.5%；不予受理5件，比去年同期减少32.8%；成功调解工伤争议17件，行政复议1件，经复议机关复议后予以维持1件（系2007年认定）。劳动能力鉴定586人，比去年同期增长13%，其中工伤伤残等级鉴定546人，病退鉴定40人；办理提前退休159人，比去年同期增长12%，其中特殊工种退休119人，因病退休40人。

加强对医疗保险定点单位的管理。做好定点医疗机构年度考核工作。加强对定点医院实时监控。进一步提高定点医疗机构用药规范。制作医疗保险IC卡45 000张。完成企业退休人员、农婚知青养老生活补助待遇调整。涉及企业退休人员基本养老金调整14 930人，人均增资124元/月，现全县退休职工15 645人，全年月人均养老金1 193元/月。涉及农婚知青养老生活补助调整491名，人均增资28元/月，现人均生活补助524元/月。

办理土地征用人员二次养老5 501人。扩大工伤保险的覆盖范围。做好养老相关待遇的计发和调整。加强医疗保险监管力度。做好2007年度双缴双保异地安置人员的医保个人账户的发放，工伤保险、生育保险待遇支付及基金转移，外省人员一次性退保工作。

四、积极应对经济寒流　扩大充分就业

正视全球金融危机带来的新冲击，把就业工作摆到更加突出的位置。就业工作坚持“政府促进就业、劳动者自主择业、市场调节就业”的方针，确保城乡居民享有平等就业和自主择业的权利。加大《就业促进法》的宣传、贯彻力度，注重劳动者择业观念的转变和就业服务平台的建设，切实发挥好政府在促进就业工作中的基础性作用。围绕城乡统筹就业、就业困难人员再就业、新成长劳动力就业等问题，制定了一系列积极的就业政策，就业形势总体稳定。

全年新增城镇就业0.605万人，完成110%；帮助城镇失业人员再就业0.228 9万人，完成109%，其中帮助就业困难人员再就业542人，完成108.4%；组织农村劳动力转移就业0.615 6万人，完成111.9%；城镇登记失业713人；城镇登记失业率控制在3.3%以内；年末职业介绍机构13家；举办劳动力交流会5场。

全面开展充分就业村（社区）创建活动；抓好镇村（社区）就业服务平台建设。对失业人员

开展“入户调查”。出台《关于印发嘉善县城镇“零就业家庭”、农村“低保家庭”等就业困难人员就业援助实施办法的通知》（善政办发［2008］149号）文件，全面启动城镇“零就业家庭”、农村“低保家庭”等就业困难人员就业援助，开发一批“三保”（即保洁、保绿、保安）等公益性岗位，首批开发30个岗位，解决了23户城镇“零就业家庭”就业。开展充分就业村（社区）创建试点，通过召开现场会，全面深入基层检查指导，经考核验收，全县21个村达到充分就业村要求，占17.8%，15个社区达到充分就业社区要求，达到53.6%。把关注民生摆在重要位置，全面了解失业人员，特别是双失业、“零就业家庭”等就业困难人员的基本情况和就业意愿，并为他们提供及时、优质、高效的就业服务，确保实现“辖区内有劳动能力和就业愿望的下岗失业人员基本实现就业再就业”的目标，自10月开始，按照“六清”要求对全县辖区内的失业人员再次进行“入户调查”，调查后适时推出一批公益性就业岗位，建立动态管理及就业援助机制。同时，积极开展对“4050”灵活就业人员社会保险补贴、职业技能鉴定补贴、大中专毕业生见习补贴等政策扶持工作，完成795人审核，补助资金179.54万元；9家企业享受社保补贴，惠及95名下岗职工，补贴资金32.73万元；小额贷款贴息4笔，总额6 624.75元；劳动密集型企业贷款贴息86 145.79元；发放“再就业优惠证”177本。安置被征地居民7 979人。办理农转非2 487人。劳务代理72家（821人）。同时，加强人力资源市场建设，推出就业岗位32 539个，开展星级职业中介机构评定活动。2月22日召开全县春季人力资源交流大会，推出岗位16 112个。6月10日召开“情系灾区，就业援助”专场招聘会，推出爱心岗位1 385个。针对上半年部分企业劳务用工短缺状况，及时组织20家企业赴四川达州市进行人力资源招聘活动。做好港澳台和境外人员在善就业管理服务工作。新办内地就业证85人，延证74人。推进城乡就业一体化，加快农村劳动力向第二、第三产业转移步伐，通过调查掌握现有农村劳动力17.05万人，其中从事农业的3.2万人，占总数的18.8%；从事第二产业的5.2万人，占总数的30.5%；从事第三产业的7.458万人，占总数的43.7%；其他1.18万人，占总数的7%。农村劳动力中74%已转到第二、第三产业就业。

五、促进创业培训　完善基地建设

职业培训鉴定工作以提高培训鉴定质量为根本，以取得实效为目标，努力抓好城乡各类劳动力、企业职工和职业技术学校学生的技能培训鉴定工作。以开拓创新求特色为理念，充分挖掘具有与地方产业特点相适应的培训专业（工种）。以服务基层为宗旨，不断提升培训鉴定工种档次。开展具有技术含量专业（工种）的技能鉴定工作。以培训鉴定工作为平台，加强与兄弟县市和有关部门的交流与合作。以人才战略方针为指导，积极探索高技能人才的技能鉴定工作。

创业培训、本地农村劳动力转移就业培训和跨省劳动力职业技能提升培训等各项工作取得明显成效。全年完成城镇失业人员再就业培训0.220 5万人，完成122.5%；组织农村劳动力转移培训0.543万人，完成108.6%；开展技能考核鉴定0.942 5万人，完成234.2%；开展高技能人才培训734人，完成103.9%，其中新技师培训83人，完成103.7%；开展创业精英培训218人，完成109%。举办各类职业技能培训班185期。县职业技术培训中心荣获嘉兴市人民政府授予的2007年度“嘉兴市十佳培训机构”光荣称号。

六、加大奥运维稳　推进法制建设

针对我国举办奥运会、残奥会、改革开放30周年庆典及下半年宏观经济形势急剧变异等给信访维稳工作带来的新形势、新特点，在上级部门的统一部署下，结合本县实际，制订详尽计划，周密部署。抓好了不稳定因素排查、信访积案梳理、重访案件领导包案，加强投诉举报案件调处力度，妥善处理群体性事件等项工作，确保各项制度落到实处，把矛盾尽早发现在苗头、解决在基层。

为确保奥运会期间社会治安稳定，根据《企业事业单位内部治安保卫条例》规定和善委办有关文件部署，切实加强内部安全保卫工作，专门印发《关于进一步加强奥运会期间单位内部安全保卫工作的通知》，确保内部防范、信息报送、责任落实等相关工作的加强。切实做到“一把手”亲自抓，分管领导具体抓，具体部门工作到位。职责明确，层层落实，分工配合。从8月8日起至奥运会结束，每天安排人员进行值班备勤，由一名局领导轮流带班，参加值班备勤的人员保持24小时手机开通。

下半年以来，受经济低迷影响，企业拖欠工资现象增多。按照平稳过渡、执法有度的思想，积极加大与司法、总工会和各镇政府的联动，及时稳妥地贯彻实施《劳动合同法》。并结合学习实践活动，把欠薪企业分为“危机型”“资金周转困难型”“良性经营型”等类别，立足防范，加强处置，积极稳妥地加大劳动保障监察执法力度。全年接待群众举报来信来访咨询1 203件，4 856余人次，其中按规定受理群众举报投诉569件，涉及职工1 953人，追发劳动者工资报酬247.3万元。处理突发事件40件，涉及职工3 990人，追发工资603.22万元，清退风险抵押金8件15人9 250元，有效帮助企业摆脱困难，全年无一件群体性案件上访至省市以上，劳动保障监察工作保持平稳有序，为社会总体稳定作出了积极贡献。

按照“事前预防、事中监管、事后惩戒、应急救济”的要求，积极探索实施以“四位一体”为主要内容的劳动保障监察网格化管理试点工作，选择魏塘镇为试点，聘请新居民事务局的24名工作人员为劳动保障监察协管员，划分24个网格，分A、B、C三类进行管理，建立考核制度，通过一段时间运行，效果较好。

全面推进法制化建设。积极做好行政许可项目的审批工作，共办理企业特殊工时制审批57家、医保定点零售药店审批9家、定点医疗机构审批2家、未成年人用工备案28家。除1件工伤认定行政复议得到维持外（2007年案件），未发生行政诉讼案件。局办、法制科接待群众来电、来访超过4 700多人次；受理各类群众（含上级部门转办）来信46件、来访77件；受理市长、县长电话交办件268件次，办结率100%。认真办理县人大、政协“两会”上代表、委员们提出的涉及劳动保障的建议、提案，答复人大代表提案、议案、建议、意见47件，办复率达100%。积极做好信访积案排查、稳控工作。信访积案全部处理结案，重访案件得到有效控制，涉及劳动保障的各类不安定因素均得到有效排除和解决。

深入企业，积极宣传《劳动合同法》及《劳动合同法实施条例》，主动上门举办专题培训、辅导、座谈36次，参与受训约2 300人次。与县台办（县台商协会）共同举办劳动保障政策咨询会4次，参加企业达90多家，较好地宣传了劳动保障法律法规，为企业平稳渡过经济寒潮“保驾护航”。组织行政执法岗位培训10人次。印发3 000多本劳动保障法律法规汇编。职工劳动合同签订率达到95.6%，完成103.9%；处理劳动争议案件229件，结案率达到100%，完成109.9%；主动监察检查企业1 440家，完成116.1%，从而为和谐劳动关系创建作出了积极贡献。

七、健全舆论监督　完善制度建设

进一步加强劳动保障党政信息宣传工作，构建劳动保障大宣传格局，健全信息网络体系。6月组建15人劳动保障信息员队伍，进一步完善、充实劳动保障信息网络。通过门户网站、印发专刊、在媒体报刊上进行多层次、多方面正面宣传等手段，加大劳动保障正面宣传影响力。劳动保障信息工作在2007年基础上，又有了新发展，宣传质量明显提高。全年共向各级党政机关和上级劳动保障部门上报各类信息268篇，编发《嘉善劳动保障信息》普刊8期，编发《“解放思想”大讨论专刊》4期，编发《城乡居民社会养老保险特刊》4期，编发《深入学习实践科学发展观活动专刊》9期，编印《深入学习实践科学发展观活动彩色小报》5期，编发《学习实践活动信息专报》15期。有多篇理论性调研文章和通讯报道文章在省、市、县各级媒体、网站及报刊上发表，全年接受各级媒体、电视台采访、报道18次（省级2次、市级1次、县级15次），均取得了较好成效，得到了各级党委和政府及社会的一致肯定。继2007年，劳动保障局再次被评为省劳动保障宣传（通讯）工作先进单位，梁铮同志再次被评为局信息宣传工作先进个人和《嘉兴日报》嘉善分社积极通讯员。

加快推进以“金保工程”为重点的劳动保障信息化建设。继2006年投入250万元，2007年投入360万元后，2008年又着重对五大社会保险数据库进行扩容更新。开发社会保险网上申报系统。建立容灾双中心。完成城乡居民养老保险信息系统。完成“浙江省养老保险联网数据采集”。

坚持规范运作，强化监管，完善社会保险基金监督管理制度，规范基金管理。加强内控制度建设，健全财务会计制度，强化基金核算和稽核，先后制定了一整套符合实际的管理制度和业务流程，如《嘉善县社会保障管理中心财务制度》《关于进一步明确各项社会保险基金支付业务经办工作要求的通知》《嘉善县社会保障管理中心内部管理制度》《关于建立嘉善县社会保障管理中心学习制度的通知》《关于制定社保中心确保社会保险数据安全的工作制度的通知》及《嘉善县社保中心业务流程规程》等十几项管理制度，并对原有制度和规定进行了进一步完善和补充，加大了监管力度。配合上级，积极做好各项基金的审计工作。广泛开展优质服务窗口建设活动，抓实培训，强化干部职工综合素质，通过青年文明号、巾帼示范岗的创建，不断提高为民服务质量和服务效率。切实加强党风廉政建设，努力建设一支勤政务实、廉洁高效的干部职工队伍。

坚持“三公”原则，加强国有房产管理。根据《嘉善县行政事业单位国有房产出租管理办法（试行）》（善政发［2006］95号）精神，对县就业管理服务处及下属事业单位的国有房产进行了全面清理，按照“公开、公平、公正”的原则，于5月15日，全权委托嘉兴市嘉诚拍卖有限公司对已到租赁期限和即将到租赁期限的国有房产进行了公开拍租。本次拍租的全部国有房产租赁期限为三年，拍租总金额27.04万元。

大力推进“凝聚人工程”，切实关心全局职工生活福利待遇，维护、保障离退休老同志权益，不断丰富全局职工和离退休老同志政治、业余文化生活。积极做好事业单位工作人员招考工作。适应形势要求，做好人事，工资，财务，统计，档案，综合调研，文件收发，工、青、妇、会务接待，后勤保障和日常行政等项工作。

所获荣誉和先进事迹

一、集体荣誉

2008年9月，嘉善县劳动保障局被浙江省劳动和社会保障厅评为2008年度省劳动保障宣传（通讯）工作先进单位。

2009年1月，嘉善县劳动保障局被嘉兴市人民政府评为2008年度劳动保障工作考核优秀单位。

二、个人荣誉

2009年2月，梁铮同志被评为嘉兴市《嘉兴日报》社积极通讯员。

三、个人事迹

梁铮，男，1963年4月生于嘉善。祖籍浙江诸暨。大学学历。现居住于嘉善。1983年开始从事文学创作，曾有诗歌、小说、报告文学、书评、散文、游记、杂论、随笔、通讯等多种体裁的作品发表于全国及省、市、县各类报纸杂志上。

1992年起涉足理论园地，陆续有《改革无“模式”》《崛起的市场》《浅析在社会主义市场经济条件下劳动力进入市场的途径》《管理外来工，何日潇洒?》《不能“一解了之”“一推了之”》《人口与就业问题》《入世后嘉善就业对策》《劳动力市场发展“瓶颈问题”亟待解决》《市场经济条件下劳动力流动管理新探》《完善社会保障体系的思考》《打造“无欠薪”城市》《从失信企业曝光看失信成本》《企业家应有社会责任感》《大学生为何不愿来“失业登记”》《大学生就业“新政”为啥遇寒流》《浅析构建和谐的劳动关系》《群体性事件形成原因及对策初探》等多篇文章、调研报告被《中国劳动保障报》《浙江劳动与保障》《嘉兴劳动》《嘉兴社会科学》等多家报纸杂志刊发，并获奖。

历年来在《中国劳动保障报》《中国劳动》《上海劳动报》《浙江日报》《浙江市场导报》《浙江工人报》《钱江晚报》《浙江劳动与保障》《嘉兴日报》《嘉兴工人报》《南湖晚报》《嘉兴劳动》等报刊杂志上发表各类文章。

曾在2004、2005、2006、2007年四年连续获《嘉兴日报》社优秀通讯员奖；2004、2005、2007年获浙江省劳动保障宣传（通讯）工作优秀通讯员、先进个人奖；2005、2007年获嘉兴市劳动保障信息宣传工作先进个人奖；2007年获嘉兴市就业管理系统信息宣传先进个人奖；2005、2006、2007、2008年连获嘉善县劳动保障局信息宣传工作先进个人奖；2006、2007年连获县委、县政府党政信息工作先进个人奖；2008年再次被评为《嘉兴日报》社积极通讯员。

绍兴县劳动保障情况

2008年，绍兴县劳动保障局在县委县政府的正确领导及上级业务部门的关心指导下，深入贯彻落实科学发展观，紧紧围绕“加快经济转型、促进社会和谐”的工作主题，按照实施“六个所有”民生计划的要求，深入开展“就业援助”“社保扩面”“劳资和谐”和“强本固基”四大行动，全面超额完成上级党委政府和业务部门下达的各项工作任务，绍兴县劳动保障局先后被县委县政府评为2008年度县机关部门“双优奖”单位，被市劳动保障局评为2008年度劳动保障工作优秀单位，绍兴县劳动保障事业又跨上了新的台阶。

劳动保障工作情况

一、围绕“劳有所得”，构建促进充分就业的服务体系

按照“让所有有劳动能力的家庭都能创业就业”的工作目标，坚持“劳动者自主择业、市场调节就业、政府促进就业”的方针，认真贯彻执行《就业促进法》，努力实现比较充分就业。全年新增城镇就业13 750人，完成目标任务的129.7%，下岗失业人员实现再就业5 844人，其中就业困难人员1 220人，分别完成目标任务的146.1%和135.6%；城镇登记失业率为3.19%。

（一）充分发挥县人力资源市场服务平台的作用

全年县人力资源市场举办5场专场招聘会、16场“逢九集市”；进场招聘单位推出就业岗位70 044个，进场求职人数16.6万人次，其中3.3万名求职者通过县人力资源市场实现就业，既为企业招工提供了便利，又较好地促进了就业再就业工作。同时，劳动保障局就业管理服务部门组织金昌开元大酒店、梅盛实业股份有限公司等6家企业赴广西南宁、武鸣等地招用适用技工，与当地的17所职（技）院校和5个乡镇签订了劳务合作协议。

（二）落实政府促进就业的政策保障

大力实施新一轮就业再就业政策，着力帮扶就业竞争中处于弱势地位的城镇失业人员、被征地农民中的“4050”人员、城镇“零就业家庭”、农村低保户劳动力、未能及时就业的大中专毕业生等就业再就业。全年发放再就业优惠证1 293本，其中就业困难人员1 246人；发放社保补贴和一次性就业补助739.55万元，帮扶2 859名城镇下岗失业人员和327名被征地农民中的“4050”人员自谋职业；发放企业岗位补贴66.17万元，安置就业困难人员151人。

（三）分类实施就业困难群体的就业援助工作

一是摸清底细。经各镇（街道）劳动保障所的调查摸底，基本摸清了全县城镇和农村“零就业家庭”劳动力的基本情况和就业愿望，为下一步有针对性地开展就业援助提供了依据。二是开展“充分就业社区”创建活动。在柯桥、柯岩、华舍、齐贤4个镇街的23个社区建立起“社区劳动保障事务室”，对就业困难人员建立基本台账，实施就业援助，全县23个社区全部达到“充分就业社区”标准，达标率100%。三是分类开展就业援助行动。由县公共职业介绍机构和镇（街道）劳动保障所为城镇“零就业家庭”中有劳动能力、有就业愿望人员提供不少于3次、每次不少于3个合适的就业岗位，实现城镇“零就业家庭”劳动力3个月内动态“清零”。会同县人事局、财政局新增大中专毕业生就业见习基地22家，450名大中专毕业生在全县39家就业基地见习，目前已有315人与见习单位签订了劳动合同，实现就业。对农村低保户中有劳动能力和就业愿望的成员发放“农村低保人员就业援助证”，并提供就业援助，全年帮助93家“农村低保户”中的118人实现就业。

（四）加强职业技术培训鉴定工作

组织开展城镇下岗失业人员、在岗职工、农村富余劳动力等职业技术培训和技能鉴定工作，提高劳动者就业竞争力。举办旅游、园林绿化行业高技能人才培训班，开设维修电工、汽车驾驶员、有线电视机线员等技师培训班，加快高技能人才队伍建设。全年完成职业技术培训12 185人，其中培训本县下岗失业人员3 219人，完成目标任务的100.6%；培训外省来绍务工农村劳动者7 656人，完成目标任务的102.1%；完成职业技能鉴定13 466人，完成目标任务的158.4%，获得职业技术资格证书10 996人；培养高技能人才1 309人，完成目标任务的100.7%。

二、围绕“老有所养”，构建全民共享的社会保障体系

以实现“让所有老年居民都能享受基本生活保障”的目标为重点，创新完善制度，不断扩大覆盖面，全面落实待遇，加快建设覆盖城乡居民的社会保障体系，截至2008年12月底，全县各项社会保险参保人数已超过122万人次。

（一）稳步推进社会保险费“五费合征”工作

2008年5月，绍兴县出台实施《关于调整失业保险和生育保险缴费基数的通知》，启动了失业保险和生育保险的征缴扩面工作。从2008年6月1日起全面实行社会保险费“五费合征”，截至2008年12月底，全县参加基本养老保险的人数为217 000人，全年新增13 407人，完成目标任务的116.6%；参加工伤保险的人数为220 903人，全年新增27 956人，完成目标任务的103.5%；参加基本医疗保险的人数为135 000人，全年新增27 375人，完成目标任务的273.8%；参加生育保险的人数为102 273人，全年新增70 711人；全年新增失业保险参保人数64 207人，完成全年目标任务的356.7%。同时，严格执行被征地农民“即征即保、应保尽保”制度，截至2008年12月底，全县参加被征地农民养老保险138 969人，“即征即保”率100%。

（二）完成“让所有老年居民都能享受基本生活保障”的阶段性工作目标任务

2008年1月，绍兴县出台农村老年居民养老保障和生活补助暂行办法，目前全县共有27 156人参加农村老年居民养老保障，选择享受生活补助61 043人，全年养老保障金和生活补助费已全部发放到位。2008年2月底，绍兴县出台《关于完善被征地农民基本生活保障制度的意见》，全县41 750名被征地农民养老保险待遇由每人每月220元调整为每人每月245元，全县14个镇（街道）3 792名原享受100元、60元、40元被征地农民生活补助的人员全部纳入农村老

年居民养老保障制度，享受每人每月150元的待遇；适度调整被征地农民养老保险的缴费标准，从每人23 000元提高到27 000元，实现了平稳过渡。同时，积极做好调整知识青年养老保险待遇、农村退役军人军龄视同缴费年限和被征地农民养老保险向职工基本养老保险转移接轨工作；及时完成企业退休人员养老金调整工作，全县14 955人提高了养老金水平，平均增资额为123元，在春节前发放到位。这样，绍兴县已构建起以事业单位工作人员养老保险、职工基本养老保险、被征地农民基本生活保障、知识青年养老保险、城镇老年居民生活保障、农村老年居民养老保障和生活补助组成的“6+1”式社会养老保障制度框架体系，并做到相互衔接、应保尽保、应补尽补。目前，全县纳入“6+1”制度的人群共有460 009人，有151 710名城乡老年居民享受到相应的基本生活保障或补贴待遇。

（三）全面落实各项社会保险待遇

据统计，2008年绍兴县社会保险支付各项待遇59 306万元，其中支付基本养老保险待遇19 610万元，基本医疗保险待遇10 568万元，工伤保险待遇2 000万元，生育保险待遇557万元，失业保险待遇211万元；支付事业单位养老金4 216万元，农村养老保险金879万元，被征地农民基本生活保障金10 691万元，城镇老年居民生活保障待遇966万元，农村老年居民养老保障待遇4 531万元，城乡老年居民生活补助4 621万元，城镇居民医疗保障待遇456万元，使绍兴县全面建设小康社会的成果更多更好地惠及普通群众。

（四）切实加强社保业务经办规范化建设

加强社保基金的稽核监督管理。开展养老保险待遇享受人员生存调查，查出死亡人员还在领取养老金8人，追回养老金33万余元；加大对医疗、工伤保险待遇支付的稽核监督力度，实地查处违规定点医院和药店23家，拒付和追回医保基金35万余元；“窗口”处理稽核案件32例，拒付和追回社保基金21万余元。开通社会保险网上申报系统，使45%的业务量通过网上操作，极大地方便了企业办事，成为绍兴县2008年行风效能建设中服务对象最满意工作之一。

三、围绕“劳资和谐”，构建稳定长效的维权维稳体系

认真贯彻执行《劳动合同法》《劳动合同法实施条例》《劳动争议调解仲裁法》，加大劳动监察执法力度，加强劳动争议处理工作，维护劳动者合法权益，维护社会稳定，县劳动监察大队被省劳动保障厅评为全省劳动保障监察工作优胜单位。

（一）继续宣传贯彻《劳动合同法》

在《绍兴县报》开设“宣传之窗”，大力宣传《劳动合同法实施条例》。组织开展“《劳动合同法》《劳动争议调解仲裁法》贯彻执行指导检查服务活动”，由劳动和社会保障局领导带队分组到全县重点骨干企业，宣传、指导企业依法与所有劳动者订立并履行劳动合同。积极推行劳动保障书面审查，全年共对5 618家用人单位进行劳动保障书面审查，努力从源头上遏制劳动保障违法行为的发生。

（二）加大劳动保障监察工作力度

利用日常巡查、专项检查和举报投诉督查等手段，加大对用人单位劳动监察执法力度。针对2008年严峻的经济形势，高度重视防范和处置企业拖欠职工工资工作，做到早防范、早发现、早处置，及时部署开展“百日‘清欠’维权大行动”，切实维护劳动者的合法权益。2008年县劳动监察大队主动检查企业1 483家，受理投诉举报案件1 102件，已处理1 079起，为2 059名职工追回拖欠工资482.83万元；平息处理群体性案件20起；配合企业所在地镇人民政府、开发区管委会妥善处理江龙控股集团、金雄集团等企业重大欠薪案件。在部分企业生产经营比较困难、

个别企业关停的严峻形势下，劳资关系保持基本稳定。

（三）做好劳动争议处理和工伤认定工作

按照“快受理、快立案、快审理、快结案”的要求，2008年绍兴劳动和社会保障局共立案受理各类劳动争议案件1 777件，结案1 768件；受理工伤认定案件2 144起，已作出工伤认定1 930起，同时处理小额工伤案件2 000起；受理调处信访件498件，接待来访2 356人次，接待率、受理率、办结率均达100％。

四、围绕“强本固基”，构建优质高效的管理服务体系

一年来，绍兴劳动和社会保障局认真做好县委、县政府交办的各项中心工作，认真负责地向县人大和县政协汇报绍兴县劳动和社会保障局实施“劳有所得”“老有所养”民生计划情况，自觉接受县人大和县政协的监督指导。高度重视县审计局对绍兴县社会保险基金和就业再就业专项资金审计工作，对提出的问题及时研究、认真整改。高度重视人大代表建议和政协委员提案的办理工作，组织召开答复见面会，提高承办工作质量，34件主办及会办件满意率100％。根据县委组织部安排，全县第一个召开创业创新民主听证会，真诚听取社会各界对绍兴县“老有所养”工作的意见建议。加强劳动保障宣传工作，劳动和社会保障局又被评为2008年全省劳动保障宣传工作先进单位。

（一）进一步加强行风效能建设

坚持“教育、制度和监督”三者并重，切实加强行风效能建设。组织召开全系统深化作风建设工作会议，邀请县纪委领导作专题辅导报告，动员全系统干部职工再接再厉，再创“双优”。组织全体党员干部到余姚四明山革命烈士陵园接受爱国主义传统教育；组织全系统副科（股）级及以上干部赴杭州市南郊监狱接受警示教育。制定《规范行政自由裁量权工作实施方案》，组织开展规范行政自由裁量权工作。完善局请销假制度，努力实现用制度管人管事。深入开展“阳光监察、阳光仲裁、阳光工伤认定、阳光劳动能力鉴定”等阳光政务行动，进一步增强行政执法和具体行政行为的透明度和公信力，提高办案质量。加大行风效能的监督检查力度，进一步增强劳动保障服务能力。

（二）积极完成中心工作

自觉服从、服务于经济中心工作，及时提出调整用人单位社会保险费缴费费率的意见，实行企业社会保险费缴费比例临时性适当下浮，努力减轻用人单位劳动用工成本。积极开展联系镇、联系村、联系社区和联系企业的各项活动，按要求做好促进发展、接待来访、共创共建等工作。高度重视农婚知青、乡镇企业“退休职工”等特殊群体的信访接待工作，积极参与漓渚镇大步村等重点信访化解工作，努力维护社会和谐稳定。积极做好绍兴县“六个所有”民生计划工作领导小组办公室工作。

所获荣誉

一、个人

1. 2008 年 9 月，魏明悦同志被评为 2008 年度全省劳动保障宣传（通讯）工作先进个人（一等奖）。

2. 2008 年 12 月，倪煜明同志被评为 2008 年度全省劳动争议仲裁工作先进个人。

3. 2009 年 1 月，马晓方同志被评为 2008 年度绍兴市职业技能培训（鉴定）工作先进个人。

4. 2008 年 11 月，王迎春、杨小燕被评为 2008 年度绍兴市“十佳”劳动仲裁员。

二、单位

1. 2008 年 9 月，绍兴县劳动和社会保障局被评为 2008 年度全省劳动保障宣传（通讯）工作先进单位。

2. 2009 年 1 月，绍兴县劳动监察大队被评为 2008 年度全省劳动保障监察工作优胜单位。

3. 2009 年 1 月，绍兴县劳动和社会保障局被评为 2008 年度绍兴市劳动保障工作优秀单位。

4. 2009 年 1 月，绍兴县社会保险事业管理局被评为 2008 年度绍兴市工伤保险工作先进单位。

5. 2009 年 1 月，绍兴县职业技术培训（鉴定）中心被评为 2008 年度绍兴市职业技能培训（鉴定）工作先进单位。

6. 2009 年 1 月，绍兴县就业管理服务处被评为 2008 年度绍兴市就业再就业工作先进单位。

7. 2008 年 11 月，绍兴县劳动争议仲裁委员会被评为 2008 年度绍兴市劳动争议仲裁工作先进单位。

诸暨市劳动保障情况

2008年以来，诸暨市劳动保障局围绕上级下达的各项目标任务，紧扣市委、市政府提出的“创业创新、富民惠民”工作主题，积极推进就业、社会保险、培训鉴定、劳动管理、部门服务五大体系建设，扎扎实实抓好劳动保障各项工作，为诸暨市经济发展和社会稳定提供了有力支撑。

劳动保障工作情况

一、落实政策，健全功能，就业体系建设迈出新步子

按照“劳动者自主择业、市场调节就业、政府促进就业”的就业方针，完善市场就业体制，改善失业人员再就业环境，通过典型宣传，政策引导，鼓励失业人员再就业。2008年以来，共新增城镇就业岗位11 658个，完成目标任务的110%；下岗失业人员实现再就业4 578人，完成目标任务的109%；其中就业困难人员实现再就业1 120人，完成目标任务的112%，城镇登记失业率为3.4%。

（一）再就业工作措施进一步落实

对持有“再就业优惠证”的就业困难人员作为重点扶持对象，在落实优惠待遇的基础上，进行免费职业介绍和职业培训。在《诸暨日报》、诸暨电视台开辟专版专栏，宣传下岗失业人员创业的典型事例，鼓励失业人员自主创业，鼓励企业吸纳失业人员就业。全年共发放“再就业优惠证”506本，累计发放“再就业优惠证”9 616本。对169家企业吸纳就业困难人员662人，核拨社会保险补贴和岗位补贴194.5万元，对4 214名就业困难人员灵活就业，核拨社保补贴939.7万元，共计发放社保补贴和岗位补贴1 134.2万元。对123名农村低保家庭劳动力提供就业援助，并核拨岗位补贴14.54万元。审核拨付3个社区城镇“零就业家庭”3户享受岗位补贴0.72万元。

（二）人力资源市场功能进一步健全

按照就业服务“新三化”的要求，全面推进“以人为本”的就业服务，在逐步改善市场环境的基础上，加强市场的软硬件建设，积极发挥公共职介的作用，进一步完善市场管理制度，加大对民间职介的管理力度，提高职业中介服务质量。2008年进入人力资源市场进行招工登记的企业共3 628家，提供就业岗位42 283个，就职登记人员42 970人，介绍成功23 702人。

（三）农村低保家庭和零就业家庭援助行动进一步深入

一是深入开展“充分就业示范社区”创建活动。诸暨市暨阳街道的江新、浣北等12个社区，已达到绍兴市“充分就业示范社区”创建标准，其中下江东、南苑社区被评为绍兴市十佳充分就业示范社区，下江东社区被评为省级创建充分就业社区。二是开展“结对助就业”活动。与同山镇南源村进行结对，通过联系洁丽雅公司，在南源村建立加工基地，帮助该村的低保户等特殊困难群体就地解决就业问题。三是实施就业援助行动。2008年共为123名农村低保家庭劳动力和6户零就业家庭人员提供就业援助，帮助实现就业。

（四）劳务协作关系进一步深化

采取“请进来、走出去”的办法，深化劳务对接协作，切实帮助我市企业解决招工难问题。一是举办2008年春季人力资源招聘会，共组织企业102家，提供就业岗位7 798个，求职人员达8 000余人，达成就业意向3 276人。二是深化劳务协作，组织12家企业赴安徽怀远、浙江开化进行劳务对接，签订就业协议430余份。三是深化校企合作。组织诸暨市职业技校、企业进行校企合作洽谈，积极为企业与职业技工学校合作牵线搭桥，将40家市内外技术学院（学校）的基本资料印制成册（共1 000册），下发到各个企业。

（五）劳动保障事务代理工作进一步拓展

为切实解决用人单位在劳动用工中存在的种种难题，按照省劳动保障事务有关规定，积极开展劳动保障事务代理业务，提升服务质量，规范代理行为。在继续巩固原有供电、电信、中行、农行、烟草等劳务派遣单位合作关系的同时，积极拓展事务代理业务范围和服务方式。2008年共向12家单位派遣劳务人员1 100名，代办新增个体工商户（自由职业者）、农户籍复退军人缴费共计13 500名，代办退休550名（其中特殊工种80名）。

二、完善制度，强化稽核，社会保险体系建设呈现新态势

2008年，全市新增企业职工基本养老保险参保人数3.19万人，完成目标任务的266%；新增工伤保险参保人数5.54万人，为目标任务的107%；新增职工医疗保险参保人数2.10万人，为目标任务的210%；新增失业保险2.30万人，为目标任务的384%；新增城镇居民医疗保险参保人数1.06万人，为目标任务的106%。截至12月底，企业养老保险参保19.51万人，基金累计结余99 088万元，可支付能力45.8个月；事业养老保险参保1.40万人，基金累计12 530万元，可支付能力28.1个月；农村养老保险参保8.32万人，基金累计结余2 816万元；失地农民养老保险参保4.11万人，基金累计结余53 353万元；工伤保险参保25.40万人，基金累计结余3 337万元；基本医疗保险参保12.43万人，基金累计结余25 354万元；城镇居民医疗保险参保3.68万人，基金累计结余1 317万元；失业保险参保11.18万人，基金累计结余11 524万元；生育保险参保11.59万人，基金累计结余2 817万元。

（一）各险种扩面势头强劲

随着《劳动合同法》宣传和贯彻实施日益深入，“五险合一”“五费合征”工作逐步推进，企业、职工和广大群众对社会保险的认识进一步提高，主动参保意识进一步增强，各险种扩面成效显著，尤其是职工基本养老保险、医疗保险等险种均已提前超额完成了上级下达的目标任务，生育保险扩面9.06万人，实现了全覆盖。

（二）完善社保政策体系

一是调整城镇居民医保政策。在缴费标准不变的前提下，提高财政补贴标准，建立门诊医疗费用部分报销制度，调整医疗保障资金起付标准和住院医疗费用最高支付标准。二是完善生育保

险政策。进一步扩大了生育保险覆盖范围，降低了缴费比例，提高了生育保险待遇。三是建立企业退休人员基本医疗保险个人账户。企业退休退职人员以上年度本市在岗职工平均工资的2%建立个人账户，使之门诊医疗费用有一个稳定的增长机制。四是提高农婚知青待遇。取消按户籍分档制度，实行同等缴费，同等待遇。五是开展农户籍退役军人参加养老保险军龄视同养老保险缴费年限工作。会同相关部门合署办公，集中进行登记、审核、缴费，方便退役军人办理养保手续。到目前为止已登记4 317人。六是出台了《诸暨市城乡老年居民生活补贴暂行规定》，明确了城乡老年居民生活补贴的发放范围和对象，并对待遇申请、核准、发放及其他有关事项作了具体规定。

（三）加强社保稽核

一是加强对养老保险审核力度。为及时掌握企业退休（退职）人员的生存情况，有效防范冒领养老金行为的发生，从2008年10月开始，劳动保障局开展了全市企业退休（退职）人员领取养老金的资格认证工作。到目前为止，全市17 000余名企业退休（退职）人员已基本办理了领取养老金资格认证手续，对未办理的人员将暂停养老保险待遇。全年共追回冒领养老金134 358.05元。二是加强医疗保险稽核。2008年以来共接受医保待遇申请17人次，经对申请人本人、就诊医疗机构、交警部门等的调查后，不予报销3人，拒付医保费用合计22 650.15元。加强对参保人员的稽核，对发生医疗费用较大的5位参保对象进行了面谈，对2名违规参保人作出了暂停医保待遇6个月的处理，追回违规医保基金支出1 003.58元。三是加大对诸暨市“二定”医保单位检查稽核力度。共查处违规医疗机构3家，拒付违规医保费用198 452.65元，对市中医院浣东分院违规收治医保病人，市红十字医院城西分院发生巨额不合理医疗费用，浬浦镇中心卫生院挂床住院等违规情况进行通报，并分别作出了扣除年度考核分、暂停其医保定点资格3个月等处罚。共查处违规医保零售药店6家，对广源药房、基隆连锁健康药店、康福堂大药房、基隆连锁民生大药房、雄城健民医药商店和亚东大药房6家违规医保定点药店存在的账实不符、超量配药、不符合限定支付条件、非医保目录列入医保销售等违规行为进行了通报，并作出了暂停医保定点资格3个月的处罚。

（四）基本完成改制企业“两费清欠”确认及移交工作

根据市政府关于清理改制企业欠缴一次性社会保险费的工作部署，从6月开始劳动保障局会同相关部门对23家改制企业欠缴的职工基本养老保险费、医疗保险费进行清理，经过细致的核实、梳理，到目前为止，经确认欠缴的社保费共计10 829.066万元（占应清理社会保险费97.83%），现已移交财政部门征缴。

（五）深化企业退休人员社会化管理服务工作

通过落实制度，强化管理，目前已有2/3的镇乡（街道）、社区的企业退休人员社会化管理服务工作达到“机构、人员、经费、场所、职责、工作”六到位的要求。

三、严格执法，结对服务，劳动管理体系建设取得新进展

（一）抓好信访维稳工作

随着2008年奥运会的成功举办、国内外经济形势变化和产业结构调整，劳动保障局将信访维稳工作作为全局工作的重中之重，按照企业风险预警机制工作要求，做好充分的估计和准备，提前介入，加强失业动态检测和工资发放情况检查，避免出现大规模经济性裁员和恶性拖欠工资案件的发生，全力维护劳动关系和谐，确保社会稳定。被市委、市政府授予“涉奥”维稳工作先进单位、创新发展“枫桥经验”先进集体。

（二）抓好《劳动合同法》的贯彻实施

抓住《劳动合同法》《就业促进法》《劳动争议调解仲裁法》《劳动合同法实施条例》《浙江省职工基本养老保险条例》等法律法规颁布实施的有利契机，采取多种方式，有计划、有步骤、有目的地开展新法宣传、培训工作，指导企业规范用工管理。同时，加大《劳动合同法》贯彻实施情况的监督检查。2008 年 3 月，召开全市贯彻实施《劳动合同法》工作会议，全面部署劳动合同的签订工作。会上市政府还与各镇乡（街道）、企业主管部门签订了劳动用工管理目标责任书。5 月，对各镇乡（街道）和企业贯彻实施《劳动合同法》情况进行实地督查。全市各类用人单位和劳动者签订劳动合同 201 141 份，比上年增加了 2 个百分点，保持了稳中有升的势头。特别是机关事业单位编外（自聘）人员劳动合同签订工作有了较大突破，共签订劳动合同 7 526 份。

（三）抓好与市级规模企业和“苗子”企业结对联系工作

从 2008 年年初开始，由局领导带队分四组，上门与 300 余家市级规模企业和“苗子”企业开展结对指导服务，指导企业依法建立劳动用工管理规章制度，帮助改进相对滞后的劳动用工管理模式，建立“企业结对服务卡”制度，明确结对联系责任人，随时提供劳动保障政策法规咨询服务和招工信息服务，使企业进一步熟悉劳动保障法律法规，增进对劳动保障工作的了解，达到相互理解、相互促进的目的。

（四）抓好“劳动保障监察执法年”活动

一是组织了“打击非法职业中介”的专项整治活动。对诸暨市主要的 15 家民间信息中介部、房产中介所及市人力资源市场内 8 家民间职介机构进行了检查，对 1 家擅自从事职业中介活动的信息部和 2 家超标准收取职业中介费、1 家提供虚假信息的民间职业中介机构依法立案查处，有效地整顿了诸暨市人力资源市场秩序，规范了民间职业中介机构的中介行为。二是开展对美容美发保健行业从业人员持证上岗情况的专项督查。集中力量对较具规模的 83 家美容美发营业场所进行了检查，对招用无相应职业资格证书从业人员的营业场所下达了“劳动保障监察限期整改指令书”，责令其清退无职业资格证书的从业人员。三是开展 2008 年度用人单位劳动保障书面审查和信用等级评定。截至 12 月底已对 5 595 家用人单位进行了书面审查，涉及劳动者人数 191 265 人，完成年度任务的 104.5%。

（五）抓好劳动保障监察日常检查和举报投诉案件查处

2008 年以来共出动执法检查 1 056 人次，检查生产、经营单位 1 012 家，查处违法违规案件 73 件，责令限期整改 29 件，行政处罚 42 件，行政处理 2 件。调处职工工资纠纷投诉案件 595 件，涉及职工人数 1 648 人，追发劳动者工资 441.1 万元，其中处理 10 人以上集体纠纷案件 27 件，涉及劳动者人数 591 人。受理群众举报 44 件，经查实处理 32 件，举报失实 8 件，待查实处理 4 件，结案率 100%。受理调处信访案件 198 件。

（六）抓好劳动争议案件调解仲裁工作

一是进一步完善劳动争议制度化建设，按照《劳动争议调解仲裁法》的规定，对案件审理、裁决、讨论等程序作了进一步的规范和统一。二是与市政法委、人民法院、法制办等部门就劳动争议、劳动纠纷法律问题进行了协调，达成了一致意见，并出台了会议纪要，在劳动争议委员会和人民法院法律实务活动中统一参照执行。三是加快镇乡劳动争议仲裁庭建设，进一步发挥镇乡在就近、就地解决劳动争议、维护社会稳定中的作用。2008 年共受理劳动争议案件 1 250 件，比上年增加 95.3%，其中调解 929 件，撤诉 18 件，仲裁 303 件，调解率达 74.3%，涉案标的 1 871.96 万元。

四、贴近市场，适应需求，培训鉴定工作做出新成绩

（一）技能人才培养力度进一步加强

技能培训形式更为灵活多样，技能鉴定覆盖面进一步扩大。2008 年度，全市参加技能培训考核鉴定人数为 12 398 人（高级技工 1 051 人、中级技工 1 826 人、初级技工 9 521 人），完成年度任务的 145.9%。取得国家职业资格证书的技能人才 10 814 人（高级技工 1 042 人、中级技工 1 579 人、初级技工 8 193 人），并向绍兴市申报技师 247 人、高级技师 24 人，完成年度任务的 104.2%。参加高技能人才培训人员 1 322 人（含高级工 1 051 人、技师和高级技师 271 人），完成年度任务的 101.7%。培训失业人员 3 570 人，完成年度任务的 102%，其中参加技能培训 2 130 人，完成年度任务的 101.4%。参加创业培训人员为 204 人，完成年度任务的 102%。培训省外来诸务工人员 5 120 人，完成年度任务的 102.4%，其中参加技能培训 4 101 人，占培训省外来诸务工人员的 80.1%。

（二）积极组织开展职业技能竞赛活动

2008 年，劳动保障局会同相关部门成功举办了首届技能运动会、“振越杯”烹饪大赛、“海魄杯”农民工服装制作比武、“雄风百货杯”女职工美容化妆技能比武和“征天杯”电焊工技能比武等职业技能竞赛活动。我局推荐的两位同志获“绍兴市高技能人才突出贡献奖”。在企业、职工中积极营造高技能人才培养的良好氛围。

（三）技能人才培养鉴定体系进一步完善

一是针对诸暨市社会经济发展需要，在职校全面推行“双证”制。二是加大对包括农民工在内的新产业工人中技能人才的培养力度，对农民素质培训工程的技能培训班进行考核鉴定，并核发国家职业资格证书，为转移就业奠定了的基础。三是及时选送管理人员和考评员参加省、市的各类业务学习，努力提高鉴定机构综合素质，提高职业技能鉴定的质量，拓展技能培训鉴定工种面。

（四）技工学校与企业合作进一步深化

2008 年，市技工学校与诸暨市 30 家市知名企业签订了合作办学协议和实习协议书，进一步深化和拓展合作办学模式和技能人才定向培养工作。目前，市技工学校已与市内外 300 余家企业建立校企合作基地（包括校外实习基地）。企业作为学校的实习、就业基地，参与学校教学，在实训场地、授课教师、资金赞助、职业预测等方面提供很大的便利。同时，学校又为企业定期进行员工培训，采用“技师＋讲师”的师资模式开展培训，讲究实效，成绩显著。目前，已为菲达、凯达、华海、海亮等 30 余家企业举办职工技能培训，取得了良好的社会效益，实现了校企共赢的局面。在 5 月份，市技工学校和市包装印刷协会签约，合作建设诸暨市首个中职教育包装印刷专业，填补了诸暨市包装印刷专业人才培养的空缺。

五、内抓队伍，外树形象，部门服务体系建设展示新面貌

（一）强化队伍建设，提升部门形象

劳动保障局党委按照创建一支“素质全面、作风优良、业务精通”的劳动保障队伍的工作要求，通过狠抓作风教育、业务学习和制度建设，全面提高干部队伍的整体素质。一是狠抓纪律作风教育，努力提高队伍的作风素质。结合党风廉政建设、效能行风建设等一系列主题实践活动，教育广大党员干部坚持走群众路线，全面推进作风建设，进一步规范执法行为，着力培养公道正派、求真务实、雷厉风行、文明有礼、严谨细致的工作作风，全面提升工作标准和服务水平；同

时，要求党员干部恪守党纪国法，自觉抵制腐败。二是狠抓业务学习，努力提高队伍的业务素质。大力开展业务培训、岗位练兵，形成每周一集中开展业务学习、考试制度，并将学习、考试情况与考核挂钩，使学习培训工作取得实效，切实提高党员干部的业务水平和实际工作能力。三是狠抓制度建设，努力提高队伍管理水平。通过整章建制、严格考核、加强监督，提高队伍管理水平，增强队伍的凝聚力、向心力。建立健全首问责任制、服务承诺制、限时办结制、窗口一次性告知制、AB岗工作制、失职追究制，提高服务水平，改进工作作风。实行目标责任奖惩机制，逐级签订目标责任书，量化分解工作目标，并制定相应的目标奖惩机制，实行目标动态管理，将目标责任与绩效考核、干部任免相挂钩，建立奖罚分明的目标激励机制；同时不断健全监督制约机制，加大监管力度，采取设立举报投诉信箱，向社会公布举报电话，建立监督员队伍等多种形式，畅通监督渠道，力争实现管理“零缺陷”，服务“零距离”，群众“零投诉”。

（二）简化工作程序，提高办事效率

一是推进社会保险“五险合一”和“五费合征”制度建设。“五险合一”和“五费合征”统一了企业五项社会保险费征缴主体、征缴基数、缴费费率、征缴管理等内容，使原来养老保险、医疗保险等分头缴费整合为一单式服务，解决了以往社会保险费征缴过程中存在的一些突出矛盾和问题，使社会保险费征缴工作进一步制度化、规范化，同时为切实保障职工合法权益奠定了基础，也为营造公平、公正的缴费环境和稳步扩大社会保险的覆盖面创造了条件。二是调整机构设置。对原有的社保科室进行调整，取消了一险种一科室的设置，将不同社保业务统一到同一窗口办理，方便了群众参保，提高了工作效率。三是实行社保科长、局长带班制度。为方便群众咨询和办理社会保险业务，社保大厅实行科长、局长值班制，加强监督管理，提高服务质量。四是全面实行银行缴费。为方便群众参保缴费，我局积极与市工商银行、农业银行进行联系，除享受特殊待遇人员外，各项社会保险均可到工商银行、农业银行网点办理。五是加快劳动保障信息化建设。为方便企业、群众参保，扩大劳动保障政策宣传面，我局加大了劳动保障网站的开发建设，并逐步推行社保业务网上申报、查询，方便企业、群众了解劳动保障政策法规，分解了窗口压力，提高了办事效率。

所获荣誉

一、省劳动保障系统先进单位

1. 诸暨市劳动和社会保障局被评为省劳动争议仲裁工作先进单位、省劳动保障监察工作先进单位。

2. 诸暨市技工学校被评为浙江省职业培训教材规范化使用先进单位。

二、绍兴市劳动保障系统先进单位（个人）

1. 诸暨市被评为绍兴市劳动合同制度实施三年行动计划示范县市。

2. 诸暨市劳动和社会保障局被评为绍兴市职业技能培训鉴定工作先进单位。

3. 诸暨市社会保险事业管理局被评为绍兴市养老保险扩面先进单位。

4. 诸暨市就业管理服务处被评为绍兴市就业援助工作先进单位。

5. 诸暨市技工学校被评为绍兴市青年文明号。

6. 诸暨市大唐镇劳管站、店口镇劳管站被评为绍兴市十佳劳动仲裁集体。

7. 劳动关系和谐企业创建标准、《关于依法妥善把握有关劳动争议、劳动纠纷若干法律问题的协调会议纪要》、建立乡镇（街道）劳动仲裁庭被评为绍兴市十佳劳动仲裁创新成果。

8. 楼仁良荣获绍兴市职业技能鉴定先进个人称号。

9. 钟元栋荣获绍兴市劳动保障学会先进个人称号。

10. 屠海宾、张夏峰被评为绍兴市十佳劳动仲裁员。

11. 郭方成（陶朱街道）、朱立新（店口镇）、俞乃平（次坞镇）被评为绍兴市十佳劳动协调员。

上虞市劳动保障情况

2008年，上虞市劳动保障局在市委、市政府高度重视和正确领导下，认真贯彻市“两会”精神，按照“重创新促发展、重民生促和谐”的工作基调，紧紧围绕民生问题，全面落实市委、市政府关于劳动保障工作的各项决策和部署，取得了明显成效，全市的劳动和社会保障事业步入了良性的发展轨道。

劳动保障工作情况

一、统筹协调就业政策，努力促进社会充分就业

就业是民生之本，市劳动保障局一直把扩大就业作为劳动保障工作的头等大事来抓，坚持“劳动者自主择业、市场调节就业、政府促进就业”的方针，重点做好城镇下岗失业人员、农村劳动力、城镇新增劳动力的就业工作，不断推进城乡统筹就业。

（一）坚持贯彻落实就业再就业政策

广泛宣传贯彻《就业促进法》，建立由劳动保障、财政、发改、经贸、工商、国（地）税等有关部门组成的就业再就业工作联席会议制度，推行“再就业优惠证”和下岗失业人员免费培训制度，制定出台《关于进一步加强就业和再就业工作的通知》和《关于做好农村低保家庭劳动力就业工作的通知》，组织实施消除“零就业家庭”助业行动计划，全面开展城镇“4050”从事灵活就业人员社保补贴发放工作。2008年度，为全市4 718名“4050”从事灵活就业人员发放社保补贴1 058.58万元。同时，已消除城镇“零就业家庭”，开始对城乡就业工作进行动态管理，努力使每个有就业愿望的劳动者找到了比较合适的岗位，基本实现了充分就业、体面就业和稳定就业。

（二）坚持创造良好的创业就业环境

大力支持工业、商贸服务业、建筑房地产业、农业龙头企业等各类企业发展，降低创业门槛，开展优质服务。进一步完善支持自主创业、自谋职业的政策体系，建立健全政策扶持、创业培训、创业服务三位一体的工作机制，重点把鼓励创业促进就业的小额担保贷款、职业培训补贴、职业技能鉴定补贴、贷款贴息补贴等各项优惠扶持政策扩大到城乡所有创业人员，大力营造鼓励自主创业的社会环境；积极开展和谐劳动关系企业创建活动，通过法律法规的培训、日常的管理指导，培养劳资双方依法用工的意识，维护劳资双方的合法权益，共建上虞和谐劳动关系；

认真贯彻执行国家、省劳动保障工资收入分配管理有关政策，建立和完善企业最低工资制度，逐年提高最低工资标准，并通过引导企业建立职工工资正常增长机制，加强企业工资支付监管，努力提高职工工资收入水平。

（三）坚持深化和完善就业服务工作

首先是失业保障。进一步健全和完善失业保险制度，推行就业（失业）登记制度和失业预警制度，对因国际国内形势发生重大变化而可能出现的较大规模的失业情况，及时主动实施失业预防、调节和控制，依法确保失业人员的基本生活，保持就业局势稳定。其次是信息推介。依托市人力资源市场、乡镇街道、社区等信息平台，定期发布相关信息，开展多种形式的招聘集市，实现需求双方有效对接。2008 年，市人力资源市场共组织春节劳动力交流会、“三八”节就业交流会、残疾人就业交流会专场等招工集市 72 场次，共有 2 507 家用工单位进场设摊招聘，提供岗位 50 425 个，求职数达 42 950 人，成功介绍或达成招工意向就业 70%以上。再次是技能培训。全面实施农民培训转移工作，鼓励支持职业技能培训机构和用人单位依法开展就业前培训、在职培训、再就业培训和创业培训，完善预备劳动力培训制度，对有就业要求和培训愿望而未升入高一级学校的初高中毕业生实行 3 个月以上、12 个月以内的预备劳动力培训，使其取得相应的职业资格或者掌握一定的职业技能，提高其创业就业能力。

二、健全完善社保制度，积极推进保障体系建设

到 2008 年年底，全市养老、医疗、工伤、失业、生育五大保险分别达到 19.22 万人、16.75 万人、22.05 万人、10.59 万人和 8.90 万人；各类社保基金累计结余 26.08 亿元，其中企业养老保险基金结余 11.2 亿元，支付能力达到 58 个月；10.43 万人参加被征地农民、专业渔村渔民基本生活保障，已有 2.1 万人按月领取保障待遇；全市实现了养老（城镇职工养老、城镇居民养老、老年居民补贴）、医疗（城镇职工医保、城镇居民医保、新型农村合作医疗）等不同层次、不同标准的保障全覆盖。

（一）整合资源，“五费合征”

出台养老、医疗、失业、工伤、生育五大保险“五费合征”的相关制度，推行按企业实际发放工资总额进行征收，实行社保、地税、银行“三方联网、实时扣缴”的方法，建立起与市场经济规律相适应的长效征缴管理机制。

（二）填补空白，完善制度

出台上虞市《城乡居民社会养老保险实施办法》《关于进一步完善被征地农民基本生活保障制度的意见》《上虞市城乡老年居民生活补贴暂行办法》三项制度，为全市部分未能参加各类保险的人群提供了政策依据。全市申请办理城乡居民社会养老保险参保手续共 2 476 人，44 612 名城乡老年居民实行登记、公示，并发放相应生活补贴。1 060 人被征地农民由低档转换成高档，1 027 人转换成基本养老保险关系。“三项制度”能广泛满足不同类型人员的参保需求，从政策层面实现了参保对象上的全覆盖。

（三）加强管理，确保安全

强化社保基金征缴管理，严格执行社会保险登记和缴费申报制度，重点是非公企业从业人员以及灵活就业人员和农民工的参保工作，使更多的人享有社会保障权益。强化社会保险稽核和劳动保障执法监察，对基金征缴做到应收尽收。同时，充分发挥劳动保障部门行政监督，财政、审计等专门监督，群众、舆论等社会监督的作用，扎实做好社保监督稽核工作，共同维护基金安全，全力提高社会保障能力。

三、贯彻劳动法律法规，着力构建和谐劳动关系

随着经济的快速发展和外来民工数量的急剧上升，劳资矛盾日益突出，尤其是为追讨工资而引发的群体事件日渐影响社会稳定。对此，我们通过下乡镇、街道，进企业、社区开展“送法下乡”活动和采取集中培训、现场咨询、网上答疑等多种形式，广泛宣传《就业促进法》《劳动合同法》《劳动争议调解仲裁法》等法律法规，全力打造诚信和谐的劳动关系。

（一）构建工资清欠长效机制

制定出台建筑、市政、园林、交通、水利施工企业工资保证金制度，凡上述单位涉及工程施工，作为用工的前置条件，必须缴纳民工工资保证金，先缴纳后招工。目前已缴存工资保证金1 000余万元，并在市本级、两区及乡镇（街道）筹措处置企业欠薪应急周转金，在处理突发事件中起到了一定作用。

（二）构建企业监管监察机制

加大劳动合同管理力度，开展劳动合同书面审查和各类监察活动，坚持“举报必查、投诉必理”的原则，加强对用工单位的日常巡查和严禁使用童工等专项检查，维护劳动关系双方的合法权益，达到“零欠薪城市”目标。

（三）构建劳动争议处理机制

按照“重调解、慎裁决”的原则，健全基层劳动争议调解组织，建立快速处理机制，在第一时间介入纠纷现场，及时化解矛盾，消除影响社会稳定的隐患。2008年，全市共受理各类劳动争议案件504件，比上年同期增长230%，结案率达95%；调查认定工伤2 745件。

所获荣誉

1. 上虞市劳动保障监察大队荣获浙江省2008年度劳动保障监察工作优胜单位称号（浙江省劳动保障通报［2008］第1期）。

2. 上虞市劳动和社会保障局荣获2008年度绍兴市信息宣传工作二等奖。

3. 上虞市劳动和社会保障局社保窗口荣获市2008年度便民中心红旗窗口称号。

4. 上虞市劳动和社会保障局荣获2008年度市直部门（单位）先进集体称号。

5. 上虞市劳动和社会保障局荣获2008年度110社会联动工作先进集体称号（虞市联动［2009］1号）。

6. 上虞市劳动和社会保障局荣获2008年度全市电子政务工作先进集体称号（虞政办发［2009］25号文）。

7. 上虞市劳动和社会保障局荣获市2008年度信访工作先进集体称号。

8. 上虞市劳动和社会保障局荣获市2008年度全市党政信息工作先进单位称号。

东阳市劳动保障情况

2008年，东阳市人事劳动社会保障局在市委、市政府的领导下，在上级业务主管部门的指导下，围绕“创业富民、创新强市”总战略，以“服务经济、服务民生”为主线，创新性地开展工作，各项劳动社会保障工作都有新的进展，全面完成上级交给的各项任务。

一、2008年劳动保障主要工作成就

（一）劳动管理工作

2008年，市劳动保障监察大队共检查用人单位1 176家，全市受理劳资投诉1 281件，清退童工31人，处理劳动保障群体性突发事件11起，追回拖欠工资620多万元；补签劳动合同722份，劳动合同签订率达99.5%；受理劳动争议案件956件，结案率达96%，为农民工挽回经济损失362万元；认定各类工伤1 405件，完成职工丧失劳动能力鉴定249人，有效地维护了职工的合法权益。

（二）就业培训工作

全市城镇新增就业岗位9 510个，实现失业人员再就业2 788人，就业困难人员再就业656人，农村劳动力转移12 600人；组织各类技能就业培训41期，农民转移就业技能培训13 539名，外来员工技能培训4 500人，下岗失业职工培训1 158人，创业培训103人，全市失业率2.75%。全年累计发放“再就业优惠证”617本。东阳市技校和李宅技校正式成为“省先进制造业示范基地”。

（三）社会保障工作

2008年全市企业养老保险参保人数新增7 201人，累计达131 868人，基金征缴44 485万元；医疗保险参保人数新增12 736人，累计达91 117人，基金征缴16 799万元；失业保险新增人数7 570人，累计达50 750人，基金征缴2 318万元；工伤保险参保人数新增52 998人，累计达160 200人，基金征缴11 655万元；生育保险参保人数新增8 455人，累计达32 120人，基金征缴597万元；被征地农民参保人数新增5 395人，累计达33 717人，收缴保费2 167万元，累计收缴13 561万元；农村养老保险参保人数达188 750人次，累计收缴保费3 798万元。

（四）信访工作

2008年落实信访稳定工作责任制，办理各类交办单648件、群众来信238件，接待群众来访4 775人次，处置群访突发事件13起。

二、主要做法

（一）扎实开展“两创”活动，局系统自身建设不断加强

以“创业富民、创新强市”活动和巩固“作风建设年”活动成果为抓手，加强领导、健全组

织、创新思路，扎实推进局系统作风建设、干部队伍建设。建立局班子成员、各科室及下属单位联系制度，帮助镇乡街道解决基层在就业服务、劳动用工管理、劳资纠纷、社会保障等方面存在的实际困难和问题。认真开展以“重民生、连民心、解民忧”为主要内容的信访难题破解专项行动，全面梳理排查局系统当前存在信访难题14个。根据班子职责分工，将每个信访难题分解到班子成员，采取个案分析、局系统内部专题研究、邀请相关部门联合“会诊”、举行信访听证会等形式，坚持原则性与创新性相结合，与政策的连续性相衔接，逐一破解历史信访难题13个，维护了政府的良好形象，促进了社会的和谐稳定。实行“开门”办公，积极推行微笑服务、高效服务、诚信服务，扎实开展“万人百企评机关”和创建“群众满意基层站所”活动。以抓行风促政风为契机，对局系统22项行政审批项目进行了认真清理，将民办职业培训机构审批、特殊工时制度审批等8项审批项目全部纳入行政服务中心办理；对异地门诊报销、职工退休审批等工作流程进行规范和优化，真正为群众提供便捷服务。坚持依法行政，按章办事，从服务民生，推进和谐的高度，着重念好“深、实、恒”三字经，做好行风热线各项工作。集体研究，规范程序，严格控制、规范机关事业单位编外人员使用和管理。关注民生，突破难点，着力提高建议提案“面商率”和“满意率”，高标准完成了29件人大代表建议和政协提案办理工作。

建立局信息中心和劳动仲裁院，分别核定编制8人和3人，为财政全额拨款事业单位。多方协调，竭力破解各种难题，扎实推进人力资源市场建设。从增强干部队伍的战斗力，提升下属单位执行力的高度，对局下属单位领导班子进行换届调整，新提拔党政正职3名，新进班子行政副职5名。深入开展“三城同创”工作。积极组队参加市五运会。向四川灾区人民献爱心，捐款6万多元，增强局系统的凝聚力、向心力。认真做好计划生育、综合治理、全员维稳、“五五”普法、安全生产等工作。市气瓶检验站强化安全，落实责任，认真开展煤气钢瓶检验和液化气的销售，检验钢瓶63 000只，销售液化气1 805吨。

树立全力服务经济建设的理念，深入开展“服务企业月”活动。由局班子成员带领各科室及下属单位有关人员，分7个小组，到120家规模以上企业面对面进行调研帮抓，向各企业老总介绍东阳市与外省、市建立劳务合作基地基本情况和联系方式，提供目前劳动力市场供需情况的信息及严峻形势，有针对性地开展企业缺工情况调查和人才及劳动力对接工作，帮助企业解决经济发展的“瓶颈”问题。

（二）以帮扶困难群体实现就业为重点，着力提升劳动者的素质和能力，扎实推进创业带动就业工作

1. 以创建“充分就业社区”活动为载体，着力解决弱势群体的就业问题。围绕完成“双百”创建目标任务，东阳人事劳动社会保障局通过对社区就业援助员岗前培训、局班子成员对社区督办指导、经办人员“一对一”联系社区的办法，深入开展充分就业社区创建活动，进而帮扶就业困难人员就业和全面落实就业扶持政策。一年来，我们结合“三城同创”活动，利用各行政事业单位招用临时工等时机，充分挖掘卫生监督协查员、充分就业社区基础资料调查员、环卫处保绿员和保洁员、社区“三保”岗位等社区公益性岗位135个，全部推荐“4050”困难人员就业；与金华成长早餐配送站联合开发阳光营养早餐，录用14名“4050”人员。统一部署，深入调研，广泛宣传，帮扶252名农村低保户从事种植、养殖、农村清洁，创办企业，解决就业创业问题。扎实推进农村劳动力转移就业。会同相关部门开展就业援助、就业再就业招聘周活动，举办服务、化工、机械修理、车工等11场专场招聘会、就业推荐会，提供岗位7 220个，达成就业意向1 144人。通过发放社保补贴、就业优惠证，出台小额贷款政策，启动就业优惠年检，用足用好再就业政策，带动103名下岗失业人员实行自主创业带动就业。

2.“三管齐下”抓技能培训，提高就业能力。2008年以来，我们重调研，围绕企业需求和农民增收抓培训。紧密结合磁性材料、建筑、木雕、缝纫配件、箱包等行业对技能人才需要，我局会同有关部门不断丰富培训内容，全力打造以先进制造业产业工人为重点的工业产业人才培训，以种养技术能手为重点的农业产业人才培训，以导游、厨师、餐厅服务员等为重点的旅游产业人才培训，以家政服务员、宾馆服务员、保安等为重点的服务产业人才培训四大类特色培训项目，提高了就业技能和创业能力。为实施农村劳动力素质培训和万名农民技工培训行动，市财政专门安排400万元资金，用于农村劳动力培训，出台了财政补助资金管理办法，推进新农村建设。抓规范，探索一套校企合作培训机制和外来员工技能培训模式。研究制定了《东阳市职业技能培训制度》和《2008年外省务工人员职业技能培训实施意见》，组织全市职业学校和社会培训机构负责人共同研究当前培训工作存在的问题，完善了职业技能培训工作机制。突出重点，抓好技校毕业生专业技能的提升培训，为毕业后充分就业创造条件。为推进创业带动就业，提高失业人员尤其是农民就业技能，人事劳动社会保障局会同有关部门积极抓好校企联合的订单培训，逐步形成政府牵头、企业订单、学校培训、培训后回企业就业的“一条龙”培训模式。求创新，积极探索高技能人才培训和评价新路子。东阳市创新“人事改革为企业人才服务，人才评价以企业需求为标准”的思路，扎实开展了旅游行业旅游、餐饮、前厅、导游4个工种参加的技能大比武，分别有24名、85名参赛选手获得了高级和中级证书；会同相关部门举办木雕雕刻技艺大比武，分别有6名、30名、42名参赛选手获得了技师、高级和中级职业资格；在东磁集团组建高技能人才培养基地，通过比武，有40多人获相应职业资格。

3. 以优化用工环境、积极搭建平台为着力点，努力化解企业“招工难”问题。建立18个劳务协作基地，不断拓宽劳动力引进方式和渠道；建立外来员工联络员制度，探索出一条“老乡带老乡”有效引工方式；组织363家企业在白云举办了为期三天的全市首届大型劳动力招聘会，极大地缓和了企业春节后用工紧缺状况；联手义工协会，成立黔东南驻东阳劳务联络服务站，为两地下一步开展实质性的劳务协作搭起了平台；组织13家企业走出去，赴黔东南州参加专场招聘会，与两地8个职业技术院校建立起长期的专业技术人才培养和劳动力培训、输送的合作关系；设立外派联络员劳务联络工作点，适时为企业提供人力资源。配合农办组织40家企业参加农村劳动力素质培训暨企业用工供需洽谈会。

4. 扎实开展“远教助创送服务”活动。挑选了林、果、蔬、席草等50名科技专家与相关村签订了“千名专家连千村帮万户”结对帮扶协议，开展了“六个一”活动。组织363家次企业进行人力资源招聘大会，提供就业岗位14 500多个，达成初步意向4 600多人。创建省级科普示范基地1个和省级示范户7个、金华示范户9个、市本级示范户46个。活动期间共组织136人次专家上门服务，其中12名拔尖人才。到农村开展蚕病防治、毛竹、香榧种植等各项服务3 410余人次，共展出展版110块、横幅40幅，发放书籍675册、有关资料13 000余份，组织各类培训7期，受训916人次。

（三）以贯彻落实三部劳动法规为主线，切实维护劳动者合法权益

以镇乡街道为依托，组织开展了以送法规、送政策、送服务为内容的“服务企业温馨”行动，举办企业劳资干部政策法规业务培训班16期、大型宣传咨询活动13场，共培训9 600人次，发放各类劳动保障政策法规宣传资料2万余份。以贯彻《劳动合同法实施条例》为契机，强化服务指导，建立了29家劳动合同签订示范单位。以方便民工、有效化解矛盾为原则，建立完善农民工工伤简易认定快速通道。深入开展了“农民工工资支付情况”“清理整顿人力资源市场秩序”“整治非法用工、打击违法犯罪专项行动”“建筑领域建立记工考勤卡情况”专项执法检查；强化劳动监察，落实24小时值班制，畅通劳资纠纷信访渠道，开通“行风热线”追薪通道，与“110”整体联动，同步受理，联手解决恶意拖欠民工工资行为；健全劳资纠纷预警机制，提前3个月开展拉网式欠薪大检查，重点防范劳资纠纷投诉较多的、厂房租用的、经济不景气已经倒闭或即将倒闭三类企业，防止企业主欠薪逃逸；落实民工清欠责任制，出台《建立镇乡街道农民工应急周转金制度》，以镇乡街道为单位，落实属地管理，签订属地民工清欠维稳责任制。先后选派19名劳动争议调解仲裁业务人员参加省里培训，组织2期64名乡镇、街道调解员和部分企业劳资干部开展劳动争议调解仲裁业务培训。坚持以“调解为主、裁决为辅”的原则，严格按照程序处理劳动争议案件，加强与法院的沟通和联系，依法快速做好外来民工的劳动争议调解和仲裁工作。积极完善劳动争议协调机制，实行劳动监察与劳动仲裁信息互通机制，提高劳资纠纷办案效率。

（四）以“五费合征”为中心，以服务民生为目标，深化社会保障制度改革

在2007年“五费合征”工作的基础上，人事劳动社会保障局主动配合地税部门，落实责任分工，加大“五费合征”信息网络开发力度，加强社会保险费督察，确保工作实效。一是强势推进城镇居民医保全覆盖。作为惠及群众、构建和谐社会的重要举措之一，本着政府牵线、群众自愿的方针，大力推进城镇居民医疗保险参保工作，竭力破解群众看病就医难的问题。通过深入调研、强势宣传、专题培训、主动督查通报、整体联动等方式，较好地完成了城镇居民医保参保任务。二是加大工伤保险征缴力度。面对工伤保险参保任务严峻的形势，我们迎难而上，及时出台《建筑企业工伤保险实施办法》，采取超常措施，强势推进工伤保险参保工作。发挥新闻媒体在政策宣传中的主阵地作用，强化政策宣传，进一步扩大免费业务培训范围，提高业务技能；利用局班子成员和科室及下属单位联系镇乡街道这个平台，定期到联系镇乡街道进行督促检查，蹲点帮抓；每月通报工伤保险进展情况，对进度慢镇乡街道提出督办意见；主动与建设、安监、地税、工商等部门协调，加大监督管理力度，督促企业参加工伤保险，圆满完成了新增工伤保险参保任务。三是完善被征地农民保障政策。为保障被征地农民的合法权益，经多方协调，出台了被征地农民保障新政，享受保障待遇由原来的村调整到一个家庭户，人均少于0.2亩地的家庭，就可享受保障待遇，从而扩大了保障范围，并分别提高被征地农民保障水平20元、10元。四是加强社保基金管理。严格执行上级政策规定，落实收支两条线管理。认真开展社会保险费专项审计检查工作，及时整改反馈的问题。按照社会保险有关政策、法规，抓住社会保险登记、申报、缴费、结算、待遇审核支付、信息录入、个人账户管理等环节，实行规范化的业务操作流程，着重落实内部控制制度。为保障企业退休人员基本生活，共享社会发展成果，及时调整离退休人员养老金，广泛开展生存状况调查，做好各类社会养老保障金发放及时、准确。截至目前，五项社会保险基金支付能力均超过金华市平均水平的12个月以上。

温岭市劳动保障情况

2008 年，温岭市劳动保障局在温岭市委、市政府的正确领导下，在上级业务部门的具体指导下，以邓小平理论、“三个代表”重要思想和科学发展观为指导思想，认真贯彻落实党的十七届二中、三中全会精神，按照市委、市政府提出的服务企业、促进就业、完善社保、改善民生等任务要求，切实做好劳动和社会保障工作，全面完成了台州市政府和台州市局下达的年度工作指标和市政府布置的工作任务。

劳动保障工作情况

一、创业富民促进就业走出新路子

2008 年 3—9 月，温岭市劳动保障局在石桥头镇开展了创业富民促进就业试点。通过试点，该镇逐步走出了一条促进劳动者充分就业、保证经济又好又快发展的路子，为温岭市全面开展创业富民促进就业提供了经验。帮助 2 700 名下岗失业人员实现再就业是 2008 年市政府为民办实事之一。经过努力，已超额完成任务。全年全市城镇净增就业人数 8 223 人，城镇下岗失业人员实现再就业 2 835 人，其中就业困难人员 832 人，城镇登记失业率为 3.5%。温岭市劳动保障局全年发放“再就业优惠证”1 150 本，对就业困难人员从事个体经营并确认开业审查核发一次性创业补贴 386 人，发放资金 77.2 万元。2008 年，我们对本市有就业愿望人员和外来务工人员继续免费培训职业技能和免费介绍就业岗位。全年共举办了 12 次大型就业再就业推介会，共有 885 家用人单位参加，提供就业岗位 18 896 个，当场录用 1 973 人，其中下岗失业人员 560 人。做好城镇 23 户 35 人“零就业家庭”帮扶工作，至 6 月底，基本实现清“零”目标。同时，清理整顿民办职业介绍所，规范公共职介中心服务。市劳动力中心市场全年进场求职登记 30 067 人，提供就业岗位 35 418 个，介绍成功有 18 162 人，成功率为 60.4%。另外，积极开展职业技能培训和创业培训。全年组织下岗失业人员再就业培训 1 760 人，其中创业培训 220 人，免费参加培训的外省务工人员 10 012 人。

二、社会保障体系建设有新突破

2008 年，我们从“促发展、安民生、保稳定”的大局出发，继续推进社会保险体系建设，全面完成了台州市下达的各项社保扩面考核指标。截至年底，全市企业职工基本养老保险参保人数达到140 416人，医疗保险参保人数达到89 030人，城镇居民医保参保人数达到58 000人，工伤保险参保人数达到330 370人，失业保险参保人数达到86 453人，生育保险参保人数达到22 800人。全年办理工伤认定案件7 832起，组织伤残职工劳动能力鉴定1 812人，有力地维护了伤残职工的经济利益和合法权益。2008年，我们调整了被征地人员基本养老保障政策。一是调整保障待遇和缴费标准，调整幅度为10%，直接惠及19 540位参保对象。二是调整参保办法，落实“即征即保”，使保障对象不受以“户”为单位条件的限制，能够依据自己的实际情况在自愿的基础上自行选择“即征即保”或“择期参保”。全年新增参保人数5 883人。同时，加大了社保基金监管力度。一是加强基金内控制度建设；二是及时发现和整改基金使用管理中存在的问题；三是走访欠费单位，催缴欠缴基金；四是开展养老金领取资格认证工作；五是出台温岭市举报社会保险待遇冒领行为奖励暂行办法。2008年劳动保障局加强了对企业退休人员的管理服务，制定企业退休干部管理服务办法，及时调整企业退休人员养老金，继续实行社会化发放。提高企业退休军转干部生活补贴标准，及时发放到位。参与市政府领导接待企业退休人员上访活动，做好政策解释工作。节前走访慰问长期患病和家庭生活困难的企业退休干部，确保他们思想稳定。

三、和谐劳动关系构建取得新成效

《劳动合同法》《就业促进法》和《劳动争议调解仲裁法》这三部重要劳动法律均从2008年开始实施。为维护劳动者合法权益，构建和谐稳定劳动关系，营造良好用工环境，我们在开展劳动用工整治，严厉打击非法用工，规范劳动管理行为，查处劳动者投诉案件等方面做了大量的工作。截至2008年年底，市劳动保障监察大队共出动检查754人次，检查用人单位854家，涉及职工55 989人；处理劳动者举报投诉案件384件（其中处置30人以上群体性案件25件），为3 059位劳动者追回拖欠克扣工资972.45万元；行政立案处罚32件，处罚金额25万元（其中查处非法使用童工案件26件，清退童工31人，处以罚款21.75万元）；完成书面审查9 504家。按照“多办案、快办案、办好案”的要求，市本级仲裁委员会积极接受处理劳动争议案件。2008年共立案416件，已审结411件，结案率为98.8%。通过审理为劳动者挽回经济损失860.17万元。2008年各镇、街道劳动关系协调委员会共受理各类劳动争议案件4 598件，结案4 214件，为11 384位劳动者挽回经济损失4 339万元。2008年，温岭市劳动争议仲裁委员会被省劳动争议仲裁委员会评为全省劳动争议案件处理工作先进单位，温岭市劳动保障监察大队被评为全省劳动保障监察工作优胜单位，温岭市劳动保障局被评为台州市劳动保障监察案卷质量评比先进单位（第一名）。城北街道、泽国镇、新河镇、箬横镇四个镇（街道）劳动保障监察中队被评为台州市劳动保障监察工作先进单位。

四、劳动管理长效机制建立出现新亮点

（一）建立企业欠薪预警机制

市委办和市府办联合下发《建立企业欠薪预警机制的实施意见》，要求各镇（街道）和有关部门明确职责，加强联动。2008年12月25日，台州市政府召开防范处置企业拖欠工资工作视频会议，温岭市林先华常务副市长在会上作了题为《建立欠薪预警长效机制，依法妥善处置欠薪事件》的经验介绍。2008年1月15日，由温岭市劳动保障局提供再由市政府办公室整理上报的《温岭市建立欠薪预警长效机制，妥善处置企业欠薪》一文，被省政府办公厅《专报信息》第57期录用。陈加元副省长在该信息上批示：温岭市建立租赁厂房工资支付保证金制度和厂房出租人连带责任制度，以及建立四级劳资纠纷调节体系，大多数纠纷在基层第一道防线得以化解，这些做法富有创新，是解决欠薪问题长效机制的发展，值得总结推广。

（二）健全欠薪保障金制度

温岭市已有70家建筑企业（项目）共缴纳欠薪保障金1 100余万元，为切实解决建筑行业拖欠工资提供了资金保障。建立交通领域农民工工资支付保障金制度，截至2008年11月，市交通领域工程共有4家缴纳欠薪保障金319万元。

（三）推进行业工资集体协商制度

温岭市自2003年在新河羊毛衫行业率先开展行业工资集体协商以来，经过不断探索、实践、总结和提高，现已基本形成了一套规范有序、行之有效的操作规程。截至2008年年底，已在羊毛衫、水泵、轴承、注塑、制鞋、帽业、船舶修造7个行业中开展了行业工资集体协商，覆盖企业600多家，受益职工达3万多人。此项制度得到了有关专家、上级部门以及新闻媒体的普遍关注，特别是在2007年11月26日，得到了温家宝总理"温岭的做法可以总结推广"的重要批示。2008年3月10日，全省推广温岭市工资集体协商经验现场会在温岭市召开，陈加元副省长亲临会议并作重要讲话。

（四）加强基层劳动保障网格化建设

城北街道重视基层劳动保障网格化建设，建立了较为完善的基层劳动保障协理员制度。现在该街道的大部分劳资纠纷都能在本辖区自行消化和妥善化解，实现了"劳资纠纷调处个案不出村、群体性事件不出街道"的目标。城北街道加强基层劳动保障网格化建设的做法和效果在《中国劳动保障报》等报刊上多次刊登，并得到了省劳动和社会保障厅陈小恩厅长的肯定。箬横镇、石桥头镇、城西街道、横峰街道等借鉴城北街道做法，因地制宜，探索适合自己的网格化路子，分别在本辖区的工业园区和村设立劳动保障协理员，完善了基层劳动保障网络。

五、依法行政水平有新提高

（一）组织开展调研活动

继2007年温岭市劳动保障局组织开展调研活动，共撰写18篇调研文章后，2008年5月份开始，局领导率先垂范，广泛发动全局各科室和下属单位深入基层，对群众反映强烈的热点和难点问题再次进行专题调研。到8月底，调研活动基本结束，共收集调研报告22篇。11月中旬，组织优秀调研文章评比活动，评比出一等奖4篇、二等奖8篇、三等奖10篇。这些调研报告对市领导和局领导进行工作决策提供了参考。其中《温岭市人事制度改革问题探讨》和《建立长效工作机制，促进农民创业就业》两篇调研文章分别在《浙江人事》和《浙江劳动与保障》上刊登。

（二）高度重视行政复议和行政诉讼

2008年度因不服工伤认定，申请人向市法制办或台州市劳动和社会保障局申请行政复议43件，申请人提请市法院行政诉讼案件33件。针对如此多的工伤认定行政复议和诉讼案件，温岭市劳动保障局高度重视，积极应对。一方面依法规范做好工伤认定工作；另一方面加强与市法制办和市法院的联系与沟通，做好应诉工作，在业务科室指定专人专门负责。所有工伤行政复议结果均维持我局所作出的行政确认，工伤行政诉讼也未出现败诉。2008年10月22日，温岭市劳动保障局在省厅召开的全省劳动保障依法行政工作座谈会上作了题为《工伤认定行政应诉思考和建议》的经验交流。

（三）积极做好信访排查调处工作

根据市委、市政府的统一部署，开展北京奥运会和残奥会期间矛盾纠纷集中排查和调处活动，尤其做好企业退休干部、企业退休军转干部、部分复退军人等集体信访的接访调处工作。切实解决群众反映较大的热点和难点问题。实行局领导来访接待值班日和交办信访件按时办结制度，努力做到件件有回复、事事有结果。本年度共调处各类信访件84件，回复市政府直线电话和市长信箱交办件12件。

（四）认真办理市人大代表建议和市政协委员提案

2008年，温岭市劳动保障局承办的市人大代表建议19件，市政协委员提案20件，人大代表来信10件，共计49件。在规定的时间内，所有建议、提案和来信全部办理完毕。在办理过程中做到面商率100%。39件建议和提案中，已解决或基本解决20件，占总件数的51.3%，列人解决计划15件，占总件数的38.5%，留作参考4件，占总件数的10.3%；满意33件，满意率达84.6%，基本满意6件，基本满意率为15.4%。

所获荣誉

一、集体

1. 温岭市劳动保障局被省人事厅评为2008年度全省人事宣传工作先进单位。

2. 温岭市劳动保障局被省劳动和社会保障厅评为2008年度全省劳动保障宣传（通讯）工作先进单位。

3. 温岭市劳动争议仲裁委员会被省劳动争议仲裁委员会评为2008年度全省劳动争议案件处理工作先进单位。

4. 温岭市劳动保障监察大队被省劳动和社会保障厅评为2008年全省劳动保障监察工作先进单位。

5. 温岭市劳动保障局被评为2008年度台州市人事人才工作先进单位。

6. 温岭市劳动保障局被评为2008年度台州市劳动保障工作优秀单位。

7. 温岭市城北街道劳动保障监察中队、泽国镇劳动保障监察中队、新河镇劳动保障监察中队、箬横镇劳动保障监察中队被台州市劳动和社会保障局评为2008年度全市劳动保障监察工作先进单位。

8. 温岭市劳动保障局被台州市劳动和社会保障局评为2008年度全市劳动保障监察案卷质量评比先进单位（第一名）。

9. 温岭市劳动保障局被温岭市社会治安综合管理委员会和市公安局评为2008年度市级“治安安全单位”。

10. 温岭市劳动保障局被温岭市委、市政府评为2008年度人大代表建议和政协委员提案办理工作先进单位。

二、个人

1. 陈言局长被省人民教育基金会和省教育厅授予省第十九届“绿叶奖”。

2. 王豪刚副局长被评为2008年度温岭市人口和计生工作先进个人。

3. 张一鸣被省人事厅评为 2008 年度全省人事宣传工作先进个人。

4. 黄伟被评为 2008 年度全省劳动保障宣传（通讯）工作先进个人（二等奖）。

5. 赵贵明被评为 2008 年度台州市人事系统先进个人。

6. 陈言、李玉友、孙仁政、蒋连文、吴灵君被评为 2008 年度台州市劳动保障工作先进个人。

7. 张一鸣被评为 2008 年度温岭市信访工作先进个人。

8. 张一鸣被评为 2008 年度温岭市社会治安综合治理工作先进个人。

9. 廖林寿被评为 2008 年度温岭市安全生产工作先进个人。

10. 林飞被评为 2008 年度温岭市依法行政工作先进个人。

玉环县劳动保障情况

玉环县人事劳动社会保障局是主管全县人才人事和劳动社会保障工作的县政府工作部门，负责全县的人事、劳动和社会保障工作的宏观规划、综合管理、监督指导和协调服务的政府工作部门，担负着为经济建设提供人才智力保障和促进和谐社会建设的双重任务。

2008年，玉环县人事劳动社会保障局按照县委、县政府的工作部署，围绕“加强作风建设、狠抓工作落实”活动和“树新形象、创新业绩”活动的要求，开拓进取，狠抓各项工作的落实，不断推进公务员队伍和专业技术人员队伍建设，全面实施工资制度改革，努力构建和谐劳动关系，扎实开展民生活动，不断完善社保制度，各项考核指标均超额完成，并荣获2008年度全县工作目标管理责任制考核优秀单位，市劳动保障监察工作先进单位，全省劳动仲裁先进单位等称号，为实现玉环经济又好又快发展作出了应有的贡献。

一、加强劳动保障监察，促和谐劳动关系

全年受理群众投诉举报1 269件，处理1 144件，结案率96.7%，为3 904名劳动者追回工资1 056.6万元，查处童工31人，行政处罚36家，罚款21.27万元；共为251名企业职工办理退休手续；认真做好工伤事故的调查取证和认定工作，严把企业职工工伤认定关，全年认定参保职工工伤9 220起，未参保职工工伤47起；受理工伤伤残鉴定并上报870名伤残人员和13名病退人员；受理劳动争议案件1 490件，结案1 430件。其中裁决46件，调解1 145件，其他方式处理5件，结案率达96%。

二、积极开展惠民行动，促充分就业

在全县组织“春风行动”“就业援助月”等活动，并举办“就业援助进社区”联谊晚会，组织企业为社区捐助就业资金34万元，为就业困难人员提供195个就业岗位；同时，兑现了社保、就业等各项优惠政策，为2 211人次发放灵活就业人员岗位补贴37.26万元，职介补贴2.62万元，职业指导培训补贴8.82万元；完成失业保险参保人数41 876人，发放失业保险金62.49万元，医疗补助金7.6万元，农民合同工制工人补助20.72万元，共计90.81万元，1 310人次受益。动态消除“零就业家庭”人员就业13人，解决79名农村低保户劳动力就业，创建4个充分就业社区，城镇登记失业率控制在3.7%以内，严格控制在4%的目标以内。全县新增就业岗位5 639个，下岗人员再就业1 226个，为2 506人提供了免费职介登记服务，让1 070人成功就业，对1 123人进行了劳动者维权指南、安全生产常识等内容为主的职业指导培训。

三、大力开展就业技能培训工作

全年开展机械行业等43个工种的技能培训，共完成职业技能培训19 803人，发证19 533

张，其中技师 215 人，高级工 880 人，中级工 3 290 人，初级工 15 148 人，外省务工农民培训 5 770 人，完成培训目标数的 100%以上；对全县 32 家民办培训机构进行了年审，新批 1 家，表彰 5 家；审批 36 家企业实行综合工时制。

四、建立健全社保体制，促各类险种参保扩面

为了巩固参保人数，完成基金征缴任务，不断加强稽核工作。2008 年，共有 4 676 家企事业单位 93 129 人参加了社会养老保险，企业养老保险参保人数 85 667 人，新增参保 8 217 人，收缴企业基本养老保险基金 25 015 万元，收缴事业基本养老保险基金 3 259 万元，支付企事业养老保险基金 12 210 万元；共有 1 102 家企事业单位 50 899 人参加了城镇职工医疗保险，新增参保 5 576 人，收缴基本医疗保险基金 6 982 万元；共有 906 家企事业单位 24 142 人参加生育保险，新增参保人数 2 805 人，收缴生育保险基金 328 万元，享受生育保险待遇 373 人，支付生育保险待遇 224.51 万元；共有 1 888 家企事业单位 170 517 人参加工伤保险，新增参保人数 63 000 人，收缴工伤保险基金 3 425 万元，享受工伤保险待遇 8 774 人次，支付工伤保险基金 2 072.86 万元。新型农村合作医疗自 2005 年全面开展以来，全县已有 248 252 人参加合作医疗，全年报销金额 2 069 万元，61 400 名少儿参加少儿医保，全年受益 71 968 人次，至 2008 年年底，玉环县城乡居民医保参保率达到 99.99%。

五、信访接待工作稳定开展

共承办人民代表建议、政协委员提案 35 件，办理结果均为满意或基本满意，满意率为 100%。为做好答复工作，成立局系统建议、提案办理领导小组，制定了主要领导负总责、分管领导具体抓，承办科室负责人联系协调的责任包干制度，严格办理程序，规定办理过程的具体案件研究、登门沟通、听取意见、形成答复材料、备案程序。通过以上工作，由我局接待的信访无一人越级上访，为社会稳定作出了贡献。

六、社会化管理工作服务到位

通过增加转制企业退休人员生活补贴，并实行二次医疗报销，开展大病慰问和丧葬慰问制度，共慰问 410 人次，慰问金额 13 万元，二次医疗报销 220 人次，金额 33.4 万元以上；同时组织退休人员开展钓鱼、象棋等多种比赛活动，极大地提高并丰富了企业退休人员的晚年生活质量。

七、局门户网站完成开发使用

门户网站正式投入使用，网站内容涵盖人事人才、劳动用工、社会保险、就业再就业、职业技能培训与鉴定等方面，并形成与五大基层劳动管理所的联网，已率先在全市完成劳动合同管理系统和人事考试报名系统的开发，用工企业可以通过网站直接输入劳动者信息查询该劳动者用工情况等操作，提高了工作效率。

八、作风建设取得阶段性改善

出台《加强机关作风建设，狠抓工作落实督察制度》及修改局机关《责任追究制》《首问责任制》《岗位责任制》等九项日常性办事制度，在局机关及下属单位办公场所设立 8 个群众意见箱，加大对基层站所的建设。创新学习方式，实行由科室（下属单位）进行中心发言学习与讨论的方式，每周安排一个科室（下属单位），由该科室（下属单位）根据作风建设和业务工作情况准备交流材料，其他科室参与讨论，自行组织学习的下属单位也按照此方案实施，目前全部科室已完成了全年的中心学习讨论任务。

九、机关文化进一步得到充实

带领工、青、妇组织，以“五一”“七一”“十一”等重大节日为切入点，积极开展各类知识竞赛、文体和读书活动等。年末，举办了全系统干部职工及家属元旦文艺晚会；“五一”“五四”举办了“迎奥运、促和谐”运动会，设置了羽毛球、400 米接力赛等 11 个比赛项目，同时组织系统内劳动监察员参加了在临海举办的军训活动。通过一系列有益、健康、向上的活动，不仅丰富了大家的工作和生活内容，而且进一步提升了大家的团队精神和竞争意识。

第六篇

劳动力市场工资指导价位情况

杭州市劳动力市场工资指导价位（2008 年）

杭州市分工种企业工资价位　　单位：元/年

序号	工种	高位数	中位数	低位数
1	企业董事	372 359	41 354	13 732
2	企业经理（厂长）	388 661	46 784	14 495
3	生产或经营经理	196 686	36 869	12 160
4	财务经理	202 448	36 183	12 968
5	行政经理	191 245	34 332	11 266
6	人事经理	195 107	34 759	11 838
7	销售和营销经理	300 167	32 218	13 546
8	广告和公关经理	178 480	29 426	17 959
9	采购经理	113 775	30 378	18 387
10	研究和开发经理	222 399	46 788	16 842
11	餐厅经理	81 607	25 263	13 640
12	客房经理	92 996	24 679	13 735
13	地质勘探工程技术人员	92 534	42 900	21 000
14	矿山工程技术人员	26 600	15 600	15 000
15	化工工程技术人员	74 014	31 050	12 959
16	医药工程技术人员	54 179	25 793	15 925
17	机械工程技术人员	85 624	33 538	18 255
18	机械设计工程技术人员	123 477	33 784	19 751
19	机械制造工程技术人员	52 937	23 222	12 662
20	仪器仪表工程技术人员	68 841	23 914	10 740
21	设备工程技术人员	103 291	25 746	14 550
22	其他机械工程技术人员	28 892	14 400	11 004
23	电子工程技术人员	130 991	32 308	18 250
24	电子材料工程技术人员	21 602	15 667	14 580
25	电子元器件工程技术人员	53 843	28 032	15 687
26	其他电子工程技术人员	54 419	29 246	20 860
27	通信工程技术人员	129 522	16 714	12 200
28	计算机与应用工程技术人员	103 800	31 066	15 758
29	计算机硬件技术人员	86 343	22 456	13 840
30	计算机软件技术人员	113 293	22 881	13 833

续表

序号	工种	高位数	中位数	低位数
31	计算机网络技术人员	147 780	24 552	10 653
32	计算机系统分析技术人员	64 580	39 177	23 177
33	其他计算机与应用工程技术人员	89 039	19 491	11 603
34	电气工程技术人员	74 791	24 084	11 653
35	电力工程技术人员	46 639	25 389	15 000
36	广播电影电视工程技术人员	41 624	28 798	16 335
37	邮政工程技术人员	117 702	47 880	22 611
38	交通工程技术人员	80 392	21 650	13 305
39	汽车运用工程技术人员	47 495	24 682	16 900
40	船舶运用工程技术人员	50 696	32 935	20 000
41	船舶检验工程技术人员	37 555	33 381	28 840
42	其他交通工程技术人员	30 901	17 229	11 159
43	民用航空工程技术人员	34 640	14 640	12 000
44	建材工程技术人员	115 583	29 729	12 413
45	水利工程技术人员	53 364	28 175	14 520
46	林业工程技术人员	47 705	20 520	13 904
47	纺织工程技术人员	47 044	20 050	13 199
48	食品工程技术人员	79 547	46 920	14 421
49	气象工程技术人员	30 000	14 640	10 600
50	地震工程技术人员	54 000	28 200	25 200
51	环境保护工程技术人员	44 400	29 678	22 610
52	安全工程技术人员	120 240	23 188	14 833
53	标准化、计量、质量工程技术人员	88 863	25 699	17 654
54	其他工程技术人员	92 094	24 805	12 258
55	农业技术人员	48 030	35 273	23 200
56	飞机和船舶技术人员	41 497	35 178	30 682
57	网管	31 040	20 160	15 180
58	西医医师	64 100	24 478	10 778
59	中医医师	55 912	27 764	24 408
60	中西医结合医师	38 712	32 687	19 883
61	公共卫生医师	34 436	31 306	28 205
62	药剂人员	46 019	21 139	10 540

续表

序号	工种	高位数	中位数	低位数
63	医疗技术人员	58 419	22 285	15 200
64	护理人员	50 045	21 759	10 980
65	其他卫生专业技术人员	33 959	18 576	10 200
66	经济计划人员	67 732	30 761	11 953
67	统计人员	69 951	18 838	11 386
68	会计人员	95 895	23 943	11 470
69	出纳	57 585	18 761	11 171
70	资产评估人员	119 641	40 426	10 550
71	审计人员	161 702	23 166	12 264
72	国际商务人员	148 688	17 277	10 876
73	报关员	53 613	22 938	18 591
74	房地产开发业务人员	140 035	55 585	13 522
75	不动产销售员	81 563	21 700	14 306
76	其他经济业务人员	99 160	14 807	10 945
77	银行清算员	155 284	60 547	37 680
78	银行信贷员	267 681	86 771	45 962
79	银行国外业务员	283 627	77 860	38 172
80	银行信用卡业务员	192 862	107 798	48 011
81	银行储蓄员	122 910	46 943	35 082
82	其他银行业务人员	278 001	71 481	35 353
83	保险推销员	40 678	18 000	10 963
84	保险理赔员	119 638	26 201	11 295
85	其他保险业务人员	152 428	33 458	12 051
86	证券交易员	67 984	41 923	37 406
87	律师	130 793	39 295	16 494
88	服装设计人员	56 400	29 322	14 208
89	室内装饰设计人员	61 404	17 880	12 000
90	广告设计人员	47 110	19 405	12 433
91	文字编辑	42 182	27 016	12 000
92	美术编辑	65 949	21 352	10 500
93	技术编辑	43 000	42 000	10 500
94	电子出版物编辑	21 600	12 000	10 500

续表

序号	工种	高位数	中位数	低位数
95	其他编辑	28 750	18 186	13 351
96	英语翻译	42 965	26 531	17 212
97	图书资料与档案业务人员	59 715	24 520	10 737
98	行政业务办公人员	81 258	22 892	12 598
99	行政执法人员	23 583	19 200	16 800
100	其他行政业务人员	118 899	22 568	10 699
101	秘书	88 057	20 770	11 276
102	公关员	102 959	22 072	12 900
103	收发员	37 306	14 905	10 588
104	打字员	43 975	16 953	11 095
105	计算机操作员	55 971	19 686	11 137
106	制图员	48 274	23 359	11 448
107	其他行政事务人员	73 157	21 891	11 542
108	其他行政办公人员	59 408	19 218	11 516
109	保安员	36 259	14 558	10 516
110	违禁品检查员	22 635	12 646	10 580
111	金融守押员	45 065	39 374	15 495
112	其他治安保卫人员	25 330	13 623	10 500
113	消防人员	30 852	24 364	17 334
114	邮政营业员	48 308	43 869	18 090
115	邮件处理员	47 483	40 829	33 373
116	投递员	28 459	24 545	21 329
117	邮政储汇员	49 027	35 180	28 380
118	报刊发行员	48 529	46 200	27 005
119	集邮业务员	46 197	42 604	38 612
120	邮政业务档案员	45 500	21 000	19 800
121	邮政机务员	48 500	42 060	37 125
122	其他邮政业务人员	56 444	47 287	41 318
123	电信业务营业员	49 437	46 071	40 071
124	话务员	39 657	16 814	10 847
125	报务员	47 250	24 624	14 320
126	其他电信业务人员	49 541	33 012	17 820

续表

序号	工种	高位数	中位数	低位数
127	传输机务员	30 032	18 638	17 881
128	线务员	24 323	20 360	11 200
129	其他办事人员和有关人员	76 527	16 816	10 749
130	营业员	44 379	15 651	11 315
131	推销员	86 467	17 262	10 996
132	出版物发行员	50 696	42 205	37 592
133	服装模特	43 844	26 877	15 794
134	其他推销、展销人员	62 459	24 692	13 300
135	采购员	60 984	21 542	11 708
136	收购员	33 833	16 484	14 400
137	其他采购人员	41 384	25 176	14 037
138	鉴定估价师	38 000	21 500	21 300
139	拍卖师	35 242	24 900	21 711
140	典当业务员	37 712	25 420	11 018
141	租赁业务员	90 600	79 320	22 517
142	废旧物资回收利用人员	32 264	19 648	15 316
143	医药商品购销员	67 829	19 901	11 854
144	保管员	44 134	16 731	11 198
145	理货员	42 794	16 197	11 787
146	商品养护员	26 750	18 271	13 877
147	冷藏工	34 950	30 250	19 179
148	其他保管人员	129 060	18 331	10 500
149	商品储运员	25 815	14 603	10 768
150	商品护运员	22 622	13 420	11 426
151	医药商品储运员	24 960	19 200	12 841
152	其他储运人员	50 329	19 150	11 502
153	中式烹调师	50 776	18 104	16 934
154	中式面点师	25 217	16 400	11 240
155	其他中式烹饪人员	36 938	12 089	10 829
156	西式烹调师	31 882	16 726	11 650
157	西式面点师	60 448	19 200	12 000
158	调酒师	22 223	14 400	12 000

续表

序号	工种	高位数	中位数	低位数
159	茶艺师	45 608	29 177	17 983
160	营养配餐员	23 709	21 704	12 840
161	餐厅服务员	29 155	14 412	10 540
162	餐具清洗保管员	28 436	12 755	10 500
163	其他餐厅服务人员	23 096	16 169	11 350
164	其他餐饮服务人员	28 638	14 561	10 645
165	前厅服务员	38 500	14 807	10 536
166	客房服务员	27 968	14 977	11 304
167	旅店服务员	32 276	13 200	11 834
168	其他饭店服务人员	42 555	14 318	10 620
169	导游	21 455	14 025	10 510
170	公共游览场所服务员	43 743	31 764	20 400
171	展览讲解员	58 316	15 732	13 036
172	园林植物保护工	18 705	11 333	10 600
173	其他旅游及公共游览场所服务人员	36 450	19 473	10 512
174	社会体育指导员	42 768	36 330	34 332
175	汽车运输调度员	47 856	22 950	14 490
176	公路收费及监控员	37 530	30 279	28 509
177	车站客运服务员	29 202	20 284	12 306
178	其他公路道路运输服务人员	19 200	18 200	15 263
179	中介代理人	18 200	14 500	12 000
180	信息咨询工	40 924	17 461	11 200
181	其他社会中介服务人员	16 280	14 400	12 000
182	物业管理工	47 529	17 789	14 923
183	供水供应工	24 549	20 645	20 350
184	锅炉操作工	28 516	17 935	11 075
185	其他供水、供热及生活燃料供应服务人员	42 600	18 590	11 300
186	美容师	68 689	33 426	23 510
187	美发师	35 120	20 600	13 280
188	其他美容美发人员	20 600	16 000	15 200
189	摄影师	22 000	12 000	10 915
190	眼镜验光员	32 203	23 190	19 891

续表

序号	工种	高位数	中位数	低位数
191	眼镜定配工	30 818	26 690	20 787
192	其他验光配镜人员	37 419	25 886	16 866
193	家用电子产品维修工	30 962	11 459	10 500
194	家用电器产品维修工	17 000	15 320	12 560
195	钟表维修工	55 072	34 953	30 351
196	其他日用机电产品维修人员	35 620	23 200	13 200
197	办公设备维修工	24 870	20 960	13 200
198	其他办公设备维修人员	20 960	13 650	13 200
199	保育员	15 922	12 840	11 428
200	其他保育、家庭服务人员	19 800	14 301	12 650
201	垃圾清运工	31 393	16 322	10 631
202	保洁员	23 015	12 856	10 525
203	其他环境卫生人员	25 210	18 874	10 575
204	棋牌服务员	14 520	13 200	11 880
205	其他社会服务和居民生活服务人员	24 521	19 407	11 559
206	其他商业、服务业人员	27 274	14 928	10 836
207	农业实验人员	27 000	15 800	10 756
208	花卉园艺工	23 373	14 400	10 500
209	其他园艺作物生产人员	19 600	13 200	11 020
210	茶叶加工工	13 680	12 190	10 591
211	蔬菜加工工	16 506	11 198	10 784
212	其他农副林特产品加工人员	23 995	20 790	19 853
213	其他畜牧业生产人员	15 600	12 672	11 385
214	其他林业生产及野生植物保护人员	57 893	37 601	34 531
215	竹藤麻棕草制品加工工	20 141	17 231	11 210
216	水产养殖人员	21 500	14 576	10 992
217	河道、水库管养人员	40 723	40 180	39 146
218	露天采矿挖掘机司机	31 200	21 605	18 600
219	矿物开采辅助工	15 000	13 520	12 000
220	炼铁人员	44 660	39 500	36 000
221	炼钢人员	15 764	13 963	13 534
222	铁合金冶炼人员	45 432	26 806	11 832

续表

序号	工种	高位数	中位数	低位数
223	金属轧制人员	30 000	12 892	11 193
224	其他金属冶炼、轧制人员	22 131	16 684	10 546
225	化工产品生产工	37 843	19 923	12 503
226	车工	45 197	17 285	10 564
227	铣工	55 650	27 072	12 496
228	刨插工	33 133	20 694	11 516
229	磨工	41 631	19 175	11 723
230	镗工	83 656	34 165	17 971
231	钻床工	37 073	17 868	12 958
232	加工中心操作工	51 621	21 738	12 366
233	制齿工	33 343	18 000	11 184
234	抛磨光工	31 683	17 937	13 401
235	拉床工	43 250	38 333	10 868
236	锯床工	43 333	23 090	11 862
237	铸造工	37 322	18 573	11 307
238	锻造工	29 319	18 139	11 793
239	冲压工	38 652	19 263	11 142
240	剪切工	34 209	19 247	11 773
241	焊工	44 146	19 847	12 080
242	模具工	47 411	26 400	19 256
243	金属热处理工	42 222	18 884	11 625
244	电切削工	45 959	27 811	15 286
245	冷作钣金加工工	53 951	24 396	12 339
246	镀层工	32 428	18 011	12 129
247	涂装工	33 835	18 889	12 495
248	电焊条制造工	19 200	18 240	16 974
249	基础件装配工	23 166	14 405	10 833
250	部件装配工	28 078	13 768	10 674
251	装配钳工	72 518	24 620	12 298
252	工具钳工	57 800	27 769	12 625
253	动力设备装配工	41 925	17 448	14 000
254	电气元件及设备装配工	45 610	18 325	17 796

续表

序号	工种	高位数	中位数	低位数
255	电子专用设备装配调试工	55 238	20 952	11 175
256	仪器仪表装配工	28 740	16 564	11 322
257	运输车辆装配工	38 399	18 131	11 520
258	电冰箱、电冰柜制造装配工	28 430	18 010	13 058
259	空调安装工	55 345	36 789	21 791
260	机修钳工	52 896	19 881	12 154
261	汽车修理工	44 587	19 365	17 303
262	船舶修理工	53 487	31 968	20 872
263	电力工程内线安装工	28 331	21 000	18 000
264	专业电力设备检修工	42 791	28 394	19 555
265	常用电机检修工	34 815	22 034	12 703
266	维修电工	46 520	20 802	11 667
267	电子器件制造工	32 012	12 260	10 555
268	电子元件制造工	23 000	17 433	10 800
269	通讯交换设备调试工	34 860	15 600	12 608
270	电子计算机维修工	20 000	16 182	14 200
271	橡胶制品生产工	38 125	21 923	14 246
272	塑料制品加工工	34 361	19 257	10 903
273	纤维与处理人员	22 198	17 915	11 840
274	纺纱人员	29 181	17 097	10 909
275	织造人员	27 894	14 965	11 118
276	针织人员	28 758	14 556	14 000
277	印染人员	36 660	16 613	10 854
278	服装设计人员	36 432	24 498	20 749
279	裁剪工	26 551	16 324	10 555
280	缝纫工	28 662	17 598	11 188
281	裁缝	20 820	15 700	11 745
282	制鞋工	36 122	15 000	12 650
283	皮革加工工	28 333	18 000	12 127
284	毛皮加工工	20 100	17 000	13 050
285	冷食品制作工	24 365	14 243	11 243
286	食醋制作工	34 624	18 360	17 024

续表

序号	工种	高位数	中位数	低位数
287	酱油酱类制作工	24 076	17 641	11 929
288	味精制作工	28 126	15 699	11 412
289	糕点、面包烘焙工	18 263	16 569	13 099
290	屠宰加工工	25 537	12 500	10 652
291	饲料生产加工工	22 045	21 395	19 462
292	烟草制品加工工	68 474	43 827	19 187
293	药品生产制造工	36 140	25 957	11 601
294	手工木工	32 081	13 800	11 400
295	机械木工	40 000	25 925	16 905
296	精细木工	48 000	18 177	18 000
297	制浆工	51 625	20 470	14 000
298	造纸工	29 010	18 574	13 754
299	纸制品制作工	25 844	17 174	11 454
300	水泥生产制造工	18 333	17 757	13 712
301	玻璃陶瓷搪瓷生产工	37 785	27 078	14 845
302	印前处理工	40 060	16 233	10 912
303	印刷操作工	45 954	18 637	11 780
304	印后制作工	39 136	15 259	10 776
305	土石方施工人员	38 832	22 085	10 894
306	砌筑工	29 825	20 750	15 388
307	架子工	29 875	21 800	12 500
308	装饰、装修、油漆工	36 040	21 394	11 448
309	机械电气工程设备安装工、管工	45 111	28 377	17 466
310	电工	45 149	19 981	11 957
311	木工	39 030	23 411	11 425
312	汽车驾驶员	54 698	20 899	11 887
313	机车乘务员	40 800	31 061	25 040
314	船舶水手	81 858	15 600	14 000
315	起重装卸机械驾驶员	48 883	21 187	11 261
316	检验员	40 440	17 556	10 966
317	计量员	36 369	15 897	11 598
318	包装工	32 209	16 092	10 692
319	简单体力劳动工	39 520	15 837	10 574

杭州市分国民经济行业企业工资价位　　单位：元/年

行业名称	高位数	中位数	低位数
农、林、牧、渔业	33 129	16 879	10 796
采掘业	31 200	17 400	11 600
制造业	77 814	19 003	10 575
农副食品加工业	103 949	19 658	11 493
食品制造业	75 761	18 224	11 069
纺织业	52 868	17 319	10 912
服装及其他纤维制品制造业	74 294	19 047	11 471
皮革、毛皮、羽绒及其制品业	62 095	18 077	10 504
木材加工及竹藤棕草制品业	75 565	18 557	12 311
家具制造业	70 213	21 673	11 064
造纸及纸制品业	56 516	19 107	11 334
印刷业、记录媒介的复制	76 886	19 393	10 663
文教体育用品制造业	85 655	17 243	12 002
化学原料及化学制品制造业	83 824	19 889	11 287
医药制造业	101 288	22 547	10 918
化学纤维制造业	85 231	22 526	12 880
橡胶制品业	41 837	20 700	12 592
塑料制品业	67 178	21 397	11 479
非金属矿物制品业	51 937	18 447	12 860
黑色金属冶炼及压延加工业	57 833	18 127	11 253
有色金属冶炼及压延加工业	57 891	22 120	14 699
金属制品业	61 860	17 799	10 866
普通设备制造业	133 445	21 903	11 001
专用设备制造业	120 826	20 990	11 322
交通运输设备制造业	70 059	18 258	13 723
电气机械及器材制造业	81 256	19 955	11 084
通信设备、计算机及其他电子设备	68 709	20 513	11 291
仪器仪表及文化、办公机械制造	65 678	18 093	11 040
工艺品及其他制造业	59 477	18 389	11 178
废弃资源和废旧材料回收加工业	47 601	18 972	10 871
电力、煤气及水的生产和供应业	31 259	19 822	10 500
建筑业	80 986	18 953	10 813

续表

行业名称	高位数	中位数	低位数
交通运输及邮电通信业	108 825	20 623	10 674
信息传输、计算机服务和软件业	134 193	18 492	11 398
批发和零售业	113 351	19 236	11 238
住宿和餐饮业	69 213	17 679	10 505
金融业	230 441	30 586	12 344
房地产业	135 556	21 803	11 397
租赁和商务服务业	89 216	19 846	10 864

杭州市分登记注册类型企业工资价位 单位：元/年

序号	企业登记注册类型	高位数	中位数	低位数
1	内资企业	99 708	19 021	10 571
2	国有企业	152 923	26 745	11 019
3	集体企业	140 883	22 809	11 346
4	股份合作企业	68 101	18 006	10 605
5	联营企业	48 304	18 013	10 529
6	有限责任公司	86 627	18 540	10 647
7	股份有限公司	214 328	25 998	12 538
8	私营企业	69 516	18 423	11 163
9	其他企业	110 181	17 543	12 099
10	港、澳、台商投资企业	101 339	20 214	10 999
11	外商投资企业	80 704	20 223	11 745

杭州市分专业技术等级企业工资价位 单位：元/年

序号	专业技术等级	高位数	中位数	低位数
1	初级工	38 749	17 867	10 961
2	中级工	56 705	20 691	10 986
3	高级工	68 597	32 198	13 716
4	技师	68 646	32 749	13 765
5	高级技师	86 780	39 266	14 958
6	其他人员	49 016	17 710	10 726
7	正高级专业技术职务	457 935	62 568	21 013
8	副高级专业技术职务	231 986	46 268	15 698
9	中级专业技术职务	231 291	38 966	11 769
10	初级专业技术职务	131 151	25 149	11 157
11	未评定技术职务人员	102 471	20 704	10 762

杭州市分工种分学历企业工资价位　　单位：元/年

序号	工种	硕士及以上		
		高位数	中位数	低位数
1	企业董事	367 159	57 475	16 600
2	企业经理（厂长）	333 061	90 097	21 382
3	生产或经营经理	480 904	49 395	16 250
4	财务经理	153 400	80 837	14 400
5	行政经理	297 586	36 514	14 400
6	人事经理	119 166	50 000	14 520
7	销售和营销经理	393 631	143 413	16 826
8	采购经理	64 050	52 191	51 581
9	研究和开发经理	359 462	58 803	50 000
10	化工工程技术人员	73 407	39 337	29 570
11	医药工程技术人员	62 628	46 585	30 060
12	机械工程技术人员	81 476	15 240	15 000
13	机械设计工程技术人员	85 500	27 029	12 105
14	其他机械工程技术人员	15 240	15 060	14 880
15	计算机与应用工程技术人员	84 417	18 000	17 000
16	计算机硬件技术人员	80 911	18 000	17 200
17	计算机软件技术人员	125 996	18 000	13 242
18	计算机网络技术人员	55 000	40 000	35 058
19	建筑工程技术人员	203 000	15 360	13 440
20	会计人员	154 512	36 215	14 830
21	国际商务人员	45 697	21 400	14 000
22	银行信贷员	146 324	83 765	47 822
23	银行国外业务员	76 524	39 847	36 756
24	其他银行业务人员	426 574	60 636	41 688
25	期货业务员	65 735	43 850	22 800
26	其他金融业务人员	250 000	30 904	11 500
27	行政业务办公人员	98 290	42 564	14 303
28	其他行政业务人员	154 106	18 492	13 698
29	秘书	131 954	35 549	20 000
30	其他行政办公人员	68 640	21 887	17 421
31	其他办事人员和有关人员	89 922	31 885	11 229

续表

序号	工种	硕士及以上		
		高位数	中位数	低位数
32	推销员	447 265	112 941	16 800
33	租赁业务员	85 533	78 565	62 950

杭州市分工种分学历企业工资价位 单位：元/年

序号	工种	本科		
		高位数	中位数	低位数
1	企业董事	634 523	61 502	17 885
2	企业经理（厂长）	473 771	67 507	17 112
3	生产或经营经理	283 678	59 327	17 473
4	财务经理	215 741	49 146	13 743
5	行政经理	188 608	47 774	16 898
6	人事经理	222 386	44 233	16 549
7	销售和营销经理	391 163	51 282	15 640
8	广告和公关经理	132 333	28 555	19 600
9	采购经理	141 381	34 800	16 680
10	研究和开发经理	268 602	47 936	21 187
11	客房经理	110 783	35 536	19 200
12	化工工程技术人员	63 827	31 184	12 540
13	医药工程技术人员	63 705	26 772	18 300
14	机械工程技术人员	100 724	41 551	18 945
15	机械设计工程技术人员	130 992	38 534	13 087
16	机械制造工程技术人员	73 550	30 826	19 200
17	仪器仪表工程技术人员	59 471	18 000	10 800
18	设备工程技术人员	103 519	55 148	29 948
19	其他机械工程技术人员	18 150	13 680	11 808
20	电子工程技术人员	137 600	33 600	21 710
21	电子元器件工程技术人员	42 479	36 000	22 639
22	其他电子工程技术人员	32 559	28 659	28 380
23	通信工程技术人员	124 145	17 120	13 200
24	计算机与应用工程技术人员	110 563	28 521	16 042
25	计算机硬件技术人员	76 479	23 096	13 479
26	计算机软件技术人员	105 454	22 386	13 535

续表

序号	工种	本科		
		高位数	中位数	低位数
27	计算机网络技术人员	138 615	30 014	14 400
28	其他计算机与应用工程技术人员	69 915	29 104	10 800
29	电气工程技术人员	57 427	24 594	11 000
30	电力工程技术人员	35 000	30 000	15 600
31	邮政工程技术人员	150 168	52 085	50 750
32	交通工程技术人员	74 404	59 576	23 249
33	汽车运用工程技术人员	42 366	22 950	13 860
34	建筑工程技术人员	130 757	21 279	12 509
35	建材工程技术人员	144 800	19 800	19 444
36	林业工程技术人员	53 880	21 450	14 400
37	纺织工程技术人员	60 468	29 478	18 000
38	食品工程技术人员	85 490	35 044	21 572
39	安全工程技术人员	143 520	75 120	21 000
40	标准化、计量、质量工程技术人员	105 347	48 417	21 000
41	其他工程技术人员	77 923	35 337	13 500
42	西医医师	63 559	32 569	12 768
43	中医医师	61 495	46 493	42 657
44	药剂人员	24 252	12 780	10 560
45	经济计划人员	141 623	25 800	11 588
46	统计人员	120 274	23 693	13 180
47	会计人员	121 851	32 984	13 235
48	出纳	77 973	27 670	12 614
49	审计人员	203 517	25 921	13 482
50	国际商务人员	190 939	14 000	10 651
51	报关员	43 776	21 500	10 500
52	房地产开发业务人员	142 881	58 298	13 242
53	不动产销售员	85 236	20 690	16 380
54	其他经济业务人员	124 867	22 939	10 581
55	银行清算员	111 381	51 288	37 680
56	银行信贷员	265 530	83 976	49 101
57	银行国外业务员	219 070	81 648	40 050

续表

序号	工种	本科		
		高位数	中位数	低位数
58	银行信用卡业务员	203 434	84 697	48 011
59	银行储蓄员	113 421	46 166	36 954
60	其他银行业务人员	228 800	64 153	34 436
61	保险推销员	28 200	15 991	11 670
62	保险理赔员	113 885	27 428	13 910
63	其他保险业务人员	160 997	55 748	13 933
64	期货业务员	64 208	18 208	12 133
65	其他金融业务人员	237 500	43 602	12 767
66	律师	117 584	39 295	11 388
67	服装设计人员	54 750	43 500	30 000
68	室内装饰设计人员	77 808	23 650	14 300
69	广告设计人员	56 984	33 000	16 000
70	文字编辑	44 462	38 720	21 827
71	美术编辑	97 500	22 056	10 500
72	电子出版物编辑	21 600	16 050	10 500
73	英语翻译	31 513	22 476	16 200
74	行政业务办公人员	103 799	28 812	13 863
75	其他行政业务人员	177 658	51 133	11 004
76	秘书	109 245	22 764	12 021
77	公关员	101 738	24 058	14 484
78	收发员	63 600	21 600	15 600
79	打字员	29 726	15 600	15 000
80	计算机操作员	96 000	23 512	11 138
81	制图员	41 357	31 252	18 000
82	其他行政事务人员	58 606	24 364	16 845
83	其他行政办公人员	74 058	23 732	11 317
84	保安员	32 723	14 550	12 405
85	集邮业务员	47 046	39 186	38 612
86	其他邮政业务人员	58 403	47 603	39 159
87	其他办事人员和有关人员	109 843	33 638	11 740
88	营业员	59 957	18 667	11 200

续表

序号	工种	本科		
		高位数	中位数	低位数
89	收银员	37 640	13 020	12 000
90	其他营业人员	120 499	39 082	13 650
91	推销员	138 425	18 998	10 898
92	出版物发行员	49 526	42 135	40 971
93	其他推销、展销人员	69 819	31 742	13 850
94	采购员	64 859	27 624	10 975
95	收购员	24 070	14 400	12 407
96	典当业务员	39 232	27 475	14 400
97	租赁业务员	89 975	74 146	33 058
98	医药商品购销员	37 626	19 200	11 805
99	保管员	50 391	21 604	11 205
100	其他储运人员	70 741	20 450	10 500
101	餐厅服务员	30 812	15 600	14 400
102	前厅服务员	41 879	20 069	12 810
103	其他饭店服务人员	23 437	14 418	13 236
104	导游	14 016	11 800	10 500
105	其他旅游及公共游览场所服务人员	22 300	12 135	10 582
106	社会体育指导员	42 768	34 854	34 332
107	信息咨询工	33 600	12 900	10 620
108	物业管理工	38 283	14 766	11 032
109	其他商业、服务业人员	19 950	12 900	10 625
110	化工产品生产工	42 000	15 610	15 520
111	汽车修理工	36 000	26 776	23 227
112	土石方施工人员	43 650	27 185	16 020
113	汽车驾驶员	36 000	28 797	21 593
114	检验员	52 526	26 107	11 280
115	简单体力劳动工	76 906	41 031	10 500

杭州市分工种分学历企业工资价位　　单位：元/年

序号	工种	大专		
		高位数	中位数	低位数
1	企业董事	322 692	42 702	17 634

续表

序号	工种	大专		
		高位数	中位数	低位数
2	企业经理（厂长）	411 234	49 060	15 246
3	生产或经营经理	159 349	46 353	15 378
4	财务经理	179 939	35 333	14 658
5	行政经理	147 462	41 731	13 927
6	人事经理	192 612	35 312	13 741
7	销售和营销经理	245 745	31 379	14 872
8	广告和公关经理	63 500	30 367	16 300
9	采购经理	160 829	38 233	12 424
10	研究和开发经理	97 478	42 693	17 805
11	餐厅经理	98 360	25 026	16 800
12	客房经理	84 103	40 000	20 000
13	化工工程技术人员	63 935	32 441	12 133
14	医药工程技术人员	34 655	24 817	13 925
15	机械工程技术人员	77 450	31 687	12 614
16	机械设计工程技术人员	100 526	32 406	11 086
17	机械制造工程技术人员	53 103	31 359	13 270
18	仪器仪表工程技术人员	73 500	37 200	10 500
19	设备工程技术人员	104 221	43 632	16 761
20	其他机械工程技术人员	32 088	16 005	11 200
21	电子工程技术人员	88 149	31 000	20 040
22	电子元器件工程技术人员	58 262	25 080	21 420
23	其他电子工程技术人员	60 616	29 210	28 000
24	通信工程技术人员	134 690	14 400	12 000
25	计算机与应用工程技术人员	93 883	40 095	16 070
26	计算机硬件技术人员	90 916	24 277	13 500
27	计算机软件技术人员	82 624	29 020	18 768
28	计算机网络技术人员	121 777	21 668	11 539
29	其他计算机与应用工程技术人员	108 164	14 271	11 770
30	电气工程技术人员	100 880	22 290	13 695
31	电力工程技术人员	27 027	21 271	17 712
32	邮政工程技术人员	49 580	44 250	42 750

续表

序号	工种	大专		
		高位数	中位数	低位数
33	交通工程技术人员	63 646	20 553	11 723
34	汽车运用工程技术人员	49 373	30 723	24 300
35	建筑工程技术人员	66 902	13 500	11 637
36	建材工程技术人员	30 000	18 000	17 305
37	林业工程技术人员	34 600	19 750	13 133
38	纺织工程技术人员	45 000	24 000	13 372
39	食品工程技术人员	74 824	47 707	18 021
40	地震工程技术人员	31 200	28 200	25 200
41	安全工程技术人员	28 500	22 200	15 000
42	标准化、计量、质量工程技术人员	65 420	30 252	15 390
43	其他工程技术人员	83 488	27 297	14 562
44	飞机和船舶技术人员	37 400	33 728	32 278
45	西医医师	64 517	19 270	12 200
46	药剂人员	49 132	31 202	10 500
47	医疗技术人员	57 789	12 000	11 205
48	护理人员	52 458	26 036	11 688
49	其他卫生专业技术人员	22 764	17 405	14 400
50	经济计划人员	108 465	37 933	11 895
51	统计人员	78 048	20 942	12 051
52	会计人员	81 585	23 726	12 197
53	出纳	61 781	18 922	11 107
54	审计人员	70 757	22 524	12 900
55	国际商务人员	85 402	20 017	11 500
56	报关员	49 660	22 549	10 500
57	房地产开发业务人员	137 188	53 127	13 242
58	不动产销售员	97 129	25 000	16 380
59	其他经济业务人员	82 798	14 074	11 803
60	银行清算员	153 164	53 190	47 040
61	银行信贷员	267 538	78 797	40 413
62	银行国外业务员	82 104	64 680	56 480
63	银行信用卡业务员	182 290	94 212	67 913

续表

序号	工种	大专		
		高位数	中位数	低位数
64	银行储蓄员	121 900	47 024	32 860
65	其他银行业务人员	240 365	87 094	36 832
66	保险推销员	41 724	23 922	12 119
67	保险理赔员	66 551	24 999	19 416
68	其他保险业务人员	134 110	26 551	11 913
69	证券交易员	67 984	46 047	37 406
70	期货业务员	58 995	28 033	12 180
71	其他金融业务人员	108 895	25 834	11 476
72	律师	157 210	61 530	34 200
73	服装设计人员	60 000	25 308	15 000
74	室内装饰设计人员	42 000	17 700	14 400
75	广告设计人员	36 748	18 972	11 547
76	文字编辑	39 902	18 859	12 000
77	美术编辑	30 884	20 400	10 500
78	技术编辑	43 000	42 000	10 500
79	英语翻译	41 913	24 293	18 223
80	图书资料与档案业务人员	50 198	28 424	10 737
81	行政业务办公人员	78 215	23 938	13 223
82	其他行政业务人员	106 859	22 066	11 964
83	秘书	65 423	17 627	11 869
84	公关员	93 148	19 132	13 242
85	收发员	43 381	15 200	11 000
86	打字员	63 197	20 019	11 300
87	计算机操作员	32 179	18 600	11 189
88	制图员	51 732	19 971	11 000
89	其他行政事务人员	88 141	33 755	12 349
90	其他行政办公人员	60 842	18 228	11 481
91	保安员	47 545	14 550	13 592
92	邮政营业员	49 870	44 401	41 870
93	其他邮政业务人员	56 591	47 892	43 392
94	话务员	50 726	21 450	10 500

续表

序号	工种	大专		
		高位数	中位数	低位数
95	其他办事人员和有关人员	68 326	24 201	10 586
96	营业员	47 087	17 133	10 584
97	收银员	44 257	17 873	12 000
98	其他营业人员	37 492	22 242	12 290
99	推销员	84 754	17 990	11 256
100	出版物发行员	49 979	41 978	38 623
101	其他推销、展销人员	58 106	24 650	12 450
102	采购员	53 716	21 359	12 950
103	收购员	35 250	18 450	14 582
104	其他采购人员	25 200	15 337	10 500
105	鉴定估价师	38 000	21 400	21 300
106	典当业务员	34 560	14 172	10 500
107	租赁业务员	91 850	68 316	33 816
108	医药商品购销员	32 936	19 840	13 005
109	保管员	77 196	19 888	11 714
110	理货员	58 269	23 560	15 795
111	冷藏工	35 400	28 596	15 235
112	商品储运员	25 516	15 095	14 400
113	其他储运人员	35 826	19 430	18 269
114	中式烹调师	40 688	20 874	12 120
115	餐厅服务员	34 608	22 736	11 950
116	其他餐厅服务人员	18 667	17 734	16 800
117	其他餐饮服务人员	19 489	14 403	12 600
118	前厅服务员	42 092	17 805	11 692
119	客房服务员	35 695	19 707	17 298
120	其他饭店服务人员	64 375	19 760	11 343
121	导游	24 163	13 973	11 213
122	公共游览场所服务员	42 298	31 764	25 374
123	展览讲解员	54 210	14 892	10 500
124	园林植物保护工	21 600	14 505	13 200
125	其他旅游及公共游览场所服务人员	22 640	15 021	10 623

续表

序号	工种	大专		
		高位数	中位数	低位数
126	其他公路道路运输服务人员	19 200	18 700	18 200
127	信息咨询工	41 848	14 244	10 920
128	物业管理工	77 370	25 200	10 534
129	家用电子产品维修工	23 700	10 800	10 500
130	保洁员	14 400	13 920	13 440
131	其他环境卫生人员	22 308	21 162	18 648
132	其他社会服务和居民生活服务人员	24 431	16 200	15 360
133	其他商业、服务业人员	30 478	11 517	10 500
134	化工产品生产工	29 204	20 282	15 501
135	车工	48 656	27 728	12 068
136	铣工	29 854	17 528	12 000
137	加工中心操作工	39 369	20 875	14 182
138	冲压工	33 725	27 715	12 000
139	剪切工	22 500	18 960	14 640
140	电切削工	51 074	35 284	28 352
141	基础件装配工	25 000	22 198	20 396
142	部件装配工	50 302	18 000	11 450
143	工具钳工	42 620	31 414	31 028
144	机修钳工	51 667	18 056	11 192
145	汽车修理工	40 619	21 716	10 500
146	仪器仪表修理工	34 060	22 163	12 554
147	专业电力设备检修工	38 668	28 410	21 750
148	常用电机检修工	38 688	31 643	12 000
149	维修电工	56 521	25 515	12 980
150	电子器件制造工	56 010	30 018	25 036
151	塑料制品加工工	34 674	27 379	12 878
152	纺纱人员	22 219	18 961	18 000
153	织造人员	40 790	24 736	18 000
154	印染人员	12 850	11 800	10 800
155	裁剪工	14 500	13 000	11 423
156	缝纫工	20 929	19 438	16 929

续表

序号	工种	大专		
		高位数	中位数	低位数
157	药品生产制造工	31 750	16 493	14 064
158	印前处理工	48 773	32 655	13 001
159	印刷操作工	39 022	16 263	12 569
160	土石方施工人员	33 022	19 271	10 500
161	电工	53 209	22 320	13 200
162	汽车驾驶员	75 568	21 896	11 496
163	检验员	53 707	20 985	11 675
164	计量员	43 961	31 881	24 153
165	包装工	27 236	16 008	11 598
166	简单体力劳动工	41 869	14 600	11 200

杭州市分工种分学历企业工资价位　　单位：元/年

序号	工种	高中、中专、技校		
		高位数	中位数	低位数
1	企业董事	157 767	23 677	13 752
2	企业经理（厂长）	101 558	28 693	11 689
3	生产或经营经理	78 503	27 887	12 712
4	财务经理	222 400	28 497	12 092
5	行政经理	197 226	29 917	14 270
6	人事经理	93 386	25 500	12 721
7	销售和营销经理	210 466	26 685	12 840
8	广告和公关经理	241 260	31 254	15 538
9	采购经理	59 236	30 267	13 766
10	研究和开发经理	71 467	34 120	23 007
11	餐厅经理	61 596	28 587	15 000
12	客房经理	42 543	22 971	13 840
13	化工工程技术人员	86 624	39 058	17 307
14	机械工程技术人员	52 600	29 820	12 330
15	机械设计工程技术人员	72 883	28 035	11 300
16	机械制造工程技术人员	45 753	19 563	14 086
17	仪器仪表工程技术人员	51 283	22 800	10 800
18	设备工程技术人员	54 098	20 790	18 609

续表

序号	工种	高中、中专、技校		
		高位数	中位数	低位数
19	电子工程技术人员	47 687	23 760	15 000
20	电子材料工程技术人员	23 403	16 000	15 000
21	电子元器件工程技术人员	37 732	25 269	15 606
22	其他电子工程技术人员	48 221	28 461	25 618
23	通信工程技术人员	65 914	18 000	10 800
24	计算机与应用工程技术人员	53 120	25 086	15 000
25	计算机硬件技术人员	42 379	19 100	18 000
26	计算机网络技术人员	116 518	20 710	12 071
27	其他计算机与应用工程技术人员	34 500	13 200	12 240
28	电气工程技术人员	51 577	24 451	15 092
29	电力工程技术人员	39 136	24 000	14 400
30	汽车运用工程技术人员	30 150	21 655	18 647
31	民用航空工程技术人员	14 640	12 261	12 000
32	建筑工程技术人员	60 222	15 121	10 851
33	建材工程技术人员	22 656	18 622	11 583
34	林业工程技术人员	28 800	19 000	15 600
35	纺织工程技术人员	37 496	22 508	15 222
36	安全工程技术人员	51 386	21 854	14 750
37	标准化、计量、质量工程技术人员	78 797	19 372	12 310
38	其他工程技术人员	70 536	24 760	10 955
39	西医医师	31 825	18 705	10 532
40	药剂人员	39 972	18 306	10 920
41	医疗技术人员	59 048	23 438	21 132
42	护理人员	47 221	21 043	10 860
43	其他卫生专业技术人员	23 218	16 250	13 210
44	经济计划人员	88 774	29 323	15 340
45	统计人员	43 716	17 287	11 188
46	会计人员	81 028	20 848	11 560
47	出纳	45 102	18 270	11 704
48	审计人员	82 177	16 410	10 500
49	国际商务人员	46 729	18 136	11 262

续表

序号	工种	高中、中专、技校		
		高位数	中位数	低位数
50	报关员	59 396	24 347	10 800
51	房地产开发业务人员	85 908	85 296	52 510
52	不动产销售员	40 986	20 726	13 605
53	其他经济业务人员	62 261	12 295	11 115
54	银行储蓄员	64 172	50 729	39 504
55	其他银行业务人员	85 675	61 784	38 258
56	保险推销员	30 180	18 000	11 100
57	保险理赔员	175 350	21 815	18 200
58	其他保险业务人员	120 000	26 729	11 366
59	期货业务员	39 469	20 234	19 200
60	其他金融业务人员	158 700	38 885	10 966
61	服装设计人员	47 138	17 578	13 333
62	室内装饰设计人员	45 000	14 940	12 000
63	广告设计人员	38 509	18 000	13 200
64	图书资料与档案业务人员	59 715	22 569	15 015
65	行政业务办公人员	53 913	21 194	11 984
66	行政执法人员	23 439	18 000	16 800
67	其他行政业务人员	54 885	20 528	11 575
68	秘书	56 620	19 875	11 996
69	公关员	71 018	20 332	12 927
70	收发员	29 124	15 559	11 200
71	打字员	32 500	15 850	10 958
72	计算机操作员	32 435	19 124	11 622
73	制图员	36 330	24 462	13 560
74	其他行政事务人员	51 056	19 429	11 644
75	其他行政办公人员	47 456	18 264	11 715
76	保安员	39 862	15 026	12 071
77	消防人员	30 852	27 607	17 334
78	邮政营业员	44 240	23 450	18 090
79	邮件处理员	46 375	39 435	27 000
80	投递员	25 559	23 077	21 460

续表

序号	工种	高中、中专、技校		
		高位数	中位数	低位数
81	报刊发行员	48 486	46 314	39 375
82	集邮业务员	43 830	42 604	42 434
83	邮政机务员	45 250	43 420	42 060
84	其他邮政业务人员	49 776	46 795	43 853
85	话务员	28 681	16 178	10 820
86	线务员	24 565	21 558	17 120
87	其他办事人员和有关人员	54 398	17 212	11 617
88	营业员	44 191	15 205	10 532
89	收银员	38 607	15 140	10 682
90	其他营业人员	52 991	15 035	10 919
91	推销员	52 464	16 762	11 212
92	出版物发行员	48 715	40 829	36 296
93	其他推销、展销人员	50 563	18 459	14 400
94	采购员	61 730	21 567	12 732
95	收购员	31 000	15 894	14 400
96	其他采购人员	42 086	28 000	19 249
97	典当业务员	33 860	26 405	25 300
98	医药商品购销员	34 560	18 131	12 000
99	保管员	39 677	17 091	11 306
100	理货员	40 715	16 447	12 391
101	商品养护员	23 000	17 289	15 860
102	冷藏工	34 500	24 840	19 179
103	其他保管人员	43 807	16 265	10 500
104	商品储运员	23 433	13 242	10 500
105	其他储运人员	38 630	19 591	13 242
106	中式烹调师	62 949	20 385	12 983
107	中式面点师	24 833	16 800	14 334
108	其他中式烹饪人员	37 925	17 536	12 235
109	西式烹调师	31 882	17 586	11 650
110	西式面点师	86 303	15 600	12 000
111	调酒师	22 223	14 400	12 000

续表

序号	工种	高中、中专、技校		
		高位数	中位数	低位数
112	茶艺师	45 608	28 712	17 983
113	餐厅服务员	32 105	15 010	11 461
114	餐具清洗保管员	29 700	11 085	10 500
115	其他餐厅服务人员	22 666	18 000	10 500
116	其他餐饮服务人员	29 974	18 257	11 123
117	前厅服务员	32 780	14 393	10 530
118	客房服务员	30 155	15 939	12 160
119	旅店服务员	27 512	13 200	12 000
120	其他饭店服务人员	29 132	13 973	10 560
121	导游	18 630	16 195	10 500
122	展览讲解员	66 528	15 863	15 600
123	其他旅游及公共游览场所服务人员	42 120	22 300	10 513
124	汽车客运服务员	21 600	21 600	18 000
125	中介代理人	18 200	15 800	13 200
126	信息咨询工	18 000	16 921	16 827
127	其他社会中介服务人员	15 200	14 400	12 000
128	物业管理工	39 682	18 185	10 516
129	锅炉操作工	27 694	18 359	13 200
130	其他供水、供热及生活燃料供应服务人员	39 000	21 479	18 000
131	美容师	68 689	40 939	23 510
132	眼镜定配工	31 497	22 665	20 725
133	家用电子产品维修工	29 283	12 400	10 865
134	钟表维修工	47 854	32 618	30 351
135	其他日用机电产品维修人员	35 620	18 320	13 200
136	其他办公设备维修人员	20 960	13 650	13 200
137	垃圾清运工	39 442	22 370	12 327
138	保洁员	35 720	12 588	10 506
139	其他环境卫生人员	22 560	16 956	10 500
140	其他社会服务和居民生活服务人员	20 220	19 474	11 873
141	其他商业、服务业人员	25 615	15 115	11 317
142	花卉园艺工	23 373	14 400	10 500

续表

序号	工种	高中、中专、技校		
		高位数	中位数	低位数
143	其他园艺作物生产人员	20 000	15 000	10 648
144	竹藤麻棕草制品加工工	12 000	11 550	10 703
145	铁合金冶炼人员	41 898	30 116	14 617
146	金属轧制人员	33 000	22 261	18 755
147	化工产品生产工	41 465	21 879	13 847
148	车工	50 527	21 838	11 143
149	铣工	62 260	23 686	11 817
150	刨插工	32 586	20 056	12 500
151	磨工	53 603	19 600	12 326
152	镗工	81 453	33 942	22 670
153	钻床工	50 063	18 436	13 092
154	加工中心操作工	40 989	24 701	14 333
155	制齿工	33 074	23 986	15 752
156	抛磨光工	38 500	17 320	16 440
157	锯床工	38 000	19 361	12 000
158	铸造工	21 550	16 860	12 000
159	锻造工	12 500	12 250	10 800
160	冲压工	48 079	20 738	12 442
161	剪切工	31 014	19 371	17 007
162	焊工	49 895	24 085	11 723
163	金属热处理工	33 399	16 080	11 000
164	电切削工	39 461	27 863	15 000
165	冷作钣金加工工	56 699	23 717	12 255
166	镀层工	38 948	18 086	12 194
167	涂装工	44 679	24 180	12 263
168	基础件装配工	19 320	14 174	11 177
169	部件装配工	29 263	17 222	11 367
170	装配钳工	70 606	27 444	13 291
171	工具钳工	42 680	26 666	12 801
172	动力设备装配工	41 925	17 765	15 758
173	电气元件及设备装配工	39 047	19 121	11 689

续表

序号	工种	高中、中专、技校		
		高位数	中位数	低位数
174	电子专用设备装配调试工	66 013	20 958	15 301
175	仪器仪表装配工	18 397	16 326	11 322
176	运输车辆装配工	28 953	19 215	18 104
177	机修钳工	54 412	20 088	12 686
178	汽车修理工	44 921	18 815	11 180
179	船舶修理工	53 487	31 968	20 872
180	仪器仪表修理工	72 486	20 150	10 647
181	锅炉设备安装工	19 671	18 655	17 696
182	专业电力设备检修工	42 000	28 226	19 124
183	常用电机检修工	33 550	23 031	13 173
184	维修电工	48 489	21 994	13 294
185	电子器件制造工	23 927	10 720	10 551
186	电子元件制造工	18 600	12 400	10 800
187	电子计算机维修工	20 000	17 623	14 200
188	橡胶制品生产工	40 783	23 375	15 124
189	塑料制品加工工	37 331	21 772	10 761
190	纤维预处理人员	22 539	18 938	13 752
191	纺纱人员	32 931	17 989	13 631
192	织造人员	34 319	17 176	11 188
193	针织人员	33 303	18 394	15 000
194	印染人员	39 188	18 607	10 794
195	裁剪工	25 249	17 357	11 395
196	缝纫工	26 120	17 562	10 798
197	裁缝	19 200	15 000	12 101
198	制鞋工	43 906	19 785	13 298
199	冷食品制作工	14 365	14 243	12 423
200	食醋制作工	19 747	17 690	17 024
201	味精制作工	34 292	21 381	17 876
202	糕点、面包烘焙工	17 739	15 676	11 698
203	屠宰加工工	27 000	20 550	14 100
204	烟草制品加工工	66 372	43 761	33 410

续表

序号	工种	高中、中专、技校		
		高位数	中位数	低位数
205	药品生产制造工	34 706	26 218	11 727
206	手工木工	41 000	12 000	10 632
207	制浆工	27 808	20 042	13 636
208	造纸工	30 356	19 067	14 160
209	纸制品制作工	24 081	15 463	11 572
210	玻璃陶瓷搪瓷生产工	27 257	22 580	18 505
211	印前处理工	40 769	18 165	11 383
212	印刷操作工	52 237	20 437	11 817
213	印后制作工	46 245	21 885	11 073
214	土石方施工人员	36 517	23 787	12 000
215	砌筑工	20 000	15 500	15 000
216	混凝土工	19 500	13 617	13 354
217	钢筋工	31 000	25 000	13 500
218	架子工	30 250	27 350	18 900
219	装饰、装修、油漆工	34 641	16 372	10 935
220	机械电气工程设备安装工、管工	41 733	23 266	17 785
221	电工	43 206	19 744	11 586
222	木工	42 130	26 932	20 741
223	汽车驾驶员	54 307	21 160	11 553
224	起重装卸机械驾驶员	51 102	20 134	13 100
225	检验员	35 529	18 443	11 164
226	计量员	28 675	17 952	11 258
227	包装工	38 032	18 155	12 988
228	简单体力劳动工	33 220	18 158	11 147

杭州市分工种分学历企业工资价位　　单位：元/年

序号	工种	初中及以下		
		高位数	中位数	低位数
1	企业董事	112 771	26 266	19 752
2	企业经理（厂长）	196 394	23 950	12 557
3	生产或经营经理	58 400	23 026	12 418
4	财务经理	53 531	23 427	12 668

续表

序号	工种	初中及以下		
		高位数	中位数	低位数
5	行政经理	35 340	20 567	12 821
6	人事经理	85 996	21 841	11 555
7	销售和营销经理	96 645	20 688	12 598
8	采购经理	42 357	22 680	12 467
9	餐厅经理	29 448	22 200	11 520
10	化工工程技术人员	60 559	18 554	16 785
11	机械工程技术人员	44 400	19 865	16 800
12	机械制造工程技术人员	40 578	22 004	13 076
13	设备工程技术人员	112 914	22 859	11 220
14	电子材料工程技术人员	17 500	15 000	14 160
15	其他电子工程技术人员	32 294	23 530	20 860
16	电气工程技术人员	34 751	25 458	16 033
17	交通工程技术人员	24 104	21 239	18 678
18	汽车运用工程技术人员	30 000	15 652	13 800
19	船舶运用工程技术人员	53 437	39 074	20 000
20	其他交通工程技术人员	22 422	13 330	11 159
21	建筑工程技术人员	42 890	12 868	10 800
22	林业工程技术人员	21 600	18 500	18 000
23	纺织工程技术人员	31 520	16 558	11 625
24	安全工程技术人员	30 000	20 726	16 621
25	标准化、计量、质量工程技术人员	34 775	21 050	17 949
26	其他工程技术人员	30 053	21 122	12 613
27	农业技术人员	48 030	26 253	23 200
28	其他卫生专业技术人员	20 863	13 200	10 820
29	经济计划人员	78 794	24 327	11 210
30	统计人员	37 469	15 635	11 913
31	会计人员	41 179	18 000	11 923
32	出纳	50 376	17 710	11 263
33	报关员	45 761	23 406	20 000
34	其他经济业务人员	38 598	11 922	10 500
35	其他银行业务人员	136 745	77 080	54 066

续表

序号	工种	初中及以下		
		高位数	中位数	低位数
36	其他保险业务人员	22 804	13 277	11 213
37	其他金融业务人员	24 882	12 302	10 501
38	服装设计人员	50 506	28 041	20 076
39	行政业务办公人员	52 357	18 924	11 573
40	其他行政业务人员	63 015	19 790	10 765
41	秘书	52 370	19 200	13 272
42	公关员	40 000	19 925	13 272
43	收发员	24 016	13 826	10 775
44	打字员	28 000	21 921	20 660
45	计算机操作员	29 154	13 708	13 538
46	其他行政事务人员	30 016	17 267	11 332
47	其他行政办公人员	43 021	20 755	11 265
48	保安员	29 940	14 411	10 614
49	违禁品检查员	22 635	12 646	10 500
50	其他治安保卫人员	47 743	13 584	10 501
51	邮政营业员	46 746	43 821	32 138
52	邮件处理员	46 608	39 900	36 685
53	投递员	28 696	24 645	21 366
54	其他邮政业务人员	46 315	41 901	40 593
55	话务员	20 892	19 014	17 913
56	其他办事人员和有关人员	47 872	12 401	10 555
57	营业员	34 268	17 060	11 319
58	收银员	42 649	14 400	10 500
59	其他营业人员	23 532	13 567	10 810
60	推销员	58 636	15 648	10 570
61	其他推销、展销人员	24 000	19 600	15 200
62	采购员	53 001	19 985	13 301
63	其他采购人员	39 981	18 953	17 573
64	医药商品购销员	166 993	38 557	17 029
65	保管员	37 851	16 068	10 805
66	理货员	28 598	15 569	11 321

续表

序号	工种	初中及以下		
		高位数	中位数	低位数
67	商品养护员	29 402	16 756	13 877
68	其他保管人员	40 930	17 444	10 500
69	商品储运员	19 701	15 200	11 035
70	医药商品储运员	24 000	17 668	12 841
71	中式烹调师	38 806	17 775	10 581
72	中式面点师	24 518	14 400	11 240
73	其他中式烹饪人员	35 021	12 621	10 563
74	茶艺师	30 577	29 170	16 395
75	营养配餐员	23 709	21 704	12 840
76	餐厅服务员	19 781	13 666	10 814
77	餐具清洗保管员	26 504	13 216	10 500
78	其他餐厅服务人员	20 979	11 936	10 640
79	其他餐饮服务人员	27 569	13 253	10 945
80	前厅服务员	21 345	11 407	10 542
81	客房服务员	24 931	14 367	11 033
82	旅店服务员	21 480	12 960	11 724
83	其他饭店服务人员	31 899	14 111	10 747
84	园林植物保护工	15 600	11 000	10 500
85	汽车运输调度员	48 183	18 235	16 578
86	其他公路道路运输服务人员	19 200	18 200	15 263
87	信息咨询工	21 600	18 000	13 800
88	物业管理工	34 554	16 306	11 032
89	锅炉操作工	27 968	17 645	12 396
90	其他供水、供热及生活燃料供应服务人员	18 570	12 650	10 500
91	美容师	34 067	28 325	23 510
92	眼镜验光员	32 203	23 490	19 891
93	眼镜定配工	29 378	27 615	24 716
94	其他验光配镜人员	37 419	25 886	16 866
96	家用电器产品维修工	20 385	17 000	10 500
97	钟表维修工	54 612	35 022	32 150
98	垃圾清运工	25 238	15 847	10 631

续表

序号	工种	初中及以下		
		高位数	中位数	低位数
99	保洁员	20 675	12 806	10 525
100	其他环境卫生人员	25 763	18 152	10 600
101	其他社会服务和居民生活服务人员	25 548	18 502	11 525
102	其他商业、服务业人员	19 040	17 383	15 000
103	其他园艺作物生产人员	19 200	12 600	12 000
104	蔬菜加工工	11 241	10 941	10 784
105	竹藤麻棕草制品加工工	20 298	17 670	10 580
106	水产养殖人员	21 500	12 816	10 992
107	炼铁人员	44 660	40 500	38 000
108	炼钢人员	15 764	13 963	13 534
109	铁合金冶炼人员	44 356	26 172	11 667
110	金属轧制人员	22 582	12 765	11 005
111	其他金属冶炼、轧制人员	20 753	16 611	10 546
112	化工产品生产工	28 954	16 000	12 417
113	车工	43 006	16 651	11 431
114	铣工	48 833	15 888	11 374
115	刨插工	32 000	21 881	10 532
116	磨工	36 451	19 008	11 562
117	镗工	78 396	32 012	13 242
118	钻床工	33 265	17 723	13 084
119	加工中心操作工	56 701	20 077	11 939
120	制齿工	32 657	16 694	11 046
121	抛磨光工	29 353	17 888	13 223
122	拉床工	43 667	38 500	10 868
123	锯床工	43 333	23 655	11 862
124	铸造工	37 592	19 340	11 189
125	锻造工	29 763	18 408	11 929
126	冲压工	32 986	18 852	10 972
127	剪切工	36 641	18 000	10 867
128	焊工	40 159	19 174	12 247
129	金属热处理工	43 543	18 962	12 000

续表

序号	工种	初中及以下		
		高位数	中位数	低位数
130	电切削工	25 960	23 763	23 100
131	冷作钣金加工工	51 128	24 321	12 389
132	镀层工	20 880	17 951	12 092
133	涂装工	29 955	18 619	12 562
134	基础件装配工	22 897	14 235	10 772
135	部件装配工	24 984	12 684	10 546
136	装配钳工	69 071	21 040	11 495
137	工具钳工	75 275	27 308	10 500
138	电气元件及设备装配工	46 968	17 892	10 983
139	电子专用设备装配调试工	47 156	13 380	11 075
140	运输车辆装配工	30 735	16 867	11 520
141	机修钳工	50 999	20 010	12 458
142	汽车修理工	44 048	19 146	10 585
143	仪器仪表修理工	28 203	10 786	10 533
144	锅炉设备安装工	22 851	15 568	13 136
145	专业电力设备检修工	36 012	23 148	19 800
146	常用电机检修工	26 864	17 936	12 985
147	维修电工	36 301	19 082	11 306
148	电子器件制造工	19 958	12 213	10 630
149	电子元件制造工	23 000	20 000	10 800
150	橡胶制品生产工	36 123	21 530	14 144
151	塑料制品加工工	31 577	18 144	10 967
152	纤维预处理人员	20 171	15 890	10 715
153	纺纱人员	27 581	16 613	10 690
154	织造人员	24 323	14 450	11 107
155	针织人员	24 426	14 356	14 000
156	印染人员	34 298	16 455	11 142
157	裁剪工	26 926	16 165	10 545
158	缝纫工	29 377	17 295	11 315
159	裁缝	20 952	15 809	12 156
160	制鞋工	29 593	15 000	12 650

续表

序号	工种	初中及以下		
		高位数	中位数	低位数
161	皮革加工工	28 333	18 000	12 127
162	冷食品制作工	24 365	14 243	11 234
163	食醋制作工	19 086	18 344	17 607
164	味精制作工	24 998	15 316	11 353
165	糕点、面包烘焙工	18 157	16 618	13 800
166	屠宰加工工	19 160	11 505	10 652
167	饲料生产加工工	22 045	21 395	19 462
168	烟草制品加工工	65 515	43 860	24 964
169	药品生产制造工	38 648	26 086	10 819
170	手工木工	26 354	13 800	12 878
171	精细木工	48 000	18 177	18 000
172	制浆工	98 451	22 366	15 222
173	造纸工	24 670	17 921	13 431
174	纸制品制作工	26 188	17 752	11 499
175	水泥生产制造工	18 333	17 757	13 712
176	玻璃陶瓷搪瓷生产工	37 785	29 213	14 268
177	印前处理工	23 334	14 052	10 800
178	印刷操作工	41 414	18 393	11 705
179	印后制作工	30 556	14 408	10 695
180	土石方施工人员	33 700	15 540	10 500
181	砌筑工	29 825	21 473	16 683
182	混凝土工	28 000	12 058	11 075
183	钢筋工	27 167	19 000	12 905
184	架子工	25 000	16 600	12 500
185	装饰、装修、油漆工	36 072	23 323	13 025
186	机械电气工程设备安装工、管工	45 339	34 827	27 567
187	电工	42 649	20 105	12 324
188	木工	32 665	22 145	11 350
189	汽车驾驶员	50 508	20 372	12 160
190	船舶水手	81 858	15 600	14 000
191	起重装卸机械驾驶员	47 646	21 730	10 708

续表

序号	工种	初中及以下		
		高位数	中位数	低位数
192	检验员	35 100	16 580	11 071
193	计量员	28 785	14 444	10 935
194	包装工	29 594	15 249	10 595
195	简单体力劳动工	39 303	15 309	10 500

杭州市主要行业企业人工成本构成情况表

项目	从业人员人均人工成本（元）	人工成本占总成本比例（%）	人工成本构成（%）						
			从业人员劳动报酬	社会保险费用	福利费用	职工教育经费	劳动保护费用	职工住房费用	其他人工成本
总体水平	45 959.72	9.23	72.95	11.30	4.57	0.85	1.86	2.72	9.29
其中：国有单位（国有企业）	88 261.99	16.12	84.63	7.11	3.01	0.52	0.63	2.76	1.35
国有联营企业	44 859.46	5.83	69.14	22.35	4.51	0.93	1.07	1.66	0.33
集体企业	23 068.95	9.32	76.93	11.39	9.67	0.80	0.93		0.28
集体联营企业	66 125.00	1.74	54.35	16.64	5.95	0.66	7.94	8.60	5.86
私营独资企业	22 160.81	6.05	72.04	13.76	7.40	0.77	1.40	0.35	4.27
私人合伙企业	17 455.84	6.97	92.84	5.60	1.41	0.15			
私营有限责任公司	23 798.44	10.19	88.47	4.78	5.32	0.66	0.39	0.38	
股份有限公司	106 188.93	9.09	71.33	8.01	5.30	1.37	1.21	2.25	10.54
有限责任公司	29 122.16	5.19	77.38	10.87	5.65	1.54	1.27	1.64	1.65
中外合资经营企业	43 301.68	26.28	69.47	13.69	5.89	1.17	5.21	4.22	0.35
中外合作经营企业	18 081.30	5.86	79.18	16.64	1.57	2.25	0.36		
外资企业	36 536.04	5.33	76.70	8.67	5.00	0.80	0.96	3.14	4.73
港澳台与大陆合资经营企业	105 008.33	15.03	26.26	6.06	1.36	0.15	0.36	2.26	63.55
港澳台独资企业	19 467.16	6.33	82.64	12.69	1.98	0.17	2.52		
一、制造业	38 569.34	10.18	70.84	13.38	5.23	1.07	1.96	2.44	8.86
其中：国有单位（国有企业）	89 897.54	26.85	88.46	6.18	1.88	0.28	0.40	2.39	0.42
集体企业	21 984.10	9.73	78.75	9.36	10.36	0.87	0.56		0.10
集体联营企业	66 125.00	1.74	54.35	16.64	5.95	0.66	7.94	8.60	5.86
私营独资企业	22 087.07	5.15	72.24	11.75	7.49	1.01	1.85	0.02	5.63
私人合伙企业	17 455.84	6.97	92.84	5.60	1.41	0.15			
私营有限责任公司	23 798.44	10.19	88.47	4.78	5.32	0.66	0.39	0.38	

续表

项目	从业人员人均人工成本（元）	人工成本占总成本比例（%）	人工成本构成（%）						
			从业人员劳动报酬	社会保险费用	福利费用	职工教育经费	劳动保护费用	职工住房费用	其他人工成本
股份有限公司	18 216.91	5.82	29.17	53.59	13.44	3.80			
有限责任公司	25 883.90	6.06	79.57	9.30	5.74	1.89	0.94	0.99	1.57
中外合资经营企业	41 006.46	26.41	69.49	13.70	5.90	1.18	5.23	4.23	0.27
中外合作经营企业	18 081.30	5.86	79.18	16.64	1.57	2.25	0.36		
外资企业	32 389.30	6.23	79.56	7.66	5.60	0.78	0.98	3.10	2.32
港澳台与大陆合资经营企业	105 008.33	15.03	26.26	6.06	1.36	0.15	0.36	2.26	63.55
港澳台独资企业	19 467.16	6.33	82.64	12.69	1.98	0.17	2.52		
二、电力、煤气及水的生产和供应业	41 368.96	0.98	88.92	3.66	2.47	1.37	1.62	1.96	
其中：有限责任公司	41 368.96	0.98	88.92	3.66	2.47	1.37	1.62	1.96	
三、建筑业	22 028.49	3.71	83.65	13.10	8.75	1.27	3.37	0.31	0.40
其中：国有单位（国有企业）	26 018.40	1.15	71.85	18.23	9.93				
私营独资企业	14 000.00	5.86	100.00						
有限责任公司	26 067.05	4.12	79.10	7.98	7.56	1.27	3.37	0.31	0.40
四、交通运输仓储和邮政业	58 392.62	24.09	60.61	14.89	18.24	0.77	0.82	4.65	0.03
其中：国有单位（国有企业）	83 509.27	38.71	55.90	11.63	28.27	0.16	0.42	3.59	0.03
有限责任公司	33 275.96	9.47	65.33	18.14	8.22	1.37	1.23	5.72	
五、信息传输、计算机服务和软件业	49 545.44	1.42	72.45	17.23	6.21	1.14	0.75	2.19	2.32
其中：国有单位（国有企业）	75 716.50	1.66	69.66	16.37	7.72	1.17	0.92	2.93	1.23
国有联营企业	54 295.45	1.79	75.93	18.17		1.13	0.33	2.93	1.51
有限责任公司	29 289.74	2.14	68.25	18.40	6.78	0.93	1.75	2.81	1.08
中外合资经营企业	31 857.14	0.96	73.90	16.05	7.71	2.33			
外资企业	56 568.39	0.53	74.48	17.18	2.63	0.12	0.01	0.10	5.47
六、批发和零售业	36 811.73	27.49	60.70	17.90	5.05	0.99	1.84	3.52	17.68
其中：国有单位（国有企业）	27 484.67	20.76	61.67	19.27	4.84	1.19	2.47	4.76	5.81
国有联营企业	28 674.24	13.46	69.38	24.23	0.00	0.58	2.88	2.93	0.00
集体企业	19 837.44	29.21	71.91	14.80	8.27	1.61	2.70		0.71
私营独资企业	24 235.67	11.44	69.41	22.58	8.02				
有限责任公司	20 732.95	14.93	66.61	16.65	7.22	0.91	0.95	2.19	5.47
中外合资经营企业	72 293.24	71.86	35.70	11.67	1.14	0.53	0.83		50.13

续表

项目	从业人员人均人工成本（元）	人工成本占总成本比例（%）	人工成本构成（%）						
			从业人员劳动报酬	社会保险费用	福利费用	职工教育经费	劳动保护费用	职工住房费用	其他人工成本
外资企业	64 423.94	30.75	50.22	16.14	0.80	1.12	1.22	4.21	26.30
七、住宿和餐饮业	132 473.98	21.43	77.68	9.00	2.69	0.84	0.56	2.97	6.26
其中：国有单位（国有企业）	192 481.01	15.17	88.88	3.62	1.83	0.80	0.44	1.82	2.61
股份有限公司	141 377.73	9.14	71.76	7.55	5.21	1.34	1.22	2.28	10.64
有限责任公司	86 916.49	23.09	81.19	10.04	3.02	0.97	0.83	3.33	0.62
中外合资经营企业	77 412.87	29.15	78.40	13.24	3.37	0.15	0.00	3.63	1.21
外资企业	164 181.82	30.62	68.18	10.56	0.00	0.91	0.32	3.81	16.22
八、金融业	79 065.53	7.04	72.75	13.61	4.92	1.10	1.87	3.78	3.93
其中：国有单位（国有企业）	115 481.48	3.40	74.22	13.99	5.63	0.30	1.11	4.74	
有限责任公司	42 649.57	10.68	71.28	13.23	4.20	1.90	2.63	2.83	3.93
九、房地产业	39 104.68	14.37	70.91	15.68	6.35	0.74	1.41	4.23	3.04
其中：国有单位（国有企业）	66 375.17	19.81	72.97	12.17	6.20	0.97	1.30	5.15	1.24
集体企业	32 213.73	7.20	70.68	18.60	7.34	0.40	2.04		0.93
私营独资企业	28 984.13	22.50	75.08	15.17	5.42			4.33	
有限责任公司	28 845.70	7.98	64.90	16.79	6.42	0.85	0.89	3.21	6.94
十、租赁和商务服务业	16 666.67	31.51	78.67	19.33			2.00		
其中：集体企业	16 666.67	31.51	78.67	19.33			2.00		
十一、居民服务和其他服务业	35 834.82	40.65	67.11	15.71	3.60	0.04	2.90	0.85	9.79
其中：国有单位（国有企业）	34 582.44	67.02	65.52	12.79	3.56	0.01	2.51	1.25	14.37
有限责任公司	37 087.21	14.27	68.69	18.64	3.64	0.08	3.29	0.45	5.20
十二、教育	24 476.31	46.90	44.50	8.97	6.17	0.87	21.12	17.98	0.38
其中：有限责任公司	24 476.31	46.90	44.50	8.97	6.17	0.87	21.12	17.98	0.38
十三、卫生、社会保障和社会福利业	46 059.19	25.72	67.65	12.27	5.01	0.57	1.91	5.49	8.06
其中：国有单位（国有企业）	60 427.49	28.46	64.53	8.66	3.75	0.45		7.26	15.36
有限责任公司	31 690.89	22.97	70.76	15.88	6.27	0.70	1.91	3.72	0.76
十四、文化、体育和娱乐业	20 800.00	11.61	68.27	23.08	8.65				
其中：有限责任公司	20 800.00	11.61	68.27	23.08	8.65				
十五、公共管理与社会组织	24 716.17	19.60	78.39	11.22	6.47	1.47	2.03	2.87	
其中：国有单位（国有企业）	23 881.62	22.92	74.59	8.21	10.44	1.87	2.03	2.87	
有限责任公司	25 550.72	16.27	82.19	14.24	2.50	1.08			

杭州市制造业企业人工成本构成情况表

项目	从业人员人均人工成本（元）	人工成本占成本费用的比例（%）	人工成本构成（%）						
			从业人员劳动报酬	社会保险费用	福利费用	职工教育经费	劳动保护费用	职工住房费用	其他人工成本
一、制造业	35 804.31	9.41	75.60	15.01	7.00	1.48	0.89	0.48	0.79
集体企业	24 880.00	7.46	59.97	30.53	8.38	0.72	0.40	0.00	0.00
私营独资企业	19 404.04	9.67	88.76	7.05	3.64	0.00	0.55	0.00	0.00
私人合伙企业	19 357.14	2.73	73.80	14.76	10.33	1.11	0.00	0.00	0.00
有限责任公司	25 011.71	4.26	78.65	10.04	6.09	1.07	1.63	0.96	1.58
中外合资经营企业	36 282.75	29.27	77.55	11.99	9.47	0.15	0.84	0.00	0.00
外资企业	89 890.24	3.10	74.89	15.67	4.07	4.34	1.03	0.00	0.00
二、农副食品加工业	37 005.88	7.53	78.62	7.96	8.28	1.75	0.70	0.66	2.19
国有单位（国有企业）	83 325.58	17.87	78.70	4.07	13.54	1.84	0.36	0.00	1.48
有限责任公司	24 395.43	7.32	80.30	5.77	9.19	0.46	0.16	0.89	3.23
中外合资经营企业	25 610.20	1.82	66.16	14.75	6.95	4.69	2.28	1.11	4.06
外资企业	14 692.31	3.11	89.30	7.26	3.44	0.00	0.00	0.00	0.00
三、食品制造业	35 361.23	18.94	68.04	19.36	7.83	0.69	1.44	2.62	1.35
国有单位（国有企业）	31 307.69	6.65	64.48	24.31	2.63	0.89	2.42	3.95	1.33
有限责任公司	22 630.17	4.37	61.32	20.52	11.25	1.52	1.33	2.69	1.37
中外合资经营企业	55 857.95	11.66	72.98	14.09	10.17	0.29	1.23	1.23	0.00
外资企业	31 649.12	53.07	73.39	18.51	7.26	0.06	0.78	0.00	0.00
四、纺织业	26 969.39	8.24	76.69	4.83	5.74	1.08	1.71	1.26	17.74
集体企业	21 566.67	9.10	85.71	2.35	11.94	0.00	0.00	0.00	0.00
私营独资企业	22 958.76	4.23	75.12	0.85	10.51	1.84	6.06	0.00	5.61
私人合伙企业	15 554.55	9.25	95.85	4.15	0.00	0.00	0.00	0.00	0.00
私营有限责任公司	26 646.15	10.16	94.05	3.75	0.35	0.35	0.17	1.33	0.00
有限责任公司	26 873.58	7.24	87.22	4.89	3.49	2.16	0.60	0.41	1.22
中外合资经营企业	29 547.04	6.92	83.48	9.33	4.38	0.34	0.43	2.04	0.00
外资企业	29 341.73	5.96	67.14	6.36	9.17	0.70	1.26	1.28	14.09
港澳台与大陆合资经营企业	43 266.67	13.09	24.96	6.93	0.31	0.00	0.00	0.00	67.80
五、纺织服装、鞋、帽制造业	21 617.55	11.45	80.96	13.13	3.51	0.24	1.12	1.87	0.90
国有单位（国有企业）	19 977.14	10.88	82.54	12.34	1.72	0.00	2.45	0.44	0.51
股份有限公司	23 750.00	21.12	76.58	23.42	0.00	0.00	0.00	0.00	0.00

续表

项目	从业人员人均人工成本（元）	人工成本占成本费用的比例（%）	人工成本构成（%）						
			从业人员劳动报酬	社会保险费用	福利费用	职工教育经费	劳动保护费用	职工住房费用	其他人工成本
有限责任公司	21 788.99	9.57	80.85	9.78	4.60	0.77	0.88	0.87	2.26
中外合资经营企业	19 083.63	7.54	82.04	11.91	4.40	0.05	1.04	0.55	0.00
外资企业	26 586.02	10.91	81.58	7.33	4.12	0.15	0.36	5.60	0.85
港澳台独资企业	18 519.51	8.65	82.18	14.00	2.70	0.24	0.88	0.00	0.00
六、皮革、毛皮、羽毛（绒）制品业	23 257.04	11.75	72.14	5.50	1.90	0.46	0.63	3.65	16.94
有限责任公司	19 127.46	13.28	85.72	5.87	1.18	0.49	0.64	3.74	2.36
中外合资经营企业	31 083.03	18.20	51.06	6.14	1.66	0.33	0.43	0.00	40.38
外资企业	19 560.63	3.77	79.65	4.49	2.85	0.55	0.83	3.57	8.07
七、木材加工及木、竹、藤、棕、草业	25 546.12	13.64	80.11	12.99	3.54	1.30	0.74	0.60	1.03
有限责任公司	26 672.09	19.80	70.68	20.64	5.60	1.51	0.72	0.60	0.26
外资企业	24 420.14	7.48	89.54	5.35	1.48	1.09	0.75	0.00	1.79
八、家具制造业	23 666.96	5.80	83.08	4.44	8.39	0.75	1.43	0.18	1.80
有限责任公司	20 238.20	4.72	86.94	4.13	6.69	1.29	0.36	0.05	0.54
中外合资经营企业	23 957.11	8.38	92.10	2.61	0.26	0.68	1.98	0.00	2.36
外资企业	26 805.57	4.29	70.20	6.57	18.23	0.26	1.94	0.31	2.49
九、造纸及纸制品业	90 728.62	5.75	67.28	17.42	6.51	0.52	6.66	2.77	0.42
有限责任公司	139 022.76	6.29	64.48	12.94	7.54	0.91	10.93	2.77	0.42
中外合资经营企业	42 434.48	5.20	70.08	21.91	5.49	0.13	2.39	0.00	0.00
十、印刷业和记录媒介的复制	30 012.40	9.82	67.67	18.07	7.11	1.11	3.53	2.25	0.26
国有单位（国有企业）	40 051.04	12.13	63.99	20.51	5.15	1.03	5.60	3.43	0.28
有限责任公司	19 973.75	7.52	71.34	15.64	9.06	1.20	1.46	1.07	0.23
十一、文教体育用品制造业	17 242.94	10.71	77.81	3.08	12.63	1.93	2.48	0.56	1.53
有限责任公司	17 242.94	10.71	77.81	3.08	12.63	1.93	2.48	0.56	1.53
十二、石油加工、炼焦及核燃料加工业	15 131.47	5.66	71.25	17.85	6.21	0.00	4.16	0.00	0.53
有限责任公司	15 131.47	5.66	71.25	17.85	6.21	0.00	4.16	0.00	0.53
十三、化学原料及化学制品制造业	45 451.77	6.83	79.18	9.62	5.72	0.62	1.79	2.01	1.06
有限责任公司	42 755.26	11.06	87.59	5.75	3.68	0.37	0.74	0.33	1.54

续表

项目	从业人员人均人工成本（元）	人工成本占成本费用的比例（%）	人工成本构成（%）						
			从业人员劳动报酬	社会保险费用	福利费用	职工教育经费	劳动保护费用	职工住房费用	其他人工成本
中外合资经营企业	31 298.90	3.21	73.08	11.23	7.42	0.71	3.73	2.97	0.86
外资企业	62 301.14	6.24	76.89	11.88	6.06	0.77	0.91	2.72	0.77
十四、医药制造业	111 888.17	15.33	65.33	17.75	8.81	1.55	0.96	4.48	1.12
国有单位（国有企业）	34 716.67	4.93	57.47	20.64	7.97	2.50	1.92	9.51	0.00
有限责任公司	270 100.76	26.51	75.88	11.69	4.86	1.24	0.07	3.80	2.48
中外合资经营企业	30 847.09	14.56	62.65	20.92	13.60	0.92	0.90	0.14	0.89
十五、化学纤维制造业	48 199.37	2.51	75.84	11.42	11.09	0.67	0.72	0.11	0.14
有限责任公司	27 544.81	1.87	71.45	8.50	17.53	0.38	1.39	0.33	0.42
中外合资经营企业	89 218.26	1.54	84.59	9.63	3.86	1.15	0.77	0.00	0.00
外资企业	27 835.05	4.12	71.48	16.15	11.89	0.48	0.00	0.00	0.00
十六、橡胶制品业	108 689.05	19.86	66.29	17.00	4.59	1.21	3.10	4.46	5.59
国有单位（国有企业）	29 441.86	1.44	63.67	20.14	3.24	1.18	0.63	0.00	11.14
中外合资经营企业	187 936.24	38.29	68.91	13.86	5.93	1.23	5.57	4.46	0.04
十七、塑料制品业	25 337.49	5.35	78.57	10.67	5.37	3.48	1.34	1.59	2.47
私营独资企业	21 230.77	6.04	68.12	22.46	2.17	0.00	0.72	1.45	5.07
有限责任公司	22 713.61	1.44	81.23	8.44	5.25	1.23	1.72	0.00	2.13
中外合资经营企业	24 380.75	5.09	90.79	2.73	6.48	0.00	0.00	0.00	0.00
外资企业	33 024.85	8.83	74.13	9.05	7.56	5.73	1.58	1.74	0.21
十八、非金属矿物制品业	27 867.50	11.27	71.58	13.88	6.25	0.63	2.93	2.64	3.49
集体企业	24 146.02	10.38	80.08	7.69	10.32	1.06	0.71	0.00	0.14
有限责任公司	20 637.28	13.38	66.05	19.72	7.15	1.40	0.00	4.67	1.02
外资企业	46 271.89	17.65	56.29	19.05	7.52	0.05	1.04	3.24	12.82
港澳台独资企业	20 414.81	3.64	83.89	9.07	0.00	0.00	7.04	0.00	0.00
十九、黑色金属冶炼及压延加工业	27 050.37	3.50	71.45	11.55	9.03	0.89	1.70	0.45	4.93
有限责任公司	27 050.37	3.50	71.45	11.55	9.03	0.89	1.70	0.45	4.93
二十、有色金属冶炼及压延加工业	97 254.68	22.99	80.66	7.42	7.73	0.35	0.42	1.10	2.32
有限责任公司	162 739.35	45.45	88.93	7.91	1.23	0.07	0.36	0.00	1.49
外资企业	31 770.00	0.54	72.40	6.92	14.23	0.63	0.47	2.20	3.15
二十一、金属制品业	20 589.19	5.04	65.24	18.59	9.64	1.90	1.03	1.00	7.22

续表

项目	从业人员人均人工成本（元）	人工成本占成本费用的比例（%）	人工成本构成（%）						
			从业人员劳动报酬	社会保险费用	福利费用	职工教育经费	劳动保护费用	职工住房费用	其他人工成本
集体企业	15 181.82	7.33	75.45	12.57	10.48	1.50	0.00	0.00	0.00
私营独资企业	24 325.98	4.61	53.50	16.78	9.88	1.01	0.43	0.00	18.39
私营有限责任公司	19 656.72	4.07	78.93	6.49	11.05	1.97	1.56	0.00	0.00
股份有限公司	12 683.82	5.02	18.72	60.23	16.41	4.64	0.00	0.00	0.00
有限责任公司	22 962.94	4.91	81.19	7.82	5.54	1.05	0.60	0.56	3.23
外资企业	28 723.84	4.30	83.67	7.63	4.46	1.23	1.53	1.43	0.06
二十二、通用设备制造业	50 624.06	6.42	77.89	11.93	6.35	0.73	0.76	2.21	0.58
国有单位（国有企业）	130 040.36	5.96	66.81	19.74	5.13	0.76	1.29	6.14	0.13
私营独资企业	23 000.00	6.60	85.07	7.44	6.62	0.32	0.38	0.00	0.19
有限责任公司	24 391.15	5.73	72.92	15.51	7.66	1.17	0.95	0.97	0.82
中外合资经营企业	43 617.11	10.79	78.74	13.64	4.98	0.19	0.54	1.60	0.30
外资企业	32 071.70	3.00	85.93	3.30	7.35	1.21	0.62	0.12	1.47
二十三、专用设备制造业	52 338.65	14.20	74.52	12.63	6.31	0.80	2.13	3.22	2.84
国有单位（国有企业）	156 485.48	35.58	91.14	4.61	1.40	0.25	0.23	2.08	0.31
集体联营企业	66 125.00	1.74	54.35	16.64	5.95	0.66	7.94	8.60	5.86
私营独资企业	21 952.38	4.19	65.51	25.81	8.68	0.00	0.00	0.00	0.00
私营有限责任公司	25 092.44	30.54	89.43	4.62	5.68	0.27	0.00	0.00	0.00
有限责任公司	23 026.03	10.81	67.98	17.22	8.78	1.91	1.51	2.27	0.33
中外合资经营企业	33 540.35	5.71	68.84	11.00	11.62	0.88	0.49	0.39	6.78
外资企业	40 148.88	10.83	84.41	8.53	2.09	0.81	0.47	2.76	0.94
二十四、交通运输设备制造业	74 813.60	11.78	56.83	14.04	7.64	2.21	0.66	4.20	14.43
国有单位（国有企业）	47 754.67	13.47	60.62	21.52	7.69	0.20	0.92	6.55	2.50
有限责任公司	27 755.41	6.85	68.97	8.86	7.58	8.71	0.60	0.77	4.51
中外合资经营企业	88 343.61	10.19	55.68	21.63	12.25	0.86	1.32	5.67	2.59
外资企业	43 464.29	12.78	72.29	12.35	9.07	1.08	0.00	5.21	0.00
港澳台与大陆合资经营企业	166 750.00	15.59	26.57	5.85	1.61	0.19	0.45	2.81	62.52
二十五、电气机械及器材制造业	25 659.15	5.80	70.75	18.34	4.69	1.21	1.38	3.24	2.91
有限责任公司	25 828.79	2.26	67.48	17.24	8.35	1.23	2.39	1.92	1.38
中外合资经营企业	33 067.37	9.26	65.57	21.14	4.15	0.15	0.00	4.56	4.44

续表

项目	从业人员人均人工成本（元）	人工成本占成本费用的比例（%）	人工成本构成（%）						
			从业人员劳动报酬	社会保险费用	福利费用	职工教育经费	劳动保护费用	职工住房费用	其他人工成本
中外合作经营企业	18 081.30	5.86	79.18	16.64	1.57	2.25	0.36	0.00	0.00
二十六、通信设备、计算机及其他电子设备	45 337.37	5.99	73.88	12.65	8.07	1.96	2.63	2.61	2.13
国有单位（国有企业）	135 814.81	2.95	64.14	15.24	9.71	1.39	3.49	6.03	0.00
私营独资企业	23 544.30	2.86	57.53	19.41	12.15	4.35	6.56	0.00	0.00
有限责任公司	20 840.06	7.45	73.26	10.07	7.77	0.41	2.42	1.79	4.27
中外合资经营企业	26 395.35	14.26	86.34	9.23	2.67	1.54	0.22	0.00	0.00
外资企业	20 092.31	2.41	88.13	9.30	0.00	2.11	0.46	0.00	0.00
二十七、仪器仪表及文化、办公机械制造业	31 411.41	24.81	81.16	10.74	2.76	1.31	1.26	0.38	3.02
有限责任公司	21 087.52	6.25	79.51	14.44	3.92	0.47	1.26	0.00	0.39
外资企业	41 735.29	43.38	82.80	7.05	1.59	2.16	0.00	0.76	5.64
二十八、工艺品及其他制造业	29 591.90	11.61	77.13	12.37	6.55	0.37	1.47	1.76	1.04
私营独资企业	15 802.47	5.52	78.67	18.75	1.17	0.08	1.33	0.00	0.00
有限责任公司	44 747.82	16.42	67.34	18.26	9.10	0.68	1.55	2.29	0.79
中外合资经营企业	29 982.76	12.19	79.26	5.90	12.56	0.12	0.77	0.00	1.39
外资企业	27 834.54	12.31	83.25	6.58	3.37	0.60	2.25	3.00	0.94
二十九、废弃资源和废旧材料回收加工业	21 661.11	10.77	72.53	15.58	10.74	0.14	1.01	0.00	0.00
有限责任公司	21 661.11	10.77	72.53	15.58	10.74	0.14	1.01	0.00	0.00

宁波市劳动力市场工资指导价位（2008年）

宁波市全日制就业人员工资指导价位 单位：元/年

序号	工种	高位数	中位数	低位数	平均数
1	企业董事	422 460	55 802	20 780	98 974
2	企业经理（厂长）	342 870	60 263	21 725	96 619
3	生产或经营经理	243 830	37 745	16 983	63 369
4	财务经理	228 589	41 025	17 888	65 588

续表

序号	工种	高位数	中位数	低位数	平均数
5	行政经理	193 982	40 530	18 612	60 529
6	人事经理	219 375	39 430	18 498	64 129
7	销售和营销经理	236 772	36 627	14 907	61 028
8	广告和公关经理	90 919	36 433	19 500	46 585
9	采购经理	112 342	34 032	16 186	42 169
10	研究和开发经理	182 875	39 476	18 326	57 304
11	餐厅经理	67 317	31 965	16 217	35 361
12	客房经理	65 915	34 025	18 151	37 635
13	工程项目经理	251 616	42 885	19 069	73 933
14	物业经理	115 399	36 609	16 929	44 822
15	冶金工程技术人员	114 917	41 661	24 927	58 009
16	化工工程技术人员	93 841	24 561	16 636	35 516
17	医药工程技术人员	89 007	31 845	18 917	40 491
18	机械工程技术人员	93 994	28 669	13 533	38 848
19	机械设计工程技术人员	82 055	32 103	13 677	37 915
20	机械制造工程技术人员	91 881	34 749	15 024	41 273
21	仪器仪表工程技术人员	102 629	41 586	15 120	51 323
22	设备工程技术人员	78 253	27 656	15 097	34 558
23	其他机械工程技术人员	56 313	31 078	16 427	33 562
24	电子工程技术人员	72 583	26 892	13 321	31 314
25	电子材料工程技术人员	83 300	58 550	18 550	52 326
26	电子元器件工程技术人员	64 056	12 160	10 200	20 250
27	电子仪器与测量工程技术人员	114 808	41 150	19 680	51 761
28	其他电子工程技术人员	51 667	19 867	10 200	25 334
29	通信工程技术人员	129 426	84 578	39 017	86 842
30	计算机与应用工程技术人员	160 434	42 536	16 304	62 525
31	计算机硬件技术人员	87 084	35 962	12 869	39 623
32	计算机软件技术人员	128 712	46 436	16 300	58 567
33	计算机网络技术人员	91 707	26 760	15 241	35 501
34	计算机系统分析技术人员	66 832	40 000	19 880	42 846
35	其他计算机与应用工程技术人员	63 757	22 293	20 171	29 743
36	电气工程技术人员	127 862	63 740	16 744	64 989

续表

序号	工种	高位数	中位数	低位数	平均数
37	电力工程技术人员	86 680	54 409	13 192	52 073
38	交通工程技术人员	105 906	43 720	17 921	47 544
39	汽车运用工程技术人员	88 400	57 407	17 407	72 904
40	船舶运用工程技术人员	52 295	34 409	12 000	34 993
41	船舶检验工程技术人员	61 597	40 050	32 030	42 779
42	其他交通工程技术人员	95 895	93 408	79 504	91 911
43	铁路工程技术人员	81 481	73 829	35 729	65 918
44	建筑工程技术人员	114 645	35 263	17 135	47 302
45	建筑工程监理人员	76 935	24 921	12 876	31 292
46	建筑工程预决算员	123 919	39 649	16 736	53 978
47	建材工程技术人员	99 943	47 679	22 400	53 838
48	水利工程技术人员	104 658	28 218	20 692	52 376
49	水产工程技术人员	18 000	16 667	11 000	15 829
50	纺织工程技术人员	48 254	21 539	15 394	24 650
51	食品工程技术人员	50 000	26 000	20 000	30 600
52	环境保护工程技术人员	102 513	54 733	17 400	57 221
53	安全工程技术人员	106 059	43 226	23 268	52 586
54	标准化、计量、质量工程技术人员	65 886	26 168	15 448	30 881
55	其他工程技术人员	99 291	26 909	13 731	36 670
56	农业技术人员	82 118	28 266	19 014	39 487
57	飞机和船舶技术人员	95 000	80 000	36 000	74 800
58	西医医师	88 910	31 717	13 533	45 121
59	中医医师	24 171	18 131	18 120	20 206
60	药剂人员	66 700	22 817	14 317	34 028
61	医疗技术人员	94 068	22 445	12 576	40 447
62	护理人员	78 844	14 790	11 178	26 551
63	其他卫生专业技术人员	81 164	44 700	10 200	47 690
64	经济计划人员	116 461	41 239	15 914	54 107
65	统计人员	84 979	19 568	12 773	28 376
66	会计人员	91 324	25 871	13 927	34 904
67	出纳	101 339	21 894	13 128	30 587
68	资产评估人员	201 238	30 473	15 600	69 991

续表

序号	工种	高位数	中位数	低位数	平均数
69	审计人员	92 728	29 743	15 797	37 849
70	国际商务人员	73 184	19 330	11 833	27 597
71	报关员	53 608	24 661	15 883	27 864
72	房地产开发业务人员	93 019	18 000	12 000	27 236
73	不动产销售员	86 134	26 500	10 200	37 410
74	其他经济业务人员	128 024	25 785	13 221	46 806
75	银行外汇管理员	135 887	80 029	42 322	81 506
76	银行清算员	121 905	62 448	25 446	64 758
77	银行信贷员	227 729	70 671	24 067	89 893
78	银行国外业务员	122 820	49 072	35 374	64 711
79	银行信托业务员	416 793	102 894	39 989	165 362
80	银行信用卡业务员	98 147	51 085	27 307	60 727
81	银行储蓄员	105 184	54 606	27 259	58 257
82	其他银行业务人员	201 974	83 269	33 120	92 689
83	保险推销员	187 319	56 115	17 638	70 984
84	保险理赔员	67 385	38 415	12 000	37 133
85	其他保险业务人员	241 834	43 857	35 000	100 001
86	证券交易员	49 800	19 500	19 500	29 650
87	证券投资顾问	375 420	35 000	24 000	101 011
88	其他证券业务人员	125 694	24 000	16 000	37 110
89	其他金融业务人员	237 576	80 303	20 700	106 496
90	船长	153 668	50 740	24 000	71 875
91	大副	145 486	45 700	35 056	73 468
92	二副	88 431	36 184	31 612	44 954
93	大管轮	143 783	43 750	34 957	71 584
94	二管轮	77 019	35 510	31 612	41 564
95	轮机长	141 801	49 100	27 168	67 787
96	飞行员	370 053	259 564	175 023	274 560
97	安全员	83 169	37 404	14 700	41 521
98	律师	186 392	50 000	18 000	95 040
99	服装设计人员	43 500	25 000	16 840	26 226
100	室内装饰设计人员	24 588	18 738	15 360	19 574

续表

序号	工种	高位数	中位数	低位数	平均数
101	建筑工程设计员	162 527	45 840	18 000	67 179
102	广告设计人员	43 586	24 542	13 525	26 359
103	文字记者	67 760	57 350	57 350	62 555
104	文字编辑	112 200	32 500	20 000	46 640
105	美术编辑	52 000	29 499	19 200	31 352
106	其他编辑	100 504	39 336	19 800	49 230
107	校对员	16 800	15 000	14 000	15 650
108	英语翻译	68 761	30 774	17 050	35 610
109	图书资料与档案业务人员	95 852	26 114	14 322	37 138
110	行政业务办公人员	103 467	31 395	13 738	41 546
111	行政执法人员	147 363	88 393	25 548	89 599
112	其他行政业务人员	81 134	24 148	12 999	31 179
113	秘书	99 975	26 727	12 839	35 907
114	公关员	34 894	24 396	15 600	25 466
115	收发员	64 905	18 537	11 369	23 803
116	打字员	53 008	19 771	11 237	23 242
117	计算机操作员	52 999	19 246	12 846	23 309
118	制图员	49 161	19 200	13 838	23 668
119	其他行政事务人员	88 058	20 574	11 788	29 107
120	其他行政办公人员	98 546	23 182	13 137	33 842
121	保安员	46 493	15 412	10 410	18 894
122	违禁品检查员	29 893	24 781	14 045	24 326
123	金融守押员	37 704	30 985	27 445	32 633
124	其他治安保卫人员	57 118	22 140	12 134	25 842
125	消防人员	72 037	20 350	14 118	30 944
126	邮政营业员	62 700	42 700	33 000	44 945
127	投递员	53 133	35 333	19 650	36 356
128	邮政储汇员	61 133	43 800	36 950	47 038
129	报刊发行员	41 100	36 400	36 200	38 350
130	电信业务营业员	100 126	56 011	56 011	78 069
131	话务员	41 041	19 751	11 818	21 783
132	报务员	36 290	19 006	14 093	22 694

续表

序号	工种	高位数	中位数	低位数	平均数
133	线务员	37 850	18 200	18 200	28 025
134	电话电报交换机务员	29 000	20 594	16 160	23 396
135	其他电信通信传输业务人员	106 620	71 927	30 465	77 348
136	其他邮政和电信业务人员	107 780	64 606	25 361	72 586
137	其他办事人员和有关人员	80 057	20 618	11 573	28 815
138	营业员	53 790	20 553	11 096	24 071
139	收银员	36 801	17 019	11 563	19 537
140	其他营业人员	76 795	18 172	11 934	27 825
141	推销员	64 483	20 629	10 200	25 968
142	其他推销、展销人员	71 982	29 675	17 463	36 315
143	采购员	61 027	22 456	13 271	26 168
144	收购员	55 470	14 600	12 600	21 453
145	其他采购人员	37 618	20 588	17 600	23 139
146	典当业务员	21 000	16 667	10 200	16 214
147	废旧物资回收利用人员	30 133	19 044	13 741	21 467
148	医药商品购销员	134 852	28 871	16 122	45 853
149	保管员	48 362	17 980	11 461	21 110
150	理货员	79 084	35 429	11 317	36 687
151	商品养护员	35 225	21 000	19 200	25 625
152	冷藏工	61 030	14 200	13 140	21 050
153	其他保管人员	35 733	18 256	10 750	20 082
154	商品储运员	29 335	18 067	10 638	18 528
155	商品护运员	26 450	14 400	10 200	18 563
156	医药商品储运员	27 000	21 322	10 800	19 916
157	其他储运人员	29 744	13 964	11 040	16 801
158	中式烹调师	73 575	22 193	12 066	27 900
159	中式面点师	47 710	20 806	10 320	23 068
160	其他中式烹饪人员	40 747	19 904	10 244	20 980
161	西式烹调师	47 671	22 346	15 000	26 843
162	西式面点师	55 792	18 312	13 703	24 100
163	其他西式烹饪人员	21 855	15 840	10 200	16 670
164	调酒师	33 063	21 052	15 000	22 692

续表

序号	工种	高位数	中位数	低位数	平均数
165	营养配餐员	30 554	19 000	11 800	22 118
166	其他营养配餐人员	20 700	11 650	10 200	13 164
167	餐厅服务员	28 360	15 113	10 200	16 753
168	餐具清洗保管员	15 187	11 583	10 200	11 498
169	其他餐厅服务人员	54 159	13 899	10 200	19 458
170	其他餐饮服务人员	48 124	15 287	10 200	19 507
171	前厅服务员	31 957	17 489	11 839	18 957
172	客房服务员	32 072	15 968	11 221	17 337
173	其他饭店服务人员	27 511	17 735	10 363	18 359
174	导游	20 555	18 768	10 585	17 313
175	公共游览场所服务员	53 556	50 000	12 852	39 926
176	插花员	24 578	15 000	15 000	18 193
177	盆景工	23 000	10 800	10 800	14 000
178	园林植物保护工	26 993	12 710	10 200	15 435
179	观赏动物饲养工	21 969	13 582	12 325	15 061
180	康乐服务员	27 068	15 640	12 000	17 570
181	其他健身和娱乐场所服务人员	36 402	20 690	14 940	23 480
182	其他饭店、旅游及健身娱乐场所服务人员	50 000	50 000	12 000	40 000
183	汽车客运服务员	51 329	16 964	16 000	22 202
184	汽车运输调度员	35 167	26 430	15 772	26 130
185	公路收费及监控员	47 891	32 270	26 031	33 519
186	其他公路道路运输服务人员	47 286	26 450	15 000	29 030
187	车站客运服务员	28 956	22 556	16 000	21 809
188	行包运输服务员	21 621	16 042	15 292	17 008
189	车站货运员	64 575	38 720	16 612	41 708
190	其他铁路客货运输服务人员	56 526	22 997	19 222	26 859
191	航空运输飞行服务员	76 500	20 000	19 000	45 322
192	航空运输地面服务员	95 000	18 850	18 000	41 315
193	其他航空运输服务人员	27 000	19 233	15 000	20 235
194	船舶业务员	406 934	95 021	20 709	165 714
195	其他水上运输服务人员	77 246	50 393	42 454	55 371
196	医疗卫生辅助服务人员	23 296	11 624	10 200	12 641

续表

序号	工种	高位数	中位数	低位数	平均数
197	物业管理工	55 402	20 780	12 311	23 861
198	供水生产工	53 967	34 007	13 833	32 989
199	供水供应工	48 737	29 956	12 080	31 447
200	锅炉操作工	56 965	17 691	12 059	22 542
201	其他供水、供热及生活燃料供应服务人员	36 835	30 136	12 000	27 360
202	美容师	20 418	14 300	13 000	16 350
203	洗衣师	41 250	13 716	10 531	18 961
204	其他洗染织补人员	27 300	26 000	26 000	26 650
205	家用电子产品维修工	25 244	18 969	18 969	22 107
206	家用电器产品维修工	19 203	16 704	15 600	17 537
207	其他日用机电产品维修人员	40 193	18 600	13 251	26 757
208	办公设备维修工	27 393	16 844	12 981	18 170
209	其他办公设备维修人员	27 994	15 720	12 000	18 944
210	垃圾清运工	21 833	13 752	10 650	14 707
211	保洁员	30 853	12 026	10 200	14 285
212	其他环境卫生人员	45 354	12 797	10 500	17 854
213	其他社会服务和居民生活服务人员	59 977	53 600	28 514	50 627
214	其他商业、服务业人员	41 605	19 456	12 365	21 353
215	花卉园艺工	33 260	21 740	12 257	22 231
216	家畜饲养人员	21 340	18 122	18 036	19 082
217	家禽饲养人员	25 476	20 278	19 210	22 010
218	实验动物饲养人员	19 200	15 430	15 000	16 406
219	动物疫病防治人员	28 572	25 194	22 896	26 320
220	水产养殖人员	21 012	17 948	13 004	17 587
221	水产捕捞及有关人员	31 750	29 875	26 667	29 458
222	水产品加工人员	14 000	12 450	10 400	12 263
223	地质勘察人员	28 552	23 447	22 450	24 657
224	测绘人员	105 248	93 848	17 000	71 838
225	盐业生产人员	42 259	33 154	14 295	33 596
226	炼铁人员	37 680	26 312	12 530	26 156
227	炼钢人员	44 500	38 600	34 000	39 427
228	重有色金属冶炼人员	21 475	17 703	15 400	17 969

续表

序号	工种	高位数	中位数	低位数	平均数
229	半导体材料制备人员	20 772	15 240	12 950	15 990
230	金属轧制人员	55 833	21 284	14 593	26 485
231	碳素制品生产人员	29 264	11 735	10 716	17 557
232	硬质合金生产人员	73 433	28 662	18 604	35 744
233	其他金属冶炼、轧制人员	35 245	20 000	14 446	21 057
234	化工产品生产工	30 731	18 055	12 439	19 288
235	车工	38 027	19 986	11 614	21 101
236	铣工	43 477	21 270	11 823	22 684
237	刨插工	44 857	25 474	14 426	26 796
238	磨工	42 868	19 912	13 331	22 853
239	镗工	51 786	25 601	14 589	28 206
240	钻床工	38 521	20 674	12 036	21 930
241	加工中心操作工	34 853	19 589	11 747	20 893
242	制齿工	47 884	31 270	25 216	34 253
243	抛磨光工	32 623	19 918	11 956	20 635
244	拉床工	25 325	13 000	11 475	15 258
245	锯床工	33 330	16 953	11 729	19 674
246	铸造工	39 266	21 159	13 550	23 546
247	锻造工	31 700	17 929	11 986	19 367
248	冲压工	38 383	18 562	11 595	20 390
249	剪切工	39 676	18 000	10 200	20 296
250	焊工	62 743	21 579	12 843	26 139
251	金属热处理工	33 748	18 443	11 410	20 213
252	铆工	54 350	27 269	10 200	30 576
253	探伤工	31 188	21 801	18 000	23 969
254	电切削工	65 433	24 313	15 050	31 196
255	冷作钣金加工工	63 436	24 290	16 854	29 423
256	镀层工	33 396	19 349	10 584	20 685
257	涂装工	35 476	18 583	10 200	19 118
258	数控人员	44 036	25 141	12 656	26 596
259	电焊条制造工	26 887	22 000	14 000	21 337
260	基础件装配工	24 693	16 794	10 785	16 989

续表

序号	工种	高位数	中位数	低位数	平均数
261	部件装配工	29 295	15 947	10 200	16 489
262	装配钳工	48 638	21 377	12 361	23 428
263	工具钳工	52 520	23 462	11 749	25 272
264	动力设备装配工	17 882	12 000	12 000	12 940
265	电气元件及设备装配工	33 631	20 289	11 684	20 727
266	电子专用设备装配调试工	31 114	19 855	15 860	22 025
267	仪器仪表装配工	32 617	16 754	10 200	17 823
268	空调机装配工	25 310	16 376	12 365	17 758
269	洗衣机制造装配工	18 000	10 200	10 200	13 700
270	机修钳工	84 875	22 546	14 579	29 598
271	汽车修理工	78 104	27 457	13 937	32 142
272	船舶修理工	78 227	22 612	17 453	30 105
273	仪器仪表修理工	39 569	26 500	14 883	26 589
274	水轮机设备安装工	45 542	39 552	36 400	40 283
275	锅炉设备安装工	61 564	46 793	12 754	42 737
276	电力工程内线安装工	106 347	46 145	39 812	59 917
277	专业电力设备检修工	89 376	36 396	14 808	40 948
278	常用电机检修工	85 473	27 420	12 669	35 289
279	维修电工	77 166	22 633	14 185	28 835
280	电子器件制造工	25 238	15 301	11 123	16 441
281	电子元件制造工	30 795	15 942	11 159	17 283
282	电池制造工	32 130	17 908	11 938	18 870
283	有线通信传输设备调试工	44 100	19 200	18 000	25 425
284	电子计算机维修工	28 456	23 400	15 693	23 344
285	橡胶制品生产工	31 015	25 196	15 606	24 950
286	塑料制品加工工	32 569	15 491	10 261	16 954
287	纤维预处理人员	32 132	20 058	17 384	21 955
288	纺纱人员	48 835	15 777	11 096	18 753
289	织造人员	35 686	15 378	11 700	17 495
290	针织人员	31 383	15 000	11 400	17 703
291	印染人员	37 839	17 895	11 910	19 872
292	裁剪工	28 101	17 378	12 323	18 205

续表

序号	工种	高位数	中位数	低位数	平均数
293	缝纫工	31 482	17 822	11 782	18 941
294	裁缝	34 780	20 000	14 547	22 089
295	皮革加工工	33 309	18 096	14 450	19 284
296	冷食品制作工	23 826	19 523	15 750	19 477
297	食品罐头加工工	22 333	15 000	10 200	16 048
298	酿酒工	49 900	22 600	13 600	31 925
299	酱油酱类制作工	26 000	16 033	15 000	17 743
300	糕点、面包烘焙工	27 437	17 849	10 200	19 420
301	豆制品制作工	41 761	23 705	15 332	25 489
302	饲料生产加工工	38 004	19 880	16 537	22 967
303	烟草制品加工工	109 193	87 688	70 215	88 982
304	药品生产制造工	42 553	20 067	12 984	24 567
305	制材工	15 600	10 200	10 200	11 150
306	手工木工	35 959	10 200	10 200	140 31
307	机械木工	17 980	16 200	15 600	16 436
308	制浆工	29 672	13 000	11 073	16 147
309	造纸工	28 568	14 416	10 212	16 248
310	纸制品制作工	43 782	21 167	11 859	23 871
311	水泥生产制造工	54 737	40 809	30 829	41 673
312	水泥制品工	36 170	30 593	22 335	30 773
313	玻璃陶瓷搪瓷生产工	72 783	19 253	11 174	27 467
314	印前处理工	34 667	15 708	10 200	18 533
315	印刷操作工	35 421	17 476	10 387	19 255
316	印后制作工	28 744	13 362	10 200	15 707
317	玩具制作工	23 285	20 688	17 673	20 737
318	文体用品乐器制作工	17 848	17 063	16 963	17 324
319	土石方施工人员	41 500	32 414	10 200	28 692
320	砌筑工	21 080	20 404	16 000	19 794
321	混凝土工	54 989	31 955	20 075	35 074
322	钢筋工	38 189	34 036	24 700	33 236
323	架子工	63 516	35 356	27 922	43 023
324	防水工	85 000	16 200	15 600	39 133

续表

序号	工种	高位数	中位数	低位数	平均数
325	装饰、装修、油漆工	42 469	19 697	13 205	22 469
326	机械电气工程设备安装工、管工	64 743	30 742	15 285	33 128
327	电工	60 762	22 589	13 492	27 141
328	木工	36 638	20 614	12 485	21 775
329	汽车驾驶员	75 339	25 225	14 222	31 124
330	机车乘务员	79 007	37 550	21 603	47 923
331	铁路通信工	69 188	55 845	38 900	53 971
332	铁路信号工	68 187	59 692	39 560	56 197
333	船舶水手	83 632	40 533	22 704	45 337
334	起重装卸机械驾驶员	95 096	43 429	15 557	54 031
335	检验员	39 622	18 157	12 052	20 123
336	计量员	62 751	18 582	13 531	23 791
337	包装工	31 368	15 113	10 200	16 515
338	简单体力劳动工	37 640	15 878	10 695	18 100

宁波市国民经济分行业工资指导价位

一、农、林、牧、渔业

单位：元/年

序号	工种	高位数	中位数	低位数	平均数
1	企业经理（厂长）	65 082	38 430	33 600	42 144
2	生产或经营经理	46 020	31 400	26 400	39 173
3	财务经理	31 030	26 435	26 435	28 733
4	行政经理	30 610	26 350	26 350	28 480
5	人事经理	74 280	21 600	21 600	47 940
6	销售和营销经理	93 729	29 730	12 000	50 413
7	医药工程技术人员	27 900	21 450	15 600	22 378
8	农业技术人员	75 936	27 100	18 612	36 608
9	统计人员	20 580	18 900	15 560	18 590
10	会计人员	29 730	19 320	17 110	22 476
11	出纳	21 100	16 800	12 564	16 991
12	行政业务办公人员	21 600	17 262	15 924	18 708
13	保安员	18 570	14 378	14 020	15 369
14	其他办事人员和有关人员	33 425	19 596	15 048	23 175

续表

序号	工种	高位数	中位数	低位数	平均数
15	推销员	51 138	22 464	17 004	30 758
16	采购员	21 203	15 264	13 524	17 244
17	医药商品购销员	22 240	18 180	14 925	18 694
18	保管员	16 045	13 524	12 000	14 068
19	公共游览场所服务员	29 574	14 230	12 615	18 966
20	园林植物保护工	16 870	12 545	12 035	13 509
21	观赏动物饲养工	21 969	13 650	12 325	15 165
22	家畜饲养人员	21 340	18 122	18 036	19 082
23	家禽饲养人员	25 476	20 278	19 210	22 010
24	实验动物饲养人员	19 200	16 415	15 860	17 343
25	动物疫病防治人员	28 572	25 194	22 896	26 320
26	水产养殖人员	21 012	18 384	18 384	19 698
27	水产捕捞及有关人员	31 750	29 875	26 667	29 458
28	机修钳工	43 284	20 082	19 176	27 816
29	维修电工	31 152	23 997	19 404	26 382
30	药品生产制造工	24 957	15 975	12 390	17 490
31	电工	34 216	16 250	16 250	25 233
32	汽车驾驶员	22 356	16 420	15 084	17 639
33	简单体力劳动工	16 380	16 320	16 320	16 350
34	船长	60 500	59 500	57 000	59 286
35	大副	46 050	45 050	44 000	45 314
36	二副	41 000	40 000	38 000	39 857
37	大管轮	45 000	43 000	43 000	43 625
38	二管轮	40 500	39 500	37 000	39 357
39	轮机长	55 500	54 000	51 000	54 000

二、制造业

单位：元/年

序号	工种	高位数	中位数	低位数	平均数
1	企业董事	177 776	54 589	17 926	68 954
2	企业经理（厂长）	169 828	49 631	19 117	62 476
3	生产或经营经理	119 806	33 687	15 537	42 964
4	财务经理	88 738	35 369	16 836	40 792
5	行政经理	97 812	36 111	18 919	44 181

续表

序号	工种	高位数	中位数	低位数	平均数
6	人事经理	86 399	30 731	16 832	37 218
7	销售和营销经理	93 391	29 950	14 505	36 501
8	广告和公关经理	69 700	32 299	32 299	43 575
9	采购经理	84 344	30 199	15 077	36 099
10	研究和开发经理	86 575	37 393	16 932	43 424
11	冶金工程技术人员	114 917	46 627	28 500	63 307
12	化工工程技术人员	61 887	21 672	16 325	26 672
13	医药工程技术人员	50 000	32 500	23 050	35 996
14	机械工程技术人员	74 247	24 625	12 998	30 132
15	机械设计工程技术人员	81 331	32 243	13 677	37 903
16	机械制造工程技术人员	94 006	34 529	15 237	41 457
17	仪器仪表工程技术人员	56 700	22 883	13 200	26 850
18	设备工程技术人员	78 003	28 540	14 613	34 629
19	其他机械工程技术人员	56 313	31 232	16 427	33 851
20	电子工程技术人员	72 583	26 673	13 321	31 143
21	电子材料工程技术人员	28 034	18 550	18 550	20 238
22	电子元器件工程技术人员	72 843	17 896	10 200	24 331
23	电子仪器与测量工程技术人员	114 808	38 960	16 000	57 612
24	其他电子工程技术人员	51 667	20 000	10 200	25 605
25	计算机与应用工程技术人员	51 333	23 229	14 400	29 984
26	计算机硬件技术人员	47 765	35 755	19 163	34 763
27	计算机软件技术人员	89 630	27 000	18 000	37 361
28	计算机网络技术人员	55 080	24 434	14 643	27 208
29	计算机系统分析技术人员	66 832	40 000	19 880	42 846
30	其他计算机与应用工程技术人员	31 700	21 198	19 403	25 254
31	电气工程技术人员	105 648	45 115	23 533	51 491
32	电力工程技术人员	62 039	24 284	13 662	32 288
33	船舶运用工程技术人员	52 295	34 409	12 000	34 993
34	船舶检验工程技术人员	61 597	41 927	31 738	44 271
35	建筑工程技术人员	103 091	63 000	19 080	65 504
36	水产工程技术人员	18 000	17 000	11 800	16 200
37	纺织工程技术人员	45 279	20 653	15 374	23 392

续表

序号	工种	高位数	中位数	低位数	平均数
38	食品工程技术人员	50 000	26 000	20 000	30 600
39	环境保护工程技术人员	40 000	21 817	16 800	24 623
40	安全工程技术人员	36 800	28 064	22 200	29 418
41	标准化、计量、质量工程技术人员	63 010	25 544	15 372	29 346
42	其他工程技术人员	41 285	21 454	12 536	23 596
43	经济计划人员	104 329	21 083	12 662	33 387
44	统计人员	41 910	17 803	12 286	20 270
45	会计人员	48 551	22 401	13 034	25 109
46	出纳	34 210	19 585	12 251	20 738
47	审计人员	74 396	37 658	16 000	43 781
48	国际商务人员	83 879	23 456	13 750	34 669
49	报关员	44 250	22 646	17 901	25 332
50	不动产销售员	24 360	15 550	10 200	16 443
51	其他经济业务人员	141 767	23 982	14 142	47 871
52	律师	100 000	41 250	18 000	59 491
53	服装设计人员	40 125	24 778	17 114	25 140
54	室内装饰设计人员	24 700	21 450	18 738	22 163
55	广告设计人员	47 301	26 000	19 200	29 214
56	文字编辑	35 000	35 000	35 000	35 000
57	美术编辑	36 000	19 200	19 200	24 800
58	其他编辑	43 200	27 636	19 800	32 824
59	校对员	16 800	14 500	14 000	15 267
60	英语翻译	67 477	29 014	16 733	32 787
61	图书资料与档案业务人员	25 970	17 598	12 000	18 827
62	行政业务办公人员	56 627	23 910	12 978	27 662
63	行政执法人员	35 676	24 000	18 000	25 135
64	其他行政业务人员	52 047	19 899	11 339	23 864
65	秘书	49 364	23 216	12 820	25 924
66	公关员	43 981	24 000	19 080	28 015
67	收发员	37 223	17 877	11 405	20 156
68	打字员	29 340	16 334	11 000	17 340
69	计算机操作员	44 158	18 451	12 365	21 533

续表

序号	工种	高位数	中位数	低位数	平均数
70	制图员	52 706	19 200	13 838	23 975
71	其他行政事务人员	43 432	20 457	12 401	23 271
72	其他行政办公人员	60 522	20 398	12 396	25 394
73	保安员	32 688	14 835	10 444	16 856
74	其他治安保卫人员	42 737	15 636	12 000	21 706
75	消防人员	30 250	16 590	14 118	20 214
76	话务员	43 703	13 000	10 484	22 397
77	报务员	24 000	14 365	14 093	17 576
78	其他办事人员和有关人员	50 194	17 979	11 187	21 451
79	营业员	55 188	18 800	10 605	25 916
80	收银员	30 224	20 000	15 600	22 896
81	其他营业人员	54 567	39 663	28 494	41 181
82	推销员	73 825	24 639	13 544	29 463
83	其他推销、展销人员	67 067	25 600	16 325	33 828
84	采购员	45 608	21 658	13 043	23 614
85	收购员	25 200	14 050	12 600	15 909
86	其他采购人员	37 618	20 007	17 600	23 603
87	废旧物资回收利用人员	30 700	29 000	20 600	27 376
88	保管员	27 036	15 783	10 982	16 805
89	理货员	28 821	15 677	12 267	17 984
90	冷藏工	25 637	19 000	17 000	21 212
91	其他保管人员	27 401	13 720	10 200	17 122
92	商品储运员	31 474	18 865	10 815	19 766
93	商品护运员	24 000	11 900	10 200	15 933
94	其他储运人员	32 416	19 776	13 467	20 979
95	园林植物保护工	17 893	13 000	10 200	14 131
96	汽车客运服务员	28 737	22 404	20 000	23 725
97	汽车运输调度员	32 520	28 906	19 200	26 991
98	医疗卫生辅助服务人员	44 386	27 853	22 528	30 192
99	锅炉操作工	34 124	19 945	10 213	20 497
100	家用电子产品维修工	25 244	18 969	18 969	21 061
101	家用电器产品维修工	19 203	16 704	15 600	17 537

续表

序号	工种	高位数	中位数	低位数	平均数
102	办公设备维修工	30 186	20 000	12 700	20 658
103	其他办公设备维修人员	27 994	24 000	14 400	22 721
104	垃圾清运工	19 360	12 687	10 500	13 848
105	保洁员	23 188	12 004	10 200	13 225
106	水产品加工人员	14 000	12 300	10 200	12 190
107	地质勘察人员	28 552	23 368	22 450	25 096
108	测绘人员	23 400	17 860	17 000	19 707
109	矿物处理人员	31 017	28 349	27 841	29 069
110	盐业生产人员	42 259	33 154	14 295	33 596
111	炼铁人员	37 680	26 312	12 530	26 156
112	炼钢人员	44 500	38 600	34 000	39 427
113	重有色金属冶炼人员	21 475	17 703	15 400	17 955
114	半导体材料制备人员	20 307	16 050	12 300	16 355
115	金属轧制人员	55 000	21 187	14 593	25 741
116	碳素制品生产人员	29 264	11 735	10 716	17 557
117	硬质合金生产人员	73 433	28 662	18 604	35 744
118	其他金属冶炼、轧制人员	36 182	20 000	15 714	21 342
119	化工产品生产工	29 839	17 256	12 123	18 606
120	车工	35 438	20 012	11 563	20 811
121	铣工	36 556	21 073	11 872	21 888
122	刨插工	37 235	25 393	14 426	25 580
123	磨工	42 868	19 912	13 233	22 817
124	镗工	44 650	25 442	14 589	27 252
125	钻床工	38 559	20 851	12 036	22 022
126	加工中心操作工	35 759	20 279	12 110	21 781
127	制齿工	47 884	31 270	26 211	34 363
128	抛磨光工	32 623	19 881	11 714	20 571
129	拉床工	25 325	13 000	11 475	15 258
130	锯床工	35 063	18 897	11 638	20 351
131	铸造工	39 266	21 159	13 550	23 576
132	锻造工	31 700	18 093	11 986	19 443
133	冲压工	38 784	18 731	11 603	20 660

续表

序号	工种	高位数	中位数	低位数	平均数
134	剪切工	39 676	18 000	10 200	20 291
135	焊工	46 694	20 398	12 621	23 267
136	金属热处理工	33 748	18 519	11 410	20 301
137	电切削工	65 433	22 561	15 050	30 184
138	冷作钣金加工工	38 580	22 470	16 234	25 683
139	镀层工	31 052	19 288	10 640	20 410
140	涂装工	33 396	18 382	10 200	18 725
141	电焊条制造工	26 887	22 000	14 000	21 370
142	基础件装配工	24 676	16 807	10 776	16 998
143	部件装配工	29 453	15 956	10 200	16 512
144	装配钳工	48 638	21 330	12 282	23 322
145	工具钳工	49 498	23 595	11 749	25 037
146	动力设备装配工	17 882	12 000	12 000	12 940
147	电气元件及设备装配工	33 812	20 420	11 748	20 896
148	电子专用设备装配调试工	31 114	19 855	15 860	22 025
149	仪器仪表装配工	30 345	15 542	10 200	16 581
150	空调机装配工	25 310	16 067	12 365	17 576
151	洗衣机制造装配工	18 000	10 200	10 200	13 700
152	机修钳工	68 604	21 628	14 524	26 632
153	汽车修理工	83 444	15 200	13 080	28 004
154	船舶修理工	36 744	29 598	22 785	30 842
155	仪器仪表修理工	34 801	23 786	14 114	24 023
156	锅炉设备安装工	30 000	18 425	17 400	21 893
157	专业电力设备检修工	36 047	24 617	14 000	24 948
158	常用电机检修工	74 918	25 212	10 698	28 903
159	维修电工	51 539	20 873	13 787	24 319
160	电子器件制造工	25 179	15 250	11 141	16 403
161	电子元件制造工	31 852	16 472	11 303	17 743
162	电池制造工	42 733	35 051	20 500	32 396
163	电子计算机维修工	26 000	21 400	15 693	21 699
164	橡胶制品生产工	31 015	25 348	15 606	25 003
165	塑料制品加工工	32 569	15 492	10 261	16 955

续表

序号	工种	高位数	中位数	低位数	平均数
166	纤维预处理人员	32 132	20 135	17 455	22 020
167	纺纱人员	44 337	16 363	11 185	18 446
168	织造人员	34 253	15 740	12 263	17 498
169	针织人员	30 383	14 833	11 400	17 560
170	印染人员	36 900	17 281	12 053	19 178
171	裁剪工	27 451	16 846	12 806	17 861
172	缝纫工	31 236	17 660	11 816	18 811
173	裁缝	36 536	20 000	14 547	22 054
174	皮革加工工	33 309	18 096	14 450	19 284
175	冷食品制作工	23 826	19 523	15 750	19 477
176	食品罐头加工工	22 333	15 000	10 200	16 048
177	酿酒工	49 900	22 600	13 600	31 925
178	酱油酱类制作工	26 000	16 000	15 000	17 938
179	豆制品制作工	41 761	23 705	15 332	25 489
180	饲料生产加工工	38 004	19 880	16 537	22 967
181	烟草制品加工工	109 193	87 688	70 215	88 982
182	药品生产制造工	44 164	28 673	15 000	28 086
183	制材工	15 600	10 200	10 200	11 343
184	手工木工	27 443	10 200	10 200	12 248
185	机械木工	17 980	16 200	15 600	16 436
186	制浆工	29 672	13 000	11 073	16 023
187	造纸工	28 568	14 508	10 212	16 360
188	纸制品制作工	42 891	21 339	11 859	23 874
189	水泥生产制造工	54 737	40 809	30 829	41 673
190	玻璃陶瓷搪瓷生产工	72 783	19 253	11 174	27 467
191	印前处理工	34 667	15 645	10 200	18 556
192	印刷操作工	35 371	17 424	10 478	19 176
193	印后制作工	28 930	13 362	10 200	15 743
194	玩具制作工	23 285	20 584	17 673	20 729
195	文体用品乐器制作工	17 848	17 063	16 963	17 324
196	土石方施工人员	29 827	18 000	10 200	20 096
197	砌筑工	21 080	20 404	16 000	19 794

续表

序号	工种	高位数	中位数	低位数	平均数
198	架子工	68 962	36 592	27 922	45 627
199	防水工	16 800	15 600	15 600	16 200
200	装饰、装修、油漆工	35 119	19 170	13 132	21 351
201	机械电气工程设备安装工、管工	65 511	31 506	14 149	34 375
202	电工	51 739	22 637	14 198	26 261
203	木工	34 581	20 892	12 334	21 711
204	汽车驾驶员	43 947	21 439	14 037	23 615
205	起重装卸机械驾驶员	59 926	23 233	13 540	27 368
206	检验员	37 052	18 125	12 078	19 766
207	计量员	37 408	17 983	13 177	19 888
208	包装工	31 639	15 135	10 200	16 566
209	简单体力劳动工	26 776	15 355	10 655	16 263
210	工程项目经理	123 238	38 150	19 870	47 499
211	安全员	57 523	44 600	15 000	41 251
212	铆工	33 195	16 425	10 200	19 261
213	探伤工	31 188	21 230	18 000	22 806
214	数控人员	44 036	25 191	12 656	26 670

三、电力、煤气及水的生产和供应业

单位：元/年

序号	工种	高位数	中位数	低位数	平均数
1	企业经理（厂长）	215 533	143 467	53 984	144 637
2	生产或经营经理	169 267	49 524	27 600	71 498
3	财务经理	142 534	49 012	21 600	69 991
4	行政经理	118 380	27 507	13 200	47 008
5	人事经理	137 509	52 858	40 403	73 144
6	销售和营销经理	99 585	36 130	32 740	54 127
7	采购经理	85 271	46 128	42 000	59 176
8	机械工程技术人员	67 090	40 172	11 828	42 460
9	仪器仪表工程技术人员	106 139	93 536	41 125	87 090
10	电子元器件工程技术人员	12 200	10 200	10 200	10 376
11	通信工程技术人员	89 262	62 798	44 562	65 564
12	计算机软件技术人员	107 039	97 061	94 102	99 939
13	计算机网络技术人员	79 826	36 680	36 680	58 253

续表

序号	工种	高位数	中位数	低位数	平均数
14	电气工程技术人员	120 398	72 091	31 714	80 841
15	电力工程技术人员	89 182	69 766	45 795	70 577
16	水利工程技术人员	27 232	20 692	20 692	23 962
17	安全工程技术人员	125 192	93 872	74 865	99 043
18	其他工程技术人员	80 581	46 585	34 347	50 589
19	统计人员	82 598	34 626	11 400	47 844
20	会计人员	108 154	76 424	17 800	68 392
21	出纳	104 071	36 785	11 100	50 210
22	行政业务办公人员	108 820	40 732	11 860	56 428
23	其他行政业务人员	37 742	34 562	14 400	28 609
24	秘书	90 009	27 469	20 400	48 315
25	收发员	33 378	27 142	27 142	30 260
26	其他行政事务人员	35 075	10 200	10 200	17 260
27	其他行政办公人员	101 955	38 897	19 200	59 272
28	其他办事人员和有关人员	44 218	36 003	28 807	36 785
29	采购员	52 650	16 200	16 200	34 425
30	保管员	42 523	14 400	13 800	22 781
31	供水生产工	35 670	33 480	12 650	30 967
32	供水供应工	35 119	29 956	29 619	31 236
33	锅炉操作工	19 320	16 200	15 300	16 800
34	其他供水、供热及生活燃料供应服务人员	36 835	34 275	34 137	35 107
35	测绘人员	105 248	94 005	93 790	97 904
36	半导体材料制备人员	18 713	14 940	14 070	15 548
37	锯床工	15 600	15 270	14 940	15 336
38	机修钳工	18 000	16 200	16 200	16 650
39	仪器仪表修理工	40 852	39 502	34 220	38 582
40	水轮机设备安装工	45 542	39 552	36 400	40 283
41	锅炉设备安装工	47 937	41 288	37 786	42 508
42	电力工程内线安装工	106 536	45 072	38 933	61 575
43	专业电力设备检修工	94 632	38 124	27 477	50 621
44	机械电气工程设备安装工、管工	42 541	41 051	40 270	41 601
45	汽车驾驶员	118 355	31 672	12 360	53 183

续表

序号	工种	高位数	中位数	低位数	平均数
46	起重装卸机械驾驶员	42 302	28 308	15 000	30 418
47	检验员	17 535	13 200	13 200	13 795
48	计量员	105 198	101 995	101 654	102 862
49	简单体力劳动工	102 666	37 983	14 620	50 512
50	工程项目经理	101 756	64 709	41 252	73 635

四、建筑业

单位：元/年

序号	工种	高位数	中位数	低位数	平均数
1	企业董事	353 333	67 760	40 750	118 711
2	企业经理（厂长）	293 293	101 117	25 957	128 441
3	生产或经营经理	237 714	61 752	23 616	80 942
4	财务经理	145 902	61 630	29 300	76 010
5	行政经理	165 813	45 239	24 800	60 015
6	人事经理	83 811	50 578	23 400	51 824
7	销售和营销经理	90 950	66 800	32 695	64 439
8	采购经理	138 916	53 285	23 400	67 222
9	研究和开发经理	58 199	26 000	19 500	32 425
10	化工工程技术人员	111 046	58 853	28 882	64 820
11	机械工程技术人员	87 510	56 107	31 700	59 235
12	设备工程技术人员	80 000	26 250	26 100	44 167
13	电气工程技术人员	78 773	36 220	20 400	40 051
14	电力工程技术人员	54 210	37 150	32 443	41 316
15	交通工程技术人员	56 440	23 400	19 500	28 091
16	建筑工程技术人员	70 252	32 956	16 074	35 483
17	建材工程技术人员	50 000	31 533	28 466	39 420
18	环境保护工程技术人员	20 000	18 000	18 000	19 000
19	安全工程技术人员	74 980	45 226	28 545	47 171
20	标准化、计量、质量工程技术人员	70 000	48 406	28 870	49 355
21	其他工程技术人员	61 322	37 000	20 046	39 354
22	经济计划人员	57 600	42 324	13 200	39 952
23	统计人员	51 375	36 051	18 400	36 348
24	会计人员	61 457	36 216	16 767	37 597
25	出纳	49 458	30 779	15 533	31 598

续表

序号	工种	高位数	中位数	低位数	平均数
26	其他经济业务人员	19 200	13 150	10 200	14 138
27	图书资料与档案业务人员	47 800	26 500	26 500	33 180
28	行政业务办公人员	67 503	43 558	22 179	42 781
29	其他行政业务人员	39 972	29 203	19 794	30 093
30	秘书	46 200	39 600	39 600	42 900
31	收发员	19 400	16 169	11 034	15 569
32	打字员	34 000	19 748	12 000	22 719
33	计算机操作员	47 156	30 105	29 519	34 905
34	其他行政事务人员	36 275	25 221	14 400	24 724
35	其他行政办公人员	31 380	25 000	20 568	26 895
36	保安员	36 111	15 357	10 790	17 545
37	其他办事人员和有关人员	44 313	33 468	17 534	33 094
38	推销员	55 523	21 690	17 210	27 132
39	采购员	44 905	24 700	19 400	29 262
40	保管员	34 100	21 433	17 400	27 981
41	其他保管人员	20 345	20 172	20 172	20 259
42	保洁员	27 975	15 000	12 000	18 244
43	车工	32 522	24 075	23 400	26 891
44	焊工	56 464	45 318	19 253	41 631
45	冷作钣金加工工	30 000	24 750	23 500	26 500
46	机修钳工	54 368	30 759	20 582	33 075
47	锅炉设备安装工	58 879	52 477	42 420	52 034
48	电力工程内线安装工	61 130	47 100	47 100	54 115
49	维修电工	62 579	33 828	21 765	37 927
50	水泥制品工	37 048	30 593	28 600	31 751
51	土石方施工人员	45 000	37 000	35 000	38 400
52	混凝土工	46 461	31 395	20 075	33 283
53	钢筋工	38 189	34 036	24 700	33 236
54	架子工	43 000	30 000	20 000	31 000
55	机械电气工程设备安装工、管工	53 100	34 745	23 400	36 542
56	电工	56 288	25 736	11 745	29 300
57	木工	51 864	29 000	29 000	40 432

续表

序号	工种	高位数	中位数	低位数	平均数
58	汽车驾驶员	50 277	32 013	23 329	33 502
59	起重装卸机械驾驶员	44 829	29 508	20 770	32 345
60	检验员	39 676	24 585	23 825	31 599
61	计量员	30 629	28 710	27 516	29 018
62	简单体力劳动工	35 000	19 333	15 896	23 609
63	工程项目经理	300 699	54 178	18 633	93 834
64	建筑工程监理人员	50 889	31 155	25 207	37 087
65	建筑工程预决算员	106 993	35 754	16 422	45 581
66	安全员	57 826	45 108	14 600	41 336
67	建筑工程设计员	85 180	40 520	26 520	55 407
68	铆工	56 400	48 647	40 862	49 027
69	探伤工	27 300	26 300	26 300	26 800

五、交通运输及邮电通信业　　单位：元/年

序号	工种	高位数	中位数	低位数	平均数
1	企业董事	231 793	41 215	30 283	71 856
2	企业经理（厂长）	498 938	93 002	30 028	162 906
3	生产或经营经理	348 461	52 957	26 291	97 833
4	财务经理	204 718	81 036	25 260	95 236
5	行政经理	160 252	42 852	25 000	74 509
6	人事经理	181 438	118 247	26 550	110 606
7	销售和营销经理	64 460	29 200	12 000	31 953
8	采购经理	148 126	108 048	19 200	99 966
9	研究和开发经理	155 470	124 910	114 824	134 478
10	机械工程技术人员	103 137	81 483	22 500	78 959
11	通信工程技术人员	110 900	50 900	15 090	75 093
12	计算机与应用工程技术人员	101 696	77 354	37 183	78 493
13	计算机软件技术人员	89 216	79 945	36 000	73 436
14	计算机网络技术人员	86 692	58 809	16 800	61 032
15	电气工程技术人员	118 648	81 139	67 336	86 182
16	交通工程技术人员	114 427	48 739	17 273	56 790
17	其他交通工程技术人员	95 895	93 480	79 504	92 449
18	铁路工程技术人员	82 129	75 892	73 829	78 171

续表

序号	工种	高位数	中位数	低位数	平均数
19	建筑工程技术人员	136 783	87 561	66 350	88 159
20	环境保护工程技术人员	102 513	85 517	69 465	87 151
21	安全工程技术人员	80 901	70 514	70 514	75 708
22	其他工程技术人员	74 000	42 801	36 313	53 201
23	飞机和船舶技术人员	95 000	80 000	36 000	75 727
24	航空运输飞行服务员	76 500	20 000	19 000	45 322
25	航空运输地面服务员	95 000	18 850	18 000	41 315
26	其他航空运输服务人员	27 000	19 233	15 000	20 235
27	西医医师	91 189	71 538	36 578	71 999
28	医疗技术人员	100 703	69 975	48 450	73 741
29	护理人员	86 569	67 030	32 070	69 219
30	其他卫生专业技术人员	86 746	70 415	41 622	68 956
31	经济计划人员	122 591	48 126	34 941	64 399
32	统计人员	96 111	66 190	16 700	61 008
33	会计人员	99 187	56 897	16 643	55 315
34	出纳	79 820	27 499	16 120	37 849
35	审计人员	100 499	64 211	48 987	76 307
36	国际商务人员	74 000	63 500	12 500	55 050
37	报关员	54 924	20 500	12 000	30 644
38	其他经济业务人员	88 528	85 519	42 500	77 014
39	图书资料与档案业务人员	102 312	68 311	22 800	67 893
40	行政业务办公人员	98 451	76 083	21 332	68 094
41	行政执法人员	146 691	105 652	65 293	108 770
42	其他行政业务人员	101 582	72 480	19 313	64 374
43	秘书	90 133	61 877	14 052	56 802
44	收发员	97 774	27 500	25 020	57 564
45	打字员	63 536	32 090	12 984	42 005
46	计算机操作员	40 827	19 236	19 236	26 433
47	其他行政事务人员	92 630	20 400	19 333	34 881
48	其他行政办公人员	99 803	78 622	16 829	63 233
49	保安员	67 588	57 313	15 540	45 367
50	违禁品检查员	30 653	25 873	19 972	25 741

续表

序号	工种	高位数	中位数	低位数	平均数
51	其他治安保卫人员	69 531	60 572	13 000	52 579
52	邮政营业员	62 700	42 175	33 000	44 548
53	投递员	53 133	35 433	26 350	37 700
54	邮政储汇员	61 133	43 800	36 950	47 038
55	报刊发行员	41 100	36 400	36 200	38 350
56	话务员	60 600	26 175	13 600	31 820
57	报务员	48 580	22 800	22 800	31 393
58	电话电报交换机务员	29 000	29 000	29 000	29 000
59	其他办事人员和有关人员	92 635	28 995	11 421	42 051
60	营业员	25 645	25 020	25 020	25 134
61	收银员	28 902	21 728	21 728	25 155
62	推销员	18 286	10 200	10 200	11 691
63	采购员	93 573	72 687	23 445	66 686
64	保管员	67 165	28 371	23 690	33 700
65	理货员	81 420	40 697	25 236	49 158
66	冷藏工	76 284	71 024	71 024	73 654
67	汽车客运服务员	36 593	16 209	16 000	19 595
68	汽车运输调度员	30 656	26 382	16 763	25 550
69	公路收费及监控员	32 018	26 301	24 459	28 185
70	其他公路道路运输服务人员	47 286	26 450	15 000	29 030
71	车站客运服务员	28 956	22 556	16 000	21 797
72	行包运输服务员	21 621	16 042	15 292	17 008
73	车站货运员	64 839	42 542	18 926	44 621
74	其他铁路客货运输服务人员	56 526	22 997	19 222	26 907
75	船舶业务员	417 919	157 075	18 751	195 833
76	其他水上运输服务人员	75 922	50 580	46 690	55 989
77	锅炉操作工	80 017	72 888	65 979	73 739
78	保洁员	69 509	25 355	12 546	30 705
79	其他商业、服务业人员	37 896	15 359	13 749	18 179
80	车工	77 214	60 710	21 000	52 369
81	铣工	84 866	72 236	69 105	76 446
82	焊工	88 991	79 072	62 069	78 266

续表

序号	工种	高位数	中位数	低位数	平均数
83	冷作钣金加工工	86 441	59 911	22 000	57 561
84	工具钳工	69 998	43 211	28 999	39 278
85	机修钳工	89 529	79 798	22 333	74 431
86	汽车修理工	83 536	28 557	16 726	38 274
87	船舶修理工	90 415	77 216	71 300	80 259
88	常用电机检修工	83 483	61 802	22 183	60 345
89	维修电工	84 248	70 694	21 096	58 045
90	电工	79 191	39 080	23 195	50 631
91	汽车驾驶员	82 837	35 843	17 452	42 028
92	机车乘务员	79 007	37 550	21 603	47 923
93	铁路通信工	69 188	55 845	38 900	53 971
94	铁路信号工	68 187	59 692	39 560	56 197
95	船舶水手	89 884	49 572	22 800	51 959
96	起重装卸机械驾驶员	98 754	83 543	32 380	75 573
97	检验员	72 129	70 004	17 328	54 533
98	计量员	52 596	23 582	17 313	30 549
99	简单体力劳动工	58 657	24 676	10 200	27 012
100	工程项目经理	232 272	123 777	60 647	134 259
101	船长	156 825	55 708	32 725	83 355
102	大副	148 522	84 004	34 283	83 099
103	二副	91 873	31 653	31 612	47 503
104	大管轮	143 783	76 579	34 957	83 777
105	二管轮	95 028	31 654	31 612	42 852
106	轮机长	145 485	38 400	35 055	76 891
107	安全员	96 525	31 287	18 215	46 781
108	飞行员	370 053	259 564	175 023	274 560

六、信息传输、计算机服务和软件业

单位：元/年

序号	工种	高位数	中位数	低位数	平均数
1	企业经理（厂长）	245 000	68 400	68 400	154 490
2	财务经理	190 588	29 051	29 051	109 820
3	行政经理	187 059	154 342	140 678	165 247
4	销售和营销经理	127 022	90 587	25 235	86 246

续表

序号	工种	高位数	中位数	低位数	平均数
5	采购经理	21 680	21 680	21 680	21 680
6	通信工程技术人员	131 006	111 310	47 500	107 573
7	计算机与应用工程技术人员	146 099	124 048	109 825	128 917
8	计算机硬件技术人员	40 800	30 400	10 408	31 511
9	计算机网络技术人员	24 075	19 667	19 240	21 136
10	行政业务办公人员	24 052	12 754	12 450	13 186
11	其他行政事务人员	135 700	78 332	46 085	97 454
12	其他行政办公人员	149 820	90 792	90 522	119 256
13	电信业务营业员	100 126	56 011	56 011	78 069
14	其他电信业务人员	25 878	25 878	25 878	25 878
15	其他电信通信传输业务人员	106 620	71 927	30 465	77 348
16	其他办事人员和有关人员	98 557	20 796	14 565	41 707
17	营业员	32 581	32 125	32 125	32 353
18	汽车驾驶员	23 032	23 032	23 032	23 032

七、批发和零售业　　　　单位：元/年

序号	工种	高位数	中位数	低位数	平均数
1	企业董事	355 042	42 747	24 300	82 317
2	企业经理（厂长）	190 939	52 208	23 263	70 549
3	生产或经营经理	145 931	37 679	16 558	49 153
4	财务经理	115 517	34 222	20 871	45 899
5	行政经理	134 939	38 969	21 705	51 587
6	人事经理	73 758	30 037	18 400	35 296
7	销售和营销经理	92 213	34 536	14 367	40 242
8	广告和公关经理	60 893	25 500	21 000	37 298
9	采购经理	103 250	36 870	11 233	51 120
10	研究和开发经理	32 400	27 488	27 488	29 944
11	医药工程技术人员	190 173	54 656	53 580	89 007
12	机械工程技术人员	22 200	21 000	20 400	21 400
13	设备工程技术人员	22 202	22 202	22 202	22 202
14	计算机与应用工程技术人员	55 090	26 103	19 800	35 765
15	计算机网络技术人员	94 150	35 000	14 400	45 585
16	其他计算机与应用工程技术人员	34 456	23 387	23 387	28 922

续表

序号	工种	高位数	中位数	低位数	平均数
17	标准化、计量、质量工程技术人员	40 800	20 129	15 500	23 711
18	其他工程技术人员	19 748	15 736	15 736	17 742
19	药剂人员	30 415	24 034	14 503	24 007
20	统计人员	56 940	20 698	14 900	27 567
21	会计人员	66 872	22 621	15 518	28 709
22	出纳	35 766	18 671	13 593	20 955
23	国际商务人员	29 657	15 232	12 000	18 623
24	其他经济业务人员	29 224	21 000	15 500	21 732
25	室内装饰设计人员	15 360	15 360	15 360	15 360
26	广告设计人员	35 613	26 162	12 000	25 341
27	行政业务办公人员	132 605	27 724	14 665	43 618
28	行政执法人员	132 054	37 479	26 840	50 542
29	其他行政业务人员	46 062	19 092	16 565	23 997
30	秘书	95 822	23 153	15 067	39 829
31	收发员	39 087	19 800	15 360	25 116
32	打字员	53 150	27 480	15 360	33 711
33	计算机操作员	28 256	19 137	15 300	19 574
34	其他行政事务人员	31 882	19 823	16 448	21 155
35	其他行政办公人员	132 255	19 616	13 527	33 910
36	保安员	32 402	15 307	10 799	17 176
37	其他办事人员和有关人员	32 065	19 204	13 394	20 552
38	营业员	54 884	20 532	11 120	24 283
39	收银员	41 635	15 595	12 378	19 995
40	其他营业人员	91 109	18 694	13 155	30 042
41	推销员	40 095	19 089	11 818	22 318
42	采购员	40 286	22 633	17 718	25 108
43	废旧物资回收利用人员	19 996	17 647	12 974	17 376
44	医药商品购销员	132 930	40 116	17 112	51 844
45	保管员	54 878	20 095	13 165	24 185
46	理货员	33 584	12 683	10 685	15 093
47	商品养护员	37 343	24 391	21 000	28 046
48	冷藏工	16 133	14 200	13 800	14 412

续表

序号	工种	高位数	中位数	低位数	平均数
49	商品储运员	27 650	16 036	10 436	17 315
50	医药商品储运员	27 000	22 000	20 643	24 274
51	中式烹调师	73 339	15 700	12 900	34 413
52	西式面点师	25 396	16 289	13 703	17 861
53	客房服务员	22 532	19 765	19 596	20 687
54	船舶业务员	33 310	28 430	26 290	29 796
55	物业管理工	32 400	15 100	15 100	23 750
56	其他日用机电产品维修人员	18 600	14 476	13 251	15 850
57	其他办公设备维修人员	18 000	13 800	13 800	15 900
58	保洁员	22 869	11 590	11 400	14 615
59	其他商业、服务业人员	36 537	18 548	10 920	19 901
60	汽车修理工	40 038	18 800	10 200	22 349
61	维修电工	48 723	22 230	16 150	26 782
62	电工	35 530	17 851	15 360	22 476
63	汽车驾驶员	36 969	19 081	11 164	20 567
64	检验员	54 060	25 310	16 800	30 776
65	简单体力劳动工	13 920	13 558	13 450	13 625
66	工程项目经理	42 000	38 510	37 714	39 296

八、住宿和餐饮业

单位：元/年

序号	工种	高位数	中位数	低位数	平均数
1	企业董事	121 500	44 700	29 400	63 954
2	企业经理（厂长）	171 307	72 238	31 742	81 273
3	生产或经营经理	77 800	52 000	28 047	54 731
4	财务经理	100 546	36 850	23 547	48 534
5	行政经理	59 625	33 693	20 350	36 005
6	人事经理	72 456	33 974	21 250	40 309
7	销售和营销经理	71 469	39 151	20 000	41 738
8	广告和公关经理	46 000	30 000	30 000	38 000
9	采购经理	61 714	36 093	21 280	39 471
10	餐厅经理	64 287	32 775	16 522	35 810
11	客房经理	59 316	36 600	17 650	38 443
12	冶金工程技术人员	24 927	24 927	24 927	24 927

续表

序号	工种	高位数	中位数	低位数	平均数
13	机械工程技术人员	18 200	18 200	18 200	18 200
14	计算机与应用工程技术人员	39 000	23 400	20 800	27 300
15	计算机硬件技术人员	21 000	14 300	10 200	16 533
16	计算机软件技术人员	35 000	23 100	10 200	24 240
17	电气工程技术人员	34 301	20 015	14 160	23 432
18	电力工程技术人员	21 600	18 297	16 800	19 319
19	其他工程技术人员	21 600	18 869	16 800	19 517
20	会计人员	35 496	21 603	12 900	23 273
21	出纳	27 407	21 485	14 682	21 546
22	审计人员	30 000	22 500	18 993	24 207
23	其他经济业务人员	31 000	23 000	23 000	27 000
24	广告设计人员	22 560	22 560	22 560	22 560
25	美术编辑	39 000	30 750	22 100	31 520
26	行政业务办公人员	36 200	25 400	21 000	27 785
27	其他行政业务人员	30 000	20 400	20 400	25 200
28	秘书	38 500	21 200	10 677	23 322
29	公关员	25 807	15 600	15 600	20 704
30	打字员	20 300	12 000	10 902	14 677
31	其他行政事务人员	31 800	15 640	11 760	18 553
32	其他行政办公人员	27 127	15 040	12 000	17 485
33	保安员	26 640	15 796	11 625	16 698
34	其他治安保卫人员	19 072	15 950	12 008	16 326
35	话务员	24 467	18 132	12 262	18 670
36	报务员	19 006	15 639	15 639	17 323
37	其他办事人员和有关人员	24 200	19 200	12 720	18 579
38	营业员	30 000	16 240	10 800	18 617
39	收银员	25 827	17 405	10 733	17 627
40	其他营业人员	27 227	16 800	13 800	18 216
41	推销员	55 333	29 845	15 600	31 916
42	采购员	29 423	23 614	14 200	23 147
43	收购员	28 000	14 256	14 256	20 628
44	保管员	22 712	16 025	11 904	16 329

续表

序号	工种	高位数	中位数	低位数	平均数
45	理货员	11 400	11 400	11 400	11 400
46	保鲜员	23 659	23 659	23 659	23 659
47	其他保管人员	20 400	17 684	16 965	18 589
48	中式烹调师	39 701	22 329	12 280	22 997
49	中式面点师	37 850	21 197	10 200	21 777
50	其他中式烹饪人员	32 396	19 787	10 200	19 265
51	西式烹调师	36 683	18 500	15 000	23 573
52	西式面点师	96 000	34 000	27 550	57 510
53	其他西式烹饪人员	19 470	15 840	10 200	15 866
54	调酒师	28 240	20 000	17 450	23 423
55	营养配餐员	16 800	11 800	11 800	14 300
56	其他营养配餐人员	10 200	10 200	10 200	10 200
57	餐厅服务员	27 120	15 171	10 200	16 590
58	餐具清洗保管员	14 092	11 767	10 200	11 400
59	其他餐厅服务人员	29 356	10 800	10 200	15 138
60	其他餐饮服务人员	26 045	15 920	10 400	17 658
61	前厅服务员	30 813	17 237	11 738	18 558
62	客房服务员	32 138	15 735	11 213	17 169
63	其他饭店服务人员	27 681	15 197	10 200	16 517
64	插花员	15 000	15 000	15 000	15 000
65	盆景工	11 400	10 800	10 800	11 000
66	园林植物保护工	11 400	11 400	11 400	11 400
67	康乐服务员	22 420	14 370	12 000	16 026
68	其他健身和娱乐场所服务人员	24 640	15 840	14 940	18 773
69	其他饭店、旅游及健身娱乐场所服务人员	18 000	12 000	12 000	15 000
70	锅炉操作工	28 707	18 860	14 900	20 670
71	其他供水、供热及生活燃料供应服务人员	26 135	20 379	20 379	23 257
72	美容师	15 909	14 300	13 000	14 377
73	洗衣师	29 627	12 729	10 601	16 456
74	办公设备维修工	17 362	14 580	13 244	15 088
75	其他办公设备维修人员	26 000	12 750	12 000	15 628
76	保洁员	25 493	12 000	10 317	13 769

续表

序号	工种	高位数	中位数	低位数	平均数
77	其他环境卫生人员	13 928	12 396	11 407	12 906
78	其他商业、服务业人员	19 706	16 789	10 200	15 465
79	花卉园艺工	32 040	14 169	13 520	20 126
80	水产养殖人员	17 948	13 004	13 004	15 476
81	机修钳工	20 360	18 500	17 621	18 845
82	仪器仪表修理工	32 740	26 340	26 340	29 540
83	锅炉设备安装工	17 400	12 000	12 000	13 800
84	专业电力设备检修工	16 800	16 800	16 800	16 800
85	维修电工	27 171	18 962	13 361	19 862
86	缝纫工	21 688	14 516	14 516	18 102
87	糕点、面包烘焙工	27 437	17 849	10 200	19 420
88	装饰、装修、油漆工	30 000	18 300	15 600	22 200
89	机械电气工程设备安装工、管工	32 000	20 700	16 200	22 038
90	电工	31 433	20 420	19 914	23 203
91	木工	28 618	20 270	14 400	21 371
92	汽车驾驶员	34 427	20 995	17 118	22 754
93	简单体力劳动工	25 750	15 650	12 000	17 594
94	工程项目经理	83 767	34 700	16 650	41 873
95	物业经理	50 527	34 667	30 000	39 072

九、金融业

单位：元/年

序号	工种	高位数	中位数	低位数	平均数
1	企业董事	999 999	646 909	496 400	720 603
2	企业经理（厂长）	618 806	207 013	77 206	265 675
3	生产或经营经理	522 432	201 994	58 982	221 075
4	财务经理	445 287	131 474	51 996	202 468
5	行政经理	344 830	142 327	45 569	165 993
6	人事经理	368 137	158 683	59 346	195 548
7	销售和营销经理	430 763	142 709	60 733	185 369
8	研究和开发经理	240 537	46 070	42 840	114 649
9	计算机与应用工程技术人员	204 600	159 013	134 000	174 208
10	计算机硬件技术人员	97 800	71 000	71 000	84 400
11	计算机软件技术人员	146 000	82 414	46 860	98 904

续表

序号	工种	高位数	中位数	低位数	平均数
12	计算机网络技术人员	89 600	60 365	31 230	70 110
13	其他工程技术人员	100 347	75 761	13 002	72 304
14	统计人员	161 815	73 683	27 564	81 222
15	会计人员	125 430	70 934	26 699	72 135
16	出纳	199 577	95 841	40 047	109 082
17	资产评估人员	284 476	66 359	66 359	175 418
18	审计人员	135 551	70 512	67 836	92 192
19	银行外汇管理员	135 887	80 029	42 322	81 506
20	银行清算员	121 905	62 448	25 446	64 758
21	银行信贷员	224 715	71 533	24 067	89 902
22	银行国外业务员	122 820	49 072	35 374	64 711
23	银行信托业务员	550 430	102 894	39 989	190 419
24	银行信用卡业务员	98 147	51 085	27 307	60 727
25	银行储蓄员	105 184	54 464	27 126	58 261
26	其他银行业务人员	199 630	82 373	32 937	91 528
27	保险推销员	187 319	58 186	17 862	72 106
28	保险理赔员	65 176	33 000	12 000	35 153
29	其他保险业务人员	241 834	41 226	35 000	107 785
30	证券投资顾问	549 900	236 028	31 800	249 478
31	其他证券业务人员	143 392	58 670	12 000	82 126
32	其他金融业务人员	244 775	106 795	36 199	128 912
33	行政业务办公人员	142 241	81 508	29 834	81 957
34	秘书	187 395	67 508	24 000	98 427
35	其他行政事务人员	110 631	81 518	81 518	96 075
36	其他行政办公人员	94 770	64 350	41 301	69 949
37	金融守押员	36 879	30 206	27 445	31 972
38	其他办事人员和有关人员	55 726	45 040	39 725	48 602
39	汽车驾驶员	100 774	77 689	41 329	75 132

十、房地产业

单位：元/年

序号	工种	高位数	中位数	低位数	平均数
1	企业董事	681 948	285 430	20 200	353 879
2	企业经理（厂长）	559 572	149 200	16 600	191 572

续表

序号	工种	高位数	中位数	低位数	平均数
3	生产或经营经理	452 538	131 439	42 852	179 100
4	财务经理	271 310	66 478	38 300	110 324
5	行政经理	196 062	72 866	24 000	97 310
6	人事经理	220 160	60 000	45 000	106 960
7	销售和营销经理	200 160	89 261	41 300	107 725
8	研究和开发经理	342 560	220 438	193 174	255 653
9	电气工程技术人员	207 312	105 153	103 000	134 530
10	建筑工程技术人员	136 790	61 142	19 639	69 110
11	其他工程技术人员	253 439	52 687	14 425	100 414
12	经济计划人员	54 000	25 000	15 000	28 350
13	统计人员	99 403	38 324	15 105	54 973
14	会计人员	130 203	42 622	17 200	58 998
15	出纳	322 221	36 031	15 600	88 566
16	房地产开发业务人员	137 006	80 175	30 100	87 649
17	不动产销售员	93 300	41 760	12 000	48 593
18	其他经济业务人员	136 945	49 727	36 636	71 428
19	其他编辑	121 580	67 434	60 390	82 208
20	行政业务办公人员	107 387	39 672	13 463	52 194
21	其他行政业务人员	45 000	24 691	16 600	27 478
22	其他行政事务人员	220 170	22 800	13 060	99 796
23	其他行政办公人员	106 440	36 100	19 459	48 122
24	保安员	24 200	17 710	14 412	18 469
25	其他办事人员和有关人员	60 000	34 614	20 789	38 079
26	收银员	16 066	15 087	14 573	15 413
27	采购员	22 034	18 000	18 000	20 017
28	物业管理工	49 957	25 000	12 900	26 628
29	保洁员	14 000	12 000	11 000	12 667
30	维修电工	20 973	18 400	14 400	17 958
31	有线通信传输设备调试工	20 400	18 600	18 000	19 200
32	电工	27 480	20 000	20 000	22 773
33	汽车驾驶员	39 440	25 000	18 851	27 794
34	工程项目经理	203 400	74 635	34 000	101 974

续表

序号	工种	高位数	中位数	低位数	平均数
35	物业经理	139 520	50 700	44 640	77 440
36	建筑工程监理人员	116 278	87 541	22 730	81 368
37	建筑工程预决算员	147 675	97 950	17 146	86 107
38	建筑工程设计员	162 527	41 500	18 000	79 322

十一、租赁和商务服务业　　单位：元/年

序号	工种	高位数	中位数	低位数	平均数
1	企业经理（厂长）	179 850	67 550	28 320	90 916
2	生产或经营经理	90 500	49 432	35 300	57 718
3	财务经理	75 000	45 500	41 200	55 333
4	行政经理	60 050	43 739	20 160	42 528
5	销售和营销经理	101 800	63 618	47 735	73 174
6	电气工程技术人员	18 600	15 500	15 000	16 325
7	医疗技术人员	20 880	20 400	12 000	18 160
8	护理人员	20 760	16 052	10 200	16 476
9	会计人员	41 076	22 300	10 200	25 675
10	出纳	28 950	25 204	12 000	24 115
11	行政业务办公人员	40 155	27 652	20 386	30 101
12	其他行政事务人员	26 200	24 210	22 620	24 873
13	保安员	22 646	15 825	11 967	16 891
14	其他治安保卫人员	32 956	24 500	13 593	24 248
15	其他办事人员和有关人员	25 000	21 600	10 200	18 653
16	营业员	38 933	21 234	11 400	24 488
17	收银员	29 134	28 581	15 467	24 416
18	其他营业人员	52 500	19 405	11 400	27 318
19	其他推销、展销人员	50 000	32 800	18 000	34 892
20	保管员	22 600	19 600	12 800	19 400
21	医药商品储运员	12 000	10 800	10 800	11 200
22	其他储运人员	11 375	11 040	11 040	11 170
23	物业管理工	20 400	19 800	19 200	20 000
24	保洁员	16 473	11 806	10 600	12 301
25	其他商业、服务业人员	56 329	23 800	20 000	26 828
26	加工中心操作工	22 032	15 245	11 552	15 972

续表

序号	工种	高位数	中位数	低位数	平均数
27	汽车修理工	53 040	35 999	18 650	36 198
28	维修电工	23 800	23 800	19 000	22 600
29	电工	23 456	12 078	12 078	17 767
30	汽车驾驶员	21 600	18 200	10 800	17 867
31	简单体力劳动工	23 800	23 600	22 600	23 525

十二、居民服务和其他服务业

单位：元/年

序号	工种	高位数	中位数	低位数	平均数
1	企业董事	249 783	68 667	26 606	99 521
2	企业经理（厂长）	309 968	63 520	17 890	112 842
3	生产或经营经理	195 285	39 646	20 000	65 519
4	财务经理	176 739	79 367	19 934	91 824
5	行政经理	176 751	44 360	19 333	73 623
6	人事经理	151 842	35 569	20 000	59 663
7	销售和营销经理	97 801	55 667	20 133	59 663
8	广告和公关经理	85 000	48 000	37 000	62 917
9	餐厅经理	82 464	27 934	20 868	41 840
10	客房经理	59 732	21 438	19 152	32 053
11	化工工程技术人员	31 020	26 850	23 470	27 706
12	计算机网络技术人员	47 520	19 200	19 200	33 360
13	电气工程技术人员	31 720	17 600	16 200	22 307
14	建筑工程技术人员	51 982	27 955	20 327	31 215
15	其他工程技术人员	41 780	22 687	15 120	25 529
16	医疗技术人员	14 784	13 728	12 864	13 792
17	护理人员	15 156	12 078	11 478	12 933
18	统计人员	86 000	29 365	15 000	39 069
19	会计人员	75 590	30 122	13 257	36 293
20	出纳	51 882	24 843	14 824	27 593
21	审计人员	73 446	35 000	14 000	42 222
22	房地产开发业务人员	20 000	18 000	11 400	17 694
23	其他经济业务人员	14 000	14 000	14 000	14 000
24	证券投资顾问	66 000	29 333	23 667	34 929
25	其他证券业务人员	28 000	23 000	18 000	22 611

续表

序号	工种	高位数	中位数	低位数	平均数
26	广告设计人员	30 000	25 000	25 000	26 667
27	文字编辑	112 200	25 000	20 000	54 067
28	美术编辑	65 000	25 000	25 000	38 333
29	其他编辑	25 000	20 000	20 000	21 667
30	英语翻译	50 890	46 979	45 481	47 798
31	行政业务办公人员	73 654	35 458	12 825	42 441
32	秘书	64 146	23 490	18 000	31 064
33	收发员	22 632	22 632	22 632	22 632
34	打字员	37 557	28 000	10 800	25 489
35	计算机操作员	36 974	19 929	19 929	28 452
36	其他行政事务人员	21 600	21 600	21 600	21 600
37	其他行政办公人员	55 440	25 563	16 800	30 355
38	保安员	35 611	15 321	10 667	18 466
39	违禁品检查员	24 000	24 000	24 000	24 000
40	其他治安保卫人员	33 600	20 000	20 000	24 021
41	话务员	32 252	18 381	18 000	23 248
42	其他办事人员和有关人员	59 643	22 600	11 940	28 745
43	营业员	27 500	15 000	15 000	20 000
44	收银员	30 862	20 000	12 451	20 581
45	推销员	58 468	53 100	34 178	49 562
46	采购员	44 296	31 603	26 400	35 834
47	典当业务员	21 000	16 667	10 200	16 214
48	保管员	44 675	24 558	14 900	26 094
49	中式烹调师	37 646	20 000	16 370	22 470
50	中式面点师	21 935	18 300	16 800	19 070
51	其他中式烹饪人员	32 500	12 000	10 200	19 567
52	西式烹调师	55 000	28 948	19 073	35 997
53	西式面点师	33 376	20 000	15 000	23 708
54	调酒师	36 126	15 000	15 000	20 646
55	餐厅服务员	33 901	15 000	11 436	19 918
56	前厅服务员	40 060	24 680	19 757	27 722
57	客房服务员	31 265	18 000	11 436	21 094

续表

序号	工种	高位数	中位数	低位数	平均数
58	其他饭店服务人员	25 000	25 000	20 000	22 895
59	导游	20 754	16 097	10 585	16 778
60	公共游览场所服务员	55 333	50 000	50 000	50 604
61	康乐服务员	30 176	23 959	23 959	27 068
62	其他健身和娱乐场所服务人员	36 402	24 678	24 678	30 540
63	其他饭店、旅游及健身娱乐场所服务人员	50 000	50 000	50 000	50 000
64	公路收费及监控员	37 965	32 395	28 879	32 886
65	船舶业务员	100 500	91 500	80 400	91 944
66	医疗卫生辅助服务人员	13 601	11 550	10 200	11 450
67	物业管理工	30 550	22 584	13 933	21 434
68	锅炉操作工	34 500	23 422	15 600	24 519
69	洗衣师	29 750	22 822	22 822	25 202
70	办公设备维修工	24 600	19 200	14 400	19 292
71	保洁员	12 000	10 329	10 200	10 729
72	其他环境卫生人员	13 000	12 265	12 265	12 633
73	其他社会服务和居民生活服务人员	48 896	44 858	44 807	46 204
74	其他商业、服务业人员	36 736	21 430	14 053	22 840
75	花卉园艺工	20 000	20 000	14 004	18 094
76	工具钳工	26 314	23 532	22 692	24 459
77	机修钳工	33 401	24 417	20 000	25 705
78	汽车修理工	38 779	25 500	16 125	25 471
79	常用电机检修工	17 190	15 795	15 200	16 260
80	维修电工	36 567	33 248	20 366	30 821
81	电工	33 350	20 780	14 656	21 278
82	汽车驾驶员	61 490	23 985	13 425	30 675
83	检验员	56 630	25 978	23 523	30 199
84	计量员	26 521	23 641	19 122	23 954
85	工程项目经理	85 760	34 500	24 004	45 599
86	物业经理	69 893	38 500	22 045	42 021
87	建筑工程监理人员	54 434	22 811	12 298	25 879
88	建筑工程预决算员	52 160	35 500	25 000	40 024

十三、其他行业

单位：元/年

序号	工种	高位数	中位数	低位数	平均数
1	企业董事	228 424	29 802	13 500	74 133
2	企业经理（厂长）	438 622	81 500	36 000	143 229
3	生产或经营经理	326 000	37 615	20 866	96 268
4	财务经理	353 950	33 315	10 200	101 554
5	行政经理	267 465	46 040	30 000	93 355
6	人事经理	114 000	90 263	80 526	98 175
7	销售和营销经理	155 856	20 900	12 600	55 551
8	采购经理	131 580	81 164	81 164	106 372
9	研究和开发经理	220 684	114 900	72 268	151 027
10	电子工程技术人员	46 500	39 000	39 000	42 750
11	电子仪器与测量工程技术人员	49 800	41 150	29 900	41 740
12	计算机软件技术人员	58 200	34 502	26 904	42 401
13	电力工程技术人员	37 600	13 200	11 000	19 686
14	船舶检验工程技术人员	40 100	39 000	35 600	38 675
15	建筑工程技术人员	87 951	28 281	17 198	37 160
16	标准化、计量、质量工程技术人员	36 400	19 100	17 500	24 933
17	其他工程技术人员	51 881	19 863	14 400	26 481
18	会计人员	60 932	30 799	22 853	35 617
19	出纳	68 326	29 100	14 419	34 192
20	资产评估人员	32 708	29 546	24 790	29 611
21	审计人员	35 663	22 564	16 096	24 051
22	英语翻译	54 000	33 300	33 300	43 650
23	其他行政业务人员	73 662	65 392	65 129	68 149
24	秘书	59 000	58 000	58 000	58 500
25	打字员	47 656	22 207	20 413	27 591
26	其他行政事务人员	67 530	58 466	40 351	56 555
27	其他行政办公人员	57 125	28 631	18 186	33 269
28	保安员	21 942	10 200	10 200	12 285
29	其他办事人员和有关人员	106 417	54 658	16 759	54 579
30	其他营业人员	38 898	36 643	36 643	37 771
31	采购员	77 170	22 881	12 000	30 864
32	保管员	52 390	12 165	11 816	22 178

续表

序号	工种	高位数	中位数	低位数	平均数
33	理货员	33 000	30 500	27 000	30 600
34	中式烹调师	75 873	50 656	20 254	55 348
35	中式面点师	45 158	34 356	34 356	39 757
36	其他中式烹饪人员	48 498	21 143	16 745	26 160
37	船舶业务员	93 924	80 224	73 427	83 428
38	其他水上运输服务人员	48 959	45 224	41 737	46 101
39	物业管理工	17 000	13 200	12 000	14 347
40	保洁员	26 017	19 538	10 468	18 752
41	其他社会服务和居民生活服务人员	60 210	54 028	33 187	52 064
42	其他商业、服务业人员	22 496	17 680	17 328	19 285
43	花卉园艺工	27 189	22 574	19 992	23 134
44	化工产品生产工	27 926	24 909	22 906	25 915
45	冲压工	14 000	12 000	12 000	12 645
46	焊工	30 000	24 500	24 000	26 333
47	冷作钣金加工工	33 500	28 000	24 000	28 500
48	涂装工	18 943	18 943	18 943	18 943
49	装配钳工	35 000	32 000	28 000	32 000
50	仪器仪表装配工	31 167	16 817	13 380	18 321
51	机修钳工	59 785	34 543	13 980	40 184
52	船舶修理工	24 561	20 801	17 731	21 095
53	维修电工	98 938	59 271	26 000	63 509
54	药品生产制造工	16 836	14 072	10 200	14 193
55	电工	66 184	28 429	13 980	43 454
56	汽车驾驶员	84 326	42 237	18 031	43 667
57	船舶水手	48 712	40 774	26 843	39 673
58	检验员	39 500	23 460	13 500	25 953
59	包装工	10 800	10 800	10 800	10 800
60	简单体力劳动工	17 572	14 075	11 138	14 536
61	工程项目经理	147 824	21 600	20 400	39 292
62	物业经理	57 624	32 000	20 000	33 906
63	建筑工程监理人员	49 392	26 438	18 767	29 933
64	建筑工程预决算员	75 814	22 800	17 900	36 029

初次就业大中专毕业生工资指导价位

宁波市分工种初次就业大中专毕业生工资指导价位　　单位：元/月

序号	工种	高位数	中位数	低位数	平均数
1	行政经理	2 400	1 600	1 050	1 763
2	销售和营销经理	2 000	1 500	1 040	1 493
3	化工工程技术人员	2 539	1 500	1 300	1 721
4	机械工程技术人员	2 308	1 519	1 150	1 576
5	机械设计工程技术人员	2 843	1 475	850	1 531
6	机械制造工程技术人员	1 875	1 450	1 200	1 550
7	设备工程技术人员	1 813	1 600	1 324	1 607
8	其他机械工程技术人员	2 300	1 600	1 300	1 709
9	兵器工程技术人员	3 368	3 218	2 909	3 224
10	电子工程技术人员	2 130	1 588	1 454	1 806
11	计算机与应用工程技术人员	1 893	1 500	1 360	1 609
12	计算机硬件技术人员	2 210	1 719	1 200	1 769
13	计算机软件技术人员	3 929	2 925	1 366	2 821
14	计算机网络技术人员	1 591	1 400	960	1 360
15	电气工程技术人员	2 693	2 437	2 100	2 447
16	电力工程技术人员	1 773	1 459	1 459	1 616
17	交通工程技术人员	2 740	2 636	2 269	2 588
18	水上交通工程技术人员	2 539	2 251	1 896	2 278
19	建筑工程技术人员	4 167	1 700	1 250	2 242
20	纺织工程技术人员	2 625	1 550	1 200	1 723
21	标准化、计量、质量工程技术人员	1 970	1 400	1 300	1 514
22	其他工程技术人员	3 143	1 873	1 500	2 025
23	药剂人员	1 870	1 812	1 770	1 825
24	统计人员	1 994	1 200	900	1 361
25	会计人员	2 717	1 598	1 013	1 710
26	出纳	2 815	1 500	1 000	1 693
27	审计人员	1 750	1 200	850	1 306
28	国际商务人员	1 813	1 350	1 200	1 402
29	报关员	2 450	1 650	1 200	1 753
30	其他经济业务人员	4 077	1 765	1 302	2 002
31	银行清算员	2 500	1 968	1 858	2 034

续表

序号	工种	高位数	中位数	低位数	平均数
32	银行信贷员	2 060	1 840	1 640	1 780
33	银行信托业务员	3 000	2 500	2 000	2 771
34	银行储蓄员	2 940	1 637	850	1 774
35	其他银行业务人员	3 877	2 138	1 640	2 421
36	服装设计人员	2 441	1 686	1 185	1 812
37	室内装饰设计人员	2 154	2 035	1 408	1 939
38	广告设计人员	1 826	1 600	1 500	1 663
39	英语翻译	3 000	2 000	1 500	2 100
40	行政业务办公人员	2 709	1 427	1 016	1 570
41	其他行政业务人员	2 720	1 700	975	1 812
42	秘书	3 136	1 529	950	1 733
43	打字员	1 389	1 200	1 000	1 230
44	计算机操作员	2 930	1 835	1 300	2 080
45	制图员	1 920	1 275	1 100	1 388
46	其他行政事务人员	2 077	1 450	1 019	1 480
47	其他行政办公人员	2 581	1 597	1 193	1 697
48	其他办事人员和有关人员	2 318	1 200	875	1 447
49	营业员	1 522	1 262	850	1 210
50	收银员	1 197	1 025	1 010	1 083
51	推销员	2 904	1 475	1 038	1 663
52	采购员	1 888	1 518	850	1 478
53	医药商品购销员	1 830	1 300	1 200	1 408
54	保管员	2 202	990	850	1 230
55	理货员	2 746	1 890	1 000	2 013
56	餐厅服务员	1 600	1 300	1 011	1 357
57	前厅服务员	2 102	1 300	900	1 436
58	导游	1 080	920	880	947
59	船舶业务员	2 762	2 637	2 141	2 547
60	锅炉操作工	3 078	1 583	850	2 081
61	其他商业、服务业人员	2 000	1 200	1 127	1 359
62	车工	1 804	1 295	1 000	1 371
63	磨工	1 400	1 158	950	1 186

续表

序号	工种	高位数	中位数	低位数	平均数
64	加工中心操作工	2 088	1 650	1 300	1 675
65	基础件装配工	2 719	1 846	1 200	2 002
66	部件装配工	1 548	1 037	875	1 139
67	装配钳工	1 425	1 000	850	1 015
68	电气元件及设备装配工	1 673	1 070	1 030	1 223
69	机修钳工	3 103	2 143	1 170	2 285
70	汽车修理工	1 721	1 578	1 550	1 625
71	专业电力设备检修工	2 176	1 688	1 200	1 851
72	维修电工	1 500	1 415	1 330	1 443
73	塑料制品加工工	3 194	2 191	1 200	2 431
74	纸制品制作工	2 355	1 909	1 670	2 058
75	印刷操作工	2 500	1 300	850	1 450
76	电工	2 196	1 529	1 100	1 557
77	船舶水手	3 041	1 690	1 430	1 934
78	起重装卸机械驾驶员	3 917	3 386	2 790	3 457
79	检验员	2 539	1 255	876	1 404
80	包装工	1 595	1 230	960	1 352
81	简单体力劳动工	2 676	1 141	960	1 472
82	工程项目经理	3 200	2 250	2 000	2 567
83	建筑工程监理人员	1 893	1 200	1 000	1 298
84	建筑工程预决算员	2 500	1 400	1 200	1 660
85	三副	4 000	3 500	2 323	3 581
86	三管轮	4 000	2 313	2 303	3 154
87	安全员	1 600	1 350	1 350	1 475
88	建筑工程设计员	4 492	2 193	1 500	2 576
89	数控人员	2 001	1 300	850	1 325

宁波市分学历初次就业大中专毕业生工资指导价位　　单位：元/月

学历	高位数	中位数	低位数	平均数
硕士	3 700	2 941	1 618	2 704
本科	3 288	1 764	1 144	1 895
大专	2 963	1 491	950	1 601
高中、中专、技校	2 726	1 238	869	1 430

分专业技术等级、分登记注册类型和分学历工资指导价位

宁波市分专业技术等级工资指导价位

单位：元/年

专业技术等级	高位数	中位数	低位数	平均数
初级工	53 046	18 004	10 874	21 765
中级工	90 515	26 264	12 917	33 671
高级工	90 808	30 942	16 440	39 101
技师	102 555	35 466	21 360	44 420
高级技师	108 692	42 467	28 200	51 508
其他人员	57 526	18 565	10 500	22 593
正高级专业技术职务	414 571	84 659	23 779	112 497
副高级专业技术职务	335 387	59 991	20 671	109 036
中级专业技术职务	254 614	54 873	18 425	78 514
初级专业技术职务	146 844	34 864	15 701	49 636
未评定技术职务人员	108 956	22 345	11 394	32 678

宁波市分登记注册类型工资指导价位

单位：元/年

企业登记注册类型	高位数	中位数	低位数	平均数
内资企业	128 827	22 358	11 611	35 735
国有企业	156 243	49 801	15 700	60 614
集体企业	45 168	28 585	10 200	27 722
股份合作企业	52 097	20 254	11 751	23 747
有限责任公司	101 116	20 414	11 734	29 709
股份有限公司	202 954	33 459	12 797	55 463
私营企业	49 754	17 884	10 200	20 669
其他企业	79 094	20 435	11 587	26 942
港、澳、台商投资企业	71 158	20 014	11 457	26 162
外商投资企业	61 719	20 096	10 989	24 384

宁波市分学历工资指导价位

单位：元/年

学历	高位数	中位数	低位数	平均数
硕士	378 772	78 102	23 108	118 183
本科	249 031	53 507	16 974	74 901
大专	153 293	31 096	14 021	46 412
高中、中专、技校	80 162	21 607	12 045	28 678
初中及以下	53 079	18 003	10 816	21 664

宁波市小时工工资指导价位表（2008 年）

序号	岗位	单位	高位数	中位数	低位数
1	婚礼司仪	元/次	1 500	600	300
2	结婚跟妆	元/次	600	400	200
3	结婚摄像	元/次	800	500	300
4	结婚摄影	元/次	800	400	300
5	婚礼策划师	元/次	1 300	800	500
6	国际舞教练	元/小时	80	60	35
7	乒乓球教练	元/小时	40	30	15
8	羽毛球教练	元/小时	40	20	15
9	网球教练	元/小时	60	40	20
10	游泳教练	元/小时	80	50	20
11	散打教练	元/小时	100	60	28
12	空手道教练	元/小时	80	60	28
13	跆拳道教练	元/小时	100	50	28
14	太极拳教练	元/小时	100	45	20
15	瑜伽教练	元/小时	100	60	30
16	扇子舞教练	元/小时	50	30	20
17	业余歌手	元/场	300	100	50
18	酒店钢琴演奏	元/小时	150	80	40
19	酒店小提琴演奏	元/小时	150	80	40
20	电子琴家教	元/小时	90	45	25
21	手风琴家教	元/小时	80	45	25
22	钢琴家教	元/小时	180	70	40
23	小提琴家教	元/小时	130	75	40
24	二胡家教	元/小时	100	50	25
25	古筝家教	元/小时	90	50	25
26	素描家教	元/小时	45	25	15
27	国画家教	元/小时	50	25	15
28	书法家教	元/小时	45	25	15
29	围棋家教	元/小时	40	25	15
30	长笛家教	元/小时	100	60	30
31	计算机入门	元/小时	50	30	15
32	小学辅导	元/小时	40	25	10

续表

序号	岗位	单位	高位数	中位数	低位数
33	初中辅导	元/小时	50	30	20
34	高一、高二辅导	元/小时	50	40	20
35	高三辅导	元/小时	60	45	30
36	综合家政	元/小时	15	10	8
37	涉外家政	元/小时	50	30	20
38	月嫂	元/月	3 000	2 000	900
39	老人陪护	元/小时	15	10	8
40	日常清洁	元/小时	12	9	7.2
41	突击清洁	元/小时	15	10	7.2
42	接送小孩	元/次	20	12	8
43	手工编织	元/件	50	20	10
44	管道维护	元/次	50	30	20
45	电工	元/次	—	20	—
46	运输	元/小时	10	8	7.2
47	屠宰工	元/小时	60	30	20
48	餐饮服务员	元/小时	20	10	7.2
49	餐饮勤杂工	元/小时	15	8	7.2
50	餐饮洗碗工	元/小时	10	8	7.2
51	点心师	元/小时	25	16	11
52	厨师	元/小时	35	20	12
53	调酒师	元/小时	40	20	10
54	营业员	元/小时	18	10	7.2
55	商场导购	元/小时	20	15	8
56	商场礼仪	元/小时	30	16	10
57	酒类促销员	元/小时	15	9	7.2
58	家电促销员	元/小时	15	9	7.2
59	食品促销员	元/小时	12	8	7.2
60	饮料促销员	元/小时	12	8	7.2
61	理货员	元/小时	15	12	8
62	收银员	元/小时	15	12	8
63	计算机促销员	元/小时	15	10	7.2
64	化妆品促销员	元/小时	15	10	7.2

续表

序号	岗位	单位	高位数	中位数	低位数
65	乳制品促销员	元/小时	10	8	7.2
66	汽车陪驾	元/小时	65	40	25
67	宾馆客房清理	元/间	5	3	2
68	兼职导游	元/天	180	80	50
69	兼职财务	元/月	1 000	700	300
70	打字员	元/千(汉字)	15	10	5
71	钢琴调音师	元/次	180	100	60
72	送气工	元/瓶	5	3	2
73	送水工	元/桶	—	2	1
74	推拿	元/小时	60	30	20

温州市劳动力市场工资指导价位（2008 年）

温州市分工种工资指导价位　　单位：元/年

序号	工种	高位数	中位数	低位数
1	企业董事	187 034	56 000	23 486
2	企业经理（厂长）	211 509	60 465	23 912
3	党委书记	180 812	48 783	23 730
4	工会主席	142 309	40 032	20 374
5	生产或经营经理	140 740	36 058	17 988
6	财务经理	100 498	40 073	19 569
7	行政经理	99 764	38 604	18 404
8	人事经理	117 703	38 817	20 090
9	销售和营销经理	149 685	39 335	17 578
10	广告和公关经理	104 012	46 000	19 800
11	采购经理	63 683	33 055	20 600
12	研究和开发经理	82 499	39 848	20 384
13	办公室主任	100 013	40 825	16 371
14	物资管理部门经理	75 056	37 836	17 957
15	建筑工程项目经理	69 720	43 205	20 507
16	进出口业务部经理	237 929	45 900	21 844
17	保安部经理	41 519	27 600	16 667

续表

序号	工种	高位数	中位数	低位数
18	地质勘探工程技术人员	69 667	37 000	14 000
19	测绘工程技术人员	67 016	38 408	13 995
20	矿山工程技术人员	31 831	18 000	13 000
21	冶金工程技术人员	74 300	20 934	14 800
22	化工工程技术人员	52 406	24 400	11 300
23	医药工程技术人员	32 560	18 400	14 400
24	机械工程技术人员	88 067	29 253	16 680
25	机械设计工程技术人员	76 300	35 500	20 700
26	机械制造工程技术人员	41 992	19 817	11 501
27	仪器仪表工程技术人员	37 068	24 824	19 200
28	设备工程技术人员	64 588	27 917	16 156
29	其他机械工程技术人员	45 611	16 333	12 000
30	电子工程技术人员	63 750	33 745	20 000
31	雷达系统工程技术人员	34 400	32 600	30 800
32	其他电子工程技术人员	30 401	18 945	10 200
33	通信工程技术人员	107 011	72 578	27 987
34	计算机与应用工程技术人员	107 083	42 819	19 599
35	计算机硬件技术人员	62 496	28 000	20 400
36	计算机软件技术人员	81 547	36 212	14 400
37	计算机网络技术人员	74 634	26 123	12 200
38	计算机系统分析技术人员	53 192	31 200	15 113
39	其他计算机与应用工程技术人员	139 296	35 085	23 718
40	电气工程技术人员	70 324	30 235	21 410
41	电力工程技术人员	85 488	62 467	30 823
42	交通工程技术人员	44 000	31 286	21 380
43	汽车运用工程技术人员	42 712	21 812	11 464
44	民用航空工程技术人员	110 032	60 977	18 022
45	建筑工程技术人员	82 790	38 278	14 988
46	建材工程技术人员	56 659	32 065	15 058
47	林业工程技术人员	80 000	30 000	20 000
48	水利工程技术人员	70 167	64 162	43 660
49	纺织工程技术人员	30 300	18 458	13 153

续表

序号	工种	高位数	中位数	低位数
50	食品工程技术人员	117 076	47 342	26 400
51	环境保护工程技术人员	44 845	19 970	15 086
52	安全工程技术人员	84 138	37 157	15 360
53	标准化、计量、质量工程技术人员	73 732	30 000	18 300
54	其他工程技术人员	80 087	37 572	14 606
55	西医医师	94 337	64 337	20 000
56	药剂人员	108 432	60 197	49 600
57	医疗技术人员	69 153	41 850	36 102
58	护理人员	59 688	32 000	20 000
59	其他卫生专业技术人员	81 139	24 412	21 850
60	经济计划人员	99 443	36 741	14 849
61	统计人员	70 782	21 042	11 815
62	会计人员	97 396	28 603	14 979
63	出纳	73 112	23 952	11 886
64	审计人员	88 719	46 698	24 278
65	国际商务人员	110 395	30 000	17 778
66	报关员	62 763	23 600	14 033
67	房地产开发业务人员	62 678	41 346	21 733
68	不动产销售员	67 631	34 130	11 737
69	其他经济业务人员	82 790	30 768	11 000
70	银行外汇管理员	142 506	70 230	46 947
71	银行清算员	91 135	71 135	24 892
72	银行信贷员	145 686	73 319	32 395
73	银行国外业务员	96 175	61 205	49 985
74	银行储蓄员	90 789	68 481	34 816
75	其他银行业务人员	155 007	74 425	30 636
76	保险推销员	64 178	38 006	15 115
77	保险理赔员	53 907	29 684	15 680
78	其他保险业务人员	95 836	20 098	11 871
79	证券交易员	64 234	27 645	16 000
80	证券投资顾问	78 139	44 587	28 557
81	产品开发设计人员	52 663	24 196	12 211

续表

序号	工种	高位数	中位数	低位数
82	服装设计人员	60 000	37 500	17 000
83	室内装饰设计人员	37 356	27 568	20 191
84	广告设计人员	87 603	30 385	20 191
85	鞋样设计人员	68 075	33 630	15 000
86	文字记者	68 467	58 804	48 549
87	文字编辑	70 000	21 379	17 000
88	美术编辑	30 000	20 000	17 000
89	图书资料与档案业务人员	73 598	38 027	19 217
90	行政业务办公人员	96 069	27 132	13 713
91	行政执法人员	65 200	20 127	17 400
92	其他行政业务人员	65 512	25 921	12 235
93	秘书	83 745	23 554	11 083
94	公关员	63 356	26 000	15 400
95	收发员	51 962	16 738	12 000
96	打字员	54 662	22 382	12 976
97	计算机操作员	42 778	19 475	10 453
98	制图员	33 400	15 000	10 200
99	办公室文员	29 763	17 600	11 906
100	劳资人员	83 415	34 140	16 132
101	总务	75 044	28 230	10 635
102	其他行政事务人员	72 859	22 300	11 572
103	生产管理人员	70 121	26 256	14 075
104	其他行政办公人员	67 361	23 907	18 842
105	保安员	48 183	17 648	10 905
106	违禁品检查员	29 711	19 292	13 015
107	金融守押员	88 201	36 968	21 292
108	其他治安保卫人员	56 900	17 160	10 200
109	消防人员	47 428	21 200	12 117
110	邮政营业员	46 172	39 840	26 521
111	邮件处理员	49 189	42 297	26 329
112	投递员	46 889	35 145	25 305
113	报刊发行员	44 360	40 453	36 000

续表

序号	工种	高位数	中位数	低位数
114	其他邮政业务人员	61 409	49 909	40 794
115	电信业务营业员	77 315	56 370	26 149
116	话务员	80 986	22 400	16 829
117	其他电信业务人员	90 112	62 384	33 646
118	线务员	66 137	58 491	16 260
119	通信电力机务员	101 772	64 493	47 300
120	市话测量员	73 792	67 300	27 032
121	其他电信通信传输业务人员	80 819	67 300	33 257
122	其他办事人员和有关人员	83 234	30 537	10 865
123	营业员	34 893	21 119	10 847
124	营销员	39 935	24 000	16 655
125	收银员	29 102	18 000	10 200
126	其他营业人员	41 909	19 886	13 600
127	推销员	58 820	22 540	10 309
128	出版物发行员	29 873	25 000	13 415
129	其他推销、展销人员	37 143	22 964	10 428
130	采购员	68 567	23 745	12 986
131	收购员	68 236	30 000	20 135
132	其他采购人员	35 000	19 200	12 000
133	租赁业务员	42 950	39 200	27 880
134	废旧物资回收利用人员	22 800	19 300	16 800
135	医药商品购销员	25 615	19 480	13 800
136	保管员	50 979	20 126	11 511
137	理货员	34 172	15 600	12 606
138	其他保管人员	33 592	15 800	12 000
139	商品储运员	28 600	19 200	18 000
140	商品护运员	27 000	19 200	18 000
141	医药商品储运员	26 400	19 800	14 680
142	仓库管理员	27 600	16 759	15 600
143	其他储运人员	43 886	19 911	14 000
144	导游	32 000	18 917	15 533
145	汽车客运服务员	33 500	26 823	18 077

续表

序号	工种	高位数	中位数	低位数
146	汽车运输调度员	53 772	26 213	19 600
147	公路收费及监控员	28 800	21 600	18 000
148	其他公路道路运输服务人员	21 600	18 000	12 000
149	旅客列车乘务员	24 000	19 397	14 460
150	车站客运服务员	29 266	20 852	16 800
151	行包运输服务员	48 478	19 000	13 096
152	航空运输地面服务员	69 339	35 746	17 040
153	船舶业务员	35 026	28 588	22 150
154	其他水上运输服务人员	41 958	33 459	19 344
155	物业管理工	47 575	19 593	12 450
156	供水生产工	38 000	22 168	13 200
157	生活燃料供应工	26 850	20 554	16 208
158	锅炉操作工	31 743	18 530	14 913
159	眼镜定配工	23 600	20 000	15 250
160	其他验光配镜人员	22 800	16 800	14 800
161	家用电器产品维修工	27 000	19 200	14 400
162	钟表维修工	20 400	18 000	15 600
163	其他日用机电产品维修人员	23 400	16 800	14 400
164	办公设备维修工	24 870	21 600	15 600
165	其他办公设备维修人员	28 860	16 640	13 200
166	垃圾清运工	18 200	15 600	10 200
167	保洁员	28 507	13 208	10 200
168	其他环境卫生人员	23 500	13 200	10 200
169	其他商业、服务业人员	28 000	16 893	12 600
170	花卉园艺工	20 530	18 000	12 000
171	炼钢人员	30 000	21 382	14 329
172	铁合金冶炼人员	35 600	27 000	20 000
173	重有色金属冶炼人员	26 900	25 200	16 800
174	金属轧制人员	28 400	24 000	18 000
175	其他金属冶炼、轧制人员	27 600	23 760	15 600
176	化工产品生产工	31 772	21 600	14 200
177	车工	32 942	24 000	20 400

续表

序号	工种	高位数	中位数	低位数
178	铣工	30 720	25 200	18 000
179	刨插工	27 600	23 400	16 800
180	磨工	30 000	24 000	18 000
181	镗工	33 600	24 000	18 000
182	钻床工	36 000	24 000	18 000
183	加工中心操作工	39 600	30 920	19 200
184	抛磨光工	36 960	28 800	21 600
185	拉床工	26 914	19 200	14 042
186	锯床工	32 672	20 400	14 400
187	铸造工	33 000	21 600	18 000
188	锻造工	30 000	21 600	19 200
189	冲压工	24 000	15 600	13 200
190	剪切工	26 400	20 400	18 000
191	焊工	33 600	15 600	14 400
192	金属热处理工	36 960	27 600	18 000
193	电切削工	31 000	26 400	16 800
194	冷作钣金加工工	32 800	20 400	15 600
195	镀层工	34 000	27 960	18 000
196	涂装工	29 400	21 000	16 800
197	基础件装配工	31 200	19 200	14 400
198	部件装配工	30 000	20 400	14 400
199	装配钳工	33 600	24 000	15 600
200	工具钳工	38 400	26 400	16 600
201	动力设备装配工	32 400	23 760	18 000
202	电气元件及设备装配工	30 000	21 600	15 600
203	电子专用设备装配调试工	33 080	20 960	17 600
204	仪器仪表装配工	31 200	20 400	18 000
205	运输车辆装配工	31 200	21 600	16 800
206	空调机装配工	30 000	19 200	15 600
207	剃须刀装搭工	24 000	20 400	14 400
208	眼镜装搭工	27 600	21 600	15 600
209	五金制品制作装配人员	28 800	21 600	14 400

续表

序号	工种	高位数	中位数	低位数
210	机修钳工	30 000	22 800	16 800
211	汽车修理工	48 000	38 400	19 200
212	仪器仪表修理工	24 000	21 600	15 600
213	锅炉设备安装工	21 600	18 000	16 800
214	电力电缆安装工	80 396	21 564	15 000
215	电力工程内线安装工	63 440	32 701	18 600
216	送电、配电线路工	84 711	52 969	29 072
217	变电站值班员	93 081	62 678	25 044
218	专业电力设备检修工	87 145	73 832	21 657
219	电气试验员	79 915	61 264	33 425
220	用电监察员	70 824	58 315	41 338
221	抄表核算收费员	70 152	57 885	34 205
222	电能计量装置检修工	77 469	60 489	49 137
223	继电保护工	87 887	65 165	33 437
224	电气检修工	80 158	61 775	21 600
225	高压试验工	84 179	68 563	55 910
226	装表接电工	84 755	63 038	26 938
227	发电运行值班员	83 424	76 242	43 166
228	常用电机检修工	32 290	19 700	16 097
229	维修电工	38 400	25 954	15 174
230	电子器件制造工	31 600	23 260	19 600
231	电子元件制造工	32 000	24 600	18 400
232	橡胶制品生产工	35 400	16 462	12 527
233	塑料制品加工工	30 000	15 532	12 357
234	纤维预处理人员	26 400	21 600	19 200
235	织造人员	30 139	23 184	12 062
236	印染人员	26 400	23 755	12 750
237	裁剪工	38 000	31 200	13 741
238	缝纫工	33 853	23 055	12 520
239	裁缝	32 046	23 714	12 583
240	服装整烫工	30 664	23 171	13 041
241	制鞋工	34 166	19 002	12 920

续表

序号	工种	高位数	中位数	低位数
242	皮鞋成型工	34 246	18 128	12 972
243	鞋包工	28 117	19 374	12 740
244	鞋底组合工	25 800	18 080	14 800
245	鞋跟喷漆工	30 978	20 800	15 000
246	撬模工	29 890	20 890	12 124
247	车包工	32 931	24 150	15 220
248	复抓工	37 800	19 084	13 808
249	复底工	35 257	18 662	13 703
250	皮鞋制帮工	36 000	18 994	13 200
251	皮鞋划裁工	38 400	18 856	11 931
252	鞋楦定型工	33 600	19 000	12 800
253	皮革加工工	32 649	19 028	12 200
254	毛皮加工工	18 870	18 750	12 800
255	制粉工	26 092	21 840	17 520
256	制油工	28 121	20 400	19 200
257	冷食品制作工	29 620	25 832	19 568
258	味精制作工	26 200	21 600	18 800
259	药品生产制造工	29 200	20 600	14 500
260	纤维板工	37 200	19 667	14 000
261	手工木工	35 200	21 000	16 000
262	制浆工	27 904	16 400	13 440
263	造纸工	26 075	17 240	12 192
264	纸制品制作工	24 122	18 895	13 855
265	水泥制品工	40 000	25 000	15 000
266	印刷操作工	34 400	25 200	17 600
267	印后制作工	32 000	22 800	14 000
268	文体用品乐器制作工	28 000	19 333	12 000
269	自来水笔制作工	30 000	18 000	13 000
270	圆珠笔制作工	30 000	20 000	13 000
271	铅笔制作工	30 500	20 000	13 000
272	制笔装搭工	27 500	20 000	12 000
273	砌筑工	31 600	19 300	13 800

续表

序号	工种	高位数	中位数	低位数
274	混凝土工	31 000	18 800	15 000
275	钢筋工	27 600	19 000	15 960
276	架子工	24 000	16 500	13 000
277	装饰、装修、油漆工	29 320	19 000	13 284
278	机械电气工程设备安装工、管工	33 879	26 631	13 500
279	电工	41 002	22 916	13 562
280	木工	48 000	28 000	16 748
281	预决算员	60 992	38 880	14 000
282	汽车驾驶员	66 016	25 778	14 784
283	公共汽车驾驶员	33 167	27 000	24 333
284	长途客运驾驶员	39 042	37 262	27 857
285	货运车驾驶员	42 687	29 650	21 796
286	小车驾驶员	36 961	22 933	16 677
287	机车乘务员	27 555	19 000	12 122
288	起重装卸机械驾驶员	58 724	32 511	16 915
289	检验员	31 922	17 318	11 213
290	计量员	36 461	18 946	10 986
291	包装工	27 207	14 668	10 200
292	简单体力劳动工	25 853	13 850	10 390
293	普工	21 722	14 147	10 259

温州市餐饮饭店业、美容美发业分工种工资指导价位　　单位：元/年

序号	工种	高位数	中位数	低位数
1	餐厅经理	60 504	47 040	36 000
2	客房经理	49 332	42 252	28 800
3	厨师长	70 000	24 927	15 500
4	中式烹调师	74 748	34 704	12 000
5	中式面点师	52 008	30 924	12 000
6	西式烹调师	53 136	34 668	12 000
7	西式面点师	49 008	31 800	12 000
8	调酒师	30 000	23 400	14 400
9	餐厅服务员	30 000	18 072	10 200
10	餐具清洁保管员	12 996	11 556	10 200

续表

序号	工种	高位数	中位数	低位数
11	前厅服务员	27 660	19 596	10 200
12	客房服务员	24 328	16 376	10 440
13	餐厅领班	33 420	23 004	12 000
14	前厅领班	32 460	21 000	14 400
15	客房领班	32 400	20 004	14 400
16	其他中式烹饪人员	37 356	18 372	10 476
17	营养配餐员	25 056	18 396	10 200
18	其他营养配餐人员	31 420	21 187	12 400
19	其他餐厅服务人员	30 800	13 400	10 200
20	其他餐饮服务人员	22 571	11 800	10 500
21	其他饭店服务人员	33 076	20 885	13 800
22	美容师	28 000	18 400	13 200
23	美发师	36 000	20 100	12 000

温州市分隶属关系工资指导价位

单位：元/年

隶属关系	高位数	中位数	低位数	平均数
中央	93 195	62 847	35 109	63 405
省（自治区、直辖市）	134 835	30 440	18 470	46 852
地区	106 709	26 053	11 524	36 819
县及县以下	43 784	17 164	10 427	20 507

温州市分登记注册类型工资指导价位

单位：元/年

企业登记注册类型	高位数	中位数	低位数	平均数
内资企业	97 550	21 727	10 708	34 308
国有企业	111 762	42 765	13 325	53 689
集体企业	50 152	19 630	10 384	22 905
股份合作企业	136 818	19 333	13 431	33 688
联营企业	28 821	16 800	12 940	16 936
有限责任公司	58 422	17 808	10 628	21 677
股份有限公司	145 293	23 594	10 885	48 017
私营企业	46 602	15 646	10 875	19 988
其他企业	57 452	18 000	10 750	23 162
港、澳、台商投资企业	50 816	17 650	11 071	20 970
外商投资企业	60 676	17 975	11 580	23 160

温州市分专业技术等级工资指导价位 单位：元/年

专业技术等级	高位数	中位数	低位数	平均数
初级工	49 437	17 773	10 413	20 491
中级工	80 083	28 936	11 475	36 735
高级工	86 318	31 383	16 826	41 096
技师	89 498	52 183	18 483	45 278
高级技师	103 802	55 352	22 000	50 414
其他人员	43 758	16 888	10 287	19 233
正高级专业技术职务	253 124	59 485	23 382	78 219
副高级专业技术职务	190 536	54 247	22 502	74 756
中级专业技术职务	176 539	48 426	16 938	58 143
初级专业技术职务	111 649	31 076	13 425	44 863
未评定技术职务人员	93 940	19 778	10 314	31 366

温州市分学历工资指导价位 单位：元/年

学历	高位数	中位数	低位数	平均数
博士及以上	316 265	60 130	24 000	134 980
硕士	226 431	52 377	34 730	88 999
本科	158 482	54 527	17 185	63 223
大专	113 522	32 479	14 626	46 837
高中、中专、技校	78 811	22 114	12 720	31 172
初中及以下	54 262	16 309	10 269	20 344

温州市分学历初次就业大中专毕业生工资指导价位 单位：元/年

学历	高位数	中位数	低位数	平均数
硕士	4 200	3 159	2 000	3 192
本科	3 156	1 805	1 287	2 085
大专	2 607	1 490	975	1 553
高中、中专、技校	2 062	1 261	857	1 307

温州市初次就业大中专毕业生分工种工资指导价位 单位：元/年

序号	工种	高位数	中位数	低位数	平均数
1	企业经理（厂长）	3 000	2 500	2 000	2 625
2	生产或经营经理	3 000	2 000	1 500	2 250
3	财务经理	3 000	2 000	1 500	2 167
4	行政经理	3 000	2 300	1 500	2 500

续表

序号	工种	高位数	中位数	低位数	平均数
5	销售和营销经理	2 600	1 800	1 700	2 075
6	化工工程技术人员	1 200	1 100	1 000	1 050
7	机械工程技术人员	1 550	1 100	1 000	1 150
8	机械设计工程技术人员	1 600	1 100	1 000	1 200
9	机械制造工程技术人员	1 600	1 300	1 000	1 334
10	计算机软件技术人员	2 000	1 680	1 500	1 780
11	计算机网络技术人员	2 871	1 500	1 300	1 713
12	交通工程技术人员	2 400	1 300	1 200	1 500
13	环境保护工程技术人员	1 300	1 200	1 100	1 200
14	其他工程技术人员	2 500	1 700	1 300	1 950
15	统计人员	2 030	1 400	1 020	1 541
16	会计人员	2 273	1 702	1 095	1 739
17	出纳	2 226	1 625	1 025	1 770
18	国际商务人员	2 186	1 500	1 000	1 514
19	房地产开发业务人员	2 600	1 300	1 000	1 515
20	其他经济业务人员	1 834	1 404	1 180	1 496
21	银行信贷员	2 500	1 800	1 300	2 150
22	银行储蓄员	2 150	1 800	1 600	2 036
23	其他银行业务人员	2 150	1 700	1 650	1 900
24	保险理赔员	2 461	2 196	1 650	2 167
25	产品开发设计人员	2 533	1 488	1 000	1 450
26	行政业务办公人员	2 556	1 500	1 000	1 729
27	其他行政业务人员	2 209	1 300	1 025	1 357
28	秘书	2 039	1 674	1 000	1 710
29	打字员	1 200	1 150	1 100	1 167
30	计算机操作员	1 899	1 463	1 300	1 608
31	制图员	1 700	1 250	1 000	1 350
32	办公室文员	1 733	1 383	1 017	1 359
33	劳资人员	2 800	1 500	1 300	1 773
34	其他行政事务人员	2 335	1 364	1 000	1 640
35	生产管理人员	2 254	1 436	1 033	1 670
36	施工管理人员	1 500	1 200	1 000	1 150

续表

序号	工种	高位数	中位数	低位数	平均数
37	其他行政办公人员	2 560	1 500	1 100	1 565
38	保安员	1 467	1 400	1 000	1 361
39	消防人员	1 450	1 300	1 200	1 350
40	话务员	1 679	1 300	1 100	1 392
41	其他电信业务人员	2 100	2 000	1 900	2 000
42	营业员	2 139	1 591	1 280	1 653
43	营销员	2 200	1 450	1 120	1 450
44	汽车销售员	2 700	2 140	1 700	2 200
45	采购员	1 900	1 500	1 200	1 648
46	仓库管理员	1 900	1 400	1 000	1 469
47	前厅服务员	1 300	1 000	900	1 058
48	导游	1 727	1 449	1 276	1 466
49	汽车货运站务员	1 640	1 500	900	1 456
50	车站客运服务员	1 898	1 510	1 093	1 492
51	航空运输地面服务员	1 479	1 450	1 350	1 437
52	车工	1 400	1 200	1 100	1 250
53	加工中心操作工	1 400	1 150	1 000	1 233
54	数控车床工	1 868	1 242	1 200	1 490
55	锻造工	1 200	1 100	1 000	1 100
56	机修钳工	1 400	1 300	1 200	1 300
57	设备维修保养工	1 890	1 000	950	1 280
58	送电、配电线路工	2 868	2 037	1 759	2 132
59	变电站值班员	2 850	2 250	2 059	2 315
60	专业电力设备检修工	2 902	2 302	2 102	2 402
61	继电保护工	3 360	2 327	2 029	2 588
62	制鞋工	1 500	1 200	850	878
63	电工	1 800	1 200	1 100	1 363
64	汽车驾驶员	1 850	1 500	1 100	1 488
65	检验员	1 981	1 225	975	1 338
66	普工	1 400	1 000	850	1 067

湖州市劳动力市场工资指导价位（2008 年）

湖州市区企业部分职业（工种）劳动力市场工资指导价位　　单位：元

序号	职业（工种）	工资指导价位					
		高位数		中位数		低位数	
		年薪	月薪	年薪	月薪	年薪	月薪
1	企业经理（厂长）	216 000	18 000	63 000	5 250	31 500	2 625
2	生产或经营经理	108 000	9 000	51 660	4 305	25 200	2 100
3	销售或营销经理	105 600	8 800	49 140	4 095	25 200	2 100
4	广告和公关经理	99 600	8 300	30 240	2 520	18 264	1 522
5	研究和开发经理	117 528	9 794	34 020	2 835	20 784	1 732
6	财务经理	94 800	7 900	34 020	2 835	17 004	1 417
7	劳动（人事）经理	88 800	7 400	31 140	2 595	18 900	1 575
8	行政经理	79 200	6 600	31 500	2 625	15 120	1 260
9	餐厅经理	45 360	3 780	23 400	1 950	14 880	1 240
10	客房经理	35 400	2 950	21 240	1 770	15 480	1 290
11	化工工程技术人员	56 700	4 725	25 200	2 100	13 200	1 100
12	医药工程技术人员	56 700	4 725	27 600	2 300	14 880	1 240
13	设备工程技术人员	60 840	5 070	26 880	2 240	13 200	1 100
14	安全工程技术人员	46 020	3 835	26 880	2 240	13 200	1 100
15	环境保护工程技术人员	53 760	4 480	24 000	2 000	13 200	1 100
16	建筑工程技术人员	64 260	5 355	30 240	2 520	20 160	1 680
17	机械工程技术人员	47 040	3 920	30 912	2 576	18 816	1 568
18	交通工程技术人员	31 560	2 630	26 160	2 180	20 820	1 735
19	电子工程技术人员	38 940	3 245	24 192	2 016	15 744	1 312
20	电气工程技术人员	42 000	3 500	30 000	2 500	18 000	1 500
21	纺织工程技术人员	39 600	3 300	26 400	2 200	15 744	1 312
22	通信工程技术人员	51 600	4 300	38 400	3 200	22 680	1 890
23	建材工程技术人员	41 760	3 480	33 600	2 800	17 700	1 475
24	食品工程技术人员	48 000	4 000	25 200	2 100	15 600	1 300
25	计算机硬件技术人员	45 360	3 780	32 040	2 670	16 380	1 365
26	计算机软件技术人员	45 600	3 800	32 400	2 700	20 580	1 715
27	计算机网络技术人员	42 000	3 500	27 000	2 250	15 780	1 315
28	计算机操作员	36 000	3 000	16 980	1 415	11 400	950

续表

序号	职业（工种）	工资指导价位					
		高位数		中位数		低位数	
		年薪	月薪	年薪	月薪	年薪	月薪
29	统计人员	34 800	2 900	22 020	1 835	10 560	880
30	会计人员	42 000	3 500	24 000	2 000	11 964	997
31	劳资人员	34 800	2 900	22 200	1 850	11 400	950
32	出纳	34 800	2 900	18 816	1 568	10 560	880
33	审计人员	43 800	3 650	28 800	2 400	15 600	1 300
34	报关员	24 000	2 000	19 440	1 620	12 000	1 000
35	房地产开发业务人员	40 200	3 350	33 000	2 750	13 800	1 150
36	证券交易员	64 800	5 400	46 800	3 900	28 980	2 415
37	保险推销员	60 000	5 000	28 980	2 415	15 000	1 250
38	保险理赔员	42 000	3 500	33 360	2 780	18 000	1 500
39	汽车推销员	42 000	3 500	28 800	2 400	10 560	880
40	银行综合柜员	37 800	3 150	28 200	2 350	18 000	1 500
41	银行储蓄员	37 800	3 150	26 400	2 200	14 160	1 180
42	广告设计人员	48 000	4 000	29 520	2 460	15 600	1 300
43	室内装饰设计员	44 400	3 700	28 800	2 400	16 800	1 400
44	服装设计人员	36 000	3 000	24 000	2 000	19 200	1 600
45	记者	45 600	3 800	42 000	3 500	38 400	3 200
46	编辑	63 120	5 260	44 400	3 700	36 000	3 000
47	导游	35 400	2 950	24 000	2 000	15 480	1 290
48	保安员	22 200	1 850	16 260	1 355	10 560	880
49	保洁员	18 000	1 500	12 000	1 000	10 560	880
50	勤杂工	14 400	1 200	12 000	1 000	10 560	880
51	简单体力劳动工	15 000	1 250	12 000	1 000	10 560	880
52	外贸业务员	43 200	3 600	23 400	1 950	16 200	1 350
53	道路养护工	25 800	2 150	19 800	1 650	14 400	1 200
54	光学仪器装配工	19 800	1 650	16 800	1 400	14 400	1 200
55	光学抛光镀膜	22 200	1 850	15 600	1 300	10 800	900
56	秘书	34 800	2 900	25 800	2 150	12 000	1 000
57	公关员	25 200	2 100	18 900	1 575	12 000	1 000
58	出版物发行员	29 400	2 450	25 200	2 100	21 600	1 800

续表

序号	职业（工种）	工资指导价位					
		高位数		中位数		低位数	
		年薪	月薪	年薪	月薪	年薪	月薪
59	报刊发行员	28 200	2 350	23 400	1 950	16 200	1 350
60	话务员	30 000	2 500	22 800	1 900	12 000	1 000
61	用户通信终端维修员	34 200	2 850	19 200	1 600	16 800	1 400
62	电信业务营业员	34 200	2 850	28 800	2 400	19 800	1 650
63	邮政业务营业员	25 200	2 100	19 800	1 650	13 200	1 100
64	营业员	20 400	1 700	17 400	1 450	10 560	880
65	收银员	21 000	1 750	17 400	1 450	10 560	880
66	推销员	35 400	2 950	21 600	1 800	15 600	1 300
67	采购员	28 800	2 400	17 400	1 450	12 000	1 000
68	医药商品采销员	26 400	2 200	21 600	1 800	18 600	1 550
69	医药调剂员	19 800	1 650	15 000	1 250	10 560	880
70	医药销售员	46 200	3 850	32 400	2 700	19 800	1 650
71	药物制剂工	21 600	1 800	16 800	1 400	12 000	1 000
72	制药包装工	16 800	1 400	14 400	1 200	10 800	900
73	仓库保管员	22 560	1 880	15 120	1 260	10 560	880
74	中式烹调师	48 000	4 000	27 600	2 300	15 120	1 260
75	中式面点师	34 800	2 900	17 640	1 470	13 860	1 155
76	餐具清洗员	13 440	1 120	11 400	950	10 560	880
77	餐厅服务员	21 600	1 800	16 200	1 350	10 560	880
78	前厅服务员	21 600	1 800	16 200	1 350	10 560	880
79	客房服务员	19 800	1 650	15 000	1 250	10 560	880
80	康乐服务员	18 600	1 550	14 820	1 235	10 560	880
81	足浴按摩师	29 400	2 450	18 000	1 500	12 600	1 050
82	保健按摩师	30 000	2 500	19 200	1 600	12 000	1 000
83	物业管理员	23 400	1 950	15 000	1 250	10 560	880
84	园林植物保护工	19 200	1 600	15 000	1 250	13 680	1 140
85	锅炉操作工	28 200	2 350	17 400	1 450	12 000	1 000
86	家用电器产品维修工	22 200	1 850	16 800	1 400	14 160	1 180
87	家用电子产品维修工	22 200	1 850	16 800	1 400	12 600	1 050
88	汽车客运服务员	16 200	1 350	14 400	1 200	12 000	1 000

续表

序号	职业（工种）	工资指导价位					
		高位数		中位数		低位数	
		年薪	月薪	年薪	月薪	年薪	月薪
89	车站货运员	15 000	1 250	13 800	1 150	12 000	1 000
90	公路收费员	25 800	2 150	20 400	1 700	14 400	1 200
91	汽车售票员	16 800	1 400	15 600	1 300	12 600	1 050
92	电气设备安装工	30 600	2 550	21 240	1 770	13 452	1 121
93	电子仪器仪表装配工	19 200	1 600	18 000	1 500	13 440	1 120
94	变电设备安装工	37 800	3 150	32 400	2 700	27 600	2 300
95	印刷设计、制版工	30 600	2 550	25 200	2 100	20 400	1 700
96	印刷操作工	40 200	3 350	31 800	2 650	26 400	2 200
97	印后操作工	31 800	2 650	25 200	2 100	19 200	1 600
98	纺织、丝绸挡车工	24 600	2 050	17 400	1 450	11 400	950
99	整经工	24 780	2 065	16 992	1 416	12 000	1 000
100	捻线工	19 800	1 650	12 600	1 050	10 560	880
101	印染人员	31 800	2 650	19 200	1 600	10 800	900
102	保全工	31 800	2 650	18 600	1 550	11 400	950
103	家政服务员	15 600	1 300	12 600	1 050	10 560	880
104	洗衣师	16 380	1 365	14 040	1 170	10 560	880
105	美容师	28 800	2 400	22 080	1 840	12 000	1 000
106	美发师	27 000	2 250	21 600	1 800	11 280	940
107	摄影师	34 800	2 900	19 800	1 650	12 000	1 000
108	空调机装配工	19 200	1 600	17 400	1 450	11 400	950
109	眼镜验光员	16 200	1 350	13 800	1 150	11 400	950
110	眼镜定配工	27 000	2 250	12 600	1 050	11 400	950
111	职业指导员	16 800	1 400	14 040	1 170	10 560	880
112	钟表维修工	27 000	2 250	12 600	1 050	10 560	880
113	铣工	31 152	2 596	22 800	1 900	13 860	1 155
114	磨工	27 600	2 300	20 400	1 700	13 860	1 155
115	铸造工	26 400	2 200	20 400	1 700	13 800	1 150
116	锻造工	24 000	2 000	18 000	1 500	13 800	1 150
117	镗工	28 800	2 400	22 560	1 880	15 000	1 250
118	冲压工	26 400	2 200	18 600	1 550	11 880	990

续表

序号	职业（工种）	工资指导价位					
		高位数		中位数		低位数	
		年薪	月薪	年薪	月薪	年薪	月薪
119	模具工	42 000	3 500	22 800	1 900	13 800	1 150
120	部件装配工	24 000	2 000	18 000	1 500	10 560	880
121	组合机床操作工	28 200	2 350	20 400	1 700	14 400	1 200
122	加工中心操作工	26 160	2 180	17 400	1 450	14 160	1 180
123	机械维修工	32 400	2 700	20 400	1 700	12 600	1 050
124	木材制材工	21 000	1 750	13 800	1 150	10 560	880
125	木材包装工	19 200	1 600	13 200	1 100	10 560	880
126	金属拉丝工	24 000	2 000	19 080	1 590	10 560	880
127	木工	21 600	1 800	18 000	1 500	12 000	1 000
128	钻床工	22 800	1 900	18 720	1 560	12 000	1 000
129	起重装卸机械操作工	28 800	2 400	16 200	1 350	11 400	950
130	水泥生产制造工	24 000	2 000	19 200	1 600	10 800	900
131	服装裁剪工	19 440	1 620	18 000	1 500	12 000	1 000
132	服装缝纫工	22 560	1 880	17 472	1 456	10 800	900
133	服装检验工	23 364	1 947	16 800	1 400	10 560	880
134	砌筑工	27 600	2 300	17 400	1 450	13 200	1 100
135	混凝土工	27 600	2 300	20 400	1 700	12 000	1 000
136	钢筋工	31 800	2 650	21 600	1 800	12 600	1 050
137	架子工	31 800	2 650	22 800	1 900	13 800	1 150
138	装饰、装修工	27 000	2 250	15 000	1 250	12 000	1 000
139	管道工	27 600	2 300	16 200	1 350	12 600	1 050
140	电子元件制造工	34 800	2 900	15 600	1 300	10 800	900
141	检验员	33 600	2 800	15 360	1 280	11 400	950
142	计量员	34 200	2 850	15 456	1 288	12 000	1 000
143	数控车工	26 880	2 240	23 520	1 960	18 900	1 575
144	数控铣工	26 880	2 240	23 520	1 960	22 680	1 890
145	制革原皮工	22 200	1 850	15 000	1 250	10 560	880
146	制冷设备维修工	22 200	1 850	15 048	1 254	12 924	1 077

湖州市区企业部分职业（工种）分等级劳动力市场工资指导价位 单位：元

序号	职业（工种）	等级	工资指导价位					
			高位数		中位数		低位数	
			年薪	月薪	年薪	月薪	年薪	月薪
147	车工	技师	46 620	3 885	33 384	2 782	26 460	2 205
		高级工	32 568	2 714	23 916	1 993	18 900	1 575
		中级工	28 320	2 360	18 816	1 568	17 472	1 456
		初级工	18 408	1 534	14 868	1 239	11 340	945
148	钳工	技师	44 724	3 727	28 980	2 415	26 460	2 205
		高级工	32 568	2 714	23 916	1 993	19 524	1 627
		中级工	23 364	1 947	19 824	1 652	17 472	1 456
		初级工	19 824	1 652	18 408	1 534	12 000	1 000
149	焊工	技师	52 920	4 410	34 200	2 850	27 000	2 250
		高级工	36 720	3 060	23 940	1 995	19 776	1 648
		中级工	23 784	1 982	21 096	1 758	16 800	1 400
		初级工	22 224	1 852	16 284	1 357	12 600	1 050
150	电工	高级工	35 400	2 950	26 460	2 205	19 680	1 640
		中级工	25 200	2 100	21 168	1 764	17 640	1 470
		初级工	19 824	1 652	16 992	1 416	13 224	1 102
151	维修电工	技师	45 000	3 750	33 600	2 800	28 200	2 350
		高级工	32 400	2 700	24 600	2 050	20 160	1 680
		中级工	24 000	2 000	19 800	1 650	17 640	1 470
		初级工	21 240	1 770	16 800	1 400	13 200	1 100
152	汽车驾驶员	技师	49 440	4 120	44 640	3 720	40 200	3 350
		高级工	44 640	3 720	32 400	2 700	22 800	1 900
		中级工	28 800	2 400	19 440	1 620	16 800	1 400
		初级工	21 948	1 829	16 800	1 400	14 484	1 207
153	汽车修理工	高级工	40 800	3 400	29 568	2 464	24 840	2 070
		中级工	26 160	2 180	22 224	1 852	18 408	1 534
		初级工	19 116	1 593	16 992	1 416	14 868	1 239
154	摩托车维修工	高级工	25 200	2 100	21 360	1 780	18 600	1 550
		中级工	20 040	1 670	17 400	1 450	16 200	1 350
		初级工	16 200	1 350	15 000	1 250	12 600	1 050
155	金属热处理工	高级工	28 320	2 360	24 780	2 065	21 948	1 829
		中级工	24 780	2 065	22 656	1 888	18 408	1 534

续表

序号	职业（工种）	等级	工资指导价位					
			高位数		中位数		低位数	
			年薪	月薪	年薪	月薪	年薪	月薪
155	金属热处理工	初级工	19 392	1 616	16 800	1 400	12 768	1 064
156	冷作钣金工	高级工	26 904	2 242	24 780	2 065	22 656	1 888
		中级工	23 400	1 950	20 832	1 736	19 116	1 593
		初级工	19 200	1 600	18 000	1 500	15 120	1 260

嘉兴市劳动力市场工资指导价位（2008 年）

嘉兴市区企业部分职业（工种）劳动力市场工资指导价位　　单位：元/年

职业（工种）	高价位	中价位	低价位	职业（工种）	高价位	中价位	低价位
服装缝纫工	26 000	19 200	16 000	银行信贷员	100 000	75 000	68 000
服装检验工	27 000	21 000	20 000	银行储蓄员	69 000	55 000	38 000
纺织挡车工	30 000	27 000	12 500	保险推销员	100 000	50 000	18 000
保全工	50 000	30 000	16 000	电信业务营业员	30 000	27 000	20 000
包装工	25 000	20 000	12 000	医药调剂员	35 000	30 000	25 000
超市营业员	28 000	24 000	20 000	食品检验员	36 000	25 000	20 000
推销员	70 000	50 000	30 000	计算机操作工	40 000	25 000	18 000
餐厅服务员	25 000	18 000	14 000	家政服务员	30 000	18 000	16 000
客房服务员	25 000	20 000	13 000	钢筋工	30 000	20 000	18 000
医药保管员	30 000	25 000	20 000	粽子销售经理	150 000	100 000	80 000
化学操作工	32 000	24 500	14 000	纸张分切工	36 800	28 000	19 700
仪表工	40 000	30 500	21 000	包粽子工	24 000	20 000	15 000
电子产品操作工	30 000	28 000	15 000	粽子营销员	40 000	35 000	25 000
抄水表工	42 000	40 000	38 000	水质检验工	30 000	28 000	26 000
厂长（经理）	200 000	100 000	70 000	财务主管（经理）	60 000	50 000	32 000
副厂长（经理）	100 000	80 000	57 000	秘书	24 000	20 000	15 000
生产（部门）主管	80 000	50 000	40 000	摄影师	70 000	50 000	20 000
保安员	50 000	30 000	14 000	电池制造工	27 000	17 000	15 000
汽车驾驶员	50 000	35 000	20 000	企业管理人员	70 000	50 000	40 000
汽车修理工	50 000	38 000	25 000	工程技术人员	100 000	80 000	40 000

续表

职业（工种）	高价位	中价位	低价位	职业（工种）	高价位	中价位	低价位
锻工	40 000	30 000	18 000	用户通信中端维修员	55 000	32 000	20 000
保育员	32 000	28 000	20 000	摩托车维修工	50 000	40 000	25 000
物业管理	50 000	28 000	16 000	计算机维修工	36 000	30 000	20 000
船上轮机	65 000	50 000	45 000	羊毛衫横机	25 000	18 000	15 000
船上驾驶员	60 000	50 000	41 000	服装剪裁工	35 000	28 000	19 000
理货工	50 000	40 000	30 000	会计	60 000	50 000	30 000
报关员	70 000	40 000	30 000	装配工	40 000	36 000	21 000
翻译	60 000	50 000	23 000	搬运工	46 000	32 000	20 000
模具工	33 000	26 000	20 000	管道工	57 000	34 000	20 000
皮服营业员	50 000	40 000	28 000	服装大烫工	32 000	24 000	18 000
箱包营业员	31 000	28 000	10 000	前后道工	28 000	18 000	16 000
看纸工	35 000	28 000	18 000	磨工	33 500	26 800	17 900
净水工	33 000	30 000	26 000	盘磨工	36 500	29 800	18 900
筑路工	30 000	18 000	15 000	电器产品维修工	36 000	30 000	18 000
医药商品购销员	100 000	50 000	30 000	电子产品维修工	38 000	26 000	18 000
制图员	150 000	80 000	32 000	车站客运服务员	30 000	29 000	28 800
污水处理工	32 000	29 500	25 700	计算机文字录入员	25 000	20 000	17 600
垃圾处理工	31 000	20 000	12 000	保洁员	18 000	14 000	10 200
泵站操作员	30 500	29 000	27 000	机修工	40 000	37 000	24 000
加工中心操作员	36 000	26 000	20 000	装卸工	35 000	25 000	20 000
服装制板工	32 000	25 000	20 000	印染拉毛工	16 000	15 000	14 000
勤杂工	18 000	13 000	11 000	羊毛衫套口工	23 000	20 000	17 000
精编操作工	40 000	25 000	18 000	羊毛衫整烫工	20 000	18 000	15 000
机动车加油工	30 000	20 000	12 000	羊毛衫剪片工	20 000	18 000	16 000
酒店前厅服务员	30 000	22 000	18 000	服装打样工	40 000	35 000	30 000
外贸业务员	300 000	80 000	15 000	公交驾驶员	35 000	33 000	29 000
印染洗涤工	23 000	27 300	17 600	大巴驾驶员	55 000	45 000	33 000
定型工	22 000	21 000	20 000	大客驾驶员	38 000	34 000	21 200
无纺布工	30 000	18 000	14 000	镀膜	40 000	35 000	30 000
平磨	41 000	30 000	25 800	刻度	31 000	28 000	20 000
化学检验员	32 000	25 000	19 000	银行守押保卫员	70 000	60 000	28 000

续表

职业（工种）		高价位	中价位	低价位	职业（工种）	高价位	中价位	低价位
投递员		20 000	15 000	12 000	橡胶制品工	18 000	15 000	12 000
美发师		60 000	40 000	30 000	食品营运主管	35 000	30 000	25 000
保健按摩人员		50 000	30 000	20 000	冷藏工	25 000	22 000	19 000
美容师		70 000	50 000	30 000	银行客户经理	150 000	95 000	70 000
养老护理员		18 000	15 000	12 000	花卉园艺工	32 000	24 000	12 000
话务员		35 000	24 000	18 000	超市收银员	30 000	26 000	23 000
办公设备维修工		35 000	25 000	15 000	制鞋工	30 000	20 000	18 000
邮政营业员		26 000	17 000	15 000	数控机床操作工	55 000	36 000	18 400
房地产开发业务员		100 000	50 000	31 000	光学磨边	30 000	23 000	21 000
染色工		28 000	25 000	18 000	食品检验员	30 000	25 000	20 000
光学粗磨		40 666	31 000	22 000	橡胶成型辅助工	30 000	20 000	12 000
光学精磨		39 000	32 000	20 000	酿酒工	22 836	20 000	18 000
光学抛光		32 000	28 000	19 000	灌酒工	20 000	19 000	17 000
车工	高级工	40 000	30 000	20 000				
	中级工	30 000	20 000	18 060	砌筑工	37 000	28 000	20 000
	初级工	20 800	20 000	18 000				
钳工	高级工	36 000	28 000	22 000				
	中级工	31 000	20 000	18 000	混凝土工	34 800	22 000	20 000
	初级工	28 000	18 000	17 000				
焊工	高级工	50 000	40 000	30 000				
	中级工	30 000	28 000	18 000	架子工	38 000	30 000	18 000
	初级工	28 000	20 000	18 000				
维修电工（电工）	高级工	50 000	40 000	32 000				
	中级工	40 000	30 000	25 000	装饰、装修、油漆工	40 000	30 000	19 000
	初级工	31 000	25 000	18 000				
锅炉操作工	高级工	40 000	30 000	26 000				
	中级工	35 000	28 000	20 000	管道工	55 000	38 000	26 600
	初级工	30 000	20 000	18 000				
中式烹调师	高级工	60 000	50 000	40 000				
	中级工	40 000	20 000	21 000	电气设备安装工	50 000	30 400	18 800
	初级工	30 000	20 000	17 000				

嘉兴市区企业三种不同学历工资指导价位 单位：元/年

学历＼价位	指导价位		
	高价位	中价位	低价位
硕士（研究生）	90 000	62 000	39 800
本科	42 000	30 000	26 800
大专	40 000	26 200	20 000

绍兴市劳动力市场工资指导价位（2008 年）

绍兴市区劳动力市场工资指导价位 单位：元

工种	高位数			中位数			低位数			平均数		
	年	月	小时	年	月	小时	年	月	小时	年	月	小时
企业董事长	324 307	27 026	155.3	234 074	19 506	112.1	84 334	7 028	40.4	142 711	11 893	68.3
企业经理（厂长）	262 081	21 840	125.5	90 180	7 515	43.2	42 397	3 533	20.3	95 579	7 965	45.8
生产或经营经理	134 694	11 225	64.5	75 392	6 283	36.1	39 905	3 325	19.1	73 746	6 145	35.3
财务经理	109 169	9 097	52.3	72 975	6 081	34.9	38 652	3 221	18.5	75 189	6 266	36.0
行政经理	110 577	9 215	53.0	73 762	6 147	35.3	40 068	3 339	19.2	67 257	5 605	32.2
人事经理	106 029	8 836	50.8	72 709	6 059	34.8	40 442	3 370	19.4	66 610	5 551	31.9
销售和营销经理	165 760	13 813	79.4	76 564	6 380	36.7	41 466	3 455	19.9	74 484	6 207	35.7
广告和公关经理	115 500	9 625	55.3	64 607	5 384	30.9	40 434	3 369	19.4	65 297	5 441	31.3
采购经理	106 386	8 866	51.0	57 809	4 817	27.7	35 906	2 992	17.2	57 153	4 763	27.4
研究和开发经理	105 436	8 786	50.5	68 033	5 669	32.6	37 596	3 133	18.0	65 311	5 443	31.3
餐厅经理	93 293	7 774	44.7	54 993	4 583	26.3	34 100	2 842	16.3	56 885	4 740	27.2
客房经理	84 000	7 000	40.2	51 574	4 298	24.7	33 440	2 787	16.0	54 504	4 542	26.1
测绘工程技术人员	45 911	3 826	22.0	27 864	2 322	13.3	19 426	1 619	9.3	27 517	2 293	13.2
石油工程技术人员	57 478	4 790	27.5	40 932	3 411	19.6	24 395	2 033	11.7	37 044	3 087	17.7
矿山工程技术人员	68 282	5 690	32.7	51 435	4 286	24.6	34 618	2 885	16.6	47 943	3 995	23.0
化工工程技术人员	46 428	3 869	22.2	31 201	2 600	14.9	19 973	1 664	9.6	31 042	2 587	14.9
医药工程技术人员	52 219	4 352	25.0	34 172	2 848	16.4	21 085	1 757	10.1	33 971	2 831	16.3

续表

工种	高位数			中位数			低位数			平均数		
	年	月	小时	年	月	小时	年	月	小时	年	月	小时
机械工程技术人员	51 409	4 284	24.6	33 274	2 773	15.9	18 942	1 579	9.1	31 320	2 610	15.0
机械设计工程技术人员	55 125	4 594	26.4	38 531	3 211	18.5	19 272	1 606	9.2	38 027	3 169	18.2
机械制造工程技术人员	44 772	3 731	21.4	39 675	3 306	19.0	16 500	1 375	7.9	40 823	3 402	19.6
仪器仪表工程技术人员	42 305	3 525	20.3	22 804	1 900	10.9	16 531	1 378	7.9	23 541	1 962	11.3
设备工程技术人员	77 175	6 431	37.0	36 412	3 034	17.4	18 480	1 540	8.9	34 873	2 906	16.7
电子工程技术人员	66 757	5 563	32.0	30 315	2 526	14.5	19 580	1 632	9.4	28 750	2 396	13.8
其他电子工程技术人员	59 407	4 951	28.5	26 035	2 170	12.5	20 291	1 691	9.7	23 903	1 992	11.4
电子元器件工程技术人员	55 518	4 626	26.6	25 359	2 113	12.1	19 184	1 599	9.2	22 610	1 884	10.8
通信工程技术人员	94 038	7 837	45.0	53 871	4 489	25.8	24 673	2 056	11.8	45 673	3 806	21.9
计算机与应用工程技术人员	61 539	5 128	29.5	31 244	2 604	15.0	21 560	1 797	10.3	28 040	2 337	13.4
计算机硬件技术人员	97 285	8 107	46.6	45 992	3 833	22.0	23 100	1 925	11.1	40 225	3 352	19.3
计算机软件技术人员	119 349	9 946	57.2	48 227	4 019	23.1	28 600	2 383	13.7	43 113	3 593	20.6
计算机网络技术人员	98 614	8 218	47.2	50 121	4 177	24.0	23 892	1 991	11.4	43 818	3 651	21.0
计算机系统分析技术人员	64 407	5 367	30.8	46 374	3 864	22.2	31 174	2 598	14.9	43 351	3 613	20.8
其他计算机与应用工程技术人员	57 477	4 790	27.5	32 721	2 727	15.7	20 757	1 730	9.9	35 413	2 951	17.0
广播电影电视工程技术人员	68 250	5 688	32.7	46 609	3 884	22.3	22 462	1 872	10.8	47 666	3 972	22.8

续表

工种	高位数			中位数			低位数			平均数		
	年	月	小时	年	月	小时	年	月	小时	年	月	小时
交通工程技术人员	64 492	5 374	30.9	44 144	3 679	21.1	20 730	1 727	9.9	39 459	3 288	18.9
电气工程技术人员	71 465	5 955	34.2	33 308	2 776	16.0	20 064	1 672	9.6	32 513	2 709	15.6
电力工程技术人员	70 852	5 904	33.9	29 759	2 480	14.3	17 244	1 437	8.3	29 946	2 496	14.3
建筑工程技术人员	79 278	6 607	38.0	30 218	2 518	14.5	18 532	1 544	8.9	29 479	2 457	14.1
建材工程技术人员	57 960	4 830	27.8	32 956	2 746	15.8	19 580	1 632	9.4	30 240	2 520	14.5
水利工程技术人员	67 684	5 640	32.4	35 524	2 960	17.0	18 480	1 540	8.9	32 575	2 715	15.6
水产工程技术人员	46 862	3 905	22.4	33 010	2 751	15.8	18 040	1 503	8.6	28 426	2 369	13.6
纺织工程技术人员	64 050	5 338	30.7	41 202	3 434	19.7	20 437	1 703	9.8	32 854	2 738	15.7
食品工程技术人员	50 400	4 200	24.1	26 750	2 229	12.8	17 258	1 438	8.3	30 820	2 568	14.8
安全工程技术人员	49 182	4 099	23.6	34 764	2 897	16.6	21 043	1 754	10.1	34 366	2 864	16.5
标准化、计量、质量工程技术人员	55 279	4 607	26.5	37 814	3 151	18.1	20 522	1 710	9.8	32 166	2 680	15.4
其他工程技术人员	51 629	4 302	24.7	32 644	2 720	15.6	19 873	1 656	9.5	30 586	2 549	14.6
西医医师	84 000	7 000	40.2	57 566	4 797	27.6	31 620	2 635	15.1	47 552	3 963	22.8
药剂人员	51 240	4 270	24.5	35 096	2 925	16.8	28 380	2 365	13.6	34 219	2 852	16.4
医疗技术人员	63 000	5 250	30.2	47 572	3 964	22.8	28 589	2 382	13.7	44 042	3 670	21.1
护理人员	45 255	3 771	21.7	35 139	2 928	16.8	19 796	1 650	9.5	31 439	2 620	15.1
其他卫生专业技术人员	60 375	5 031	28.9	39 859	3 322	19.1	20 407	1 701	9.8	37 314	3 110	17.9
经济计划人员	48 149	4 012	23.1	28 652	2 388	13.7	16 215	1 351	7.8	30 029	2 502	14.4

续表

工种	高位数			中位数			低位数			平均数		
	年	月	小时	年	月	小时	年	月	小时	年	月	小时
统计人员	49 264	4 105	23.6	26 562	2 213	12.7	13 611	1 134	6.5	27 756	2 313	13.3
会计人员	73 093	6 091	35.0	36 094	3 008	17.3	14 654	1 221	7.0	31 812	2 651	15.2
出纳	60 513	5 043	29.0	27 713	2 309	13.3	13 681	1 140	6.6	27 593	2 299	13.2
资产评估人员	80 997	6 750	38.8	43 891	3 658	21.0	28 083	2 340	13.4	50 706	4 226	24.3
审计人员	83 161	6 930	39.8	43 875	3 656	21.0	17 487	1 457	8.4	47 475	3 956	22.7
国际商务人员	47 840	3 987	22.9	30 656	2 555	14.7	16 940	1 412	8.1	26 787	2 232	12.8
报关员	38 616	3 218	18.5	24 022	2 002	11.5	13 571	1 131	6.5	24 440	2 037	11.7
房地产开发业务人员	68 355	5 696	32.7	38 113	3 176	18.3	28 072	2 339	13.4	36 958	3 080	17.7
不动产销售员	46 946	3 912	22.5	27 103	2 259	13.0	17 207	1 434	8.2	26 152	2 179	12.5
银行外汇管理员	100 043	8 337	47.9	58 941	4 912	28.2	38 825	3 235	18.6	59 701	4 975	28.6
银行清算员	95 628	7 969	45.8	57 593	4 799	27.6	36 772	3 064	17.6	52 606	4 384	25.2
银行信贷员	122 664	10 222	58.7	69 858	5 822	33.5	36 257	3 021	17.4	63 195	5 266	30.3
银行国外业务员	84 612	7 051	40.5	53 864	4 489	25.8	36 674	3 056	17.6	58 819	4 902	28.2
银行信用卡业务员	85 871	7 156	41.1	55 972	4 664	26.8	38 742	3 229	18.6	58 558	4 880	28.0
银行外汇管理员	77 154	6 430	37.0	48 420	4 035	23.2	40 214	3 351	19.3	47 002	3 917	22.5
银行储蓄员	75 306	6 276	36.1	57 402	4 784	27.5	37 985	3 165	18.2	52 250	4 354	25.0
其他银行业务人员	119 669	9 972	57.3	62 431	5 203	29.9	38 024	3 169	18.2	54 214	4 518	26.0
保险推销员	100 632	8 386	48.2	49 076	4 090	23.5	24 162	2 013	11.6	51 001	4 250	24.4
保险理赔员	97 839	8 153	46.9	49 851	4 154	23.9	23 925	1 994	11.5	51 521	4 293	24.7
其他保险业务人员	85 407	7 117	40.9	45 047	3 754	21.6	23 199	1 933	11.1	50 647	4 221	24.3
证券投资顾问	47 985	3 999	23.0	30 923	2 577	14.8	17 490	1 458	8.4	30 240	2 520	14.5
证券交易员	77 490	6 458	37.1	51 200	4 267	24.5	31 372	2 614	15.0	49 194	4 100	23.6
其他证券业务人员	70 629	5 886	33.8	52 266	4 356	25.0	28 381	2 365	13.6	50 345	4 195	24.1
其他金融业务人员	96 629	8 052	46.3	52 905	4 409	25.3	27 841	2 320	13.3	52 425	4 369	25.1
室内装修设计人员	57 960	4 830	27.8	33 384	2 782	16.0	21 450	1 788	10.3	30 586	2 549	14.6

续表

工种	高位数			中位数			低位数			平均数		
	年	月	小时	年	月	小时	年	月	小时	年	月	小时
服装设计人员	63 700	5 308	30.5	33 619	2 802	16.1	13 695	1 141	6.6	27 702	2 309	13.3
广告设计人员	55 335	4 611	26.5	32 507	2 709	15.6	16 500	1 375	7.9	30 316	2 526	14.5
文学艺术工作人员	70 823	5 902	33.9	34 829	2 902	16.7	23 716	1 976	11.4	36 148	3 012	17.3
编辑	57 750	4 813	27.7	40 382	3 365	19.3	28 028	2 336	13.4	37 249	3 104	17.8
校对员	30 167	2 514	14.4	20 847	1 737	10.0	13 446	1 121	6.4	21 671	1 806	10.4
文字记者	64 680	5 390	31.0	46 566	3 881	22.3	28 160	2 347	13.5	33 480	2 790	16.0
英语翻译	52 080	4 340	24.9	31 672	2 639	15.2	17 006	1 417	8.1	30 726	2 561	14.7
图书资料与档案业务人员	38 891	3 241	18.6	30 174	2 515	14.5	15 743	1 312	7.5	28 689	2 391	13.7
秘书	80 779	6 732	38.7	42 649	3 554	20.4	14 971	1 248	7.2	31 281	2 607	15.0
公关员	35 698	2 975	17.1	19 365	1 614	9.3	14 300	1 192	6.8	22 680	1 890	10.9
收发员	29 589	2 466	14.2	17 858	1 488	8.6	11 858	988	5.7	16 766	1 397	8.0
打字员	42 602	3 550	20.4	17 997	1 500	8.6	14 245	1 187	6.8	19 054	1 588	9.1
计算机操作员	38 582	3 215	18.5	21 100	1 758	10.1	14 410	1 201	6.9	22 677	1 890	10.9
制图员	38 032	3 169	18.2	20 651	1 721	9.9	20 460	1 705	9.8	23 336	1 945	11.2
行政事务人员	50 102	4 175	24.0	28 291	2 358	13.5	14 747	1 229	7.1	22 480	1 873	10.8
行政业务办公人员	64 715	5 393	31.0	31 701	2 642	15.2	15 422	1 285	7.4	27 853	2 321	13.3
保安员	29 156	2 430	14.0	20 003	1 667	9.6	12 100	1 008	5.8	18 228	1 519	8.7
金融守押员	74 830	6 236	35.8	51 692	4 308	24.8	30 733	2 561	14.7	37 447	3 121	17.9
其他治安保卫人员	39 709	3 309	19.0	24 745	2 062	11.9	12 650	1 054	6.1	16 940	1 412	8.1
邮政营业员	29 883	2 490	14.3	26 215	2 185	12.6	19 635	1 636	9.4	27 583	2 299	13.2
投递员	28 702	2 392	13.7	25 295	2 108	12.1	18 238	1 520	8.7	24 300	2 025	11.6
邮件处理员	22 418	1 868	10.7	20 063	1 672	9.6	18 062	1 505	8.7	19 278	1 607	9.2
电信业务营业员	59 233	4 936	28.4	37 891	3 158	18.1	18 315	1 526	8.8	23 814	1 985	11.4
话务员	38 142	3 179	18.3	26 141	2 178	12.5	14 520	1 210	7.0	19 462	1 622	9.3
传输机务员	71 768	5 981	34.4	37 557	3 130	18.0	30 910	2 576	14.8	34 263	2 855	16.4
线务员	59 835	4 986	28.7	40 125	3 344	19.2	28 050	2 338	13.4	32 962	2 747	15.8
营业员	38 375	3 198	18.4	21 785	1 815	10.4	11 550	963	5.5	16 402	1 367	7.9

续表

工种	高位数			中位数			低位数			平均数		
	年	月	小时	年	月	小时	年	月	小时	年	月	小时
收银员	30 322	2 527	14.5	21 133	1 761	10.1	12 100	1 008	5.8	13 674	1 139	6.5
其他营业人员	35 495	2 958	17.0	15 622	1 302	7.5	11 143	929	5.3	19 304	1 609	9.2
推销员	67 547	5 629	32.3	38 113	3 176	18.3	16 775	1 398	8.0	28 242	2 354	13.5
汽车销售员	60 900	5 075	29.2	39 055	3 255	18.7	22 000	1 833	10.5	37 260	3 105	17.8
展销人员	45 563	3 797	21.8	25 031	2 086	12.0	14 816	1 235	7.1	19 523	1 627	9.4
采购员	43 082	3 590	20.6	20 496	1 708	9.8	13 396	1 116	6.4	18 760	1 563	9.0
收购员	26 770	2 231	12.8	19 396	1 616	9.3	14 730	1 228	7.1	16 753	1 396	8.0
中药购销员	54 058	4 505	25.9	31 889	2 657	15.3	21 438	1 786	10.3	29 843	2 487	14.3
拍卖师	99 750	8 313	47.8	59 920	4 993	28.7	34 100	2 842	16.3	47 002	3 917	22.5
典当业务员	47 639	3 970	22.8	25 209	2 101	12.1	22 730	1 894	10.9	23 058	1 922	11.0
租赁业务员	43 313	3 609	20.7	27 435	2 286	13.1	13 585	1 132	6.5	21 762	1 814	10.4
医药商品购销员	54 283	4 524	26.0	30 358	2 530	14.5	17 648	1 471	8.5	24 709	2 059	11.8
保管员	34 935	2 911	16.7	17 572	1 464	8.4	12 100	1 008	5.8	15 310	1 276	7.3
理货员	24 484	2 040	11.7	16 050	1 338	7.7	13 200	1 100	6.3	16 446	1 371	7.9
保鲜员	24 014	2 001	11.5	16 649	1 387	8.0	12 100	1 008	5.8	15 854	1 321	7.6
商品养护员	21 671	1 806	10.4	15 121	1 260	7.2	13 402	1 117	6.4	15 879	1 323	7.6
其他保管人员	23 895	1 991	11.4	15 365	1 280	7.4	12 650	1 054	6.1	14 742	1 229	7.1
商品储运员	42 000	3 500	20.1	15 597	1 300	7.5	14 084	1 174	6.7	24 895	2 075	11.9
其他商业服务人员	41 833	3 486	20.0	17 420	1 452	8.3	12 782	1 065	6.1	16 551	1 379	7.9
医药商品储运员	43 155	3 596	20.7	21 186	1 766	10.1	17 930	1 494	8.6	22 086	1 841	10.6
其他储运人员	41 798	3 483	20.0	19 944	1 662	9.6	13 790	1 149	6.6	16 951	1 413	8.1
中式烹调师	36 133	3 011	17.3	24 589	2 049	11.8	14 062	1 172	6.7	20 049	1 671	9.6
中式面点师	34 230	2 853	16.4	23 855	1 988	11.4	13 970	1 164	6.7	19 613	1 634	9.4
西式烹调师	32 550	2 713	15.6	19 795	1 650	9.5	13 750	1 146	6.6	19 170	1 598	9.2
西式面点师	32 177	2 681	15.4	18 030	1 502	8.6	13 662	1 139	6.5	18 857	1 571	9.0
营养配餐人员	22 809	1 901	10.9	16 345	1 362	7.8	13 200	1 100	6.3	16 665	1 389	8.0
餐厅服务员	23 462	1 955	11.2	15 422	1 285	7.4	12 430	1 036	6.0	16 171	1 348	7.7
餐具清洗保管员	18 900	1 575	9.1	14 844	1 237	7.1	12 151	1 013	5.8	14 893	1 241	7.1
其他餐饮服务人员	20 979	1 748	10.0	14 383	1 199	6.9	12 320	1 027	5.9	14 562	1 213	7.0
前厅服务员	25 541	2 128	12.2	16 405	1 367	7.9	13 365	1 114	6.4	15 908	1 326	7.6

续表

工种	高位数			中位数			低位数			平均数		
	年	月	小时	年	月	小时	年	月	小时	年	月	小时
客房服务员	24 098	2 008	11.5	16 820	1 402	8.1	12 320	1 027	5.9	16 945	1 412	8.1
其他饭店服务人员	22 875	1 906	11.0	15 676	1 306	7.5	12 430	1 036	6.0	15 336	1 278	7.3
盆景工	22 523	1 877	10.8	17 334	1 445	8.3	14 300	1 192	6.8	17 064	1 422	8.2
插花员	19 425	1 619	9.3	16 050	1 338	7.7	14 300	1 192	6.8	16 740	1 395	8.0
导游	37 149	3 096	17.8	25 252	2 104	12.1	17 072	1 423	8.2	23 436	1 953	11.2
园林植物保护工	27 640	2 303	13.2	17 120	1 427	8.2	14 348	1 196	6.9	17 025	1 419	8.2
花卉园艺工	25 681	2 140	12.3	16 038	1 337	7.7	13 420	1 118	6.4	16 942	1 412	8.1
其他园艺作物生产人员	24 518	2 043	11.7	14 830	1 236	7.1	12 980	1 082	6.2	15 800	1 317	7.6
保健按摩师	24 255	2 021	11.6	16 938	1 412	8.1	13 926	1 161	6.7	15 368	1 281	7.4
康乐服务员	19 583	1 632	9.4	16 564	1 380	7.9	12 320	1 027	5.9	17 812	1 484	8.5
其他健身和娱乐场所服务人员	22 617	1 885	10.8	17 698	1 475	8.5	14 520	1 210	7.0	17 086	1 424	8.2
公共游览场所服务员	20 517	1 710	9.8	16 756	1 396	8.0	14 300	1 192	6.8	15 746	1 312	7.5
社会中介服务人员	26 733	2 228	12.8	17 923	1 494	8.6	15 730	1 311	7.5	16 945	1 412	8.1
汽车客运服务员	28 154	2 346	13.5	17 116	1 426	8.2	14 807	1 234	7.1	16 107	1 342	7.7
汽车货运站务员	26 303	2 192	12.6	16 110	1 342	7.7	14 410	1 201	6.9	16 038	1 337	7.7
汽车运输调度员	27 097	2 258	13.0	16 875	1 406	8.1	15 492	1 291	7.4	16 325	1 360	7.8
公路收费及监控员	57 326	4 777	27.5	41 636	3 470	19.9	20 860	1 738	10.0	39 750	3 313	19.0
车站其他服务人员	24 942	2 078	11.9	16 095	1 341	7.7	12 884	1 074	6.2	16 648	1 387	8.0
物业管理工	21 014	1 751	10.1	18 832	1 569	9.0	13 046	1 087	6.2	16 690	1 391	8.0
供水生产工	52 229	4 352	25.0	39 057	3 255	18.7	25 108	2 092	12.0	34 764	2 897	16.6
供水供应工	49 319	4 110	23.6	38 280	3 190	18.3	27 546	2 296	13.2	35 597	2 966	17.0
锅炉操作工	30 639	2 553	14.7	20 106	1 676	9.6	15 147	1 262	7.3	18 602	1 550	8.9
其他供水、供热及生活燃料供应服务人员	43 032	3 586	20.6	28 344	2 362	13.6	15 312	1 276	7.3	29 434	2 453	14.1

续表

工种	高位数			中位数			低位数			平均数		
	年	月	小时	年	月	小时	年	月	小时	年	月	小时
美容师	32 970	2 748	15.8	17 679	1 473	8.5	14 630	1 219	7.0	16 632	1 386	8.0
美发师	36 246	3 021	17.4	19 117	1 593	9.2	15 180	1 265	7.3	18 090	1 508	8.7
摄影师	35 490	2 958	17.0	18 137	1 511	8.7	15 972	1 331	7.6	18 792	1 566	9.0
冲印师	29 610	2 468	14.2	16 392	1 366	7.9	14 630	1 219	7.0	16 351	1 363	7.8
洗衣师	15 960	1 330	7.6	14 124	1 177	6.8	12 320	1 027	5.9	14 926	1 244	7.1
浴池服务员	21 420	1 785	10.3	19 581	1 632	9.4	12 540	1 045	6.0	19 019	1 585	9.1
家用电器产品维修工	29 606	2 467	14.2	20 762	1 730	9.9	18 264	1 522	8.7	22 712	1 893	10.9
家庭服务员	21 630	1 803	10.4	16 585	1 382	7.9	12 320	1 027	5.9	17 226	1 436	8.3
保洁员	19 937	1 661	9.5	13 846	1 154	6.6	11 694	975	5.6	14 126	1 177	6.8
垃圾清运工	26 586	2 216	12.7	19 737	1 645	9.5	13 530	1 128	6.5	17 734	1 478	8.5
勤杂工	16 086	1 341	7.7	14 145	1 179	6.8	11 000	917	5.3	12 128	1 011	5.8
社区工作人员	44 100	3 675	21.1	26 750	2 229	12.8	22 000	1 833	10.5	—	—	—
其他社会服务和居民生活服务人员	18 663	1 555	8.9	15 876	1 323	7.6	12 320	1 027	5.9	15 079	1 257	7.2
蔬菜加工工	17 220	1 435	8.2	13 375	1 115	6.4	12 100	1 008	5.8	12 528	1 044	6.0
水产品加工工	21 903	1 825	10.5	17 719	1 477	8.5	12 320	1 027	5.9	15 131	1 261	7.2
森林资源管护人员	80 176	6 681	38.4	48 185	4 015	23.1	27 458	2 288	13.2	35 328	2 944	16.9
水利设施管理养护人员	51 093	4 258	24.5	32 314	2 693	15.5	26 307	2 192	12.6	34 057	2 838	16.3
河道、水库管养人员	51 093	4 258	24.5	38 841	3 237	18.6	22 616	1 885	10.8	36 569	3 047	17.5
水文勘测作业人员	35 028	2 919	16.8	32 009	2 667	15.3	22 127	1 844	10.6	34 169	2 847	16.4
测绘人员	42 284	3 524	20.3	34 524	2 877	16.5	24 514	2 043	11.7	33 696	2 808	16.1
钻孔机司机	41 780	3 482	20.0	35 529	2 961	17.0	22 006	1 834	10.5	36 286	3 024	17.4
矿井开掘工	50 642	4 220	24.3	45 775	3 815	21.9	39 248	3 271	18.8	46 548	3 879	22.3
井下采矿工	55 368	4 614	26.5	47 511	3 959	22.8	40 647	3 387	19.5	46 575	3 881	22.3
支护工	46 692	3 891	22.4	33 268	2 772	15.9	32 197	2 683	15.4	38 395	3 200	18.4
矿山提升机操作工	40 706	3 392	19.5	39 016	3 251	18.7	33 169	2 764	15.9	39 388	3 282	18.9

续表

工种	高位数			中位数			低位数			平均数		
	年	月	小时	年	月	小时	年	月	小时	年	月	小时
矿井机车运输工	35 876	2 990	17.2	33 925	2 827	16.2	32 568	2 714	15.6	34 666	2 889	16.6
矿井通风工	57 253	4 771	27.4	41 438	3 453	19.8	34 032	2 836	16.3	38 464	3 205	18.4
矿山安全监测工	56 018	4 668	26.8	41 302	3 442	19.8	36 067	3 006	17.3	40 811	3 401	19.5
矿物开采辅助工	55 815	4 651	26.7	38 226	3 185	18.3	31 118	2 593	14.9	38 750	3 229	18.6
矿物处理人员	42 692	3 558	20.4	33 867	2 822	16.2	31 269	2 606	15.0	34 221	2 852	16.4
炼铁人员	51 020	4 252	24.4	37 611	3 134	18.0	37 565	3 130	18.0	39 280	3 273	18.8
铁合金冶炼人员	48 867	4 072	23.4	34 839	2 903	16.7	35 838	2 987	17.2	38 448	3 204	18.4
金属轧制人员	43 456	3 621	20.8	31 553	2 629	15.1	30 336	2 528	14.5	30 649	2 554	14.7
化工产品生产工	36 051	3 004	17.3	19 302	1 608	9.2	14 343	1 195	6.9	19 642	1 637	9.4
车工	53 676	4 473	25.7	30 549	2 546	14.6	15 620	1 302	7.5	23 440	1 953	11.2
铣工	37 240	3 103	17.8	22 620	1 885	10.8	15 180	1 265	7.3	20 205	1 684	9.7
刨插工	35 204	2 934	16.9	19 210	1 601	9.2	13 996	1 166	6.7	16 525	1 377	7.9
磨工	32 330	2 694	15.5	18 019	1 502	8.6	14 025	1 169	6.7	17 280	1 440	8.3
镗工	31 032	2 586	14.9	17 805	1 484	8.5	14 960	1 247	7.2	17 411	1 451	8.3
钻床工	36 868	3 072	17.7	17 655	1 471	8.5	14 916	1 243	7.1	18 190	1 516	8.7
加工中心操作工	42 000	3 500	20.1	20 683	1 724	9.9	16 940	1 412	8.1	19 855	1 655	9.5
制齿工	36 819	3 068	17.6	18 261	1 522	8.7	13 706	1 142	6.6	18 209	1 517	8.7
抛磨光工	31 988	2 666	15.3	17 366	1 447	8.3	13 695	1 141	6.6	16 848	1 404	8.1
拉床工	29 167	2 431	14.0	17 035	1 420	8.2	13 750	1 146	6.6	17 118	1 427	8.2
锯床工	28 857	2 405	13.8	16 738	1 395	8.0	13 860	1 155	6.6	16 790	1 399	8.0
铸造工	31 181	2 598	14.9	17 499	1 458	8.4	14 894	1 241	7.1	17 507	1 459	8.4
锻造工	30 196	2 516	14.5	16 097	1 341	7.7	14 392	1 199	6.9	16 655	1 388	8.0
冲压工	28 623	2 385	13.7	17 139	1 428	8.2	13 127	1 094	6.3	17 824	1 485	8.5
剪切工	31 221	2 602	15.0	16 639	1 387	8.0	14 190	1 183	6.8	16 573	1 381	7.9
焊工	37 248	3 104	17.8	26 222	2 185	12.6	20 506	1 709	9.8	23 778	1 982	11.4
金属热处理工	32 348	2 696	15.5	15 845	1 320	7.6	12 647	1 054	6.1	16 611	1 384	8.0
冷作钣金加工工	40 641	3 387	19.5	21 358	1 780	10.2	16 500	1 375	7.9	20 957	1 746	10.0
镀层工	31 759	2 647	15.2	16 153	1 346	7.7	13 934	1 161	6.7	17 326	1 444	8.3
涂装工	29 707	2 476	14.2	16 369	1 364	7.8	13 423	1 119	6.4	18 270	1 523	8.8
部件装配工	31 567	2 631	15.1	16 222	1 352	7.8	14 011	1 168	6.7	17 083	1 424	8.2
装配钳工	36 703	3 059	17.6	17 496	1 458	8.4	14 097	1 175	6.8	19 147	1 596	9.2

续表

工种	高位数			中位数			低位数			平均数		
	年	月	小时	年	月	小时	年	月	小时	年	月	小时
工具钳工	38 601	3 217	18.5	23 540	1 962	11.3	18 586	1 549	8.9	23 617	1 968	11.3
电气元件及设备装配工	34 283	2 857	16.4	25 059	2 088	12.0	18 238	1 520	8.7	22 820	1 902	10.9
动力设备装配工	37 695	3 141	18.1	28 601	2 383	13.7	17 380	1 448	8.3	23 530	1 961	11.3
电子专用设备装配调试工	32 701	2 725	15.7	26 280	2 190	12.6	17 068	1 422	8.2	22 521	1 877	10.8
仪器仪表装配工	25 761	2 147	12.3	16 844	1 404	8.1	14 300	1 192	6.8	16 939	1 412	8.1
空调机装配工	30 148	2 512	14.4	17 633	1 469	8.4	15 484	1 290	7.4	19 975	1 665	9.6
机械电气工程设备安装工、管工	40 130	3 344	19.2	20 049	1 671	9.6	14 255	1 188	6.8	17 725	1 477	8.5
电工	45 713	3 809	21.9	24 049	2 004	11.5	13 481	1 123	6.5	25 135	2 095	12.0
机修钳工	51 824	4 319	24.8	29 423	2 452	14.1	15 611	1 301	7.5	27 077	2 256	13.0
汽车修理工	50 976	4 248	24.4	29 413	2 451	14.1	13 310	1 109	6.4	24 291	2 024	11.6
船舶修理工	36 992	3 083	17.7	27 199	2 267	13.0	13 750	1 146	6.6	25 326	2 111	12.1
仪器仪表修理工	32 571	2 714	15.6	19 775	1 648	9.5	17 053	1 421	8.2	21 125	1 760	10.1
锅炉设备安装工	34 606	2 884	16.6	18 268	1 522	8.7	15 464	1 289	7.4	19 214	1 601	9.2
电力工程内线安装工	47 674	3 973	22.8	27 071	2 256	13.0	19 250	1 604	9.2	28 582	2 382	13.7
专业电力设备检修工	56 356	4 696	27.0	30 744	2 562	14.7	20 093	1 674	9.6	30 101	2 508	14.4
常用电机检修工	38 199	3 183	18.3	18 083	1 507	8.7	14 308	1 192	6.9	22 308	1 859	10.7
维修电工	50 950	4 246	24.4	18 254	1 521	8.7	13 965	1 164	6.7	22 199	1 850	10.6
电子器件制造工	30 244	2 520	14.5	20 195	1 683	9.7	12 703	1 059	6.1	19 573	1 631	9.4
电子元件制造工	32 084	2 674	15.4	18 087	1 507	8.7	13 012	1 084	6.2	18 048	1 504	8.6
电池制造工	29 750	2 479	14.2	21 400	1 783	10.2	14 080	1 173	6.7	20 717	1 726	9.9
纯水处理工	27 510	2 293	13.2	17 655	1 471	8.5	14 520	1 210	7.0	18 857	1 571	9.0
通信交换设备调试工	66 150	5 513	31.7	37 450	3 121	17.9	23 870	1 989	11.4	36 018	3 002	17.3
电子计算机维修工	57 782	4 815	27.7	36 487	3 041	17.5	17 985	1 499	8.6	34 560	2 880	16.6
用户通信终端维修员	56 028	4 669	26.8	34 839	2 903	16.7	16 962	1 414	8.1	33 718	2 810	16.1

续表

工种	高位数			中位数			低位数			平均数		
	年	月	小时	年	月	小时	年	月	小时	年	月	小时
塑料制品加工工	17 640	1 470	8.4	15 919	1 327	7.6	12 650	1 054	6.1	16 073	1 339	7.7
饮料制作工	22 050	1 838	10.6	16 050	1 338	7.7	14 795	1 233	7.1	18 900	1 575	9.1
酿酒工	35 633	2 969	17.1	17 319	1 443	8.3	16 382	1 365	7.8	19 457	1 621	9.3
食品罐头加工工	25 568	2 131	12.2	15 579	1 298	7.5	14 190	1 183	6.8	15 368	1 281	7.4
酱油酱类制作工	19 215	1 601	9.2	13 054	1 088	6.3	11 440	953	5.5	13 365	1 114	6.4
药品生产制造工	24 756	2 063	11.9	15 879	1 323	7.6	14 083	1 174	6.7	16 727	1 394	8.0
手工木工	32 025	2 669	15.3	19 367	1 614	9.3	14 187	1 182	6.8	18 639	1 553	8.9
机械木工	32 725	2 727	15.7	20 384	1 699	9.8	14 571	1 214	7.0	19 829	1 652	9.5
制浆、造纸工	19 271	1 606	9.2	18 085	1 507	8.7	13 209	1 101	6.3	16 431	1 369	7.9
纸制品制作工	26 072	2 173	12.5	21 082	1 757	10.1	13 090	1 091	6.3	19 999	1 667	9.6
印前处理工	27 399	2 283	13.1	16 783	1 399	8.0	12 939	1 078	6.2	18 181	1 515	8.7
印刷操作工	38 996	3 250	18.7	18 232	1 519	8.7	13 421	1 118	6.4	17 726	1 477	8.5
印后制作工	24 156	2 013	11.6	17 057	1 421	8.2	12 657	1 055	6.1	16 040	1 337	7.7
玩具制作工	22 407	1 867	10.7	16 510	1 376	7.9	12 683	1 057	6.1	15 725	1 310	7.5
文体用品制作工	22 208	1 851	10.6	16 178	1 348	7.7	13 750	1 146	6.6	15 368	1 281	7.4
裁剪工	25 535	2 128	12.2	18 661	1 555	8.9	12 532	1 044	6.0	16 395	1 366	7.9
缝纫工	25 050	2 087	12.0	18 504	1 542	8.9	12 373	1 031	5.9	17 735	1 478	8.5
电脑绣花工	26 859	2 238	12.9	18 693	1 558	9.0	14 916	1 243	7.1	18 706	1 559	9.0
裁缝	29 762	2 480	14.3	18 158	1 513	8.7	14 577	1 215	7.0	17 729	1 477	8.5
制鞋工	27 773	2 314	13.3	15 536	1 295	7.4	12 540	1 045	6.0	16 081	1 340	7.7
大烫工	29 037	2 420	13.9	15 034	1 253	7.2	13 530	1 128	6.5	16 438	1 370	7.9
小烫工	29 610	2 468	14.2	15 729	1 311	7.5	14 366	1 197	6.9	16 697	1 391	8.0
纤维预处理人员	25 670	2 139	12.3	19 633	1 636	9.4	13 837	1 153	6.6	19 419	1 618	9.3
印染人员	29 400	2 450	14.1	18 207	1 517	8.7	14 268	1 189	6.8	17 953	1 496	8.6
织造挡车工	25 611	2 134	12.3	18 695	1 558	9.0	14 006	1 167	6.7	19 036	1 586	9.1
织造穿棕工	30 065	2 505	14.4	18 360	1 530	8.8	15 180	1 265	7.3	20 866	1 739	10.0
织造机修工	45 255	3 771	21.7	24 888	2 074	11.9	18 304	1 525	8.8	24 170	2 014	11.6
织造网络工	25 725	2 144	12.3	17 976	1 498	8.6	14 982	1 249	7.2	18 468	1 539	8.8
织造牵径工	26 355	2 196	12.6	17 548	1 462	8.4	14 410	1 201	6.9	18 144	1 512	8.7
织造检验员	25 305	2 109	12.1	16 692	1 391	8.0	13 420	1 118	6.4	17 388	1 449	8.3
织造倍捻工	24 780	2 065	11.9	16 264	1 355	7.8	13 200	1 100	6.3	17 280	1 440	8.3

续表

工种	高位数			中位数			低位数			平均数		
	年	月	小时	年	月	小时	年	月	小时	年	月	小时
织造浆纱工	25 830	2 153	12.4	19 838	1 653	9.5	14 762	1 230	7.1	19 224	1 602	9.2
织造送筒工	25 725	2 144	12.3	16 264	1 355	7.8	13 750	1 146	6.6	16 632	1 386	8.0
织造落纱工	26 460	2 205	12.7	16 157	1 346	7.7	13 530	1 128	6.5	16 416	1 368	7.9
织造前纺工	25 725	2 144	12.3	15 943	1 329	7.6	13 310	1 109	6.4	16 200	1 350	7.8
装卸工	24 675	2 056	11.8	15 943	1 329	7.6	13 420	1 118	6.4	15 984	1 332	7.7
土石方施工人员	29 400	2 450	14.1	24 022	2 002	11.5	20 350	1 696	9.7	23 760	1 980	11.4
砌筑工	28 880	2 407	13.8	19 462	1 622	9.3	17 050	1 421	8.2	18 980	1 582	9.1
爆破工	27 458	2 288	13.2	23 519	1 960	11.3	22 506	1 876	10.8	24 008	2 001	11.5
钢筋工	28 928	2 411	13.9	21 186	1 766	10.1	17 160	1 430	8.2	18 414	1 535	8.8
泥工	28 718	2 393	13.8	22 497	1 875	10.8	20 350	1 696	9.7	22 788	1 899	10.9
混凝土工	24 581	2 048	11.8	19 849	1 654	9.5	16 900	1 408	8.1	19 897	1 658	9.5
架子工	28 539	2 378	13.7	24 396	2 033	11.7	19 910	1 659	9.5	23 290	1 941	11.2
装饰、装修、油漆工	30 265	2 522	14.5	20 323	1 694	9.7	18 150	1 513	8.7	19 503	1 625	9.3
汽车驾驶员	42 395	3 533	20.3	22 327	1 861	10.7	17 071	1 423	8.2	20 816	1 735	10.0
机车乘务员	21 624	1 802	10.4	18 027	1 502	8.6	13 189	1 099	6.3	16 487	1 374	7.9
船舶水手	24 150	2 013	11.6	20 972	1 748	10.0	15 950	1 329	7.6	20 250	1 688	9.7
起重装卸机械驾驶员	49 480	4 123	23.7	30 162	2 514	14.4	14 740	1 228	7.1	27 307	2 276	13.1
电瓶车驾驶员	32 760	2 730	15.7	22 791	1 899	10.9	16 962	1 414	8.1	21 384	1 782	10.2
电炉行车工	49 896	4 158	23.9	41 356	3 446	19.8	40 502	3 375	19.4	43 416	3 618	20.8
检验员	34 437	2 870	16.5	19 753	1 646	9.5	13 486	1 124	6.5	18 153	1 513	8.7
计量员	26 825	2 235	12.8	18 010	1 501	8.6	13 750	1 146	6.6	16 687	1 391	8.0
包装工	24 461	2 038	11.7	15 958	1 330	7.6	12 155	1 013	5.8	14 483	1 207	6.9
简单体力劳动工	24 172	2 014	11.6	15 833	1 319	7.6	10 120	843	4.8	13 079	1 090	6.3

金华市劳动力市场工资指导价位（2008 年）

金华市区企业部分职业（工种）劳动力市场工资指导价位　单位：元/月

序号	职业名称	高位数	中位数	低位数
1	企业经理（厂长）	9 030	4 600	1 530
2	副经理（厂长）	6 680	3 810	1 340

续表

序号	职业名称	高位数	中位数	低位数
3	生产或经营经理	4 510	2 720	1 280
4	财务经理	4 320	2 660	1 210
5	行政经理	3 800	2 110	1 180
6	人事经理	3 800	2 100	1 180
7	销售和营销经理	4 510	2 680	1 220
8	广告和公关经理	3 450	2 060	1 180
9	采购经理	3 260	1 920	1 130
10	研究和开发经理	4 060	2 420	1 420
11	餐厅经理	3 020	1 660	1 080
12	客房经理	2 760	1 450	1 050
13	保安部经理	2 780	1 570	980
14	仓储部经理	2 920	1 570	1 000
15	质管部经理	3 300	1 820	1 030
16	物业经理	2 860	1 620	1 080
17	化工工程技术人员	3 250	2 040	1 080
18	医药工程技术人员	3 800	2 060	1 170
19	机械工程技术人员	2 820	1 760	930
20	设备工程技术人员	2 860	1 740	930
21	仪器仪表工程技术人员	2 310	1 650	900
22	电子工程技术人员	3 470	2 010	1 100
23	通信工程技术人员	4 900	2 310	1 190
24	计算机与应用工程技术人员	3 460	1 850	1 130
25	计算机硬件技术人员	3 470	2 080	1 130
26	计算机软件技术人员	4 150	2 080	1 180
27	计算机网络技术人员	2 910	1 850	1 080
28	电气工程技术人员	3 800	2 120	1 080
29	电力工程技术人员	3 460	2 100	1 080
30	建筑工程技术人员	5 580	2 840	1 340
31	纺织工程技术人员	3 240	1 910	1 130
32	食品工程技术人员	2 380	1 450	980
33	统计人员	2 310	1 320	800
34	财会人员	2 520	1 570	860

续表

序号	职业名称	高位数	中位数	低位数
35	出纳	2 480	1 400	860
36	房地产业务人员	2 880	1 630	900
37	保险推销员	2 950	1 810	930
38	其他保险业务人员	2 890	1 670	930
39	行政业务办公人员	2 830	1 670	900
40	人事劳资人员	2 760	1 670	920
41	秘书	2 770	1 810	1 080
42	收发员	1 610	1 210	750
43	打字员	1 610	1 230	750
44	治安保卫人员	1 770	1 330	750
45	投递员	1 210	1 080	840
46	报刊发行员	1 160	870	750
47	计算机操作员	1 740	1 310	780
48	营业员	1 380	1 080	750
49	收银员	1 330	1 080	780
50	推销员	2 500	1 430	860
51	采购员	2 070	1 330	850
52	医药商品购销员	2 300	1 670	930
53	保管员	1 630	1 160	750
54	理货员	1 330	1 080	780
55	保鲜员	1 160	1 000	750
56	冷藏工	1 600	1 210	800
57	其他保管人员	1 520	1 080	750
58	商品储运员	1 520	1 210	820
59	中式烹调师	3 230	1 810	930
60	中式面点师	2 660	1 550	820
61	西式烹调师	2 790	1 650	930
62	西式面点师	2 660	1 410	820
63	调酒师	2 300	1 570	1 080
64	茶艺师	2 070	1 310	870
65	其他调酒和茶艺人员	2 310	1 210	750
66	餐厅服务员	1 210	980	750

续表

序号	职业名称	高位数	中位数	低位数
67	餐具清洗保管员	1 080	930	750
68	前厅服务员	1 380	1 020	760
69	客房服务员	1 150	980	750
70	其他餐饮、旅店服务人员	1 490	960	750
71	导游	1 880	1 450	860
72	园林植物保护工	1 380	1 030	750
73	花卉园艺工	1 380	1 030	750
74	保健按摩师	1 840	1 330	850
75	健身和娱乐场所服务人员	1 430	1 050	750
76	汽车客运服务员	1 560	1 280	850
77	车站客运服务员	1 480	1 230	820
78	公交车驾驶员	2 310	1 810	1 080
79	物业管理人员	1 740	1 080	750
80	家政服务人员	1 160	1 030	750
81	锅炉操作工	1 780	1 280	780
82	美容师	2 060	1 210	800
83	美发师	2 310	1 330	830
84	摄影师	2 640	1 510	860
85	冲印工	2 060	1 390	870
86	眼镜验光员	1 460	1 210	860
87	眼镜定配工	1 360	1 160	850
88	家用电器产品维修工	1 460	1 380	930
89	家用电子产品维修工	1 480	1 380	920
90	办公设备维修人员	1 330	1 140	850
91	垃圾清运工	1 210	950	750
92	保洁员	1 210	950	750
93	其他环境卫生人员	1 160	950	750
94	蔬菜加工工	1 470	1 160	760
95	果类产品加工工	1 330	1 150	760
96	金属轧制人员	1 500	1 120	800
97	化工产品生产工	1 550	1 120	810
98	车工	2 530	1 590	880

续表

序号	职业名称	高位数	中位数	低位数
99	铣工	2 310	1 450	880
100	刨插工	2 070	1 330	830
101	磨工	2 070	1 210	830
102	镗工	2 100	1 300	850
103	钻床工	1 930	1 330	830
104	加工中心操作工	1 740	1 330	830
105	制齿工	1 800	1 290	800
106	抛磨光工	1 980	1 450	980
107	拉床工	1 760	1 280	830
108	锯床工	1 850	1 330	820
109	铸制工	2 070	1 450	870
110	锻制工	1 910	1 280	870
111	冲压工	2 090	1 330	930
112	剪切工	1 730	1 220	840
113	焊工	2 660	1 650	960
114	金属热处理工	1 830	1 410	820
115	电切削工	1 570	1 300	800
116	冷作钣金加工工	1 720	1 280	810
117	涂装工	1 740	1 280	810
118	绕线工	1 850	1 320	840
119	部件装配工	1 830	1 300	780
120	装配钳工	1 900	1 330	800
121	工具钳工	2 080	1 590	930
122	动力设备装配工	1 930	1 520	950
123	机修钳工	2 060	1 450	930
124	汽车修理工	2 080	1 410	820
125	仪器仪表修理工	1 730	1 210	780
126	电力工程内线安装工	2 080	1 330	930
127	专业电力设备检修工	1 920	1 390	930
128	电工	2 050	1 450	840
129	维修电工	2 070	1 450	870
130	电子元件制造工	1 850	1 160	780

续表

序号	职业名称	高位数	中位数	低位数
131	印染人员	2 280	1 420	880
132	电子计算机维修工	1 900	1 450	830
133	橡胶塑料制品生产工	1 560	1 330	780
134	纺织针织人员	2 040	1 270	810
135	整烫工	2 360	1 430	880
136	挡车工	2 030	1 320	830
137	裁剪工	1 740	1 240	780
138	缝纫工	1 680	1 240	780
139	乳品加工工	1 550	1 160	780
140	冷食品制作工	1 560	1 180	780
141	食品罐头加工工	1 460	1 160	760
142	糕点面包烘焙工	1 500	1 100	760
143	屠宰加工工	1 450	990	800
144	肉蛋食品加工工	1 280	950	750
145	饮料制作工	1 380	1 060	750
146	药品生产制造工	1 670	1 260	780
147	木工	1 850	1 180	850
148	手工木工	1 850	1 180	920
149	机械木工	2 020	1 330	980
150	精细木工	2 430	1 660	1 180
151	纸制品制作工	1 330	1 080	750
152	水泥生产制造工	1 960	1 270	870
153	水泥制品工	2 080	1 450	930
154	印前处理工	1 630	1 230	850
155	印刷操作工	1 720	1 390	900
156	印后制作工	1 520	1 270	830
157	建筑工程施工人员	4 380	2 780	1 050
158	砌筑工	2 060	1 450	930
159	混凝土工	2 310	1 450	930
160	钢筋工	2 310	1 640	960
161	架子工	2 760	1 760	1 190
162	防水工	2 050	1 540	1 030

续表

序号	职业名称	高位数	中位数	低位数
163	装饰、装修工	2 310	1 530	1 030
164	建筑油漆工	2 430	1 650	1 030
165	工程设备安装工	2 540	1 810	1 200
166	电气设备安装工	2 650	1 920	1 300
167	汽车驾驶员	2 660	1 520	930
168	起重装卸机械驾驶员	2 080	1 530	980
169	检验员	1 800	1 330	880
170	计量员	1 810	1 280	880
171	包装工	1 570	1 220	750
172	简单体力劳动工	1 390	1 050	750

衢州市劳动力市场工资指导价位（2008 年）

衢州市区部分职业（工种）劳动力市场工资指导价位　　单位：元/月

工种（岗位）名称	高位数	中位数	低位数	工种（岗位）名称	高位数	中位数	低位数
企业厂长（经理）	10 250	5 250	3 300	通信工程技术人员	3 300	1 760	1 320
企业副厂长（副经理）	7 450	3 850	2 800	计算机与应用工程技术人员	2 500	1 380	1 100
生产或经营经理	5 700	2 750	2 200	计算机硬件技术人员	2 750	1 500	950
财务经理	4 500	2 700	1 900	计算机软件技术人员	2 380	1 350	850
人事经理	4 350	2 650	1 500	计算机网络技术人员	3 400	1 980	1 350
行政经理	3 600	2 500	1 450	计算机系统分析技术人员	3 200	1 400	1 120
销售和营销经理	3 800	2 350	1 500	其他计算机与应用工程技术人员	2 600	1 550	1 380
广告和公关经理	3 300	2 050	1 300	钻探工	1 980	1 600	1 260
文秘	2 750	1 850	1 050	矿井开掘工	2 000	1 650	1 320
打字员	1 560	1 060	800	井下采石工	1 800	1 650	1 300
收发员	1 600	1 100	820	支护工	1 600	1 350	1 120
财务人员	2 150	1 650	1 100	矿运工	1 380	1 200	980
统计人员	2 100	1 580	980	井下作业工	1 650	1 300	1 060
劳资人员	2 100	1 600	1 020	矿山提升机操作工	1 360	1 200	960
餐饮部经理	2 500	1 950	1 150	井下辅助工	1 320	1 050	920

续表

工种（岗位）名称	高位数	中位数	低位数	工种（岗位）名称	高位数	中位数	低位数
客房部经理	2 180	1 800	1 100	井下地测工	1 320	1 080	940
工程部经理	3 520	2 450	1 780	冷藏工	1 800	1 350	1 050
保安部经理	2 300	1 680	1 100	酿酒工	1 250	1 050	800
中式烹调师	3 600	2 360	1 280	酱油酱类制作工	1 200	1 020	800
中式面点师	2 680	1 680	1 000	味精制作工	1 280	1 080	820
西式烹调师	2 300	1 450	920	乳品加工工	1 700	1 050	800
西式面点师	2 360	1 500	980	食品罐头加工工	1 360	980	800
营养配餐员	1 700	1 320	1 020	糕点面包烘烤工	2 150	1 650	1 150
餐厅服务员	1 480	950	800	豆制品制作工	2 180	1 700	1 320
餐具清洗保管员	1 060	880	800	腌腊肠类制品加工工	1 480	1 120	1 050
其他餐饮服务人员	1 280	980	820	屠宰加工工	1 650	1 150	880
导游	2 350	1 350	960	肉、蛋食品加工工	1 350	1 100	850
汽车驾驶员	3 000	2 100	1 350	饲料生产加工工	1 320	1 050	800
汽车客运服务员	1 500	1 180	880	印刷设计制版工	1 700	1 220	1 020
汽车修理工	2 850	1 460	1 100	印刷操作工	1 650	1 250	1 080
维修电工	1 860	1 400	1 100	印后操作工	1 700	1 450	1 100
制浆工	1 450	1 120	980	复卷工	1 520	1 140	970
造纸工	1 560	1 300	900	蒸煮工	1 440	1 070	920
客房服务员	1 280	960	800	精选工	1 470	1 100	950
客房前厅服务员	1 350	1 000	850	看网工	1 300	1 030	880
健身娱乐场所服务员	1 550	1 030	850	卷纸工	1 380	1 100	900
商品部经理	1 900	1 570	1 420	抄纸工	1 650	1 320	1 050
仓库经理	1 800	1 400	1 080	熔纸工	1 430	1 090	830
商场柜组长	1 780	1 150	950	冶金工程技术人员	3 100	1 650	1 180
商场营业员	1 500	1 050	800	金属冶炼工	1 700	1 200	1 000
理货员	1 450	1 020	820	炼钢工	1 750	1 400	1 160
推销员	2 100	1 400	950	铸造工	1 900	1 420	1 120
物业管理人员	1 520	1 070	810	铁合金冶炼工	1 850	1 420	1 150
收银员	1 540	990	800	铸铁管人员	1 900	1 450	1 200
营销员	1 430	970	850	金属轧制工	2 000	1 500	1 300
保安员	1 250	930	800	装卸工	1 420	1 140	950
洗杂工	980	850	800	发电工	1 720	1 230	980

续表

工种（岗位）名称	高位数	中位数	低位数	工种（岗位）名称	高位数	中位数	低位数
清卫工	950	850	800	化工工艺	1 800	1 360	1 060
典当业务员	1 800	1 550	1 260	化工产品生产工	2 000	1 520	1 100
拍卖师	3 800	2 050	1 500	橡胶制品生产工	1 650	1 300	1 020
律师	8 200	3 600	1 080	塑料制品加工工	1 580	1 100	920
锅炉操作工	1 800	1 440	1 020	炼塑工	1 600	1 180	1 000
车工	2 150	1 520	1 020	筛料工	1 650	1 200	960
铣工	2 000	1 500	980	成型工	1 600	1 150	900
刨插工	2 050	1 400	1 150	制革配料工	1 650	1 450	1 100
磨工	1 950	1 350	1 000	拉床工	1 800	1 400	1 100
镗工	1 880	1 300	1 020	锯床工	1 850	1 380	1 050
钻床工	1 900	1 350	1 100	锻造工	1 720	1 230	990
数控人员	2 300	1 450	1 150	冲压工	1 880	1 360	1 020
制齿工	1 950	1 370	1 080	剪切工	2 000	1 550	1 160
加工中心操作工	1 750	1 350	1 050	铆工	2 170	1 550	1 050
抛磨光工	2 100	1 500	1 120	探伤工	1 920	1 340	1 100
焊工	2 020	1 440	1 050	服装裁剪工	1 600	1 220	950
金属热处理工	1 800	1 390	980	服装缝纫工	1 700	1 250	900
冷作钣金加工工	1 750	1 300	950	服装检验工	1 600	1 200	850
镀层工	1 700	1 200	1 050	建筑工程技术人员	2 900	1 650	1 200
涂装工	1 700	1 350	1 150	泥工	1 750	1 500	920
基础件装配工	1 680	1 270	1 020	混凝土工	1 600	1 030	800
部件装配工	1 800	1 300	1 040	手工木工	2 000	1 520	950
动力设备装配工	2 100	1 480	1 100	机械木工	1 750	1 400	1 000
电子设备装配工	1 720	1 340	1 000	精细木工	1 850	1 420	1 230
机械工程技术人员	2 450	1 800	1 200	架子工	1 700	1 400	1 100
机修钳工	1 850	1 300	1 050	钢筋工	1 650	1 350	1 020
装配钳工	1 800	1 250	1 020	油漆工	2 150	1 500	1 200
工具钳工	1 950	1 500	1 220	管道工	1 580	1 320	1 040
化工工程师	3 200	1 550	1 100	起重驾驶员	1 800	1 240	1 050
医药工程师	3 350	1 700	1 150	搬运工	1 620	1 050	920
球磨工	1 570	1 120	920	检验员	1 550	1 150	950
复合肥操作工	1 520	1 130	920	计量员	1 600	1 150	980

续表

工种（岗位）名称	高位数	中位数	低位数	工种（岗位）名称	高位数	中位数	低位数
行车工	1 580	1 200	950	报关员	2 500	1 600	1 200
制酸工	1 500	1 250	980	包装工	1 100	900	800
高配工	1 750	1 300	1 050	环境卫生人员	1 250	920	800
原料工	1 400	1 150	950	垃圾清运工	1 500	1 280	950
熔烧工	1 660	1 200	870	勤杂工	1 100	880	800
水泥制品工	1 550	1 200	920	家政服务员	1 050	850	800
化成工	1 600	1 180	880	护理人员	1 980	1 400	800
制革准备工	1 800	1 250	1 030	足浴按摩师	2 200	1 400	950
制革整理工	1 620	1 150	1 000	洗衣师	1 300	1 050	800
纺织工程技术人员	2 000	1 530	1 100	美容师	2 650	1 450	800
纺纱人员	1 500	1 150	850	美发师	2 800	1 500	800
织造人员	1 450	1 100	880	摄影师	2 450	1 650	850
针织人员	1 420	1 080	830	眼镜验光员	1 450	1 100	800
印染人员	1 800	1 320	830	眼镜定配工	1 500	1 150	800

台州市劳动力市场工资指导价位（2008 年）

台州市劳动力市场工资指导价位 单位：元

序号	职位（工种）	高位数		中位数		低位数	
		月工资	年工资	月工资	年工资	月工资	年工资
1	企业高级管理人员	9 180	110 160	7 600	91 200	3 300	39 600
2	厂长（经理）	10 200	122 400	3 360	40 320	1 930	23 160
3	副厂长（经理）	8 976	107 712	3 060	36 720	1 800	21 600
4	部门经理及管理人员	6 270	75 240	3 020	36 240	2 270	27 240
5	生产或经营经理	5 850	70 200	2 280	27 360	1 480	17 760
6	财务经理	7 320	87 840	2 700	32 400	1 700	20 400
7	行政经理	5 880	70 560	2 960	35 520	1 660	19 920
8	人事经理	6 210	74 520	2 600	31 200	1 700	20 400
9	销售和营销经理	6 350	76 200	2 300	27 600	1 650	19 800
10	广告和公关经理	3 980	47 760	3 200	38 400	2 360	28 320
11	采购经理	5 820	69 840	2 650	31 800	1 700	20 400
12	计算机服务经理	4 780	57 360	2 700	32 400	1 700	20 400

续表

序号	职位（工种）	高位数		中位数		低位数	
		月工资	年工资	月工资	年工资	月工资	年工资
13	研究和开发经理	7 470	89 640	4 130	49 560	1 840	22 080
14	餐厅经理	3 730	44 760	2 700	32 400	1 900	22 800
15	客房经理	3 200	38 400	2 200	26 400	1 440	17 280
16	科学研究人员	4 560	54 720	2 750	33 000	2 400	28 800
17	工程技术人员	5 040	60 480	2 480	29 760	1 600	19 200
18	测绘工程师	3 700	44 400	2 800	33 600	2 380	28 560
19	矿山工程技术人员	3 500	42 000	2 700	32 400	1 800	21 600
20	化工工程师	3 400	40 800	2 850	34 200	1 900	22 800
21	医药工程师	4 800	57 600	3 000	36 000	1 750	21 000
22	机械工程师	5 300	63 600	2 800	33 600	1 900	22 800
23	仪器仪表工程师	4 100	49 200	3 100	37 200	2 200	26 400
24	计算机工程师	3 700	44 400	2 300	27 600	1 600	19 200
25	系统分析员	2 800	33 600	2 200	26 400	1 600	19 200
26	电器工程师	3 900	46 800	3 300	39 600	2 200	26 400
27	电力工程师	4 800	57 600	3 500	42 000	2 450	29 400
28	交通工程技术人员	3 100	37 200	2 500	30 000	1 850	22 200
29	建筑工程师	4 300	51 600	2 880	34 560	1 750	21 000
30	建筑设计师	4 800	57 600	4 100	49 200	3 100	37 200
31	经济业务人员	4 300	51 600	2 580	30 960	1 480	17 760
32	经济计划人员	4 100	49 200	2 300	27 600	1 600	19 200
33	统计师	4 400	52 800	2 600	31 200	1 750	21 000
34	财会人员	3 600	43 200	2 800	33 600	1 300	15 600
35	出纳	3 400	40 800	2 100	25 200	1 080	12 960
36	会计	5 100	61 200	2 500	30 000	1 320	15 840
37	对外经贸业务员	3 400	40 800	2 300	27 600	1 500	18 000
38	报关员	3 700	44 400	2 100	25 200	1 300	15 600
39	金融业务人员	3 100	37 200	2 800	33 600	2 100	25 200
40	银行业务人员	4 800	57 600	3 200	38 400	1 780	21 360
41	信贷业务人员	5 500	66 000	3 200	38 400	1 800	21 600
42	保险业务员（按业务量计发）	7 000	84 000	3 800	45 600	1 500	18 000
43	保险理赔员	3 900	46 800	2 500	30 000	1 200	14 400

续表

序号	职位（工种）	高位数		中位数		低位数	
		月工资	年工资	月工资	年工资	月工资	年工资
44	证券业务员	3 100	37 200	2 400	28 800	1 910	22 920
45	工艺美术专业人员	3 200	38 400	2 100	25 200	1 500	18 000
46	广告设计人员	6 200	74 400	3 300	39 600	1 780	21 360
47	图书资料档案业务人员	2 750	33 000	1 800	21 600	1 200	14 400
48	行政办公人员	4 100	49 200	2 300	27 600	1 100	13 200
49	行政业务人员	3 600	43 200	2 200	26 400	1 000	12 000
50	人事劳资业务人员	3 500	42 000	2 300	27 600	1 320	15 840
51	行政事务人员	4 300	51 600	2 300	27 600	1 450	17 400
52	秘书	2 800	33 600	2 100	25 200	1 200	14 400
53	打字员	2 300	27 600	1 450	17 400	1 100	13 200
54	安全保卫和消防人员	2 300	27 600	1 500	18 000	1 200	14 400
55	治安保卫人员	2 300	27 600	1 400	16 800	1 100	13 200
56	邮政业务人员	4 100	49 200	2 750	33 000	1 600	19 200
57	电信业务人员	3 100	37 200	2 600	31 200	1 750	21 000
58	话务员	2 100	25 200	1 350	16 200	980	11 760
59	购销人员	4 100	49 200	2 100	25 200	1 450	17 400
60	营业人员	1 980	23 760	1 650	19 800	800	9 600
61	营业员	2 400	28 800	1 500	18 000	750	9 000
62	收银员	2 500	30 000	1 400	16 800	810	9 720
63	推销展销人员	3 800	45 600	1 850	22 200	1 400	16 800
64	推销员	3 700	44 400	1 980	23 760	1 450	17 400
65	出版物发行员	4 300	51 600	2 750	33 000	1 100	13 200
66	采购人员	3 500	42 000	1 800	21 600	1 200	14 400
67	市场管理员	2 400	28 800	1 700	20 400	1 450	17 400
68	其他购销人员	2 700	32 400	1 500	18 000	980	11 760
69	医药商品购销员	1 900	22 800	1 550	18 600	1 100	13 200
70	仓储人员	1 800	21 600	1 300	15 600	860	10 320
71	保管人员	2 450	29 400	1 450	17 400	1 050	12 600
72	储运人员	2 500	30 000	1 650	19 800	1 200	14 400
73	餐饮服务人员	1 930	23 160	1 350	16 200	950	11 400
74	中餐烹饪人员	5 000	60 000	2 500	30 000	950	11 400

续表

序号	职位（工种）	高位数		中位数		低位数	
		月工资	年工资	月工资	年工资	月工资	年工资
75	餐厅服务员	1 900	22 800	1 450	17 400	810	9 720
76	饭店服务人员	1 800	21 600	1 550	18 600	1 250	15 000
77	前厅服务员	1 850	22 200	1 400	16 800	930	11 160
78	客房服务员	1 830	21 960	1 280	15 360	850	10 200
79	旅游游览场所服务员	1 330	15 960	1 100	13 200	870	10 440
80	康乐服务员	1 400	16 800	1 050	12 600	880	10 560
81	公路运输服务人员	2 280	27 360	1 850	22 200	950	11 400
82	汽车客运服务人员	2 500	30 000	1 760	21 120	850	10 200
83	运输服务人员	1 600	19 200	1 250	15 000	980	11 760
84	医疗卫生辅助服务人员	2 600	31 200	1 680	20 160	1 230	14 760
85	物业管理人员	2 550	30 600	1 600	19 200	980	11 760
86	供水热及生活燃料人员	2 600	31 200	1 550	18 600	1 080	12 960
87	锅炉操作工	2 720	32 640	1 650	19 800	1 230	14 760
88	美容美发人员	3 800	45 600	2 200	26 400	1 500	18 000
89	美发师	3 900	46 800	2 450	29 400	1 750	21 000
90	办公设备维修人员	1 800	21 600	1 350	16 200	1 080	12 960
91	家庭服务员	1 500	18 000	1 300	15 600	950	11 400
92	环境卫生人员	1 700	20 400	1 250	15 000	810	9 720
93	农副林特产品加工工	2 350	28 200	1 680	20 160	1 250	15 000
94	矿物开采工	1 800	21 600	1 340	16 080	850	10 200
95	矿物处理工	1 750	21 000	1 280	15 360	820	9 840
96	金属轧制人员	2 450	29 400	1 630	19 560	1 280	15 360
97	化工产品生产工	2 800	33 600	1 900	22 800	950	11 400
98	机械制造加工工	2 300	27 600	1 850	22 200	1 180	14 160
99	机械冷加工工	3 000	36 000	1 900	22 800	1 630	19 560
100	车工	2 750	33 000	1 480	17 760	840	10 080
101	铣工	2 650	31 800	1 750	21 000	830	9 960
102	刨插工	2 200	26 400	1 380	16 560	980	11 760
103	磨工	2 500	30 000	1 830	21 960	850	10 200
104	镗工	2 200	26 400	1 600	19 200	830	9 960
105	钻床工	2 450	29 400	1 600	19 200	1 120	13 440

续表

序号	职位（工种）	高位数		中位数		低位数	
		月工资	年工资	月工资	年工资	月工资	年工资
106	加工中心操作工	2 600	31 200	1 550	18 600	980	11 760
107	制齿工	2 100	25 200	1 500	18 000	1 120	13 440
108	机械热加工工	1 980	23 760	1 320	15 840	1 100	13 200
109	铸造工	2 700	32 400	1 650	19 800	1 200	14 400
110	锻造工	2 750	33 000	1 800	21 600	1 300	15 600
111	冲压工	2 100	25 200	1 450	17 400	930	11 160
112	焊工	3 100	37 200	1 950	23 400	980	11 760
113	金属热处理工	2 500	30 000	1 480	17 760	980	11 760
114	特种加工设备操作工	2 400	28 800	1 550	18 600	1 120	13 440
115	电切削工	2 700	32 400	1 750	21 000	1 300	15 600
116	冷作钣金加工工	3 000	36 000	1 870	22 440	1 250	15 000
117	工件表面处理加工工	1 900	22 800	1 450	17 400	1 150	13 800
118	涂装工	2 800	33 600	1 700	20 400	1 200	14 400
119	机电产品装配工	2 500	30 000	1 850	22 200	930	11 160
120	机械设备装配工	3 500	42 000	1 870	22 440	1 500	18 000
121	装配钳工	3 100	37 200	1 760	21 120	980	11 760
122	工具钳工	3 150	37 800	1 950	23 400	1 050	12 600
123	仪器仪表装配工	3 200	38 400	1 930	23 160	1 250	15 000
124	运输车辆装配工	2 600	31 200	1 830	21 960	1 080	12 960
125	机械设备维修工	3 300	39 600	2 200	26 400	1 450	17 400
126	机修钳工	2 900	34 800	1 850	22 200	980	11 760
127	汽车修理工	2 350	28 200	1 700	20 400	1 350	16 200
128	仪器仪表修理工	2 100	25 200	1 600	19 200	1 280	15 360
129	电力设备装运检修工	4 300	51 600	2 600	31 200	1 800	21 600
130	电力设备安装工	4 850	58 200	2 500	30 000	1 750	21 000
131	电力工程内线安装工	6 300	75 600	3 100	37 200	1 800	21 600
132	专业电力设备检修工	5 800	69 600	2 650	31 800	1 850	22 200
133	维修电工	3 500	42 000	1 680	20 160	1 200	14 400
134	电子元器件制造装调工	2 300	27 600	1 480	17 760	950	11 400
135	计算机维修工	3 500	42 000	2 200	26 400	1 300	15 600
136	橡胶塑料制品生产人员	2 600	31 200	1 650	19 800	950	11 400

续表

序号	职位（工种）	高位数		中位数		低位数	
		月工资	年工资	月工资	年工资	月工资	年工资
137	纺织针织印染工	1 800	21 600	1 260	15 120	880	10 560
138	裁剪缝纫毛皮革制作工	2 650	31 800	1 450	17 400	950	11 400
139	药品生产制造工	2 700	32 400	2 200	26 400	1 380	16 560
140	木材人造板生产制作工	1 980	23 760	1 350	16 200	950	11 400
141	木工	2 450	29 400	1 600	19 200	1 080	12 960
142	纸制品制作工	1 980	23 760	1 320	15 840	980	11 760
143	工艺、美术制作工	2 200	26 400	1 500	18 000	1 020	12 240
144	工程施工人员	2 800	33 600	2 100	25 200	1 350	16 200
145	土石方施工人员	2 500	30 000	1 840	22 080	1 330	15 960
146	砌筑工	2 400	28 800	1 650	19 800	1 050	12 600
147	混凝土工	2 300	27 600	1 650	19 800	1 400	16 800
148	钢筋工	2 450	29 400	1 750	21 000	1 380	16 560
149	架子工	2 600	31 200	1 650	19 800	1 280	15 360
150	装饰、装修工	3 500	42 000	2 200	26 400	1 350	16 200
151	工程设备安装工	2 950	35 400	1 890	22 680	1 250	15 000
152	管工	2 200	26 400	1 650	19 800	850	10 200
153	驾驶员和运输设备操作工	3 200	38 400	2 400	28 800	1 600	19 200
154	机动车驾驶员	4 000	48 000	2 200	26 400	980	11 760
155	起重装卸机械操作工	2 900	34 800	2 100	25 200	1 120	13 440
156	检验、计量人员	2 300	27 600	1 680	20 160	1 300	15 600
157	检验员	3 100	37 200	2 100	25 200	1 220	14 640
158	计量员	2 350	28 200	1 980	23 760	1 150	13 800
159	生产运输简单体力工人	2 400	28 800	1 450	17 400	950	11 400
160	包装工	2 410	28 920	1 450	17 400	850	10 200
161	环境监测废物处理人员	2 480	29 760	1 120	13 440	850	10 200
162	音响调音员	1 800	21 600	1 560	18 720	960	11 520
163	制版印刷人员	1 700	20 400	1 350	16 200	850	10 200
164	纺织工程师	2 800	33 600	2 100	25 200	1 500	18 000
165	审计师	3 100	37 200	2 400	28 800	1 650	19 800
166	通信工程师	3 500	42 000	2 650	31 800	1 800	21 600
167	邮政工程师	3 600	43 200	2 700	32 400	2 100	25 200

续表

序号	职位（工种）	高位数		中位数		低位数	
		月工资	年工资	月工资	年工资	月工资	年工资
168	房地产业务人员	2 100	25 200	1 750	21 000	1 200	14 400
169	美容师	3 800	45 600	2 100	25 200	1 300	15 600
170	水产品加工工	2 100	25 200	1 650	19 800	950	11 400

舟山市劳动力市场工资指导价位（2008 年）

舟山市企业部分职业（工种）劳动力市场工资指导价位 单位：元/月

序号	工种（岗位）名称	高位数	中位数	低位数
1	企业董事	12 600	3 910	1 595
2	企业经理（厂长）	15 334	4 003	1 416
3	生产或经营经理	11 907	3 237	1 358
4	财务经理	10 158	2 926	1 354
5	行政经理	10 116	3 210	1 420
6	人事经理	10 094	2 810	1 300
7	销售和营销经理	7 862	3 068	1 281
8	广告和公关经理	4 675	2 855	1 405
9	采购经理	6 250	2 790	1 292
10	研究和开发经理	8 787	3 759	1 398
11	餐厅经理	4 300	2 264	1 175
12	客房经理	3 500	2 079	1 125
13	物业经理	3 800	2 308	1 267
14	工程项目经理	10 416	3 324	1 800
15	测绘工程技术人员	4 550	2 740	1 200
16	化工工程技术人员	4 300	2 683	1 300
17	机械工程技术人员	5 675	2 998	1 457
18	机械设计工程技术人员	6 500	3 383	1 325
19	机械制造工程技术人员	6 275	2 862	1 250
20	仪表仪器工程技术人员	4 500	2 475	1 287
21	设备工程技术人员	5 000	2 510	1 250
22	电子工程技术人员	4 500	2 608	1 300
23	电子仪器与测量工程技术人员	4 000	2 500	1 200

续表

序号	工种（岗位）名称	高位数	中位数	低位数
24	通信工程技术人员	4 500	2 692	1 200
25	邮政工程技术人员	3 570	2 450	1 200
26	计算机与应用工程技术人员	3 600	2 644	1 067
27	计算机硬件工程技术人员	3 750	2 170	1 100
28	计算机软件工程技术人员	4 600	2 602	1 200
29	计算机网络工程技术人员	4 313	2 510	1 200
30	电气工程技术人员	5 106	2 923	1 487
31	电力工程技术人员	4 750	2 990	1 230
32	建筑工程技术人员	4 370	2 770	1 072
33	建筑工程监理人员	4 250	2 200	1 100
34	建材工程技术人员	3 500	2 200	1 200
35	交通工程技术人员	3 750	2 550	1 100
36	船舶运用工程技术人员	5 550	3 076	1 325
37	船舶检验工程技术人员	5 000	3 184	1 700
38	纺织工程技术人员	3 000	1 800	1 000
39	林业工程技术人员	3 000	2 200	1 000
40	水利工程技术人员	4 250	2 750	1 500
41	海洋工程技术人员	3 250	1 800	1 200
42	环境保护工程技术人员	3 150	2 000	1 370
43	食品工程技术人员	3 000	2 050	1 000
44	水产工程技术人员	3 150	2 050	1 000
45	其他工程技术人员	3 250	2 000	1 100
46	房地产开发业务人员	6 500	3 044	1 200
47	经济业务人员	2 800	1 800	1 000
48	统计人员	2 636	1 706	950
49	会计人员	3 589	1 908	1 000
50	出纳	2 980	1 483	870
51	对外经贸业务人员	3 625	2 165	1 030
52	报关员	3 150	1 905	1 092
53	银行信贷员	3 495	2 332	1 010
54	银行储蓄员	3 283	2 100	1 000
55	其他银行业务人员	3 266	1 870	1 150

续表

序号	工种（岗位）名称	高位数	中位数	低位数
56	保险业务人员	3 200	2 200	1 000
57	保险推销员	4 816	3 375	1 000
58	保险理赔员	3 400	2 500	1 000
59	服装设计人员	3 780	2 000	1 000
60	室内装饰设计人员	4 250	2 260	1 050
61	广告设计人员	4 000	2 500	1 100
62	行政业务办公人员	2 600	1 820	1 000
63	秘书	2 650	1 864	1 000
64	人事劳资人员	2 600	1 850	1 050
65	公关员	2 800	2 000	1 100
66	打字员	1 550	1 200	850
67	计算机操作员	2 500	1 550	850
68	制图员	2 500	1 800	1 200
69	保安员	2 200	1 200	850
70	邮政业务人员	1 650	1 250	900
71	邮政营业员	1 500	1 100	900
72	报刊发行员	1 500	1 100	900
73	投递员	1 608	1 217	950
74	电信业务营业员	1 800	1 400	950
75	话务员	1 600	1 200	950
76	线务员	2 000	1 600	1 000
77	用户通信终端维修员	2 300	1 600	1 000
78	其他电信业务人员	2 050	1 550	950
79	营业员	1 450	1 050	850
80	收银员	1 400	1 100	900
81	推销员	2 800	2 140	950
82	采购员	2 750	1 800	950
83	保管员	1 950	1 250	850
84	理货员	1 800	1 350	850
85	商品储运员	1 650	1 475	850
86	商品护运员	1 500	1 200	850
87	中式烹调师	3 800	2 650	1 250

续表

序号	工种（岗位）名称	高位数	中位数	低位数
88	中式面点师	2 500	1 850	1 000
89	西式烹调师	3 000	2 000	1 200
90	西式面点师	2 800	1 850	1 000
91	餐厅服务员	1 500	1 100	850
92	餐具清洗保管员	1 200	1 000	850
93	其他餐厅服务员	1 350	1 050	850
94	前厅服务员	1 600	1 300	900
95	客房服务员	1 450	1 200	850
96	旅店服务员	1 300	1 000	850
97	其他饭店服务人员	1 400	1 000	850
98	导游	3 300	2 040	1 100
99	家庭服务员	1 300	1 000	850
100	保育员	1 500	1 200	850
101	汽车客运服务员	1 600	1 200	900
102	汽车售票员	1 350	1 100	900
103	船舶业务员	6 500	3 500	2 000
104	港口客运员	1 750	1 250	950
105	港口码头管理员	1 600	1 250	950
106	外轮理货员	2 500	1 500	1 000
107	水上运输服务员	2 000	1 400	1 000
108	职业指导员	1 600	1 350	950
109	社会中介服务员	1 400	1 200	850
110	物业管理员	1 750	1 200	850
111	美容师	2 750	1 600	900
112	美发师	3 300	1 800	900
113	其他美发美容人员	2 500	1 300	900
114	摄影师	3 000	1 800	1 200
115	眼镜验光员	2 300	1 500	1 100
116	眼镜定配工	2 000	1 100	900
117	洗衣师	2 150	1 200	850
118	办公设备维修人员	2 600	1 800	1 200
119	家用电器产品维修工	2 350	1 500	1 100

续表

序号	工种（岗位）名称	高位数	中位数	低位数
120	锅炉操作工	2 500	1 800	1 000
121	花卉园艺工	2 000	1 350	950
122	绿化工	1 800	1 200	850
123	保洁员	1 200	1 000	850
124	垃圾清运工	1 350	1 100	850
125	其他环境卫生人员	1 250	1 000	850
126	水产养殖人员	2 200	1 500	1 000
127	水产捕捞人员	2 850	2 000	1 180
128	水产品加工人员	2 000	1 330	850
129	冷藏工	2 000	1 450	1 000
130	氨机操作工	2 200	1 800	1 100
131	化工产品生产工	2 150	1 250	900
132	车工	3 200	2 036	1 000
133	铣工	3 000	2 042	1 000
134	刨插工	2 800	1 910	1 000
135	磨工	2 800	1 835	1 000
136	镗工	3 000	1 950	1 000
137	钻床工	2 700	1 876	1 000
138	加工中心操作工	3 000	2 070	1 100
139	铸造工	2 700	2 000	1 000
140	锻造工	2 600	1 900	1 000
141	冲压工	2 400	1 510	1 000
142	焊工	3 300	2 100	1 000
143	金属热处理工	2 500	1 900	1 000
144	电切削工	2 400	1 800	1 000
145	冷作钣金加工工	2 800	2 000	1 100
146	机电产品装配工	2 500	1 800	1 000
147	钳工	3 100	2 000	1 000
148	机修钳工	3 300	2 250	1 100
149	汽车修理工	3 500	2 000	1 200
150	摩托车维修工	2 600	1 500	1 000
151	仪器仪表修理工	2 500	1 750	1 000

续表

序号	工种（岗位）名称	高位数	中位数	低位数
152	电力工程内线安装工	2 600	1 750	1 100
153	专业电力设备检修工	3 400	2 800	1 150
154	电工	2 500	1 800	1 000
155	维修电工	2 800	1 900	1 100
156	常用电机检修工	2 000	1 614	1 000
157	电子产品维修工	2 500	1 600	1 000
158	计算机修理工	2 750	1 800	1 000
159	电子元件制造工	2 050	1 350	900
160	电子设备装配工	1 900	1 500	900
161	塑料制品加工工	2 500	1 250	900
162	纺纱人员	2 000	1 250	850
163	织造人员	2 000	1 250	850
164	服装裁剪工	1 850	1 350	900
165	服装缝纫工	1 750	1 276	850
166	缝纫品整型工	1 600	1 180	850
167	酿酒工	2 200	1 600	1 000
168	印刷操作工	2 300	1 400	850
169	砌筑工	3 200	2 087	1 000
170	木工	3 300	2 316	1 100
171	混凝土工	3 200	2 157	1 300
172	钢筋工	3 200	2 100	1 100
173	架子工	3 000	1 800	1 000
174	涂装工	3 000	2 062	1 000
175	装饰装修工	3 000	2 380	1 100
176	建筑油漆工	3 000	2 150	1 000
177	起重装卸机械驾驶员	3 200	2 243	1 000
178	工程设备安装工、管工	2 800	2 000	1 000
179	土石方施工人员	2 500	1 700	1 000
180	土石方机械操作工	2 200	1 800	1 000
181	建筑工程施工员	4 000	2 553	1 250
182	建筑工程预决算员	4 200	2 704	1 425
183	500 总吨以下船长	9 620	6 253	4 250

续表

序号	工种（岗位）名称	高位数	中位数	低位数
184	500 总吨以下大副	7 160	4 018	3 000
185	500 总吨以下二副	5 820	3 700	2 800
186	500 总吨以下三副	5 160	3 300	2 600
187	500 总吨以下水手	3 000	2 300	1 800
188	750 kW 以下轮机长	9 133	5 976	4 000
189	750 kW 以下值轮	4 750	3 500	2 500
190	500 总吨以上船长	25 000	19 700	5 880
191	500 总吨以上大副	20 000	16 830	4 640
192	500 总吨以上二副	18 300	14 414	4 000
193	500 总吨以上三副	17 000	13 752	3 820
194	500 总吨以上水手	3 720	2 675	2 100
195	750 kW 以上轮机长	18 600	14 161	5 760
196	750 kW 以上大管轮	15 400	12 073	4 560
197	750 kW 以上二管轮	13 400	10 720	3 920
198	船舶甲板设备操作工	3 000	2 450	1 750
199	船舶机舱设备操作工	3 000	2 450	1 750
200	船体制造工	3 200	2 567	1 200
201	船体装配工	3 200	2 200	1 100
202	船舶涂装工	3 300	2 583	1 300
203	船舶气割工	3 300	2 350	1 200
204	船舶电焊工	3 500	2 600	1 200
205	船舶起重工	3 300	2 300	1 100
206	船舶轮机装配工	3 300	2 100	1 100
207	船舶钳工	3 400	2 668	1 200
208	船舶管系工	3 200	2 433	1 200
209	船舶电气装配工	3 300	2 300	1 100
210	船舶电工	3 500	2 820	1 200
211	船舶电气钳工	3 400	2 483	1 200
212	船舶电器安装工	3 000	2 100	1 200
213	船舶修理工	3 100	2 000	1 100
214	船舶附件制造工	3 000	2 000	1 100
215	船舶架子工	3 000	2 000	1 200

续表

序号	工种（岗位）名称	高位数	中位数	低位数
216	货车驾驶员	2 950	2 000	1 100
217	公交车驾驶员	2 750	1 800	1 100
218	客车驾驶员	3 500	2 300	1 300
219	汽车驾驶员	2 800	1 745	1 100
220	产品检验员	2 000	1 450	900
221	产品计量员	2 000	1 400	850
222	包装工	1 500	1 300	850
223	简单体力劳动工	1 800	1 450	1 000
224	钟点工	25 元/小时	18 元/小时	10 元/小时

舟山市企业分学历毕业生初次就业工资指导价位　　单位：元/月

学历	高位	中位	低位	平均数
硕士	4 000	2 900	1 850	2 870
本科	3 086	1 745	1 150	1 898
专科	2 623	1 410	900	1 594
高中、中专、技校	2 296	1 282	850	1 363

注：本工资价位不分职业和工种。

丽水市劳动力市场工资指导价位（2008 年）

丽水市区部分职业（工种）劳动力市场工资指导价位　　单位：元/月

职业（工种）	高位数	中位数	低位数
初级工	3 039	1 363	764
中级工	4 615	1 594	920
高级工	5 210	1 468	1 288
技师	7 183	1 681	1 402
其他人员	2 806	1 146	700
高级专业技术职务	15 489	3 500	1 413
中级专业技术职务	11 781	2 869	975
初级专业技术职务	7 321	2 190	775
未评定技术职务人员	6 720	1 592	732
企业董事	18 963	3 102	1 394
企业经理（厂长）	22 981	2 767	1 377

续表

职业（工种）	高位数	中位数	低位数
生产或经营经理	7 140	2 500	1 346
财务经理	6 719	2 624	1 371
行政经理	10 887	5 692	1 210
人事经理	8 889	1 830	963
销售和营销经理	8 045	1 959	1 275
广告和公关经理	7 148	1 850	725
采购经理	5 455	1 958	1 400
研究和开发经理	6 143	2 516	1 168
餐厅经理	1 808	1 402	1 000
客房经理	2 208	1 981	1 350
化工工程技术人员	2 587	1 450	995
医药工程技术人员	1 657	998	700
机械工程技术人员	3 587	2 854	802
机械设计工程技术人员	2 100	1 700	1 560
机械制造工程技术人员	2 298	1 700	1 242
设备工程技术人员	5 155	1 520	800
通信工程技术人员	5 024	3 199	2 285
计算机与应用工程技术人员	5 729	1 285	861
计算机硬件技术人员	4 737	1 250	900
计算机软件技术人员	2 124	1 539	1 075
计算机网络技术人员	3 276	1 524	1 000
计算机系统分析技术人员	3 159	2 824	2 682
电气工程技术人员	6 742	1 708	967
电力工程技术人员	6 351	4 640	1 104
汽车运用工程技术人员	2 000	1 950	1 900
建筑工程技术人员	6 277	1 700	900
建材工程技术人员	1 667	930	700
水产工程技术人员	2 600	2 542	2 292
纺织工程技术人员	2 000	1 817	1 300
安全工程技术人员	4 413	1 714	1 117
标准化、计量、质量工程技术人员	3 370	1 500	980
其他工程技术人员	8 130	1 550	800

续表

职业（工种）	高位数	中位数	低位数
经济计划人员	5 000	3 378	800
统计人员	4 744	1 400	800
会计人员	5 209	1 800	932
出纳	3 784	1 328	729
审计人员	5 045	3 059	2 100
房地产开发业务人员	3 510	1 570	800
不动产销售员	2 979	1 413	733
其他经济业务人员	2 781	1 534	1 333
银行清算员	4 723	4 557	2 464
银行信贷员	6 218	5 011	4 809
银行储蓄员	5 080	3 561	2 883
其他银行业务人员	4 785	4 404	3 066
保险推销员	3 512	2 724	735
保险理赔员	5 319	2 084	700
其他保险业务人员	4 598	2 910	717
服装设计人员	1 871	1 550	1 290
图书资料与档案业务人员	4 510	2 610	1 300
行政业务办公人员	4 151	1 510	806
行政执法人员	5 291	3 543	1 756
其他行政业务人员	5 810	1 699	883
秘书	8 010	1 700	830
收发员	1 900	1 350	900
打字员	1 750	1 200	700
计算机操作员	1 500	1 150	800
制图员	2 000	1 272	1 012
其他行政事务人员	4 641	2 310	850
其他行政办公人员	6 899	2 700	851
保安员	1 755	1 050	700
金融守押员	5 079	4 670	4 162
邮政营业员	3 028	2 906	2 120
邮件处理员	3 160	2 984	2 860
邮政储汇员	3 042	2 847	2 355

续表

职业（工种）	高位数	中位数	低位数
报刊发行员	3 058	2 795	2 556
集邮业务员	3 286	3 145	3 048
邮政业务档案员	3 128	3 006	2 956
话务员	2 700	1 400	700
其他电信业务人员	5 010	2 300	1 400
传输机务员	4 094	3 175	2 356
通信电力机务员	4 666	1 528	1 321
其他邮政和电信业务人员	5 810	4 132	2 998
其他办事人员和有关人员	6 143	1 205	700
营业员	5 251	1 242	925
收银员	1 710	934	761
其他营业人员	2 672	1 225	700
推销员	2 879	1 368	890
采购员	4 207	1 510	1 000
保管员	2 904	1 200	829
理货员	1 115	891	747
保鲜员	1 237	822	797
中式烹调师	2 550	1 400	1 050
餐厅服务员	1 327	969	750
餐具清洗保管员	1 000	875	700
其他餐厅服务人员	867	700	700
其他餐饮服务人员	1 962	1 546	981
前厅服务员	1 653	1 122	975
客房服务员	1 557	1 002	760
其他饭店服务人员	1 375	1 017	890
导游	1 449	1 284	750
物业管理员	6 579	1 187	833
生活燃料供应工	1 876	1 650	1 450
锅炉操作工	1 600	1 300	1 115
其他供水、供热及生活燃料供应服务人员	1 505	1 429	1 421
办公设备维修工	1 599	1 094	852
保洁员	2 510	850	700

续表

职业（工种）	高位数	中位数	低位数
其他商业、服务业人员	2 525	2 254	940
化工产品生产工	1 672	1 466	1 020
车工	2 325	2 000	1 140
铣工	2 005	1 400	1 208
磨工	2 309	1 460	850
镗工	2 410	2 333	1 500
钻床工	2 500	1 800	882
加工中心操作工	1 542	1 167	987
抛磨光工	2 500	1 700	1 023
冲压工	1 500	1 300	1 004
焊工	3 705	1 294	700
金属热处理工	1 617	1 244	870
基础件装配工	1 800	1 300	1 100
部件装配工	1 673	1 200	800
装配钳工	2 000	1 350	950
电气元件及设备装配工	1 800	1 415	1 125
机修钳工	2 176	1 427	1 030
汽车修理工	2 695	2 142	1 107
电力工程内线安装工	1 288	1 138	958
专业电力设备检修工	1 393	1 278	1 030
维修电工	1 741	1 095	845
塑料制品加工工	2 363	1 093	846
织造人员	1 538	1 361	971
印染人员	1 790	1 008	877
裁剪工	1 695	2 217	960
缝纫工	2 059	1 326	945
皮革加工工	1 314	1 156	1 033
毛皮加工工	1 903	1 232	700
肉、蛋食品加工工	1 202	1 118	1 044
药品生产制造工	921	822	700
精细木工	2 500	2 000	1 500
水泥制品工	800	750	700

续表

职业（工种）	高位数	中位数	低位数
文体用品乐器制作工	1 167	1 000	833
砌筑工	2 096	1 400	850
混凝土工	2 151	1 300	700
钢筋工	2 150	1 150	800
架子工	2 575	1 550	850
防水工	2 120	2 078	800
装饰、装修、油漆工	2 410	1 974	900
机械电气工程设备安装工、管工	1 500	1 222	1 119
电工	2 458	1 510	700
木工	2 545	1 570	900
汽车驾驶员	4 925	1 798	1 013
起重装卸机械驾驶员	1 583	1 300	1 200
检验员	2 279	1 274	866
计量员	1 484	1 263	1 000
包装工	2 320	1 000	820
简单体力劳动工	1 849	1 264	786

第七篇

劳动和社会保障大事记

2008 年劳动和社会保障大事记

1月

△1 月 2 日，省劳动保障厅陈小恩厅长参加省委全委扩大会议。

△1 月 2 日，省劳动保障厅副厅以上领导干部、党组成员参加全省作风建设年总结大会。

△1 月 4 日，省劳动保障厅陈小恩厅长列席省委常委会，听取传达中央农村工作会议精神。

△1 月 5 日，省政协公布中国人民政治协商会议第十届浙江省委员会委员名单，省劳动保障厅副厅长朱绍平当选为第十届省政协委员。

△1 月 7 日，省劳动保障厅王国益副厅长参加陈加元副省长主持召开的审议《浙江省大中型水库库区和移民安置区基础设施建设和经济发展规划纲要》专题会议。

△1 月 7 日，省劳动保障厅、省财政厅发出《关于 2008 年调整企业退休人员基本养老金的通知》(浙劳社老［2008］5 号)。根据劳动保障部、财政部《关于 2008 年调整企业退休人员基本养老金的通知》(劳社部发［2007］43 号）文件精神，经省政府同意，决定适当调整我省企业退休人员基本养老金。

△1 月 8 日，省政府新闻办公室举行新闻发布会，省劳动保障厅新闻发言人黄亚萍副厅长发布了浙江省城镇居民基本医疗保险制度试点工作的有关情况。新华社、中新社、浙江日报、浙江卫视、杭州日报等中央和省内媒体参加了新闻发布会。

△1 月 10 日，省劳动保障厅陈小恩厅长参加全省低收入农户状况调查电视电话会议。

△1 月 11 日，全省劳动保障工作会议在杭州召开。陈加元副省长到会作重要讲话；省劳动保障厅陈小恩厅长作工作报告。报告全面回顾总结了近五年工作，深刻分析了当前劳动保障工作面临的形势，安排部署了 2008 年各项工作任务。会议还对 2006—2007 年全省劳动保障系统优质服务窗口进行了表彰。

△1 月 11 日，新农门中国农民工（蓝领）研究院、上海复旦大学、浙江省劳动和社会保障科学研究院联合在北京发布《2007 中国农民工（蓝领）报告》。其中务工环境调查显示：浙江省的温州、宁波、杭州三地上榜全国十佳。

△1 月 12 日，省劳动和社会保障学会五届五次理事会暨年会在杭州召开，省劳动保障厅陈小恩等厅领导参加会议。

△1 月 13—14 日，省劳动保障厅陈小恩厅长参加全省农村工作会议。

△1 月 14 日，省劳动保障厅王国益副厅长及厅仲裁信访处负责人参加陈敏尔常务副省长主持召开的研究企业退休军转干部专项补贴的会议。

△1 月 14 日，省劳动保障厅朱绍平副厅长及省劳动保障监察总队负责人参加东方龙大酒店问题协调会议。

△1月14日，省劳动保障厅黄亚萍副厅长及省劳动保障监察总队负责人参加推动企业积极履行社会责任工作座谈会。

△1月14日，省劳动保障厅钟关华副厅长参加省委组织部召开的慰问帮扶困难党员协调会议。

△1月14日，浙江省劳动和社会保障厅、浙江省教育厅发布《关于进一步做好学生参加城镇居民基本养老保险有关问题的补充通知》（浙劳社医［2008］9号）。

△1月15日，省劳动保障厅王国益副厅长及省就业局、厅医保处负责人参加省委省政府组织的中央督查组赴我省督促检查解决困难群众生产生活工作情况汇报会。

△1月15日，省劳动保障厅朱绍平副厅长参加省政协十届一次会议及省政协举办的“关注民生促进和谐”专题座谈会。

△1月15日，省劳动保障厅办公室发出《关于做好医疗服务项目价格调整后基本医疗保险衔接工作的紧急通知》（浙劳社办发［2008］5号）。针对近日省物价局、省卫生厅对部分医疗服务价格调整后的有关问题进行说明，以确保部分医疗服务价格调整后基本医疗保险医疗服务项目支付管理工作的平稳衔接。

△1月16—22日，省劳动保障厅陈小恩厅长列席省十一届人大一次会议，并当选为全国人大代表。省劳科院陈诗达院长作为省社科界代表旁听了省十一届人大一次会议。

△1月18日，省劳动保障厅钟关华副厅长及厅工伤保险处、省社保中心负责人参加全国工伤保险工作座谈会。

△1月21日，省劳动保障厅朱绍平副厅长及厅办公室、政策法规处、劳动工资处、仲裁信访处、省劳动保障监察总队、省劳动仲裁院、宣教中心负责人参加劳动和社会保障部召开的贯彻实施《劳动争议仲裁调解法》电视电话会议。

△1月21日，省教育厅学生处发布信息：截至2007年12月底的最新统计，全省高校毕业生年度就业率达95.35%，比8月底的初次就业率高出2.88个百分点。其中研究生年度就业率为98.47%，比初次就业率高出3.62个百分点，本科生年度就业率为95.05%，比初次就业率高出3.43个百分点，专科高职毕业生年度就业率为95.36%，比初次就业率高出2.41个百分点。

△1月22日，省劳动保障厅陈小恩厅长参加省委全委会。

△1月24日，浙江省民政厅、浙江省人民政府外事办公室、浙江省公安厅、浙江省劳动和社会保障厅转发《民政部、外交部、公安部、劳动和社会保障部关于基金会、境外基金会代表机构办理外国人就业和居留有关问题的通知》（浙民民［2008］25号）。

△1月24—25日，省劳动保障厅陈小恩等厅领导随省领导赴11个市慰问困难群众。

△1月25日，省劳动保障厅纪检组组长常玉芳参加省纪委第十二届二次全体（扩大）会议。

2月

△2月1日，省劳动保障厅陈小恩厅长、钟关华副厅长随吕祖善省长赴长广集团慰问和检查。

△2月1日，省劳动保障厅朱绍平副厅长参加全省退役士兵安置工作电视电话会议。

△2月3日，国务院颁布《关于做好促进就业工作的通知》（国发［2008］5号），该通知指出，国家扶持就业困难人员就业，并将就业困难人员从主要指“4050”人员扩大到大龄人员、身有残疾人员、享受最低生活保障人员、连续失业一年以上人员和因失去土地等原因难以实现就业的人员等五类人员。

△ 2 月 18 日，省劳动保障厅钟关华副厅长、李远明副巡视员、厅法规处负责人随省人大有关负责人员赴杭州市开展《浙江省职工基本养老保险条例（修订案）》的立法调研。

△ 2 月 20 日，全国人大代表、省劳动保障厅陈小恩厅长参加在杭全国人大代表视察杭州市工作的活动。

△ 2 月 20 日，省劳动保障厅王国益副厅长参加“广东·浙江情况交流会”。

△ 2 月 20 日，国家税务总局颁布《关于个人所得税工资薪金所得减除费用标准政策衔接问题的通知》（国税发［2008］20 号），根据中华人民共和国主席令第八十五号公布的《全国人民代表大会常务委员会关于修改〈中华人民共和国个人所得税法〉的决定》（2007 年 12 月 29 日第十届全国人民代表大会常务委员会第三十一次会议通过），自 2008 年 3 月 1 日起，个人所得税工资、薪金所得减除费用标准从每月 1 600 元提高到每月 2 000 元。

△ 2 月 20 日，省统计局发布抽样调查数据。根据对全省 5%人口抽样调查，2007 年 11 月 1 日零时，浙江省的常住人口为 5 056 万人，与 2006 年年末常住人口 4 980 万人相比，增加了近 80 万人，增长 1.61%。全省 2007 年年末常住人口中，居住在城镇的人口为 2 894.3 万人，占总人口的 57.2%；居住在乡村的人口为 2 165.7 万人，占总人口的 42.8%。与 2006 年同期相比，城镇人口占总人口的比重上升了 0.70 个百分点。全省 0～14 岁的人口为 759.5 万人，占总人口的 15.01%；15～64 岁的人口为 3 744.9 万人，占总人口的 74.01%；65 岁及以上的人口为 555.6 万人，占总人口的 10.98%。与 2006 年同期相比，0～14 岁人口的比重下降了 0.3 个百分点，65 岁及以上人口的比重上升了 0.23 个百分点。常住人口中，男性为 2 565.4 万人，占总人口的 50.7%；女性为 2 494.6 万人，占总人口的 49.3%。性别比（以女性为 100，男性对女性的比例）为 102.8。人口出生率为 10.38‰，死亡率为 5.57‰，自然增长率为 4.81‰。

△ 2 月 20 日，浙江省民政工作会议传出信息：2007 年，浙江省民生保障实现新提升，全省有 65.17 万名低保对象拿到最低生活保障；全年先后 3 次启动全省困难群众物价补贴机制，补贴资金 1.4 亿元；全省有 106.65 万人次得到医疗救助。2007 年，全省共有低保对象 65.17 万人，年支出资金 7.51 亿元。

△ 2 月 21 日，省劳动保障厅钟关华副厅长参加省政府研究室召开的研究建立浙江省覆盖城乡居民养老保险制度的会议。

△ 2 月 21 日，省劳动保障厅转发《劳动保障部关于做好〈劳动争议调解仲裁法〉贯彻实施工作的通知》（浙劳社仲［2008］20 号），要求各地高度重视，做好该法实施的培训、学习、宣传等工作，确保法律的顺利实施。

△ 2 月 21 日，省劳动保障厅发出《关于表彰浙江省技术能手的通报》（浙劳社培［2008］21 号），决定授予 2007 年度在全省职业技能竞赛中取得优异成绩的金继法等 52 名同志“浙江省技术能手”荣誉称号并颁发证书。

△ 2 月 22 日，省劳动保障厅黄亚萍副厅长出席由省劳动保障学会、浙商研究会、省人才开发协会、浙江工人日报主办的“浙江省第二届伯乐奖和最佳雇主企业评选”颁奖典礼、“浙江省双十佳 HR 经理人”颁奖典礼。

△ 2 月 25 日，省劳动保障厅党组召开 2007 年度党员领导干部民主生活会。陈加元副省长、省纪委李洁副秘书长、执法监察室耿洛佳主任、省委组织部干部一处调研员张亚萍到会指导。

△ 2 月 25 日，据省教育考试院消息，浙江省 2008 年高考报名工作已顺利结束。据初步统计，全省统考统招与高职单考单招报名人数为 39.8 万人，与 2007 年基本持平。其中统考统招报名人数为 36.4 万人，比 2007 年增加 0.5 万人，增幅为 1.4%。文科类考生为 14.5 万人，增幅为

0.46%；理科类考生为21.9万人，增幅为2.04%。应届高中毕业生为32.4万人，往届毕业生约4万人。高职单考单招报考人数为3.4万人，比2007年减少0.7万人，减幅为17.4%。

△2月26日，省劳动保障厅黄亚萍副厅长及厅医保处负责人参加国务院城镇居民基本医疗保险扩大试点工作电视电话会议。

△2月27日，国务院农普办和国家统计局发布第二次全国农业普查主要数据公报（第五号）。数据显示，至2006年年末，我国农村劳动力资源总量为53 100万人，其中外出从业劳动力13 181万人，男性占64%。农村劳动力资源与就业情况显示，至2006年年末，农村劳动力资源总量为53 100万人。其中，男劳动力26 989万人，占50.8%；女劳动力26 111万人，占49.2%。农村劳动力中，40岁以下占54.3%，41岁以上占45.7%。

△2月28—29日，省劳动保障厅朱绍平副厅长及厅医保处、工伤处、省级医保中心负责人参加全国医疗保险工作座谈会。

△2月28日，中新浙江网消息：截至2007年年底，浙江省已消除“零就业家庭”2.67万户，实现了每个城镇家庭至少有一名就业者的目标。

△2月29日，省十一届人大常委会二次会议决定任命陈小恩为省劳动保障厅厅长。

△2月29日，国务院总理温家宝主持召开国务院常务会议，研究部署事业单位工作人员养老保险制度改革试点工作。会议讨论并原则通过了《事业单位工作人员养老保险制度改革试点方案》，确定在山西、上海、浙江、广东、重庆5省市先期开展试点，与事业单位分类改革配套推进。

3月

△3月1日，省劳动保障厅陈小恩厅长参加省政府第一次全体会议。

△3月1—19日，全国人大代表、省委委员、省劳动保障厅陈小恩厅长参加第十一届全国人大一次会议。

△3月3日，省劳动保障厅王国益副厅长及省就业局负责人参加全国农民工工作办公室主任会议。

△3月3日，省劳动保障厅钟关华副厅长及省社保中心、医保中心负责人参加全国社会保险局局长座谈会。

△3月10日，省劳动保障厅朱绍平副厅长参加全省推广温岭市工资集体协商经验现场会。

△3月11日，省劳动保障厅钟关华副厅长、李远明副巡视员及厅政策法规处负责人随省人大有关部门领导赴嘉兴市、湖州市、绍兴市开展《浙江省职工基本养老保险条例（修订案）》的立法调研。

△3月11日，全国人大一次会议举行第四次全体会议，听取关于国务院机构改革方案的说明。国务院将新组建人力资源和社会保障部，组建国家公务员局，由人力资源和社会保障部管理。不再保留人事部、劳动和社会保障部。

△3月11日，省劳动保障厅邵爱琴副巡视员参加全省残疾人共享小康工作会议。

△3月14日，省劳动保障厅发出《关于进一步做好职业技能鉴定命题和国家题库运行管理工作的通知》（浙劳社培［2008］29号），要求各级劳动保障部门在组织开展职业技能鉴定工作时，凡是国家题库浙江分库已经颁布实施的职业工种试题一律从题库中提取。

△3月16日，省劳动保障厅黄亚萍副厅长出席全省劳动保障学会秘书长会议并讲话。

△3月18日，省劳动保障厅公布了《2008年核准职业技能培训项目单位》（浙劳社培

［2008］32号）。文件确定和公布了浙江大学等25家单位为2008年职业技能培训项目单位。

△3月20日，省劳动保障厅党组成员、副厅以上领导干部参加全省领导干部会议，听取省委传达全国“两会”精神。

△3月24日，省劳动保障厅钟关华副厅长及厅养老处负责人参加全国事业单位养老保险制度改革试点工作座谈会。

△3月25—27日，省委第二巡视组对省劳动保障厅巡视整改情况进行回头看检查，并对省劳动保障厅整改情况予以肯定。

△3月25日，省劳动保障厅陈小恩厅长参加国务院廉政工作电视电话会议。

△3月25日，省劳动保障厅钟关华副厅长及厅养老处、农保处负责人参加省政府政研室召开的研究覆盖城乡居民养老保障体系建设工作座谈会。同日，钟关华副厅长及省社保中心、医保中心负责人参加陈加元副省长主持召开的研究“五费合征”工作会议。

△3月26日，省劳动保障厅陈小恩厅长参加全省深化和拓展“树新形象　创新业绩”主题实践活动电视电话会议。

△3月26日，省劳动保障厅钟关华副厅长及省社保中心、医保中心负责人接待宁夏回族自治区劳动保障厅考察调研团。

△3月26日，省劳动保障厅发出《关于进一步做好城镇医疗保险试点工作的通知》（浙劳社医［2008］36号）。要求各地明确试点工作目标任务，加快试点工作步伐，采取有效措施，扩大城镇居民基本医疗保险覆盖面。

△3月28日，省劳动保障厅、省劳动保障学会发出《关于开展2008年浙江省劳动保障科学研究课题申报工作的通知》，同时下发了2008年浙江省劳动保障科学研究课题目录，供各市、县劳动保障部门和学会团体会员选择申报。

△3月28日，省劳动保障厅陈小恩厅长列席省政府第3次常务会议，审议浙江省2008年全国五一劳动奖状、奖章推荐评选工作情况。

△3月31—4月1日，省劳动保障厅陈小恩厅长列席省十一届人大常委会第三次会议，作关于《浙江省职工基本养老保险条例（修订案）》的起草说明。钟关华副厅长、李远明副巡视员及厅法规处、养老处负责人列席小组审议会议。

△3月31日，新组建的人力资源和社会保障部正式挂牌，其官方网站也于同日开始运行。人力资源和社会保障部部长尹蔚民为“中华人民共和国人力资源和社会保障部”和“国家公务员局”揭牌。副部长季允石、杨志明、张小建、杨士秋、王晓初、何宪、胡晓义，中央纪委驻部纪检组组长袁彦鹏，党组成员李有慰、崔会烈及部分工作人员出席。仪式结束后，尹蔚民部长点击开通了人力资源和社会保障部网站。新开通的网站按照国务院机构改革的有关要求，初步整合了人事、劳动和社会保障的业务，比较全面地反映了人力资源和社会保障部的各项工作，初步搭建了让公众了解人力资源和社会保障工作动态、为公众提供公共服务的信息平台。据悉，人力资源和社会保障部的组建工作正在顺利进行，日常工作保持正常运行。

4月

△4月1日，在省老龄科研中心与浙大公共卫生学院联合启动“健康老龄化”活动仪式上发布的信息显示：到2007年年底，浙江省60岁以上老年人已达698.52万人，占总人口的15%，80岁以上高龄老人首次突破100万人。

△4月2日，省政府召开省农民工工作联席会议全体成员会议，陈加元副省长作重要讲话，

省劳动保障厅陈小恩厅长介绍了我省农民工工作情况，王国益副厅长传达了全国农民工工作办公室主任会议精神。

△4月2日，浙江省劳动和社会保障厅发布《关于发布浙江省2008年度企业工资指导线的通知》（浙劳社劳薪［2008］40号）。文件指出，浙江省2008年企业货币工资增长基准线为12%，企业货币增长上线为18%，企业货币增长下线为5%。

△4月3日，省劳动保障厅、省教育厅发出《关于举办2008年浙江省高校毕业生就业洽谈会的通知》（浙劳社就［2008］41号）。决定于2008年5月下旬在杭州举办以面向2008届未就业高校毕业生为主的招聘洽谈会。

△4月8日，省劳动保障厅陈小恩厅长根据省委“树新形象、创新业绩”主题实践活动要求，率厅办公室、省就业局有关同志到德清县和湖州市开展建立健全城镇零就业家庭就业援助长效机制调研。

△4月8日，省劳动保障厅常玉芳纪检组长列席全国纠风工作会议。

△4月10日，省劳动保障厅黄亚萍副厅长及厅计财处负责人参加2007—2008年度全省社会发展形势分析例会。

△4月10日，省劳动保障厅钟关华副厅长及厅养老处、医保处、工伤处、省就业局负责人参加省政府研究室召开的研究“五费合征”专题会议。

△4月11日，省劳动保障厅陈小恩厅长参加省委理论学习中心组学习会，听取全国人大常委，中国人民大学劳动人事学院教授、博导，中国社会保障研究中心主任郑功成教授关于社会保障制度的专题讲座。

△4月11日，省劳动保障厅朱绍平副厅长参加省处理信访突出问题及群体性事件联席会议扩大会议。

△4月11日，省劳动保障厅转发劳动保障部《关于调整农村社会养老保险个人账户计息办法的通知》（浙劳社农［2008］44号）。决定从2008年1月1日起，农村社会养老保险个人账户计息标准按中国人民银行公布的金融机构人民币一年期定期存款利率标准执行，并随中国人民银行公布的金融机构人民币一年期定期存款利率调整而自动调整，在基金积累期内实行分段计息。

△4月14日，省劳动保障厅陈小恩厅长参加省委十二届三次全体（扩大）会议。

△4月15日，省劳动保障厅黄亚萍副厅长及厅法规处负责人，参加省政府召开的专题部署实施基本公共服务均等化行动计划会议。

△4月18日，省劳动保障厅陈小恩厅长列席省政府第5次常务会议。

△4月21日，省劳动保障厅转发劳动保障部办公厅《关于加强劳动保障监察工作深入开展劳动保障监察执法年活动的通知》（浙劳社监［2008］46号）。为全面推进劳动保障监察工作，深入贯彻《劳动合同法》《就业促进法》等法律法规，规范用人单位用工行为，维护劳动者合法权益和维护社会稳定，决定将2008年定为“劳动保障监察执法年”。

△4月21日，省劳动保障厅发布《关于发布2007年全省在岗职工平均工资的通知》（浙劳社老［2008］45号）。文件指出2007年全省在岗职工平均工资（含规模以上私营单位）为24 603元。

△4月22日，省劳动保障厅陈小恩厅长参加省经济体制改革工作领导小组第三次全体成员会议。

△4月23日，省统计局新闻发言人通报一季度浙江经济运行情况。一季度，浙江生产总值为4 602亿元，比去年同期增长11.8%，增幅比去年同期回落2.8个百分点。我省城镇居民人均

可支配收入 7 459 元，比去年同期增长 8.7%，扣除价格因素后实际增长 1.7%，而之前的 5 年这个数字都基本维持在 8%以上。一季度城镇居民人均工资收入 5 052 元，同比增长 5%；居民经营性收入大幅增长，一季度人均经营净收入 1 077 元，增长 32.2%，增幅比去年同期高 13.4 个百分点；人均财产性收入 488 元，增长 17.5%。人均养老金或离退休金 959 元，同比增长 12.7%。到一季度末，全省城镇单位（不包括城镇私营单位）从业人员 640.6 万人，比去年同期增长 12.7%，新增就业人员 32.3 万人，其中来自农村的劳动力 63.8%。城镇登记失业率 3.22%，比去年同期和去年末分别下降 0.25 和 0.05 个百分点。

△ 4 月 23 日，省劳动保障厅钟关华副厅长、李远明副巡视员及厅法规处同志随人大赴温州市开展《浙江省职工基本养老保险条例（修订案）》的立法调研。

△ 4 月 24 日，省劳动保障厅陈小恩厅长及厅养老处、医保处负责人随陈加元副省长赴绍兴市调研城镇居民医疗保险、事业单位养老保险制度改革和农民工社会保障工作。

△ 4 月 24 日，省劳动保障厅朱绍平副厅长及厅劳资处、仲裁信访处、省仲裁院负责人参加全国劳动关系工作座谈会暨基层建设经验交流会。

△ 4 月 25 日，省劳动保障厅陈小恩厅长列席省政府第 6 次常务会议。

△ 4 月 25 日，省劳动保障厅邵爱琴副巡视员及厅养老处负责人参加省老龄工作委员会全体会议。

△ 4 月 28 日，省劳动保障厅王国益副厅长与省人事厅李为副厅长联合召集省劳动保障厅与省人事厅有关人员，商议贯彻落实人力资源和社会保障部等九部委关于进一步贯彻国务院规范清理职业资格活动的文件精神和有关事项。

△ 4 月 28 日，省劳动保障厅朱绍平副厅长参加全国军转干部安置工作电视电话会议。

△ 4 月 28 日，人力资源和社会保障部公布最新数据显示，第一季度末，全国城镇登记失业人员 825 万人，登记失业率为 4.0%。另据新华社援引人力资源和社会保障部有关负责人的介绍，1—3 月，全国累计实现城镇新增就业人员 303 万人，为全年目标任务 1 000 万人的 30%；下岗失业人员再就业人数 128 万人，为全年目标任务 500 万人的 26%；就业困难人员再就业人数 36 万人，为全年目标任务 100 万人的 36%。

△ 4 月 30 日，浙江省劳动和社会保障厅发布《关于推进商贸餐饮住宿服务业农民工参加工伤保险工作的通知》（浙劳社工伤［2008］49 号）。文件要求到 2008 年年底工伤参保人数力争达到 1 200 万人目标。

5 月

△5 月 4 日，据全省引导和鼓励高校毕业生到农村和社区工作座谈会消息：截至 2007 年年底，浙江省共招聘 9 400 多名高校毕业生到农村和社区工作，目前仍在岗 8 800 多名。根据计划，2008 年浙江省继续再招聘 8 400 多名大学生担任“村官”。

△5 月 6 日，浙江省建设厅、发改委、财政厅、劳动和社会保障厅、国土资源厅发出关于印发《关于切实改善农民工居住条件的实施意见》（浙建房［2008］41 号），提出力争到 2010 年使浙江省农民工居住条件得到明显改善。

△5 月 6 日，浙江省残疾人联合会第五次代表大会传出消息：浙江省残疾人就业工作走在了全国前列。在过去的 5 年中，全省各级机关、团体、企事业等单位共安置 12.5 万名残疾人分散就业，各福利企业共安排近 10 万名残疾人集中就业，经济欠发达地区的 3 万多名残疾人在经济发达的沿海地区找到了工作。5 年来，残疾人就业人数达到了 66 万多人。

△5 月 8 日，省劳动保障厅发出《关于印发〈浙江省失业保险经办机构内部控制办法〉的通知》（浙劳社就［2008］52 号），要求各级劳动保障部门加强失业保险经办机构内部管理与监督，提高内控执行力，确保失业保险基金安全。

△5 月 8 日，省劳动保障厅、省人事厅发出《关于 2006 年度及以后计划分配军队转业干部工资待遇确定有关问题的通知》（浙人发［2008］85 号）。通知对于 2006 年度及以后分配到机关、事业单位、企业的军队转业干部的工资待遇问题分别作出了具体规定。

△5 月 9 日，省劳动保障厅陈小恩厅长、王国益副厅长及省就业局负责人参加江苏省政府学习考察团到浙江省考察城乡统筹工作座谈会，9—10 日王国益副厅长陪同调研考察。

△5 月 12 日，省劳动保障厅钟关华副厅长参加省第二次经济普查工作领导小组全体成员会议，并与厅计财处负责人参加全国第二次经济普查工作电视电话会议。

△5 月 13 日，省劳动保障厅陈小恩厅长参加省社会主义新农村建设领导小组第三次全体（扩大）会议。

△5 月 14 日，省劳动保障厅陈小恩厅长主持召集有关处室负责人研究《浙江改革开放 30 年成就和经验以及新世纪新阶段深化改革开放思路的研究·劳动保障篇》的撰写工作。

△5 月 14 日，国家统计局公布的最新数据显示，2008 年一季度，全国各地区城镇居民平均收入为 4 674.84 元，其中上海为第一，居民平均收入规模达到 8 412.89 元；浙江省城镇居民平均收入达到 8 015.11 元，位居第二；北京以 7 094.1 元的收入规模位居第三。

△5 月 15 日，来自教育部的一份统计数据表明，2008 年全国高校毕业生人数将再创历史新高，达到 559 万人，比 2007 年增加 64 万人。加上 2007 年未就业的大学生，2008 年大学生就业压力比较大。另据浙江省高校毕业生就业办统计，2008 年浙江省普通高校毕业生达到 21.9 万余人，比 2007 年增加 2 万余人。其中研究生毕业生人数首次达到 1 万人，比 2007 年增长了 30%，创历史新高。本科、高职毕业生人数分别攀升至 9.4 万人和 8.6 万人，专科毕业生人数有所回落。

△5 月 19 日，省劳动保障厅朱绍平副厅长参加政协第十届浙江省委员会常务委员会学习会暨新任委员培训班。

△5 月 19 日，省社会主义新农村建设领导小组公布了 2007 年度社会主义新农村建设考核结果，省劳动保障厅被评为 2007 年度社会主义新农村建设优秀单位。

△5 月 20 日，省劳动保障厅朱绍平副厅长参加省协调劳动关系三方会议第十三次会议。

△5 月 20 日，省劳动保障厅黄亚萍副厅长及省劳科院负责人参加中国劳动保障科学研究院主办的 2008 年度劳动保障科研工作座谈会。

△5 月 20 日，省劳动保障厅转发人力资源和社会保障部《关于认真做好地震灾区救灾期间基本医疗和工伤保险工作的紧急通知》（浙劳社办发［2008］38 号）。通知要求各级劳动保障部门积极配合有关部门做好抗震救灾期间基本医疗保险和工伤保险相关工作。

△5 月 21 日，省劳动保障厅钟关华副厅长参加吕祖善省长主持召开的“公民权益依法保障行动计划”工作汇报会。

△5 月 21 日，浙江省农业厅、财政厅、劳动和社会保障厅、教育厅、科技厅、建设厅联合发出《关于做好 2008 年农村劳动力转移培训阳光工程实施工作的通知》，要求在该项目实施工作中加强组织领导、严格培训质量、强化监督监管、加大宣传力度，确保项目顺利实施。

△5 月 23 日，省劳动保障厅纪检组组长常玉芳及厅培训处、省就业局、驻厅监察专员办负责人参加全国培训就业系统视频会议。

△5 月 26 日，省劳动保障厅陈小恩厅长随吕祖善省长到萧山检查抗震救灾活动板房生产情况。

△5 月 26 日，省劳动保障厅陈小恩厅长列席省委常委会，听取宁波市工作汇报。

△5 月 27 日，省劳动保障厅陈小恩厅长列席省十一届人大常委会第四次会议，钟关华副厅长、李远明副巡视员及厅法规处、养老处负责人参加分组审议《浙江省职工基本养老保险条例（修订案）》。

△5 月 27 日，根据中共浙江省委组织部《关于做好部分党员交纳“特殊党费”用于支援抗震救灾工作的通知》精神，省劳动保障厅 260 余名党员累计交纳抗震救灾“特殊党费”34 万多元。

△5 月 28 日，省政府在杭州召开全省加快推进城镇居民基本医疗保险工作座谈会。陈加元副省长出席会议并作重要讲话，省劳动保障厅陈小恩厅长通报了浙江省城镇居民基本医疗保险试点工作进展情况，并就劳动保障系统做好城镇居民医保工作提出了要求，朱绍平副厅长参加会议。

△5 月 29 日，省劳动保障厅陈小恩厅长参加全省 11 个市及义乌市市长座谈会。

△5 月 30 日，省劳动保障厅陈小恩厅长随省委书记赵洪祝赴绍兴调研考察，参加企业负责人座谈会，并就全面贯彻《劳动合同法》作了发言。

△5 月 30 日，省保密局到省劳动保障厅检查计算机信息系统保密工作，黄亚萍副厅长汇报工作。

△5 月 30 日，省劳动保障厅钟关华副厅长列席省政府第 8 次常务会议，审议《浙江省〈禁止使用童工规定〉实施办法》。

6 月

△6 月 2 日，省劳动保障厅陈小恩厅长列席省委常委会，听取中化集团参与省石化建材集团整体改制方案汇报。

△6 月 3 日，省劳动保障厅陈小恩厅长、常玉芳纪检组长参加贯彻落实《浙江省建立健全惩治和预防腐败体系 2008—2012 年实施办法》电视电话会议。

△6 月 3 日，省劳动保障厅陈小恩厅长参加吕祖善省长主持召开的省国税局、地税局促进实施“两创”有关税收优惠政策执行情况的汇报会。

△6 月 3 日，省劳动保障厅王国益副厅长及厅培训处负责人召集杭州第一技师学院等 4 所技校校长会议，研究接收四川灾区技校学生到浙江省就学事宜。

△6 月 3 日，省劳动保障厅朱绍平副厅长及厅仲裁信访处负责人参加省部属国有企业信访工作会议。

△6 月 3 日，省劳动保障厅邵爱琴副巡视员参加支援广元灾区教育工作会议。

△6 月 4 日，省劳动保障厅朱绍平副厅长参加省军转干部安置工作领导小组会议。

△6 月 6 日，省劳动保障厅、省总工会发出《关于开展第八个全省劳动者权益保护宣传周活动的通知》（浙劳社法［2008］62 号）。决定于 2008 年 7 月 1—7 日在全省开展第八个劳动者权益保护宣传周活动。

△6 月 10 日，省劳动保障厅朱绍平副厅长陪同全国政协提案委员会有关人员调研我省实施完善《劳动合同法》情况。

△6 月 10 日，嘉兴市出台《关于改革户籍管理制度进一步推进城乡一体化的若干意见（试

行)》。从 2008 年 10 月 1 日起，全市农业户口、非农业户口的称谓正式告别历史舞台，全市城乡居民户口统一登记为“居民户口”。除了居民称谓的改变，该市还着手建立与一元化的户籍政策相衔接的社会经济政策。

△6 月 11 日，省劳动保障厅王国益副厅长及省就业局负责人参加全国试点省市建立失业动态重点监测报告制度座谈会。

△6 月 12 日，省劳动保障厅陈小恩厅长参加全省实施“全面小康六大行动计划”工作电视电话会议。

△6 月 13 日，省劳动保障厅钟关华副厅长及厅法规处负责人参加省级有关部门分管负责人和法制处处长工作磋商会，研究部署开展对食品安全、劳动就业、安全生产、教育和环境保护等重点领域的行政执法监督检查工作。

△6 月 16 日，省劳动保障厅发出《关于深入开展劳动保障平安创建工作的通知》（浙劳社仲访［2008］64 号），要求各地从建设平安浙江、构建和谐社会高度做好全年劳动保障工作，顺利完成各项劳动保障指标考核。

△6 月 17 日，省劳动保障厅黄亚萍副厅长参加中国劳动学会主办的“贯彻实施《劳动合同法》研讨会”。

△6 月 17 日，省劳动保障厅钟关华副厅长及厅养老处负责人与省财政厅有关人员考核丽水市、龙泉市、青田县养老保险工作。

△6 月 18 日，省劳动保障厅发出《关于在全省劳动保障系统开展改革开放 30 周年纪念活动的通知》（浙劳社办［2008］65 号）。根据《中共中央关于改革开放 30 周年纪念活动的通知》精神，省劳动保障厅准备开展包括编辑出版《风雨过后话彩虹——浙江劳动保障事业改革发展 30 年》在内的七项活动。

△6 月 19 日，省劳动保障厅、省公安厅、省监察厅、省民政厅、省国土资源厅、省卫生厅、省工商行政管理局、省安全生产监督管理局、省总工会联合发出《关于开展整治非法用工打击违法犯罪专项行动的通知》（浙劳社监［2008］66 号）。决定于 2008 年 7 月 1—31 日，以中小劳动密集型企业、城乡接合部和乡村企业，特别是乡村小砖窑厂、小煤矿、小矿山、小作坊为重点，在全省范围内开展为期 1 个月的惩治非法用工打击违法犯罪行动。

△6 月 19 日，由中华英才网举办的第六届“中国大学生最佳雇主调查”结果公布，在前十名最受欢迎的企业中，中国移动通信集团公司位居榜首。另外本土企业有六家，外资合资企业有四家。中华英才网表示，随着国有企业改制和重组的深化，国有企业成为大学生就业新宠。此外在月薪方面，希望能拿到 3 000 元以上的人数比例下降严重；希望能拿到 8 000 元以上的比例，更由 2006 年的 5.1%下跌至 2008 年的 2.1%，这表明大学生对薪酬的期望水平正变得日趋理性，就业心态更加务实。

△6 月 24 日，省劳动保障厅陈小恩厅长、王国益副厅长及省就业局负责人参加人力资源和社会保障部召开的关于筹备“国务院帮助地震灾区恢复工业生产和扩大就业工作”的视频会议。

△6 月 26 日，省劳动保障厅王国益副厅长及省就业局、职介中心负责人参加促进职业中介机构发展国际研讨会，并就我省职业中介发展情况作专题发言。

△6 月 29 日，省劳动保障厅邵爱琴副巡视员出席省“青年创业送服务”活动启动仪式暨省级科技企业孵化器服务青年创业推介会。

△6 月 29 日，省劳动保障厅王国益副厅长随金德水副省长参加国务院帮助地震灾区恢复生产和扩大就业座谈会。

△6月30日，省劳动保障厅纪检组组长常玉芳参加全省贯彻落实“两办规定”、制止党政干部公款出国（境）旅游专项工作电视电话会议。

△6月30日，从浙江省召开的实施残疾人共享小康工程业务工作会议上获悉：目前浙江省共有各类残疾人311.8万人，占全省总人口的6.36%。今后浙江省集中托养的重度残疾人每人每年可以领到7 500元托养费，日间照料和居家安养费用每人每年为3 750元，会议还就我省低保政策与贫困残疾人的基本生活保障、社会保障制度改革与小康工程资金管理等有关工作作了详细介绍。

△ 6月30日，浙江省劳动和社会保障厅、浙江省民政厅转发原劳动和社会保障部、民政部《关于社会专职工作人员参加养老保险有关问题的通知》（浙劳社老［2008］74号）文件。

7月

△7月1日，省劳动保障厅王国益副厅长及省就业局负责人赴四川省广元市举办现场招聘会，听取当地劳动保障部门对灾情的介绍。

△7月1日，省劳动保障厅朱绍平副厅长列席省委常委会，听取全省社会稳定形势分析。

△7月1日，全国社保基金理事会正式公布2007年年度报告。数据显示：2007年报告期社保基金已实现收益1 129.20亿元，实现收益率38.93%；与此同时，报告期浮动盈利增加额为324.30亿元，经营业绩1 453.50亿元，以此计算的经营收益率高达43.19%。

△7月2日，省政府法制办、省劳动保障厅发出《关于开展劳动保障系统行政执法监督检查工作的通知》（浙府法发［2008］7号），决定在全省开展有关劳动保障法律、法规、规章的贯彻情况等行政执法检查工作。

△7月4日，省劳动保障厅黄亚萍副厅长、纪检组组长常玉芳及厅基金监督处、驻厅监察专员办，省就业局，厅养老处、医保处、工伤处、农保处，省社保中心、医保中心负责人参加全国社会保险基金专项治理工作视频会议。

△7月4日，麦可思公司公布的调查报告称：2007年民营企业和个体经营户共雇用2007届本科毕业生73.3万人，占本科毕业生的36.2%，成为最大雇主。

△7月8日，省劳动保障厅陈小恩厅长参加省委、省政府向李克强副总理的工作汇报会。

△7月8日，省劳动保障厅黄亚萍副厅长主持召开厅长专题会议，传达省两办关于加强因公出国（境）管理规定和省纪委有关会议精神，并对劳动保障厅“专项工作”进行动员部署。

△7月9日，省劳动保障厅李远明副巡视员及厅养老处、省社保中心负责人参加华东片区养老保险工作座谈会。

△7月10日，省劳动保障厅陈小恩厅长参加吕祖善省长主持召开的援建青川工作汇报会。

△7月10日，省劳动保障厅朱绍平副厅长及厅人教处负责人参加全省军转干部子女安置工作电视电话会议。

△7月10日，省劳动保障厅钟关华副厅长参加省政协社会法制委员会座谈会，讨论发展慈善事业、完善我省第三次分配机制。

△7月10日，省劳动保障厅邵爱琴副巡视员参加全省工业经济形势分析会和推进企业技术创新技术改造工作会议。

△7月14日，省劳动保障厅陈小恩厅长、钟关华副厅长及厅养老处负责人参加陈加元副省长召开的研究社会保险费率工作的汇报会。

△7月21日，省劳动保障厅陈小恩厅长列席省委常委会，听取上半年全省经济形势分析。

△7月22日，浙江省政府公布了2008年上半年经济运行数据。2008年上半年，全省国民生产总值为9 889亿元，比上年同期增长11.4%，增幅比上年同期回落3.3个百分点，CPI同比上涨7.4%。上半年，全省城镇居民人均可支配收入12 425元，增长10.6%，农村居民人均现金收入6 100元，增长13.6%，扣除价格因素后实际增长3.6%和4.4%，低于CPI涨幅。上半年全省城镇居民人均消费性支出为7 619元，增长10%，农村居民人均消费性支出3 450元，增长16.5%。

△7月24日，省劳动保障厅发出《关于全力做好奥运会前后劳动保障信访维稳工作的通知》（浙劳社仲访［2008］82号），要求各地进一步加强奥运会期间劳动保障信访与社会稳定工作，为奥运会成功举办和纪念改革开放30周年系列活动创造良好的社会环境。

△7月25日，省劳动保障厅转发人力资源和社会保障部办公厅《关于进一步做好劳动保障监察工作的通知》（浙劳社监［2008］83号），要求各地认真做好奥运会期间的劳动保障监察工作，加强值班制度，及时妥善处理群体性突发事件。

△7月25日，国家统计局发布的数字显示：上半年全国城镇居民人均可支配收入8 065元，同比增长14.4%，扣除价格因素实际增长6.3%；上半年城镇居民人均消费性支出5 490元，同比增长13.7%，扣除价格因素实际增长5.7%。

△7月26日，浙江省劳动和社会保障厅、浙江省财政厅发布《关于印发〈浙江省工伤保险储备金管理暂行办法〉的通知》（浙劳社工伤［2008］87号）。《办法》规定自2008年10月1日起，各统筹区从每月工伤保险基金收入中按5%比例提取作为储备金。

△7月28日，省劳动保障厅陈小恩厅长列席省十一届人大常委会第五次会议。

△7月28日，省劳动保障厅作为省级结对帮扶组长单位，由王国益副厅长主持在龙泉召开了第一次团组会议。

△7月28日，省劳动保障厅朱绍平副厅长及省劳动保障监察总队负责人参加全省台商权益保障联席会议。

△7月28日，国家统计局发布数据：2008年上半年，全国城镇单位在岗职工平均工资为12 964元（平均月工资为2 160元），比上年同期增长18.0%。2008年上半年，城镇国有经济单位平均工资为13 800元，同比增长17.0%；城镇集体经济单位为7 789元，增长18.9%；城镇其他经济类型单位为12 610元，增长19.2%。2007年全国城镇单位在岗职工平均工资为24 932元。其中，2007年上半年为10 990元，同比增长18.5%。

△7月30日，省劳动保障厅钟关华副厅长及厅医保处负责人参加全国关闭破产企业退休人员医疗保障工作视频会议。

△7月31日，人力资源和社会保障部举行第二季度新闻发布会，新闻发言人尹成基介绍：经过4个月的努力，部机构改革工作基本完成。两部原有27个司局，新部设置25个司局，包括23个职能司局和机关党委、离退休干部局；2008年1—6月，全国累计实现城镇新增就业人员640万人，为全年目标任务1 000万人的64%；下岗失业人员再就业人数282万人，为全年目标任务500万人的56%；就业困难人员实现就业77万人，为全年目标任务100万人的77%。截至6月底，全国城镇登记失业人员835万人，城镇登记失业率为4.0%。

△7月31日，省劳动保障厅李远明副巡视员及厅信息中心有关人员参加省奥运期间网络信息安全保障工作专题会议。

8月

△8月1日，省劳动保障厅王国益副厅长参加国务院农民工办召开的地震灾区农民工在就业地安家落户问题座谈会。

△8月4日，省劳动保障厅钟关华副厅长及厅养老处负责人参加陈加元副省长主持召开的养老保险费率调整问题研究汇报会。

△8月4日，浙江省统计局发布的调查显示，受世界经济和国内经济增长总体趋缓的影响，部分行业的劳动力需求增长出现减缓迹象，特别是自2005年四季度起浙江连续9个季度持续上升的劳动力短缺现象，首次出现了缓解的迹象。

△8月5日，省劳动保障厅召开全省劳动保障系统纪念改革开放30周年领导干部理论读书会。陈小恩厅长作了《解放思想　深化改革　推动我省劳动保障事业可持续发展》的中心发言，各市及义乌市人事劳动保障局局长作了交流发言。

△8月5日，浙江省人民政府发布《关于调整全省最低工资标准的通知》（浙政发［2008］49号），决定从2008年9月1日起，将浙江省最低月工资标准调整为960元、850元、780元、690元四档；非全日制工作的最低小时工资标准调整为8.0元、7.1元、6.5元、5.7元四档。这是浙江省从1994年实行最低工资制度以来第10次调整最低工资标准。

△8月8日，浙江省社会保险基金专项治理工作电视电话会议召开，省劳动保障厅陈小恩厅长讲话。

△8月8日，中共浙江省委组织部、中共浙江省委老干部局、浙江省财政厅、浙江省人事厅、浙江省劳动和社会保障厅发布《关于调整我省离休干部护理补贴费标准的通知》（浙组［2008］41号），决定适当调整浙江省离休干部的护理补贴费标准。此次调整自2008年1月起执行。

△8月11—23日，省劳动保障厅陈小恩厅长随同陈加元副省长赴东欧考察职业技能培训工作。

△8月11日，人力资源和社会保障部到浙江省调研社会保险基金专项治理工作，省劳动保障厅黄亚萍副厅长和常玉芳纪检组长汇报工作。

△8月12日，浙江省人事厅、浙江省劳动和社会保障厅、浙江省民政厅、浙江省财政厅转发人力资源和社会保障部、民政部、财政部《关于事业单位工作人员和离退休人员死亡一次性抚恤金发放办法的通知》（浙人发［2008］133号），对事业单位工作人员和离退休人员死亡一次性抚恤金（工亡补助金）标准、一次性抚恤金计发办法作了调整。

△8月13日，省劳动保障厅朱绍平副厅长参加省协调劳动关系三方会议。

△8月13日，省劳动保障厅发出《关于严格执行外国人持职业签证入境就业规定的通知》（浙劳社就［2008］91号），对进一步加强和规范外国人在浙就业作了新的要求。

△8月13日，浙江省劳动和社会保障厅、浙江省财政厅、中共浙江省委老干部局发出《关于省级单位离休人员医疗服务项目费用结算有关问题的通知》（浙劳社医［2008］92号），对省级单位离休人员医疗服务项目费用结算方式作出新规定。

△8月13日，省劳动保障厅发出《关于做好技能人才队伍建设调查和总结工作的通知》（浙劳社培［2008］94号），对浙江省技能人才队伍建设情况做全面了解。

△8月13日，据国家统计局浙江调查总队统计的数据显示，7月份全省居民消费价格总水平比上年同期上涨6%，涨幅比上月缩小0.4个百分点，再创2008年以来新低。

△8月14日，人力资源和社会保障部就业促进司到浙江省调研大学生就业工作，省劳动保障厅王国益副厅长汇报工作。

△8月14日，省劳动保障厅发出《关于做好企业岗位流失情况专题调研工作的通知》（浙劳社就［2008］95号），就当前经济形势对就业的影响开展全面的调研。

△8月18日，省劳动保障厅发出《关于印发浙江省劳动保障监察工作评价程序和标准的通知》（浙劳社监［2008］97号），对2006年下发的《浙江省劳动保障监察工作评价标准》进行了修订和完善。

△8月19日，人力资源和社会保障部失业保险司到浙江省调研企业岗位流失情况，省劳动保障厅王国益副厅长汇报工作，省就业局负责人陪同调研。

△8月19日，省劳动保障厅朱绍平副厅长及厅医保处负责人参加人力资源和社会保障部医疗保险司召开的基本医疗保险统筹基金结余问题研讨会。

△8月19日，省劳动保障厅黄亚萍副厅长陪同中国劳动学会会长华福周到省劳动保障学会考察指导工作。

△8月25日，据省政府有关部门统计，上半年浙江省私营企业总量增长增速下降。上半年全省共有私营企业50.51万户，与上年同期相比增长7.13%，增长率比上年同期下降4.66%。2008年1—6月份全省个体工商户总量达到184万户，半年净增4万户，增量同比增长50%，每天增加近1 000户个体创业主体；从业人员404.29万人，与上年同期相比增长8.41%。同时，上半年全省从事第三产业的企业总量达到33.8万户，同比增长2.7%；第二产业总数是31.8万户，同比增长1.9%，第三产业的企业总量、增速均已经超过第二产业。

△8月28日，省劳动保障厅转发人力资源和社会保障部办公厅《关于开展用人单位遵守劳动合同法情况专项检查活动的通知》（浙劳社监［2008］100号）。通知要求全省各地劳动保障部门增强贯彻实施劳动合同法的责任感和紧迫感，集中力量，切实构筑劳动用工的良好秩序，迅速开展用人单位遵守劳动合同法情况的专项检查活动。

△8月29日，人力资源和社会保障部调解仲裁管理司到浙江省调研劳动人事争议调解仲裁工作，省劳动保障厅朱绍平副厅长汇报工作，厅仲裁信访处、省仲裁院负责人陪同调研。

△8月29日，农业部部长孙政才在第十一届全国人民代表大会常务委员会第四次会议作《国务院关于促进农民稳定增收情况的报告》。据农业部调查，2007年农民人均纯收入达到4 140元，比上年实际增长9.5%；2008年上半年，农民人均现金收入2 528元，同比实际增长10.3%；2007年农村外出就业劳动力月平均工资为1 060元，首次突破千元，比上年增长10.6%；2008年上半年达到了1 240元，同比增长16.4%。2007年，农村外出就业劳动力达1.26亿人，乡镇企业从业人员为1.5亿人，扣除重复计算部分，2007年农民工达到2.26亿人。2007年，农村居民人均纯收入实际增长9.5%，为1985年以来增幅最高的一年；而城乡居民收入比却扩大到3.33∶1，绝对差距达到9 646元，也是改革开放以来差距最大的一年。

9月

△9月2日，省劳动保障厅王国益副厅长召开专题会议，研究分配各处室、直属单位帮扶龙泉市安仁、锦溪2个镇8个贫困村的扶贫任务。

△9月4日，省劳动保障厅转发人力资源和社会保障部办公厅《关于进一步加强社会保障卡密钥安全管理的通知》（浙劳社办发［2008］63号）。通知要求已发行社会保障卡的地区要落实安全责任人，从卡的发行、密钥载体管理、PSAM卡管理三个方面做好安全自查工作。

△9 月 4 日，省劳动保障厅发出《关于表彰 2008 年度全省劳动保障宣传（通讯）工作先进单位和先进个人的通知》（浙劳社办发［2008］62 号）。根据综合评定，杭州市余杭区劳动保障局、董静等 53 家单位和个人被评为 2008 年度全省劳动保障宣传（通讯）工作先进单位和先进个人。

△9 月 7 日，新华网北京电：2008 年前 7 个月，我国城镇新增就业 756 万人，完成全年目标任务的 76%；下岗失业人员再就业 308 万人，完成全年目标任务的 62%；其中困难人员再就业 92 万人，完成全年目标任务的 92%。截至 6 月底，城镇登记失业人员 835 万人，城镇登记失业率 4%。农村外出务工人员达 13 540 万人，同比增加 743 万人，增长 5.8%。

△9 月 8 日，省劳动保障厅发出《浙江省劳动和社会保障厅建立健全惩治和预防腐败体系 2008—2012 年工作细则》（浙劳社办［2008］102 号），对建立健全惩治和预防腐败体系提出了总体要求和主要任务。

△9 月 10 日，省劳动保障厅陈小恩厅长、朱绍平副厅长及厅办公室、劳动工资处负责人参加陈加元副省长领办的省人大［金 45 号］重点建议《关于认真贯彻落实劳动合同法的建议》办理工作座谈会。

△9 月 12 日，省劳动保障厅陈小恩厅长及钟关华副厅长列席省政府第 15 次常务会议。

△9 月 16 日，省人大常委会召开会议，吕祖善省长就《浙江省国民经济和社会发展第十一个五年规划纲要中期评估报告》作了说明：到 2010 年，浙江省人均国民生产总值将达 4.9 万元以上，高等教育毛入学率达到 45%，城镇居民人均可支配收入达 2.5 万元。

△9 月 17 日，在北京残奥会期间召开的新闻发布会上，人力资源和社会保障部就业促进司司长于法鸣称：中国现有残疾人 8 300 多万人，全部纳入社会保障体系。截至 2007 年年底，中国城镇残疾人就业人数达到 433.7 万人，农村残疾人就业人数达到 1 696.6 万人，仅 2007 年就安排残疾人就业 39.2 万人。

△9 月 17 日，省劳动保障厅李远明副巡视员及厅医保处、省级医保中心负责人参加全国医疗保险工作经验交流会。

△9 月 18 日，国务院总理温家宝签署第 535 号国务院令，公布《中华人民共和国劳动合同法实施条例》。

△9 月 18 日，中华人民共和国人力资源和社会保障部令第 1 号，公布《企业职工带薪年休假实施办法》，该实施办法自公布之日起施行。

△9 月 18—19 日，全省劳动保障宣传工作座谈会在杭州召开。省劳动保障厅黄亚萍副厅长出席会议并作了专题讲话。会议表彰了全省劳动保障宣传（通讯）工作先进单位和个人以及中国劳动保障报社新闻宣传工作先进单位。

△9 月 18 日，省劳动保障厅钟关华副厅长，接待前来调研的人力资源和社会保障部农保司副司长刘丛龙，并汇报浙江省农保工作。

△9 月 23 日，省劳动保障厅召开民主听证会，邀请专家和社区干部群众共同探讨如何建立健全城镇零就业家庭就业援助长效机制。

△9 月 23 日，嘉兴市政府召开全市户籍管理制度改革工作会议，从 2008 年 10 月 1 日起，实施新的户籍管理制度。新政策规定嘉兴市将不再区分农业和非农业户口，公民户口将统一登记为居民户口。

△9 月 24 日，浙江省人民政府颁布《浙江省人民政府关于印发浙江省服务业发展规划（2008—2012 年）的通知》（浙政发［2008］56 号），全面分析了浙江省服务业发展的现状和趋

势，明确了全省服务业发展的目标和任务，确定全省服务业发展的重点领域和空间布局，提出促进服务业发展的保障措施。

△9月25日，省劳动保障厅陈小恩厅长及厅培训处负责人参加全省特级专家授证大会。

△9月25日，省劳动保障厅李远明副巡视员及厅医保处负责人，参加郑继伟副省长领办的省政协第7号提案，《关于进一步完善我省新型农村合作医疗制度的建议》办理工作座谈会。

△9月26日，省劳动保障厅陈小恩厅长参加省委十二届四次全体（扩大）会议；省劳动保障厅副厅以上领导干部听取了大会报告。

△9月28日，省劳动保障厅陈小恩厅长参加省委深入学习实践科学发展观活动领导小组第一次会议。

△9月28日，省劳动保障厅发布《关于中央、省部属行业企业老工伤人员纳入省本级工伤保险统筹有关问题的通知》（浙劳社工伤［2008］109号）。《通知》规定在省社会保险事业管理中心参加工伤保险的中央、省部属行业、企业单位的老工伤人员自2009年1月1日起纳入省本级工伤保险统筹。

10月

△10月6日，浙江省人民政府颁布《关于做好就业工作促进社会和谐的实施意见》（浙政发［2008］59号），要求加强就业服务和管理，强化职业技能培训，完善就业援助制度等。

△10月8日，省编委办到省劳动保障厅就省政府机构改革进行调研，黄亚萍副厅长汇报，厅办公室、人教处负责人参加会议。

△10月10日，省劳动保障厅纪检组组长常玉芳参加省委学习实践科学发展观活动专题会议，研究确定在学习实践活动中，结合部门实际建立推进经济转型升级、促进科学发展的体制机制问题。

△10月13日，省劳动保障厅转发人力资源和社会保障部《关于做好〈中华人民共和国劳动合同法实施条例〉贯彻落实工作的通知》（浙劳社劳薪［2008］111号）。

△10月14日，省劳动保障厅朱绍平副厅长参加全国处理信访突出问题及群体性事件电视电话会议。

△10月14日，中国社科院发布《人口与劳动绿皮书（2008）》，其中指出，在过去的17年间，我国城乡居民收入的绝对额差距增加了近12倍。数据显示，1978—2007年间，中国城镇居民人均实际可支配收入增加了7.5倍，农村居民人均纯收入增加了7.3倍。但1990年以来农民收入的增幅明显低于城镇居民，二者之间绝对额的差距逐年扩大。2007年，城乡居民人均收入相差近万元。

△10月16日，省劳动保障厅副厅级以上领导干部参加深入学习实践科学发展观主题报告会，赵洪祝书记作深入学习实践科学发展观宣讲报告。

△10月16日，省劳动保障厅召开深入学习实践科学发展观活动动员大会。厅党组书记、厅长、厅学习实践活动领导小组组长陈小恩就切实贯彻中央和省委要求，深入开展好这次学习实践活动作了动员报告。省委学习实践活动第五指导检查组组长方根雄到会讲话。

△10月20日，省劳动保障厅陈小恩厅长参加全国落实党风廉政建设责任制工作电视电话会议，并在同日列席省委常委会，分析全省前三季度经济形势。

△10月20日，省劳动保障厅王国益副厅长参加人力资源和社会保障部国际合作司召开的促进农民工及其家庭融入社会的能力建设项目协调会。

△10 月 20 日，省劳动保障厅钟关华副厅长参加中央维稳办到浙江省调研座谈会，汇报浙江省劳动保障维稳工作。

△10 月 20 日，省劳动保障厅李远明副巡视员参加全国人大财经委员会到浙江省调研稳定物价工作情况座谈会，汇报浙江省劳动力成本情况。

△10 月 21 日，省劳动保障厅黄亚萍副厅长及省劳科院负责人参加第三届中国劳动论坛。

△10 月 21 日，省劳动保障厅钟关华副厅长及省社保中心负责人参加人力资源和社会保障部举办的全国劳动保障厅局长培训班。

△10 月 21 日，中国青少年研究中心发布《中国青年权益状况报告》。报告预测，我国高校毕业生失业率已达到 15%左右，远高于社会平均失业率。

△10 月 21 日，浙江省统计局发布前三季度经济运行报告：前三季度，浙江省生产总值为 15 302 亿元，比上年同期增长 10.6%，增幅比上年同期回落 4.1 个百分点。财政收入和企业利润增长减缓，城乡居民收入保持增长。前三季度，财政一般预算总收入 3 003.9 亿元，增长 20.3%。规模以上工业企业实现利润 1 186.6 亿元，增长 4.8%。城镇居民人均可支配收入 17 522 元，农村居民人均现金收入 8 845 元，分别增长 10.3%和 13.7%，扣除价格因素后，实际增长 4%和 4.7%。城镇居民人均消费支出 11 562 元，农村居民人均消费性支出 5 101 元，分别增长 8.2%和 12.9%。

△10 月 23 日，国家人口和计划生育委员会和中国社会科学院举行改革开放与人口发展论坛。中国社会科学院常务副院长王伟光在讲话中指出：目前全国残疾人总数达 8 296 万人，65 岁以上老年人口比例超过 8%，预计到 2020 年可超过 12%，2050 年可超过 23%，出生率长期持续下降，已使劳动年龄人口的增长速度放缓，到 2010 年，劳动力供给总量将达到 8.3 亿人。国民平均受教育程度刚刚达到 8 年，距离发达国家乃至某些发展中国家有着相当大的差距。目前，农村进城务工农民数量超过 1.3 亿人，到 2030 年全国人口接近 15 亿人。

国家人口和计划生育委员会主任李斌在改革开放与人口发展论坛上表示，今后十几年，我国总人口每年仍将净增长 800 万人左右，到 2033 年左右达到峰值 15 亿人；16～64 岁的劳动年龄人口将于 2016 年达到 9.9 亿人峰值，比发达国家劳动力的总和还多；到 21 世纪 40 年代老年人口将达到峰值 3.2 亿人，占总人口的 22%。到“十一五”期末，全国人口总量控制在 13.6 亿人以内，到 2020 年人口总量控制在 14.5 亿人左右。实行计划生育政策近 30 年来，妇女总生育率从实行计划生育前的 5.8%下降到目前的 1.8%左右，使我国 13 亿人口日推迟 4 年到来。当前我国每 5 个劳动年龄人口需负担不到 2 个少儿和老年人口的抚养，人口年龄结构处于黄金时期。我国人口平均期望寿命从改革开放之初的 68 岁提高到目前的 73 岁，达到中等发达国家水平；15 岁以上国民人均受教育水平从 4.5 年提高到 8.5 年。

△10 月 26 日，省劳动保障厅陈小恩厅长参加省委书记赵洪祝会见菲律宾总统阿罗约有关活动。

△10 月 27 日，省劳动保障厅邵爱琴副巡视员及省劳动保障监察总队负责人参加全国劳动保障监察工作座谈会。

△10 月 27 日，浙江省召开全省治安管理工作会议。会议宣布：浙江省在 2009 年年底前取消暂住证，全面实行居住证制度，外来务工人员凭居住证可享受同城待遇。

△10 月 29 日，国家统计局发布数据，2008 年前三季度全国城镇单位在岗职工平均工资为 19 731 元，比上年同期增加 3 056 元，同比增长 18.3%。前三季度平均工资最高的 5 个地区分别是：北京市 39 663 元；上海市 39 004 元；天津市 27 687 元；浙江省 23 603 元；广东省 23 078

元。同时，中国人均国民总收入由1978年的190美元上升至2007年的2 360美元，中国经济总量占世界经济的份额已从1978年的1.8%提高到2007年的6%。

△10月30日，省劳动保障厅举行学习贯彻科学发展观专题报告会，陈小恩厅长作专题辅导报告。

△10月31日，省劳动保障厅陈小恩厅长参加省委省政府召开的向中央领导进行工作汇报的会议。

11月

△11月4日，国家统计局发布的报告指出，改革开放以来，我国城市化水平快速提高，城市数量2007年年末达655个，比1978年增加462个。地级及以上城市已经由1978年的111个增加到2007年的287个。2007年我国城市市辖区人口（不包括市辖县）200万以上城市个数达36个，比1978年增加26个；100万～200万人口城市达83个，增加64个。1978年全国建制镇2 173个，2007年年末达19 249个。2007年全国城镇人口达59 379万人，城镇人口（居住在城镇地区半年及以上的人口）占总人口比重为44.9%，比1978年提高了27个百分点。

△11月5日，省统计局发布数据：2008年第三季度末，全省城镇单位（不包括城镇私营单位，下同）从业人员为653.2万人，比上年同期增加69.2万人，增长11.8%，增幅比上年同期下降0.2个百分点。其中在岗职工为615.5万人，其他从业人员为37.7万人。全省城镇单位从业人员共发放劳动报酬1 537.2亿元，比上年同期增加304.4亿元，增幅为24.7%。其中支付在岗职工工资总额为1 473.0亿元，比上年同期增加287.8亿元，增长24.3%。国有经济单位发放从业人员劳动报酬691.0亿元，比上年同期增长15.1%；城镇集体经济单位发放49.1亿元，比上年同期增长7.0%；其他经济类型单位发放797.1亿元，比上年同期增长35.8%。经测算，第一至第三季度全省城镇单位从业人员平均劳动报酬为23 535元，比上年同期增长11.5%，其中在岗职工平均工资为23 933元，比上年同期增长12.0%。企业单位从业人员平均劳动报酬为19 883元，比上年同期增长14.9%，增幅比上年同期高1.8个百分点。事业单位、机关单位从业人员平均报酬分别为34 078元和39 670元，比上年同期增长10.6%和8.8%。

△11月7日，省劳动保障厅黄亚萍副厅长及厅医保处负责人参加人力资源和社会保障部、教育部、财政部、卫生部共同召开的将大学生纳入城镇居民基本医疗保障试点范围的视频会议。

△11月9日，浙江省工商局最新发布的三季度个体私营经济运行统计表明，浙江的个体户迅猛增长。2008年上半年全省新增个体户17.69万户，同比增长50.27%，在日均新开982户的基础上，三季度又新增个体户9.5万多户，日均新开业达到1 059户，创下新高。截至9月底，全省私营企业47.29万户，同比增长6.06%；个体工商户187.49万户，同比增长5.3%。个体私营经济在自身发展的同时，给浙江的就业市场提供了数量可观的就业岗位，三季度全省个体私营经济领域新增30.68万个就业岗位。

△11月11日，省劳动保障厅陈小恩厅长列席省委常委会，听取传达全国政协主席贾庆林在浙江省调研时的重要讲话精神，和国务院召开的省区市主要负责人会议精神贯彻意见汇报。

△11月12日，省劳动保障厅钟关华副厅长参加省政府副秘书长、办公厅主任俞仲达主持召开的部署调整社会保险费率工作会议。

△11月12日，省劳动保障厅副厅以上领导干部听取吕祖善省长作深入学习贯彻科学发展观宣讲报告。

△11月12日，省政府颁布《关于调整用人单位基本养老保险费缴费比例有关工作的通知》

（浙政发［2008］70号）。文件规定，分类推进调整我省用人单位基本养老保险费缴费比例，从2008年起，逐步将全省用人单位基本养老保险费缴费比例统一到12%～16%区间内；进一步完善社会保险费“五费合征”制度，2008年年底前所有统筹地区全面实施“五费合征”，2009年年底前所有企业全部纳入社会保险参保范围；进一步建立健全社会保险资金多渠道筹资机制，各级财政年度新增财力的2/3要用于解决民生问题，重点用于社会保障支出。

△11月14日，省劳动保障厅钟关华副厅长及厅工伤处负责人参加“农转非”人员生育政策调研汇报会。

△11月16日，省劳动保障厅王国益副厅长及省就业局有关人员参加全国优秀农民工表彰大会。

△11月17日，省劳动保障厅陈小恩厅长参加省政府专题会议，研究省政府对省人大常委会关于全省教育工作审议意见的整改落实情况。

△11月19日，省劳动保障厅、省财政厅、省地税局发出《关于临时性下浮企业社会保险费缴纳比例的通知》（浙劳社老［2008］125号），决定2008年、2009年两年每年对企业社会保险费缴纳比例实行临时性适当下浮，具体幅度相当于各项社会保险企业缴费统筹部分各1个月的额度，采用全省集中减征的方法统一在1个月内操作。

△11月20日，全省劳动保障信访工作座谈会在慈溪召开，省劳动保障厅朱绍平副厅长出席会议并讲话。

△11月20日，人力资源和社会保障部部长尹蔚民在新闻发布会上表示，2007年我国城镇单位在岗职工平均工资为24 932元，是1978年的40.5倍，年均增长13.6%。尹蔚民表示，2008年1—10月，全国累计实现城镇新增就业人员1 020万人，为全年目标任务1 000万人的102%；下岗失业人员再就业人数450万人，为全年目标任务500万人的90%；就业困难人员实现就业129万人，为全年目标任务100万人的129%；截至三季度末，城镇登记失业率为4.0%。

△11月24日，省劳动保障厅黄亚萍副厅长及厅医保处负责人，随省政协副主席王永昌到杭州市西湖区，调研城乡社会保障体系建设情况。

△11月26日，省劳动保障厅、省建设厅、省交通厅、省公安厅、省总工会五部门，联合发出《关于开展农民工工资支付情况专项检查活动的通知》（浙劳社监［2008］130号），决定从2008年12月1日—2009年1月15日，在全省开展三个阶段的专项检查，从源头上遏制拖欠农民工工资情况。

△11月28日，省政府办公厅召开全省防范处置企业拖欠工资工作电视电话会议，陈加元副省长、省劳动保障厅陈小恩厅长作重要讲话。

△11月28日，陈加元副省长出席省劳动保障厅学习实践科学发展观宣讲座谈会并作宣讲报告，省劳动保障厅陈小恩厅长在会上汇报了劳动保障厅前阶段开展学习实践活动的情况，省政府施利民副秘书长到会，全厅处以上干部参加会议。

12月

△12月1日，浙江省民政厅、浙江省财政厅、浙江省劳动和社会保障厅、浙江省卫生厅发布《关于印发〈浙江省抚恤优待对象医疗保障办法〉的通知》（浙民优［2008］225号）。

△12月3日，省劳动保障厅陈小恩厅长参加全省纪念改革开放30周年大会。

△12月3日，全国人大财经委副主任委员乌日图到浙江省调研，省劳动保障厅王国益副厅长及厅劳资处、省就业局负责人参加座谈会。

△12月5日，省劳动保障厅王国益副厅长参加全国高技能人才和农村优秀人才表彰大会。

△12月8日，省劳动保障厅黄亚萍副厅长及厅办公室负责人参加人力资源和社会保障部召开的全国部分省市厅局长座谈会。

△12月9日，中央党校第44期省部级干部进修班到浙江省调研农民工社会保障建设工作，省劳动保障厅陈小恩厅长汇报浙江省农民工社会保障建设情况。

△12月9日，浙江省农民工工作联席会议在杭州召开全省优秀农民工表彰大会，对200名优秀农民工个人和20个农民工工作先进集体进行表彰和奖励。省人民政府副省长、省农民工工作联席会议总召集人陈加元出席会议并作重要讲话，省人民政府副秘书长、省农民工工作联席会议召集人施利民出席会议，会议由省劳动保障厅厅长、省农民工工作联席会议召集人陈小恩主持。

△12月10日，省劳动保障厅纪检组组长常玉芳参加全省非公有制企业党建工作座谈会。

△12月12日，省劳动保障厅召开了全省企业退休人员基本养老金调整的视频会议，钟关华副厅长出席会议并讲话。

△12月12日，省劳动保障厅陈小恩厅长列席省政府第21次常务会议，审议《关于加快工业转型升级的实施意见（送审稿）》。

△12月15日，中国社会科学院召开"2009年《社会蓝皮书》发布暨中国社会形势报告会"。有关劳动保障工作要点：就业——400万名农民工提前返乡，预计150万名大学生难找工作，大学生失业率超12%。经济——2009年GDP增长速度可能达到8%，2008年中国居民收入增长率预计7%。其他——公众在收入差距上的公平感明显下降，预计2008年农村低保人口达4 000万人，78%家庭生活达到宽裕级以上水平。

△12月15日，陈加元副省长、施利民副秘书长及省政府办公厅社保处全体同志到省劳动保障厅听取2008年工作情况和2009年工作思路汇报。陈小恩厅长汇报工作，厅党组成员参加会议，部分处室和直属单位主要负责人列席。

△12月17日，据《浙江日报》报道，日前，经省政府同意，省劳动保障厅、省财政厅向人力资源和社会保障部、财政部报送了浙江省2009年企业退休人员基本养老金调整方案。方案指出，在2008年1月1日提高企业退休人员养老金待遇的基础上，从2009年1月1日起，浙江省再次提高企业退休人员基本养老金水平，月人均增加135元，并将于春节前发放到位。

△12月19日，省劳动保障厅陈小恩厅长向吕祖善省长汇报劳动保障厅2008年工作情况和2009年工作思路。

△12月20日，省劳动保障厅陈小恩厅长参加中央深入学习实践科学发展观活动视频会议和省委学习实践活动领导小组第二次会议。

△12月22日，全省劳动保障依法行政工作座谈会在桐乡市召开。省劳动保障厅钟关华副厅长，厅有关处室负责人，各市、义乌市及部分县、区劳动保障局局长、分管局长、法规处长参加了会议。

△12月23—25日，省劳动保障厅陈小恩厅长及省医保中心负责人参加全国医疗保险学会会议。

△12月23—24日，省劳动保障厅钟关华副厅长及厅养老保险处负责人参加人力资源和社会保障部召开的事业单位养老保险制度改革工作座谈会。

△12月25日，据中新社报道：截至2008年年底，中央财政已累计安排新型农民科技培训工程补助资金40.5亿元，共培训农民2 000多万人。同时，带动地方投入农民培训资金30多亿

元，培训人数超过 3 000 多万人，有 1 000 多万农民获得了绿色培训证书。

△12 月 25 日，在全国民政工作会议上，民政部部长李学举称，目前，我国 60 周岁以上老年人口已达到 1.53 亿人，老龄化率为 11.6%；城市低保人数是 2 200 多万人，农村低保人数是 3 900 多万人，其中绝对贫困人数有 1 400 多万人。

△12 月 26 日，省劳动保障厅王国益副厅长列席省委常委会，研究全省社会稳定形势。

△12 月 30 日，省劳动保障厅发出《关于做好 2009 年元旦春节期间劳动保障工作的通知》（浙劳社办［2008］144 号）。通知要求：2009 年元旦、春节将至，各地要认真贯彻省委办、省府办《关于认真做好 2009 年元旦、春节期间有关工作的通知》（浙委办传［2008］145 号）精神，切实做好节日期间的劳动保障工作。

△12 月 30 日，浙江省工商局发布省民营企业生存状况及发展态势最新报告。报告显示：2008 年浙江省民营企业注销死亡数创近六年来最高，而新登记企业数却为近六年来最低，个体工商户总量达到 191 万户，总量依然保持稳中有升，但下行趋势加快。目前，浙江省企业总数达 68.1 万家，比上年同期增长 4.5%，增幅回落 1.29 个百分点。其中，私营企业 52 万家，同比增长 7%，增速快于全省企业平均增长水平，但增速出现下滑，增幅回落 2.38 个百分点。全年新登记企业 7.02 万家，同比减少 10%，为近六年来最低。一季度新设立企业数比上年同期下降 7%，二季度下降 11%，三季度下降 12%，四季度下滑趋势仍在延续。

△12 月 31 日，省劳动保障厅召开学习实践科学发展观活动党组专题民主生活会，陈小恩厅长主持会议，陈加元副省长及省委第五检查指导组、省纪委、省委组织部的有关领导到会指导。

△12 月 31 日，省劳动保障厅朱绍平副厅长及省劳动保障监察总队负责人参加全国预防处置拖欠工资工作电视电话会议。

第八篇

优秀调研报告

2008 浙江就业报告
——社会保障问题研究（节选）

浙江省劳动和社会保障科学研究院

社会保障是指国家通过立法，实行国民收入再分配，为社会成员生、老、病、死、伤、残、失业等风险提供基本经济保障的制度。在人类社会的发展进程中，社会保障一直以其不可替代的功能发挥着独特作用。在现代社会中，社会保障权是公民的一项基本人权，是用人单位的社会责任，是政府的基本职责，更是一个国家或地区社会文明、社会公正、社会和谐程度的核心评价指标。因此，社会保障体系是一个国家发展到一定阶段后，保障民生、改善民生的必然选择，是我国社会主义市场经济体系不可或缺的组成部分，是经济持续发展、社会和谐进步的重要支撑。

1949 年新中国成立后不久，《中华人民共和国劳动保险条例》颁布并在企业普遍实施，同时，还建立了一系列政策法规，为国家机关、事业单位工作人员提供生、老、病、死、伤、残等风险的保障。20 世纪 60 年代，开始在农村普遍实施合作医疗制度，为农民提供医疗风险保障。这标志着社会保险制度在中国的建立与普遍实施，标志着中国现代社会保障体系的形成。在计划经济时期，这一制度为我国经济发展、社会进步和人民生活水平的提高发挥了重要的作用。

20 世纪 80 年代中期开始，我国的社会保障制度走上改革之路。随着经济持续高速增长，日益丰厚的物质基础为国家建立健全社会保障体系创造了相应的经济条件，同时，随着经济体制改革的深入，经济、社会的转型和进步以及人们自身价值的追求，公平、正义、共享成为整个社会的主流价值甚至核心价值，科学发展、构建和谐社会成为国家发展既定的目标指向，诸多社会问题迫切需要依赖社会保障制度来化解，社会保障的地位及其重要性越来越被党和政府所重视。在此背景下，加快建设能够覆盖城乡居民、公平地惠及全体国民的社会保障体系成为国家持续、健康发展的重大使命。完善的社会保障制度，不仅是社会公平的调节器，解决民生问题的重要抓手，维护社会稳定的安全网，更是一个社会进步和文明的标志。

一、浙江社会保障事业发展取得的成就

浙江作为沿海经济发达省份，不仅市场化改革起步早、发展快、质量好，经济发展走在全国前列，而且十分重视以贯彻落实科学发展观、构建和谐社会为目标的各项制度建设。按照中央对浙江要在全国率先实现全面小康社会的战略部署和要求，浙江省委、省政府围绕实施“八八战略”、建设“平安浙江”“法治浙江”、文化大省“四位一体”的总体布局，积极主动地探索适合本省省情的社会保障发展之路，尤其是在构筑社会就业、社会保险、社会救助相互衔接、相互促进的大社会保障体系上做了大量卓有成效的工作，新型社会保障体系建设取得突破性进展，社会保障事业的发展走在了全国前列。浙江省城乡居民的社会保障水平要明显高于其他地区，共享经

济发展成果的民生目标通过社会保障制度的建设日益得到了体现。从浙江的发展实践可见，经济发展是社会保障改革与制度建设的重要物质基础，地方党委与政府的高度重视和理性决策是这一制度健康发展的基本保证，而社会保障改革与制度建设又促使着浙江省经济社会更加健康、更加文明地持续发展。浙江省的经济发展经验值得引起高度重视，浙江省的社会保障改革与制度建设有许多值得总结的经验，有的改革方案与制度建设能够代表中国社会保障改革与制度建设的发展方向。

一是覆盖城乡、功能完善、多层次的社会保险体系初步建立。浙江基本养老、基本医疗、失业、工伤、生育五大保险覆盖面不断扩大，特别是基本养老保险，在2001年浙江省政府出台了“低门槛准入、低标准享受”（以下简称“双低”）的参保政策，有力地促进了基本养老保险覆盖面的扩大。到2007年年底，全省企业基本养老保险、基本医疗保险、工伤保险、失业保险和生育保险参保人数达到1 076万人、855万人、1 003万人、585万人和505万人，分别比2002年年末净增441万人、432万人、777万人、195万人和311万人。五大基本社会保险得到快速发展的同时，浙江企业年金、储蓄性养老保险等逐步建立，构筑了多层次的社会保障，增强了居民的抗风险能力。截至2006年年底，浙江累计建立企业年金的企业已经达到500家左右，参加的职工人数约6.28万人，积累年金基金总量约7亿元。城乡统筹社会保障工作进展顺利，杭州、宁波、嘉兴等地积极探索农民工养老保险办法，出台了有关政策，为农民工纳入社会保障开了好头。

二是养老保险待遇不断提高、支付能力不断增强。随着浙江经济的健康快速发展，浙江综合实力不断增强，为企业退休人员充分享受经济社会发展的成果创造了条件。2003年至2007年，浙江连续5年实现参保人数与基金征缴收入持续高速增长，企业基本养老保险基金累计结余604亿元，支付能力达28个月，比2002年年末提高17.3个月，支付能力大大高于全国平均水平。全省自2004年以来，企业退休人员的基本养老金经过多次调整，待遇不断提高，到2008年2月，企业退休人员月人均养老金达到1 310元，位居全国省区第一，逐步缩小了企业与机关事业单位的待遇差。同时，养老金社会化服务水平不断提高。企业离退休人员养老金通过社会保险经办机构、银行和邮局等中介机构发放。2000年始，全省养老金社会化发放率一直保持在100%，并在1998年年底前全部补发历史拖欠后，10年来始终能够按时足额发放。

三是在全国率先建立被征地农民社会保障制度。改革开放以来，特别是进入20世纪后期，浙江的城市化进程进一步加快，被征地农民不断增多，各种矛盾日益显现。在这样的背景下，浙江开始了被征地农民社会保障制度的探索。如嘉兴市从1993年开始，经过5年的探索，于1998年年底出台了第一个浙江地方性的有关被征地农民社会保障制度的实施办法——《嘉兴市区土地征用人员分流办法》。2003年8月，浙江省政府下发《关于加快建立被征地农民社会保障制度的通知》，大大加快了浙江被征地农民社会保障制度的建设步伐，基本实现了被征地农民基本生活保障即征即保。截至2006年年底，全省除了尚有5个县（市、区）正处于制度运行的试点阶段，82个县（市、区）已实施了被征地农民社会保障制度。目前有291万名被征地农民纳入社会保障范围，有109万名符合条件的参保人员已按月领取基本生活保障金或养老保险金；累计筹集保障资金283.74亿元，被征地农民已参加社会保障的人数和筹集保障资金的总量约占全国的1/3。

四是城镇居民医疗保障制度建设在试点的基础上稳步推进。随着城镇基本医疗保险制度的推进和农村合作医疗制度的试行，城镇基本医疗保险覆盖范围外的城镇居民的医疗保险问题，由于制度缺位，矛盾日益显现，已经成为社会关注的热点问题。浙江省政府对涉及医疗保障等民生问题高度关注，2004年省长办公会议提出由省劳动保障厅牵头调研城镇居民医疗保障问题。在调研的基础上经过充分酝酿，浙江省人民政府于2006年8月出台了《关于推进城镇居民医疗保障制度建设试点工作的意见》，把城镇居民、学生、失业人员纳入医疗保障体系，使浙江社会医疗保险从城镇职工医疗保险向城镇全体居民医疗保险拓展和延伸，人人享有医疗保险开始实现，为浙江建立覆盖城乡全体居民的基本医疗保险体系迈出坚实的步伐。到2007年年底，浙江50%的县市实施城镇居民基本医疗保险制度，参保人数达150万人。至此，浙江省已从制度层面在全国率先实现了城乡居民基本医疗保障全覆盖。

五是农村新型合作医疗发展迅速。近些年来，党和政府加大了对农村健康医疗的改革力度。2003年1月，国务院办公厅转发了卫生部等部门《关于建立新型农村合作医疗制度意见的通知》，同年6月，浙江省被国务院列为全国四个试点省份之一。根据党中央、国务院的有关决策和部署，浙江省政府于2003年出台了《关于建立新型农村合作医疗制度的实施意见（试行）》，启动了新型农村合作医疗的试点工作，明确了试点工作方案、目标任务和实施步骤。经过5年时间的探索试点，浙江新型农村合作医疗制度稳步推进，受到广大农村居民的热烈欢迎。到2007年年底，全省参加新型农村合作医疗的农民达到3 000.1万人，参保率达89%以上。同时，浙江省政府不断加大对农村合作医疗制度的财政投入力度。2008年，省级财政对不同经济地区的新型农村合作医疗的补贴标准将提高一倍，所有市县新型农村合作医疗人均筹资达到100元以上。新型农村合作医疗制度的实施对解决广大农民“看病难、看病贵”问题，加快推进社会主义新农村建设起到了积极有效的作用。

二、浙江社会保障事业发展面临的挑战及要处理好的几大关系

浙江社会保障事业虽然取得了突破性进展，但还将面临各种挑战。一是现行社会保障制度与城市化、劳动力市场一体化和就业形式多样化的趋势还有许多不适应。表现为社会保险制度的实际覆盖面还不够宽，社会保险关系转移难，农民工和灵活就业人员参保率低、退保率较高。二是部分人群缺乏社会保障，群体间保障待遇差距较大，与社会公平、社会和谐的要求不符。表现为农民医疗保险保障水平低，农民社会养老保险进展缓慢，企业退休人员与机关事业单位退休人员养老金待遇差距过大，补充性保险发展不平衡。三是社会保险基金潜伏危机，难以适应人口老龄化的趋势，影响社会保险制度持续健康运行。如社会保险筹资渠道狭窄，社会保险缴费基数不实，社会保险历史债务尚未妥善解决，基金保值增值难，以及医疗保险费用控制难等。

但是，社会保障事业的发展，挑战与机遇并存。浙江省第十二次党代会提出“创业富民、创新强省”的总战略，把维护好人民群众根本利益作为“两创”的出发点和落脚点。贯彻党的十七大和省十二次党代会精神，一个突出的重点就是完善浙江的社会保障体系建设。其一，经济社会转型，社会保障需求增加，形成社会养老、医疗保险事业发展的内在动力。改革开放的伟大实践，已经确认了我国走社会主义市场经济道路的必然性，而社会保障制度是社会主义市场经济体制的重要组成部分。浙江省委、省政府提出，力争到2010年全省基本实现全面小康社会的目标，到2020年努力使浙江成为社会和谐程度较高的先进省份，逐步形成全省人民各尽所能、各得其所而又和谐相处的局面。社会保险制度与每个社会成员都有密切关系，是社会保障体系中两个最重要的项目，随着经济社会的转型，其重要地位将更加显现。其二，国民经济持续快速增长，为浙江社会养老、医疗保险事业发展奠定了物质基础。改革开放30年来，浙江经济持续快速发展，预计今后浙江GDP将继续保持较快的增长速度，综合实力将进一步明显增强。这是发展社会保险事业，建设和谐劳动关系的良好时期，也是解决或减轻历史包袱的有利时期。其三，构建社会主义和谐社会的战略目标，使社会保障工作成为各级党委、政府工作的重点。事实上，完善社会保障体系是构建社会主义和谐社会的主要命题之一。中共第十七次全国代表大会明确指出，要加快建立覆盖城乡居民的社会保障体系，保障人民基本生活。强调要以社会保险、社会救助、社会福利为基础，以基本养老、基本医疗、最低生活保障制度为重点，以慈善事业、商业保险为补充，加快完善社会保障体系。浙江省委、省政府高度重视民生问题，为浙江省社会保障事业发展确立了具体的目标。在向全面建设小康社会的进程中，社会保障是老百姓最关心的问题，政府将始终把它摆在十分突出的位置。

在完善浙江的社会保障体系过程中，要处理好以下五个关系：

一要处理好经济发展与社会保障水平的关系。社会保障制度建设过程中，要建立完善社会保障水平的正常增长机制，根据经济发展适当提高社会保障水平；要统筹考虑机关、事业单位养老保险制度改革，不断缩小企业退休人员和机关事业单位退休人员养老金的待遇差。同时，要注意各项社会保障制度的同步推进，保证社会保障的可持续发展。

二要处理好科学发展观与城乡社会保障发展的关系。在经济发展中建立和完善社会保障制度，不断扩大覆盖面，努力把非公企业职工、个体工商户雇工、个体劳动者、灵活就业人员以及外地农民工纳入社会保障范围。要坚持城乡统筹协调发展的思路，按照省委、省政府提出的建设覆盖城乡居民的社会保障体系的总目标，积极探索农村社会保障制度。要充分认识到，没有比较完善的农村社会保障制度，就没有社会主义新农村。建立完善的农村社会保障制度，既要政府积极引导与高度重视，又需要农村集体经济与广大农民的积极支持。要增加农民收入，提高农民参加社会保险的承受力，农村社会保障的水平要以保障农民的基本生活为目的，走渐进式发展道路，要参照城镇社会保障管理和服务社会化的实践经验，探索农村社会保障管理和服务社会化的路子。同时，加快农村社会保障的立法工作，做到有法可依。

三要处理好农民工社会保障与城市化发展的关系。农民工是产业工人的主力军，是中国工业化、现代化发展过程中的一个特殊群体。因此，从城市化发展的趋势和构建和谐社会的需要看，农民工的社会保障问题不应该通过建立专门的一套制度来解决，最终应融入统一的社会保障制度中。目前，在养老保险方面，可以先用“双低”办法把农民工纳入基本养老保险。在基本医疗保险制度的框架内，重点解决农民工大病住院和规定病种门诊的医疗费用。针对农民工收入低、社会保险关系转移难带来的不愿参保和退保现象，建议在有条件的地方，可以参照工伤保险的办法，对于那些流动性大、收入低的农民工，比如其工资收入低于当地社会平均工资60%的，社会保险费用全部由用人单位承担，个人不缴费；或允许个人养老保险缴纳本人工资总额的4%，加上统筹基金中划入4%记入个人账户，农民工社会保险个人账户转移时，由统筹基金中划出个人账户额的同等数，实行与个人账户同步转移等。要通过不断的探索实践，最终通过立法将农民工真正纳入社会保障范畴。

四要处理好基本社会保险与企业年金（补充保险）的关系。要在政府建立基本养老保险、基本医疗保险，保障退休人员基本生活和人们基本医疗需求的同时，通过发展企业年金（补充医疗保险），建立基本养老保险（基本医疗保险）、企业年金（补充医疗保险）和个人储蓄保险相结合的多层次、多支柱的社会保险体系，同时通过发展商业保险，提高企业退休人员养老等的抗风险能力。要拓宽企业年金实行的对象，鼓励有条件的事业单位参加或举办职业年金。要不断完善现行企业年金（补充医疗保险）的法律法规，落实税收优惠政策，促进企业年金（补充医疗保险）的发展、壮大。

五要处理好基金安全和保值增值的关系。现有社保基金的运作模式主要是现收现付和部分积累相结合，随着浙江人口老龄化的到来，社保基金收支不平衡导致的安全问题关系到社会保险的可持续发展，必须引起政府应有的重视。要加快社会保险扩面步伐，按照法律法规的规定，严格规范用人单位的参保，努力做实社保缴费基数。要在做实基数、保证基金安全的前提下，适当降低缴费费率，实现用人单位间的公平竞争。要加大财政对社会保险的投入力度，多渠道筹措社保基金。要加大社保基金的监管，遵循“安全第一”的原则，在严禁社保基金用于违规投资、借贷的同时，积极争取地方政策，探索基金投资增值渠道。

三、政策与建议

在今后一个时期，浙江社会保障事业发展的主要目标和任务要突出表现在以下几个方面：

（一）进一步扩大社会保险覆盖面

经过长期坚持不懈的努力，浙江社会保险覆盖面逐步扩大，其成绩有目共睹，但与全覆盖的要求相比还有一定差距。下列几个人群的社会保险参保率较低：一是私营企业职工和个体工商户的雇工；二是建筑、商贸类企业职工；三是个体劳动者、灵活就业人员；四是企业和企业化管理的事业单位以及民办非企业单位中的外地农民工。目前，浙江省企业大量使用外地农民工，企业化管理的事业单位、民办非企业单位中也有一部分农民工，他们的参保率很低。为此，我们一方面要规范用人单位的劳动用工行为，积极推行劳动合同制度，为城镇从业人员纳入社会保险打好基础；另一方面要通过完善制度，增强社会保险制度的包容性。重点是：

1. 适度降低社会保险费率。目前浙江社会保险费率总体偏高，企业负担过重，对于参保率有重要影响。导致费率偏高的主要原因有三个：一是缴费基数不实，费率虚高；二是社会保险制度转轨不彻底；三是历史债务没有妥善处理。显然，降低费率，即降低社会保险的进入门槛，有助于扩大覆盖面。因此，我们建议一要做实缴费基数，规范缴费行为，为企业创造公平竞争的环境，也为适度降低费率创造条件；二要加大财政投入，缓解历史债务对于基金的压力，降低现阶段企业的负担，有利于适度降低社会保险费率；三要在保证社会保险基金支付能力的前提下，适度降低费率，有利于扩大覆盖面，尤其是农民工参加社会保险。

2. 养老保险“双低”办法与普通办法逐步并轨。下一个阶段扩大覆盖面的重点将是收入较低的一个群体，如果按照城镇职工参加基本养老保险的普通办法，则困难相对较多。从城市化的趋势看，农民工的社会保障问题，不应该通过建立专门的一套制度来解决，而是应该与城镇职工用同一套制度去解决，基本思路是：制度要一样，待遇可以有差异。因此，运用“双低”办法为这个群体办理基本养老保险，是一项切合实际的做法。需要指出的是，原先的“双低”办法是对用人单位和个人缴费同时实施低标准，这样虽然激励了企业的参保积极性，但是会导致企业都要求农民工以“双低”办法参保这样的逆选择现象大量出现。所以，我们建议“双低”的缴费办法只适用于职工个人，而不适用于企业，即无论是城镇户籍职工还是农民工，企业都按照同一费率缴费。

3. 按照“低费率、保大病”的原则，解决农民工医疗保险问题。建议在基本医疗保险制度的框架内，重点解决农民工大病住院的医疗费用。要根据农民工的特点和医疗保障需求，合理确定缴费基数、费率和保障方式，明确农民工不承担国有企业职工的历史债务，因此，农民工大病医疗保险的费率应当是比较低的。考虑到农民工的实际收入较低，建议农民工参加医疗保险的费用全部由用人单位承担，个人不缴费。农民工参加大病医疗保险，由城镇社会保险经办机构经办。

4. 实现省内社会保险关系无障碍转移。省内转移问题，浙江省政府可以有所作为。在财政体制不变、暂时不提高统筹层次的前提下，我们认为可以运用“双低”和“大账户、小统筹”办法，把未参保的农民工纳入基本养老保险。其要点有三个：一是“低标准缴费、低水平享受”的缴费办法只适用于农民工个人，而不适用于企业，即无论是城镇户籍职工还是农民工，企业都按照同一费率缴费。二是单位缴费分为两块，一部分进入统筹基金，一部分记入个人账户，以便转移。三是农民工个人账户基金集中在省养老保险中心统一管理。

5. 研究年龄偏大职工的参保政策。我们需要研究和制定有关政策，完善基本养老保险制度，鼓励早缴费、多缴费、多享受。对于基本医疗保险，需要研究设置最低缴费年限，制定年龄偏大人员的参保政策及其补缴保险费的政策，建立提前退休者医疗保险成本分担机制，以及鼓励退休人员再就业、推迟退休的医疗保险政策。

6. 加大宣传教育与执法力度。目前，一些地方政府领导和企业主对于社会保险的重要性认识不足，对于社会保险政策的知晓程度较低，一般劳动者更是如此。因此，要加强宣传教育，重点是对领导干部进行教育，树立科学发展观与正确的政绩观，高度重视劳动者权益的保护；对企业主进行企业家的社会责任和现代风险管理理念的教育；对职工进行劳动者权益与风险保障的教育，提高风险意识、维权意识、维权能力。此外，要加强部门之间的相互配合，加大执法力度，严格执行法律法规。这既是推动工作，又是一种教育手段。

（二）进一步提高农民人身风险保障水平

社会保障方面在城乡之间依然存在着不小的差距。尤其是社会保险，在农村特别薄弱。农民作为自雇者，没有工伤保险，因而他们在劳动中所受伤残全由自己负责。农村没有生育保险，因而农村居民的生育费用也全由自己承担。农民有土地，不管能否养得活自己，都不算失业，因而没有失业保险。农村社会养老保险覆盖面窄，参保人数少，保障程度低。唯有农村合作医疗保险制度，近几年有较快发展，但保障程度依然较低。根据加快建立覆盖城乡居民的社会保障体系的要求，切实加强农村社会保障工作，其中最为迫切的是需要提高农民的人身风险保障水平。

1. 农村合作医疗制度的保障水平。浙江省从2003年开始试行新型农村合作医疗制度，到2007年年底，全省各县（市、区）普遍实施了这项制度，参加的农民已经达到3 000.1万人，占全省农业人口的89%。可以说，新型农村合作医疗制度已经成为浙江农村的一项基本医疗保障制度。这一制度的实施，为降低农民医药费用负担，缓解农村地区因病致贫、因病返贫问题发挥了十分重要的作用。但是应当看到，该项制度还有许多地方需要进一步完善，例如，制度定位于“保大”还是“保小”，自愿参保的原则如何理解与贯彻，如何做到筹资的可持续性，医疗费用如何控制，给付的公平性如何体现，定点医院与定点药店如何管理，与其他医疗保障制度如何衔接，等等。其中一个关键的问题是目前该项制度的保障水平还较低：一是实际受益面不够宽，二是保障程度偏低，即医疗费用实际可报销的比率过低，对于缓解因病致贫的效果还不够明显。而这又与制度定位，尤其是筹资水平联系在一起。如果能够提高筹资水平，保障水平就能够相应提高。所以，建议进一步加大各级财政对于合作医疗制度的投入，大幅度提高筹资水平。

2. 积极探索农民意外伤害保险和生育保险。农民也是劳动者，应当有职业伤害的风险保障机制，可是我们一直没有。倘若农民劳动受伤，只能由自己负责，主要原因是无法运用社会化筹资手段建立社会保险机制。我们认为，应该积极探索，不一定要采取纯粹的社会保险手段，而是可以采用政府补贴、支持并委托商业保险公司经办的方法来进行。在这一方面，浙江省近几年在农业保险、农村住房保险方面已经有了成功的实践经验可以借鉴。至于生育保险，城镇职工个人并未缴纳保险费，只要用人单位缴费就可以享受待遇。对于农村居民也应该采取类似的政策。比如，对生育期间的医疗费用给予一定额度的报销，并对生育期间因不能参加劳动而给予一定的补助。这样做，对于保障农村育龄妇女的身心健康、实现男女平等、缩小城乡差别都具有重要意义。

3. 逐步实施农民社会养老保险制度。农民社会养老保险制度创新的基本思路是把握城市化、市场化的发展趋势，着重注意以下问题：一是要明确政府、个人和集体的责任。个人账户以个人缴费为主，集体补助为辅，政府适当补贴加以引导；老年津贴由政府提供。二是要注意制度设计的科学性，引入精算制度，运用科学方法确定待遇水平、缴费水平和准备金。三是要注重与基本养老保险制度的衔接，以适应城市化和劳动力流动的趋势。四是要逐步拓宽养老保险基金运营渠道，实现基金的保值增值。五是要整合农村社会养老保险资源（例如计划生育养老保险、义务兵养老保险等），从实际出发，在重点地区、重点人群中先行开展，循序渐进。当前，以城市化发展较快的地区为重点，积极推进，稳步实施。六是要加快农村社会养老保险立法，做到有法可依。要就农村社会养老保险的原则、主要内容及形式、管理体制、资金来源与发放、保障标准、法律责任等作出明确规定。

（三）稳步推进机关事业单位社会养老保险制度改革

浙江社会保障制度改革正在不断深入，与社会主义市场经济体制相适应的新型社会保障体系框架已经形成。然而，机关事业单位养老保险制度改革尚无实质性的进展，与整个社会保障制度改革的进程和事业单位改革的要求相比，明显滞后，引发了一系列社会矛盾和问题，甚至构成了一个不安定因素。由于机关事业单位和企业养老金计发办法不统一，造成同类人员的待遇水平差异较大。由于机关事业单位尚未实行社会统筹与个人账户相结合的基本养老保险制度，即便部分地区进行了机关事业单位养老保险制度改革探索，但也没有进行退休待遇计发办法的改革。这使企业与机关事业单位的养老待遇差距悬殊。中共十七大报告明确指出，要进行机关事业单位社会养老保险制度改革。

这里我们提出改革的思路：朝着基本养老保险制度全社会统一的方向，改革机关事业单位退休保障制度，实行与企业相同的基本养老保险制度。改革的核心是制定科学的养老金计发办法，达成合理的目标替代率，妥善解决历史问题，实现新旧制度的平稳过渡。因此，在推进机关事业单位养老保险制度改革过程中，需要把握以下几点：一是坚持机关事业单位与企业基本养老保险制度的统一性；二是体现机关事业单位及其人员的特点；三是注意与机关事业单位改革配套；四是新旧制度平稳过渡。

未来机关事业单位职工的养老保障体系由基本养老保险制度、职业年金制度和个人储蓄三个层次构成。其中第一个层次基本养老保险制度，事业单位与企业完全一致。同时考虑到历史的因素，对于改革前在事业单位工作的贡献，通过设置权益性养老金，用合理的办法加以计量，列入个人账户。第二个层次是职业年金，政府制定政策并创造条件，鼓励事业单位在参加基本养老保险的基础上，在一定的限额内办理职业年金，财政按照经费渠道给予一定的支持。第三个层次是补充性养老保险和个人储蓄，政府鼓励个人购买商业保险、从事各种有利于养老的储蓄和投资。

据此，我们提出如下改革方案：

方案一：以企业职工基本养老保险制度框架为基础，建立机关事业单位基本养老保险的缴费、个人账户制度，对退休养老待遇的现行政策进行较大的改革，即由现行按本人的工作年限和工资的一定比例计发改成按企业办法计发基本养老金，对改革前在机关事业单位的工作年限，通过权益性养老金予以补偿。

方案二：在实施好与企业职工基本养老保险制度框架接轨的基础上，对“中人”在制度改革前的机关事业单位工龄予以承认，并记入待遇，分段计算累加，从而达到平稳过渡的制度设计目的。

方案三：对经费完全自理的事业单位职工和改革后新进入经费全部或部分由财政供款的事业单位职工，社会养老保险完全与企业接轨；经费全部或部分由财政供款的事业单位的全部职工和离退休人员，不分改革前后，继续执行事业单位的待遇政策。

（四）进一步加强社会保险基金风险管理

社会保险基金是维持社会保险制度健康运行的经济基础，因此，必须加强社会保险基金的风险管理，使社会保险基金始终保持充分的偿付能力。根据我们的研究，浙江省社会保险基金状况总体是好的，但也存在一些值得重视的问题。因此，我们建议今后一个时期着重采取以下措施：

1. 拓宽社会保险筹资渠道。社会保险制度的健康运行需要有足够而稳定的资金来源，否则社会保险制度就谈不上收支平衡，也就不可能持续运行。从浙江社会保险基金的收入结构分析，社会保险费征缴收入是基金收入的主要来源，用人单位和个人缴纳的保险费占基金总收入90%以上。因此，要建立社会保险基金自平衡机制。在此基础上，还要从多方面筹措资金。一是要进一步调整财政支出结构，健全财政对社会保险基金的投入机制；二是确立土地和国有资产租赁、出让、转让的部分收益划入养老保险基金的制度；三是制定鼓励社会各界向社会保险基金捐赠的优惠政策。

2. 完善社会保险缴费机制。当前存在缴费基数不实、地区间费率差异大等问题，建议进一步完善征缴机制，逐步规范和统一各地的社会保险费率，加强工资的规范化管理，夯实缴费基数，并实行企业缴费基数和职工个人缴费基数相分离。

3. 妥善处理社会保险历史债务。我们的社会保险制度正在转轨，筹资模式正在由现收现付制向部分积累制过渡。于是，需要对历史债务进行估算并作出妥善的处理。按照现行办法，直接由现在在职一代承担，这是导致基本养老保险个人账户空账运行和当前社会保险费率偏高的一个重要因素。因此，需要对历史债务作出妥善的安排，减少代际矛盾。我们建议借现阶段经济发展状况较好、劳动力比较充裕之际（通常认为是人口红利期），采取一定措施，作出逐步解决历史债务的计划安排：一是组织力量对浙江省社会保险历史债务进行估算和分析；二是通过合适的途径从现存国有资产中划转一部分；三是明确财政对于社会保险基金的投入机制。

4. 设置享受养老金和退休后社会医疗保险待遇的最低缴费年限。从社会保险的技术原理出发，提高法定退休年龄是降低社会保险“系统老龄化”程度的有效措施。事实上，为了减小社会保险基金缺口，许多国家开始逐步提高法定退休年龄。例如，美国2005年法定退休年龄为65.5岁，每年延长两个月，准备提高到67岁为止。德国退休年龄目前为65岁，准备到2011年延长至67岁。丹麦、冰岛和挪威的平均退休年龄为67岁。考虑到在我国提高法定退休年龄的复杂性，我们建议，目前暂时避开退休年龄这一敏感话题，而采用设置最低缴费年限的办法，即凡在退休后能够享受基本养老保险和基本医疗保险待遇者，其累计缴费（包括视同缴费）必须达到一定的年限。目前，基本养老保险规定最低缴费年限为15年，这是偏低的。然而，基本医疗保险制度对此没有明确的规定，各地只是根据自己的情况确定了一个标准，但缺乏科学性，因此，必须以科学计算为基础，确定一个最低缴费年限。当然，累计缴费年限不能达到最低年限的原因是复杂的，在具体实施过程中，需要区分不同情况，明确责任，落实医疗保险成本分担机制。对于在基本医疗保险制度实施以前的工龄应予承认，通过视同缴费年限来体现，这属于历史债务，由政府承担。

（五）进一步发展补充性保险

根据风险管理理论，最佳的风险处理方案通常是多种风险处理措施的组合，因此，建立多层次养老保障体系成为养老保障体系建设的基本理念。按照社会保障的基本理论，由政府直接举办的各社会保障项目只提供劳动者和社会成员基本的生活保障，这是第一层次。在此基础上，要充分发挥社会各方面的积极性，利用社会力量发展养老保障事业，包括家庭、各用人单位、各社会团体、各类民间组织，建立第二层次、第三层次的保障。这样做，还有利于在改革的过程中，做到“基本保障水平降低，总的风险保障水平不降低”，从而实现改革的平稳过渡。

1. 职业年金。要按照劳动保障部等部门颁布的《企业年金管理办法》制定政策，鼓励企事业单位参加或举办职业年金（含企业年金），作为基本养老保险的补充。为此，一要完善现行的法律法规；二要落实税收优惠政策；三要建立政府监管机制。

2. 补充医疗保险。根据国务院关于社会医疗保险制度改革的有关精神，国家鼓励用人单位在参加基本医疗保险的基础上，为其职工办理补充医疗保险，可以有相当于工资总额4%的税收政策优惠。因此，各级政府及有关职能部门应当予以支持和鼓励。

3. 商业保险。商业保险具有产品丰富、服务周全、运作效率高等优势，从国际经验看，商业保险是社会保障的重要补充，在全社会风险保障体系中占有重要地位。因此，在鼓励各用人单位发展职业年金，提高职工养老、医疗保障水平的同时，应当鼓励劳动者和社会成员个人通过储蓄、投资和购买商业保险等途径增强养老、医疗保障能力，政府在税收等政策方面予以优惠，在舆论方面予以引导。

4. 互助合作保险。互助合作保险是指民间举办的不以营利为目的的各种保险。长期以来，各级工会组织开展过一系列互助保障活动，发挥着积极的作用。目前，互助合作保险在我国还没有明确的法律地位，需要尽快明确。浙江省政府可以积极尝试明确其地位，并制定相应的政策，鼓励和支持包括工会组织在内的一切有条件的民间组织开办互助合作保险，建立互助保险基金，作为养老、医疗保障的一个方面。

（六）进一步提升社会保险经办与服务能力

社会保障事业的持续健康发展，既要有良好的体系设计和科学的制度安排，又要有高效的管理和优质的服务。经过多年的努力，浙江社会保障经办与服务能力有很大的提高。省市县各级社会保障机构健全，绝大部分街道、乡镇、社区都建立了劳动保障所（站），形成了比较完善的管理服务网络，社会保障系统较好地完成了日益繁重的工作任务。

但是，目前的经办与服务能力还不能完全适应社会保障事业发展的要求。各项工作从面向城市扩展到农村，业务范围不断扩大，业务量大幅增加，但工作人数、工作经费并没有相应增加，人手严重不足的问题日益突出，现有工作人员的业务水平也存在跟不上事业发展需要的现象，社会保险经办能力亟待加强。目前浙江社会保险经办机构平均每人服务8 500～10 000人，尤其是在基层，人手少，任务重，很多工作难以落实，或难以保证质量。因此，需要加强政策制定、业务经办、监察、争议处理、基层服务等环节的机构队伍建设。所以，加强社会保险队伍建设，提高管理水平和服务能力，将成为一个重要课题。

1. 更加科学、规范地设置经办机构。经办机构的设置，关系到社会保险管理工作的效率和服务水平。现行设置办法，尚有可改进之处。一般来说，省市县各级经办机构的设置，须按照工作流程，以专业与效能为原则。在乡镇街道，须要整合资源，可以把就业、社会保险经办、劳动仲裁、调解、社会救助、社会服务等工作集中到统一的社会保障经办机构。在此基础上，根据实际工作情况相应增加人员编制。与此同时，要逐步完善技术标准，规范业务规程，改进管理手段，提高管理效率和水平。

2. 逐步提高社会保险经办人员素质。为适应社会保险事业发展的需要，社会保险经办人员应以提供规范服务为目标，不断学习、提高能力，因此，要建立健全培训制度，科学制订培训计划，有计划、有组织地开展培训工作，不断提高经办人员的综合素质和专业技能。教育培训的内容，应以优质、规范服务的技术标准为基本内容。

3. 进一步提升管理、经办的信息化程度。社会保险的管理和服务水平与信息化水平息息相关。当前的重点，一是要规范、统一指标体系，确保数据的一致性和准确性。二是要逐步统一各类软件，提高信息传递的效率，实现信息共享并降低成本。三是尽快改变各层级、各项目（险种）计算机管理系统分散且不一致的局面。四是加强对县（市）、乡（镇、街道）两级经办机构信息化建设的支持。

我们相信，浙江人民在省委、省政府的领导下，坚持科学发展观，一定能够抓住历史机遇，埋头苦干，求实创新，战胜挑战，为浙江的社会保障事业发展作出新的贡献。

实现劳动保障事业又好又快发展的若干思考

陈加元

劳动和社会保障是最基本的民生问题。省委、省政府历来十分重视劳动保障工作，一直把劳动保障工作放在经济社会发展的突出位置。特别是本届政府以来，紧紧围绕贯彻落实科学发展观、构建社会主义和谐社会，按照着力改善民生的要求，作出了构建社会就业、社会保险、社会救助三位一体的“大社保”体系的重大决策，提出了“一个率先、两个加快”的工作部署，即率先建立比较完善的城镇社会保险体系，加快建立统筹城乡的就业制度和加快建立覆盖城乡的社会救助体系。五年来，全省各级按照“走在前列、干在实处”的要求，围绕目标、突出重点、开拓创新、真抓实干，在全国率先开展城乡统筹就业试点，率先推行社会保险“五费合征”，率先实施城镇职工、城镇居民、新型农村合作医疗和医疗救助“3＋1”的城乡居民医疗保障制度，率先建立被征地农民的社会保障制度，率先推进农民工管理与服务，率先开展创建劳动关系和谐企业活动，劳动保障工作取得了明显成效，省委、省政府提出的各项工作目标基本实现，为促进经济发展、维护社会稳定、提高人民群众生活发挥了重要作用。这五年，既是人民群众得到实惠最多的五年，也是劳动保障工作取得丰硕成果的五年。

一、五年来的劳动保障工作成效显著

(一) 就业局势持续保持稳定

五年来，各级党委政府把扩大就业放在更加突出的位置，一是积极开展城乡统筹就业的探索和实践，初步建立了以“五统一、一加快”（城乡统一的劳动力资源管理制度、就业制度和就业促进政策、劳动力市场和就业服务体系、职业技能培训体系和用工管理制度，加快完善社会保障制度）为主导的城乡统筹就业制度。二是实施积极的就业政策，发挥市场机制在劳动力资源配置中的基础性作用，积极发展非公经济和第三产业，不断扩大就业容量，引导劳动者通过市场实现就业。三是充分发挥政府促进就业的职能，加大对困难群体的就业扶持，建立完善集基本生活保障、岗位开发、职业培训、就业援助为一体的困难群体就业帮扶机制。五年来，全省共新增就业323万人，三次产业就业人员实现了“一、二、三”向“二、三、一”的转变。城镇登记失业率持续下降，从2003年的4.2%下降到目前的3.27%，基本实现了经济发展与就业增长的良性互动。

(二) 社会保障体系框架基本建立

五年来，各地将建立健全同经济社会发展水平相适应的社会保障体系作为工作重点，不断强化政府的社会保险责任，坚持整体推进与重点突破相结合，制度创新与完善政策相统一，进一步加大了社会保险改革力度。到2007年年底，全省企业养老保险、基本医疗保险、失业保险、工伤保险、生育保险的参保人数分别达到1 076万人、855万人、1 003万人、585万人、505万人。

企业基本养老保险基金支付能力达到28个月。从总体上看，社会保险体系建设在保障基本生活、维护社会稳定、促进经济发展、保持社会公平等重要功能方面得到了充分发挥。

（三）劳动关系调整机制逐步形成

各地围绕构建规范、和谐、有序、稳定的劳动关系，大力推进劳动合同三年行动计划，劳动合同签订率有了明显提高。进一步加强劳动关系三方机制建设，全面开展创建劳动关系和谐企业与工业园区活动，全省有16家企业被国家授予“创建和谐劳动关系模范企业”称号。连续五年调整了最低工资水平，最低工资标准处于全国前列。加强劳动争议调处工作，推进劳动争议仲裁机构实体化建设。率先建立了劳动者权益保护宣传周、工资支付保障金、网格化管理、劳动保障诚信档案、欠薪应急周转金等五项制度。劳动者的合法权益得到有效维护，劳动关系呈良性发展态势。

（四）农民工的突出问题初步得到解决

长期以来，省委、省政府十分重视农民工工作，把农民工服务与管理纳入了政府社会管理和公共服务的重要内容，建立了由政府挂帅、劳动保障部门牵头、其他各有关部门参与的农民工工作协调机制。围绕涉及农民工的工资、就业服务、技能培训、工伤保险和医疗保险等方面的热点问题，进一步加强和改善对农民工的服务和管理，大力推行工资保障金制度和欠薪应急周转金制度，农民工工资拖欠问题得到了有效遏制。

回顾五年来的工作，过程艰辛、成绩喜人，浙江省的劳动保障工作为本届政府画上圆满句号作出了积极的贡献，这是省委、省政府正确领导的结果，是各级党委政府、各有关部门特别是劳动保障系统广大干部职工团结奋斗、开拓进取、埋头苦干、扎实工作的结果。

二、努力实现劳动保障事业又好又快发展

劳动保障事关广大人民群众的根本利益，在党和国家工作大局中的地位和作用越来越突出。党的十七大，高举中国特色社会主义伟大旗帜，对深入贯彻落实科学发展观、全面建设小康社会作出了战略部署。党的十七大报告提出了“加快推进以改善民生为重点的社会建设”的重大命题，并以单独的一个部分进行了全面的阐述，明确提出了“社会就业更加充分；覆盖城乡居民的社会保障体系基本建立，人人享有基本生活保障；合理有序的收入分配格局基本形成”的工作目标。省委十二届二次全会作出了推进“创业富民、创新强省”总战略的决定，对劳动保障工作也提出了具体的要求。省委、省政府全面调研，对全面改善民生作出《全面改善民生促进社会和谐的决定》，并配套出台包括劳动保障方面的10余个政策文件。可以说，劳动保障事业已经迎来了新的发展机遇。同时，我们也要正视劳动保障工作面临的新挑战。当前劳动力总量供大于求和结构性矛盾还比较突出，建设人人享有基本生活保障的城乡社保体系的任务还十分艰巨，调节收入分配、构建和谐劳动关系还面临诸多挑战。对此，我们既要坚定信心，又要攻难克坚，要从全局和战略的高度，深刻认识劳动保障工作的重要意义，进一步增强责任感、紧迫感和使命感，按照党中央、国务院和省委、省政府的部署和要求，扎扎实实地做好劳动保障工作，实现劳动保障事业又好又快发展。具体要着力抓好五个方面的重点工作。

（一）努力实现城乡居民充分就业的目标

统筹城乡就业是科学发展、和谐发展的重要内容。要以实现城乡居民充分就业为目标，突出重点，面向城乡，积极推进就业再就业工作。一是要以贯彻实施《就业促进法》为契机，全面扩大就业规模和改善就业结构，进一步完善现有的就业政策，消除就业障碍，实现就业政策与法律的衔接。二是要继续实施积极的就业政策。完善有利于促进就业的财政税收和信贷政策，鼓励企业增加就业岗位；大力支持劳动者自主创业，加强就业技能培训，提高劳动者创业能力，加快促进创业推动就业格局的形成。三是建立和完善就业援助制度，进一步落实对特殊困难人员的优惠政策和扶持措施，逐步完善城镇零就业家庭动态管理、动态援助的工作机制，积极帮助大学生和农村困难家庭人员实现就业。四是加强城乡统筹就业的基础建设，建立和完善城乡就业服务机构，不断健全覆盖城乡的人力资源市场信息服务体系，促进劳动者公平就业。

（二）加快建立覆盖城乡的社会保障体系

当前，要按照“广覆盖、保基本、多层次、可持续”的方针，积极推进社会保障制度建设。首先，要以社会保险“五费合征”为抓手，强化社会保险扩面征缴工作。省政府研究，2008 年将“五费合征”作为社会保险的重点工作，要求年底前所有统筹地区全面实施。省劳动保障、地税、财政部门要加强调研，密切配合，抓紧研究提出工作意见和政策措施，上半年在适当时候进行专门部署。其次，要按照医疗保障“3＋1”的制度安排，加快推进城镇居民基本医疗保险，确保年底前所有市县全面铺开，参保率达到 60％～70％。这项工作重点要处理好三个方面问题：一是要因地制宜，探索实施符合实际的保障方式，城市化程度高、居民人数多的地区，要实行城镇居民医疗保险制度，城市化水平低、目标人群数量少的地区，可以实行“城乡统筹、分类保障”的城乡合作医疗制度或城乡居民基本医疗保险制度；二是适当提高财政补助的比例，增强制度的吸引力，省政府也将增加财政补助的力度；三是理顺医疗保险管理体制，加强医疗保障资源整合，有条件的地区，可以学习借鉴杭州市的做法，实行城镇职工、城镇居民和新型农村合作医疗“三合一”管理的体制。最后，积极推进事业单位养老保险制度改革，认真解决原城镇集体企业职工养老保险等历史遗留问题，探索开展农村养老保险试点，逐步建立和完善与浙江省经济社会发展相适应的城乡居民社会保障体系。同时，要继续做好被征地农民社会保障工作，加快金保工程建设，不断提高社会保障管理和服务水平。

（三）探索完善工资收入分配和正常增长机制

当前和今后一个时期，必须建立和完善职工工资正常增长机制，把“蛋糕”切好，努力在“两个提高”上下工夫。一是进一步完善工资决定机制，坚持和完善按劳分配为主、多种分配方式并存的分配制度，抑制垄断行业、企业工资过快增长，建立企业经营者收入与职工收入挂钩制度。二是研究建立职工工资正常增长机制，进一步完善最低工资制度，保持最低工资与职工工资增长、物价上涨的合理比例关系，稳步提高最低工资水平，提高劳动报酬在初次分配中的比重，努力做到居民收入增长不低于物价上涨水平。三是认真贯彻温家宝总理的批示精神，积极推广温岭市通过建立行业工会、开展工资集体协商的做法，加快推进工资集体协商机制建设，在行业之间、企业内部建立工资决定机制。劳动保障部门要会同工会等加强调查研究，总结各地经验，提出具体意见，适时部署和推广。四是健全完善工资支付保障机制，落实企业工资保证金和政府周转金，加强对建筑等行业、农民工集中的企业的监控和检查，严厉打击恶意拖欠工资行为。春节前，各地要确保农民工按时足额领到工资，让群众过上一个快乐、祥和、安定的节日。

（四）积极构建和谐稳定的劳动关系

劳动关系是现代社会最基本的社会关系，也是构建和谐社会的重要基础。要把构建规范、和谐、有序、稳定的劳动关系作为一项长期任务，列入劳动保障部门工作的重点。当前，一是要认真贯彻实施《劳动合同法》和《劳动争议调解仲裁法》，加大对《劳动合同法》等法律学习、宣传和培训的力度，增强全社会的法律意识；要按法律的规范，指导和督促用人单位和职工依法签订劳动合同，认真履行法律责任，切实保障劳动者的合法权益。二是要深入开展创建劳动关系和谐企业和工业园区活动，创新劳动关系的利益协调机制。创建劳动关系和谐企业活动，一要拓展，就是要扩大创建活动的覆盖面，力争用两三年时间从现在规模以上企业扩大到各类企业和工业园区，形成人人创建和谐劳动关系、人人共享企业发展成果的良好局面；二要提升，就是要注重实效，通过创建活动，努力在解决职工最关心、最直接、最现实的问题上下工夫，以劳动关系三方协调机制为抓手，建立起发展稳定和谐劳动关系的长效机制。以全面实施劳动合同制度为契机，加强劳动用工管理，推进企业劳动保障诚信建设。三是要加强劳动纠纷的调处和仲裁，提高劳动行政执法监察的能力和水平。要贯彻落实《劳动争议调解仲裁法》，进一步加强仲裁机构实体化建设，完善劳动争议仲裁制度，密切跟踪、了解和掌握《劳动合同法》等法律实施后的新情况、新问题，认真做好劳动纠纷的预防和调处，化解社会矛盾。在加强监察执法机制上，要加强监察执法机构队伍建设，加大执法力度，完善执法程序，提高执法效率，建立健全覆盖城乡的劳动保障监察网络，进一步提高劳动监察执法能力和水平。

（五）进一步完善和落实农民工政策

解决好农民工问题是改变城乡二元结构、统筹城乡发展、全面建设小康社会的必然要求。目前，农民工群体出现了一些新变化，突出的是80后出生的农民工比重在扩大，约占农民工总数的40%，而且这些年轻的农民工也正在由亦工亦农兼业为主向全职从事非农就业为主转变，由在城乡双向流动向更多融入城市转变，由主要为谋求生存向注重追求平等转变。这一趋势的变化，对我们做好农民工工作、加强管理与服务提出了新的要求。一是要建立健全城乡劳动者平等就业制度，完善农民工进城就业的组织体系，建立良好的、跨地区的就业信息系统，尽快消除农民工就业过程中的歧视政策，保证农民工到城市就业享有“国民待遇”。二是要进一步加强农民工的技能培训，增强其外出适应能力、就业能力和创业能力。进一步完善职业技能培训鉴定体系，努力为农民工营造技能提升通道。三是要切实维护好农民工劳动保障权益，督促用人单位与农民工签订劳动合同，及时查处用人单位侵犯农民工合法权益的行为。四是要进一步完善农民工的社会保障制度，要积极推进农民工参加社会保险，实现城乡各项社会保障制度的相互衔接。

三、切实加强劳动保障队伍的能力建设

省第十二次党代会在深刻总结浙江省发展经验、全面分析形势任务的基础上，作出扎实推进创业富民、创新强省的总战略。实施这一总战略，既是实现经济社会又好又快发展、建设惠及全省人民的小康社会的必然要求，也是开创劳动保障工作新局面的重要保证。劳动保障事业关系国计民生，当前和今后，劳动保障部门担负着改善民生、保障民生的重要使命，任务繁重，责任重大。对此，必须加强劳动保障队伍建设，用创业创新的新面貌、新作风来实践和完成肩负的光荣任务。

（一）增强创新意识

创新是国家发展和民族振兴的不竭动力，也是推动劳动保障工作开创新局面的必由之路。当前，劳动保障工作不仅任务繁重，而且也遇到了一些新情况、新问题，需要用新的理念、新的方法去研究、去解决。一方面，要在工作思路、工作内容上创新，在领导重视、群众关心的重点、难点、热点问题上有新的创新和突破；另一方面，要在工作机制、工作方法上创新，增强解决问题敏锐性、敏感性和工作的主动性。“五费合征”的费率问题、农村养老保险制度的设计问题、被征地农民生活保障的政策完善问题、农民工等流动人员养老保险关系的转移续接问题、城镇居民医疗保险运行模式和管理体制问题等，既关系到内容的创新，又涉及制度的安排，希望劳动保障部门抓紧研究，提出进一步推进完善的办法，以进一步增强工作的主动性，努力使劳动保障工作不断向深度和广度推进。但是，需要特别强调的是，创新不是盲干、不是乱开口子，创新必须

依法或符合法律精神，要把握好依法行政和创新的关系。

（二）加强调查研究

首先，要立足国情、省情和实情，加强调查研究，掌握劳动保障工作规律，在制定政策时，充分考虑国家、企业和个人的承受能力，既要做到量力而行，又要做到尽力而为，切实防止好大喜功。其次，要加强劳动保障政策事前、事中、事后的调查研究、沟通协调和监督检查，特别要重视政策实施后的监督检查，跟踪掌握情况，把政策落实好。最后，要跳出劳动保障部门研究劳动保障工作。随着劳动保障工作覆盖面不断扩大，劳动保障部门的很多政策与其他部门的政策是相互衔接的、配套的。比如社会保险与社会救助、最低工资制度与最低生活保障制度、城镇居民医疗保险与新型农村合作医疗等，我们不仅要掌握自己部门的政策，同时也要熟悉其他部门的相关政策，主动加强与相关部门的协调沟通，使各项政策资源得到充分发挥，各项政策措施得到切实落实。

（三）提高服务能力

各级劳动保障部门要牢固树立执政为民的宗旨，把工作的出发点和落脚点都放在为群众办实事、解难题上来，把人民群众满意作为检验我们工作成效的最高标准。每一名从事劳动保障工作的同志，不仅要熟悉掌握劳动保障的政策规定，更要满怀对人民群众的深厚感情，想群众所想，急群众所急，解群众所困，增强服务意识。劳动保障工作任务繁重，要切实加强机构、队伍和装备建设，做到有机构管事、有人员做事、有条件办事，着力解决人民群众关心的就业、收入分配、看病、社保等问题，努力满足人民群众“劳有所得、病有所医、老有所养”，努力维护好、实现好、发展好人民群众的根本利益。

解放思想　深化改革　推动我省劳动保障事业可持续发展

——浙江劳动保障制度改革30年回顾与展望

陈小恩

1978年12月召开的党的十一届三中全会，拉开了改革开放的序幕。30年来，作为经济体制改革重要组成部分的劳动保障制度改革，伴随着改革开放走过了非凡历程，取得了辉煌成就：市场导向的就业机制初步形成，社会保障体系基本建立，收入分配制度不断完善，劳动关系调整机制进一步健全，技能人才队伍不断发展壮大，基本形成了与社会主义市场经济体制相适应，具有浙江特色的劳动保障制度框架和政策体系，许多工作走在全国前列，对促进经济社会发展、保障和改善民生、维护稳定、构建社会主义和谐社会发挥了重要作用。在纪念改革开放30周年的今天，全面总结回顾30年来劳动保障制度改革的成就和经验，深入研究和把握劳动保障工作改革发展的规律，对于进一步坚定推进改革的决心和信心，深化劳动保障制度改革，实现浙江省劳动保障事业的可持续发展具有重要意义。

一、浙江劳动保障制度改革的历史进程和成就

（一）探索阶段（1978—1993年）

这一阶段改革的特点，是以单项制度改革为主，对劳动保障各项制度改革进行了初步的探索。

1. 打破“统包统配”的劳动就业制度

“文革”十年动乱使社会就业陷入严重困境，到1976年“文革”结束时，全省共累积城镇失业人员50万人，其中下乡知青24万多人，一大批留城知青和新成长劳动力亟待安置就业，形成了新中国成立以来浙江第二次失业高峰期。为了解决严重的失业问题，1980年8月，中共中央、国务院召开的全国劳动就业工作会议，提出了“在国家统筹规划和指导下，实行劳动部门介绍就业、自愿组织起来就业和自谋职业相结合”的“三结合”就业方针，打破了“统包统配”的传统就业制度，并且允许个体经济发展，在所有制结构上突破了原有就业政策的框架，这是当时就业工作指导思想上的一次重大转变，在劳动保障制度改革方面具有标志性的历史意义。浙江省各级劳动保障部门从转变人们的就业观念入手，积极探索新的就业思路和对策，建立了“职业介绍、就业训练、失业保险、劳服企业”四位一体的就业服务体系，大力兴办劳动服务公司，多渠道安置城镇失业人员。到1983年年底，全省通过各种渠道和形式安排就业30.7万人，基本上解决了历年积累下来的城镇失业青年的就业问题。同年，中共中央《关于进一步加强和完善农业生产责

任制的几个问题》提出，允许有技能的农民走出田野，从事个体经营。从而为农村富余劳动力转移开辟了途径，促进了农村富余劳动力自发、自由地向乡镇企业或城市的转移就业。这些改革不仅解放了生产力，也使浙江省巨大的就业压力在短短几年内得到了迅速缓解。

随着乡镇企业、外商投资企业的发展以及国有企业改革的推进，浙江省还对劳动用工制度、职业培训制度进行了初步改革。从1986年开始实施国务院发布的《国营企业实行劳动合同制暂行规定》，在新招工人中实行劳动合同制；1987年通过采取择优上岗、优化劳动组合、进行合同化管理等形式搞活固定工制度；1992年结合国有企业转换经营机制，开始试行全员劳动合同制。与此同时，着手进行职业培训制度改革。1987年开始在技术工人中建立技师、高级技师制度，先后举办了全省八个工种的青年工人技术大赛，并进一步增强技工学校办学活力和学校自我发展能力。

2. 扩大企业分配自主权

改革开放扩大了企业自主权，1979年7月实行企业利润留成，从而出现了各种各样的奖金分配形式。1983年和1984年，又分两步对国营企业“利改税”，允许企业可以用奖金给部分职工浮动升级，或搞自费“工资改革”。1985年1月，国务院发出的《关于国营企业工资改革问题的通知》中提出，在国营企业中实行职工工资总额同企业经济效益挂钩办法，这是工资改革的一次重大突破。浙江省于1988年在全省国有企业全面推行企业工资总额同经济效益挂钩办法，赋予企业更大的内部工资分配自主权。1991年，省政府办公厅下发了《关于深化企业劳动用工和分配制度改革试点若干政策意见》，开展了岗位技能工资制的试点工作。1993年，国务院和省政府颁发了《全民所有制工业企业转换经营机制条例》及浙江省的实施办法，对落实企业内部工资分配自主权作出了明确规定，企业在国家对工资总量宏观调控的范围内，根据自身生产经营特点和经济效益情况自主确定本企业内部工资制度、工资标准和分配形式，逐步建立起适应市场经济要求的内部分配制度。

3. 探索建立社会保障体系

社会保障制度是社会主义市场经济制度的一项基本制度。1951年政务院颁布的《劳动保险条例》，奠定了我国传统社会保障制度的基础，以后又颁布了一系列政策法规，使社会保险、社会救济、社会福利、优抚安置等保障项目步入正常发展阶段。但在“文革”期间，社会保障工作受到严重挫折和破坏。

1984年，党的十二届三中全会通过的《中共中央关于经济体制改革的决定》颁布后，首先对养老保险制度进行了改革。1984年，浙江省先在温岭、海宁开展试点，在国有企业和县以上集体企业实行了离退休费用统筹，后在全省逐步推广。1986年起建立了劳动合同制工人的养老保险制度。国务院《关于企业职工养老保险制度改革的决定》发布后，从1992年起全省实行了职工个人缴纳养老保险费制度，同时，开展了其他各项社会保险制度改革。从1986年起在全省国有企业全面实施职工待业保险制度，1992年又将实施范围扩大到各类城镇集体所有制企业；1991年进行企业职工工伤保险制度的改革试点；1993年开始实施企业职工大病统筹改革试点；1989年试行了女职工生育保险基金的社会统筹。这些改革在社会保险模式选择、保险费用分担等方面进行了有益的探索。

（二）转轨阶段（1994—2002年）

这一时期改革的特点是，适应社会主义市场经济体制的要求，着力建立与之相适应的劳动和社会保障制度，实现了从计划体制向市场经济体制的转轨，符合浙江省情的劳动保障制度框架基本形成。

1. 全面改革社会保障制度，建设适合省情的社会保障体系

养老保险制度改革方面。建立起社会统筹与个人账户相结合的养老保险模式，统一全省企业职工基本养老保险制度，对企业和职工个人的缴费比例、个人账户规模、养老金计发办法进行了规范统一。建立了基本养老金正常调整机制，从1994年起先后7次调整企业退休人员基本养老金，2000年养老金月人均水平居全国第4位，实现了企业离退休人员基本养老金社会化发放。完成了行业统筹移交地方管理，建立了养老保险省级调剂金制度。不断扩大养老保险覆盖面，针对非公有制企业的特殊性，出台了“双低”（即低门槛准入、低标准享受）政策，有力地促进了扩面征缴。

医疗保险制度改革方面。积极探索建立社会统筹与个人账户相结合的城镇职工医疗保险制度。1996年，国务院办公厅转发《关于职工医疗保障制度改革扩大试点的意见》，将浙江省宁波、金华两市列为扩大试点范围。1998年12月，国务院发布了《关于建立城镇职工基本医疗保险制度的决定》，2000年6月，省政府下达《浙江省推进城镇职工基本医疗保险制度改革的意见》，确定了改革的基本原则和框架。至2002年年末，全省78个统筹地区全部实施了基本医疗保险制度。

失业、工伤、生育保险制度改革方面。1995年，省人大颁布《浙江省职工失业保险条例》，这是全国第一个省级失业保险方面的地方性法规；1994年出台了《浙江省企业职工工伤保险暂行办法》；1997年制定了《浙江省企业职工生育保险暂行办法》，对失业、工伤、生育保险的实施范围、统筹层次、基金筹集和待遇支付等进行了规范，推动了制度改革。此外，探索建立了农村社会养老保险制度，加强了社会保险基金的管理监督，从1998年起对企业职工基本养老保险基金实行收支两条线管理，由地税部门代征基本养老保险费；建立了基金财务会计管理制度，制定了有关基金监督制度。

2. 建立市场导向就业机制，加快劳动用工制度改革

进入20世纪90年代以后，随着企业改制和产业结构调整，国有、集体企业职工下岗问题日益突出。中央部署了确保国有企业下岗职工基本生活、确保企业离退休人员养老金按时足额发放的工作任务。浙江省围绕“两个确保”，一方面做好确保企业离退休人员养老金按时足额发放工作，1998年6月开始全省做到养老金按时足额发放，历年拖欠的养老金也全部补发到位。另一方面通过“建中心、进中心”，坚持实行“劳动者自主择业、市场调节就业、政府促进就业”的方针，大力培育劳动力市场；鼓励发展民营经济，增强非公企业吸纳就业能力；加强劳动者技能培训，按照“先培训、后就业”的原则，建立了一大批就业训练中心和社会力量办学机构，实施了职业技能鉴定制度和职业资格证书制度，增强劳动者的市场就业能力。以《劳动法》的实施为契机，在所有企业和个体经济组织中推行劳动合同制度，到1995年年底，全省大部分企业职工都签订了劳动合同。从2001年起，企业新的减员不再进入再就业服务中心，主要通过依法终止或解除劳动关系，给予经济补偿并按规定享受失业保险待遇，直接进入劳动力市场竞争就业。到2002年年底，全省再就业服务中心全部停止运作，实现了下岗与失业的并轨，成为全国最早实现并轨的三个省市（北京、浙江、福建）之一。

3. 推进企业工资分配制度改革，初步形成企业工资收入宏观调控机制

围绕建立社会主义市场经济体制的目标任务，浙江省依法落实企业工资分配自主权，在企业分配领域引入市场决定机制，推进企业内部分配制度改革。2000年省厅下发了《关于进一步深化企业内部分配制度改革指导意见的通知》，指导企业按照建立现代企业制度的要求，积极探索符合本企业特点的工资分配制度，建立与岗位职责、工作业绩和实际贡献相挂钩的分配激励机

制。在全省推行了工资集体协商制度，加强企业工资宏观调控管理。从1994年7月起，在全省范围内先后建立并实施了最低工资保障制度。从1998年起，相继实施了工资指导线制度、劳动力市场工资指导价位制度和国有企业经营者年薪制，制定了企业工资支付管理办法，完善了对企业工资分配的监督管理。

（三）深化阶段（2003年至今）

在党的十六届三中全会精神指导下，浙江省劳动保障制度改革以科学发展观为统领，深入实施“八八”战略和“两创”总战略，以建立就业、社会保险、社会救助“三位一体”的大社保体系为重点，着眼于建立城乡统筹的劳动和社会保障体系，不断深化各项制度改革，坚持整体推进与重点突破相结合，制度创新与完善政策相统一，对劳动保障制度创新、机制转换方面进行了重点突破，符合浙江省省情的社会保障体系基本建立并逐步完善，是改革开放以来浙江省劳动保障事业改革力度最大、发展速度最快、社会关注度最高、各项劳动保障工作成效最为显著的时期。

1. 实行积极的就业政策，推进城乡统筹就业

一是形成了具有浙江特色的积极的就业政策体系。2003年以来，浙江省先后制定出台了两轮促进就业再就业的政策，主要包括：扩大就业的宏观经济政策，面向下岗失业人员的再就业扶持政策，面向就业困难群体的就业援助制度，强化就业服务培训的劳动力市场政策，扩大就业和减少失业的宏观调控政策，以及与促进就业联动的社会保障政策和政府部门之间的协调联动机制等。并且将政策扶持、就业援助的对象扩大到被征地农民中的“4050”人员、零就业家庭人员和农村低保户劳动力。二是建立和完善公共就业服务制度。对城乡失业人员实行免费培训和免费职业介绍；在公共就业服务机构普遍实行“一站式”服务。三是积极推进城乡统筹就业。2006年8月省政府出台《关于全面推进城乡统筹就业的指导意见》，提出“五统一、一加快”的目标，全省城乡统筹就业工作在全国率先由试点转向全面铺开。四是大力开展职业技能培训，以培训促进就业，努力提高劳动者就业竞争能力和自主创业能力。初步形成了“校、企、社”共同培训，“考、评、赛”相结合，政府和社会一起抓的大培训格局，目前全省高技能人才已达到81万人。通过努力，有效地解决了失业人员再就业、城镇新成长劳动力就业以及农村劳动力转移就业问题，城镇登记失业率下降到3.24％，就业形势保持总体稳定。

2. 深度推进社会保障制度改革，完善社会保障体系

一是养老保险制度改革取得重大进展。进一步扩大了基本养老保险实施范围，改革了基本养老金计发办法和最低基本养老金制度；统一了城镇个体工商户和灵活就业人员的缴费基数和费率；从2007年起，全省统一按照3％的起步比例逐步做实个人账户；26个经济发达县市养老保险基本全覆盖的成果得到巩固，13个困难县市基金支付能力稳步提高，其中有5个县市已经脱困，对12个市县实施了新一轮养老保险省级调剂金办法。基金支付能力不断增强，目前已累计基金结余692亿元，基金支付能力达到28个月，大大高于全国平均水平。着手进行事业单位养老保险制度改革，不少地区开展了城镇居民养老保障制度改革。二是城乡统筹的医疗保障体系基本建立。在全面实施城镇职工基本医疗保险制度的同时，2006年在全国率先开展了城镇居民基本医疗保险制度改革试点，从制度层面上在全国率先实现了城乡居民基本医疗保障全覆盖，初步形成了城镇职工基本医疗保险制度、城镇居民基本医疗保险制度和新型农村合作医疗制度三位一体的医疗保障体系。三是失业、工伤、生育保险制度改革稳步推进。扩大了失业保险基金支出范围，增强了促进再就业功能。工伤保险参保对象扩大到事业单位、民间非营利组织工作人员和农民工，以非公企业和矿山、建筑等高风险行业以及农民工等工伤风险相对集中的就业群体为重点，强化工伤保险扩面工作。制定出台了《浙江省企业职工生育保险暂行办法》，积极探索生育

保险和医疗保险协同推进的新模式。四是农村社会保障制度改革步伐加快。2003年，浙江省在全国率先建立了被征地农民基本生活保障制度，做到失地必保、即征即保。到2008年上半年，全省已有267万名被征地农民参加了基本生活保障，其中有121万名符合条件的参保对象已按月领取基本生活保障金或基本养老金。浙江省被征地农民参保人数和保障资金筹集总量位于全国前列。一些地方开展了新型农村社会养老保险制度试点工作，初步形成了以农民个人缴费为主、政府补贴为辅、村集体经济组织给予补助的制度模式。

3. 健全劳动保障维权维稳机制

不断完善劳动监察、仲裁和信访维稳制度。积极开展以工资支付、劳动合同签订、社会保险扩面、超时加班加点的工资支付、禁止使用童工为主要内容的专项执法检查活动。注重长效机制建设，在全国率先建立健全工资支付保障金、农民工记工考勤卡、网格化管理、欠薪应急周转金、劳动保障诚信档案等5项制度。加强劳动争议案件处理和预防，健全劳动争议仲裁制度规则，完善以企业调解、乡镇调解、仲裁调解相结合的调解网络体系，较好地处理了一批重大疑难案件，每年结案率均达到91%以上。深入开展全系统平安创建活动，因劳动保障问题而引发的重大群体性事件得到有效的预防和控制。

推进企业工资分配制度改革，开展了多种生产要素参与分配试点工作，逐步建立起以按劳分配为主，劳动、资本、技术、管理等要素按贡献参与内部分配的制度。加大了工资清欠和执法监察工作力度，形成了比较完善的企业工资支付保障机制。更加重视发挥市场调控、指导机制和工资集体协商谈判在促进工资增长方面的作用，企业工资集体协商制度得到广泛推行，使企业职工工资水平随着经济发展而增长，促进了劳动关系和分配关系的和谐稳定。

做好农民工劳动保障工作，改善农民工就业环境。破除了农民工进城就业的户籍门槛和限制性政策，公共职业介绍机构为农民工提供免费职业介绍，农民工劳动合同签订率达到92.4%以上。初步建立了农民工工资支付保障的长效机制，农民工基本能按时足额兑现工资。开通了覆盖全省所有市、县的“12333”专线举报投诉电话，畅通了农民工的举报投诉渠道，开辟了劳动争议仲裁绿色通道。

30年来的改革，使浙江省劳动保障事业发生了翻天覆地的变化，取得了令人瞩目的巨大成就。劳动保障工作实现了由“单一突破”向“整体推进”转变，由“城镇劳动保障”向“城乡统筹”转变，由“政策框架”向“制度规范”转变，初步建立了覆盖城乡、功能比较完善、保障形式多样化、资金来源多元化、保障水平多层次、与经济社会发展水平相适应的劳动和社会保障制度。突出表现在：一是劳动保障工作的覆盖人群不断扩大。随着改革开放的进程，劳动保障工作范围不断扩大，覆盖人群越来越广，实现了从主要面向城市和企业职工向城乡全体劳动者转变，从企业保险向统筹城乡的社会保障体系转变。到2008年上半年，全省企业养老、医疗、失业、工伤、生育保险参保人数分别达到1 214万人、990万人、653万人、1 125万人和624万人；到2008年底，工伤保险和城乡居民医疗保障可基本实现全覆盖。二是政策制度进一步完善。围绕加快构建大社保体系，推进劳动保障制度创新，统筹发展城乡劳动保障工作，适时出台了统筹城乡就业，高技能人才队伍建设，推进劳动合同制度和工资集体协商制度，完善企业职工基本养老保险制度，建立城镇居民医疗保障制度，工伤保险全覆盖，被征地农民社会保障，社保基金征缴、支付、内控、审计等监督管理，以及农民工劳动保障等方面的政策制度。特别是2006年省政府在一年中先后出台了促进就业等6个政策性文件，标志着浙江省劳动保障政策体系已基本形成。三是人民群众的保障水平不断提高。通过持续提高退休职工养老金水平、最低工资标准和各类困难群体的补助标准，使人民群众享受到改革开放的成果。从1994年至2008年浙江省已9次调整了最低工资标准，特别是2003年以后，每年连续调整最低工资标准并实行最低小时工资标准，每次提高幅度达15%左右；2007年企业职工平均工资达到25 831元，是1995年的3.98倍，位居全国前列。2004年以来，连续5年对全省企业退休人员的基本养老金进行了调整，较大幅度地提高了养老金水平。目前，浙江省企业退休人员月人均养老金达到1 310元，养老金待遇位居全国省区第一，逐步缩小了企业与机关事业单位的待遇差。同时，对精减职工、计划外长期临时工和企业职工遗属的生活困难补助标准也相应作了调整。医疗保险扩大了用药和医疗服务项目范围，降低了起付标准和个人支付比例，提高了医疗保障待遇。

二、劳动保障制度改革的基本经验

30年来，浙江省劳动保障制度改革取得巨大成就，从根本上说，这得益于党的十一届三中全会以来党的理论、路线和方针政策的正确指引，得益于我国劳动和社会保障制度改革的整体推进，得益于改革开放以来浙江经济社会的快速发展。与此同时，全省上下高度重视，将劳动保障制度改革融入经济体制改革总体布局统筹安排，努力遵循和把握劳动保障制度改革的基本规律，从人民群众最关注、最迫切需要解决的问题入手，在探索中实践，在实践中创新，在创新中深化，创造和积累了丰富的实践经验。我感受比较深刻的主要有以下5个方面：

（一）解放思想，创新政策制度

劳动保障制度改革是前无古人的开创性事业，没有现成的经验可循，没有现成的模式可以照抄照搬，国有国情，省有省情，即使每个市县也有各自的实际，只能在艰辛探索中开拓前进，每前进一步都是靠解放思想，大胆创新，不断开辟新路。浙江省经济社会发展的特点是市场化改革起步早，民营经济发展快、比重大，四个多样化特征十分突出，老百姓市场意识强。我们在推进劳动保障制度改革过程中，坚持解放思想，大胆探索，把党中央、国务院的决策部署与浙江实际紧密结合，根据浙江省转型时期社会发展的阶段性特点和社会问题的先兆性特征，勇于开拓、善于创新，坚持试点先行，及时总结提升各地的改革经验，不断加大改革力度，积极探索立足国情、符合省情、紧扣民情的劳动保障制度，从建立市场导向就业机制到城乡统筹就业，从城镇职工基本医疗保险到城镇居民基本医疗保险，从职工基本养老保险到覆盖城乡的养老保障制度，从工资清欠专项整治到建立工资支付保障机制，从单一职业技能鉴定到高技能人才多元化的培养、评价、选拔机制等工作，在全国具有先进性、开创性，实现了制度、机制和体制创新。30年劳动保障制度改革就是解放思想的历程，我们在改革中的每一次重大突破、每一次重大进步、每一次重大跨越，都是解放思想催生和引领的结果。实践证明，不解放思想，就打不开思路，就找不到出路，就不能解决时代新课题，就干不出新的事业，就不会取得今天的成就，就不可能走在全国前列。

（二）着力转变职能，为人民群众提供公共服务

改革开放以来，我们坚持将转变职能、强化公共服务作为推进浙江省劳动保障制度改革的基本要求来抓，努力实现劳动保障工作由行政管理为主向为人民群众提供公共服务为主的转变。一是强化公共服务意识。始终把工作重点放在切实解决人民群众最关心、最直接、最现实的利益问题上，真正把发展为了人民、发展依靠人民、发展成果由人民共享的要求落实到实际工作中去，让最广大人民群众共享改革发展成果。这些年，我们以完成省政府确定的10件实事为主要内容，把构建为民办实事的长效机制、切实为人民群众解决就业和社会保障问题作为工作的重中之重抓紧抓好，有效解决了“两个确保”、就业再就业、被征地农民基本生活保障、城乡居民医疗保障、调整提高企业离退休人员养老金、调整提高最低工资标准、清理整治拖欠工资和优化农民工就业

环境等一系列事关老百姓切身利益的问题。二是创建公共服务平台。推进基层劳动保障工作平台建设，全省绝大部分街道、乡镇和社区都建立了劳动保障所（站）。加强劳动监察机构、劳动仲裁院、社会保险经办机构、信息化机构建设，将服务重心下移到街道、乡镇、社区和行政村，形成了比较完善的城乡管理服务网络，为城乡居民提供方便快捷的服务。三是创新公共服务方式。以提高服务效率和质量为中心，不断改进工作作风，深化行政审批制度改革，大幅度减少审批项目，全面推进信息化建设，建立了省、市、县三级信息网络，通过门户网站和“12333”电话咨询，及时为群众提供政策咨询、信息查询、举报投诉等服务，建立和完善适应市场经济要求的公共管理职能体系。推动创建优质服务窗口活动，为劳动者提供上门服务、即时服务、承诺服务和“一站式”服务。近年来，浙江省劳动保障工作受到了人民群众的普遍好评，社会认同度越来越高，这是与我们着力转变职能，不断强化为人民群众的公共服务分不开的，也为深化劳动保障各项制度改革创造了良好的群众基础和社会条件。

（三）加强地方立法，完善法制保障

市场经济就是法制经济。加强劳动保障法制建设，是巩固、发展劳动保障制度改革成果的必然要求。改革开放以来，省委、省人大、省政府高度重视劳动保障地方立法工作，及时将已经成熟的基本政策上升为政府规章或地方性法规。1988 年浙江省颁布实施了第一部劳动保障地方性法规，即《浙江省中外合资经营企业劳动人事管理条例》，随后又连续制定出台了《浙江省职工失业保险条例》《浙江省职工基本养老保险条例》《浙江省劳动力市场管理条例》《浙江省劳动保障监察条例》《企业工资支付管理办法》《劳动合同办法》《女职工劳动保护办法》《社会保险费征缴办法》等一系列劳动保障地方性法规、规章。同时，根据劳动保障制度改革进程，及时对法律、法规进行修改完善，近年来先后对《浙江省职工基本养老保险条例》《浙江省职工失业保险条例》进行了修改，进一步规范了社会保险制度。《工伤保险条例》《征地补偿和被征地农民基本生活保障办法》《职业技能鉴定办法》等正在立法调研、起草及论证中，初步形成了适合浙江省情的劳动保障法规、规章体系。这些法规、规章的颁布实施对浙江省加快劳动保障制度改革、推进大社保体系建设提供了重要的法制保障。

（四）坚持统筹协调，整体推进改革

坚持科学发展、统筹协调，整体推进劳动保障各项改革，是浙江省劳动保障事业改革发展取得巨大成就的关键。改革开放以来，在浙江省劳动保障制度改革的探索实践中始终贯穿了统筹协调的工作方针。一是按照省委、省政府建设大社保体系的要求，提出了抓好就业再就业、社会保障、劳动关系协调和收入分配三条主线，做好职业技能培训、劳动保障法制建设两篇文章，强化劳动保障基础建设的“三二一”总体工作思路，劳动保障各项工作实现了齐头并进、统筹发展。二是统筹协调城乡劳动保障事业。积极探索城乡统筹劳动保障体系的路子，努力构建“多层次、广覆盖、保基本”的城乡统筹劳动保障制度，初步建立起城镇与农村各具特色又相衔接的劳动保障制度。在积极推进城乡统筹就业的同时，从现阶段农村经济社会发展水平的实际出发，逐步开展被征地农民基本生活保障和新型农村社会养老保险工作，并在一系列制度安排和政策设计中建立了城乡接轨的机制和通道。纳入基本生活保障的被征地农民实现就业后可以过渡到城镇职工基本养老保险，明确了农村社会养老保险与城镇职工基本养老保险关系相衔接的政策及转移折算办法，符合城乡统筹要求的劳动保障新格局初步确立。三是统筹安排各项制度改革。不管是出台单项的制度，还是对体系的完善，注重把握各类社会利益群体关系的平衡，注意把握改革政策出台的时机和社会各方面的承受力，先“雪中送炭”，后“锦上添花”，如在医疗保障制度改革中，优先解决困难群众的保障问题，出台实施了破产、关闭、解散和改制后无用人单位的退休人员参加医疗保险政策，推进城镇居民基本医疗保险制度建设，同时不断完善城镇职工基本医疗保险制度，实现了医疗保障各项制度和政策的相互衔接、良性运作。

（五）强化组织领导，多渠道增加投入

劳动保障制度改革是一项涉及各方面、覆盖全社会的系统工程，是经济体制改革的重要组成部分。各级党委、政府高度重视劳动保障制度改革，把它作为经济体制改革的重要内容来抓，在推进劳动保障制度改革的同时，注重各项配套改革，如建立被征地农民基本生活保障制度同步推进土地征用制度改革，建立事业单位养老保险制度在深化事业单位整体改革中推进，完善基本医疗保险制度同步推进医疗卫生体制和药品流通管理体制方面的配套改革等。落实社会保障责任主体，坚持社会保险县（市）统筹和省级调剂金制度有机结合，建立组织协调机构和工作目标责任制，形成了一级抓一级、层层抓落实的改革推动机制。各级劳动保障部门自觉地将劳动保障制度改革纳入改革全局，充分利用联席会议等协调机制，建立完善了有关部门共同参与、相互支持、密切配合的工作机制，形成了推动劳动保障制度改革的合力。建立劳动保障资金多渠道筹措机制，从调整财政支出结构、强化基金征缴管理、开拓新的稳定的筹资渠道等几方面着手，努力提高促进就业和社会保障支出占财政支出的比重，为浙江省劳动保障制度改革提供了强有力的财力支持。2001 年至 2006 年，全省各级财政用于就业补助的资金累计达到 29.48 亿元，占地方财政收入的 5.95%。2007 年，各级财政用于社会保障体系建设的资金达到 301 亿元，比上年增长 23.4%，占财政总支出的 16.66%，占 GDP 的比重为 1.6%，高于同期全国平均水平。

三、以科学发展观推动劳动保障制度改革深化

30 年劳动保障制度改革已经取得巨大成就，但我们绝不能骄傲自满，更不能停滞不前。当前，浙江省劳动保障制度改革正处于关键阶段，面临着许多矛盾和问题：就业总量矛盾和结构性矛盾进一步突出。农村转移劳动力步伐加快，困难群体就业问题解决难度很大，失业调控缺乏手段，就业质量不高、稳定性不强；社会保障体系建设不够完善。社会保险覆盖面偏小、社会保险关系转移难、社会保障政策横向差异明显、企业与机关事业单位的养老待遇差、一些历史遗留问题仍然十分突出，还不能适应人口老龄化、大规模人口流动和就业方式多样化的要求；企业收入分配不公问题比较明显，行业之间、企业经营者和劳动者之间收入差距过大，劳动报酬在初次分配中的比重偏低，企业工资正常增长机制还远未建立，政府缺乏强有力的调控手段；劳动关系日趋复杂化和多元化，信访投诉和劳动争议处于高位运行状态，协调好利益关系的难度进一步加大；高技能人才队伍建设不能适应打造先进制造业基地的要求，地方劳动保障法规规章体系和监察执法体制还不完善，基础建设比较薄弱，等等。对此，我们必须继续解放思想，敢为人先，全面贯彻落实科学发展观，进一步加大改革力度，勇于变革，善于创新，破除故步自封、因循守旧的思想意识，以改革解决发展中的深层次矛盾和问题，着力转变不适应科学发展观的思想观念，坚决改变一切束缚事业发展的做法和规定，坚决革除一切影响改革创新的体制弊端，切实把解放思想体现到劳动保障的各个领域，以改革推动劳动保障工作发展。今后一个时期劳动保障制度改革的任务可以概括为“把握一个总体要求，统筹三个关系，深化三项改革，创新四个机制”。

（一）把握一个总体要求

当前及今后一个时期改革的总体要求是：深入贯彻落实科学发展观，解放思想，求真务实，围绕中心，服务大局，把劳动保障制度改革置于推动科学发展、促进社会和谐大局中来把握；放到实施“两创”总战略、全面建设惠及全省人民的小康社会中来定位和谋划；融入全面改善民生中来推进。

（二）统筹三个关系

1. 统筹全局与局部关系，协调推进改革。在新的形势下，必须站在全局的高度，放眼长远，兼顾各方，将劳动保障制度改革放到经济体制改革大局中去思考和把握，要同浙江省大社保体系建设要求相适应，努力使两者共同发展、相互促进。同时，要坚持“三二一”总体改革思路，就业、劳动关系、收入分配、社会保障、培训、法制建设、基础建设是一个有机整体，既相互联系又相互促进。在部署推行各项改革时，正确认识和妥善处理劳动保障制度改革中的重大关系，切实做到统筹兼顾，既要总揽全局、统筹规划，又要抓住牵动全局的主要工作、事关群众利益的突出问题，处理好改革的力度、发展的速度和社会可承受程度三者之间的关系，使改革进一步兼顾各方面利益，始终得到人民群众的拥护和支持。

2. 统筹城乡劳动保障关系，深化制度改革。当前，浙江省已经迈入以工促农、以城带乡的新阶段，在推进劳动保障制度改革的过程中，我们同样要充分考虑城乡统筹问题。要按照统筹城乡发展的要求，同步规划城乡劳动保障制度和管理体系，在体系构造、制度设计、政策制定中，做到各个方面、各个环节的相互协调、相互衔接，不能顾此失彼。在就业方面，要建立城乡统一的就业促进制度，努力实现城乡劳动者平等就业；要建立城乡统一的人力资源市场和公共就业服务体系，为城乡劳动者就业再就业提供有效帮助；要建立城乡统一的企业用工管理制度，切实维护城乡劳动者的合法权益。在社会保障方面，要着眼于加快构筑覆盖城乡居民的社会保障体系，统筹规划城乡社会保障制度，既要正视城乡、区域发展的不均衡性，允许市民与农民的社会保障待遇在较长时期有所差别，不同地区也可采取不同标准；又要重视解决城乡养老保障制度、医疗保障制度之间的政策衔接和转换，逐步统一规范社会保障主要政策制度，为制度并轨创造条件，建立起制度衔接、覆盖城乡、满足不同群体需求、与经济社会发展水平相适应的多层次的社会保障体系。

3. 统筹解决当前问题与建立长效机制的关系，增强劳动保障事业的发展后劲。当前，劳动保障工作进入了发展的关键期、改革的攻坚期、矛盾的凸现期，我们要深刻认识新形势下人民内部矛盾的特点和规律，要敢于直面矛盾、善于化解矛盾，建立矛盾分析排查机制，实实在在地分析矛盾，实实在在地研究对策，实实在在地改进工作，以改革的办法解决前进中的矛盾和问题。与此同时，在解决当前紧迫问题的同时要着眼于注重研究建立长效机制，研究治本之策，谋划长久之计，用体制机制来推进各项制度改革，重点是贯彻实施好“全面小康六大行动计划”，并以此为契机，切实抓好三个工程：一是抓好就业促进工程；二是抓好社会保障工程；三是抓好公民权益保护工程。此外，要更加注重劳动保障科学研究、规划统计、干部队伍能力建设，促进决策、管理、服务科学化，提升全系统的社会管理和公共服务能力。

（三）深化三项改革

1. 深化就业制度改革，在持续扩大就业、提升就业质量上实现新的突破。一是坚持在发展中解决就业问题。继续加快发展和提升民营经济，鼓励发展就业容量大的服务业，积极发展具有比较优势的劳动密集型产业和中小企业，努力把经济持续健康发展的过程转变为促进就业持续扩大的过程，把经济结构调整的过程转变为对就业拉动能力不断提高的过程。二是完善统筹城乡就业机制。按照“五统一”的要求，全面消除城乡劳动力流动的体制障碍，加快建立覆盖城乡、统一规范的人力资源市场体系，形成城乡劳动者平等就业的制度，把城乡二元经济转换的过程转变为统筹城乡就业的过程。三是健全公共就业服务体系。以城市为中心，逐步实施公共就业服务统筹管理。四是加强就业技能培训。抓好失业人员的再就业培训，增强就业竞争能力。同时，抓好农村劳动力转移就业培训，提高农民的转移就业能力。五是完善就业援助制度。建立健全城镇零就业家庭就业援助长效机制，确保零就业家庭出现一户、帮扶一户、解决一户，对农村低保户人员普遍开展“送政策、送技能、送岗位”活动，统筹推进其他困难群体就业。六是建立失业调控制度。做好失业动态监测工作，合理确定失业警戒线，建立失业预测和预警机制。

2. 深化社会保障制度改革，在建立覆盖城乡居民的社会保障体系上实现新的突破。坚持“广覆盖、保基本、多层次、可持续”的方针，围绕着眼于率先建立覆盖城乡居民的社会保障体系，到2012年，覆盖城乡居民的社会保障体系基本建立，人人享有基本生活保障的目标，重点完善养老保障、医疗保障制度，健全失业、工伤、生育保险制度，深度推进社会保障制度改革，建立健全与经济社会发展相适应的社会保障管理体制和运行机制。

一是建立健全覆盖城乡居民的养老保障制度。加快完善企业职工基本养老保险制度。按照《劳动合同法》《浙江省职工基本养老保险条例》等规定，推行社会保险“五费合征”，不断扩大职工基本养老保险覆盖面，逐步做实基本养老保险个人账户，大力发展企业年金。在夯实基本养老保险缴费基数、确保制度可持续运行的前提下，逐步缩小不同地区缴费比例差距。完善“低门槛准入、低标准享受”的养老保险政策，并适时推进与正常制度并轨；推进事业单位养老保险制度改革，实行社会统筹与个人账户相结合的基本养老保险制度，改革基本养老金计发办法，建立职业年金制度。探索建立城乡居民养老保障制度。完善被征地农民基本生活保障制度，推进征地制度改革，提高基本生活保障资金的政府出资比例。探索建立以农民缴费为主、政府补贴为辅、村集体经济组织给予补助，有一定社会统筹性质的农村社会养老保险制度，探索解决城镇老年居民养老保险问题，有条件的地方可探索建立城乡一体的居民养老保险制度。二是建立健全覆盖城乡居民的医疗保障体系。不断扩大职工基本医疗保险制度覆盖面，完善基本医疗保险政策，稳步提高参保人员的医疗保障水平，建立参保职工和参保居民健康体检的长效机制，减轻个人医疗费用负担。全面建立城镇居民基本医疗保险制度，逐步提高筹资水平，发挥政策导向作用，促进城镇居民参保，尽快实现全覆盖。探索做好职工基本医疗保险、新型农村合作医疗和城镇居民基本医疗保险制度衔接工作。三是推进失业、工伤和生育保险制度改革。在城乡统筹就业状况较好的地区逐步试行城乡统一的失业保险制度，研究灵活就业人员、被征地农民和农村劳动者的失业保险政策，逐步建立不分户籍、不分经济类型和用工形式，凡是有失业风险的城乡所有劳动者，都能享受同等权益的失业保险制度。更好地发挥失业保险基金促进再就业功能，争取在享受对象、补助项目和资金使用规模三个方面取得新的突破。加快推进建筑业等行业从业人员参加工伤保险，实现全省工伤保险基本全覆盖。增加政府和企业职业病监管、防治经费投入，加强职业病防护，保障劳动者健康。深化完善生育保险制度，不断扩大覆盖面，逐步实现管理社会化，切实保障生育女职工的合法权益。四是改革农民工社会保障制度。积极稳妥解决农民工社会保障问题。积极探索适合农民工特点的养老保险和医疗保险办法，将农民工纳入企业职工基本养老保险和医疗保险。实施农民工“平安计划”，将所有与用人单位有劳动关系的农民工全部纳入工伤保险。扩大农民工参加失业保险范围，逐步提高外省农民工的一次性生活补助标准。在条件成熟的地方，直接实现外省农民工与本省职工同等参保，同标准享受。五是深化相关制度改革。在继续确保各项社会保险待遇按时足额发放的基础上，稳步提高各项保险待遇，建立健全企业退休人员养老金等正常调整机制。强化社会保险基金监督，逐步建立对社会保障法规政策执行、社会保险费征缴、社会保险金发放、基金管理和运营各环节进行全过程监督管理的体制机制。完善多元化筹资机制，通过财政投入、土地出让金、国有资产处置等收益充实社会保障基金。

3. 深化企业收入分配制度改革，在探索建立职工工资正常增长机制上取得新的突破。大力推进企业工资收入分配制度改革，妥善处理好初次分配中的公平和效率的关系，按照“调高、扩中、提低”的要求，调节高收入者过高收入、扩大中等收入群体比例、提高低收入者工资报酬，进一步建立健全惠及全省人民的收入分配体制、机制和政策措施，是当前和今后一个时期摆在我们面前的重要改革任务。从劳动保障部门的管理调控范围来看，主要是进行三个方面的改革。

一是完善最低工资制度。要增强最低工资标准的科学性。要建立健全最低工资标准的评价机制，定期对各地区最低工资标准及调整方案进行科学性、合理性审查和评估。要根据经济社会发展状况适时调整最低工资标准，使最低工资标准与浙江省经济发展水平、物价水平、职工平均工资增长等因素相适应。二是进一步推进工资集体协商制度。必须把推进工资集体协商谈判工作作为深化企业内部分配制度改革的重要内容。首先，要在各类企业中普遍建立起工资集体协商制度。非国有企业应把职工工资增长作为工资集体协商的主要内容，国有企业要重点协商决定内部分配关系，特别是经营者和一般职工的工资分配关系，切实解决收入差距过大问题。大力推动中小型企业开展区域性、行业性工资集体协商。其次，要提高工资集体协商的质量，避免集体协商流于形式，指导企业将劳动定额、计件单价等直接关系到工资水平的劳动标准作为协商的重要内容，切实提高协商的针对性和实效性。三是健全企业工资宏观调控机制。加强最低工资制度的执法监督。重点要加强对实行计件工资制的企业的监督检查，查处和纠正变相违反最低工资制度的行为。改进和加强对垄断行业工资收入分配的监管，加强对其执行国家工资分配政策情况的监督检查，对其职工工资内外收入进行综合治理，增强工资分配透明度。要加快工资地方立法步伐，把工资保障机制和增长机制列入工资立法内容，特别要通过工资立法建立起企业职工工资最低增长线，使市场决定机制和政府监督管理有机结合，解决企业工资调控手段单一、措施乏力的问题。

（四）创新四个机制

创业富民、创新强省是浙江省第十二次党代会作出的落实科学发展观、全面建设小康社会的重大决策，是今后一个时期推动浙江发展的总战略，是浙江省经济社会发展争创新优势、推动新发展、实现新跨越的必由之路，也是新时期劳动保障工作服务于改革发展大局的重要任务。我们要按照省委“创业富民、创新强省”总战略，将“两创”与劳动保障制度改革有机结合，找准并抓住工作切入点和落脚点，重点是创新四个机制。

1. 创新以创业促就业机制。以创业带动就业，是解决就业问题的一个重大方针。浙江省各级劳动保障部门要落实好党的十七大和省第十二次党代会对创业工作提出的要求，充分运用浙江省老百姓市场就业意识强、创业热情高的优势，围绕政策咨询、创业培训、专家评析、项目推介、创业孵化、融资服务、开业指导和后续服务八个方面搞好服务，使自主创业成为浙江省今后一个时期就业的新增长点。

一是要进一步建立创业指导服务平台。综合运用促进就业政策，整合社会服务资源，建立集创业指导、培训等功能于一体的长效工作机制，逐步将创业服务进一步延伸到农村乡镇、城市社区，与此同时，自主创业涉及各个方面，要主动协调有关部门，形成各部门协调配合的管理服务体系。要通过举办创业者论坛、创业成果展示、创业项目推介、创业政策下基层等宣传推广活动，加强政策舆论引导，广泛宣传创业典型，激发和引导自主创业。二是要进一步整合创业实训和孵化基地。积极开展创业培训，扩大创业技能培训的对象范围，将创业技能培训向大中专学生、复员转业退伍军人、农村转移劳动力等延伸。按照统一的 SYB 培训技术标准，严格组织教学，确保创业技能培训的质量。三是要进一步创新完善一整套政策体系，为创业者提供一个完备的政策环境。完善小额贷款、税费减免、项目补贴等创业政策，探索扩大创业贷款范围、提高个人贷款额度，将不同类型的创业者纳入担保对象的办法。要完善创业后续服务政策，建立创业跟踪诊断报告制度。建立科学的创业信息发布平台，避免盲目创业和重复投资，为创业人员提供便捷、高效的服务。

2. 创新高技能人才培育机制。推进创业创新，关键在人才。加强职业技能培训，特别是高技能人才培养工作，是推进创业创新的根本性措施。一是完善以企业为主体、技工院校为依托、学校教育与企业培育紧密结合、政府推动与社会支持互相配合的高技能人才培养体系。发挥企业的主体作用，探索建立现代企业职工技能培训制度，为职工群众提供岗位成才、自学成才的环境和条件。积极推行技工院校的教学、教研、教材改革，探索院校培养高技能人才的办学路子和模式，着力构建高技能人才校企合作培养体系。完善政府主导、校企联动、社会参与的工作机制，组织开展职业技能大赛，实施技能培训、技能练兵、技能比武、技能晋级、技能带头人"五位一体"职工技能素质提升工程。二是加快建立高技能人才多元化评价机制。逐步完善社会化职业技能鉴定、企业技能劳动者评价、职业院校资格认证和专项职业技能考核的工作体系，以推进企业高技能人才评价为重点，更好地引导企业建立培养、评价、使用、待遇相结合的激励机制，开展技能大比武、岗位大练兵活动，为高技能人才脱颖而出、优秀技术工人技能晋级开辟绿色通道。三是加快形成培养高技能人才的激励和正常流动机制。引导企业建立技能劳动者使用与培训考核相结合、待遇与业绩贡献相联系的激励机制，逐步建立以政府奖励为导向、单位奖励为主体、社会奖励为补充的高技能人才奖励制度。完善高技能人才信息发布制度，定期发布高技能人才供求信息和工资指导价位，建立高技能人才开发交流工作机制，坚持以市场为导向，引导高技能人才遵循市场规律合理流动，依法维护用人单位和高技能人才的合法权益，保证人才流动的规范性和有序性。

3. 创新劳动关系协调机制。构建和谐劳动关系，是落实科学发展观的本质要求，是社会主义和谐社会的题中应有之义，是完善社会主义市场经济体制的内在要求，对于巩固和健全适应改革开放的劳动用工机制，实现劳动力资源的有序流动和合理配置，增强就业稳定性和提高就业质量，保障劳动者合法权益的落实，调动广大职工创业创新的主动性和积极性，实现在共建中共享、在共享中共建，具有十分重要的意义。

一是要切实贯彻实施好《劳动合同法》。我们一定要充分认识和大力宣传《劳动合同法》实施的重大意义，准确地把握理解法律的精神实质，防止和纠正错误、片面的认识。大力推进劳动合同制度建设，尽快实现在各类用人单位普遍推行劳动合同制度，帮助指导职工签订劳动合同，提高劳动合同的签订率和履约率，发挥劳动合同制度对规范和稳定劳动关系的基础性作用。要针对浙江省中小企业量多面广的特点，掌握好《劳动合同法》的实施节奏，要研究如何既保证法律在浙江省的顺利实施，又使其对企业用工成本上升的影响降到最低的办法措施，做到"平稳过渡、执法有度"。二是完善协调劳动关系三方机制。《劳动合同法》确立了三方机制的法律地位和主要任务。要以此为契机，进一步加强三方机制组织建设和制度建设，逐步将协调劳动关系三方机构覆盖到乡镇（街道）、社区（村）。要充分发挥三方机制的作用，做到三方相互协调、共同参与、相互配合，突出重点，抓住企业和职工最关心、劳动关系中矛盾最突出的那些带有普遍性、倾向性的问题开展工作，如在制定本地区有关调整劳动关系的地方性政策法规、处理劳动争议和群体性事件、清理拖欠工资、打击非法使用童工、推进企业建立集体协商机制以及督促企业签订劳动合同等问题上，提出缓解矛盾的措施，建立解决问题的机制，做到当前与长远相结合，治标与治本相结合，机构建设与机制作用发挥相结合，建设适合浙江省实际的三方机制。三是深化劳动关系和谐企业创建活动。要把劳动关系和谐企业创建活动作为发展和谐劳动关系的载体、抓手，引导企业和职工主动参与，发挥企业创建主体的作用，把实现职工共建共享发展成果作为创建活动的目标，把落实劳动保障法律法规作为创建活动的重要内容，引导企业履行社会责任。督促企业严格规范和执行劳动合同、工资工时、作息休假等规定，依法参加社会保险；建立健全企业民主管理制度，有效保障职工民主决策、民主管理、民主监督的权利；加强员工技能培训，帮助员工成长和进步；加强劳动保护，确保生产安全和职工职业健康，构建和谐企业。引导劳动者树立利益共同体观念，强化责任感，培养归属感，与企业共荣辱，加强自身学习，提高职业素养，恪守职业道德，学法懂法，依法维权。努力在企业建立规范有序、公正合理、互利共赢、和谐稳定的劳动关系，为创业创新提供和谐的环境。

4. 创新健全维权维稳机制。一是完善劳动监察执法机制。建立健全事前预防、事中监管、事后惩戒以及应急救济四位一体的监察维权模式，完善劳动保障诚信和用人单位分类监管机制。加强与公安、工商、建设、法院等部门的协调配合，健全以劳动保障部门为主，有关部门配合，齐抓共管的综合治理机制。二是完善劳动争议处理机制。贯彻落实《劳动争议调解仲裁法》，加强劳动争议处理机构的效能建设和工作机制的创新，加强劳动争议仲裁与诉讼的衔接，简化办案程序，提高办案效率，全面提升争议处理能力。加大劳动争议预防和调解力度，建立健全企业（行业）调解、区域性调解和仲裁调解相结合的调解网络体系。三是完善信访维稳机制。进一步落实信访和维稳工作责任制，加强对群体性突发事件的预防、处理及报告工作，建立健全反应灵敏、指挥有力、协调有序、运转高效的群体性事件应急处置机制，建立起一套科学有效的发现、防范和化解处置的工作机制。

30年的改革实践证明，所有伟大成就的取得，源于实践永无止境，源于解放思想永无止境，源于改革创新永无止境。让我们以纪念改革开放30周年为动力，进一步深入贯彻落实党的十七大和省第十二次党代会精神，以科学发展观指导推动劳动保障制度改革，进一步解放思想，开拓创新，以人为本，深化改革，以保障和改善民生为根本任务，将改革发展成果惠及全省人民，为经济建设、社会发展和改革开放作出应有的贡献，在新的历史起点上实现劳动保障事业的新跨越。

保障和改善民生是医疗保险发展的最终目标

陈小恩

着力保障和改善民生，是党的十七大着眼于推动科学发展、促进社会和谐作出的重大决策和部署。近年来，浙江省委、省政府从关注民生的高度，重视医疗保障工作，建立了覆盖城乡居民的基本医疗保险体系，城镇职工基本医疗保险、城镇居民基本医疗保险和新型农村合作医疗取得了较快发展，共覆盖约 4 400 万人，参保率达到 88%左右。2008 年，省政府大幅度提高城镇居民基本医疗保险和新型农村合作医疗的政府补贴标准，有力推动了两项制度的发展，为浙江省经济社会平稳较快发展发挥了积极作用。2008 年以来，国际金融危机的影响日益显现，各项社会保险对维护社会和谐及保障民生的作用进一步凸现，起到了社会“减震器”“安全阀”的作用。新年伊始，国家加快了医药卫生体制改革方案推出步伐，作为医药卫生体制改革的重要着力点，医疗保险和医药卫生体制改革诸多措施密切相关，医疗保险制度面临着新的发展机遇和挑战。在国家发展转型期和新医改推出元年，着眼于保障和改善民生，谋划医疗保险可持续发展之路，更具意义。

一、广覆盖是实现医疗保险民生保障功能的前提

为适应社会主义市场经济的发展要求，以国务院国发［1998］44 号文件为标志，我国医疗保障从单位福利向社会保险转型，实施了城镇职工基本医疗保险制度改革。继后，建立了新型农村合作医疗制度和城镇居民基本医疗保险制度，将医疗保险制度覆盖到广大农村居民、城镇非从业人员，“三条保障线”从制度上覆盖了全体居民，为“人人享有基本医疗保障”的目标奠定了制度基础。体现了党中央、国务院对民生的关注，对医疗保障工作的高度重视。

让更多的人参加基本医疗保险，是落实党中央、国务院关注民生思想的具体行动，也是发挥医疗保险制度保障功能的前提条件。按照制度建设和扩面并重的原则，浙江省在城镇职工基本医疗保险制度改革之初，本着社会公平，打破城乡、户籍和所有制界限，把各类企业及其从业人员纳入职工基本医疗保险覆盖范围。并根据浙江省民营经济发展较快、外来务工人员集中的实际，及时把扩面重点向非公经济转移，切实保障了农村及外省转移人口的医疗保障权益。着眼于民生保障，从 2004 年起，浙江省采用从政府土地收益中补一点、提留变现资产中提一点、个人破产改制补偿中出一点的办法，率先启动以解决各类破产改制企业及其退休人员参保为重点的困难企业、困难人员参加城镇职工基本医疗保险工作，较好地解决了经济转轨遗留的历史债务。在医疗保险推进过程中，浙江省各级政府和劳动保障部门始终把让更多的人享有基本医疗保险放在首位，在医疗保险扩面上取得了较好效果。

着眼于民生保障，拓宽了医疗保险扩面思路和空间，加快了基本医疗保险扩面进度，2006—2008 年间，浙江省职工基本医疗保险参保人数增长迅速，平均每年净增达到 140 万人。当然，

从制度全覆盖到人员全覆盖，仍然需要我们付出极大努力，尤其在经济形势出现波动时，扩面难度和压力都在加大，更需要我们从保障和改善民生的角度，坚定不移地不断扩大医疗保险覆盖面，努力实现人人享有基本医疗保障的目标。

二、逐步提高待遇是医疗保险改善民生的客观要求

缓解“看病难、看病贵”是医药卫生体制改革的重点，也是基本医疗保险制度的重要责任。改革开放以来，我国人均医疗费用大幅攀升，从1990年的人均65.37元上升到2000年的361.88元；与此同时，医疗费用的负担结构中，个人负担比例从1990年的37%上升到2000年的60.5%，“看病贵”问题凸现。随着各项医疗保障制度建立和医药卫生体制改革措施的实施，个人医疗费用占总医疗费用比例开始回落，2005年为52.2%，但个人负担水平依然较高，“看病贵”问题仍然突出，在一定程度上影响了个人消费信心。在提高医疗保险待遇上，正确把握医疗保险的内在规律，有步骤地、有重点地提高医疗保险待遇，是对我们深入民生、了解民生，真正解决群众所忧所盼能力的重大考验。

近年来，浙江省采取多种措施，提高医疗保险待遇。降低乙类药品，特别是需长期服用的乙类药品个人负担比例；提高医疗服务项目和医用材料的支付范围和水平；提高统筹基金最高支付限额，降低或取消二次以上住院的起付标准等，逐步提高医疗保险待遇水平。职工基本医疗保险对住院和规定病种的综合支付率已达到76%左右。在新型农村合作医疗、城镇居民基本医疗保险设立门诊待遇后，由于门诊医疗费用在总医疗费用中所占的比例高，发生概率大，群众对建立职工基本医疗保险门诊统筹的呼声越来越高。杭州、宁波等地根据当地实际，进行门诊医疗费用社会统筹的探索，并针对门诊医疗的特点，探索提高管理效率、控制费用不合理增长的手段，取得初步成果，积累了一些经验。余姚市还根据统筹基金的运行情况，通过费率结构调整，在不增加企业费率的情况下，建立企业职工门诊统筹，并合理确定“二线一率”，也就是起付线、封顶线和支付比例的方法，控制门诊统筹基金风险，提高医疗保障待遇。

总结各地在着眼民生，完善医疗保险制度、提高医疗保障待遇方面成功经验的基础上，需要进一步理清思路，明确提高基本医疗保险待遇的重点，逐步降低个人支出在医疗总费用中的负担比例，为“病有所医”提供较为完善的制度保障。提高医疗保险待遇应从以下三个方面入手：一是要从民生需求最迫切的问题入手，着力解决好群众要求最紧迫、呼声最强烈的问题。二是要从完善制度入手，着眼于构建解决群众医疗费用负担过重的长效机制，使得基本医疗保险制度更加完善、更具有发展后劲。三是要从提高现有筹资使用效率入手。医疗保险筹资属于稀缺资源，筹资过高有可能加重企业负担、制约经济发展，因此，要以规范医疗服务行为、探索费用结算办法为手段，提高资金使用效率，减轻群众医疗费用负担。从浙江实际情况出发，在保持医疗保险基金“板块式”运行的前提下，鼓励有条件的地区建立门诊医疗费用社会统筹制度是提高医疗保障待遇比较合理的选择。

三、统筹谋划是医疗保险可持续地保障和改善民生的必由之路

建设覆盖城乡居民的公共卫生服务体系、医疗服务体系、医疗保障体系、药品供应保障体系，是实现病有所医，推动建设和谐社会的重要举措。在城镇职工基本医疗保险、城镇居民基本医疗保险、新型农村合作医疗制度基本建立以后，统筹谋划、科学发展是医疗保险在保障和改善民生、维护社会公平中持续发挥作用的必由之路。

（一）统筹规划医疗保险“三条保障线”的发展

城镇职工基本医疗保险、城镇居民基本医疗保险、新型农村合作医疗制度构成的“三条保障线”，是在我国城乡二元结构条件下现实的制度安排，可以在较短时间内为全体居民提供基本医疗保障。同时，社会转型期城市化、城乡一体化发展势头迅猛，着眼于社会公平和制度可持续发展，需要统筹考虑、整体规划，减少冲突、促进融合。

浙江省部分统筹地区根据当地实际，积极探索统筹城乡的医疗保障制度。杭州采用整体化整合的方法，将城镇职工基本医疗保险、城镇居民基本医疗保险、农村新型合作医疗及医疗救助的行政、管理和政策进行全面归并，统一由劳动保障部门管理；义乌等地将城镇居民基本医疗保险和新型农村合作医疗的政策和经办业务进行整合，减少了管理环节，增强了制度公平性。有的统筹地区整合城镇居民基本医疗保险和新型农村合作医疗经办业务，提高管理效率，减少制度间的矛盾。

基本医疗保险的“三条保障线”，在建立时，需要考虑政策相互衔接，形成参保人员可以在不同制度间顺畅转移的机制，保障他们的权益；在运行中，要逐步实现政策制定和管理平台整合，从机制上解决政出多门、多头管理的问题，形成“三条保障线”相互促进、相辅相成、和谐发展的局面；从长远发展看，要逐步缩小城镇居民基本医疗保险和新型农村合作医疗之间筹资和待遇差异，最终和城镇职工基本医疗保险接轨，形成覆盖全民、社会公平的健保制度。

（二）统筹考虑医疗保障需求和保障能力

纵观医疗保险的发展，医疗保障需求和保障能力之间的矛盾始终存在，并随着医学技术发展、人口老龄化和生活水平提高越来越突出。医疗保险在筹资上无法逾越政治和社会屏障以及经济发展水平的制约，而社会发展、生活水平提高，使人们对健康的追求日益强烈。要使医疗保险能够持续发挥民生保障功能，就需要统筹协调好保障需求和保障能力的矛盾。

协调医疗保障需求和保障能力之间的矛盾，一是要解决好制度的公平性问题，也就是平衡不同区域间的医疗保障待遇差别。实现市级统筹，先在地市区域内基本统一政策，建立风险调剂机制，有助于提高制度公平性和基金抗风险能力。二是要建立促进医疗保险稳定运行的长效机制。医疗保险制度稳定运行，是对民生保障的最大贡献。立足长远，研究医疗保险运行规律，逐步建立起医疗保险筹资、资金运行、支付管理和结算办法、风险控制等长效机制，促进基本医疗保险可持续发展。三是要不断增强医疗保险管理能力。近年来，通过加强管理，浙江省医疗费用增长水平得到了一定程度的控制，2005—2008年，参保人员的次均住院费用增长率均在5%以下，对减轻参保人员的医疗费用负担发挥了积极作用。向管理要效率，是医疗保险妥善处理保障需求和保障能力之间矛盾的重要手段，建立一支具有高度责任感和专业水平的管理队伍是提高管理效率的基础。

建立公平的医疗保障制度体系，形成稳定的运行机制，加强医疗保险管理，规范医疗行为，营造合理用药、合理治疗的氛围，是医疗保险可持续发展的重要保证。

（三）统筹协调医药卫生体制改革和医疗保险发展

即将出台的医药卫生体制改革方案，把基本医疗保险作为改革重要方面之一，说明国家把医疗保险制度和医疗服务体系，放在与人人享受基本医疗同样重要的地位，给予了高度重视。认真研究、充分用好医药卫生体制改革的新政策、新举措，对医疗保险事业长远发展具有十分重要的意义。

要加强对医药卫生体制改革中和医疗保险密切相关的改革措施的研究。促进社区卫生服务发展，利用医疗保险经济杠杆作用，降低参保人员在社区就医的个人负担水平，积极引导参保人员充分利用社区卫生服务，逐步发挥社区医疗的“看门人”作用，有助于提高医疗保险的管理效率。重视国家基本药物制度研究及其和医疗保险相关政策的衔接，发挥国家基本药物制度建立治疗指南和规范药品使用中的作用，促进合理用药及基本药物推广使用。研究和参与医疗服务价格制定，协助推动按病种定价工作；推进医疗保险结算办法研究，协同卫生、价格管理部门，共同控制医疗费用合理增长。研究医疗保险价格协商机制的实现方法和途径，在医疗保险价格形成机制中，发挥参保人员利益代表作用，为降低价格虚高成分，减轻参保人员医疗费用负担作出贡献。

在医药卫生体制改革中，统筹考虑医疗保险的发展，为医疗保险事业可持续发展提供新的机遇和手段。

保障和改善民生是医疗保险发展的最终目标。统筹兼顾，着眼长远，系统规划基本医疗保险发展方向和工作重点，逐步提高医疗保障待遇，医疗保险在保障和改善民生中的作用将日益增强，医疗保障事业大有可为。

浙江省基层劳动保障平台建设研究

浙江省人力资源和社会保障厅课题组

基层劳动保障平台，是劳动保障工作直接面对广大劳动者的基础性窗口，是政府搞好公共就业服务、社会保险的重要依托，是落实各类就业再就业扶持政策的前沿阵地，更是实现劳动保障工作动态管理、随时随地解决各类矛盾、调整劳动关系的落脚点。及时受理并妥善处理劳动纠纷，将矛盾化解在萌芽状态，最大可能地使劳动纠纷发现在基层、化解在基层，是维系良好的劳动力市场秩序，构建和谐社会的重要内容。

改革开放以来，基层劳动保障平台建设工作始终贯穿于浙江省改善民生和社会经济发展总体布局的各方面，贯穿于全面建设惠及全省人民小康社会的全过程，贯穿于浙江省劳动保障工作的始终。浙江省自20世纪80年代初开始构建乡镇劳动管理站（所），2002年开始构建街道、社区基层劳动保障平台以来，经过多年的努力，目前已有7 975个街道（乡镇）、社区（村）建立了基层劳动保障平台，工作人员达14 316人，一个遍布全省的基层劳动保障平台服务网络已经粗具规模。

随着浙江省全面改善民生、构建和谐社会的推进，劳动保障对象逐步扩大，公共就业服务范围日益拓展，基层劳动保障平台建设中经费短缺、编制不到位、人员专业素质不高、基础设施不完善、信息网络不畅通等问题也日益显现。浙江省人力资源和社会保障厅基层劳动保障平台建设课题组，分别实地走访了杭州市、宁波市、温州市、台州市等地街道、社区、乡镇、村级基层劳动保障平台，组织基层工作人员座谈，听取其建设中面临的问题和对策建议，并结合各地汇总报表进行了详细的数据分析。在此基础上，课题组通过回顾浙江省基层劳动保障平台建设30多年历程以及取得的实际成效和经验，对全省的基层劳动保障平台建设作了系统的、科学的、详尽的分析和综合评价，以当前所面临的问题为课题的切入点，提出了相关的政策建议，供领导决策参考。

一、基层劳动保障平台建设的重大意义

基层劳动保障平台，是劳动保障工作最基层的抓手和载体，它的建设和发展直接关系到浙江省能否顺利实现党中央、国务院和省委、省政府制定的劳动保障工作战略目标，更是全面改善民生、构建和谐浙江的一项重要惠民工程。

党的十七大报告中提出，要加快推进以改善民生为重点的社会建设。把实施扩大就业，加快建立覆盖城乡居民的社会保障体系作为改善民生的重点社会建设项目，并把它上升到关系科学发展和社会和谐稳定的政治高度。省十二次党代会在秉领十七大精神的基础上，不但把大力推进城乡统筹就业、进一步完善社会保障体系列入今后五年的奋斗目标，而且在全国率先把就业援助对象向城镇“零就业家庭”、农村低保户等群体推进。2008年，吕祖善省长在政府工作报告中提

出：要增进民生福祉，全面建设惠及全省人民的小康社会，部署实施“全面小康六大行动计划”。中共浙江省委办公厅、浙江省人民政府办公厅《关于2008年度改善民生促进社会和谐的实施意见》（浙委办发［2008］44号）中更是把关注民生、保障民生、改善民生作为实施“创业富民、创新强省”总战略的重要内容，适时地把就业困难人员对象范围扩大到长期失业人员、低保边缘户人员、需赡养患有重大疾病直系亲属的人员、农村复转军人和被征地农民中的就业困难人员。为贯彻落实党的十七大和省第十二次党代会、省十一届人大一次会议精神，根据中共浙江省委《关于全面改善民生促进社会和谐的决定》，省政府专门下发了《关于建立健全覆盖城乡居民的养老保障制度的意见》（浙政发［2008］36号），对不同人群的养老保障作出了制度安排。今后5年，全省各级劳动保障部门将围绕党中央国务院、省委省政府的战略目标，逐步实现就业比较充分、社会保障比较健全、劳动关系比较和谐、分配格局比较合理、管理服务规范高效的工作目标，使全省人民劳有所得、病有所医、老有所养。所有上述工作最后都将落脚于基层劳动保障平台，因此，建立完善的基层劳动保障平台意义重大，刻不容缓。

（一）基层劳动保障平台建设，是优化浙江省经济结构、发展劳动保障事业、全面改善民生的重要环节

改革开放30年，浙江省经济快速发展，城乡居民收入日益增加，人民的物质文化水平得到了极大的提高，基本实现了由解决温饱到总体达到小康的历史性跨越。从人均GDP 1 000美元到2 000美元，浙江省用了7年时间；从2 000美元到4 000美元，只用了3年时间。省长吕祖善说：这3年多来，并非一帆风顺，而是面临着资源环境约束不断加剧、传统竞争优势不断削弱、社会矛盾不断增多这三道坎的严峻挑战。为什么浙江省会有这样的发展？根本就在于我们始终坚持以科学发展观统领经济社会发展全局，关注民生，全面履行政府职能，围绕促进经济又好又快发展与社会和谐稳定两大主题，让全省人民共享改革发展成果，促进了社会和谐稳定持续向前发展。2006年，浙江全省和省级新增财力分别有72%和73%用于民生支出。用于社会保障体系建设的财政资金达244亿元，同比增长21.8%。2007年前三季度，全省和省级新增财力用于民生支出分别达到77.6%和89.6%。2008年全省开展城镇居民医疗保障制度试点。浙江省还率先实行被征地农民基本生活保障。但是，随着经济社会的发展，继解决人民群众温饱问题之后，新的民生问题不断产生。特别是劳动就业和社会保障问题是当前老百姓最关心、最直接、最现实需要解决的民生问题，也是当前各级政府需要着力解决的民生问题。

基层劳动保障平台建设，是适应浙江省经济形势宏观变化的现实需要。目前浙江省市场化指标列全国第二，经济正处在工业化中期阶段。以个体私营经济和劳动密集型产业为支柱的市场经济，正面临着高速发展后的调整和产业转移的压力。特别是国际金融危机下宏观经济风云变幻，出口竞争力持续下滑，全省经济赖以持续增长的有利因素逐渐消失。为了降低成本，增加竞争力，许多企业创新了生产组织方式，采取向社区或农村经济人分包、来料加工等形式组织生产，形成了事实上的省内产业分工和转移。这是自20世纪80年代国际分工和产业转移后，浙江省面临的第二次产业分工和转移浪潮。这种劳动密集型低端产业向基层和农村转移的趋势，对劳动保障工作形成了新的挑战，现实压力要求必须加快基层劳动保障平台建设。

基层劳动保障平台建设，是发展劳动保障事业、全面改善民生的需要。党中央国务院、省委省政府出台的一系列关于劳动就业和社会保障的战略部署，环环相扣，层层推进，为浙江省的劳动保障工作奠定了扎实的政策基础，形成了具有浙江省特色的劳动保障政策体系和工作格局。浙江省劳动保障工作实现了由“单一突破”向“整体推进”转变；由“城镇劳动保障”向“城乡统筹”转变，初步建立了覆盖城乡、功能比较完善、保障形式多样化、资金来源多元化、保障水平

多层次、与经济社会发展水平相适应的劳动和社会保障体系。特别是在就业政策实施范围、政策覆盖面和工作深度方面，开全国之先河。政策实施范围上，率先从城镇扩展到农村；政策覆盖面上，率先从城镇下岗失业人员向城镇“零就业家庭”、农村低保户、低保边缘人员等群体扩散；在工作深度上，率先把创建充分就业社区和农村低保家庭就业援助纳入政府工作考核目标。劳动就业和社会保障政策体系的不断完善，政策对象的不断扩大，服务措施的不断创新，一方面大大地促进了浙江省劳动就业和社会保障工作的深入开展，促使劳动保障事业不断取得新进展，另一方面也极大地增加了劳动保障部门的工作压力。特别是目前对基层劳动保障平台建设工作重视不够，进展依然缓慢的情况下，工作需要和现实能力的矛盾更加突出，矛盾的解决更加迫切。只有这一矛盾解决好了，才能夯实劳动保障工作的基础。加强基层劳动保障平台建设，尽快构建和完善全省劳动保障“四级网络”组织，不仅是贯彻落实党中央国务院、省委省政府关于劳动保障事业政治布局的需要，更是浙江省社会经济和劳动保障事业发展的现实需要和必然选择，是切实解决劳动保障事业各种深层次矛盾的重要抓手和有效载体。

（二）基层劳动保障平台建设，是贯彻落实科学发展观、建设服务型政府的必经之路

基层劳动保障平台建设，是落实科学发展观，构建和谐社会的具体要求，也是构建服务型政府的组织保证，实质是提升政府的行政服务能力和服务形象。我国宪法明确政府的本质是为人民服务，服务就成为政府一切行为的起点。劳动保障部门的三大主要工作内容——就业服务、劳动关系、社会保险，无一不体现着政府的服务取向。因此，劳动保障部门是所有政府职能部门中最能体现政府“权为民所用”的部门之一。加强基层劳动保障平台建设，是建设服务型政府的关键步骤之一。

加强基层劳动保障平台建设，是劳动保障以人为本，全面、协调、可持续发展的重要保证，是科学决策、提高政策效力的重要举措。一方面，目前浙江省劳动保障工作仍维持着计划经济时代创立的工作体系，工作基础不够扎实，决策主要依靠内部制度性信息收集，对现实情况掌握、分析不够，决策的科学性和时效性亟待加强；另一方面，浙江省经济和劳动保障形势的快速发展变化，客观上形成了对劳动保障相关政策进行调整的压力。为缓解现实高要求和劳动保障部门工作能力薄弱之间的矛盾，实现劳动保障政策行为从被动应对到主动创新的转变，提高决策的科学性和行政效率，必须加强劳动保障组织和制度建设，特别是对处于劳动保障事业发展前沿的基层和农村，必须改变目前组织薄弱、保障缺抓手的局面。基层劳动保障平台的建立有助于准确界定政策问题的核心所在，提高决策的科学性和针对性，降低行政成本，如减少财政性资金追求公平带来的政策性浪费现象。

加强基层劳动保障平台建设，是建设服务型政府的必经之路。温家宝总理指出，要健全政府职责体系，全面正确地履行政府职能，努力建设服务型政府。而加快基层劳动保障平台建设，是劳动保障部门转换职能的必然要求，是浙江省建设服务型政府、实现“全面小康六大行动计划”之“实施基本公共服务均等化行动计划”的关键，也是党的十七大“着力改善民生，促进社会公平正义，发展成果由人民共享”的必然要求。从十六大的关注弱势群体到十七大的关注民生，再到2008年浙江省推出的“公共服务均等化”战略，可以清晰地看到，改革推动的社会转型正在逐步影响着政府的决策。这一精神落实到劳动保障领域，就是真正实现社会保障资源享有者从城镇居民为主向全体社会劳动者共享转变。政策制定向公共性转变也吻合了浙江省产业向基层和农村转移的经济现实。这种政治指向和经济现实变化的力量，自然地驱动着劳动保障公共事业向基层和农村发展，作为工作载体的基层劳动保障平台建设正是提高劳动保障服务公共性，建设服务型政府的必经之路。

（三）基层劳动保障平台建设，是提高人力资源管理和服务水平，适应劳动就业形势变化的必然举措

计划经济时代，人力资源被人为地割裂为两部分。一部分由人事部门管理，有严格的编制、级别、基本工资、各种保障，是国家干部，有全国统一的管理标准和管理系统；另一部分则由劳动部门管理，但是农村劳动力被摒弃于政府的劳动保障管理体系之外。随着市场经济建设步伐进一步加快，农村劳动力要向城市流动，国家干部要向企业流动，省内省外要互为流动，社会结构正发生深刻的变化，传统人才和劳动力的人为划分已越来越不适应工作形势的需要。现行人才和劳动力条状管理的现状不利于人力资源概念的形成，不利于统一人力资源市场的形成，不利于劳动就业和社会保障的基层化和全员化管理。

基层劳动保障平台建设，有助于整合人才市场和劳动力市场，促进人力资源合理流动和有效配置；有利于建立城乡统一的人力资源数据库，消除阻碍人力资源流动的程序性障碍；有利于当前新一轮行政体制改革人力资源和社会保障大部制体系的建立，更是人事和劳动政策业务合并的结合点。今后人力资源工作将紧紧围绕就业这个中心，执行包括人力资源开发、劳动就业和社会保障服务在内的一系列属地化管理政策，从而真正体现大部制改革“精简、统一、效能”原则。

基层劳动保障平台建设，是适应当前劳动就业形势变化、化解就业困局的组织措施。随着城市化和城乡统筹就业的快速推进，城镇“零就业家庭”、灵活就业人员、农村低保户、低保边缘户、复退军人、大中专毕业生等成为劳动保障事业新的目标人群。现有的劳动保障平台已经远远不能满足当前庞大的就业服务需求。政策对象的基层化和农村化，要求我们必须加快劳动保障平台向基层延伸。省委十二届三次全会通过的《关于全面改善民生促进社会和谐的决定》，将“积极扩大就业和促进创业”作为改善民生的重要内容。构建基层劳动保障平台，就是提高劳动保障部门的工作能力，落实省委改善民生举措的重要落脚点。与此同时，自1998年以来，2008年浙江省制造业减员首次超过增加，这意味着浙江省制造业从业规模出现净减少的趋势，大学生就业难也依然存在，预计2009年，全省就业形势将更加严峻，所有这些就业困难都需要我们加快建设基层劳动保障平台，来迅速分解和厘清当前的就业压力。

（四）基层劳动保障平台建设，是完善社会保障体系，确保社会公平的重要措施

社会保障是国家和社会通过国民收入的分配与再分配，依法对社会成员的基本生活权利予以保障的社会安全制度，是政府向公民提供的最基本的公共服务之一，是最重要的提高低收入阶层收入的制度保障，是社会生活困难群体的社会安全网和“保护伞”，是建设和谐社会，确保社会公平，实现社会稳定的关键抓手。

基层劳动保障平台，是浙江省农民享受社会保障的组织保障。经过20世纪90年代社会保障的初步建立和两轮就业再就业政策的实施，农村劳动者与城镇居民一样，从制度层面已经成为享有社会保障的群体。但长期以来，政府在农村社会保障制度构建中职能缺位，基层劳动保障组织长期缺失，农民社会保障问题一直没有得到有效落实。为解决好这一历史遗留下来的社会问题，建立基层劳动保障平台必不可少。目前，一些地方政府对拓展基层劳动保障平台社会保障功能进行了有益的尝试，如宁波等市通过基层劳动保障平台建立了“农村医保”“农村养老保险”“城乡一体化低保”等，通过基层劳动保障平台实现了社会保障体系由城市向农村的拓展。

基层劳动保障平台，是实现退休人员社会化管理的主要载体。目前，退休人员已形成了一个庞大的社会群体，按照国家关于劳动保障管理社会化的要求，退休人员由“单位人”向“社会人”转变。要达到这个目标，最关键的就是要建立社区劳动保障平台，把退休人员管理起来、组织起来，实现退休人员老有所养、病有所医、困有所助、贫有所济，并使其通过社区多样性的功

能发挥余热，成为繁荣社区文化，促进社区建设，维护社会稳定的重要力量。

基层劳动保障平台，还是社会发展战略中体现社会公平、改革收入分配制度的重要一环。收入分配制度改革的大原则是“限高、扩中、提低”，基层劳动保障平台最重要的功能就是“提低”，这也是和谐社会的重要内容和标志性工程，其实质就是缩小贫富差距、促进社会稳定、共享发展成果。

（五）基层劳动保障平台建设，是改善劳动关系，构建“和谐浙江”的重要途径

“构建社会主义和谐社会”是党中央提出的战略部署，体现了广大人民群众的根本利益和共同愿望。2005 年，浙江省提出了建设“平安浙江”，全面建设和谐社会的社会发展目标。劳动关系作为现代社会最基本的社会关系，是衡量社会和谐的重要标准。当前，劳动关系协调工作正处于非常重要的发展时期，头绪多、任务重、责任大、要求高。基层劳动保障平台，是做好这项工作的着眼点和切入点。它是联结政府与用人单位，尤其是中小企业、个体经济组织和广大职工群众的重要枢纽和关键环节，是理顺基层劳动关系的组织保证。

基层劳动保障平台建设，不但是构建和谐劳动关系的基础工程，也是构建“和谐浙江”的重要途径。劳动保障部门可以通过基层劳动保障平台开展用工备案、摸清用工底数、宣传法律法规、协助监督执法、调处劳动争议等方法，把劳动关系方面的法规、政策和协调工作一一落到实处，以加强当前基层劳动保障工作的薄弱环节。一是解决基础信息工作薄弱的问题，二是解决执行能力不够问题。一直以来，基层劳动用工及劳动关系状况底数不清，不能为宏观决策和协调工作提供有效支持。过去计划经济时代主要依赖的监察执法和劳动争议处理等事后救济手段，也不能事前主动预防和解决基层劳动关系的矛盾和问题。建立基层劳动保障平台以后，就可以相应建立劳动用工备案制度，可以摸清辖区内用人单位劳动用工情况，逐步建立和完善劳动用工数据库，对企业用工状况及变化情况实现动态管理。同时以落实工资、工时等劳动标准以及实施劳动合同和集体合同制度为重点，开展法律、政策宣传和技术指导、咨询服务，对企业落实法律、法规和政策情况进行监督，并对企业与职工发生的劳动争议及时进行调处，努力将劳动纠纷化解在基层。因此，加强基层劳动保障平台建设，是当前和今后一个时期内提升协调浙江省劳动关系的重要途径，是全面改善民生，构建“和谐浙江”的关键着力点。

（六）基层劳动保障平台建设，是落实《就业促进法》，实现一流公共就业服务的关键抓手

要落实好《就业促进法》，实现一流的公共就业服务，化解浙江省的就业压力，就必须建立与之相配套的、完善的劳动保障服务机构，建立和完善基层劳动保障平台，以收到事半功倍的效果。

“十一五”期间，浙江省的就业形势不容乐观。特别是 2008 年以来，国际国内经济增长明显放缓。金融危机引发的经济衰退已经严重影响了浙江省的对外贸易企业，很多企业开工不足，劳动用工大规模压缩，相当一部分企业倒闭裁员，就业形势相当严峻。可以断定，在今后相当长一段时期内，由于经济形势存在的诸多不确定因素，浙江省的劳动保障工作将面临重大挑战。目前全省的基层劳动保障平台现状，离适合社会需求、创造一流的公共就业服务还有很大差距。地区发展不平衡，队伍建设不到位，工作经费未落实，特别是服务功能、服务质量与效率离人民群众的需要和各级政府的要求还有较大差距，还不能满足当前严峻的就业和再就业形势的需求。

《就业促进法》的出台，明确了公共就业服务机构的法律地位，基层劳动保障平台建设迎来了另一个重要契机。基层劳动保障平台建设工作在加强体系、保障投入、完善功能、强化手段等方面都有了法律保障。利用基层劳动保障平台为抓手，提高劳动保障行政决策科学性，降低行政成本，创建一流的公共就业服务，为各类群体提供优质高效的就业服务不再遥不可及。

总而言之，基层劳动保障平台建设，是一件事关经济发展、社会稳定、提高人民生活水平的系统工程，是政府的重要工作职责。实践证明，凡是建立了街道、社区、乡镇、村级劳动保障平台的地方，就能主动掌握每个劳动者的就业需求和社会保障情况，就能有效地把各项服务工作落实到位，一抓到底，并取得明显的成效。

二、基层劳动保障平台建设的历史沿革

浙江省基层劳动保障平台始建于1984年，先后经历了三个阶段。

第一阶段：乡镇劳动管理站（所）建设时期（1984—2001年）

20世纪80年代末90年代初，我国农村实行了家庭联产承包责任制，大大调动了农民的劳动生产积极性，并由此产生了大量的剩余劳动力。为了用好、用活这些劳动力资源，使这些充裕而廉价的劳动力资源得到合理配置、优化组合，最终成为经济建设的巨大投入要素，各级劳动部门开始着手建立乡镇劳动管理服务机构。

1989年，浙江省按照劳动保障部的要求开始有组织地对农村劳动力就地转移和劳务输出提供服务，形成了乡镇劳动管理站的雏形。1992年，国务院《批转劳动部〈关于劳动就业工作情况和下一步工作意见的报告〉的通知》（国发［1992］36号）提出：要进一步抓好就业服务体系建设，在加强城市基层服务组织建设的同时，把服务网络逐步向乡镇延伸。根据国务院文件精神和劳动部统一部署，结合浙江省实际，省劳动厅提出了“城乡统筹、合理配置、全面规划、综合治理”的工作思路，进行了乡镇劳动管理站建设工作的试点，并配套下发了《关于加强就业服务体系建设的若干意见的通知》（浙劳就［1994］149号），对今后五年乡镇劳动管理站的工作职责、服务对象、机构性质、人员配备等提出了明确的要求。

1996年，省劳动保障厅又下发了《关于加强乡镇劳动管理所（站）建设工作的通知》（浙劳就［1996］116号），要求各市、地在“九五”期间，80%的乡镇要建立乡镇劳动管理站（所）。各市、地把乡镇劳动管理站建设工作确立为建立适应社会主义市场经济体制的劳动制度具体形式之一，列入议事日程，全省乡镇劳动管理站的建设全面开展。截至2000年，全省初步形成了一套适应城市综合管理要求和为外来劳动力提供求职服务的制度，乡镇基层劳动保障机构扩展到1 200多个，就业服务体系基本覆盖全省城乡。

这一阶段，各地劳动管理站的工作职责主要围绕下列工作开展：对当地劳动力资源进行普查、登记、建档立卡，建立信息库，为合理开发和利用劳动力资源打下基础；负责流动劳动力管理，对本地外出劳动力发放外出流动“就业卡”，对外来劳动力办理流动“就业证”；根据劳动力信息，开展职业指导、职业介绍和组织劳务输出，建立培训基地和举办民工学校，为农村劳动力和外来农民工进行技能培训；通过兴办劳服企业，增加就业岗位，促进当地经济发展；部分乡镇劳动管理站受劳动行政部门委托负责对乡镇企业的劳动用工等情况进行监督检查，对违法乱纪现象进行检查并及时上报县、市劳动行政部门。乡镇劳动管理站为此成为市、县劳动部门的得力助手，成为乡镇重要职能部门，在“农村劳动力跨地区流动有序化工程”和“证卡合一”制度建设中发挥了积极重要的作用。

第二阶段：街道社区平台建设时期（2002—2007年）

20世纪90年代后，城镇企业职工下岗问题日益突出，成为劳动就业部门的最大难题。为了适应体制改革的需要，妥善解决好数量庞大的下岗失业人员的再就业问题，2002年9月，中共中央、国务院出台了《关于进一步做好下岗失业人员再就业工作的通知》（中发［2002］12号），作出了全面建立劳动保障社区平台，实现劳动就业和社会保障服务工作重心下移的平台建设规

划。明确提出，要充分发挥社区在就业和社会保障方面的服务功能，要在街道和社区建立劳动保障工作机构，聘用专门的服务人员，并提供工作经费，承担起做好下岗失业人员再就业和离退休人员管理、服务工作的责任，以建立统一的社会保障和劳动就业工作体系。2002 年 12 月，劳动保障部提出了基层劳动保障平台建设“六到位、三衔接”的基本要求，即街道和社区平台建设必须做到机构到位、人员到位、经费到位、场地到位、制度到位、工作到位；搞好与区县劳动保障工作的衔接，搞好与街道和社区其他便民利民业务的衔接，做好劳动保障各项工作的衔接。

2002 年 12 月，浙江省委、省政府出台了《关于进一步做好下岗失业人员再就业工作的若干意见》（浙委［2002］19 号），要求各地党委、政府根据实际情况，在工作任务重的乡镇设立劳动保障站（所），或确定负责劳动保障事务的机构。基层劳动保障平台建设作为贯彻落实再就业政策的重要基础性工作，由此开始在全省范围内向城乡基层延伸。

2003 年 7 月，浙江省下发了《转发关于贯彻落实中共中央国务院关于进一步做好下岗失业人员再就业工作的通知若干问题的意见》（浙劳社就［2003］51 号），再一次要求各地采取措施，全面完成乡镇、街道劳动保障机构和社区平台建设工作，为落实再就业扶持政策提供保证。并要求各乡镇、街道劳动保障机构和社区平台建设工作在 2003 年 6 月底前完成。

与此同时，基层劳动保障平台建设与劳动保障事业的发展结合不断紧密，基层劳动保障平台的工作内容不断扩大，标准不断提高。主要表现在：一是对企业退休人员实行社会化管理服务，建立独立于企业、事业单位之外的社会保障体系，成为基层劳动保障平台建设的重要内容。2003 年 10 月，省委、省政府出台了《中共浙江省委办公厅、浙江省人民政府办公厅关于进一步推进企业退休人员社会化管理服务工作的意见》（浙委办［2003］60 号），明确把企业退休人员社会化管理工作正式纳入到劳动保障社区平台的工作中。二是就业服务“新三化”（制度化、专业化和社会化）的工作目标，成为指导基层劳动保障平台建设新的工作标准。2004 年，在劳动保障部下发的《关于加强就业服务制度化专业化和社会化工作的通知》（劳社部函［2004］103 号）中，基层劳动保障平台建设被列为“新三化”建设的工作主线。三是因就业援助政策对象扩大带来的就业工作正日益成为基层劳动保障平台工作的重心，也成为基层劳动保障平台建设的目标所在。2005 年 6 月，浙江省劳动保障厅把基层社区劳动保障平台作为“创建充分就业社区”、贯彻落实上级精神的有效载体，并确定了 22 个县（区）的 194 个社区为创建试点社区。2007 年，浙江省又把促进城镇“零就业家庭”就业和农村低保户的就业再就业工作作为创建充分就业社区和基层劳动保障平台工作的重要内容，基层劳动保障平台的功能不断扩大。

基层劳动保障平台的建立，使浙江省公共就业服务的整体水平得到了提升。通过多年的努力，全省各地基层劳动保障平台建设日趋完善，基本实现了人员、经费、场地等“六到位”。由于基层劳动保障平台建设的深入开展，加上一系列政策的扶持，浙江省的劳动保障工作有了最坚实、最卓有成效的抓手。

第三阶段：《就业促进法》实施以后（2008 年至今）

2007 年 8 月 30 日，《就业促进法》由第十届全国人民代表大会常务委员会第二十九次会议审议通过，自 2008 年 1 月 1 日起施行。《就业促进法》是中国就业领域第一部基本法律，为政府实施积极的就业政策提供了法律保障。本法将经过实践检验的积极就业政策措施上升为法律规范，对进一步完善公共就业服务制度，健全公共就业服务体系，加强街道（乡镇）、社区等基层公共就业服务机构建设，提高公共就业服务的质量和效率作出了明确的规定，使基层劳动保障平台建设各项政策措施和资金投入法制化，基层劳动保障平台将作为劳动保障工作的重要基础抓手而长效运行。因此，《就业促进法》对促进浙江省基层劳动保障平台建设具有重要而深远的意义。

根据劳动保障部《关于做好〈就业促进法〉贯彻实施工作的通知》（劳社部发［2007］33号）精神，省厅于2007年9月转发了33号文件。并专门成立了由厅主要领导牵头、就业处等有关处室（单位）的负责同志参加的基层劳动保障平台建设领导小组，要求各地劳动保障部门结合本地实际，认真抓好落实。

与此同时，从2008年开始，按照省委“创业富民、创新强省”总战略的部署，省政府以“全面小康六大行动计划”为总抓手，着重在转变经济发展方式、保障和改善民生、深化改革开放尤其是政府自身改革三方面狠下工夫。基层劳动保障平台，作为保障和改善民生的重要基础工程，理应得到更多的支持和投入，劳动保障部门要以此为契机，抓住即将实施的千亿惠民安康工程，加大基层劳动保障平台向农村延伸的步伐，努力缩小农村与城市、欠发达地区与发达地区之间劳动保障公共服务的差距。我们有理由相信，今后几年，在《就业促进法》的护航下，在全面实施“六大行动计划”的大背景下，浙江省基层劳动保障平台建设工作将扎扎实实向纵深推进。

三、基层劳动保障平台建设现状和成效

2002年全国再就业工作会议以后，全省各地按照浙委［2002］19号文件的有关精神，以及劳动保障部提出的“六到位”“三个衔接”的要求，加强了基层劳动保障机构建设。浙江省人民政府《关于进一步做好就业再就业工作的实施意见》（浙政发［2006］16号）、浙江省人民政府《关于全面推进城乡统筹就业的指导意见》（浙政发［2006］46号）等文件中都对基层劳动保障机构建设提出了明确的要求。几年来，全省基层劳动保障平台积极开展就业岗位开发、劳动力资源管理、再就业政策落实和困难人员就业援助等工作，为促进就业和社会保障发挥了重大作用。

（一）机构延伸到社区（村），服务覆盖城乡

各级领导十分重视基层劳动保障平台建设，省委、省政府在制定保障民生、统筹城乡、促进就业的有关政策文件过程中，都把建立覆盖城乡的就业管理服务体系作为一项重要内容提出明确要求，强调各地要按照“六到位”的要求，加快街道（乡镇）、社区（村）劳动保障平台建设。各市、县（市、区）政府，结合当地实际，统一思想，提高认识，普遍认识到：加强街道（乡镇）、社区（村）劳动保障平台建设不仅是做好就业和再就业工作的需要，而且还是社会保障管理服务社会化的需要和劳动保障部门转换职能的需要。各地按照服务职能向街道（乡镇）、社区（村）延伸，为做好劳动就业和社会保障工作，特别是为更好地帮扶就业困难群体铺设专门服务平台的思路，把基层劳动保障平台建成下岗失业人员的“娘家”。据统计，目前全省共建立了7 975个基层劳动保障平台，其中街道312个、乡镇1 010个、社区2 351个、村4 302个，分别占街道总数的99%、占乡镇总数的82%、占社区总数的86%、占村总数的13%。各市的具体情况详见表1。

表1　全省街道（乡镇）、社区（村）劳动保障平台建立情况

	街道机构数	占街道总数的百分比（%）	社区机构数	占社区总数的百分比（%）	乡镇机构数	占乡镇总数的百分比（%）	村机构数	占村总数的百分比（%）
全省合计	312	99	2 351	86	1 010	82	4 302	13
杭州市	58	100	680	98	145	100	1 179	39
宁波市	58	100	425	100	91	100	2 365	86
温州市	26	87	188	65	61	23	0	0
湖州市	13	100	181	100	62	100	118	29

续表

	街道机构数	占街道总数的百分比（%）	社区机构数	占社区总数的百分比（%）	乡镇机构数	占乡镇总数的百分比（%）	村机构数	占村总数的百分比（%）
嘉兴市	21	100	221	100	60	98	589	63
绍兴市	24	100	132	85	93	99	14	0
金华市	42	100	107	54	112	100	0	0
衢州市	14	100	62	95	94	100	0	0
舟山市	9	100	250	93	35	100	37	97
台州市	38	100	69	45	95	100	0	0
丽水市	9	100	36	37	162	90	0	0

各地普遍出台了文件，把加强街道（乡镇）、社区（村）劳动保障平台建设纳入了议事日程，要求切实加快街道（乡镇）、社区（村）劳动保障平台建设，完善服务功能，健全工作机制，加强基础管理。按照“六到位”的标准，强化了基层劳动保障工作机构建设，基层劳动保障平台普遍建立了职业指导、技能培训、岗位开发、推荐就业、扶持创业等工作制度；实施了“零就业家庭”和农村低保家庭的就业援助工作；建立完善了援助台账，运用信息管理系统开展了动态化管理服务，落实专人，采取上门服务、一站式服务、零距离服务、“一帮一”结对服务等方式，为城镇“零就业家庭”和农村低保家庭提供全过程的免费就业服务，有效地实现了失业人员管理在社区、政策宣传到社区、就业服务在社区。

（二）人员队伍建设加强，服务水平提高

各地结合当地实际，确定和落实街道（乡镇）劳动保障机构人员编制和工作人员；按照服务对象和工作量，合理配备社区（村）工作人员，逐步建立覆盖社区（村）的专（兼）职劳动保障协理员队伍。据统计，目前全省共核定基层劳动保障工作人员编制 5 632 人，实际工作人员有 14 316 人，其中专职工作人员有 6 064 人。各市街道（乡镇）、社区（村）劳动保障机构人员的配备情况见表 2。

表 2　　全省街道（乡镇）、社区（村）劳动保障机构人员配备情况

	街道机构工作人员数	专职工作人员数	社区机构工作人员数	专职工作人员数	乡镇机构工作人员数	专职工作人员数	村机构工作人员数	专职工作人员数
全省合计	1 262	1 025	3 379	2 145	2 887	1 909	6 788	985
杭州市	285	268	995	987	323	296	2 188	176
宁波市	374	320	801	555	537	442	3 307	603
温州市	91	82	188	35	285	275	0	0
湖州市	30	23	175	53	202	75	117	3
嘉兴市	64	53	247	120	152	95	432	190
绍兴市	71	32	315	118	241	97	7	5
金华市	185	127	107	36	296	179	646	0
衢州市	35	19	34	30	262	189	0	0
舟山市	27	23	379	134	89	51	91	8
台州市	89	72	78	23	176	108	0	0
丽水市	11	6	60	54	324	102	0	0

实践表明，做好街道、社区劳动保障工作，人是最关键的因素。所以各级劳动保障部门把提高基层工作人员的政策水平和业务素质摆到重要位置，加强工作人员的培训，使工作人员了解再就业援助和开展退休人员管理服务社会化的措施，掌握劳动力资源动态管理和统计方法，知晓政府促进再就业的政策；鼓励基层劳动保障工作人员参加职业指导员、劳动保障协理员等职业资格培训和考核。据调查，街道（乡镇）劳动保障机构工作人员中19.5%具有职业资格证书，19%具有专业技术职称；社区（村）劳动保障机构工作人员中11.7%具有职业资格证书，4.7%具有专业技术职称。

街道（社区）劳动保障工作机构采用“五清”“四到位”工作法，对辖区内失业人员情况做到提户知名、提名知情，实现了家庭情况清、就业愿望清、技能水平清、收入情况清、用工需求清；采用ABCD分类管理法，把失业人员分成就业能力较强（A类）、灵活就业（B类）、就业困难（C类）和无就业愿望（D类）四类，对B和C两类对象加以重点关注，提高推荐就业的针对性和有效性。近五年来下岗失业人员再就业人数均维持在30万人以上，城镇登记失业率呈逐年下降趋势（见图1）。

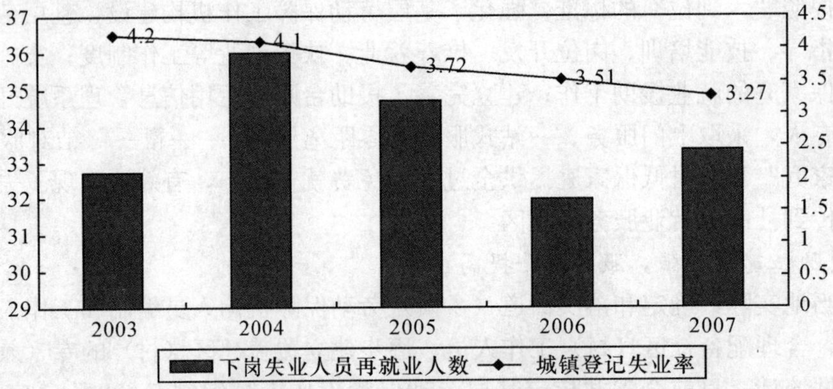

图1　近五年来浙江省城镇登记失业率情况

（三）夯实基础保障，确保工作有效开展

基层劳动保障机构工作量大、任务艰巨、业务烦琐。各地为确保工作目标任务的完成，积极协调编制、财政等有关部门，落实基层劳动保障工作经费和人员经费。在各级编制、财政部门的重视和支持下，经费和编制有了基本保障，为有效开展工作打下了基础。据调查，全省基层劳动保障平台机构性质和人员编制情况见表3和图2。

表3　　**浙江省街道（乡镇）、社区（村）劳动保障机构性质情况**

	机构性质			街道（乡镇）机构性质			社区（村）机构性质		
	全额拨款事业单位	差额拨款事业单位	自收自支事业单位	全额拨款事业单位	差额拨款事业单位	自收自支事业单位	全额拨款事业单位	差额拨款事业单位	自收自支事业单位
全省合计	1 987	1 379	4 609	949	231	142	1 038	1 148	4 467

同时，各地劳动保障部门面对工作人员配备还不能适应基层劳动保障和就业援助工作发展、深化需要的现实，积极发挥主观能动性，创新工作机制和工作方法，通过聘请就业援助员、推行就业项目经理人制度等形式，赋予就业援助员以“劳动力资源调查员、社区岗位开发员、就业政策宣传员、失业人员权益维护员”四大职能，使他们既是社区劳动保障站的劳动保障员，又是社区就业援助员。同时，充分发挥辖区单位和居民自治组织的作用，宣传就业促进政策，落实就业

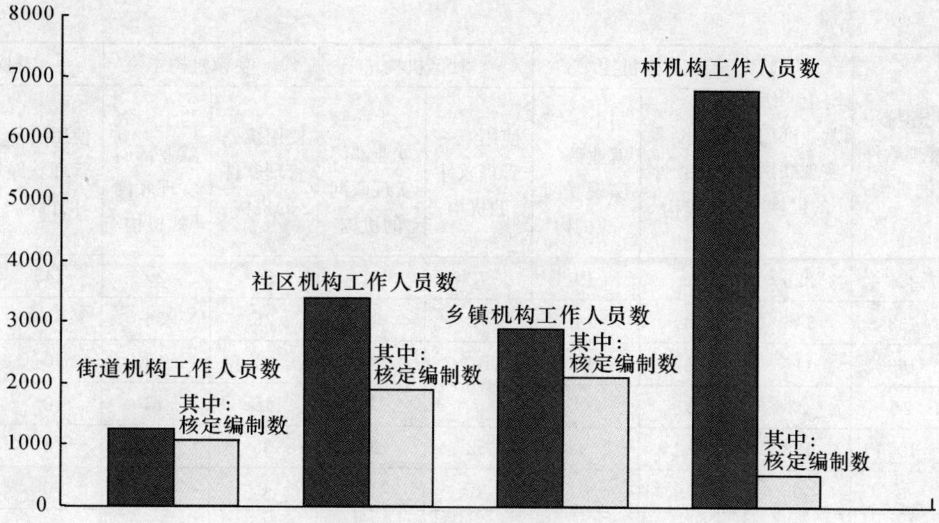

图 2　浙江省基层劳动保障平台人员编制情况

帮扶。除召开失业人员座谈会外，还在共建理事会议、墙门代表会议、党员例会中强调就业的重大意义，利用社区通信、宣传窗等宣传阵地，宣传政府促进就业再就业的政策，动员社区居民有岗位的出岗位，有信息的提供信息，挖资源拓渠道，促进失业人员就业，坚持在发展中解决就业，多渠道开发社区就业岗位。在社区原有“三保”岗位的基础上，新开发助老助残岗位、弹性服务岗位帮助失业人员就业；主动走访辖区内的用人单位，通过取得辖区单位的支持，提供就业岗位等措施，重点解决“4050”“零就业家庭”等人员的就业问题。

（四）因地制宜完善设施，方便人民群众办事

基层劳动保障平台是劳动保障系统对外服务的窗口，为了方便人民群众办事，各地因地制宜，创造条件，建设街道（乡镇）、社区（村）劳动保障机构服务场所，配备相关设施，提高服务效率。目前，全省街道（乡镇）劳动保障机构共有工作场所面积 8.77 万平方米；全省街道（乡镇）、社区（村）的劳动保障平台中，有 42.2%的机构使用统一的就业服务计算机管理软件，有 44%的机构与上一级就业部门实现联网（见表 4）。在部分城市已经实现了职业介绍信息的“一点登录，全市查询”，使得求职者和用人单位可以不出社区就能了解就业市场信息，为求职人员和用人单位提供了便捷高效的服务。

表 4　　浙江省街道（乡镇）、社区（村）劳动保障机构信息化建设情况

	使用统一管理软件的机构	与上一级就业部门实现联网的机构	街道机构		社区机构		乡镇机构		村机构	
			使用统一管理软件的机构	与上一级就业部门实现联网的机构	使用统一管理软件的机构	与上一级就业部门实现联网的机构	使用统一管理软件的机构	与上一级就业部门实现联网的机构	使用统一管理软件的机构	与上一级就业部门实现联网的机构
全省合计	3 367	3 511	202	205	1 516	1 669	448	411	1 201	1 226
杭州市	1 005	1 030	58	58	649	649	145	145	153	178
宁波市	1 345	1 345	58	58	413	413	91	91	783	783
温州市	40	228	7	24	16	188	17	16	0	0
湖州市	263	261	10	10	114	112	28	28	111	111

续表

	使用统一管理软件的机构	与上一级就业部门实现联网的机构	街道机构		社区机构		乡镇机构		村机构	
			使用统一管理软件的机构	与上一级就业部门实现联网的机构	使用统一管理软件的机构	与上一级就业部门实现联网的机构	使用统一管理软件的机构	与上一级就业部门实现联网的机构	使用统一管理软件的机构	与上一级就业部门实现联网的机构
嘉兴市	286	225	19	19	72	32	50	29	145	145
绍兴市	133	145	14	14	78	90	36	36	5	5
金华市	163	117	25	13	107	88	31	16	0	0
衢州市	24	22	2	0	7	7	15	15	0	0
舟山市	100	138	9	9	52	90	35	35	4	4
台州市	8	0	0	0	8	0	0	0	0	0
丽水市	0	0	0	0	0	0	0	0	0	0

值得一提的是，2005—2007 年，街道、乡镇劳动保障机构的职业介绍成功率均高于全省职业介绍的平均成功率（见图 3）。这表明，基层劳动保障平台在劳动力资源优化配置中作用更加明显，效果更加显著。

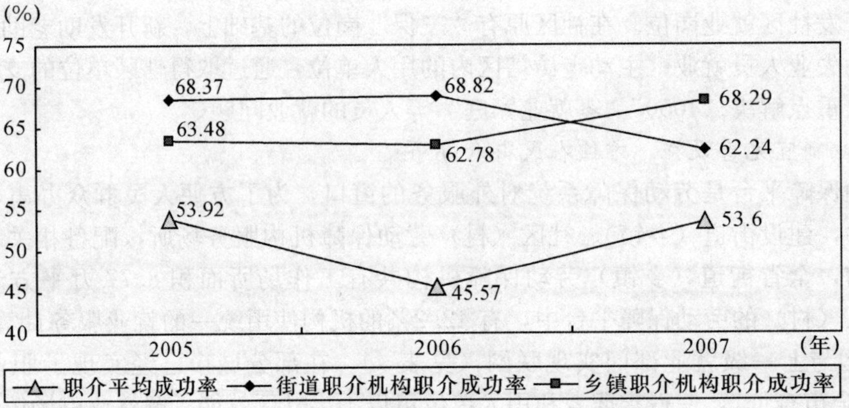

图 3　2005—2007 年劳动保障部门职介机构职介成功率

另外，伴随着城乡经济一体化的进程，建立城乡统一的就业服务体系，为城乡劳动者提供优质的就业服务成为劳动保障部门的工作目标。街道（社区）劳动保障机构通过连锁或举办分市场的形式将就业服务延伸到乡镇和村，把公共就业服务送到农民家门口，让农村富余劳动力在家门口就能了解用工信息；乡镇（村）劳动保障机构对农民工进行登记，为其提供就业指导、职业介绍、职业技能鉴定、劳务派遣等服务，并为就业困难的农民工提供免费的职业技能培训，提高农民工的知识技能，促进农民工就业。据统计，2007 年年底，浙江省进城农民工为 1 487 万人，其中跨县就业人数为 297.61 万人，在乡镇以内非农就业达到 6 个月的劳动力为 805.52 万人。市场经济的快速发展和城市化进程的大力推进，使得大量农村劳动力从农村向城镇转移，2007 年年底进城农民工占乡村从业人员的比例达到了 70.55％，城乡统筹就业取得了巨大成效。

（五）建立健全工作制度，各项服务有章可循

街道（乡镇）、社区（村）劳动保障机构普遍建立了行之有效的劳动力资源管理、求职登记、

职业指导、技能培训、岗位开发、推荐就业、就业援助等项工作制度，使各项管理服务从开始时就有章可循，有效地实现了失业人员管理在社区、政策宣传到社区、就业服务在社区。各基层劳动保障平台，围绕着做好下岗失业人员就业，特别是就业困难群体就业这个重点工作，从全面掌握辖区内下岗失业人员和退休人员的基本情况着手，按照国家政策规定，做好各项就业服务的组织实施、对困难群体的就业援助、社区就业岗位的开发、退休人员的社会化管理和服务等工作。就业困难群体是一个动态的、变化的群体，解决其生活、就业问题，一时的帮助是难以奏效的，需要建立制度化、经常化、规范化的就业困难群体帮扶长效机制：一是动态调查机制，加强对帮扶对象基本情况的调查，设立帮扶档案并建立动态月报表；二是网络信息机制，建立信息双向反馈制度，并建立帮扶热线电话；三是标准认定机制，对需帮扶对象根据其困难程度和帮扶要求，分层次落实帮扶措施；四是职业培训机制，组织困难群众参加创业培训和职业技能培训，提高再就业能力；五是就业绿色通道机制，对提供的岗位不挑不拣的就业特困人员承诺一定时间内解决就业问题；六是共建帮扶机制，充分调动社会各界的积极性；七是跟踪服务机制，做好事后回访工作；八是帮扶保障机制，健全劳动保障网络建设，建立帮救基金，完善“三条保障线”管理办法等，使辖区内的困难人员“出现一个发现一个，发现一个帮扶一个，帮扶一个解决一个”。帮扶机制的建立，给每一位困难人员送去了党和政府的关怀，使每一位有就业愿望和就业能力的困难人员得到了就业援助。

（六）强化服务意识，工作取得实效

各基层劳动保障平台，按照上级部门的总体工作部署，把省委、省政府的各项促进就业再就业的政策措施落到实处，以创建充分就业社区为抓手，积极探索建立零距离就业服务制度。各地依托社区，加强失业人员的动态管理服务，落实就业援助政策，初步实现了入户调查定期化、登记认定经常化、管理工作规范化、援助服务制度化，使社区成为对困难群体和“零就业家庭”实施管理、提供援助的终端。各地在失业人员基本情况动态管理的基础上，分层次有重点，实行精细管理。社区劳动保障工作人员通过入户走访，全面了解失业人员基本情况，并根据失业人员的就业愿望、自身技能、家庭生活等状况进行归类，建立台账，实行有重点、有针对性的管理和服务。通过基层劳动保障平台对就业困难对象实行一对一的帮扶，在社区内落实各项政策，使原来每年春节前开展的再就业援助月活动成为日常化的、长效的制度，使送政策、送岗位、送技能、送服务、落实社会保险补贴政策的“四送一落实”得以日常化。

四、基层劳动保障平台建设存在的主要问题及成因

虽然近年来基层劳动保障平台建设取得了一定成效，但通过对平台建设现状的分析可以发现，基层劳动保障平台建设依旧困难重重，进程缓慢，与日益繁重的劳动保障工作形成了较大反差。以下结合目前的劳动保障形势，就基层劳动保障平台建设中存在的主要问题作出分析。

（一）主要问题

1. 平台建设区域差距大，发展极不平衡

基层劳动保障平台建设隶属于机构建设范畴，在目前 GDP 增长至上思想仍深刻影响着政府行政决策的背景下，行政资源特别是财政和编制资源有限的情况下，因劳动保障工作成效对政绩考核的影响力较小，资源分配时本能地把行政资源向易出政绩的部门和行业集中，如各地的招商、税务等部门，导致部分地市对基层劳动保障平台建设重视程度不够，投入不足，进展缓慢，与先进地市间有较大差距，具体情况见图 4、图 5。

从图 4、图 5 中可看出，各市基层劳动保障平台建设进展极不平衡。在主要的基层劳动保障

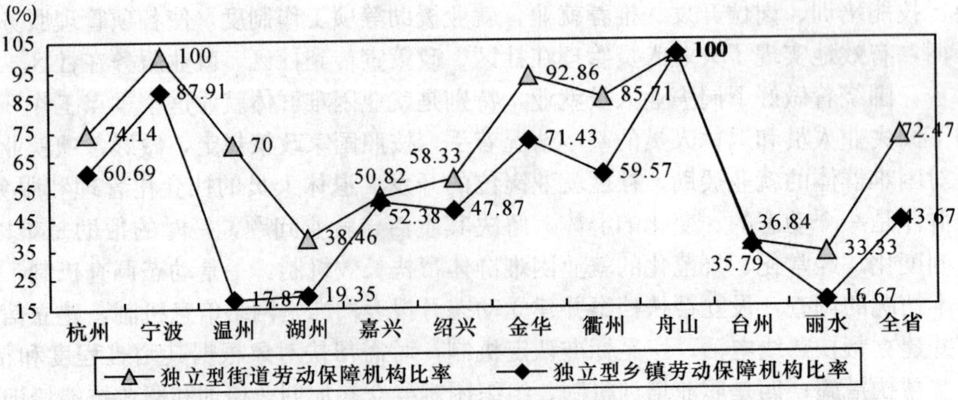

图 4　2007 年全省各市独立型基层劳动保障机构比率

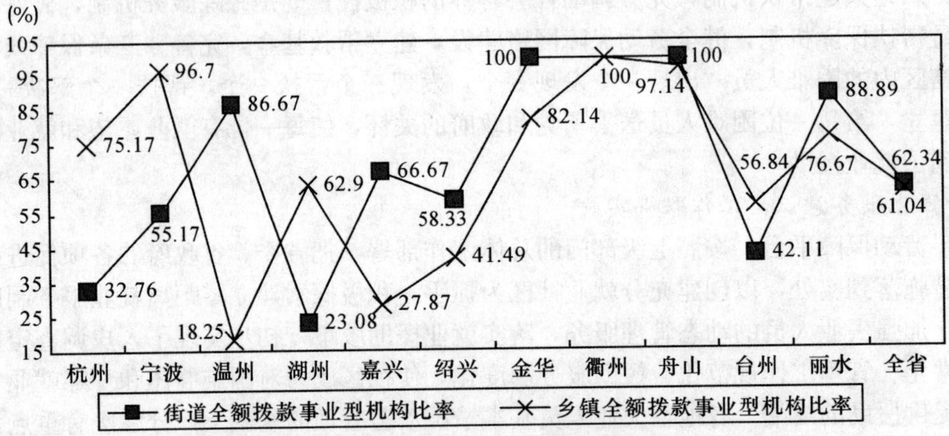

图 5　2007 年全省各市全额拨款事业型基层劳动保障机构比率

平台街道、乡镇一级，平台建设的标志性指标——独立型基层劳动保障机构比率和全额拨款事业型机构比率都呈现大幅振荡趋势，各市间差距非常明显。进度最快的舟山市，四项指标有三项达到了 100%，另一项乡镇全额拨款事业型机构比率也达到了 97.14%，几乎达到了全覆盖。而进度较慢的温州市，乡镇一级平台建设的两个指标几乎都处于全省最低水平。

从图 4、图 5 还可看出，浙江中部的金华市、衢州市及沿海的舟山市，经济发展并不领先，基层劳动保障平台建设却走到了全省前列。显而易见，比起经济和财政实力，政府的重视程度更大程度上左右了基层劳动保障平台建设的进程。

2. 平台建设缺乏统一的制度和组织依托

浙江省乡镇劳动保障工作机构，是伴随着人力资源市场体系的建立和市场就业机制的确立产生的，十多年来，为劳动就业和社会保障制度改革作出了积极的贡献。但由于种种原因，其至今还存在着工作要求和管理指导脱节的状况。劳动和社会保障部要求各地在 2003 年 6 月底之前在街道、乡镇一级做到机构、人员、经费、场地、制度和工作六个到位，但到目前为止，除舟山市基本达标外，全省其他地市都未能真正达到“六到位”的要求。特别是近两年，到位率徘徊不前甚至有下降趋势。政府重视、财政实力是影响基层劳动保障平台建设总体水平的基本因素，而领导和考核机制的缺乏，则是机构建设工作迟滞不前的制度性原因。

到目前为止，全省尚未出台关于基层劳动保障平台建设的指导性意见；也未建立一个基层劳动保障平台建设统一的领导和协调机构，平台建设更多地纳入信息化建设的范畴。在考核机制方面，也未制定出有约束力的阶段性工作目标和相关的奖励和惩罚机制，使得基层劳动保障平台建设基本处于放任自流的状态。

3. 平台建设队伍标准不一、规范性欠缺

基层劳动保障平台建设的规范性欠缺主要表现在：一是机构名称、职能、职责等不统一。机构名称五花八门，有的叫劳动保障站，有的叫劳动保障所；机构的职能和职责也不尽统一，有的地方侧重于就业，有的地方侧重于社保，工作服务内容差别较大。二是队伍建设标准不一，素质参差不齐，专职化程度甚至有下降趋势。有些乡镇的劳动保障工作站由镇长或分管工作的副镇长兼任站长，这种做法短期内可以加大工作力度，但长期来看，还是权、事未分离的表现。在招聘工作人员方面，有的采用公开招考择优录取的方式，聘用文化素质较高、工作富有热情的工作人员；而有的则完全使用机构改革中调整出来的富余人员，其文化素质和工作水平往往有所欠缺。基层劳动保障工作岗位可以作为公益性岗位利用，但绝不能等同于公益性岗位。因为这个岗位的责任重大，专业性和政策性强。可在近期的机构队伍建设中，其专职化程度甚至有下降趋势，具体情况见图 6。

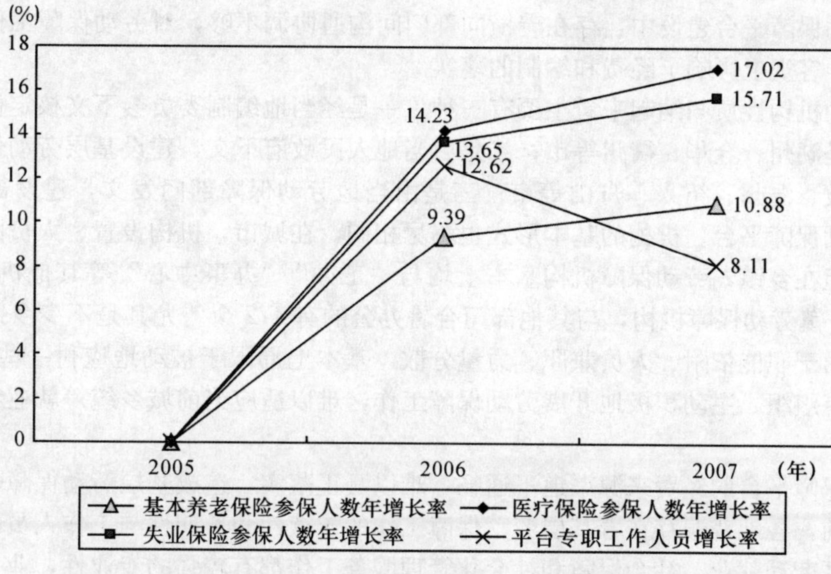

图 6 2005—2007 年社保参保人数与基层劳动保障平台工作人员比例

从图 6 中可看出，近几年，基本养老保险参保人数、失业保险参保人数、医疗保险参保人数大幅度上扬，但是基层劳动保障平台专职工作人员的增长率却并没有随着社会保险参保人数同步增长，2006 年之后反而呈现明显回落之势。这意味着近年来中央大力关注民生、改善民生、提高民生的劳动保障政策的执行，更多地是依靠基层劳动保障机构非专业化工作队伍来完成。显然，如果任这种趋势延续下去，今后劳动保障工作效率的提高，社会持续稳定的保障，将面临严峻挑战。

从平台工作职责看，专业要求不断提高与专职化程度下降的现实形成了强烈冲突。近年来就业再就业政策不断细化，政策对象不断扩大，工作要求不断提高，客观上对政策执行人员的数量和素质提出了更高要求。但由于受编制与工作经费限制的困扰，工作人员混岗或兼职情况也十分普遍，尤其是在乡镇。在全省乡镇劳动保障机构中，包括合署办公机构的人员在内，核定的编制人员为 2 155 人，为现有工作人员总数的 75%；全省现有 2 887 名乡镇劳动保障机构工作人员中，兼职人员有978人，占工作人员总数的34%。乡镇劳动保障机构工作人员的配备，与其所承担的工作任务很不相称。“上面千条线，底下一根针”，基层机构要与上级劳动保障部门的各项业务对口，承担着大量的工作任务。随着城乡统筹就业的推进，劳动保障工作将面对大量的农村劳动力，而目前全省乡镇和村机构的工作人员状况却远远不能适应。工作人员待遇方面也存在同工不同酬现象，工资待遇普遍低于同类事业单位正式职工，再加之缺乏晋升通道，使得人员队伍的稳定性受到影响，平台队伍建设任重而道远。

4. 平台建设部门间沟通协调不够，工作待遇和环境有待进一步改善

基层劳动保障平台“六到位”的关键“瓶颈”在于经费和编制。经费的筹集不但受当地财政实力的影响，还受财政性资金整体分配方案的影响。在当前省委关注民生、改善民生、提高民生的社会发展战略下，形成了再就业资金和社保资金等专项资金相对充裕，劳动保障机构经费特别是基层劳动保障平台工作经费难以有效落实的结构性矛盾。在编制上，也存在着整体机构膨胀，基层劳动保障平台编制却难以落实的现象。特别是目前处在机关和事业单位精简机构、压缩编制期间，街道乡镇劳动保障所因定性为事业单位，要新增加人员编制非常困难。经费和编制的这种困境，虽然主要由当前财政资金还不充裕，机构精简势在必行等现实压力造成的，但不可否认的是，在基层劳动保障平台建设中，存在着横向部门间沟通协调不够，对劳动保障工作快速发展估计不足的问题，客观上影响了经费和编制的落实。

目前各地的机构性质归纳起来看主要有三种：一是经当地编制委员会下文核定机构性质和人员编制，主要是湖州、金华、衢州等市；二是由当地人民政府下文，建设基层劳动保障平台，主要是杭州、宁波、温州、绍兴、舟山等市；三是由当地劳动保障部门发文，建设街道（乡镇）、社区（村）劳动保障平台。机构的基本形式也不尽相同，在城市，机构设置、人员配备和工作职责比较明确，但在乡镇，劳动保障机构基本上均与“工办”“办事中心”等其他机构合署办公。全省1 010个乡镇劳动保障机构，与其他部门合暑办公的有472个。尤其是不少乡镇虽然名义上有了机构，但由于职能依附、人员兼职、力量分散，基本上局限于被动地应付一些临时性工作，无法有计划、有组织、主动积极地开展劳动保障工作，难以适应当前城乡统筹就业和社保工作的要求。

乡镇劳动保障平台的经费来源渠道不通畅，难以真正落实，造成基层劳动保障平台工作人员待遇偏低。目前，各地普遍存在着基层劳动保障工作的连续性和长期性与工作人员短期性和流动性的矛盾。社区劳动就业、社会保障和社会化管理服务工作都有较强的专业性，业务工作的政策性、法规性和原则性较强。这要求从事这项工作的人员队伍要有一定的稳定性和“边干边学”以及积累经验的过程。但是现在基层劳动保障平台工作人员的工资普通偏低，社会保险和经济待遇不规范，加上人员实行聘任制，致使人员流动频繁，队伍不够稳定，导致社区居民对这种流动性大的人员的信任偏低，企事业单位和社会也对他们缺乏信任感，基层劳动保障工作的社会环境亟须改善和提高。全省1 010个乡镇劳动保障机构中，全额拨款，有相对稳定经费保障的有752个，但所拨经费主要为人员工资；差额拨款的有159个；自收自支的99个。目前，浙江省已取消了所有针对农村劳动力就业的管理性收费项目，公共就业实行了免费服务。因此，那些差额拨款或自收自支性质的机构，经费就更无保障。由于工作经费没有稳定来源，导致一些乡镇的劳动保障工作出现了衰退。

5. 平台建设有“重形式，轻实质”的倾向

目前，基层劳动保障机构的科学决策基础作用尚未有效发挥。作为政府劳动保障职能的延伸载体和工作平台，基层劳动保障平台既是政府劳动保障工作的重要抓手，同时还担负着为科学决

策提供事实依据的功能。基层劳动保障机构直接与基层企业、百姓打交道，可以获得社会最直接、最客观的信息，可以听到群众最迫切的呼声。基层机构若能及时主动地收集整理工作中的新情况、新问题，并及时向上级反映，必将为上级部门和有关领导的决策提供可靠的依据。但就现状而言，基层劳动保障平台建设大多关注“六到位”的完成情况，加上基层机构的属地管理体制，下情上达的渠道不够通畅，使得它对上级部门尤其是政策制定部门的决策支持功能未得到有效发挥。

另外，与城市街道劳动保障机构相比，乡镇劳动保障机构存在着职责不明、工作被动的状况，职能发挥更加不充分。大部分地方对当地劳动力资源状况、就业现状、企业情况缺乏全面、准确的了解，尚未建立起人力资源市场和就业服务制度。管理方式比较松散，工作手段比较落后，这也无法对政府的科学决策形成有效支撑。

6. 村级平台建设进展缓慢

长期以来，劳动保障政策重城市轻农村的社会背景，使得村级劳动保障平台建设迟迟打不开工作局面，成为基层劳动保障平台建设中的薄弱环节。农村劳动力尚未真正纳入劳动和社会保障服务体系的现实，易导致其劳动保障服务质量难以保证。与全省城镇基层劳动保障平台建设快速推进相比，村级平台建设明显滞后。截至目前，全省劳动保障平台建设率：街道达到 99%，乡镇达到 82%，社区达到 86%，而村级建设率只有 13%，差距显而易见。村级基层劳动保障平台的缺乏，使得农民招工信息不灵，失业登记缺失，劳动保障服务滞后，农村劳动保障基础数据无法全面、及时、动态收集。村级劳动保障平台建设当前面临的主要问题有：一是平台建设缺乏制度依托。城镇居民有城镇就业与失业登记管理办法，有较为完善的就业援助政策和服务体系，有较为稳定的财政投入增长机制，而农村劳动力目前仅为免费职介和职业培训，即使随着城乡一体化进程而开始实施社保优惠政策，也因资金渠道有限而困难重重，举步维艰。二是各级劳动保障部门对村级劳动保障平台建设的重视程度有待提高。村级劳动保障平台是城镇劳动保障平台的延续和重要补充，在目前劳动保障事业逐渐向城乡统筹推进的形势下，农村劳动力的劳动保障与就业服务的重要性正迅速上升。而部分领导和工作人员仍抱残守缺，劳动保障工作观念转变滞后，缺乏村级平台建设的主观能动性。三是目前仅有的村级劳动保障平台建设规模和水平，不但难以满足劳动保障事业工作重心向城乡统筹兼顾方向转移的需要，也不足以应对劳动保障事业的突发性事件。2008 年下半年开始席卷全球的金融危机，对遍布浙江全省的以廉价农村劳动力为主要竞争优势的劳动密集型出口制造业造成了很大冲击，特别是对农民工的劳动保障和就业服务体系的建设，构成了巨大的现实压力。这与村级劳动保障平台建设的薄弱现状形成了明显的反差。如何保持作为产业工人主力的农民工就业的稳定性，实现较为充分的就业，不但影响着人力资源市场的有序化运行，更成为关乎当前农村和社会稳定的全局性问题。因此，村级基层劳动保障平台建设面临的问题，也是农村劳动保障事业的基础性问题。在此问题未得到根本解决之前，浙江省的劳动保障事业将无法实现真正的社会统筹。

7. 平台信息网络建设不完善

基层劳动保障平台信息化是基层劳动保障平台建设工作的重要组成部分，其涉及面广，情况复杂。近年来浙江省基层劳动保障平台信息化和网络建设已初见成效，但还存在着不少问题。一是重视程度不够。主要体现为经费不足，缺口较大。网络建设必然要投入一定的人力、物力和财力，但一些地区和单位的领导对此不够重视，认为信息化可搞可不搞，网络可建可不建；有的地区和单位网络安全观念淡薄，为图使用方便，专网与 Internet 无屏障互联，有的地区和单位虽然也较重视，但重硬件轻软件，重建设轻应用，重形式轻效益等。所有这些都将对网络建设带来不利影响。二是基层单位信息化程度不高，软件功能使用不完善，网络延伸不够。截至2008年年底，全省11个市及69个县（市、区）和省劳动保障数据中心均实现了专线联网，省级广域网覆盖率已达到100%，但市域网的覆盖率仅达到了65.7%，也就是说市或县（市、区）劳动保障部门和业务经办机构与本市或县（市、区）劳动保障数据中心的专网连接还不是很理想。将专网延伸到街道社区等基层机构的就更少了。三是网络互联不畅。不少联网单位都是单机接入，不是局域网接入，严重制约了信息网络的拓展。还有不少单位在内部没有实现网络互联，如分散在不同地点的多个经办机构等部门间的网络没有互联。四是共享资源缺乏。部门本位主义阻碍了信息的共享。各地区各部门各自为政，部门信息垄断；局域网接入单位少、利益攸关；统一应用软件的使用程度低。同时，数据转换和工作方式的转变存在着习惯阻力，老化的人才队伍，对现代化的办公手段自然排斥，软件的统一和推广面临着人为的现实阻力。另外，数据共享带来的就业机会不均等，使得各地门户开放殊为不易。五是人才队伍建设滞后，专业技术人才严重缺乏。具体操作人员计算机网络基础知识匮乏。对现有专业技术人员没有建立一套继续教育的机制，其知识更新不能紧跟信息技术日新月异的发展。此外，还存在信息化投入严重不足、保障机制有待加强、城乡信息化发展不平衡、基层劳动保障平台信息化管理机制缺乏等问题。

（二）成因分析

1. 历史原因

城乡二元结构下的社会管理模式，在公益服务资源配置上，无论是财政标准、机构标准，还是实施体系等，都有着显著差异，各级政府对基层单位社区、街道、乡镇的投入相对市、区要少，特别是农村的劳动保障机构组织建设投入更是近乎空白。多年的历史欠账，造成了基层劳动保障平台的缺失，使得当前的劳动保障工作无法适应广大人民群众日益增长的劳动就业和社会保障需求。

2. 经济原因

浙江省各地区经济发展水平不一，各地政府财政收入差距显著，导致基层劳动保障平台建设水平参差不齐。全省11个地市中，人均财政收入最高的杭州市和最低的丽水市相差高达4.8倍。即使在同一地区，各县之间的财政收入差距也较大，如台州市的玉环县与仙居县人均财政收入相差4倍多。由于政府财政收入差距较大，各地对平台建设的投入差距显而易见。经济发达的市如杭州和宁波，受益于经济发展和财政实力的提高，平台建设进展较快。而财政实力弱的丽水地区，则普遍存在经费不足的问题。经济发达程度的高低，制约着基层劳动保障平台建设的进度和质量。

3. 主观原因

中部的金华市、衢州市及沿海的舟山市，经济发展并不领先，基层劳动保障平台建设却走到了全省前列。而经济发达的温州市、台州市的平台建设却相对薄弱，显而易见，比起经济和财政实力，政府的重视程度更大程度上左右了基层劳动保障平台建设的进程。以经济指标为主的政绩考核使得经济发达地区领导班子的主要精力都放在了发展经济上，对政府的公益服务工作重视不够，无论是思想认识上还是实际投入上，都离要求有很大差距。

4. 体制原因

目前实施的“省管县”的财政体制，是阻碍基层劳动保障平台建设顺利进行的另一重要影响因素。特别是对欠发达地区而言，省管县财政体制在财政资源分配方面的局限性更加明显，使得当地平台建设资金筹集渠道比较单一，机构建设经费落实困难。在目前的财政体制下，基层劳动保障平台建设属于县（市）机构建设范畴，机构建设进度主要取决于当地的财政实力。虽然省管县财政体制的实施在很大程度上提高了经济发达地区县级财政的实力，但对大部分欠发达县（市）而言，省县“二八”增量分成的财政倾斜模式，尚无法充分发挥其效力。因为欠发达县（市）的增量收入增长有限，难以起到大幅提高其财政实力的作用。与此相反，原先“市管县”的财政体制解体以后，各地中心城市不再对所辖欠发达县（市）负有财政上的支持义务，有的甚至还会借助行政力量与所属县（市）争夺财源，如丽水市对所辖莲都区优质企业的划拨。这种情况一方面使得省管县的新财政分配体制无法有效促进欠发达县财力有效增长，政策初衷难以实现，另一方面又取消了市级财政的转移支付，减少了县级财政的筹资渠道，劳动保障平台建设筹资渠道更显单一。在整体财政吃紧的情况下，基层劳动保障机构建设经费难以有效落实，欠发达地区机构建设进度滞后，一定程度上制约了基层劳动保障平台建设的平衡发展。

5. 考核因素

目前对各地基层劳动保障平台的评价考核以“六到位”的完成情况为主。因此，各地区都把主要精力放在组织建设上，而对平台是否真正发挥了作用、平台服务质量如何、平台信息化程度如何等硬性指标之外的建设重视程度不够。特别是全省尚未设立一个统一的领导和协调机构，未出台关于基层劳动保障平台建设的指导性意见，也未制定出有约束力的阶段性工作目标和相关的奖励和惩罚机制，因此基层劳动保障平台建设除“六到位”以外的许多方面差强人意。尤其是乡镇、村级劳动保障机构的工作更加被动，离公共服务型政府的要求仍有较大差距。

五、完善基层劳动保障平台的对策建议

（一）指导思想与总体目标

坚持以科学发展观为统领，认真贯彻党的十七大和省第十二次党代会精神，坚决执行中央宏观调控政策，扎实推进“创业富民、创新强省”总战略，积极实施“全面小康六大行动计划”，高度重视经济运行中遇到的困难和危机，紧紧围绕劳动就业和社会保障两大涉及改善民生的主题，建立基层劳动保障平台，以促进社会和谐。基层劳动保障平台建设总体目标是，以“六到位”为目标，逐步建立完善一个覆盖城乡、惠及全民，区域均衡、配置合理，功能广泛、服务高效，队伍健全、信息共享的一流公共就业和社会保障平台。努力推动基本公共服务均等化，按分步实施、稳步推进的思路，争取到 2012 年，建立覆盖城乡、惠及全民、具有浙江特色的一流的基层劳动保障平台服务体系，为推进和建设和谐浙江服务。

（二）基本原则

1. 立足公平，惠及全民

以满足城乡居民日益增长的劳动就业和社会保障服务需求为出发点，合理公平地配置公益事业资源，统一全省基层劳动保障平台服务底线标准。本着“关注民生、重视民生、保障民生、改善民生”的宗旨，把工作重心放在全省村级劳动保障平台建设上，同时注重人力、物力向欠发达地区倾斜，实现全省统一、公平的基层劳动保障平台。

2. 统筹规划，协调运作

从整个系统功能的增强和拓展着眼，统筹规划，边建边理，理顺各方面关系，搞好各项工作的衔接，提高协调运作能力，打造一个有机联系、职责明确、新的功能不断增强和拓展的基层劳动保障平台。

3. 因地制宜，分步实施

要以基层社区、街道、乡镇、村为建设单位，以各地经济社会发展的现实为基础，以财力承受能力为条件，从各地实际需要出发，本着多层次、可持续的原则，尽力而为，量力而行，重点

先行，分步实施。

4. 拓展职能，优化服务

要从目前职能比较单一的局面，逐步向更多职能领域拓展并提升服务水平。不仅仅是工作职能的简单延伸，更要拓展工作内容，变革工作方法，转型工作机制。要切合当前劳动就业形势变化快和劳动保障目标对象不断扩大的需求，开拓新的服务项目，让有限的公益事业资源发挥出最大最好的功效，以确保广大群众特别是农村和欠发达地区群众、弱势群体能人人享受到基本劳动就业和社会保障服务。

5. 明晰目标，条块打造

要以“六到位”为基层劳动保障平台建设目标，条块打造。以各级财政分担的方式落实基层劳动保障平台建设经费，以灵活机动的方式解决机构人员问题，以标准设置为要求保证工作场所，同时，制定基础管理的工作制度，最后要对所有建设好的基层劳动保障平台进行评估验收，并实现信息联网。逐步建立起一支有统一领导组织、统一机构名称、统一工作制度和多渠道经费来源、多方式人员招聘、有足够工作场地的各级基层劳动保障平台队伍。

（三）具体对策建议

1. 加强政府推动作用，统一协调全省基层劳动保障平台建设

加强基层劳动保障平台建设是全面贯彻落实省委、省政府全面改善民生的一项重要举措。各级政府特别是市、县（区）政府应以“大部制”机构改革和乡镇机构改革为契机，抓住基层政府机构改革，重点是转变政府职能、构建服务型政府的有利时机，进一步明确劳动保障工作在“构建和谐社会、创建平安浙江”、实施“全面小康六大行动计划”战略中的重要地位，充分认识加强基层劳动保障平台建设的重要性、紧迫性、必要性，确立政府在基层劳动保障平台建设中的主导地位，协调各相关职能部门，出台相关政策，为基层劳动保障平台建设提供必要的人、财、物等基础保障，推动全省基层劳动保障平台建设的协调和可持续发展。同时，省级劳动保障行政部门，要明确由相关职能部门负责指导全省基层劳动保障平台建设，根据浙江省劳动保障事业发展规划，对全省基层劳动保障平台建设进行总体布局，整体规划，提出建设方案和措施，加强对各市、县（区）的统一协调和督促，促进全省基层劳动保障平台建设的平衡发展。

2. 规范平台建设标准，落实组织、制度建设

根据“六到位”的要求，制定全省基层劳动保障平台建设指导意见，明确机构设置、名称、职能、人员、编制、经费保障等，并要求各地切实予以落实，把基层劳动保障平台建设列入各级政府劳动保障工作目标考核体系。各市、县劳动保障行政部门要积极争取编制、财政等部门的支持，结合各地实际，因地制宜，共同研究制定基层劳动保障平台机构设置方案。基层劳动保障平台机构要明确为纯公益类事业单位；人员可按乡镇、街道每1万常住人口配备1名工作人员的比例核定编制（最低不少于2名），社区（村）可按每3 000常住人口配备1名工作人员的比例核定编制；工作人员的工资福利待遇和增长机制可参照事业单位有关政策执行，实行聘用制；工作经费由各级财政根据工作量予以落实和保障。健全基层劳动保障平台的机构管理机制，以减少基层劳动保障平台建设的阻力、顺畅当地劳动保障事业发展为最终目标，省里不搞“一刀切”，各地可以根据当地实际情况，择优选择“条条管理”“块块管理”“条块结合”等不同的管理模式。

同时，要以加快发展为统领，以服务型平台建设为目标，制定基层劳动保障平台建设工作实绩考核办法，建立激励奖惩措施；要明确基层劳动保障平台专门的分管领导，做到权、事分离，责任到人；要加强科学考核，努力提高基层劳动保障平台领导岗位的吸引力；要表彰奖励那些一心一意为基层劳动保障事业作出贡献的基层干部，切实解决干好干坏一个样的问题。

3. 进一步拓展平台建设

要在继续巩固现有发展优势的基础上，围绕各地劳动保障事业发展的需要继续延伸平台建设，同时，在完善现有基层劳动保障平台工作职能的基础上拓展服务项目，提升服务质量，使基层劳动保障平台建设标准化、管理规范化、服务最优化、范围广覆盖，使每一个老百姓都能充分享受到良好的劳动保障公共服务，共享改革发展的成果。

一是建设“领头雁”队伍，促进平台建设。树立先进典型，充分发挥先进地区带动落后地区的作用，充分体现“领头雁”对平台建设的推动作用。如请杭州市、宁波市等基层劳动保障平台建设做得好的地区，介绍在制度建设、人员配置、资金来源、基础设施、业务能力等方面取得的建设经验，采取“领头雁”现身说法的方法，对相对落后地区进行引导和帮扶，以此推动全省基层劳动保障平台建设。

二是强化内部队伍建设。要建立完善的工作人员考试录用、培训上岗制度和竞争机制，把德才兼备、年轻有为，服务意识强、真心诚意为民办实事的各类人才选录到基层劳动保障平台工作人员队伍中来，选优配强配好基层工作人员，以适应当前劳动保障工作政策性强、工作量大、服务对象广的特点。同时，平时要经常加强对在岗工作人员的政治思想教育和政策法规、业务能力的培训，提高工作人员的综合素质，健全各项规章制度和服务流程，将“学业务、强素质、增能力”作为内部队伍建设的目标，并纳入年度工作目标考核。

三是不断拓展工作职能。基层劳动保障平台要在当地政府和上级劳动保障部门的指导下，根据各地劳动保障事业发展的需要，不断拓展各项劳动保障业务。要继续为本地城乡劳动者提供公共就业服务，承担并完成上级劳动保障部门下达的各项工作任务，拓展贴近当地群众需求的劳动保障服务项目，建立健全就业再就业、开发社区岗位、企事业单位退休人员社会化管理和服务，开展劳动事务关系的代理和服务、农村劳动力的开发和转移、人力资源调查、劳动保障基本信息动态维护，落实就业帮扶政策。同时，加快“金保工程”的推进速度，在基层劳动保障平台开展“农村医保”“农民土保”“城乡一体化低保”等服务，把劳动保障各项工作内容逐步一一充实进基层劳动保障平台。

四是延伸平台建设。针对当前村级劳动保障平台建设薄弱，就业和社会保障工作向农村延伸，以及当前经济形势下农民工返乡的实际，要高度重视村级劳动保障平台建设，加强对村级劳动保障平台建设的投入，确保城乡统筹就业和社会保障工作落到实处。

4. 多渠道筹措资金，确保工作经费落实到位

经费缺乏保障是当前各地基层劳动保障平台在建设过程中遇到的比较普遍的问题，也是影响基层劳动保障平台作用发挥的根本所在。省级劳动保障行政部门要积极争取财政等相关部门的支持，确立政府购买服务的理念，结合本省实际，制定出相关的政策措施，促进各级财政加大对基层劳动保障平台的支持力度，增加经费投入，建立通畅的资金使用渠道和机制，提高资金使用效率。

一是建设的经费来源要纳入财政预算。各级政府应当将基层劳动保障平台建设经费纳入同级财政正常的预算支出范围，合理确定经费基数并及时下拨，保障机构正常开展工作。

二是利用专项经费充实基层劳动保障平台工作经费。根据浙江省基层劳动保障平台的工作实际，对历年积累下来的失业保险基金和再就业资金等专项经费，研究并提出扩大使用支出范围，充实基层劳动保障平台工作经费的使用办法，报经省政府批准执行。

三是对困难地区进行直接补贴。地方财政确有困难的县市以及劳动保障工作压力特别大的地区，其基层劳动保障平台机构的开办费、办公费、工作人员工资待遇等，可由省级劳动保障行政

部门商省财政部门同意后在“省级再就业资金”中给予补贴。

四是允许基层劳动保障平台采用灵活多样的资金筹措办法。对于基层劳动保障平台建设经费不足的地区，允许其通过经营性收入弥补正常工作经费不足。如温州市推行“经纪人”模式，即在开发社区就业岗位的同时，通过经济活动筹措一部分资金补充基层劳动保障平台的工作经费。

5. 强化基层劳动保障平台信息化建设

按照“金保工程”建设“数据向上集中，服务向下延伸”的思想，构建基层劳动保障平台，实现基层劳动保障平台的“数据集中、服务下延、全省联网、信息共享”。

一是制定基层劳动保障平台信息化建设规划，平衡城乡发展。明确中长期基层劳动保障平台信息化建设的工作重点，制订具体的工作计划，加快城乡统筹发展。按照“城市抓深化、撤村建居抓接轨、农村抓推进”的总体思路，城市基层劳动保障平台信息化要注重完善深化，农村基层劳动保障平台信息化要从打实基础、逐步推进着手，加快向城市化转变的进程。

二是健全基层劳动保障平台信息化建设和管理机制。要建立基层劳动保障平台信息化领导机制，建立信息化工作机构，明确各自职责；健全财政投入机制，将基层劳动保障平台信息化列入财政预算，保障网络线路、系统维护和运行等经费，保障基层劳动保障平台信息化不断发展。

三是推广统一应用软件，推进信息网络向基层延伸。争取到2012年年底，实现全省基层劳动保障平台使用统一的应用软件；扩大市域网的覆盖率，完善纵贯市（县、区）、街道、社区的信息网络，逐步向各乡镇和村延伸。同时，还要建立基层劳动保障平台信息网络管理规定和规范，明确职责。

四是加强信息化培训，建设一支专业队伍。明确维护网络、数据应用、信息整合、安全保障等职责；要对基层劳动保障平台的工作人员加强信息化培训，定期举办信息培训班，提高其计算机和宽带网络技术水平，建立一支专（兼）职技术人员队伍。各地要加强对基层劳动保障平台信息化的技术支持和指导；加大信息技术普及力度，利用多种宣传方式，普及基层劳动保障平台工作人员的信息化知识，提高其信息化应用能力。

工会在劳动关系中的作用：基于浙江省的实证分析

姚先国　李敏　韩军

我国的工会并非如有些人所以为的那样形同虚设，而是确实有助于改善劳动关系，从工资回报到各项福利，工会都在一定程度上提升了劳动者利益。此外，实证研究也表明：很多雇主也乐意在企业设立工会以及给工会拨付经费，增强企业凝聚力，从而提高生产效率。总体来看，教育和技能水平越高的企业越倾向于设立工会，而且会员覆盖率也比较高。企业工会覆盖率对于企业平均工资有非常积极的影响。工会对职工教育费、劳动和待业保险费、养老保险和医疗保险费的作用也有显著的积极影响。在企业住房公积金和住房补贴、福利费方面，工会也都起到了正面的作用。

一、引言

近年来，我国的劳动力市场发生了巨大的变化，目前，大多数企业都可以在符合《劳动法》《劳动合同法》等相关法律的前提下自由决策用工问题。而在经济转型时期和国际金融动荡中出现的很多问题，包括下岗、失业、劳动合同、工资报酬、社会保险等，也使得劳动关系的重要性更加突出。此外，时有发生的劳动争议方面的群体性事件，也是劳动关系发生矛盾的集中体现。近年来，我国企业的劳资纠纷持续上升。国家统计局数字显示，1994—2003 年，劳资纠纷由 1.9 万件增长为 22.6 万件，参与劳资纠纷的总人数由 7.78 万人增长为 80 万人。两个数字都增长逾 10 倍。浙江省的劳动争议案件数量也呈逐年上升趋势，全省劳动争议案件总量由 1995 年的 1 204 件剧增至 2006 年的 21 036 件，增长近 16.5 倍（李敏、乐君杰　2008）。

在国内外迄今为止的研究中，关于工会组织对工会成员的劳动经济权益的保护、劳资关系的改善方面的作用，还存在着很大的差异。M. Friedman 等学者认为，由于工会的垄断性质，工会组织会严重阻碍劳动力市场的资源配置效率，恶化非工会成员的劳动条件。而以 Hirschman（1970，1973）为代表的部分学者则认为在企业的内部劳动力市场，通过绩效考核等人为的资源调整机制，可以比市场价格机制更为有效地配置劳动力资源。他们从人力资本，以及由劳资双方的信息不对称所引起的逆向选择、道德风险等角度论证了工会组织在维持长期和谐的劳资关系，提高企业生产效率上具有极其重要的作用（乐君杰　2007）。此外，从既往研究的实证分析结果来看，Blanch Flower 和 Bryson 认为欧美国家的工会组织对员工的工资福利等具有显著的正效应(2004)，川口大司、原博美认为日本的工会组织对员工工资福利的作用则没有统一的结论(2007)。这个结果可能与欧美国家的工会组织以联合工会、行业工会为主，而日本的工会组织多为企业内工会这一事实相关。

Mary E. Gallagher（2004）指出不平等和分级是劳动关系的特征，这种不平等的关系通常通过工人组织起来的方式（如工会）进行调整。即从个体看，无论是在资源占有还是讨价还价能力上，工人都是弱者，其个体行动方式不足以维护和争取自身的利益，而通过组织强有力的工会，可以形成对雇主的抗衡能力。这也使得工会的主要目的被视为改善工会成员在货币与非货币方面的就业条件。工会就雇佣工人的各方面条件与雇主进行谈判，包括工资、福利、工作条件，雇主在雇佣、加班、工作安排、晋升以及解雇等方面的政策，以及劳资间一旦发生争议所采取的解决方式等（胡建国　2006）。

在工会对于工人劳动报酬的影响方面，Richard Freeman 和 James Medoff（1984）的研究表明，在美国，工会工人的工资要比那些非工会工人的工资高出 10%～20%；Barry T. Hirsch 和 David A. Macpherson（1994）也指出，美国私营部门工会工人与非工会工人的工资差距大约是 19%，而同一时期公营部门为 10%～12%，私营部门工会所带来的相对工资优势要比公营部门大。也就是说工会能有效地维护与提高劳动者的劳动报酬。在英国、原联邦德国、奥地利等国也存在相似的情况。

在工会对于劳动者福利报酬的影响上，Richard Freeman 和 William Alpert（1982）的研究分别都表明，与非工会化企业相比，工会化企业中的雇员福利以及雇员福利在劳动报酬中所占的比例都要高一些。在工会对企业民主的影响方面，Richard Freeman 和 James Medoff 的研究认为，工会通过在工人和资方之间建立起正式的沟通渠道，潜在地提供了一种使雇主和雇员可以更为有效地就工作场所中的各种政策和程序进行沟通的机制。

不过，在工会对就业的影响上，以往的许多研究认为，工会在提高了工会会员的工资水平和雇员的福利水平的同时，对就业产生了负面影响。Jonathan S. Leonard（1992）的研究发现，与非工会化企业相比，工会化企业的就业增长率每年要低 2%～4%，这也导致了工会比例的下降。在加拿大和英国等国进行的研究也发现，工会对就业具有类似的影响。

总的来看，以往的研究表明，在西方国家劳动关系治理中，工会在改善工会成员收入和就业条件方面取得了一定成效。这也从一个角度解释了近几十年来西方国家劳动关系趋于缓和的现象（胡建国　2006）。

目前，关于我国工会对劳动关系作用的高水平研究不多，已有文献也是以案例和论证为主，缺乏足够的实证支持。焦晶（2006）通过对 48 家企业调研，指出有 1/3 的员工认为没有工会也可以保障自身权益，认为名义工会远远大于实际工会的存在。尽管对工会目前发挥的作用存在种种不满，但多数人（70.1%）仍对工会充满期待。在设有工会的企业职员中，超过半数的人认为设有工会代表着该企业拥有更好的企业文化，劳资关系更和谐。中国青年报和腾讯网新闻中心（2006）对 4 747 名员工雇佣状况进行的联合调查表明：71.6%的员工认为“工会是绝对必要的，但作用还没有完全发挥出来”。这一结论恐怕是当前我国企业工会履行职能的客观反映。第六次全国私营企业抽样调查结论之一，就是建立工会的私营企业雇工的年工资要比没有建立工会的私营企业雇工的工资平均高出近 1 000 元。不过需要指出的是，这一结论没有将因工会化而造成的工资差别与因个人特点和所在产业及职位的不同而造成的工资差别区分开来。也就是说，工会与非工会私营企业工人的工资差异有可能是由于工会的作用造成，但是更有可能是由企业差别造成的。

浙江大学劳动保障和公共政策研究中心（LEPP）“理顺劳动关系、创建和谐企业”课题组于 2007 年 4—5 月在浙江省实施企业问卷调查和职工问卷调查，就工会对劳动关系的作用进行了分析，发现工会并非形同虚设，而是确实起到了改善劳动关系的作用。从工资回报到各项福利，工会都在一定程度上提升了员工利益。同时，实证研究还表明，资方也乐意设立工会以及给工会拨付经费，因为工会改善了劳动关系，增强了企业凝聚力，从而提高了生产效率（乐君杰、李敏2007）。

本文将从各个角度对于工会进行详尽的分析：什么样的企业更可能设立工会？工会会员有没有额外的回报？工会在改善员工福利方面到底起了怎样的作用？本文的主要贡献在于：使用全新的具有完全代表性的经济普查数据，首次对于为什么设立工会、哪些人参加工会、工会的作用等问题进行了全面系统的实证分析，从而弥补了以往文献对于这个问题进行科学实证分析的不足。通过这些细致的实证分析，我们希望通过工会的发展现状全面了解劳动关系，并提出合理的政策建议。

本文余下部分的框架如下：第二部分描述使用的数据；第三部分讨论什么样的企业倾向于设立工会；第四部分考察工会会员有没有额外的回报，如果有，大概为多少；第五部分分析了工会是否会对于工人福利产生影响；最后是结论和讨论。

二、数据

本文使用的数据来自浙江省 2004 年经济普查。由于是普查数据，意味着本文结论具有完全代表性。虽然这是浙江省数据，但是由于浙江经济在全国处于领先地位，也出现了一些劳动关系方面的先发问题，所以本文结论对于其他省份和地区具有参考价值。

2004 年浙江省经济普查对象是第二和第三产业所有行业的全部法人单位、产业活动单位和个体户。普查内容涉及单位基本属性、就业人员、财务状况、生产经营情况、生产能力、原材料和能源消耗、科技活动情况等。普查机构采取随机抽查与重点抽查相结合的办法，进行事前、事中和事后的质量控制与检验，并且按照规定对普查数据进行分析评估，从而确保了普查数据的质量。

在确保数据质量的前提下，本文结论可以非常准确地衡量浙江省企业工会的各方面情况。下一部分我们首先讨论到底什么样的企业会倾向于设立工会，以及工会覆盖率受哪些因素影响。

三、企业设立工会情况以及工会的覆盖率

（一）企业设立工会情况

根据普查数据，企业设立工会的比例约为 17.1%，个人参加工会的比例约为 12.5%。这两个数字的差异来自于大小企业设立工会的情况不同，而且每个企业内部工会的覆盖率都不尽相同。那么是哪些因素影响企业设立工会情况以及工会在工人中的覆盖率呢？本文将通过估计一个 Probit 模型来回答上述问题。模型设定如下：

$$\Pr(y = 1 \mid x) = \phi(xb)$$

y 指是否设立工会（设立为 1，不设立为 0），ϕ 是标准正态分布累计函数。x 为解释变量，包括企业不同教育水平比例、技术职称比例、技术等级比例、企业所有制、员工数、企业年龄及其平方、企业技术（采用人均拥有计算机数量来衡量）、经营状态和企业的行业类型。b 是估计系数。

根据计量结果，可以看出企业是否设立工会和多项因素显著相关，下面逐一讨论。

教育：综合来看，员工学历水平构成里面，学历水平越高的企业越可能设立工会。一个例外就是研究生以上学历呈现显著负面影响，即使是控制了所有制行业。这个结果看似奇怪实则正常，因为研究生以上学历者在企业大都从事地位和收入较高的工作，通过工会来获取权益的动力不强。毕竟研究生学历以上的人懂得通过法律等途径来保护自己的权益，所以研究生学历以上的人越多的企业设立工会的可能性越小。

技术职称和等级：从技术职称来看，高职称员工比例越大的企业，设立工会的可能性越大；而技术等级虽然总体上也是等级高员工比例越大企业设立工会的可能性越大，但是对于高级技师却是负面影响，技师也是不显著影响。造成这种现象的原因和教育最高比例的负面影响类似：高技能人才的企业地位、收入相对较高，自己的能力也相对较强，较少通过工会来维护自己的权益。

所有制：以公有制作为比较组，按照一般理解，公有制企业最可能设立工会，但是结果不尽然。从回归结果来看，私营企业确实显著负面影响，为－0.08左右。但是港澳台企业和外资企业却是显著正面影响，这意味着港澳台企业和外资企业比公有制企业更可能设立工会，它们比公有制企业更希望通过工会活动等增强企业凝聚力。这是企业自身增强生产效率的需要。

企业规模和企业年龄：总体来看，企业规模越大，越倾向于设立工会，这是容易理解的。因为规模大的企业对管理的要求越高，更需要工会来协调劳资关系。同时，大企业提高企业凝聚力，也需要借助于工会组织。企业年龄对于设立工会则是正向影响，意味着企业历史越悠久，设立工会的边际意愿虽然为正，但是递减。历史悠久的企业更可能设立工会，新生企业反而设立工会的意愿略低。

企业技术：研究中借助人均拥有计算机数量作为企业技术的替代变量。通过回归结果，发现企业技术革新对于工会设立也有正面影响。当然，这个变量具有一定内生性，有可能是因为设立了工会，企业更可能去满足工人要求来提高技术，多配置计算机设备。但是无论如何，技术进步和劳动关系还是紧密联系、互相促进的。

（二）工会的覆盖率

以上研究表明，工会的设定受多方面因素影响，有的合乎预期，有的出乎意料。这也正是为什么本文需要采用一套完全有代表性的数据来进行实证分析：有时候主观想象是不准确的。那么工会在工人中的覆盖率又是怎样的呢？本文采用了和企业设立工会情况相同的解释变量，但是被解释变量换成企业的工会覆盖率：就是该企业参加工会人数除以企业总员工数，如果该企业未设立工会，那么相应的，该企业工会覆盖率为0。至于回归方法，我们也相应调整为普通最小二乘法（OLS）。

研究发现，影响工会覆盖率的因素和前述是否设立工会的因素类似。这也意味着我们对于为什么设立和参加工会的分析结果是非常稳健的（robust），当然系数会稍有差异。此外，高中教育比例也呈现非常正面的影响。除了最高的研究生以上教育水平以外，别的教育水平影响的层次感更强：系数随教育正向增长，意味着教育水平越高，工会覆盖率越大。应当说，两个类似的结果完全支持了本文的观点，而且说明本文的结果比较可信，不是因为测量误差（measurement error）等而造成的。在考察了企业设立工会和工会总体覆盖率以后，我们来分析工会本身对于员工工资有什么影响。

四、工会会员的工资回报

（一）工会覆盖率对企业平均工资的影响

国外研究显示，工会有正向的工资回报（Linneman　1982；Card　1996），国内学者的研究也得出了类似结论（胡建国、刘金伟，2006）。那么工会会员到底有没有回报？我们通过代表性的经济普查数据来测试一下，模型设定为：

$$\ln(W) = G\alpha + X\beta + \varepsilon$$

其中W代表企业平均工资，G代表该企业工会覆盖率，X代表其他解释变量，譬如企业不同教育水平比例，技术职称比例，技术等级比例，企业所有制、员工数、企业年龄及其平方，企业技术，经营状态和企业的行业类型。方法依然是OLS，我们的做法和以前不同就在于：我们使用企业层面的数据来探讨企业工会覆盖率对于企业平均工资的影响，而并非以往那些个人参加工会的工资回报。以往分析有个很明显的问题，即工会这个变量具有内生性，因为工人有可能为了更高工资而选择参加工会。通过企业层面的分析，消除了内生性问题。

回归结果表明：企业工会覆盖率对于企业平均工资有较大的正面影响，一个企业工会覆盖率多1%的话，其平均工资一般也会高0.12%。这个结果基本符合实际情况。

（二）其他因素对企业平均工资的影响

首先来看教育对于平均工资的影响。教育显然有正向影响：教育水平越高，平均工资也相应增加。研究生、本科生、大专生、高中生相对于初中生以及以下水平的回报依次为：0.44、0.54、0.19和0.04。总体而言，高水平教育回报明显高于低水平教育回报。由于研究生多为年轻人，而本科生各年龄层都有，所以可能造成研究生回报反而低于本科生的情况。但是总体结果差别并非很大，所以基本符合实际情况。

再来看企业所有制对于平均工资的影响。相对于公有制企业，私营企业平均工资在控制了其他因素的情况下，低3%。仅就员工工资水平来说，公有制企业似乎比私营企业更有优势。港澳台企业和外资企业的工资相对于公有制企业而言，就非常具有竞争力，分别高19.4%和25.6%。

有的观点认为中国的工会形同虚设，只是组织文体娱乐活动而已。那么工会在工人实质性福利，譬如职工教育、劳动、待业保险、住房公积金和住房补贴以及其他福利方面究竟有没有影响呢?

五、工会对于员工福利的影响

因为数据所限，本文只分析规模以上工业企业的工会对于员工福利的影响。但是总体来看，对于规模以上工业企业的分析也同样可以推广到其他类似企业。事实上，参加工会的员工主要集中在规模以上工业企业，所以我们的结论一样具有参考价值。

（一）不同类型企业工会经费情况

回归方法和工会覆盖率对企业平均工资的影响类似，被解释变量也都取了常用对数。需要说明的是：我们控制了员工人数，在此情况下，相当于控制了企业规模，虽然被解释变量采用的是总金额，但是回归结果和被解释变量采用人均金额的情况是一致的。下面我们来看工会支出和工会覆盖率的关系。

由于只有规模以上企业才提供工会经费情况，我们只考虑设有工会的规模以上企业，结果发现工会经费和工会覆盖率完全正相关，这符合预期结果。即便是控制了工会覆盖率，我们发现教育、技术依然对于工会经费有显著影响，说明两个企业哪怕工会覆盖率和企业规模乃至于行业等变量一样，教育和技能构成仍然直接影响工会发展的程度：总体来说，教育和技能水平越高，该企业越重视工会，工会发展越健全。

同样，我们看到即便是其余相关变量尤其是工会覆盖率已经控制的情况下，私营企业相对而言不太重视工会，工会在私营企业并没有得到很有效的发展。港澳台企业的工会支出相对公有制企业而言是非显著的正向影响，相对公有制企业而言，外资企业的工会支出大大增加，这也说明外资企业对于工会作用的重视。外资企业可以达到更有效率的生产，获得更高的工资，甚至在比公有制等企业劳动强度大得多的情况下也能改善劳资关系。就这方面而言，工会的作用功不可没。

从工会经费可以看出一个企业工会的受重视程度以及发展情况，那么工会力量对于员工真正的福利等方面有没有影响?既然以往很多观点认为我国的工会形同虚设，那么理应对于工人福利状况没有实质性影响，只是偶尔组织文体娱乐活动等等的话，不会影响到员工培训、社会保障、住房及其他福利。那么事实是否如此呢？我们需要通过实证来考察一下。实证模型依然和前面相同，只是被解释变量换成了各种福利的自然对数。

（二）工会对员工社会保险的影响

用前述类似方法分析，结果说明：工会对职工的教育费、劳动和待业保险费、养老保险和医疗保险费的作用很明显，在保障工人利益方面也起了非常积极的作用。通过实证研究我们发现以往关于工会的认识存在误解，事实上工会不仅仅组织活动，而且也是干了实事的。在培训员工、保障员工利益方面起了很重要的作用。但对于这三类福利来说，工会起的作用又不尽相同：职工教育费作用最小，劳动和待业保险费比较高，而养老保险和医疗保险费最高。这说明工会在保障员工最有效的利益方面起的作用最大。

在企业住房公积金和住房补贴、福利费方面，工会也都起到了非常正向的作用，其中对住房公积金和住房补贴的作用最大，甚至超过了工会对于职工教育费，劳动、待业保险费，养老保险和医疗保险费的影响。综上所述，工会并非形同虚设，虽然我们观察不到工会是否代表劳方利益来和资方谈判，但是从福利方面来判断，我们还是发现工会起了不可忽略的作用。

综上所述，工会在中国的作用不容忽视，虽然其职责和西方不同，但是在保障工人利益方面，还是起了不可忽视的作用。通过这几部分的分析，我们也得出了一些很有趣的结论，有些合乎预期，有些则截然相反。在我们对于我国工会有了一定印象之后，我们将在下一部分对于分析得出的结论提出相关政策建议。

六、结论与讨论

本文通过研究2004年浙江省经济普查数据，对工会在劳动关系方面的作用进行了详尽的分析。主要结论如下：

工会并非如有些人所认为的那样形同虚设，而是确实起到了改善劳动关系的作用。从工资回报到各项福利，工会都在一定程度上提升了员工利益。此外，本文的实证研究还表明，资方也乐意设立工会以及给工会拨付经费，因为工会改善了劳动关系，增强了企业凝聚力，从而提高了生产效率。

总体来看，教育和技能水平越高的企业越倾向于设立工会，而且员工覆盖率也比较高。港澳台和外资企业比公有制企业更可能设立工会，因为港澳台和外资企业比公有制企业更强调企业凝聚力，通过工会活动恰恰可以增强企业凝聚力。

企业工会覆盖率对于企业平均工资有非常正面的影响。教育水平越高，平均工资也相应增加。相对于公有制企业，私营企业平均工资在控制了其他因素的情况下，低3%。港澳台企业和外资企业的工资相对于公有制企业而言，就非常具有竞争力，分别高19.4%和25.6%。与公有制企业和外资企业相比，私营企业在工资方面存在明显差异，因此在人才吸引力方面还有很大差距，仍然需要改进。

工会经费和工会覆盖率完全正相关。总的来说，教育和技能水平越高，该企业的工会越重视工会工作，工会发展越健全。私营企业相对而言不太重视工会。港澳台企业的工会支出相对公有制企业而言是非显著的正向影响，相对公有制企业而言，外资企业的工会支出大大增加，这也说明外资企业对于工会作用的重视。虽然工会在中国有其特殊性，但是处理得好同样可以促进劳动关系和谐，从而达到提高效率的目的。

工会对职工的教育费、劳动和待业保险费、养老保险和医疗保险费的作用有很明显的正向影响，但对于员工这三类福利来说，工会起的作用不尽相同：职工教育费作用最小，劳动和待业保险费比较高，而养老保险和医疗保险费最高。在企业住房公积金和住房补贴、福利费方面，工会也都起到了非常正向的作用，其中对住房公积金和住房补贴的作用最大，甚至超过了工会对于职工教育费，劳动、待业保险费，养老保险和医疗保险费的影响。

伴随着中国经济转型，工会的职能也发生了重大变化。虽然现在很多企业尤其是国有企业的工会仍然保留一些计划经济时代的工会特征，但是总体来看，工会的职能已经不再主要是组织文娱活动了，而是或多或少地转变为为工人谋福利，协调劳动关系，增强企业的凝聚力。当然，中国工会仍然任重而道远。此次研究采用了普查数据进行统计分析，所以对于研究结果比较有信心，分析过程中也尽量做到了客观。但是数据信息方面的不足以及研究本身的疏忽也可能导致某些结果不尽如人意，希望各位同仁能够给予批评和指正，同时也希望有更多的学者能够参与到工会相关理论的实证研究中来。

附件：

表 1　　企业是否设立工会的 Probit 估计（设立为 1，不设立为 0）

	(1)	(2)	(3)	(4)
教育（初中以下为比较组）				
研究生及以上学历人员比例	−1.331	−0.569	−0.662	−0.796
	(5.11)***	(1.74)*	(1.92)*	(2.27)**
大学本科人员比例	−0.053	0.33	0.373	0.326
	−0.82	(4.04)***	(4.30)***	(3.70)***
大专人员比例	−0.35	0.155	0.199	0.228
	(10.04)***	(3.57)***	(4.36)***	(4.93)***
高中人员比例	−0.235	−0.062	−0.012	0.009
	(16.23)***	(3.79)***	−0.7	−0.53
专业技术职称（无职称为比较组）				
高级	0.793	0.702	0.608	0.582
	(6.19)***	(4.81)***	(4.11)***	(3.91)***
中级	0.48	0.485	0.443	0.418
	(7.42)***	(6.59)***	(5.90)***	(5.53)***
初级	0.754	0.604	0.579	0.571
	(21.17)***	(15.48)***	(14.67)***	(14.36)***
技术等级（无技术等级为比较组）				
高级技师	−0.516	−0.502	−0.496	−0.523
	(1.98)**	(1.75)*	(1.72)*	(1.82)*
技师	0.167	−0.05	−0.096	−0.018
	−1.22	−0.33	−0.63	−0.12
高级工	1.081	0.676	0.619	0.693
	(9.66)***	(5.46)***	(4.93)***	(5.51)***
中级工	0.524	0.266	0.217	0.253
	(10.02)***	(4.66)***	(3.77)***	(4.39)***
初级工	0.183	0.12	0.099	0.107
	(7.80)***	(4.80)***	(3.92)***	(4.23)***

续表

所有制（公有制为比较组）				
私营	−0.399	−0.07	−0.08	−0.085
	(48.60)***	(7.44)***	(8.37)***	(8.82)***
港澳台	0.275	0.17	0.162	0.139
	(14.63)***	(7.87)***	(7.45)***	(6.35)***
外资	0.238	0.174	0.161	0.147
	(12.64)***	(8.02)***	(7.41)***	(6.71)***
员工数		0.004	0.004	0.004
		(108.66)***	(105.11)***	(102.32)***
企业年龄		0.055	0.056	0.057
		(58.98)***	(59.93)***	(59.72)***
企业年龄平方		0	0	−0.001
		(24.11)***	(23.92)***	(24.19)***
人均拥有计算机量			0.066	0.084
			(3.93)***	(5.15)***
营业状态	否	否	是	是
行业类型	否	否	否	是
常数项	−0.675	−1.438	−1.089	−0.776
	(82.31)***	(123.47)***	(5.03)***	(1.68)*
观察值数量	188 632	178 933	178 919	178 915

注：括号内为 t 检验值的绝对值。* 表明在 10% 的水平上显著，** 表明在 5% 的水平上显著，*** 表明在 1% 的水平上显著。

表 2　　工会覆盖率的 OLS 估计

	(1)	(2)	(3)	(4)
教育（初中以下为比较组）				
研究生及以上学历人员比例	−0.165	−0.065	−0.065	−0.087
	(4.26)***	−1.23	−1.23	(1.65)*
大学本科人员比例	0.013	0.103	0.105	0.091
	−1.07	(6.83)***	(6.88)***	(5.98)***
大专人员比例	−0.042	0.036	0.037	0.038
	(6.88)***	(4.71)***	(4.81)***	(4.92)***
高中人员比例	−0.024	0	0.009	0.011
	(9.38)***	−0.08	(3.12)***	(3.72)***
专业技术职称（无职称为比较组）				
高级	0.129	0.114	0.096	0.089
	(4.90)***	(3.99)***	(3.39)***	(3.13)***
中级	0.101	0.096	0.086	0.08
	(7.88)***	(6.82)***	(6.12)***	(5.73)***

续表

	(1)	(2)	(3)	(4)
初级	0.18	0.144	0.137	0.13
	(24.29)***	(18.97)***	(17.98)***	(17.17)***
技术等级（无技术等级为比较组）				
高级技师	−0.117	−0.127	−0.128	−0.135
	(2.46)**	(2.56)**	(2.59)***	(2.74)***
技师	0.051	0.02	0.014	0.027
	(1.90)*	−0.75	−0.51	−0.98
高级工	0.267	0.203	0.191	0.205
	(11.10)***	(8.28)***	(7.80)***	(8.36)***
中级工	0.12	0.077	0.069	0.076
	(11.03)***	(7.05)***	(6.33)***	(6.93)***
初级工	0.033	0.023	0.02	0.02
	(6.92)***	(4.99)***	(4.24)***	(4.27)***
所有制（公有制为比较组）				
私营	−0.076	−0.015	−0.016	−0.016
	(46.05)***	(8.26)***	(9.12)***	(8.91)***
港澳台	0.04	0.067	0.064	0.059
	(9.84)***	(15.39)***	(14.75)***	(13.59)***
外资	0.034	0.065	0.061	0.059
	(8.38)***	(14.95)***	(14.14)***	(13.49)***
员工数		0	0	0
		(73.55)***	(71.87)***	(70.65)***
企业年龄		0.011	0.011	0.011
		(59.35)***	(60.05)***	(59.42)***
企业年龄平方		0	0	0
		(15.42)***	(15.57)***	(15.88)***
人均拥有计算机量			0.015	0.02
			(4.26)***	(5.56)***
营业状态	否	否	是	是
行业类型	否	否	否	是
常数项	0.166	0.049	0.144	0.128
	(100.28)***	(23.26)***	(3.25)***	0
观察值数量	187 948	178 250	178 237	178 237
R平方	0.03	0.09	0.1	0.1

注：括号内为t检验值的绝对值。*表明在10%的水平上显著，**表明在5%的水平上显著，***表明在1%的水平上显著。

表 3　　工会工资回报的 OLS 估计

	(1)	(2)	(3)	(4)
工会覆盖率	0.166	0.13	0.124	0.121
	(56.94)***	(43.43)***	(41.78)***	(40.85)***
教育（初中以下为比较组）				
研究生及以上学历人员比例	0.357	0.456	0.425	0.442
	(5.91)***	(6.52)***	(6.09)***	(6.37)***
大学本科人员比例	0.524	0.593	0.553	0.543
	(27.70)***	(28.91)***	(26.83)***	(26.34)***
大专人员比例	0.138	0.213	0.199	0.192
	(14.48)***	(20.49)***	(19.02)***	(18.42)***
高中人员比例	0.02	0.043	0.046	0.038
	(5.52)***	(11.43)***	(12.25)***	(10.23)***
专业技术职称（无职称为比较组）				
高级	0.181	0.15	0.127	0.108
	(5.10)***	(4.11)***	(3.50)***	(2.99)***
中级	0.052	0.039	0.028	0.024
	(2.95)***	(2.15)**	−1.58	−1.34
初级	0.111	0.098	0.092	0.086
	(11.50)***	(10.12)***	(9.59)***	(8.93)***
技术等级（无技术等级为比较组）				
高级技师	0.063	0.031	0.029	0.008
	−0.99	−0.49	−0.46	−0.13
技师	−0.007	−0.043	−0.042	−0.038
	−0.21	−1.23	−1.21	−1.12
高级工	0.186	0.155	0.137	0.116
	(5.95)***	(4.95)***	(4.40)***	(3.73)***
中级工	0.094	0.07	0.063	0.05
	(6.75)***	(5.08)***	(4.57)***	(3.62)***
初级工	0.008	0.003	0.001	−0.003
	−1.3	−0.54	−0.13	−0.44
所有制（公有制为比较组）				
私营	−0.056	−0.034	−0.035	−0.03
	(26.06)***	(14.98)***	(15.50)***	(13.20)***
港澳台	0.185	0.188	0.185	0.194
	(34.39)***	(34.11)***	(33.75)***	(35.40)***
外资	0.243	0.25	0.245	0.256
	(45.64)***	(45.57)***	(44.93)***	(46.91)***
员工数		0	0	0

续表

	(1)	(2)	(3)	(4)
		(37.04)***	(36.40)***	(37.65)***
企业年龄		0.004	0.004	0.004
		(16.64)***	(17.36)***	(17.15)***
企业年龄平方		0	0	0
		(8.98)***	(9.17)***	(9.02)***
人均拥有计算机量			0.079	0.076
			(17.04)***	(16.44)***
营业状态	否	否	是	是
行业类型	否	否	否	是
常数项	2.267	2.225	2.244	2.211
	(1 028.22)***	(820.49)***	(39.94)***	0
观察值数量	177 015	173 798	173 785	173 785
R 平方	0.08	0.09	0.1	0.11

注：括号内为 t 检验值的绝对值。* 表明在 10% 的水平上显著，** 表明在 5% 的水平上显著，*** 表明在 1% 的水平上显著。

表 4　　工会经费的 OLS 估计［被解释变量：log（企业工会经费）］

	(1)	(2)	(3)	(4)	(5)
工会覆盖率		0.511	0.442	0.441	0.431
		(17.32)***	(16.04)***	(15.95)***	(15.57)***
教育（初中以下为比较组）					
研究生及以上学历人员比例	1.121	1.134	0.886	0.58	1.087
	−0.81	−0.82	−0.69	−0.45	−0.84
大学本科人员比例	3.173	3.102	2.485	2.299	2.253
	(10.16)***	(9.93)***	(8.58)***	(7.49)***	(7.30)***
大专人员比例	1.771	1.701	1.73	1.68	1.581
	(9.20)***	(8.77)***	(9.64)***	(9.20)***	(8.56)***
高中人员比例	0.564	0.509	0.508	0.504	0.481
	(9.33)***	(8.39)***	(9.04)***	(8.95)***	(8.48)***
专业技术职称（无职称为比较组）					
高级	−2.246	−2.093	−1.152	−1.247	−1.086
	(3.75)***	(3.51)***	(2.09)**	(2.25)**	(1.96)**
中级	0.097	−0.183	0.302	0.283	0.25
	−0.29	−0.54	−0.97	−0.91	−0.8
初级	0.502	0.286	0.281	0.267	0.186
	(3.12)***	(1.77)*	(1.88)*	(1.78)*	−1.24
技术等级（无技术等级为比较组）					
高级技师	0.418	1.335	1.215	1.317	1.533

续表

	(1)	(2)	(3)	(4)	(5)
	−0.36	−1.17	−1.15	−1.24	−1.45
技师	0.598	0.621	0.653	0.685	0.782
	−1.02	−1.06	−1.2	−1.26	−1.44
高级工	1.149	1.036	0.296	0.305	0.226
	(3.02)***	(2.61)***	−0.81	−0.82	−0.61
中级工	1.321	1.218	0.876	0.862	0.791
	(7.14)***	(6.52)***	(5.05)***	(4.97)***	(4.55)***
初级工	−0.001	−0.013	0.019	0.024	0.02
	−0.01	−0.16	−0.26	−0.32	−0.27
所有制（公有制为比较组）					
私营	−0.543	−0.51	−0.349	−0.348	−0.337
	(22.08)***	(20.68)***	(14.78)***	(14.71)***	(14.11)***
港澳台	0.06	0.078	0.056	0.055	0.054
	−1.41	(1.82)*	−1.4	−1.36	−1.32
外资	0.194	0.206	0.16	0.157	0.169
	(4.54)***	(4.80)***	(3.96)***	(3.89)***	(4.14)***
员工数			0.001	0.001	0.001
			(53.18)***	(53.15)***	(52.17)***
企业年龄			0.016	0.016	0.014
			(6.47)***	(6.52)***	(5.77)***
企业年龄平方			0	0	0
			−0.42	−0.34	−0.41
人均拥有计算机量				0.185	0.069
				(1.78)*	−0.64
营业状态	否	否	否	是	是
行业类型	否	否	否	否	是
常数项	2.359	2.08	1.634	0.8	−0.543
	(91.08)***	(68.78)***	(49.15)***	(1.76)*	−0.51
观察值数量	19 001	18 709	18 707	18 702	18 702
R 平方	0.1	0.11	0.24	0.24	0.25

注：括号内为 t 检验值的绝对值。* 表明在 10% 的水平上显著，** 表明在 5% 的水平上显著，*** 表明在 1% 的水平上显著。

表 5　　职工教育费，劳动、待业保险费，养老保险和医疗保险费的 OLS 估计

（被解释变量：相应变量取自然对数）

	(1)	(2)	(3)
	职工教育费	劳动、待业保险费	养老保险和医疗保险费
工会覆盖率	0.364	0.603	0.730

续表

	(1)	(2)	(3)
	(16.80)***	(21.01)***	(42.63)***
教育（初中以下为比较组）			
研究生及以上学历人员比例	1.004	−1.46	0.456
	−1.17	−1.39	−0.67
大学本科人员比例	1.893	2.296	2.187
	(8.19)***	(8.04)***	(11.71)***
大专人员比例	0.843	1.256	0.73
	(5.81)***	(6.81)***	(6.24)***
高中人员比例	0.362	0.514	0.324
	(7.77)***	(8.57)***	(8.92)***
专业技术职称（无职称为比较组）			
高级	−0.306	−1.836	−0.597
	−0.73	(3.45)***	(1.65)*
中级	−0.569	0.05	−0.159
	(2.33)**	−0.16	−0.82
初级	0.025	0.716	0.663
	−0.21	(4.47)***	(6.85)***
技术等级（无技术等级为比较组）			
高级技师	0.412	0.787	−3.401
	−0.48	−0.7	(4.43)***
技师	0.325	0.568	−0.062
	−0.74	−0.96	−0.17
高级工	0.777	0.781	0.797
	(2.65)***	(2.13)**	(3.10)***
中级工	0.495	0.715	0.561
	(3.40)***	(3.87)***	(4.69)***
初级工	−0.033	−0.073	−0.157
	−0.52	−0.9	(3.16)***
所有制（公有制为比较组）			
私营	−0.105	−0.353	−0.321
	(5.14)***	(12.84)***	(19.39)***
港澳台	−0.256	−0.015	0.22
	(7.16)***	−0.37	(8.38)***
外资	−0.119	0.063	0.252
	(3.48)***	−1.57	(9.65)***
员工数	0.001	0.001	0.002
	(56.12)***	(45.23)***	(74.18)***

续表

	(1)	(2)	(3)
企业年龄	0.019	0.029	0.048
	(8.92)***	(11.71)***	(29.11)***
企业年龄平方	0	0	0
	(3.52)***	−0.04	(10.82)***
人均拥有计算机量	0.001	0.116	0.286
	−0.01	−1.11	(4.00)***
营业状态	是	是	是
行业类型	是	是	是
常数项	−0.126	3.303	0.983
	−0.16	(4.08)***	−1.16
观察值数量	21 226	16 038	31 351
R 平方	0.21	0.29	0.36

注：括号内为 *t* 检验值的绝对值。* 表明在 10% 的水平上显著，** 表明在 5% 的水平上显著，*** 表明在 1% 的水平上显著。

表 6　　住房公积金和住房补贴、福利费的 OLS 估计

（被解释变量：相应变量取自然对数）

	(1)	(2)
	住房公积金和住房补贴	福利费
工会覆盖率	1.004	0.411
	(14.95)***	(28.13)***
教育（初中以下为比较组）		
研究生及以上学历人员比例	−5.037	1.084
	(3.25)***	(1.85)*
大学本科人员比例	3.208	1.99
	(7.42)***	(12.63)***
大专人员比例	0.363	0.458
	−1.13	(4.77)***
高中人员比例	0.228	0.11
	(1.68)*	(3.64)***
专业技术职称（无职称为比较组）		
高级	−2.662	−0.74
	(2.82)***	(2.57)**
中级	−0.484	−0.401
	−0.92	(2.51)**
初级	0.221	−0.008
	−0.81	−0.1
技术等级（无技术等级为比较组）		
高级技师	−6.51	−0.204

续表

	(1)	(2)
	(2.30)**	−0.36
技师	−0.008	0.161
	−0.01	−0.51
高级工	0.484	0.574
	−0.95	(2.68)***
中级工	1.441	0.482
	(4.71)***	(4.78)***
初级工	−0.288	0.011
	−1.53	−0.27
所有制（公有制为比较组）		
私营	−0.587	−0.174
	(8.34)***	(12.58)***
港澳台	−0.133	−0.285
	−1.58	(12.15)***
外资	0.286	−0.222
	(3.74)***	(9.52)***
员工数	0.001	0.002
	(20.43)***	(95.39)***
企业年龄	0.035	0.02
	(8.59)***	(13.90)***
企业年龄平方	0	0
	(3.80)***	(5.86)***
人均拥有计算机量	0.317	−0.329
	(2.10)**	(5.61)***
营业状态	是	是
行业类型	是	是
常数项	1.306	1.949
	−0.77	(2.99)***
观察值数量	3 353	38 638
R 平方	0.41	0.28

注：括号内为 t 检验值的绝对值。* 表明在10%的水平上显著，** 表明在5%的水平上显著，*** 表明在1%的水平上显著。

社会保险需要把握“两个适度”

何文炯

经过20多年的改革探索，我国社会保险制度已经实现了基本转型，初步建立起与社会主义市场经济体制相适应的新型社会保险体系。在地方政府和各部门的共同努力下，随着各项政策措施的到位，社会保险基金状况有了明显的改善。最近几年，各地社会保险基金结余数量增加，基金支付能力增强，而且在部分地区增长很快。这当然是一件好事情。

然而，2008年年初以来，随着《劳动合同法》的全面实施，社会保险覆盖面扩大，加上近期其他生产要素成本的提高，企业普遍反映负担过重，要求降低社会保险中用人单位缴费比率的呼声渐高。与此同时，社会保险基金结余规模持续增大，但现阶段基金投资渠道不畅，基金保值增值困难。而且，个别地区出现了一种耐人寻味的现象：基本养老保险做实个人账户后，统筹基金出现亏空，只好依靠贷款支付养老金，而贷款利率高于个人账户基金的投资回报率。这就促使我们不得不思考这样一个非常现实的问题：在现阶段，社会保险基金结余规模何为适度？社会保险费率何为适当？

笔者认为，在社会保险基金尚未实现全国统筹的背景下，对于社会保险的某一统筹地区而言，决策者应当从经济社会发展的全局思考问题，应当以全社会利益最大化为目标，在保证社会保险基金有足够偿付能力的前提下，合理确定社会保险基金结余的规模，科学厘定社会保险费率，把用人单位的社会保险费负担和劳动力成本控制在一个适度的水平，以保持经济的活力，从而实现社会保险基金征收与支付的可持续，并使社会保险这一公共风险管理制度的运行成本最小化。

一、现行社会保险费率偏高

目前，我国企业职工社会保险有基本养老保险、基本医疗保险、失业保险、工伤保险、生育保险五个险种。按照现行政策，基本养老保险个人缴费8%，用人单位缴费费率一般为20%；基本医疗保险个人缴费2%，用人单位缴费一般为7%左右；失业保险个人缴费1%，用人单位缴费2%；工伤保险个人不缴费，用人单位费率综合折算为1%～1.5%；生育保险个人不缴费，用人单位费率为0.5%～1%。由此可见，用人单位社会保险缴费费率在30%以上。

从国际上的情况看，这样的费率水平属于很高的。以社会养老保险为例，韩国社会养老保险缴费标准为：用人单位和劳动者个人各缴10%～11%。老龄化程度比我们高的日本，其缴费标准也是用人单位和劳动者个人各缴11%～12%。

导致我国现阶段社会保险费率（尤其是基本养老保险费率）偏高的原因有：

一是社会保险制度转轨不彻底，部分项目待遇设置偏高，导致费率偏高。现行社会保险制度脱胎于原先为国有、集体企业而设置的劳动保险制度，而在当初“社会保险制度改革为国有企业改革配套”的思路指导之下，新制度设计者较多地考虑了原国有、集体企业职工在新制度中的权益，而新制度对于民营企业、农民工的适应性考虑不足，因而导致社会保险费率居高不下，既增加了用人单位的负担，又影响到用人单位和劳动者参保的积极性，从而影响到社会保险覆盖面的扩大。

二是历史债务未能妥善处理，导致目前在职一代人的社会保险负担沉重。随着新的社会保险制度的实施，社会保险制度的历史债务显性化了，尤其是社会养老保险和社会医疗保险。当时政策制定者的意图是想让新制度在运转过程中自行消化历史债务，而不采取其他处理措施。这就使得当代在职人员既要为自己未来的保障储备资金，又要为原制度下的退休人员全额支付保障金，形成双重负担。这也是现阶段用人单位缴费费率偏高的一个重要因素。近10年来，新的社会保险制度在运行过程中，确实已经消化了一部分历史债务，但仍然还有相当一部分有待解决。

三是社会保险待遇调整不规范。在现行体制和制度下，社会保险待遇调整机制有缺陷。例如，近几年国家多次大幅度调高企业退休职工养老金待遇，使得基本养老金增长具有较强的不确定性，这种临时的、跳跃性的支出对于社会保险基金构成很大的压力，最终结果是导致社会保险费率提高。

四是缴费行为不规范，缴费基数不实，导致费率虚高。缴费基数是影响社会保险基金收入的重要因素。但是，据我们调查，目前社会保险缴费基数不实的现象普遍存在。据有关部门估计，目前各地社会保险基数综合打折率在50%～70%。所以，社会保险费率虚高现象严重。

社会保险费率如此之高，不仅造成企业负担过重，而且影响了企业和职工参保的积极性，影响着社会保险覆盖面的扩大，还引致了瞒报缴费基数等不规范行为。

二、社会保险基金积累问题再认识

虽然某些地区的社会保险基金支付存在一定的困难，但总体上看，近几年全国社会保险基金运行状况良好，且某些险种、某些地区的基金积累甚多。对此，学界和有关部门已有一些讨论。事实上，造成基金积累增加的原因是多方面的，这里，我们重点从筹资模式的视角做一些讨论。

根据现行制度，基本养老保险制度和基本医疗保险制度采用社会统筹与个人账户相结合的部分积累制筹资模式，失业保险、工伤保险和生育保险则采用现收现付制筹资模式。

从这几年制度运行的情况看，失业保险、工伤保险和生育保险基金积累均较多，可能与这几年就业状况的好转、制度覆盖面扩大以及制度规定的给付条件掌握等有关。而基本医疗保险基金积累的增加，其中一部分积累属于个人账户基金的积累，这是制度设计时就考虑到的。对于统筹基金的积累增加，有人认为主要是待遇控制过紧造成的，据此建议提高这一制度的待遇标准。我们认为，这主要是因为最近几年参保人群结构好转所致，所以，不宜盲目提高基本医疗保险待遇。然而，毕竟这些社会保险基金形成了较多的积累，如何优化制度、如何保值增值，就成为需要研究的重要问题。

近几年来，基本养老保险基金积累也有很大增加，这与制度改进（个人账户规模缩小，强调做实个人账户等）、参保人数增加、参保人群结构改善等因素有关。但如果将统筹基金和个人账户基金统算，即考虑完全做实个人账户，则多数地区的基金仍然是赤字。这就促使我们重新考虑这种筹资模式的科学性与合理性。

最早提出“统账结合”思路的是《中共中央关于建立社会主义市场经济体制若干问题的决定》，其中提出：“城镇职工养老和医疗保险金由单位和个人共同负担，实行社会统筹和个人账户相结合。”新制度运行十多年之后，我们有必要重新思考：“统账结合”是某一个制度的筹资模式，还是一个制度体系的筹资模式？事实上，在同一筹资原则下，制度设计者对于基本养老保险和基本医疗保险制度采用了两种不同的筹资模式。

在基本养老保险制度中，统筹账户要为个人账户“兜底”。基本养老保险基金由统筹基金和个人账户基金两部分构成，其中：个人账户基金采用完全积累制筹资模式，类似于储蓄存款，由参保人个人缴费及其投资回报形成；统筹基金采用现收现付制筹资模式，资金主要来源于用人单位缴费，其基本要求是“以支定收，略有结余”；个人账户基金不足时，由统筹基金支付。从实施结果看，基本养老保险基金运行出现了一系列问题，尤其是个人账户空账问题近年来讨论甚多。

而在基本医疗保险制度中，统筹基金与个人账户基金是严格分离的。从某种意义上说，类似于两个制度的基金。从实施结果看，除个别地区外，基本医疗保险个人账户结余甚多。于是，引出了对于基本医疗保险个人账户功能的再讨论。

近几年，政府已经确定逐步做实基本养老保险个人账户。但是，学界和有关部门对于要不要做实、能不能做实、如何做实个人账户依然还在热烈讨论。事实上，做实个人账户是基本养老保险制度设计的要求，有利于应对人口老龄化的挑战，有利于实现部分积累的制度模式，也有利于基本养老保险关系的转移和接续。然而，就目前情况看，我们对于个人账户空账的制度风险与个人账户做实后的基金贬值风险研究不够，有效的对策还不多。

我们认为，做实基本养老保险个人账户，需要充分考虑下列因素：一是财政的支持能力。因为导致基本养老保险个人账户空账的一个重要因素是历史债务未能妥善处理，而历史债务是政府的责任，需要财政对基本养老保险基金有相应的投入。因此，要做实个人账户，各地就必须先看看当地财政有没有这个能力，有多大的能力？二是用人单位的缴费能力。前已论及，目前用人单位社会保险费率已经较高，且近期企业经营尤为困难，估计一时还难以改观。因此，提高费率或者增加企业缴费的空间并不大。三是社会保险基金的投资回报率。从这几年的实际情况看，社会保险的投资回报率并不高。主要原因是基金投资环境不佳、政府对于社会保险基金投资的限制较多所致。

因此，在社会保险基金投资渠道不多、回报率不高的现阶段，我国社会保险制度能不能积累起较多的基金，有没有必要积累较多的基金，就成为值得探讨的问题。

三、把握“两个适度”，优化社会保险制度和政策

根据前面的讨论，把握“两个适度”对于社会保险制度的健康运行，乃至促进经济健康发展，都具有重要意义。要把握“两个适度”，需要有制度的保障，而把握“两个适度”，则是优化社会保险制度和有关政策的原则。

（一）明确各方责任，优化制度体系

面对一系列难以解决的问题，我们认为，需要重新认识制度设计的科学合理性。事实上，社会保障是全社会共同的事业，因此，需要合理界定政府、用人单位、劳动者和社会成员个人的责任，充分发挥市场机制的作用，建立多层次风险保障体系。社会保险是政府运用保险方式为社会成员遭遇风险提供基本经济保障的一项社会保障制度，所以，必须坚持“广覆盖、保基本、可持续”的原则。

前已指出，现行社会保险制度的部分项目待遇设置偏高，违背了“保基本”的原则，因而导致费率过高，并影响覆盖面的扩大，也影响到制度的可持续性。事实上，只有保基本，才能广覆盖；只有保基本，才能可持续。

这里我们以社会养老保险制度为例进行讨论。从筹资模式看，“统账结合”是不是一定体现于某一个制度，是值得讨论的。我们认为，根据2005年国务院对于基本养老保险制度改革的新政策，如果能够做实个人账户，则可以对现行基本养老保险制度作重大调整，将统筹基金与个人账户基金彻底分离，使之演变成为两个制度：国民年金制度（制度A）＋账户式养老保险制度（制度B），即建立覆盖城乡居民、保障基本生活的国民基础养老保险制度（或国民年金制度），并在此基础上建立养老保险个人账户，其中工薪劳动者强制缴纳，其他人员自愿缴纳，可以自由转移。近几年，应当积极创造条件，逐步实现基本养老保险制度向新制度的过渡。

（二）适度降低费率，优化筹资结构

根据我们对部分地区的精算分析，假定现行制度不做重大调整，虽然社会保险基金未来支付风险依然存在，但由于老龄化高峰尚未到达，现阶段可以适度降低部分社会保险项目的用人单位缴费费率，使得社会保险基金结余规模保持适度水平，并使用人单位的社会保险费负担趋于合理、社会保险基金的筹资结构得以优化。为此，需要创造以下条件：

1. 进一步扩大社会保险覆盖面，以改善参保人员结构。尽管这几年社会保险覆盖面不断扩大，但是，离“应保尽保”还有一定的距离。事实上，参保率是影响参保人群结构从而影响基金状况乃至费率的重要因素。因此，无论从保障劳动者权益还是从实现社会保险全覆盖的角度，都需要加大力度，尽快实现社会保险的应保尽保。

2. 完善多渠道筹资机制。按照社会保险的基本原理，社会保险基金应当由国家、用人单位和职工三者共同负担，而从近几年的实践看，这一局面尚未真正形成。为了使社会保险制度长期持续健康运行，必须探索建立稳定、多元的筹资机制。建立财政对于社会保险基金投入的刚性约束机制，明确财政支出中一定比率直接用于社会保险。同时，通过土地出让收益、国有股权分红、国有资产处理收入和预算外资金集中等渠道筹措注入社会保险基金。

3. 妥善处理历史债务。社会保险制度转轨过程中日益显现的历史债务问题，如不妥善处理，则将影响社会保险制度的健康运行。建议各地对于历史债务进行一次估算，并根据本地实际提出化解方案。基本原则是，部分由财政负责落实，部分继续通过制度运行逐步消化，建议明确一个比例。

4. 适当增强省级调剂基金的功能。由于社会保险基金全国统筹近期难以实现，而且省级统筹也未必能够很快全部做到，需要适当增强省级调剂基金的功能，尤其是在适度降低社会保险费率之后，各统筹地区之间的基金状况差距会拉大。因此，在调整费率的同时，需要增强省级统筹调剂力度。建议适当增强省级调剂基金的功能，适度扩大省级调剂基金的规模。

（三）规范缴费行为，优化竞争环境

缴费基数是影响社会保险基金收入的重要因素。因此，规范基金征缴行为，夯实缴费基数是降低费率并保证基金支付能力的关键。而且，这对保证制度执行的公平性，并营造公平竞争的区域经济发展环境也有十分重要的作用。但是，目前缴费基数不实的现象普遍存在，所以，应当加大力度规范缴费行为，加快做实缴费基数。

做实社会保险缴费基数，关键在于合理确定工资基数。这就要对原先的工资确认方法进行修改和完善。要根据工资的基本含义，把属于劳动报酬而未被列入的项目补充进去。同时，要注意兼顾社会保险费征收与加强工资调控的需要，兼顾其他相关领域的政策。新的确认工资的方法要便于实际操作，提高征收效率，节约征收成本，并在实践中逐步改进完善。

（四）科学厘定费率，优化管理机制

按照社会保险原理，用人单位缴费费率的合理厘定是保证制度持续健康运行的重要工作。这些年，我们主要强调了费率的稳定性，今后，我们要努力建立科学的社会保险费率确定机制，使得费率既可适当调整又保持相对稳定。据此建议：

1. 建立精算制度。精算学是社会保险的科学基础，也是基金风险管理的有力工具。要运用精算学科学确定费率，计提责任准备金，并进行风险评估。因此，要规范社会保险统计工作，对统计数据进行科学分析。

2. 加强基金风险预警。社会保险关乎每一位劳动者的切身利益，需要加强对社会保险基金的可持续性研究，进行基金的中长期风险预警。

3. 研究社会保险综合费率。按照现行制度，各险种的费率由不同的机构独立确定，而且费用收取后建立不同的基金，互相不能调剂使用。从一定意义上说，这种管理体制降低了资金的使用效益。所以，我们需要研究改进这种体制，逐步向社会保险综合费率方向发展。

促进我国城乡经济协调发展的制度创新

——保障农民就业，提高农民收入

张明龙　杨剑

党的十六届四中全会明确提出，要不断提高构建社会主义和谐社会的能力，并强调适应我国社会深刻变化，把和谐社会建设摆在重要位置。建立和谐社会，要求社会不同阶层和群体之间具有协调的利益关系，要求不同区域之间的经济发展保持均衡状态。但是，我国当前的社会经济和区域发展还面临着诸多“不和谐”“不协调”的因素，其中一个突出表现就是城乡之间存在巨大差距。如何缩小城乡区域差距，调整好城乡关系，这不仅是农民群众的迫切要求，也是我国建设和谐社会进程中亟待解决的问题。缩小城乡差距是构建和谐社会的必由之路，也是确保区域经济协调发展和长久繁荣的自然选择。本文拟从制度创新角度，对如何促进我国城乡经济协调发展谈点浅见。

一、改革城乡分割的户籍制度，消除户口壁垒

我国现行的户籍制度，产生和发展于计划经济年代，是造成城乡分离制度的核心要素。许多加剧城乡分离的制度和政策，都是以它为基础的。它造成城乡经济不协调和劳动力转移的困难，随着市场经济的发展，已越来越成为社会进步的桎梏。因此，改革城乡分割的户籍制度，是一项迫在眉睫的任务。

（一）加强户籍立法工作

我国是《世界人权宣言》的缔约国之一，其中《公民权利和政治权利公约》第12条第1款规定：“合法处在一国领土内的每一个人在该领土内有权享受迁徙自由和选择住所的自由。”我国1954年制定的《宪法》中，也有“中华人民共和国公民有居住和迁徙的自由”的规定。但1958年修改宪法时，为了避免与城乡分割的户籍制度相冲突，废除了这一条款，后来就再也没有恢复过。因此，户籍制度改革，要从修改宪法开始，以国家根本大法的形式，保证公民有居住和迁徙的自由。为了适应市场经济的发展，我国从中央到地方出台了一系列关于户籍改革的法规、条例、办法和意见。它们虽然操作灵活方便，有利于更改，但过于分散，很不统一，有的还相互抵触，影响了实际效果。世界上许多国家都把户籍管理列为民法典的一部分，我国应当积极与国际接轨，尽快以民法典为基础制定《户籍法》，对公民的出生、居住、迁徙等管理作出明确的规定，从法律的角度保护公民的权益。所有公民都受同一个法律的管理，摈除一切特权和差异，真正实现城乡二元的户籍体制一元化。

（二）剥离附加在户籍制度上的其他制度

我国的户籍制度除了具有统计人口、证明身份的功能外，还附加了许多其他功能。它被当做

控制人口流动的工具，如控制农民进城。还被作为惩罚工具，如对一些违反规定的人取消城市户口，驱逐到农村，或者不给违反计划生育而出生的人落户口等。它还被作为向城市居民提供粮油供给、就业升学、养老保险、失业救济、社会保障等福利的依据。这些都是附加在户籍制度上不合理的制度，背离了户籍管理的初衷。把公民人为划分为城市居民和农村居民两部分，使农村居民处于弱势地位，造成城乡的分割和对立，这既缺乏公平又影响效率。同时，城市户口成为有价值的商品，导致设租、寻租等腐败行为的产生，对经济和社会的发展有着严重的不良影响。因此，要实现城乡户籍二元体制的一元化，必须剥离附加在户籍制度上其他各项制度，取消户口的物质化因素，恢复其用于人口统计的原本管理功能，使户籍制度只承担对人口的社会管理职能，不再发挥与社会待遇和社会福利相关的职能。教育、卫生、劳动就业、社会保障等一律与户口脱钩，做到户口面前人人平等，从而使城乡户口差别不再成为决定人们福利多少的重要因素。

（三）实现人口迁移准入制代替行政审批制

改革户籍制度的方法之一，是运用准入制代替行政审批制，以确认事实的办法来替代审查条件的办法，为人口的自由流动提供制度保障。目前，各国对迁移人口的注册登记，大都本着迁移自由的原则依法行事，实行“事后迁移”制度。这些国家公民迁移不受人为因素的影响，只要是有居住条件的迁入者，随时可向所在地人口管理部门申报常住人口。我国也应该建立统一的户口登记制度，以国际上通行的合法住所、稳定职业或收入来源等落户标准代替计划指标控制，进而保障人们居住迁徙的自由和权利。

（四）实行户籍管理的信息化

我国尚未建立全国统一的人口信息网络。人口信息查询存在一定区域差异，通常一个地区内容易获取信息，跨地区查询就比较麻烦，这不利于人口流动特别是农村剩余劳动力的转移。应该建立一种全国联网的户籍管理系统。第二代身份证就是一种很好的尝试，它以户籍登记制度为基础，以人口信息管理系统和公安计算机专网信息传输为依托，以非接触式IC芯片为证件信息载体，以密码技术为证件防伪核心，有易于计算机核查和使用方便等优点。第二代身份证的使用将促进个人身份认证系统的完善和人口管理的现代化。同时，要努力建设户籍管理上网工程，在互联网上开设办理居民身份证、户口登记、迁移等办证照的网页，让居民足不出户就可直接登录互联网下载申报表格和申报指南，为居民提供更为便捷的网络化服务。

二、统一城乡财政制度，加大财政对农业的支持

我国城乡分割的二元财政体制，是造成城乡居民收入差距扩大的重要原因之一，它具有明显的“城市偏向”特征。国家为城市居民在教育、卫生、社会保障，以及供水、供电、供暖、邮电通信和其他基础设施建设等方面提供的财政支出，农民通常是无法享受的。为了改变这种状况，中共十六大做出了“统筹城乡经济社会发展”的重大决策。根据城乡统筹发展的精神，我们必须尽快建立城乡统一的财政运行机制，出台城乡统一的财政政策，以缩小城乡居民收入差距。

（一）建立城乡统一的财政管理体制

改革城乡财政管理体制，加快城乡财政一体化步伐，理顺城乡财政关系，制定财政支持城乡经济协调发展规划，强化财政的宏观导向作用。国家要成立一个统筹城乡经济社会发展的领导机构，专门研究如何组织财政支持城乡经济协调发展，缩小城乡居民收入差距，并尽快制定相应的法规、政策，对城乡财政关系、城乡居民来自财政的福利性收入进行宏观调控和规范管理。

（二）加大财政对农业基础设施的投入

1. 我国农田水利设施老化破损严重，财政要及时出资进行整治和修复，并再建一些大中小

型规模配套的水利设施，为农业的丰收打下坚实的物质基础。同时，财政还要加大投入，继续治理大江大河，提高抵御自然灾害的能力；加强土壤沙化、盐碱化和涝洼地的改造，提高肥力；退耕还林、退牧还草、植树造林改善生态环境，治理水土流失。

2. 加快农村道路的建设。目前仍有部分农村没有通公路，有的连机耕路都未修成，严重影响了农副产品的外运和销售。多年来，农村道路建设，主要靠农民自筹资金。这对贫困地区的农民来说是一项沉重的负担，导致没钱修路，或者修了路但无力养护，而路况不好又影响农副产品销售，会在贫困境地越陷越深，如此形成恶性循环。所以，要把农民自己修村路，改变为由政府出资、农民出工共同修村路。

3. 大力发展农副产品及其加工品的专业市场。“建一方市场，富一方百姓”的经验告诉我们，专业化市场不仅为农村发展提供了市场信息，为生产要素供给和产品交换提供了机会，能够在较大范围内实现城乡资源优化配置，而且是促进农村劳动力转移和农民致富的重要途径。今后，政府应该大力支持农村专业市场建设，通过农副产品的集散和加工，促进农村剩余劳动力转移和农民增收。

（三）完善对农民的转移支付制度

近年来，我国农村税费改革取得了很大成就，在一定程度上减轻了农民负担，规范了农村分配关系，提高了农民收入。然而，农村税费改革也存在一些问题，其中突出表现是乡镇财政收入锐减，乡镇政府难以正常运转。为此，应根据事权与财权相对称的原则，中央和省两级政府应该加强对县乡级财政的转移支付力度，保证县乡政府有足够的资金提供必要的公共产品。当前，完善我国转移支付制度，宜着重做好以下工作：(1) 为了防止农村公共产品提供过程中出现加重农民负担的“三乱”现象，中央和地方政府要规范公共产品成本分摊方式。各级政府要进一步明确对地方公共产品投入的责任和分摊比例，并以法律形式固定下来。实行“以县为主”的农村公共产品供给体制，由各级政府共同负担，合理分摊。鉴于中央和省两级政府集中了绝大部分财力，农村公共产品投资主体重心应逐渐上移。对于财政匮乏、确实不足以提供公共产品的县乡两级政府，应通过规范化的转移支付或专项补助给予财政支持。与此同时，应该对转移支付的专项资金拨付进行科学的论证，并提高使用效率，并且要改变目前主要以政府政策为导向的专项资金拨款方式，以需要和可能为原则，充分考虑各地的公共产品供给实际需求，按照轻重缓急确定优先发展项目，提高资金从下达到投入使用过程的效率。(2) 建立和完善农村公共财政体制，通过加大转移支付，扶持农村义务教育、计划生育、消除贫困、保护环境等社会事业，改善农村中小型基础设施。(3) 合理选择转移支付形式。应当根据各县市的财政能力和发展潜力，采取合适的财政转移支付形式，使拨付资金和配套资金合理结合，并确定合理的配套比例。对于财力薄弱的县市，应采取全额拨款形式，不必由其提供配套资金，或配套比例应尽量降低。对于经济实力较强的县市，则应采取全额配套形式，甚至要求配套资金大于拨付资金，以鼓励地方政府增加公共产品供给投入的积极性。

（四）完善农业的财政性及其他投融资方式

1. 完善农业投融资渠道。畅通的投融资渠道，是确保农业可持续发展有稳定资金来源的重要保证。首先，合理划分中央与地方政府的筹资分工，切实按照《农业法》的规定，在安排财政支农资金时，确保财政每年对农业投入的增长幅度高于国家财政经常收入增长幅度。其次，政府要发挥自身投融资具有长期性、全局性、整体性、带动性的优势，着重建设大型农业生产项目，以及大中型农业水利工程等基础设施，用来增强农业发展的后劲和实力。最后，政府应广开筹资门路，投放财政信贷支农资金，加强招商引资，吸引外资、侨资和港澳台资金投入农业。

2. 优化农业投融资机制。健全的投融资机制和良好的投融资环境，有利于吸引资金投入农业，稳定农业资金来源和有效运用农业资金。

3. 优化农业投融资结构。调整和优化农业投融资结构的关键，在于合理安排农业资金投向。要把扶贫专用资金用于那些对农民增收有立竿见影效果的项目。其他财政性投融资，要支持粮食生产、支持商品粮基地和农产品基地建设，提高规模经营效益，支持农业基础设施的整治和建设、中低产田的改良。要支持自然资源的开发利用和生态工程建设，支持主导产业和支柱产业，支持名特优农产品生产、加工和储运，促进农业产业化。要支持农业科学技术的研究、开发和推广，依靠农业科学技术进步，提高农业生产力。还要支持农村公路、电网等基础设施建设以及农村人口工程建设，尽快提高农村人才素质。

三、统一城乡税收制度，切实减轻农民负担

税收是政府执行收入分配职能的主要工具之一。随着社会主义市场经济的发展，统一城乡税制被提到议事日程，这也是缩小城乡居民收入差距的客观要求。实行城乡统一的税收体制，来自农业的税收总量将有较大幅度下降，农民的税收负担也会相应减轻。

（一）让农业税成为历史

统一城乡税制的一个重要步骤是取消农业税。我国以往实行的农业税是二元经济的产物，它以基于土地使用权之上的收益为课税对象，本质上不是税而是地租。它的计税依据为常年产量，不考虑农产品的商品率，且不做任何费用扣除。它的征收边界模糊，既有所得税的性质又有商品税的特征，不利于管理。更重要的是，农业税实际税率偏高，加重了农民负担，既不公平又无效率。就世界范围来说，没有哪一个国家设立单独的农业税。我国加入WTO后，农业税更是不合时宜。针对上述情况，我国自2004年开始，逐步降低农业税税率，并试行免征农业税。到2005年，已有28个省份免征农业税。据统计，免征农业税、取消除烟叶税外的农业特产税，可减轻农民负担500亿元左右。2005年第十届全国人大常委会第十九次会议通过决定，自2006年1月1日起废止《农业税条例》，这意味着在我国延续了2 000多年的农业税正式退出历史舞台。

（二）把农民的税收负担纳入相应的税收体系

农民作为一个社会阶层，应该有纳税义务。取消对农民单独征税的税种后，可以对农民征收所得税。由于我国大多数农户经营规模很小，农民又大都没有记账的习惯，如果对农民开征所得税，确实存在计税所得难以确定、征管困难、税收成本高等问题。从国外来看，对小规模农业经营者征收所得税也存在着同样的问题。国外解决这一问题的做法是采取农业标准课税法，即以确定的标准农业所得作为基准，结合土地面积情况计算农民的农业所得，作为课税的依据。由于个人所得税设置了免征额，可以将绝大多数农民排除在征税范围之外，只有农业生产规模化经营者才承担税负。取消农业税后，还可以把农产品税纳入增值税体系。由于农业生产单位规模普遍偏小，没有健全的核算体系，加之农业交易规模较小，农业增值税的征管同样也比较困难。从国外看，在对农业课征增值税时，都采取了减免税和其他一些特殊的照顾方法。如欧盟对农业实行统一的加价补偿法：在销售农产品时，按照所销售的农产品价格和统一加价补偿率，向农产品的消费者征收一定的加价额，作为农民在购买农业生产投入物时所支付的增值税款的补偿；拉丁美洲国家则实行农业零税率法，等等。总之，征收技术上的困难不应成为城乡统一税制的障碍。

（三）制定对农民的税收优惠政策

在统一的税制下，各国出于保护农业的考虑，都在税率和抵免等方面对农民制定了各种税收优惠政策。我国农民收入低、负担重，农村需要休养生息，对农民在税收政策上要有所倾斜，不

应把从农业中征税作为增加财政收入的来源。

四、推进社会保障制度创新，健全农村社会保障体系

城市居民可以享受医疗保险、失业保险、养老保险等国家提供的社会保障，而农民只能自己买单，本来收入就低于城市居民的农民为了养老、看病等问题，又要多付一笔不小的开支，更加扩大了城乡差距。为了缩小城乡差距，必须加快建立和完善农村社会保障体系。

（一）健全农村社会保障法律体系

社会保障是国家管理的一项社会事务，属于政府职能。建立健全社会保障的法律制度，使社会保障法制化，是社会保障健康发展的需要，也是政府依法行政的重要依据。因此，我国农村社会保障必须以法律为依据，约束农民、集体、国家的相关义务和权利，确保其健康、规范发展。目前，我国还没有社会保障的基本法，社会保障的单项法规和部门规章也不很完备。据此，现阶段社会保障立法应该把基本法放在首位，对社会保障的对象、范围、社会保障基金的筹集和管理、社会保障机构的设置、公民享受社会保障的程序、侵害公民社会保障权利行为的处置等作出具体的规定。同时，抓紧部门规章的制定和完善。无论是基本法还是部门规章，都必须加快立法进程，尽快改变社会保障立法滞后的现状。还要尽快制定农村社会保障方面的单项法规，如《农村社会保障法》《农村养老保险法》《农村社会救济法》等，依靠法律的强制力量推动农村社会保障制度的建设。

（二）多渠道筹措农村社会保障基金

1. 加大财政对农村社会保障的支持。各级财政用于农村社会保障的资金过少，是导致农村社会保障发展滞后的一个重要因素。所以，应该调整中央及地方各级财政的支出结构，提高农村社会保障支出在财政支出中的比重，并以专款专用形式，确保农村社会保障资金有效使用。中央财政与地方财政对农村社会保障的支持，可以有不同的侧重点。中央财政主要解决不同区域之间农村社会保障的差异问题，地方财政则主要解决本区域内农村社会保障发展的不平衡问题。

2. 开征农村社会保障税。农村社会保障税，是以符合条件的农民为纳税主体来设计的税收制度。它与以往的农业税不同，农业税是农民为全社会作贡献，农村社会保障税是农民为自己的生存、发展积累资金，从农民整体来说不构成新的负担。征收的农村社会保障税，应专户储存，作为农村社会保障基金的稳定来源。开征农村社会保障税，既表明政府履行了支持和发展农村社会保障的职责，又缓解了财政支出的压力。

3. 以土地换取保障金。调整现行的土地管理办法，把“用土地作保障”改变为“以土地换保障”。在工业化和城镇化进程中，创新土地转让方式，让农民获得合理的收益。一是为土地承包权设置一个类似于期权的法律权能，为实现劳动力转移的农民提供生活保障。在农民与他人达成土地转让协议的基础上，由拥有土地所有权的村集体作担保签订一个合同，其中一项重要内容是，受让方要支付给转让方一笔保障金，数额相当于15年的口粮，农民可以用这部分收入缴纳自己的社会保险费。二是政府适当提高农村被征用土地的补偿标准，并把补偿金的一部分打入农民养老保险的个人账户，使土地补偿收入成为农村社会保障基金的来源之一。

4. 动员社会力量为农村社会保障筹资。一是我国每年通过社会捐赠、义演等活动，筹集大量用于农村扶贫的资金。这部分资金，可以采取部分进入社会统筹账户的办法，充实农村社会保障基金。二是政府可以考虑在发行现有的社会福利彩票和体育彩票的基础上，统一管理，划定彩票统筹资金的各类用途，并确定一定比例，发行农村社会保障彩票，通过筹集民间资金，充实农村社会保障基金。三是借鉴世界上一些国家社会保障长期债券不还本、只付息的做法，发行社会保障长期债券，并使其成为筹集农村社会保障基金的途径之一。四是争取更多的国际捐助、社会集团捐款和个人捐款，并使部分所得款项进入农村社会养老保险基金。

（三）建立多层次的农村社会保障体系

目前，农村社会保障制度改革的重点是养老保险和医疗保障问题。在养老保险方面，应采取储备积累的方式，以个人账户为基础。有条件的地方，集体给予适当的补贴，政府在税收、基金保值增值等政策上给予优惠和扶持。在城乡一体化进程中，这种养老保险办法，可以同城镇养老保险的个人账户和企业年金自然融合。在医疗保险方面，继续走合作化医疗保健道路，加强村级卫生保健制度建设。在经济条件允许的地方，引入保险机制，建立以“家庭账户”为基础的农村医疗保险模式，形成一个与城市医疗保险制度接轨的有效接口。由于我国农村经济发展的不平衡，同一地区的不同村庄之间，同一村庄相邻农户之间的收入方式、收入水平存在很大差异。单一层次的社会保障体系很难照顾到各方面的要求。因此，应建立以基本社会保障为主体，乡村集体保障和家庭储蓄保障并存的多层次社会保障体系。基本社会保障由法律明确规定，包括社会救济、社会保险和社会福利等，不分所有制和所从事劳动的性质，人人都能享受。乡村集体保障，由乡村集体和企业根据自身经济能力为本社区群众和职工设立，所需资金从集体和企业所得税后利润中按一定比例提取，由社会保障机构管理，汇入个人账户储存。个人储蓄保障由劳动者根据家庭和个人情况自愿参加，自选投保机构，存取自由。

（四）建立全国统一的社会保障个人账户

全国统一的社会保障个人账户，能够促进城乡整合的社会保障体系的实现，同时也依赖于社会保障体系的城乡整合。为了便于管理，统一的社会保障个人账户账号，可以同身份号码相同，终身不变。个人在农村和城市企业之间流动，其个人账户积累的保险金可以随之划拨。劳动者流动到异地后，只要满足相应条件，就可以自动享有获得统筹保险的资格。当然，地区之间的个人账户缴费标准与可享受到的保险金收益存在差异。

浙江模式劳动关系

——自行协调、走向两利

徐小洪

在现行体制下，如何构建和谐劳动关系，浙江模式劳动关系为我们提供了一个范例。

一、浙江劳动关系状态基本评估

总体上说，浙江省劳动关系处于相对协调、和谐状态。

2007年，中国社会科学院《浙江经验与中国发展》课题报告对浙江劳动关系状态判断如下："与全国情况相比，浙江的劳动关系相对和谐一些。"其中一个较有说服力的论据是将劳动争议案件与国内生产总值间的关系进行比较。中国社会科学院课题组的结论是，与全国一样，浙江省的劳动争议案件呈两位数增长的趋势，而且浙江省劳动争议案件的年均增长速度比全国平均水平还要高几个百分点。但是，浙江省劳动争议案件数以及涉及劳动者人数占全国总数的比重，均明显低于浙江省生产总值占全国GDP的比重，亦即就单位GDP的劳动争议发生率来说，浙江省将会低于全国平均水平。单位GDP的劳动争议受理数，全国为1.9，浙江为1.35；单位GDP的劳动争议涉及劳动者人数，全国为5.59，浙江为2.40。具体比例见表1。

表1　　部分年份浙江省劳动争议仲裁委员会受理劳动争议案件及与全国比较

年份	案件受理数			案件涉及劳动者人数			国内生产总值		
	全国（件）	浙江（件）	浙占全国（%）	全国（人）	浙江（人）	浙占全国（%）	全国（亿元）	浙江（亿元）	浙占全国（%）
1996	47 951	1 691	3.5	189 120	3 892	2.1	67 884.6	4 146.1	6.1
1997	71 524	2 496	3.5	221 115	5 514	2.5	74 462.6	4 638.2	6.2
1999	12 019	15 568	4.6	473 957	20 376	4.3	82 067.5	5 364.9	6.5
2000	135 202	6 454	4.8	422 617	21 175	5.0	89 468.1	6 036.3	6.7
2001	154 621	8 902	5.8	467 150	18 575	4.0	97 314.8	6 700.0	6.9
2002	184 116	10 928	5.9	608 396	22 751	3.7	105 172.3	7 670.0	7.3
2003	226 391	12 263	5.4	801 042	2 293	2.8	117 390.2	9 200.0	7.8
2004	260 471	15 192	5.8	764 981	26 960	3.5	136 875.9	11 243.0	8.2
年均增长（%）	28.7	32.4	—	26.9	33.8	—	8.32	12.6	—

二、浙江模式劳动关系运行基本特点

浙江是我国私营经济最发达的省份，但劳资关系运行相对又是最和谐的，原因何在？

劳动关系运行可以从劳动关系参与者（劳方、资方、政府方）和劳动关系运行规则这两大方面进行分析。就这两方面来说，我们认为，浙江劳动关系运行的基本要素体现在以下方面："本土化"的资方，"商业化"原子状的劳方，少（适度）介入、"无为而治"的政府，"自然生成的"劳动关系运行规则，企业一体化的劳动关系，以效率为核心的劳动关系运行。这些要素运行形成了劳动双方自行协调、合作，走向两利、共赢、和谐的劳动关系运行体制。（由于篇幅有限，本文只分析其中两个特点）

（一）"本土化"的资本

1. 在沿海发达地区，本土的私营资本，浙江省的比重最高。2005 年，浙江省企业法人单位为 30.93 万个，私营企业 21.85 万个，占 70.7%，港澳台企业 0.62 万个，占 2.0%，外商投资企业 0.65 万个，占 2.1%，与沿海经济发达省份比较，见表 2 和表 3。

表 2　浙江与沿海经济发达省份资本性质比较　%

	广东	江苏	浙江
私营企业	46.7	60.97	70.7
港澳台企业	6.9	1.94	2.0
外资投资企业	2.6	2.32	2.1

表 3　港澳台企业、外商投资企业工人数浙江与沿海经济发达省份比较

	广东	福建	江苏	山东	上海	浙江
总数（万人）	299.4	161.0	125.5	122.3	69.6	98.2
占职工总数比例（%）	33.79	41.60	20.82	14.4	19.52	19.19

2. "本土资本"的本土性决定了它的长期行为。"本土资本"最主要的特点是地缘、血缘性，它继承、延续着当地历史文化遗产，有着广泛的家族性联系，它的历史的理想范式是成为中国的"乡土绅士"。所以，它具有长期行为的基础，企业经济、社会行为是长期运作。这一因素成为浙江劳动关系良性运行的基础。

比如，浙江与广东相比较。广东是外向型港澳台资经济，浙江是内生型本土民营经济。浙江民营经济更多的是对内改革的成果，而广东则更多的是对外开放的结果。例如，1988 年广东省利用外资总额为 241 475 万美元，名列中国各省份之首，占到全国全部利用外资额 560 993 万美元的 43%，而浙江省为 13 057 万美元，仅相当于广东省的 5.4%。到了 2000 年，广东省引进外资总额为 1 128 091 万美元，仍然占中国全部的 30%左右。而浙江省引进外资总额为 123 262 万美元，仅相当于广东省的 10%。广东省的经济建设主要依靠外来资本，大量的港澳台企业、三来一补企业进入广东，由此而产生配套的、进行贴牌生产的民营企业。浙江本土经济发展，形成了县域经济的"板块"经济结构，以农村工业化推动全省工业化，专业市场、块状产业和小城镇建设相互促进发展。浙江经济是本土民营经济，所以，它创造的财富都留在本土、本地，它有利于从根本上解决本地域内的就业问题，它可以对环境污染、资源破坏等外部不经济问题进行有效的防范等。从根本上说，本土的浙江民营企业（家）有着长期行为。

3. "本土资本"的"本土性"决定了它与政治体制的相容性、互补性。在现行政治体制下，在“强政治”环境中，本土的私营经济非常清楚地认识到“政治是天”，要发展，要有效发展，要低成本发展必须“经营政治”，搞“政治经济学”，与党政结合，共同发展。所以，它遵循、适应现行基本制度，在现行政治背景环境中“边际活动”，“现实地追求利益最大化”。

在现行政治环境中，与党政的关系不仅仅是保护自己私有产权（抵御“体制伤害”），而且是利用政治资源发展自己私有产权（利用“体制恩惠”）的关键性、根本性资源。所以，不仅仅要经营经济，也要经营政治。政治是一种长期、并会带来超额利润的投资。由此，“戴红帽”、股份合作制，主动建立工会、支部、党委等行为就“顺理成章”地产生了，并成为一种共识。当然，资本仍然控制着这些组织。

总之，本土私营经济发展是以下两方面的有效结合：私有经济追逐利益的本质和共产党领导的政治体制。浙江私营企业主大多是本土农民，最讲实际的农民要在现行体制下追求资本利益最大化，必然的行为是将这双重性结合起来，这就出现“戴红帽”、股份合作制，主动建立工会、党委等“自觉”利用现行体制，获取政治资源，进而谋取资本利益最大化的行为。另外，党政官员意识到要有政治前途，必须有政绩，政绩体现在经济发展和政治发展这两个方面，政治发展就是共产党领导扩展、延伸到私营企业中，保持社会、企业的稳定，劳资的和谐。显然这两方面政绩的实现需要资本的配合及其发展，这就形成了地方党政的行为：“政企共商，形成和谐。”在此基础上形成了浙江省劳动关系运行协调机制，并且效果显著，劳动关系较稳定。

（二）“自然生成”的劳动关系运行规则、制度

1. 规则、制度的形成有两种理论解释

其一，自然（自发）演化生成论，如“诱致性制度变迁”理论、“自然演进型”法治理论。在西方国家中，法治传统或相当一部分法律制度是在市场经济“自然”发生过程中逐渐演化变革形成的。哈耶克认为，市场自发的秩序，是以相互性或受益为基础的，自然秩序是最好的秩序。允许个人可以自由地将各自的知识用于各自的目的之抽象规则为基础的自发秩序，比建立在命令上的组织或安排更有效率。自发秩序的极端重要性，是基于这样一个事实：它扩大了人们为相互利益而和平共处的可能性，这些人不是有着共同利益的小团体，也不服从某个共同的上级，由此才使一个巨大的或开放的社会得以产生。

其二，理性创设生成论。认为制度是人为设计的结果，有亚细亚生产方式传统的中国，权力本位、官本位的中国最容易接受这种观点。现在我国许多所谓的制度创新往往就是一种人为的设计，精英人物的设计，这种人为设计的制度创新往往是代表了某一既得利益集团，是有利于某些利益集团的制度安排。人为设计的改革很容易产生改革的变形，人为设计的规则、制度往往成为“纸上的法律”，在现实中往往是“走形式”。

2. 浙江模式劳动关系运行规则——“自然生成”

案例一：某镇行业工资集体协商的“自然生成”。

某镇一到生产旺季，技术工人非常紧俏，企业之间互相以加工资为诱挖技术工人。这些技术工人也来回跳槽，这样导致企业之间矛盾紧张。同时，技术工人也经常在旺季提出增加工资的要求，如果企业主不同意，就带头“罢工”，有30～40人参加，最多的一次有近100人参加，最长的罢工时间持续6天。罢工组织者都是外地打工者，而且都是有技术、有文化、有组织能力，能说会道，有鼓动能力的人。一到旺季，工人“闹事”，企业“害怕”，政府“担心”，而焦点就是工资。为了解决这一问题，资方的行业协会会长就找镇工会主席商量怎么办，两人商量的结果是，进行行业工资集体协商，统一定价，企业不能任意压价或提价，这样就解决了企业间的矛盾，防止了工人的任意流动。

该镇工会在2003年6月开始搞行业工资协商时，并不知道有工资集体协商的劳动法规。1995年实施的《劳动法》中有集体合同条款，1995年实行了劳动部的《集体合同规定》，2000年年底开始实施劳动部的《工资集体协商试行办法》，我们在调查前做了充分的准备，准备询问他们对集体合同法规的看法和意见，但是，令我们吃惊的是，他们对此竟然只是听说过，还不知道有关法规的具体内容。镇工会在开始搞行业工资协商时，实际上并不清楚这些劳动法规，只是后来有关部门的领导、工作人员来指导、考察，媒体报道时，他们才知道这些劳动法规。以后就把行业工资集体协商往劳动法规上去套，去提高。对此，我们非常感慨，这些“农民”竟然在不清楚劳动法规的情况下搞出了这些在劳动法规名义下的“名堂”，他们并不是在实施法规，而是在“生成”“创造”规则。

有关法规主要是适用于企业，而不是行业，但是在现实中，大部分企业具有规模小、工人少、流动性大的特点，而且这些企业也正恰恰是需要落实劳动法规的企业。比如，像该镇，2/3企业只有20～30名员工，一年中，绝大部分工人只干半年（淡季基本上就离开企业）。建了工会，工会主席也是业主的亲信、企业骨干，或自己就是业主（如村联合工会主席），这样的企业怎么可能进行工资集体协商？同时，这样的企业也正是经常拖欠工资、劳动关系紧张的企业。也就是说正是需要劳动法规规范的企业，但现行的劳动法规却不可能在这样的企业得到落实，企业不可能按照现行的劳动法规进行操作。对于众多的这种企业进行行业工资协商正是可行之道，所以，也就自然地产生了行业的工资集体协商。

显然，该镇行业工资集体协商的形成非常符合“自然演进型”法治理论。该镇行业工资集体协商正是在市场经济的劳动关系中，为解决劳动关系矛盾、为稳定劳动关系，劳动关系主体双方自我寻找解决途径的一个自然结果，没有任何外来影响。实际上，按照制度学派理论，规则、法律、制度等无非是为了确定预期、减少交易费用，该镇行业工资集体协商正是如此，它确定了工人、企业主的预期，工人知道自己能拿多少，企业主知道自己必须支付多少，进而减少了由不确定而带来的机会主义行为（企业主拖欠或挖人，工人跳槽），减少了由劳动双方机会主义行为带来的劳动冲突，带来的巨额交易费用。市场行为需要行业工资集体协商，行业工资集体协商满足了市场交易需要。相对照的，“政府推进型”劳动法治只能是增加交易费用，添麻烦，走形式，现实中，“认认真真”按照规范操作的集体合同、工资集体协商的命运基本如此。

案例二：义乌模式维权机制的自然生成。

义乌工会维权模式的主要特点是，义乌市总工会在民政部门注册成立了工会行政编制外的直接为工人打官司的“义乌市职工法律维权协会”（后改为“义乌市职工法律维权中心”）。“义乌市职工法律维权协会（中心）”的工作人员是社会公开招聘来的，具有法学大专以上学历的法律专业人才，他们不属于工会行政编制，对他们的管理是非行政性的。该中心设立三个科室：来访接待室，主要负责来信来访的登记接待、案件受理、热线电话咨询回复等；调查处理室，主要负责职工投诉案件的调查处理，主持劳动争议调解；法律服务室，主要负责职工法律咨询、代理仲裁、代理诉讼。“义乌市职工法律维权协会（中心）”直接承担了为工人进行劳动争议仲裁代理和诉讼代理的职责，是在权利救济阶段直接帮助工人机制的一大创新。

这一制度创新也完全是民间自然生成的。一方面，社会有着制度创新需求：大量的私营企业，大量的外来务工人员；另一方面，又是地方工会摸索着对现行工会体制和司法体制的边际调整、边际突破，这一创新（突破）不但没有体制依据，而且与现行规范体制存在着冲突。

“义乌市职工法律维权协会（中心）”是在工会领导下的工会行政编制之外的一个维权“平台”，该中心的工作人员不属于义乌市总工会的行政编制（进而带来许多实实在在的物资利益差别)，但是，他们做了大量实实在在的维权工作，这是对现存的工会行政化体制的一个挑战：工会体制内的人为什么不干呢?

在现行司法体制下，劳动者打官司有两个途径：或者找律师事务所，或者找司法部门的法律援助中心。但对于农民工来说，律师事务所要收钱，农民工没钱，律师嫌钱少，结果，对农民工此路不通；法律援助中心，有许多规定，如各种证件、低保证明等，这些农民工又没有，对农民工来说此路也不通。《工会法》第 21 条规定："职工认为企业侵犯其劳动权益而申请劳动争议仲裁或者向人民法院提起诉讼的，工会应当给予支持和帮助。"第 29 条规定："县级以上各级工会可以为所属工会和职工提供法律服务。"但是，如何支持和帮助，如何服务，没有明确的可操作性的具体规定，而且，现行的体制使工会不具有像律师代理诉讼那样的功能。第一，工会不能像律师事务所那样为工人代理，工会也不能自己建立一个劳工律师事务所，因为司法部门规定，律师事务所必须脱离任何主管部门，公务员不能兼职律师。第二，工会也不可能像司法部门的援助中心那样提供法律援助，进行代理，主要是人员与经费问题。第三，工会工作人员不可能像律师那样进行代理，而以公民身份进行代理，受到许多限制。第四，现实中的工会法律援助部门，仅仅是提供咨询、介绍等服务，个别工作人员只能以其他律师事务所律师的名义进行代理，实际上是向律师事务所提供资源。在劳动者最需要的时候，工会并不能提供切实的帮助，不能代理劳动者打官司，只能介绍劳动者再去走上述两条劳动者走不通的路。在现实中，没有发生劳动争议时，工人实际上并不会想到需要工会，只有在发生劳动争议了，与雇主产生矛盾、冲突时，工人才最需要工会出面解决问题，而且，按照现在的劳动争议仲裁、劳动争议诉讼程序，工人往往"拖不起"，打不起官司。所以，在有劳动争议时，工人最需要工会的帮助，但在这种最需要工会时，工会却又是最没有办法、没有手段的时候。工会的代表性、工会的维护职能在职工的权利救济阶段不能得到充分、有效的实现。

义乌工会从外部招聘解决了人员问题，与律师事务所签订协议解决了部分费用和人员身份问题。显然，义乌模式的重要意义就在于，义乌模式的"职工法律维权协会"，创新了职工仲裁代理、职工诉讼代理的运行机制，在权利救济阶段，工会的依法维权有了突破，有了创新。义乌模式完善了工会在职工权利救济阶段的维权机制。但是，直到今日，在这方面仍然有许多关系没有理顺，比如收费问题，与律师事务所、法律服务机构的关系问题，等等，而且这些问题都是与现行规范体制相冲突的问题。

3. "自然生成"的规则是最有效的规则

自然生成的规则、制度及其动作是中国历史文化传统、风俗习惯、经济发展状态、现存基本法律制度、政治制度环境的自然产物，最符合本土的现实。在现阶段，一方面，也只能产生这样的规则、制度；另一方面，也只有这样的规则、制度才能用最低费用解决劳动关系矛盾，效果最佳。

三、浙江模式劳动关系的意义："第三条道路"

浙江劳动关系运行的基本特点是劳动双方自行协调、走向合作、两利，通过协调走向动源两利。浙江劳动关系运行的模式为我们建立和谐劳动关系体制提供了符合中国特色社会主义体制的、交易费用最低的"第三条道路"。

劳动关系的一般特点就是"强资本、弱劳动"。劳动关系天生内在的特征是劳动双方的不平衡，劳动关系的运行就是法律、工会影响、资方自我约束形成各种制度来制约这种不平衡、不对等力量的行使，进而促使劳动关系和谐运行。同样，在中国当代，这一劳资关系的一般特点也得到体现。对此，如何解决劳动关系矛盾，现在理论和实务界基本上有两种思路：其一，政府“强介入”；其二，形成“强劳动”（强集体权利、强工会）。

我们认为，“强资本、弱劳动”仅仅是劳动关系的一般性特点，在不同的社会中，还具有自己的特色。在中国当代，劳动关系的真正特点是“强政治”，是“强政治”环境中的相对“强资本、弱劳动”。在这一政治社会环境中，政府“强介入”，形成“强劳动”，这两条思路均不可行，均不是构建和谐劳动关系的最佳道路。

（一）政府“强介入”的结果是劳动者沦为“依附者”

政府强介入的思路是一种短期行为，并不能从根本上解决劳资关系矛盾，确立稳定协调的劳动关系。正如吴敬琏在《呼唤法治的市场经济》中说：“在某些情况下，弱势群体可能由于不明真相而受到误导，如果他们被误导，抑制市场竞争，强化政府控制就会成为社会上的一种基本取向，再经过传媒的放大，有可能对市场经济的改革方向造成冲击。这对于包括弱势群体在内的多数人极其不利，我们必须清醒地认识权贵资本主义对于我们民族前途造成的威胁。”

政府“强介入”的思路在中国这种“官本位”社会、“强政治”环境、具有亚细亚生产方式特征的社会中非常有市场、有吸引力，也非常容易为精英和大众所接受。在某些方面，短期也能取得立竿见影的效果，但从长期和全面分析，劳动者的结果将不会更好。如果政府强介入干预劳动关系，全力帮助劳动者，那么，最终的结果是劳动者完全丧失自主性，丧失权利，成为等待政府恩赐的依附群体，劳动者将越来越弱小。成为等待政府给予利益，而不是自己争取权利，运用权利争取、追求利益的自主独立的群体。同时，政府强介入的结果也并不一定会帮助劳动者，原因有三。其一，政府公共决策的过程是各阶层权利博弈的过程，政府要能形成协调、平衡各阶层利益的公共决策，其前提是各阶层的代表人物能进入政府决策过程，各阶层的利益诉求能到达政府决策过程，各阶层利益能在政府决策中得到体现，但中国现实中，劳动者群体没有强大的组织，他们的利益诉求没有畅通的表达渠道，其利益诉求很难全面、真实地进入政府决策过程，而且，在利益受到侵犯时，也没有规范的有效的渠道进行救济。相反，反而是资方有着这些渠道。其二，“政府”并不是中性的，其自身也是利益群体，他们也要追求政治利益和经济利益，在中国现实中，最可能出现的就是官商勾结。以上两点决定了政府强介入的结果很可能是政、商、学三者合谋，摆弄、愚弄劳动者。其三，政府“强介入”的效果并不一定会理想。政府“强介入”是对市场运行的直接干预，而直接干预的效果往往是“适得其反”。例如，实行强化就业保护政策的结果往往会导致劳动力市场二元刚性：内部人（享有很高的就业保障的正规工作岗位上的职工）与外部人（非正规就业人员）及失业者和未被就业保护立法覆盖的人群之间的差距加大、硬化，造成正规岗位就业减少，非正规就业的增加，造成更高的失业率，特别是长期失业。结果是社会不公平、社会排斥和社会歧视加剧。

（二）现行体制下不可能形成“强劳动”

当然，从根本上说，应该采取第二种思路，即坚持利益的分化，权利的不同，形成“强劳动”，劳动者拥有基本的三大集体权利（自由结社权、集体谈判权、产业行动权），进而形成劳资双方的平衡。

马克思曾经分析过资本主义劳资关系中的劳动标准问题：工作日的界限。马克思认为：“撇开伸缩性很大的界限不说，商品交换的性质本身没有给工作日规定任何界限，因而没有给剩余劳动规定任何界限。……于是这里出现了二律背反，权利同权利相对抗，而这两种权利都同样是商品交换规律所承认的。在平等的权利之间，力量就起决定作用。”在中国的现实中，劳动法之所以得不到全面落实，表面原因之一是政府执法力量有限，但其实质在于劳动者力量有限，没有形成迫使资方、政府执行劳动法的有效力量，没有形成与资方相对等的力量，没有形成使劳动关系内在平衡的力量。

现在的劳动者及劳动者权益，已经不是计划经济中的依附性的劳动者、劳动者权益，而是市场经济中的以劳动力所有权为基础的劳动者权益。法律要维护的也就是以劳动者是（或者仅仅是）劳动力所有者为前提，以劳动者的劳动力所有权为基础的劳动权利和利益及在其基础上的一切经济、政治、社会权利和利益。对市场经济劳动者、劳动者权益的维护，从根本上说，就是劳动者自己对自己的维护，决不再依附于他人，“从来就没有什么救世主”，自己组织起来维护自己，这就是必须拥有完整的并得以充分实现的劳动者自己的集体权利。比如《宪法》第 35 条规定的：“中华人民共和国公民有言论、出版、集会、结社、游行、示威的自由。”特别是其中的自由结社权等。

市场经济是实现个人权利、追求个人利益的经济，以市场经济为基础的社会，各个阶层的权利、利益都得到充分的分化和实现。为使各阶层和谐相处，社会稳定发展，需要民主政治制度进行配合，使各阶层（不论其拥有什么资源）的利益都能在社会法律、政治层面上得到体现、实现，这就需要各阶层都能有自己的组织直接代表自己进入政治体制，成为自己的代言人，在规范的社会协调机制中进行利益诉求、博弈，而这就需要集体、组织，需要集体的权利。

同时，集体权利对弱势群体的劳动者来说更显得重要，因为强势群体拥有种种资源（比如，组织资源、经济资源、文化资源），可以单个进行种种活动，而弱势群体没有这些资源（也正因没有资源，才成为弱势群体），但是弱势群体的最大资源是人多。而“人多”，只能组织起来，才能“势众”，所以更需要集体权利。劳动者、社会弱势群体是通过集体的力量才能与雇主方、强势群体方形成力量的均衡，而劳动关系的长期稳定基础有赖于双方力量的均衡。进一步说，弱势群体具有集体权利，对社会、对强势群体来说，也非常重要。因为，所谓集体权，实质就是法律规范了集体自由，有了法律保护，实质也就是有了法律限定，这就将弱势群体这一“大众”行为纳入了法治的轨道。但是，如果没有法律规范的集体权，没有正常的法律、政治渠道进行沟通，“大众”的意志得不到体现，那么，“大众”就可能，或在某种情形下就必然成为“革命”“造反”的“大众”“暴民”，以“革命”“造反”来实现他们的集体权、他们的组织、集体意志，这对强势群体来说，决不是好事情，对社会来说，成本太高。如托克维尔认为：“结社权是基本人权，破坏结社权就会损害社会本身，结社权是反对专制政治的重要保障，结社可能会带来暂时的政治不稳定，但从长远看有利于社会稳定。”

获得集体劳动权利，这也是市场经济中劳动者自身发展成熟的一个必经的阶段。劳动者群体在法治的框架内进行自由、民主的群众活动，行使集体权利，这正是市场经济劳动关系、劳动者群体发展成熟的一个阶段和表现。恩格斯曾经对英国 1824 年的结社法作过以下评论：“这个法律是在 1824 年通过的，它废除了以前禁止工人为保护自己的利益而联合起来的一切法令。工人得到了过去只有贵族和资产阶级才有的结社的权利。”

但是，以上的理论论述在中国的当今现实，难以成为现实的政策、规则和体制。特别是，“强政治”这一中国政治社会特点更决定了形成“强劳动”不具有现实可能性。所以，既没有政府“强介入”，也没有形成“强劳动”的浙江劳动关系运行模式是现行体制下最佳的运行模式，是交易费用最低的构建和谐劳动关系的最佳道路。

公共就业服务均等化的财政支持研究

——以浙江为例

陈诗达　陆海深

促进就业是政府的责任。这个责任主要体现在政府提供的公共就业服务上，即政府通过促进就业，让所有有劳动能力和就业意愿的人，实现比较充分的就业。公共就业服务包括提供有效的公共就业服务政策和合格的公共就业服务产品。实现比较充分就业是当前和今后一个较长时期内政府实行公共就业服务均等化的目标。随着经济社会的发展和人类自身的发展，人的全面发展和自由发展成为可能和追求，实现体面就业和快乐劳动成为公共就业服务均等化的终极目标。当前人力资源市场化的发展，给竞争就业创造了条件。但由于劳动力成长受到各种因素和条件的影响，如地域、经济、文化、身体等差异性，以及制度不完善等，市场竞争就业带来的是一个形式上的平等和事实上不可能平等的问题。为就业困难群体提供公共就业服务，是解决公共就业服务均等化问题的重点和关键。要实现公共就业服务均等化的目标，其有效保障就是政府财政的有力支持和投入。本文主要从公共就业服务均等化的内涵，浙江公共就业服务均等化的现状及存在的问题，浙江财政促进公共就业服务均等化的对策建议等方面作出阐述。

一、公共就业服务均等化的内涵

中共十七大在强调经济发展的同时，更加重视社会建设，把经济和社会协调发展摆在一个重要位置，把解决民生问题作为当前和今后一个时期政府工作的重点和出发点。公共财政、民生财政的理念渗透到政府管理的各个层面，合理、有效、公平地提供基本公共服务、产品成为政府的一项重要职能。一般来说，基本公共服务是指政府提供的、以保障公民基本权利为目的、用来满足公民基本需要的全部产品和服务。当前，基本公共服务主要由义务教育、公共卫生与基本医疗、基本社会保障、公共就业服务等构成，是建立社会安全网、保障全体社会成员基本生存权和发展权必须提供的基本公共服务。

就业服务是帮助劳动者实现就业的有效手段。就业服务指由特定的机构提供一系列服务措施，以满足劳动者求职就业或用人单位招用人员的需求行为。其主要内容包括职业指导、职业介绍、就业训练、劳动保障事务代理，以及与之附随产生的其他相关服务，如职业咨询、对劳动者的就业状况进行跟踪了解等服务项目。按照提供服务主体的不同性质，就业服务可以分为公益性就业服务和经营性就业服务，公共就业服务机构提供的就业服务就是公益性就业服务，简称公共就业服务。所以，公共就业服务就是以促进就业为目的，由政府向劳动者提供的公益性的，能用来满足全体劳动者就业需要的全部就业产品和服务。就业是民生之本，公共就业服务均等化是指政府向每一个公民提供的公共就业产品和公共服务是公平的，即其享受公共就业服务的机会均等。通过均等化的公共就业服务实现平等的就业权，这是公民平等享有一切权利的基础。我们认为，公共就业服务均等化的实质是指劳动力市场上由于城乡之间的差异、劳动者自身素质的差异和劳动力市场制度、规则不完善等带来就业竞争不平等，通过政府提供公共就业服务来实现公平竞争就业——均等化。当前，就业面临着劳动力供给总量大和结构性矛盾的双重压力，就业、再就业工作不仅要解决下岗失业人员的再就业，还要解决大学生就业和农村转移劳动力就业。实现公共就业服务均等化任务繁重。因此，公共就业服务均等化在狭义上说包括开发公共就业岗位、就业指导、就业培训、就业援助、劳动力市场建设等内容；从广义上看，还包括建立维护就业公平、就业机会均等的就业法律保障、就业制度、就业秩序等内容。

二、浙江公共就业服务均等化的现状及财政支持

随着社会主义市场经济体制的不断完善，浙江就业制度也按照市场化的改革要求，逐步建立“劳动者自主择业、市场调节就业和政府促进就业”的机制，公共就业服务建设在财政的大力支持和保障下取得了不少成绩，公共就业服务均等化水平不断提高。主要表现在：

（一）积极开发就业岗位

提供就业岗位是公共就业服务的最直接产品。改革开放以来，省委、省政府坚持以发展经济来拓展增加就业岗位，从而保证浙江就业形势的健康稳定发展。一是就业规模不断扩大。到2006年年底，全省城乡从业人员达3 172.38万人，比1978年的1 794.96万人增加1 377.42万人，城镇从业人员达1 077.89万人，比1978年的314.4万人增加763.49万人。2003—2007年，全省城镇新增就业323万人，帮助169万名下岗失业人员实现再就业，其中就业困难人员实现再就业60万人，平均每年农村劳动力转移就业30多万人（见表1）。二是城镇登记失业率低位运行。失业人员保持在20万～30万人的范围内运行，2003—2007年期间，浙江城镇登记失业率分别为4.2%、4.1%、3.72%、3.51%、3.27%，呈逐年下降趋势。三是城镇新增就业岗位逐年增加。2003—2007年，城镇新增就业人口分别为53.4万人、61.64万人、66.89万人、67.10万人、73.54万人。城镇就业岗位的开发促进了浙江就业稳定，为下岗失业人员再就业和农村劳动力转移就业创造了条件。2003—2007年，下岗失业人员实现再就业人数分别为32.7万人、

表1　　**浙江全社会从业人数情况**　　单位：万人

年份 项目	2001	2002	2003	2004	2005	2006
总人口	4 519.84	4 535.98	4 551.58	4 577.22	4 602.11	4 629.43
非农业人口	1 046.21	1 097.22	1 157.50	1 244.07	1 266.81	1 312.17
全社会从业人员数	2 796.65	2 858.56	2 918.74	2 991.66	3 100.76	3 172.38
1. 城镇从业人员	623.02	672.69	750	853.29	904.34	1 077.89
其中：国有单位	191.8	188.64	179.02	179.12	179.81	186.18
城镇集体单位	42.28	36.98	32.18	35.91	30.68	28.97
其他经济类型单位	152.94	166.1	189.61	244.05	320.63	395.69
私营和个体经济	236	280.97	349.19	394.21	373.22	467.05
2. 乡村从业人员	2 173.63	2 185.87	2 168.74	2 138.37	2 196.42	2 094.49
其中：乡镇企业人数	929.52	993.64	1 082.78	1 176.74	1 436.99	1 303.08

资料来源：根据《浙江统计年鉴2002—2007》整理。

35.99万人、34.69万人、31.96万人、33.31万人。其中“4050”就业困难人员实现再就业人数分别为12.6万人、12.94万人、11.98万人、10.11万人、12.37万人，五年来农村劳动力转移就业共计315万人。

近些年浙江就业形势能够保持健康平稳，就业与经济良性发展，人民生活水平不断提高，与浙江在经济发展过程中坚持“就业优先”的战略，以及财政加大对就业再就业的投入密切相关。浙江每年财政对就业的投入呈逐年上升态势。2001—2006年财政对就业补助额总计达294 800万元，平均每年投入49 133万元。从就业补助额占地方财政收入的比重看，平均每年在5‰以上（见表2）。

表2　　全省财政就业补助资金情况　　单位：亿元

年份	就业补助金额	财政总收入	地方财政收入	就业补助占地方财政收入的比重（‰）
2001	2.01	917.76	418.00	4.8
2002	0.59	1 166.58	566.85	1.04
2003	4.32	1 468.89	706.56	6.11
2004	6.87	1 805.16	900.99	7.62
2005	7.16	2 115.36	1 066.60	6.71
2006	8.53	2 567.66	1 298.2	6.57
合计	29.48		4 957.49	5.95

资料来源：根据《浙江统计年鉴2002—2007》整理。

（二）人力资源市场建设发展迅速

人力资源市场建设是公共就业服务的重要内容，是政府提供公共就业服务的平台。目前，浙江人力资源市场无论在硬件、软件还是制度建设上都取得了长足发展，为政府公共就业服务功能有效发挥和促进就业起到了重要作用。一是人力资源市场硬件建设快速发展。人力资源市场从狭义上说是劳动力供求双方实现匹配交换的具体场所。目前，全省所有的市、县（市、区）都有政府出资兴建的人力资源市场。职业介绍机构作为浙江人力资源市场的主要载体，得到迅速发展。全省职业介绍机构到2006年达2 538家，其中劳动部门办1 111家，非劳动部门办1 427家；职业介绍机构工作人员人数达6 175人，其中劳动部门人员2 582人（见表3）。另外，还有280个街道、1 037个乡镇和1 556个社区建立了劳动保障工作机构。二是人力资源市场的服务不断提升和拓展。浙江省各地的人力资源市场以下岗职工、失业人员为重点，积极主动地开展服务，免费提供职业介绍、职业指导、就业培训、劳动保障事务代理等，较好地体现了公共就业服务的公益性特点。在做好公益性服务的同时，公共职业介绍机构瞄准市场需求，积极开发其他公共服务项目。三是市场信息网络建设粗具规模。全省11个市级和80%以上的县级公共职业介绍机构已初步建成局域网，大部分公共职业介绍服务机构的职业介绍前台业务使用计算机管理。杭州、宁波等城市已实现了市—街道—社区（村）三级联网。各地普遍建立了专兼职信息人员队伍，通过主动上门服务、开通用工热线、设立信息网站等多种形式收集信息。各城市基本建立了人力资源市场信息公开发布系统，除在服务场所内运用大屏幕、触摸屏、信息栏发布外，还通过报刊、电台、电视台、互联网、求职用工热线等多种渠道向社会发布，现代化手段与传统方法并举，较好地满足了求职者和用人单位的需求。

为了促进浙江人力资源市场的发展，近些年来政府财政加大了资金投入，仅在市场的“硬件”上，从2003年到2006年，政府财政对人力资源市场建设共计投入21 600万元。

表 3　　浙江职业介绍机构情况

项目＼年份	2001	2002	2003	2004	2005	2006
职业介绍机构合计（家）	1 762	1 826	2 128	2 277	2 394	2 538
其中：劳动保障部门办	641	522	715	789	907	1 111
非劳动部门办	1 121	1 304	1 413	1 488	1 487	1 427
职介机构工作人员数（人）	3 809	4 272	5 075	5 563	6 164	6 175
其中：非劳动部门人员				—	3 932	3 593

资料来源：根据浙江省劳动保障厅资料整理。

（三）就业培训成效显现

就业培训是公共就业服务的实质内容，是提高劳动者市场竞争就业的内生性力量。为了提高劳动力在人力资源市场上的匹配率，促进劳动者的就业和再就业，近些年来浙江加大了对失业人员的再就业培训、农村富余劳动力的转移就业培训和高技能人才培训。一是再就业培训成效显著。按照劳动保障部再就业培训工作计划的要求，浙江积极推动再就业培训工作，实现培训经费补贴与再就业效果挂钩，提高培训经费的使用效率。“十五”时期共完成失业下岗人员再就业培训 97 万人，创业培训 3 万人，培训后再就业率达 70％以上。同时积极开展创业培训，率先在杭州、绍兴两市组织实施“创办和改善你的企业”（SIYB）培训项目。在试点中加强创业培训政策支持，实施创业培训政府补贴、社会保险补贴等政策，建立创业培训、创业指导与小额担保贷款的联动机制。2003—2006 年三年全省共组织开展创业培训 4 万人，培训合格后有 2.44 万人实现成功创业和实现了自谋职业，创业成功率达到 61％，创业后新增就业岗位 3 万余个。杭州市还被劳动保障部评为创业培训（SIYB）项目先进单位。二是农村富余劳动力转移就业培训蓬勃发展。“千万农村劳动力素质培训工程”和“农村劳动力转移培训阳光工程”等实施以来，浙江各地以市场为导向，加强农民工培训的针对性、实用性和有效性，不断提高培训质量，切实增强农民的就业能力和外出适应能力，初步形成“政府购买培训、学校提供培训、农民自主选择培训”的培训机制。在经费上采取“个人拿一点、企业出一点、政府补一点”的方法加以解决，“培训券”直接贴补办法进一步推广，减轻了农民参与培训的经费负担。“十五”时期，浙江共完成农村劳动力转移培训 110 万人。2006 年，全省首次组织开展外省来浙农民工技能培训，共有 29 万名外省农民工享受了政府的培训补贴。三是加大技能人才的培训。浙江积极启动“三年三万新技师培养计划”和高技能人才培训工程。结合建设先进制造业基地的需要，以机电类高级技工培训项目为先导，在杭州、宁波、温州、绍兴、金华、衢州、台州、舟山等 8 个城市的不同企业和职业学校内建立 37 个机电类技能人才培训基地。在省内条件较好的 10 所技师学院和高级技工学校建立了高技能人才师资培训基地。大力推进校企合作，在 12 所高级技工学校和技师学院形成校企合作、工学结合的培养体系。到 2006 年年底，全省有各类技工学校 76 所，在校生 10.2 万人，年招生 3.9 万人。2003—2006 年共培养技校毕业生 10 万余人，其中培养高级工 2 336 人。全省技工学校毕业生取得职业资格证书的达到 95％以上，一次就业率达到 97％。到 2006 年年底，全省高技能人才达到 76.3 万人，396 万人取得了职业资格证书（见表 4）。

近几年来，浙江财政对就业培训的经费投入逐年提高。对再就业培训的支持上，2004—2006 年再就业补贴费分别为 4 600 万元、7 300 万元、7800 万元，3 年分别比上一年提高 53.33％、

表 4　　2004—2006 年浙江就业培训情况

项目	2004 年			2005 年			2006 年		
	就业训练中心	社会力量培训	技工学校培训	就业训练中心	社会力量培训	技工学校培训	就业训练中心	民办职业培训	技工学校培训
机构数（个）	215	949	—	146	853	—	158	866	—
教职工（人）	669	6 728	—	696	6 124	—	1 368	7 359	—
培训人数（人）	303 567	339 966	146 113	339 762	414 847	162 848	417 400	458 499	181 769
结业证书	—	158 254	76 437	118 371	180 296	45 801	149 928	176 065	82 377
其中：下岗失业人员	136 845	63 298	23 060	126 557	55 807	11 838	120 167	37 977	15 839
就业人数（人）	182 749	172 568	20 123	222 223	217 980	43 868	276 027	263 967	31 984

资料来源：浙江省劳动保障厅统计资料。

58.70%、6.8%。从就业训练中心和民办职业培训上看，政府投入也有较大幅度的增加。2004 年就业训练中心的经费达 6 252.4 万元，其中政府投入 4 290.9 万元，到 2006 年，就业训练中心的经费达 9 152.1 万元，其中政府投入 6 153.2 万元。2004 年民办职业培训机构的经费达 17 697.5 万元，其中政府投入 4 471.2 万元，到 2006 年，民办职业培训机构的经费达 22 250 万元，其中政府投入 5 403 万元。浙江省政府财政对就业培训的投入增加，不仅促进了浙江省劳动力培训市场的发展，同时为浙江劳动力整体素质的提高提供了坚实的经济基础。2004—2006 年浙江就业培训费用情况见表 5。

表 5　　2004—2006 年浙江就业培训费用情况　　单位：万元

项目	2004 年		2005 年		2006 年	
	就业训练中心	民办培训	就业训练中心	民办培训	就业训练中心	民办职业培训
经费	6 252.4	17 697.5	6 455.3	17 406	9 152.1	22 250
其中政府补贴	4 290.9	4 471.2	4 651.4	4 231	6 153.2	5 403
有偿培训收入	1 961.5	13 226.3	1 803.9	13 175	2 998.9	16 847

资料来源：根据《中国劳动和社会保障年鉴》2005—2007 年各卷整理。

（四）职业介绍、职业指导、职业技能鉴定工作蓬勃发展

从职业介绍情况看，2003—2006 年，全省进入职业介绍机构登记招聘的人数分别为 353.3 万人次、525.4 万人次、509.7 万人次、619.5 万人次，共计 2 079.9 万人次；全省介绍成功人数分别为 156.2 万人次、201.7 万人次、203.3 万人次、226.5 万人次，合计达 787.7 万人次。以浙江省职业介绍中心为例，2004—2006 年累计举办各类招聘会 138 场，组织用人单位 23 521 家，提供就业岗位 508 584 个，应聘人数 525 905 人，初步达成意向的有 161 299 人。省职介中心还积极与青海、新疆、四川和广西等 10 余个省区开展劳务洽谈。其中 2005、2006 两年累计为全省 119 家用工紧缺企业引进劳动力近 21 万人。从职业指导情况看，2003—2006 年，全省职业指导人数分别为 108 万人次、142.7 万人次、182.9 万人次、196.3 万人次，共计 629.9 万人次（见表 6）。省职业介绍中心 2004—2006 年，指导全省境外就业中介机构输送境外就业人员 4 023 人，指导各就业服务机构组织输送境外就业人员 6 126 人。

表 6　　浙江职业介绍、职业指导情况　　单位：万人次

年份	本年登记招聘人数	本年职业指导人数	本年介绍成功人数
2003	353.3	108.0	156.2
2004	525.4	142.7	201.7
2005	509.7	182.9	203.3
2006	691.5	196.3	226.5
合计	2 079.9	629.9	787.7

资料来源：根据《中国劳动和社会保障年鉴》2004—2007 年各卷整理。

职业技能鉴定力度加大。截至 2006 年年底，全省累计鉴定 359.56 万人，共有 322.09 万人取得职业资格证书，鉴定人数在全国位居第二。全省已有 70 个县级以上劳动保障部门建立了职业技能鉴定中心。根据统筹规划、合理布局、择优建所的原则，共建立了 137 个职业技能鉴定所和一支拥有 5 500 余人的考评人员队伍。2006 年全省实施了汽车驾驶员、车工等 20 个职业的技师（高级技师）统考工作，共有 1.15 万余人参加技师、高级技师统考，8 300 多人获得技师、高级技师证书。2006 年全省共组织各类技能竞赛 35 批次，涉及职业（工种）25 个，其中省级一类技能竞赛 12 个职业。同时，开展在校学生职业技能鉴定工作。2006 年全省共有 18.79 万在校学生参加职业技能鉴定，15.49 万名学生获得职业资格证书。

在政府投入上，全省财政对职业介绍、职业指导进行补贴，使公共就业服务机构能够顺利开展免费职业介绍和职业指导。2003—2006 年，全省财政对职业介绍补贴分别达 600 万元、900 万元、600 万元、1 200 万元，共计 3 300 万元。

（五）社区、乡村等基层劳动保障服务平台网络逐步建立

建立和完善乡村劳动保障服务平台不仅是农村劳动力转移就业的需要，也是城乡统筹就业的需要，更是农村劳动力平等享受就业公共服务的需要。根据劳动保障部的统一部署，浙江自 2001 年起，开展了城乡统筹就业试点工作。义乌市、长兴县首先被列入国家城乡统筹就业试点地区。2002 年，省级城乡统筹就业试点工作也正式启动。2003 年 6 月，省劳动保障厅结合浙江实际，制定了《浙江省城乡统筹就业试点工作标准（试行）》，要求各试点地区按照试点工作标准，加快推进试点工作步伐，并就相关政策作出明确规定。2004 年年初，浙江城乡统筹就业又在 10 个县（市、区）试点的基础上，提出了进一步扩大试点工作的意见，试点县（市、区）扩大到 23 个。2006 年 8 月，省政府出台了《关于全面推进城乡统筹就业的指导意见》（以下简称《指导意见》），到目前为止，全省 35 个县（市、区）已实行了城乡一体的就业政策、失业登记、就业服务和劳动用工管理，全面实行无“证卡”就业制度，取消了对农民工的歧视性政策及各种收费。农民工与城镇劳动力一样，在市场求职登记、职业指导、职业介绍和权益维护等各方面享受统一的服务与待遇。各地劳动保障服务平台进一步向农村延伸，实现城乡劳动力市场网络的信息交流和共享。

到 2006 年年底，全省 4 078 个街道（乡镇）、社区中，已建劳动保障机构的有 3 321 个。其中：1 227 个乡镇中已建机构的有 966 个，315 个街道中已建机构的有 311 个，2 536 个社区中已建机构或聘用专门工作人员的有 2 044 个。此外，全省 29 239 个行政村中，已经建立劳动保障机构或专兼职工作人员的有 2 520 个。全省已初步形成了省—市—县—乡镇—村（社区）五级劳动保障工作网络。其中，杭州、宁波、嘉兴、湖州、绍兴、舟山等市已全面完成街道（乡镇）、社区平台建设，做到了“六到位”，并且按照机构与信息网络同步的原则实现了计算机联网。

在就业经费的财政保障上，《指导意见》明确各级政府要将开展城乡统筹就业所需经费纳入政府公共建设项目计划，可将从土地出让金或征地调节资金中提取的促进被征地农民就业经费和农村就业所需经费，纳入当地就业专项资金统一管理使用，并相应调整资金筹集渠道和使用范围。同时，要求各级公共就业服务机构向各类城乡劳动者开展免费信息咨询、职业指导和职业介绍服务，并健全政府购买培训成果等惠及城乡劳动者的职业培训制度和运行机制。在基层劳动保障服务平台建设上，要求切实做到机构、编制、人员、场地、经费、制度的“六到位”。目前，全省各地按照《指导意见》的要求加大财政对基层公共服务平台的投入，切实为劳动者提供有效的、便捷的、及时的公共就业服务。

（六）失业保险的促进就业和保障功能显著提高

失业保险最基本的两大功能就是保障生活和促进再就业，保障劳动者在失业期间的生活最终也是促进其尽快实现再就业。失业保险作为社会保险的主要险种，与就业再就业的相关性最大。建立失业保险制度发挥其促进就业的功能是政府提供公共就业服务的一项重要内容。到2007年年底，浙江失业保险参保人数达到584.7万人，年末领取失业保险金6.3万人，基金累计结余已达到75.24亿元。以2007年全省基金支出8.1亿元计算，失业保险基金支撑能力达到9年零4个月（见图1）。从保障功能上看，保障水平显著提高。失业保险金享受标准随着浙江经济的发展水平逐年提高，2007年，全省失业保险金月平均水平达到529.68元。作为失业保险最主要的待遇，同时也是其他待遇计算基数的失业保险金的享受标准，浙江按照低于当地最低工资标准、高于城市居民最低生活保障标准的原则，由各市根据省人民政府确定的企业最低工资的70%～80%确定，保证失业保险金标准能与浙江经济发展水平相适应。全省失业保险金平均水平从2000年的239.25元/月已逐步提高到2007年的529.68元/月。最高的杭州市2007年达到680元/月（见表7）。由于浙江就业形势处于相对良好状态，失业保险金享受人数已从国有企业改制时的高峰期平稳回落。

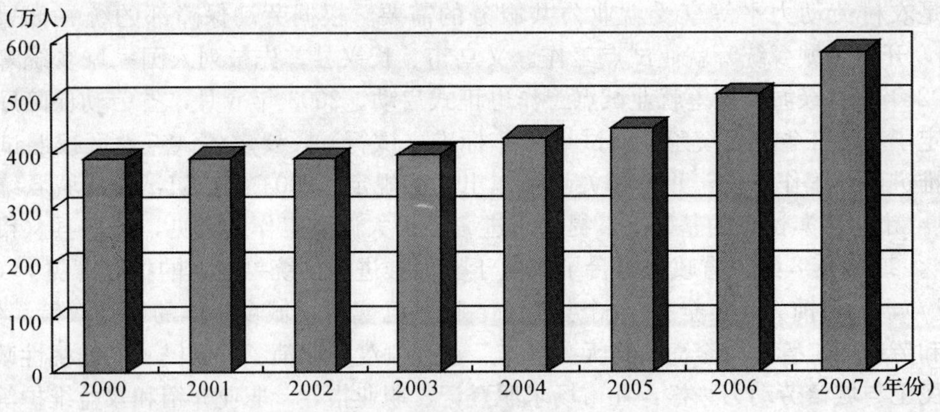

图1　浙江失业保险参保人数变动情况

从促进再就业功能上看，作用明显增强。2006年，国务院开始扩大失业保险基金支出范围试点后，浙江作为首批试点的七个地区之一，在省政府新一轮就业再就业重要文件——《关于进一步做好就业再就业工作的实施意见》中，突破了失业保险促进再就业补贴享受对象必须在领取失业保险金期间的制约，进一步将失业保险基金支出范围扩大到参加过失业保险的就业困难人员的各项再就业补贴上，初步形成了失业保险制度促进再就业的基本框架。据统计，《浙江省失业保险基金促进再就业经费管理使用办法》实施以后，2005年全省失业保险促进再就业补贴支出达到1亿多元，占全年基金支出的18%，是上一年支出的近5倍，2006年达到了1.6亿元，有效地推进了全省的再就业工作。

表 7　　2000 年年末和 2007 年年末浙江各市市区失业保险金标准　　单位：元/月

地区＼年份	2000 年年末	2007 年年末	地区＼年份	2000 年年末	2007 年年末
杭州	255	680	宁波	280	525
温州	247	525	绍兴	245	525
湖州	247	525	嘉兴	240.2	525
金华	211.55	525	衢州	228	490
丽水	193	490	台州	250	526.5
舟山	235	490			

资料来源：浙江省劳动保障厅统计资料。

与此同时，浙江失业保险调剂金制度为区域间公共就业服务均等化创造了条件。省级失业保险调剂金不仅发挥了对各统筹单位赤字调剂的功能，还发挥了其对促进再就业工作的调剂功能。《浙江省失业保险条例》规定，在省级调剂金当年调剂有余的情况下，结余部分可适当用于促进再就业。2004 年以后，在全省各统筹市县消灭失业保险基金赤字的情况下，省级调剂金已连续两年共计调剂 4 000 万元用于补助各地促进再就业工作需要。

（七）促进下岗失业人员实现再就业

为下岗失业人员提供有效的、及时的公共就业服务，使其能够尽早实现再就业，不仅是政府公共服务均等化的具体体现，更是党和政府执政为民的本质要求。从 1998 年浙江建立再就业服务中心开始，到 2002 年年底率先在全国实现下岗与失业制度并轨，政府做了大量的就业服务工作，为国有企业改制、维护就业平稳以及社会的稳定创造了条件。5 年来，全省职业介绍服务机构对下岗失业人员提供了免费求职登记、职业指导、职业介绍、培训申请、档案管理、劳动保障事务代理的“一站式”服务。2003—2006 年浙江省再就业情况见表 8。

表 8　　浙江省再就业情况　　单位：万人

年份	再就业优惠证发放数量（万本）	下岗失业人员实现再就业人数	其中就业困难人员实现再就业
2003	32.81	32.7	12.6
2004	16.39	35.99	12.94
2005	10.29	34.69	11.98
2006	15.56	31.96	10.11
合计	75.05	135.34	47.63

资料来源：根据浙江省劳动保障厅统计资料整理。

2003 年以后，为了促进就业和再就业，浙江加大财政的支持力度，通过社保贴补和岗位贴补等形式开发就业岗位，通过政府购买就业岗位安置就业困难人员，促进失业人员再就业。据统计，从 2004 年至 2006 年，全省累计支出再就业专项资金 22.45 亿元；累计发放再就业优惠证 42.24 万本；累计发放小额担保贷款 1.14 亿元，支持了 4 561 名下岗失业人员自主创业；对 17.54 万名从事个体经营的下岗失业人员免收行政事业性收费近 1 亿元；为 12.2 万名下岗失业人员减免税收 2.6 亿余元；13 万余名下岗失业人员享受社会保险补贴 8 亿余元；5.82 万名下岗失业人员因从事社区公益性岗位工作享受岗位补贴 3.72 亿元；141.17 万人享受免费职业介绍，发放职业介绍补贴 3 000 万余元；57.42 万余人享受免费职业培训，发放再就业培训补贴 1.59 亿元。从增长情况看，2004—2006 年政府对社保贴补投入分别为 27 900 万元、32 100 万元、41 900 万元，增长率分别为 15.1%、30.53%。政府对岗位贴补投入分别为 9 800 万元、12 100 万元、15 500 万元，增长率分别为 23.47%、28.10%（见表 9）。大部分下岗失业人员已在政策扶持下，被用人单位重新招用就业，或走上自主择业、自主创业之路。

表 9　　浙江省社保贴补和岗位贴补情况　　单位：万元

年份	社保贴补	岗位贴补
2004	27 900	9 800
2005	32 100	12 100
2006	41 900	15 500
合计	101 900	37 400

资料来源：根据浙江省劳动保障厅统计资料整理。

三、浙江公共就业服务均等化存在的问题

（一）城乡公共就业服务差距依然存在

由于城乡二元经济的分割，导致社会的城乡二元分割。长期以来，政府的公共服务职能存在重城市轻农村的现象。政府政策取向、“分税制”财政管理体制、农民需求表达机制以及生产力发展水平等制约着农村公共产品供给方式。无论是医疗、公共交通、教育、就业、社会保障等事业，政府财政对农村的投入较少或缺少一个制度性安排。近些年来，城乡协调发展的理念开始推广并实施新农村建设，政府对农村的财政转移支付开始加大。但由于农村公共服务建设起步晚，城乡之间的公共服务水平还有很大的差距。在就业公共服务上，虽然大部分乡镇已经建立劳动保障管理站等公共就业服务平台，有的大行政村也建了村劳动服务所，但在机构、经费、人员等方面问题还不少。一是机构的设置还不能满足乡村公共就业服务的需要，一些乡镇的劳动保障管理站没有专职的工作人员，机构有的与乡镇企管办合署办公，有的与工业办联合办公，不能有效发挥劳动保障管理站的服务功能。二是乡镇劳动保障管理机构经费缺乏，人员没有专门编制，工作流动性大，不能定下心来为农村劳动者提供有效的公共就业服务。三是乡镇劳动保障管理机构的服务手段落后，设施简陋，不能满足现代化、信息化发展的需要。如不少地方还不能与城市公共就业服务网兼容连接等。

（二）区域之间的公共就业服务发展不均衡

经济发展的不平衡导致公共就业服务投入的差异是公共就业服务在区域间发展不均衡的一个重要方面。杭州、宁波、温州由于经济发展较快，地方财政收入较好，当地政府对公共就业服务的投入就多。如杭州市已经建成市、区、街道、社区四级的公共就业服务平台，每个社区都有专门的劳动保障服务站，为社区居民提供免费职业介绍、再就业培训、职业指导等服务。宁波市投入大量的资金建设人力资源市场及城乡公共就业服务平台和配套信息开发系统。目前开发的相关服务功能已经达到了一些发达国家的水准，比如只要输入求职者的择业要求，就可以在联网的市场系统内找到符合要求的岗位，同样，企业需要的员工只要输入招聘条件，系统马上自动搜索符合条件的求职人员。但在一些经济欠发达地区，公共就业服务体系虽然有了一定的发展，但与适应就业市场化和公共就业服务发展要求仍有较大的差距。

如劳动力市场工资指导价位发布机制，杭州市、宁波市目前发布的工资指导价位已覆盖数十家国民经济行业和数十个专业技术等级的数百个工种，劳动者在求职过程中可以充分利用市场信息为自己服务。而有的经济欠发达地区劳动力市场工资指导价位发布机制刚开始起步，发布的信息无论在工种、分类上都比较简单，还不能满足劳动者的用工需求。这与当地的经济发展水平与财政投入不足等密切相关。

（三）不同群体之间的公共就业服务投入不均等

我国公共就业服务体系是在完善市场经济体制过程中产生、发展的，而经济体制改革与国有企业改制密不可分。因此，我国公共就业服务体系在初期承担了国有企业改制过程中下岗失业人员的分流安置功能。由于下岗失业人员属于体制内的人员，一般来说还能够享受相对较好的公共就业服务，而体制外的一些就业困难群体如农民工、灵活就业者等，长期以来很难享受到平等的公共就业服务，如进城农民工的再就业培训、免费职业介绍、职业指导服务等公益性就业服务。据浙江省劳动和社会保障科学研究院的一项农民工问题调查显示，在求职渠道上，有41.06％的农民工求职信息来源于“老乡”、亲戚的介绍，17.23％通过市县的劳动力市场了解信息，12.02％通过当地政府的劳动管理站了解求职信息，3.27％通过电视、报纸了解招聘信息，8.96％毫无目的、随意闯荡。在就业培训上，有49.60％的农民工没有参加过职业技能培训，8.18％参加过自费技能培训，17.42％参加过用人单位组织的技能培训，只有5.18％参加过政府部门组织的免费技能培训。显然，政府部门的公共就业服务对就业困难群体，特别是对城市新生劳动力的农民工来说还远远不够。

（四）对公共就业服务财政投入缺乏效果评估机制

长期以来，浙江省财政投入的主要方向是建设投入，如基础设施建设和经济建设等，这种建设型财政直接导致的是政府基本公共服务投入的不足，在公共就业服务上，表现在公共就业产品和服务的供给不足，使公共就业服务远远不能满足广大劳动者的要求。同时，由于缺乏公共财政对公共就业服务投入的绩效评估机制和考核监督机制，不仅使政府在公共就业产品和服务的财政职责模糊，带来财政投入方向、领域、结构上出现重复或缺失现象。对于投入执行效果与程度依赖政府行政部门的意志和工作力度，加上操作上的公开性、公共性、规范性差，使工作的有效性以及资金的使用效率大打折扣。此外，由于目前政府就业部门内部机构之间存在权责划分不明确等问题，也影响到公共就业服务机构对就业困难群体的服务质量和积极性。

（五）公共就业服务机构建设还有待加强

浙江公共就业服务机构在最近几年得到了较快的发展，不仅在促进就业上发挥了重要作用，更为劳动者平等享受公共就业服务创造了条件。但其还不能完全适应浙江作为劳动力输入大省，以及城市化进程加快、公共就业服务需求上升等实际情况。无论是职业介绍和职业指导、再就业培训，还是劳动保障监察、劳动仲裁，机构队伍建设远远不能满足工作的需要，工作人员承担的工作任务繁重，不少基层单位处于超负荷运转状态。从职业介绍上看，2006年浙江每万就业人数的职介人员为1.89人，只略高于全国的平均水平1.61人，远远低于上海的4.71人和广东的2.62人（见表10）。这个水平还包括非政府办的职业介绍机构。

从财政投入上看，根据省统计局发布的有关统计资料，就业补助资金纳入社会保障支出项目，没有单列的就业补助数据，我们暂用社会保障投入的数据加以说明。从2006年看，浙江社会保障支出达36.2亿元，占财政支出额的2.5％，不仅低于同期上海社会保障支出占财政支出比例5.61％，也低于全国平均6.2％的水平（见表11）。

表 10　浙江省和全国其他省市职业介绍机构的情况比较（2006 年）

地区	就业人数（万人）	年末机构数（个）	年末工作人员（人）	每万就业人数的职介人员数（人）
全国	76 400	37 450	123 000	1.61
浙江	3 172	2 538	6 000	1.89
广东	3 433	1 899	9 000	2.62
上海	1 062	493	5 000	4.71
山东	3 564	2 150	7 000	1.96
湖南	2 202	932	3 000	1.36
江西	1 067	1 445	4 000	3.75
重庆	628	392	1 000	1.59

资料来源：根据《中国劳动和社会保障年鉴（2007）》整理。

表 11　浙江省和全国其他省市社会保障支出情况比较（2006 年）　单位：亿元

地区	财政支出额	社会保障支出额	社会保障支出占财政支出比例（%）
全国	30 431.1	18 22.7	6.2
浙江	1 471.86	36.2	2.5
广东	2 553.3	49.2	1.9
上海	1 795.6	100.7	5.61
山东	1 833.4	67.5	3.68
湖南	1 064.5	102.5	9.63
江西	696.4	48.6	6.98
重庆	594.2	52.8	8.89

资料来源：根据《中国统计年鉴（2007）》和《中国劳动和社会保障年鉴（2007）》整理。

四、浙江公共就业服务均等化的目标及财政支持的对策建议

（一）实现浙江公共就业服务均等化的目标

各级政府要深入贯彻执行《就业促进法》，按照法律规定“把扩大就业作为经济和社会发展的重要目标，纳入国民经济和社会发展规划，并制订促进就业的中长期规划和年度工作计划”。加快建立适应市场经济发展的公共财政体系，形成统一、规范、透明的财政转移支付制度。要加大公共就业服务财政投入力度，建立公共就业服务投入产出的财政绩效评估机制，提高公共财政投入产出效率。通过制定完善各项促进就业政策（法规、规章），努力创造公平就业环境，加强城乡统筹就业，建立统一的人力资源市场。大力发展劳动密集型企业、服务业和中小企业等，积极开展对就业困难人员实施就业援助，积极增加就业岗位，扩大就业，实现公共就业服务的均等化。

1. 近期目标：实现充分就业，力争实现有就业需求的人人有工作。在此阶段，劳动主要是一种谋生手段，同时，劳动成为劳动者个体实现自我价值、自我追求和发展的一种需要。政府的公共就业服务政策、主要措施是针对不同就业群体的特点和要求，在改善和创新公共就业服务的形式与内容基础上加大财政投入力度，形成适应目标群体的个性化公共就业服务，实现公共就业服务均等化的财政支持目标。公共就业服务内容包括建立统一的人力资源市场、就业再就业培训

和政府通过财政补贴购买就业岗位安置就业困难人员等。政府提供公共就业服务的重点落实在城镇新增劳动力、失业人员、进城农村剩余劳动力、高校毕业生、退役军人、残疾人，以及就业困难人员等群体。

2. 中期目标：体面就业。在此阶段，劳动不仅是谋生的手段，更是一种实现人生价值和理想的需要。主要措施是，政府的公共就业政策体现在通过提高劳动收入、完善各项社会保险制度、优化就业环境、实现劳动力的完全自由无阻碍流动等，提高劳动者的就业质量。

3. 远期目标：快乐就业。在此阶段，劳动主要上升为自我发展、自我实现的社会需要，劳动的谋生功能逐步趋于弱化。政府各项公共就业服务产品更加丰富，服务功能更加完善，为人人实现全面发展和自由发展提供了丰富的物质基础，快乐劳动成为现实。

（二）浙江公共就业服务均等化财政支持的对策建议

1. 建立财政对公共就业服务投入的长效机制。从公共行政和公共财政的角度看，目前浙江省财政对公共就业服务的投入仍处于政策性短期安排阶段。要解决就业再就业这一长期性重大问题，财政投入的政策性短期安排是不够的，应当形成一种长效机制，才能适应就业再就业形势变化发展的需要。因此，制定中长期就业战略以及通过经济社会发展分析预测，来制定财政投入就业的预算指导方针和具体预算就显得十分必要。浙江可在编制“五年规划”时将促进就业的目标和任务、财政投入就业的项目和数额，以及占财政支出的比例等编入规划，以此作为编制年度就业预算的基础。同时，完善促进就业的地方法规政策，对促进就业的投入作出明确的规定。当前，我们要严格贯彻执行《就业促进法》，按照法律的要求建立财政对公共就业服务投入的长效机制。建议在“十一五”时期，随着浙江财政收入和 GDP 规模的不断扩大和财政支出结构的逐步调整，继续加大公共财政对就业的投入规模和比例，并逐步使公共财政对就业的年均投入比例分别达到财政支出的 3%和 GDP 的 1%的水平。另外，要进一步完善就业经费预算的编制、审批、执行、评估和监督的程序和制度，增加财政对就业投入的确定性和稳定性，使就业再就业工作获得长期有效的财政保障。

2. 优化财政对公共就业服务投入的结构。从公共就业服务的内容上看，有些措施是消极的、防御性的、外生性的，有些措施是积极的、竞争性的、内生性的。前者有购买岗位、发放失业补贴等，后者有技能培训和创业培训。也就是通常讲的授之以“鱼”还是“渔”的问题。通过培训增强劳动者自身的市场就业竞争力，是一种长远的、积极的措施，有利于提高人的自信心和自尊、自立。从国际上看，多数市场经济国家的公共财政在就业投入项目中，对培训的投入比例相对较高，如德国、法国、意大利培训支出分别占 GDP 的 0.40%、0.31%和 0.23%。因此，今后浙江财政在对就业的投入中，要适当优化投入结构，适当加大对积极的公共就业服务的投入，如就业培训等的投入比例。从就业服务人群看，当前财政投入的重点是对就业困难群体的援助。要加大对长期失业人员、农民工、残疾人等就业困难群体的帮扶力度。可借鉴国外的经验，改进目前就业服务的工作方式，增加求职需求的客观评估环节，细化就业服务工作流程，并结合求职者的实际困难，设计相应的服务程序，实现“一对一”的个性化服务。从就业服务平台建设看，要加大财政对基层公共就业服务平台建设的投入，扩大就业服务的触角。同时，要改变目前财政编制年度预算方式滞后、就业经费没有单独列支等状况，加大财政对促进就业的投入力度。

3. 促进公共就业服务引进竞争机制。要使有限的财政投入发挥更有效的促进就业功能，可以借鉴市场经济国家的一些做法，在公共就业服务领域引进竞争机制，如可考虑将部分公共就业服务外包给私营中介机构。尤其是那些就业服务市场比较发达的地区，可以选择一些比较有实力的公司，将公共就业服务的部分业务外包。这样，不仅可以及时满足公众的就业服务需求，而且还可以对现有的公共就业服务机构形成一定的竞争压力，从而促使其提高服务质量。同时，改进政府对公共就业服务财政补贴的方式。可以考虑由政府部门将公共就业服务补贴以“补贴券”等形式直接发给受益者，由受益者持券选购就业服务；也可自助解决就业问题，自助成功后获得报销“补贴券”的收入，作为对自助行为的激励。浙江有些地方实行的“培训券”就是一种十分有效的实践。公共就业服务“补贴券”可以真正实现受益者由弱势群体向持币待购顾客的身份转变，使受益者成为公共就业服务市场的“上帝”，促成整个社会提高公共就业服务水平。这样不仅有利于政府部门从繁重超负荷的、直接的公益性服务中解脱出来，还有助于资金使用的高效、经济，最大限度地为劳动者提供优质公共就业服务。

4. 加大财政的就业转移支付力度。公共就业服务均等化要解决的一个主要问题就是区域和城乡间的不平等。欠发达地区由于财政收入少，对公共就业服务投入明显不足，公共就业服务的基础设施建设和公共服务内容、水平与发达地区的差距较大，不仅影响当地劳动者享受基本公共服务的权益，不利于当地的充分就业，也对劳动力跨地区流动和优化区域人力资源结构产生负面影响。要消除或缓解这种不平等，必须加大中央和省级财政对农村及经济相对落后地区的公共就业财政支持的转移支付。比如美国联邦政府不仅对地方政府的公共就业机构提供资金支持，还对提供公共就业服务的民营机构提供财政支持。美国劳工部门所属的公共就业服务机构在行政管理上虽然属于各州政府管理，为本州公民提供就业服务，但是其运作资金主要来自于联邦政府。这是因为，美国劳动力跨地区流动频繁，地方政府承担着就业服务中劳动力流动的成本，地方政府提供公共服务对整个社会和国家的外部正效应极大，联邦政府必须对地方的公共就业服务承担责任。同时，美国联邦政府之所以能够对地方政府的公共就业服务提供充足的资金，其重要的一个原因是联邦政府对全国征收的“雇主工薪税”用于公共就业服务。从浙江的情况看，今后人力资源流动将日趋频繁，流动就业带来的成本会越来越高。因此，为了实现区域、城乡之间的公共就业服务的均等化，促进充分就业，有效调整人力资源的配置结构，必须加强中央和省级政府的财政支持，其重要的前提就是要在公共就业服务的经费筹集上考虑建立有关的税收品种，也可以将目前的失业保险基金的使用和调剂作适当调整，并尝试多种融资方式，以解决经费不足、投入不够的问题。

5. 建立财政对就业投入资金的评估和监督机制。政府作为公共管理者，不仅扮演管理过程的执行者，同时又是一个“经济人”角色。所以，在公共管理领域，政府部门想既扮演好“运动员”的角色，又扮演好“裁判”的角色，是相当困难或不可能的。因此，建立浙江财政对就业投入资金的评估和监督机制十分重要。政府财政对公共就业服务的投入有一个良好的评估和监督机制，不仅是对资金本身负责，更是把钱用在该用的地方，把钱用在刀刃上，发挥其最大效用的保证。比如美国、法国和印度等许多国家都十分重视对就业和培训经费使用效果的评估，并根据评估结果及时对项目进行调整。法国对就业经费使用的监督检查工作很重视，设有审计法庭、财政总监和财务监督官的财政监督制度和机构。要提高浙江就业再就业财政投入资金使用和管理效率，可以借鉴国外的一些做法，在现有实践的基础上，建立一套科学、合理的就业再就业资金使用评价考核指标体系和运作模式，严格考核监督制度，使就业再就业资金在筹集、使用和管理等方面切实做到有指标、有措施，便于操作和评估考核，以提高资金投入促进就业的效率。